Eduard Klein

BILDUNGSKORRUPTION IN RUSSLAND UND DER UKRAINE

Eine komparative Analyse der Performanz staatlicher Antikorruptionsmaßnahmen im Hochschulsektor am Beispiel universitärer Aufnahmeprüfungen

Mit einem Vorwort von Heiko Pleines

ibidem-Verlag
Stuttgart

Bibliografische Information der Deutschen Nationalbibliothek
Die Deutsche Nationalbibliothek verzeichnet diese Publikation in der Deutschen Nationalbibliografie; detaillierte bibliografische Daten sind im Internet über http://dnb.d-nb.de abrufbar.

Bibliographic information published by the Deutsche Nationalbibliothek
Die Deutsche Nationalbibliothek lists this publication in the Deutsche Nationalbibliografie; detailed bibliographic data are available in the Internet at http://dnb.d-nb.de.

Diese Veröffentlichung lag dem Promotionsausschuss Dr. phil
der Universität Bremen als Dissertation vor.

Gutachter: Prof. Dr. Heiko Pleines
Gutachter: Prof. Dr. Rainer Dombois

Das Kolloquium fand am 18.08.2016 statt.

∞

Gedruckt auf alterungsbeständigem, säurefreien Papier
Printed on acid-free paper

ISSN: 1614-3515

ISBN-13: 978-3-8382-0995-1

Printed in the EU

Soviet and Post-Soviet Politics and Society (SPPS) **Vol. 175**
ISSN 1614-3515

Soviet and Post-Soviet Politics and Society (SPPS)

ISSN 1614-3515

Founded in 2004 and refereed since 2007, SPPS makes available affordable English-, German-, and Russian-language studies on the history of the countries of the former Soviet bloc from the late Tsarist period to today. It publishes between 5 and 20 volumes per year and focuses on issues in transitions to and from democracy such as economic crisis, identity formation, civil society development, and constitutional reform in CEE and the NIS. SPPS also aims to highlight so far understudied themes in East European studies such as right-wing radicalism, religious life, higher education, or human rights protection. The authors and titles of all previously published volumes are listed at the end of this book. For a full description of the series and reviews of its books, see www.ibidem-verlag.de/red/spps.

Editorial correspondence & manuscripts should be sent to: Dr. Andreas Umland, Institute for Euro-Atlantic Cooperation, vul. Volodymyrska 42, off. 21, UA-01030 Kyiv, Ukraine

Business correspondence & review copy requests should be sent to: *ibidem* Press, Leuschnerstr. 40, 30457 Hannover, Germany; tel.: +49 511 2622200; fax: +49 511 2622201; spps@ibidem.eu.

Authors, reviewers, referees, and editors for (as well as all other persons sympathetic to) SPPS are invited to join its networks at
www.facebook.com/group.php?gid=52638198614
www.linkedin.com/groups?about=&gid=103012
www.xing.com/net/spps-ibidem-verlag/

Recent Volumes

169 *Rudolf Wolters*
Spezialist in Sibirien
Faksimile der 1933 erschienenen ersten Ausgabe
Mit einem Vorwort von Dmitrij Chmelnizki
ISBN 978-3-8382-0515-1

170 *Michal Vít, Magdalena M. Baran (eds.)*
Transregional versus National Perspectives on Contemporary Central European History
Studies on the Building of Nation-States and Their Cooperation in the 20th and 21st Century
With a foreword by Petr Vágner
ISBN 978-3-8382-1015-5

171 *Philip Gamaghelyan*
Conflict Resolution Beyond the International Relations Paradigm
Evolving Designs as a Transformative Practice in Nagorno-Karabakh and Syria
With a foreword by Susan Allen
ISBN 978-3-8382-1057-5

172 *Maria Shagina*
Joining a Prestigious Club
Cooperation with Europarties and Its Impact on Party Development in Georgia, Moldova, and Ukraine 2004–2015
With a foreword by Kataryna Wolczuk
ISBN 978-3-8382-1084-1

173 *Alexandra Cotofana, James M. Nyce (eds.)*
Religion and Magic in Socialist and Post-Socialist Contexts II
Baltic, Eastern European, and Post-USSR Case Studies
ISBN 978-3-8382-0990-6

174 *Barbara Kunz*
Kind Words, Cruise Missiles, and Everything in Between
The Use of Power Resources in U.S. Policies towards Poland, Ukraine, and Belarus 1989–2008
With a foreword by William Hill
ISBN 978-3-8382-1065-0

175 *Eduard Klein*
Bildungskorruption in Russland und der Ukraine
Eine komparative Analyse der Performanz staatlicher Antikorruptionsmaßnahmen im Hochschulsektor am Beispiel universitärer Aufnahmeprüfungen
Mit einem Vorwort von Heiko Pleines
ISBN 978-3-8382-0995-1

Inhaltsverzeichnis

Tabellenverzeichnis

Abbildungsverzeichnis

Abstract

Academic Corruption in Russia and Ukraine.
A Comparative Analysis of the Performance of Anti-Corruption Measures in the Sphere of University Admissions

After the collapse of the Soviet Union and the political, economic and ideological transformation of the successor states, everyday corruption has become ubiquitous in the post-Soviet region. The education systems were particularly affected. Corruption in higher education has large-scale social repercussions: it weakens the quality of education and has detrimental consequences on economics, politics, ethics and equal opportunities.

This study focuses on the period from 2000 to 2014 and examines and compares patterns of corruption in the sphere of university admissions in Russia and Ukraine. It analyses the anti-corruption effects of standardized admission testing systems, which were introduced 2008 in Ukraine and 2009 in Russia. Despite a similar approach, the reforms had diverse outcomes: Ukraine successfully managed to reduce corruption considerably from the very beginning. This was not the case in Russia, where corruption during admissions persisted for years and decreased only slowly.

Based on an original theoretical framework and extensive qualitative field work – more than 50 respondents were interviewed in both countries – the research offers explanations for the divergent outcomes and discusses the broader implications of the study for the implementation of effective anti-corruption policies in the post-Soviet region and beyond.

Vorwort

Herausforderungen der Korruptionsbekämpfung

Von Heiko Pleines

Ein großer Teil der Literatur zur Korruptionsbekämpfung konzentriert sich auf einfache Maßnahmen zur Reduzierung von Korruption und versucht allgemeingültige Erfolgsrezepte zu erstellen. Die häufig wenig beeindruckende Praxis der Korruptionsbekämpfung zeigt aber, dass einfache Formeln nicht automatisch zum Erfolg führen. Deshalb weist eine zunehmende Zahl von Experten darauf hin, dass die erfolgreiche Durchführung der entsprechenden Maßnahmen vom Willen der Entscheidungsträger und den Kapazitäten der für die Durchführung zuständigen Institutionen abhängt und dass Korruptionsbekämpfung auch unerwünschte Nebenwirkungen haben kann.

Im Hinblick auf die post-sozialistischen Staaten hat Krastev so bereits 1998 argumentiert, dass Medienberichterstattung und öffentliche Debatten über Korruption, die eine Folge der demokratischen und marktwirtschaftlichen Reformen sind, autoritäre Politiker fördern können, die Recht und Ordnung versprechen.[1] Aktuelle Entwicklungen in Ungarn und Polen bestätigen die Einschätzung, dass Korruptionsbekämpfung von populistischen Kräften nicht nur als Wahlkampfslogan, sondern auch als Argument zur Einschränkung demokratischer Regeln benutzt werden kann.

In einer neueren Studie zur Korruptionsbekämpfung in Georgien identifiziert di Puppo drei sehr unterschiedliche Interessen der maßgeblich beteiligten Akteure: Zivilgesellschaftliche Organisationen orientieren sich an Fördermöglichkeiten und übernehmen damit die Konzepte und Prioritäten ihrer internationalen Sponsoren. Politiker in Regierungsverantwortung benutzten im georgischen Fall Slogans der Korruptionsbekämpfung als Argument für ihr Projekt der Schaffung eines „neuen“ Staates ohne Korruption. Oppositionspolitiker wiederum forderten im Kontext der Korruptionsbekämpfung vor allem mehr Transparenz und Kontrollen, da diese ihren Einfluss vergrößerten. Di Puppo

---

1 Krastev, Ivan (1998): Dancing with anticorruption, East European Constitutional Review No.3, 56-58.

geht außerdem davon aus, dass alle Akteure ihren Erfolg nicht am tatsächlichen Ausmaß der Korruption messen (oder dem, was sie dafür halten), sondern vor allem daran interessiert sind, ob ihr Verständnis von Korruptionsbekämpfung in der öffentlichen Meinung geteilt wird.[2]

In einem systematischeren Zugang, wie in der Tabelle auf Seite 17 zusammengefasst, lassen sich vier Strategien der Korruptionsbekämpfung unterscheiden, die im Folgenden ausgehend vom zentralen Ziel ihrer Initiatoren vorgestellt werden. Dadurch wird deutlich, dass Korruptionsbekämpfung von sehr unterschiedlichen Akteuren zu verschiedenen Zwecken instrumentalisiert werden kann und dass sich daraus völlig unterschiedliche Maßnahmenpakete und Erfolgsaussichten ergeben.

Das erklärte Ziel der transnationalen Anti-Korruptionsbewegung, die auf der zivilgesellschaftlichen Seite besonders prominent von Transparency International vertreten wird, aber auch auf staatlicher Seite z.B. durch die Konvention der OECD gegen die Bestechung ausländischer Amtsträger nachhaltig unterstützt wird, ist die Umsetzung von Transparenz und Praktiken guten Regierens zur Förderung des Gemeinwohls. Korruption wird als Diebstahl von Mitteln gesehen, die der Staat nutzen könnte um öffentliche Dienstleistungen zu verbessern und als Perversion von Regeln, die legitime und effiziente Ergebnisse im öffentlichen Interesse sichern sollen. Zentrale Maßnahmen der Korruptionsbekämpfung konzentrieren sich in diesem Kontext auf Regeln. Die Entwicklung und Durchsetzung klarer Regeln soll die Möglichkeiten für Korruption nachhaltig verringern. Regeln zur Transparenz von Entscheidungsprozessen und zur Rechenschaftspflicht und Kontrolle von Amtsträgern sollen gleichzeitig helfen Korruptionsfälle zu entdecken und strafrechtlich zu verfolgen.

Die Durchsetzung dieser Maßnahmen verlangt nicht zwingend eine altruistische politische Elite, die tatsächlich vorrangig am Gemeinwohl interessiert ist. In Demokratien ist der zentrale institutionelle Anreiz zur Förderung des Gemeinwohls, z.B. auch durch Korruptionsbekämpfung, das Streben nach Unterstützung durch die Wähler. Auch in autoritären Regimen kann es für die

2 Di Puppo, Lili (2010): Anti-corruption interventions in Georgia, Global Crime 11(2): 220-236.

Machthaber wichtig sein, die Unterstützung der Bevölkerung durch populäre Maßnahmen zu sichern oder im Falle von Protesten zurückzugewinnen. Auch drohende Imageschäden durch internationale Kritik und besonders im Falle finanzschwacher Staaten auch der Wegfall internationaler Fördergelder können ein Motiv für durchgreifende Korruptionsbekämpfung sein.

Korruptionsbekämpfung muss aber nicht auf einer gesamtgesellschaftlichen Perspektive beruhen. Ein pragmatisches Ziel der politischen Eliten bei der Korruptionsbekämpfung kann die Wiedererlangung der Kontrolle über die eigene Staatsverwaltung sein. Wenn Korruption weitverbreitet ist, dann bedeutet dies, dass die staatliche Verwaltung nicht den Vorgaben der Politik folgt, sondern sich vom meistbietenden Bestechungszahler kaufen lässt. Um die Umsetzung ihrer politischen Entscheidungen zu gewährleisten, muss die Regierung in einer solchen Situation Korruption bekämpfen. Die Strategie der Korruptionsbekämpfung konzentriert sich dann häufig auf Kontrollen und Säuberungen. Ein Kontrollorgan wird geschaffen oder mit zusätzlichen Kompetenzen ausgestattet, um die Staatsverwaltung zu überprüfen. Aufgedeckte Korruptionsfälle werden nicht nur geahndet, sondern zur Abschreckung medienwirksam inszeniert.

Diese Art der Korruptionsbekämpfung verbessert selbst im Erfolgsfall nicht zwingend das Gemeinwohl, da die Wiedergewinnung der Kontrolle über die Staatsverwaltung auch nur den Interessen der politischen Eliten dienen kann. Das existierende politische Regime wird hier nicht in Frage gestellt und die politische Elite ist nicht Ziel der Korruptionsbekämpfung.

Ein weiteres Ziel der Initiatoren von Maßnahmen der Korruptionsbekämpfung kann es sein, Exzesse zu verhindern, ohne Korruption grundsätzlich abschaffen zu wollen. Denn Korruption kann ein Ausmaß erreichen, das alle Aktivitäten abwürgt. In der Wirtschaft können so Investoren zur Aufgabe gezwungen werden. Hier ergeben sich für die politischen Eliten zwei Probleme. Wenn Unternehmen ihre Tätigkeit im Land einstellen, leidet die Wirtschaftspolitik und gleichzeitig entfallen Unternehmen auch als Quelle von Bestechungsgeld. Im Falle der im vorliegenden Buch behandelten Hochschulkorruption gilt eine ähnliche Logik. Wenn die allgemeine Annahme ist, dass Hochschulzeugnisse im Rahmen von Korruption einfach an die Meistbietenden versteigert werden, dann verlieren sie offensichtlich ihren Wert als Beleg vorhandener Qualifikationen. Bildungspolitik wird absurd und gleichzeitig schwindet das Interesse, Zeugnisse durch hohe Bestechungszahlungen zu erwerben. Um eine Hochschulbildung für potenzielle Studierende weiterhin so attraktiv zu machen, dass einerseits das Bildungssystem einigermaßen funktioniert und sich andererseits Bestechung lohnt, muss also durch Korruptionsbekämpfung der Eindruck vermittelt werden, dass es zumindest auch um Bildung und nicht nur um Bestechung geht. Gleichzeitig dürfen die von verschiedenen Instanzen geforderten Bestechungsgelder in der Summe nicht den erwarteten Wert der Hochschulbildung auf dem Arbeitsmarkt übersteigen.

Im Ergebnis beschränkt sich die Korruptionsbekämpfung in so einem Fall auf einen eng begrenzten Bereich, im obigen Beispiel das Hochschulwesen, vielleicht aber auch nur das Verfahren zum Hochschulzugang oder nur ausgewählte Hochschulen, deren Lobby nicht stark genug ist, Kontrollen abzuwenden. Korruptionsbekämpfung ist dabei zu einem großen Teil eine PR-Maßnahme, da das eigentliche Ziel nicht die Abschaffung von Korruption ist, sondern die Änderung der Wahrnehmung. Dabei wird zum einen den „Klienten" suggeriert, dass sich ein Engagement lohnt, da sich nicht alles nur um Korruption dreht. Zum anderen wird aber auch den zuständigen Mitarbeitern staatlicher Stellen vermittelt, dass Bestechungsforderungen Grenzen haben, damit die Gans, die goldene Eier legt, nicht geschlachtet wird.

Grundsätzlich nicht auf eine Reduzierung von Korruption, sondern auf ihre Instrumentalisierung zielen Strategien der Korruptionsbekämpfung, die sich nur auf (politische) Gegner konzentrieren. In diesem Fall werden Korruptionsfälle heimlich erfasst oder auch konstruiert, um bei Bedarf zur Erpressung oder Diskreditierung verwendet zu werden.

Diese Strategie dient allein der Machtsicherung und setzt eine personalisierte, nicht an rechtsstaatlichen Regeln, sondern an den Interessen der herrschenden Eliten orientierte Funktionsweise von Teilen der Strafverfolgungsbehörden und auch der Justiz voraus. In einem solchen System können einige korrupt sein, weil entsprechende Beweise verschwinden oder vor Gericht abgewiesen werden, während andere bestraft werden, nicht weil sie korrupt sind, sondern weil sie mit den Machthabern im Konflikt sind.

Überblick über Strategien der Korruptionsbekämpfung

Ziel	Maßnahmen	Interessen/Motive
Gemeinwohl	klare Regeln, Rechenschaft und Transparenz	Altruismus Popularität Internationale Akzeptanz
Kontrolle der Staatsverwaltung	hierarchische Kontrollen und Säuberungen	Implementierung politischer Beschlüsse
Vermeidung von Exzessen	Kontrolle und PR: Korruption Grenzen setzen und Image verbessern	Zukünftiges privates Engagement und/oder Bestechungszahlungen sichern
Diskreditierung von Rivalen	Personalisierung: heimliche Überwachung und selektive Strafverfolgung	Machtsicherung

In konkreten Fällen der Korruptionsbekämpfung sind die Interessen der politischen Entscheidungsträger oft nicht eindeutig bestimmbar und können sich auch auf mehrere Ziele gleichzeitig beziehen. Hinzu kommt, dass weitere relevante Akteure, in der Staatsverwaltung, der Wirtschaft oder der Zivilgesellschaft ihre eigenen Interessen und Vorstellungen bezüglich der Korruptionsbekämpfung haben. Diejenigen, die von Korruption profitieren, sei es als Bestechungszahler, der unerlaubte Vorteile erhält, oder als Empfänger, der sich bereichert, bilden eine umso stärkere Lobby je größer das Ausmaß der Korruption ist. Im Ergebnis ist Korruptionsbekämpfung immer eine Auseinandersetzung in einem Geflecht widersprüchlicher Interessen.

Die hier als Buch vorgelegte Dissertation von Eduard Klein befasst sich am Beispiel der Bildungskorruption in Russland und der Ukraine genau mit diesem Aspekt. Das primäre Erkenntnisinteresse ist auf die Möglichkeiten der Korruptionsbekämpfung gerichtet, während der Bildungssektor und konkret die universitären Aufnahmeprüfungen als geeigneter Untersuchungsfall und nicht im Hinblick auf bildungstheoretische Fragestellungen ausgewählt wurden. Dementsprechend bezieht sich der analytische Rahmen der Arbeit, von der Forschungsfrage über den Forschungsstand bis zum theoretischen Ansatz auf die Korruptionsforschung. Der Autor argumentiert zurecht: „Während die Ursachen und Folgen von Korruption bereits seit den 1970er Jahren Gegenstand unzähliger Forschungsarbeiten sind, steht die wissenschaftliche Erforschung von Antikorruptionsmaßnahmen noch relativ am Anfang und ist erst in den letzten Jahren in den Fokus des wissenschaftlichen Diskurses gerückt."

Da die interdisziplinäre Forschung zu einem so vielfältigen Phänomen wie Korruption bereits bei der Frage der Ursachen so ziemlich alle Aspekte gesellschaftlicher Beziehungen aufgegriffen hat, wie auch die von Eduard Klein zum Forschungsstand erstellte Tabelle exemplarisch (und bei Weitem nicht umfassend) verdeutlicht, ist die Frage nach Antikorruptionsmaßnahmen prinzipiell genauso komplex, da sie ja bei jeder der vermuteten Ursachen ansetzen kann. Hier findet Eduard Klein einen gelungenen Ansatz, in dem er die Reform der durch Korruption geprägten universitären Aufnahmeprüfungen in Russland und der Ukraine im Hinblick auf die Erfolge bei der Korruptionsbekämpfung untersucht.

Aufgrund der gemeinsamen sowjetischen Vergangenheit, die das Hochschulwesen und auch die Haltung der Bevölkerung zu Bildung weiterhin prägt, ist die Ausgangssituation in beiden Ländern sehr ähnlich. Gleichzeitig haben beide mit der leicht zeitversetzten Einführung einer einheitlichen, zentral organisierten Zulassungsprüfung eine fast identische Reform durchgeführt, die als eines der erklärten Ziele die Korruptionsbekämpfung hatte. Trotz der sehr ähnlichen Bedingungen war aber die Reform in der Ukraine deutlich erfolgreicher als in Russland. Als zentralen Erklärungsfaktor macht Eduard Klein hier die Einbeziehung von zivilgesellschaftlichen Organisationen als Kontrollorgan aus. Damit hat er die Möglichkeit seine Analyse auf einen Aspekt der Korruptionsbekämpfung zu fokussieren.

Da Korruption und auch der Erfolg von Korruptionsbekämpfung aber offensichtlich nicht monokausal zu erklären sind und viele interdependente Prozesse umfassen, ist eine umfangreiche Einbeziehung des Kontextes unverzichtbar. Zu einem so komplexen und schwer fassbaren Thema wie Korruption ist dabei die erforderliche Datensammlung sowohl eine organisatorische als auch eine intellektuelle Herausforderung. Über 50 umfangreiche Interviews, u.a. auch mit zentralen Akteuren der untersuchten Reform, die software-basiert mit Hilfe von 600 Codes erschlossen wurden, stellen einen Kern der Fallstudien dar. Ein zweiter Schwerpunkt ist eine umfangreiche Dokumentenanalyse von Rechtstexten über Stellungnahmen und Erfahrungsberichten zur Reform bis zur Medienberichterstattung. Die Situation des Hochschulwesens wurde zusätzlich mit Hilfe deskriptiver Statistik analysiert und die Haltung der Bevölkerung mit Hilfe von Meinungsumfragen erfasst. Im Fall der Ukraine, wo zivilgesellschaftliche Organisationen am Verfahren beteiligt sind, gelang Eduard Klein sogar eine teilnehmende Beobachtung, indem er als offiziell registrierter Beobachter die Aufnahmeprüfungen an mehreren Testorten begutachtete.

Durch eine intensive Prüfung und Hinterfragung des gesammelten Materials gelingt es Eduard Klein, ein beeindruckend vollständiges und schlüssiges Bild von Korruption im Umfeld der Zulassung zum Hochschulstudium, von der Entstehung der Reformprojekte und von ihrer Implementierung und Wirksamkeit zu entwerfen. Durch eine detaillierte Beschreibung der Vielzahl der informellen bis illegalen Methoden zur Umgehung der offiziellen Zugangsbeschränkungen und das Aufzeigen des Erfindungsreichtums der Akteure bei der Pervertierung neuer Kontrollen, liefert die Dissertation tiefe Einblicke in die Funktionsweise von Korruption, die weit über das Zuweisen eines klaren Ursachenbündels hinausgehen. Die Dissertation vermittelt so ein tiefes Verständnis für den Kontext von Korruption und auch für zentrale Aspekte von Hochschulwesen und Hochschulreform in den beiden Untersuchungsländern. Auf einer abstrakteren Ebene – weitgehend unabhängig vom Länderkontext und Hochschulkontext – demonstrieren die Fallstudien gleichzeitig anschaulich und eindrücklich die Komplexität des Phänomens, die Vielfalt der möglichen Perspektiven und damit auch die Schwierigkeit über eindeutige rechtliche Definitionen und nicht manipulierbare Maßnahmen Korruption zu bekämpfen.

Im Ergebnis leistet Eduard Klein eine sehr differenzierte Analyse, die in ihrer Komplexität weit über das hinausgeht, was zu diesem Thema bisher vorliegt. Es passt zu dieser Darstellungsweise, dass trotz der markant formulierten These von der Zivilgesellschaft als zentralem Erfolgsfaktor am Ende doch ein deutlich differenzierteres Bild steht. In Russland gibt es 2014 einen „Neustart" mit Fragezeichen und in der Ukraine wurde die Reform nach der Präsidentenwahl von 2010 fast wieder rückgängig gemacht, bevor sie ab 2014 mit neuem Schwung vorangetrieben wurde.

Gleichzeitig erlaubt es der offene Zugang zu den Fallstudien (anstelle einer auf einfache Kausalmechanismen fokussierten Analyse), auch weitere Effekte der Reformen, wie etwa die Frage der sozialen Gerechtigkeit beim Hochschulzugang, mit in den Blick zu nehmen. Dadurch wird deutlich, dass Korruptionsbekämpfung kein Selbstzweck ist und immer weitere Implikationen hat, die sowohl für ein Verständnis der Implementierungsprobleme als auch eine Bewertung des „Erfolges“ mit berücksichtigt werden müssen.

1 Einleitung

„Corruption in education acts as a dangerous barrier to high-quality education and social and economic development. It jeopardises the academic benefits of higher education institutions and may even lead to the reputational collapse of a country's entire education system".
(Huguette Labelle, Vorsitzende von Transparency International)

Die vorliegende Arbeit widmet sich zwei Themen von zentraler gesellschaftlicher Bedeutung: Bildung und Korruption. Bildung ist ein wesentlicher Schlüssel für die persönliche und soziale Entwicklung. In der globalisierten Wissensökonomie des 21. Jahrhunderts ist qualitativ hochwertige Bildung ein zentraler Wirtschaftsfaktor, legt gut ausgebildetes Fachpersonal mehr denn je das Fundament für die ökonomische Prosperität eines Staates. An den Hochschulen werden die zukünftigen Eliten und Leistungsträger ausgebildet, die ein funktionierender Staat für seine Wirtschaft, Politik, Justiz sowie im Gesundheits-, Sozial- und Bildungswesen und in vielen weiteren Bereichen benötigt. Neben der Qualifizierung und Vermittlung von Wissen besitzt Bildung die Funktion, gesellschaftliche und kulturelle Werte und Normen zu vermitteln, und macht uns alle letztlich zu den Menschen, die wir sind. Daher stellt der freie Zugang zu Bildung auch ein zentrales Menschenrecht dar und wird in Artikel 26 der „Allgemeinen Erklärung der Menschenrechte" deklariert:

> *„Jeder hat das Recht auf Bildung. Die Bildung ist unentgeltlich, zum mindesten der Grundschulunterricht und die grundlegende Bildung. Der Grundschulunterricht ist obligatorisch. Fach- und Berufsschulunterricht müssen allgemein verfügbar gemacht werden, und der Hochschulunterricht muss allen gleichermaßen entsprechend ihren Fähigkeiten offenstehen."*[3]

Korruption ist ein Hindernis für das universelle Recht auf Bildung. Sie beeinträchtigt nicht nur die Qualität der Bildung, sondern unterminiert vor allem auch die individuellen Bildungschancen. Bildung sollte diskriminierungsfrei und für alle gleichermaßen zugänglich sein, d. h. der Zugang sollte nach meritokratischen Kriterien wie Fähigkeit und Leistung erfolgen, und nicht auf

[3] Die „Allgemeine Erklärung der Menschenrechte" findet sich unter www.un.org/depts/german/menschenrechte/aemr.pdf, zuletzt geprüft am 29.10.2015.

Grundlage von informellen Absprachen oder Korruption. Die UNO, die den universellen Bildungszugang zu einem zentralen Entwicklungsziel erklärt hat, postuliert in ihrem Programm „Education for All" (EFA): „*Improvement of governance, including reduction of corruption, is key to achievement of the EFA goals*" (UNESCO 2008, S. 20).

Korruption im Bildungswesen ist, vor allem außerhalb der hochentwickelten Industriestaaten, ein verbreitetes Phänomen mit unterschiedlichen Ausprägungsformen. Die Problematik der Bildungskorruption lässt sich anhand ihrer negativen Auswirkungen verdeutlichen: Bildungskorruption schränkt nicht nur die individuellen Bildungschancen ein, sondern betrifft überproportional oft die schwächsten Gesellschaftsmitglieder: Laut dem Transparency International Global Corruption Barometer 2010 (Transparency International 2010) sind Personen aus einkommensschwachen Schichten doppelt so oft mit Korruption konfrontiert wie Personen aus einkommensstarken Schichten. In Bildungssystemen mit ubiquitärer Korruption werden bereits marginalisierte Schichten weiter an den gesellschaftlichen Rand gedrängt, da sie sich im Gegensatz zu den Eliten weder Studienplätze noch Leistungsnachweise oder Diplome auf informellen Wegen leisten können. Bildungskorruption institutionalisiert und reproduziert soziale Ungleichheiten.

Ein von Korruption durchdrungenes Bildungssystem wirkt sich negativ auf die Qualifizierung breiter Teile der Gesellschaft aus. Korruption untergräbt die Leistungsfähigkeit des Bildungssystems, da gute Noten nicht mehr für gute Leistungen vergeben werden, sondern gekauft werden können. Dies führt zu einer adversen Elitenselektion und ist langfristig betrachtet ein Hindernis für ökonomischen und gesellschaftlichen Wohlstand und politische Stabilität. Die durch Bildungskorruption verursachten Kosten sind nicht nur monetärer Natur und ihre Folgen somit nur schwer in Zahlen zu messen und auszudrücken. Bildungskorruption kann sogar tödliche Folgen haben: Der ukrainische Arzt Andrij Sljusarčuk war in seiner Heimat sehr populär und behandelte zwei Präsidenten. Nach mehreren tragischen Todesfällen unter seinen Patienten deckte eine Zeitung 2011 auf, dass Sljusarčuk nie Medizin studiert, sondern seinen Hochschulabschluss gekauft hatte. Er hätte niemals als Arzt praktizieren, geschweige denn komplizierte Operationen durchführen dürfen. Ermittlungen ergaben, dass er mindestens 12 Patienten sprichwörtlich „zu Tode operiert" hatte. 2014 wurde Sljusarčuk dafür zu einer achtjährigen Gefängnisstrafe verurteilt.

Nicht in jedem Fall hat Bildungskorruption derart tragische Folgen. Dennoch lernen und verinnerlichen Schüler[4] und Studierende in einer prägenden Sozialisationsphase die ungeschriebenen, informellen gesellschaftlichen Spielregeln und erfahren aus erster Hand, dass sich Korruption für sie auszahlt und in der Regel keine negativen Konsequenzen nach sich zieht. Da von den Studierenden über die Professoren bis zu den politischen Eliten praktisch alle Gesellschaftsschichten an Bildungskorruption beteiligt sind, wird sie als normativer Standard akzeptiert, habitualisiert und institutionalisiert. Einmal verinnerlicht, wird Korruption auch nach dem Ausscheiden aus dem Bildungssystem als legitime Handlungsoption wahrgenommen. Dabei obläge es paradoxerweise gerade den Schulen und Hochschulen, durch Bildungsprogramme, Aufklärung und Vermittlung ethischer und integrer Verhaltensstandards für Korruption zu sensibilisieren und über normative Präventionsmaßnahmen Korruption entgegenzuwirken. Ein korruptes Bildungssystem kann dies nicht leisten, sondern institutionalisiert Korruption im Gegenteil noch.

Die vorliegende Arbeit untersucht Korruption bei der Studienplatzvergabe in Russland und der Ukraine. Das untersuchte Problem war bereits in der Sowjetunion bekannt, verbreitete sich aber erst mit der Massifizierung und Unterfinanzierung der postsowjetischen Hochschulsysteme in den 1990er Jahren. Die Anfälligkeit des Bildungssystems für Korruption erklärt sich zu Teilen daraus, dass Eltern häufig keine Kosten und Mühen scheuen, um ihren Kindern Bildungserfolge zu sichern. Die Akteure aus dem Bildungsbereich wiederum verfügen über eine Monopolstellung und einen großen diskretionären Ermessensspielraum, insbesondere wenn sie in einem Umfeld schwacher formaler Institutionen agieren, z. B. bei fehlender Rechtsstaatlichkeit oder fehlenden bzw. ineffizienten Kontrollmechanismen, entsprechend der be-

---

4 Es wird versucht, der geschlechtergerechten Sprache Rechnung zu tragen, soweit es den Lesefluss nicht beeinträchtigt. Hierfür wird vor allem auf Neutralisierungsformen zurückgegriffen, z. B. *Studierende*, anstatt Studenten bzw. Studentinnen. Sollte die Benutzung eines Geschlechts erfolgen, impliziert sie auch das nicht genannte Geschlecht. Trotz der überwiegend verwendeten männlichen Anredeform wird gleichermaßen von Schülerinnen, Studentinnen, Lehrerinnen, Professorinnen, Politikerinnen, Testleiterinnen, Beamtinnen etc. gesprochen, sofern nicht explizit anders angegeben.

rühmten Formel *corruption = monopoly + discretion - accountability* (Klitgaard 1988). Hinzu kommen die ökonomischen Anreize, die Korruption den häufig unterbezahlten Akteuren aus dem Bildungsbereich bietet. Im Transformationsprozess der 1990er Jahre, als die Hochschulen sich weitgehend selbst überlassen wurden, wurde Bildungskorruption (wie auch Korruption in anderen öffentlichen Bereichen) zum Massenphänomen.

Während das Studium in der Sowjetunion kostenlos war, führten die postsowjetischen Staaten angesichts der nahezu verdreifachten Studierendenzahlen bei gleichzeitig sinkenden staatlichen Bildungsetats Studiengebühren ein. Es entstand ein zweigliedriges System mit kostenlosen „Budget"-Studienplätzen für die besten Studienbewerber und kostenpflichtigen „Kontrakt"-Studienplätzen für alle anderen Bewerber. Die Hochschulen schufen dadurch die Möglichkeit, sich trotz sinkender staatlicher Einnahmen zu finanzieren; gleichzeitig konnte durch diesen nachfrageorientierten Finanzierungsmechanismus der steigende Bedarf an Hochschulbildung gedeckt werden.

Die Budgetplätze genossen einen höheren gesellschaftlichen Stellenwert als die gebührenpflichtigen Plätze, und der Konkurrenzkampf darum war besonders an den renommierten Hochschulen sehr stark. Um einen kostenlosen Studienplatz an einer durchschnittlichen Universität zu erhalten, reichten in der Regel gute Schulnoten aus und vielleicht noch Vorbereitungskurse für die universitären Aufnahmeprüfungen. Ähnliches galt für eigenfinanzierte Kontrakt-Studienplätze: Da die meisten Hochschulen durch das neue Finanzierungsmodell auf Studiengebühren angewiesen waren, wurden die Zulassungsvoraussetzungen derart gesenkt, dass praktisch alle zahlungswilligen Bewerber angenommen wurden.

Anders verhielt es sich mit den kostenlosen Studienplätzen an den renommierten Hochschulen (dazu zählen in erster Linie die traditionsreichen klassischen Universitäten), die viel weniger Budgetplätze anboten, als sie Bewerber darauf hatten. Um an solch einer Universität einen Budgetplatz zu erhalten, gab es praktisch drei Möglichkeiten, die sich sowohl vom Grad der Informalität als auch von den Erfolgsaussichten deutlich unterschieden:

a) Formeller Weg: Man zählte zu den absolut besten Bewerbern und vertraute auf sein Ergebnis bei den Auswahlprüfungen (großes Risiko, nicht angenommen zu werden)

b) Semi-formeller Weg: Man engagierte einen privaten Nachhilfelehrer („Repetitor"), der idealerweise an der angestrebten Universität tätig war und die Zulassungsprüfungen kannte (mittleres Risiko, nicht angenommen zu werden)

c) Informeller Weg: Man nutzte seine informellen Netzwerke oder korrupte Praktiken wie Bestechung, um das formelle Zulassungsverfahren zu umgehen (geringes Risiko, nicht angenommen zu werden).

Die Auswahlprüfungen waren zwar an jeder Universität unterschiedlich, die meisten wurden aber mündlich abgehalten, sodass es großen diskretionären Spielraum gab und die Ergebnisse leichter manipulierbar waren als z. B. bei schriftlichen Aufnahmetests. Da die Prüfungen üblicherweise landesweit zur selben Zeit stattfanden, konnten sich die Bewerber in der Regel nur an einer Hochschule bewerben. Das erhöhte den Druck, die Prüfung zu bestehen. Um den wertvollen Platz zu sichern, waren daher viele Bewerber bzw. deren Eltern dazu bereit, den informellen Weg zu gehen:

> *„Both the applicants to those institutions and their parents deem it a worthwhile enterprise to offer bribes to secure a spot in these institutions.* [...] *Often much-less-qualified applicants take up spots that should have gone to more deserving students."* (Johnson 2004, S. 83f.)

Bewerber, denen dafür die Mittel oder die Kontakte fehlten, hatten das Nachsehen. Korruption und informelle Praxen bei der Hochschulzulassung hebelten die Chancengleichheit aus; die Aufnahme eines Studiums hing immer stärker von der soziökomischen Herkunft der Bewerber ab, wie folgendes Beispiel aus dem Interviewmaterial dieser Arbeit zeigt: Ein Student aus Samara erzählte, dass er eigentlich an einer großen staatlichen Universität der Stadt Jura studieren wollte. Er war einer der besten Schüler seiner Schule und besaß exzellente Noten. Er kam aber aus einem Dorf etwas außerhalb der Stadt, und seine Eltern waren weder wohlhabend noch verfügten sie über gute Beziehungen. Als er zur Auswahlprüfung seiner Wunschuniversität erschien, lachte ihn die Auswahlkommission aus und sagte, dass er für

15.000 US-Dollar (USD) gerne einen Jura-Studienplatz sichern könne. Resigniert schrieb er sich daraufhin an einer weniger renommierten Hochschule der Stadt für einen anderen Studiengang ein. Einem motivierten und intelligenten jungen Menschen, der vielleicht ein hervorragender Jurist geworden wäre, wurden seine Zukunftspläne durch Korruption verbaut.

Die systemische Korruption im Rahmen der Studienplatzvergabe an russischen und ukrainischen Hochschulen bedeutete nicht, dass grundsätzlich alle Studienbewerber für einen Studienplatz bezahlen mussten. Vielmehr war es so, dass die Massenuniversitäten für die meisten Bewerber zugänglich waren, während die guten Universitäten, und damit qualitativ hochwertige Bildung, ohne Geld oder Kontakte nahezu unerreichbar wurden.

Dieses strukturelle Problem sollte durch eine Reform des Zulassungssystems in Russland und der Ukraine durchbrochen werden, um begabten Bewerbern, die nicht über das ökonomische oder soziale Kapital zur informellen Sicherung eines Studienplatzes verfügten, Zugang zu renommierten Hochschulen und einer guten Ausbildung zu ermöglichen. Die Untersuchung der Reformen, ihrer Implementierung sowie ihrer Auswirkungen auf Korruption stehen im Mittelpunkt der Dissertation. Bildungskorruption aufzudecken, zu systematisieren und zu analysieren und ihre komplexen Ursachen, Formen und Folgen zu verstehen, ist die zentrale Aufgabe der vorliegenden Arbeit.

1.1 Gliederung

Das erste Kapitel führt in das Problemfeld Korruption ein. Der Untersuchungsgegenstand, die Bildungskorruption in Russland und der Ukraine, wird anhand des aktuellen Forschungsstandes detailliert beschrieben, um daraus ableitend das Erkenntnisinteresse und die Fragestellung zu formulieren. Das Kapitel schließt mit der Erläuterung des methodischen Ansatzes und der Beschreibung des empirischen Materials.

Bevor es zu den beiden Fallstudien geht, nähern sich das zweite und dritte Kapitel dem untersuchten Phänomen aus theoretischer Perspektive an. Der aktuell den Korruptionsdiskurs dominierende ökonomische Ansatz von Korruption als rationalem, mit dem Principal-Agent-Client-Modell erklärbarem

Tauschakt, wie ihn z. B. Klitgaard (1988) vertritt, wird erweitert um ein die postsowjetischen Spezifika besser berücksichtigendes Modell von Korruption als sozialer Beziehung nach Höffling (2002). Das in dieser Arbeit entwickelte Mehr-Ebenen-Modell von Korruption greift auch auf Ideen des neoinstitutionalistischen Korruptionskonzepts von Dietz (1998) zurück. So lassen sich nicht nur die individuellen korruptiven Handlungen der Akteure auf der Mikroebene, sondern auch die gesamtgesellschaftliche Ausbreitung der Bildungskorruption auf der Meso- und Makroebene erklären. Zugleich enthält es Ansätze für die Praxis, wie sich Korruption verringern ließe. Anschließend wird in Kapitel 3 der Kontext – Ursachen, Ausmaß, Formen und Folgen – der ubiquitären Bildungskorruption in Russland und der Ukraine erläutert.

Ausgestattet mit diesem fundierten theoretischen Hintergrund widmen sich Kapitel 4 (Russland) und 5 (Ukraine) den einzelnen Fallstudien, wobei diese einer ähnlichen Grundstruktur folgen und die Genese der untersuchten Antikorruptionsreformen in beiden Ländern nachzeichnen. Dabei steht der Implementierungsprozess der Antikorruptionsreformen im Zentrum der Betrachtung. Den Abschluss der beiden Fallstudienkapitel bildet die Analyse der Auswirkungen der Reformen, wobei der Schwerpunkt auf den Antikorruptionseffekten liegt. Dabei wird deutlich, dass sich die Reformansätze beider Länder trotz vieler äußerlicher Gemeinsamkeiten in grundsätzlichen Aspekten unterscheiden, was letztlich auch zu unterschiedlichen Reformeffekten führt.

In Kapitel 6 werden beide Fallstudien hinsichtlich Implementierung, Output und Outcomes der Reform systematisch analysiert und verglichen, um im folgenden Schritt Gemeinsamkeiten und Unterschiede beider Ansätze auszuarbeiten. Gegenwärtige Probleme und Herausforderungen für die Reformen in beiden Ländern runden diesen Teil der Arbeit ab.

Abschließend werden die gewonnenen Erkenntnisse in Kapitel 7 im breiteren Kontext der aktuellen (Anti-)Korruptionsforschung diskutiert und die Ursachen für die unterschiedlichen Reformeffekte erklärt, was auch für die Praxis von Relevanz ist.

1.2 Forschungsstand

Obwohl Korruption bereits im babylonischen „Codex Hammurabi", einer der ersten menschlichen Sammlungen von Rechtssprüchen aus dem 18. Jahrhundert v. Chr., erwähnt wird und somit seit Jahrtausenden bekannt ist, begann die wissenschaftliche Aufarbeitung dieses Phänomens erst in den 1960er Jahren. Inzwischen lässt sich die Vielzahl an interdisziplinären Abhandlungen zum Thema kaum noch überblicken. Doch trotz ihrer jahrzehntelangen Tradition und ihrer Interdisziplinarität stößt die Korruptionsforschung bei der Begriffsbestimmung sowie der Messung von Korruption an ihre Grenzen. Weder gibt es eine einheitliche und allgemein gültige Definition – die für die vorliegende Arbeit verwendete Definition wird zu Beginn des theoretischen Kapitels erarbeitet – noch exakte Messinstrumente zur Erfassung der Korruption.

Es folgt ein Überblick über die einschlägige Literatur zu Korruption im Allgemeinen, bevor die Forschung zu Korruption und Antikorruptionsmaßnahmen im postsowjetischen Raum aufgearbeitet und schließlich die Literatur zu Bildungskorruption zusammenfasst und eingeordnet wird.

Als Klassiker der Korruptionsforschung gilt Arnold J. Heidenheimers Sammelband „Political Corruption", der 1970 erschien und aufgrund seiner großen Popularität zwei Mal (1989 und 2007) aktualisiert und erweitert wurde. Anders als der Titel vermuten lässt, handelt es sich um einen interdisziplinären Sammelband, der unterschiedliche Definitionen, Konzepte, Theorien und Regionen beleuchtet.[5] Ende der 1970er Jahre erschien mit Susan Rose-Ackermans „Corruption. A study in political economy" (1978) das Werk, das die theoretische Debatte in den kommenden zwei Jahrzehnten vermutlich am meisten prägte. Sie betrachtet Korruption aus einem ökonomischen Blickwinkel und sieht darin in erster Linie einen Tauschakt, der mithilfe eines aus der Rational-Choice-Theorie bekannten Principal-Agent-Ansatzes erklärt wird. Laut Rose-Ackermans Austauschlogik entstünde Korruption immer dann, wenn mindestens zwei Akteure in einer bestimmten Situation eine korrupte Handlung als rationalste Handlungsalternative begreifen, bei der der Nutzen

5 Ein ähnlich umfassendes Werk in deutscher Sprache ist der von Alemann (2005) herausgebrachte Sonderband „Dimensionen politischer Korruption".

ihrer Handlung die Kosten übersteigt. Diese Handlungstheorie greift auch Robert E. Klitgaard auf, dessen praxisorientiertes Buch „Controlling Corruption" (1988) wegweisend für die 1990er Jahre, das „Jahrzehnt der Korruptionsbekämpfung", werden sollte. Klitgaard sieht die an Korruption beteiligten Personen ebenfalls als rational denkende und handelnde Akteure und formuliert die prägnante Gleichung: Corruption = Monopoly + Discretion - Accountability (1988, S. 75). Daraus leitet er ab, dass man die Kosten für die Akteure durch veränderte Anreizstrukturen – durch Begrenzung von Macht, weniger Diskretion und stärkere Kontrolle und Rechenschaftspflichten – erhöhen müsse, um Korruption einzudämmen.

Während zu Beginn der Erforschung von Korruption diese häufig noch als funktional für den gesellschaftlichen Modernisierungsprozess angesehen und mit positiven Effekten verbunden wurde, wie z. B. aus den Arbeiten von Nye (1967) oder Leff (1964) hervorgeht, manifestierte sich spätestens mit den viel beachteten Aufsätzen „Corruption" von Shleifer und Vishny (1993) sowie „Corruption and growth" von Mauro (1995) ein Verständnis von Korruption als dysfunktionalem Entwicklungshindernis. Stellvertretend für den Versuch, die Ursachen von Korruption mithilfe quantitativer Studien zu eruieren, stellt Treismans „The causes of corruption" (2000) dar. Allerdings basiert seine Arbeit wie die Mehrzahl der auf quantitativen Daten beruhenden internationalen Vergleichsstudien auf Korruptions*wahrnehmungs*indizes und makroökonomischen Variablen, die das Phänomen nur äußerst oberflächlich und unscharf erfassen und daher zunehmend kritisiert werden (Lugon-Moulin 2010; Rose und Mishler 2010; Olken 2009; Sík 2002; Knack 2007).

Die stark ökonomisch geprägte Korruptionsforschung griff im Zuge der aufstrebenden Neuen Institutionenökonomik (North 1990; Scott 1995; Helmke und Levitsky 2004; Meyer 2008b) in jüngerer Zeit stärker auf deren Ansätze zurück (Lambsdorff 2007; Johnston 2005; Uslaner 2008; Gel'man 2012; Lambsdorff et al. 2005; Lauth 1999; Dietz 1998; Aidt 2009).[6] Die Institutionenökonomik-basierte Korruptionsforschung berücksichtigt explizit auch kulturelle, normative, historische und soziale Aspekte wie z. B. Vertrauen, ethische Verhaltenskodizes oder Reziprozitätsnormen und ermöglicht dadurch

6 Ein guter Überblick über diesen stetig wachsenden Forschungsstrang findet sich in Pech (2009).

ein besseres Verständnis der Problematik, da Korruptionsursachen häufig nicht nur unmittelbar in rational-ökonomischen Überlegungen liegen, sondern auch im soziokulturellen Kontext. Dabei verneinen diese Arbeiten nicht die rationalen Motive hinter korruptiven Handlungen, sondern ergänzen sie dort, wo die ökonomischen Modelle nicht greifen; denn wie Tanzi richtig festhält:

> *„Some public officials will be corrupt perhaps because of their own psychological or moral makeup, or because some of the bribes offered may be too large for some officials to resist.* [...] *Not all officials respond in the same way to the same incentives."* (Tanzi 1998, S. 572)

Einen dezidiert soziologischen Blickwinkel wählt die Arbeit von Höffling (2002), der Korruption als „soziale Beziehung" versteht, die nicht aus ökonomischen Motiven entstünde, sondern vielmehr ein Handlungsresultat aus den komplexen sozialen Strukturen und Beziehungen sei.

Was die Determinanten von Korruption angeht, gibt es inzwischen eine kaum noch überschaubare Anzahl an Arbeiten. Dabei lässt sich grundsätzlich in ökonomische, politische bzw. institutionelle sowie soziale Faktoren unterscheiden (vgl. Tabelle 1).

Tabelle 1: Determinanten von Korruption

Economic Factors	Political & Legal Factors	Social Factors
Competition Shleifer und Vishny (1993); Ades und Di Tella (1997)	**Accountability** Henisz (2000)	**Culture** Paldam (2002); Banuri und Eckel (2012)
Economic freedom Paldam (2002); Goel und Nelson (2005)	**Administrative / political inefficiency** Gupta et al. (2000)	**Education** Treisman (2000); Uslaner und Rothstein (2016); Truex (2011); Ades und Di Tella (1999)
Economic growth Paldam (2002)	**Anti-corruption policy** Hanna et al. (2011); Shah (2007); Krastev (2004)	**Ethical separation** Mauro (1995); Treisman (2000)
Globalization / International Integration Sung und Chu (2003); Sandholtz und Koetzle (2000)	**Bureaucracy** Tanzi (1998); Kaufmann und Wei (1999)	**Ethics** Treisman (2000); Homann (1997)
Income distribution Paldam (2002); Gupta et al. (1998)	**Civil participation and press freedom** Shen und Williamson (2005); Mungiu-Pippidi (2015); Stapenhurst (2000)	**Gender** Sung und Chu (2003);
Inflation Braun und Di Tella (2004); Paldam (2002); Treisman (2007)	**Communist past** Miller et al. (2001); Holmes (2006); Obydenkova und Libman (2015)	**Geography / History** Goel und Nelson (2008); Knack und Azfar (2003)
Natural resource Ades und Di Tella (1999); Leite und Weidmann (1999)	**Decentralization** Shleifer und Vishny (1993); Rose-Ackerman (1999); Treisman (2000); Paldam (2002)	**Human development** Rose-Ackerman und Truex (2012)
Openness / Transparency Paldam (2002); Rose-Ackerman (1996)	**Delegation of power** Klitgaard (1988); Ades und Di Tella (1997)	**Migration** Dimant et al.
Per capita income Braun und Di Tella (2004); Serra (2006)	**Democracy** Ades und Di Tella (1997); Treisman (2007); Rose-Ackerman (1999); Sandholtz und Koetzle (2000)	**Population size** Knack und Azfar (2003)
Poverty Gupta et al. (1998)	**Government size** Goel und Nelson (1998)	**Religion** Treisman (2000); Paldam (2002)
Regulations Tanzi (1998); Treisman (2000)	**Legal systems** Ades und Di Tella (1997); Theobald (1990)	**Trust** Uslaner (2004); Graeff (2005); Rothstein und Eek (2009)
Taxation Tanzi (1998)	**Penalty system** Shleifer und Vishny (1993); Tanzi (1998)	**Urbanization** Treisman (2000)
Trade openness Ades und Di Tella (1999); Treisman (2000)	**Political competition** Rose-Ackerman (1999); Shleifer und Vishny (1993); Braun und Di Tella (2004)	**Values** Truex (2011)
Wages Weder und van Rijckeghem (1997); van Veldhuizen (2013); Tanzi (1998)	**Political instability** Treisman (2000); Leite und Weidmann (1999)	
	Property rights Acemoglu und Verdier (1998)	

Quelle: Zusammengestellt nach Dimant (2013, S. 14) mit eigenen Ergänzungen.

Korruption im postsowjetischen Raum

Mit dem Zerfall der Sowjetunion rückten die postsowjetischen Länder stärker in den Fokus der Korruptionsforschung. Trotzdem ist Korruption im postsowjetischen Raum in der Fachliteratur noch immer unterrepräsentiert (Schmidt 2007).

Eine Reihe von wissenschaftlichen Arbeiten beleuchtet den Zusammenhang von Korruption und postsowjetischer Transformation (Åslund 2002; Wedel 2003; Volkov 2002; Varese 2001; Cheloukhine und Haberfeld 2011). Der Transformationsprozess in den postsowjetischen Staaten schuf nicht nur vielfältige Freiräume für Korruption, sondern auch eine neue Schicht von sog. Oligarchen, die sich in den 1990er Jahren auf Kosten der Allgemeinheit bereicherten und zu einflussreichen wirtschaftlichen und politischen Akteuren aufstiegen (Pleines 2005b; Stewart et al. 2012). Hervorzuheben ist die Arbeit von Hellman et al. (2000a), die dem postsowjetischen Phänomen der Aneignung staatlicher Strukturen durch wirtschaftliche Akteure einen Namen gab: *state capture*. Durch informelle Praxen und ihre Nähe zur Politik wirkten die Oligarchen massiv zu ihren Gunsten auf Privatisierungsauktionen und Gesetzgebungsprozesse ein, setzten auf ihre Unternehmen zugeschnittene Gesetze durch und übernahmen somit de facto die Kontrolle über die staatlichen Institutionen.[7]

Miller et al. (2001) gehen in ihren Fokusgruppendiskussionen nicht dieser *grand corruption* auf den höchsten staatlichen Ebenen nach, sondern der Alltagskorruption zwischen einfachen Bürgern und Beamten. Sie untersuchen, inwieweit sich in Ostmitteleuropa eine „Kultur der Korruption" ausgebildet hat. Morris und Polese (2014b) beleuchten die postsozialistische informelle Ökonomie – schätzungsweise bis zu 50% der ukrainischen und der russischen Wirtschaft zählen zum informellen Sektor – und wie sich die Informalität auf den Alltag der Menschen auswirkt. Der Sammelband „Political corruption in transition" von Kotkin und Sajó (2002) geht u. a. der Frage nach, weshalb kommunistisch und klientelistisch geprägte Gesellschaften korruptions-

---

7 Die unter Präsident Putin in Russland ebenfalls nicht immer nach rechtsstaatlichen Kriterien durchgeführte Re-Privatisierung und Zunahme der staatlichen und bürokratischen Kontrolle über Schlüsselbereiche der Wirtschaft wird analog als *business capture* bezeichnet (Yakovlev 2006).

anfällig sind. Klientelistische und informelle soziale Netzwerke[8] als „Fundament" für Korruption thematisieren implizit auch die Arbeiten von Ledeneva: In ihrer viel beachteten empirischen Studie „Russia's economy of favors. Blat, networking and informal exchange" (1998) untersucht sie die historischen, sozioökonomischen und kulturellen Aspekte des (postsowjetischen) *Blat* – informelle Netzwerke, die in der sowjetischen Mangelwirtschaft zur Beschaffung defizitärer Güter unter Umgehung formaler Regeln und Prozeduren entstanden. Die teils über Jahrzehnte gewachsenen Blat-Netzwerke überstanden die postsowjetische Monetarisierung und existieren heute als Gefälligkeitsnetzwerke weiter, die u. a. Zugang zu exklusiven, häufig nicht käuflichen Dienstleistungen schaffen – wie z. B. Studienplätzen an renommierten Hochschulen.

Zwei weitere Arbeiten problematisieren die kommunistische Vergangenheit des postsowjetischen Raumes: Karklins' (2005) „The system made me do it" macht drei postkommunistische Korruptionstypen aus: (systemische) Alltagskorruption (meist Bestechung zur Umgehung von Regeln), Korruption öffentlicher Institutionen (z. B. Selbstbedienung aus öffentlichen Mitteln durch Beamte) sowie politische Korruption (z. B. Missbrauch legislativer Macht). Obydenkova und Libman (2015) weisen am Beispiel Russlands nach, dass die Mitgliedschaft in der Kommunistischen Partei der Sowjetunion (KDPSU) ein pfadabhängiger[9] korruptionsfördernder Faktor ist: In den russischen Regio-

---

8 Der Sammelband „Soziale Netzwerke und soziales Vertrauen in den Transformationsländern" (Roth 2007a) geht dem geringen institutionellen Vertrauen und den Implikationen für die postsozialistische Region nach. Das im Sozialismus entstandene Misstrauen gegenüber dem Staat und seinen Institutionen sei ursächlich dafür, dass Vertrauen primär in informelle Netzwerke investiert werde, die wiederum Korruption begünstigten.

9 Die Neue Institutionenökonomik geht davon aus, dass die Entwicklung von Gesellschaften im Wesentlichen auf deren institutionellem Gefüge basiere (Acemoglu und Robinson 2012) und die Entwicklung der Institutionen pfadabhängig und entsprechend das heutige Korruptionsausmaß historisch bedingt sei. Unter Pfadabhängigkeit wird dabei verstanden, „*dass ein historisches institutionelles Erbe die Auswahl der Möglichkeiten bei der institutionellen Innovation begrenzt. Änderungen, die vorgenommen werden, sind zwar von ihrem Ergebnis her nicht vorbestimmt, aber auch nicht rein zufällig*" (Gruševaja und Eickhof 2007, S. 4). Hedlund (2005) weist für Russland nach, dass die Gesellschaft auf informellen Institutionen wie dem „Kormlenie" basiert (ausführlich dazu in Kapitel 3.3.2), die Korruption förderten. Suhara (2004) arbeitet die Geschichte der Korruption in Russland ab dem 10. Jahrhundert auf, während Brovkin (2003) sich mit der russischen Korruption im 20. Jahrhundert beschäftigt.

nen, in denen es gemessen an der Bevölkerung mehr Parteimitglieder gab, liege heute die Korruptionsbereitschaft höher als in den Landesteilen, die weniger Parteimitglieder verzeichneten.

Ein Erbe der kommunistischen Ära ist die enge Verflechtung von Staat und Wirtschaft, die zwangsläufig zu Interessenkonflikten führe und „parochiale Korruption" fördere, wie die Arbeiten von Stykow (2006; 2004) nahelegen. Ihr zufolge seien in Russland weniger die fehlerhaften Reformen und intransparenten Privatisierungen der Transformationsphase für das hohe Korruptionsausmaß ursächlich, sondern die unvollständige Ausdifferenzierung der Bereiche Wirtschaft und Politik, die *trotz* der liberalen Reformen weiterhin eng verzahnt geblieben und unter Putin wieder näher aneinander gerückt seien.

Die hohe Toleranz der Bevölkerung gegenüber Korruption habe laut Rimskii (2013) inzwischen aus Korruption eine *informelle Norm* gemacht (zum Zusammenhang von informellen Normen und Korruption im postsowjetischen Raum siehe auch Grødeland (2010a)). Gel'man (2012) beobachtet eine *informal institutionalization* im postkommunistischen Russland: *Subversive* Institutionen mit negativen Effekten, z. B. Klientelismus, Korruption oder selektive Rechtsanwendung, verhinderten die Entstehung von *inklusiven* Institutionen (Acemoglu und Robinson 2012), die positive gesellschaftliche Effekte erzielen könnten; die Korruption setze sich immer stärker fest.

Diesen Effekt belegen auch die empirischen Arbeiten von Satarov, der am renommierten Moskauer INDEM-Institut arbeitet, das seit Jahren für qualitativ hochwertige Korruptionsforschung steht. Die INDEM-Umfragedaten zeigen, dass die russischen Bürger von Beamten korruptes Verhalten erwarten, während Beamte sich dazu legitimiert sehen, informelle Einnahmen aus ihrem Amt zu erwirtschaften. „*The outcome is a society where corruption becomes part of the social norms of everyday life.*" (Levin und Satarov 2000, S. 130). 2013 gab Satarov mit dem 750 Seiten umfassenden Sammelband „Russische Korruption: Niveau, Struktur und Dynamik. Ergebnisse einer soziologischen Analyse" (Satarov 2013) das bisher wohl umfangreichste Werk zu Korruption in Russland heraus. Darin wird auf Grundlage der von INDEM erhobenen Daten der letzten 15 Jahre Korruption auf allen Ebenen und in unterschiedlichen Bereichen beleuchtet, von *grand corruption* in Wirtschaft und Politik bis zur *petty corruption* zwischen einfachen Bürgern und Beamten im

Justiz-, Gesundheits- und Bildungssektor. Das Material von INDEM ist insofern einzigartig im postsowjetischen Raum, als dass es über einen längeren Zeitraum erhoben wurde, ohne dass sich die vom Institut spezifisch ausgearbeitete Methodik verändert hat. Mit den Längsschnittdaten können die Autoren belegen – entgegen der weitläufigen Meinung, die „chaotischen" 1990er Jahre seien besonders korrupt gewesen –, dass Korruption in der Wirtschaft, aber auch in einigen Alltagsbereichen stetig angestiegen ist. Trotz der umfangreichen und detaillierten Analyse stellt Satarov fest, dass es bisher noch zu wenig Wissen über Korruption gebe, vor allem darüber, wie sich spezifische Gegenmaßnahmen tatsächlich auf die Korruptionspraxis auswirken.

Dass Korruption im heutigen Russland weit verbreitet ist, hat auch viel mit der schwachen Sanktionierung zu tun: Wie Skoblikov (2006) anhand der Auswertung von Gerichtsurteilen zeigen konnte, erhielt 2005 zwar jeder zweite nach Art. 158, Abs. 3 („Diebstahl") des Strafgesetzbuches der Russischen Föderation (UKRF) verurteilte Dieb eine Haftstrafe. Aber 64% der nach Art. 290, Abs. 1 UKRF („Bestechungsannahme") und sogar 100% der nach Art. 291, Abs. 3 UKRF („Bestechungsannahme von Staatsbediensteten") verurteilten Personen erhielten nur Bewährungsstrafen – selbst für den Fall, dass Ermittlungen eingeleitet werden, müssen korrupte Akteure also kaum mit ernsthaften Sanktionen rechnen.

Im Unterschied zu Russland ist Korruption in der Ukraine bisher deutlich weniger erforscht, und der Schwerpunkt der meisten Arbeiten liegt auf der Ebene der *grand corruption*. Infolge des Zusammenbruchs des Janukovyč-Regimes wurden unzählige Dokumente zugänglich, die das hohe Korruptionsausmaß an der Spitze des Staates belegen (Bullough 2014, S. 14) und vermutlich eine Korruptionsforschung in der Tradition von Darden (2002) beleben werden. Dieser zeichnet in seiner Arbeit „Graft and Governance. Corruption as an Informal Mechanism of State Control" die informelle und auf Korruption basierende Politik des ehemaligen ukrainischen Präsidenten Leonid Kučma nach. Auch Pleines (2005b; 2010; 2012), Zimmer (2005) und Åslund (2014) thematisieren klientelistische Elitennetzwerke und belegen in ihren Arbeiten, wie wirtschaftspolitische Akteure ihre Macht durch informelle Praxen sichern und ausbauen. Im Gegensatz dazu betrachtet Polese (2008; 2009) die Ebene der Alltagskorruption und untersucht, wie informelle Reziprozitätsnormen – z. B. obligatorische Geschenke an Bedienstete im Gesundheits- und Bildungssektor – zu Korruption beitragen. Čábelková und Hanousek (2004) weisen nach, dass in der Ukraine das Korruptionsniveau stark von der Korruptionsperzeption abhängig ist: Je korrupter eine Institution wahrgenommen werde, umso größer sei die Wahrscheinlichkeit, dass Personen, die mit diesen Institutionen interagieren, selbst korrupt handelten. Einen umfassenden Überblick über Korruption in der Ukraine bietet die Studie „Corruption in Ukraine 2012" (Institute for Advanced Humanitarian Research 2012). Neben dem Ausmaß der Korruption in unterschiedlichen öffentlichen und privaten Sektoren werden die Ursachen für die weit verbreitete Korruption – hauptsächlich der fehlende politische Wille zu ihrer Bekämpfung – diskutiert und potenzielle Gegenmaßnahmen erörtert.

Antikorruption im postsowjetischen Kontext

Stand zu Beginn der Korruptionsforschung die theoretische Erklärung des Phänomens im Vordergrund, wanderte der Fokus nicht zuletzt durch den Zusammenbruch der Sowjetunion und die Transformation der postsowjetischen Gesellschaften und Institutionen immer stärker auf praxisrelevante Antikorruptionsmaßnahmen im Zuge von *Good Governance*-Reformen (Mungiu-Pippidi 2015; Hellman et al.; Melville und Mironyuk 2015; Rose-Ackerman 2004; Kasemets 2012; Hough 2013). In den 1990er Jahren entstand eine globale Antikorruptionsbewegung, die kritische auch als „Anti-Korruptions-*industrie*" bezeichnet wird (Sampson 2012). Zunächst stand vor allem das *awareness raising* im Fokus, z. B. durch die 1993 gegründete Nichtregierungsorganisation „Transparency International" (TI). Ab Mitte des Jahrzehntes rückten dann zunehmend internationale Normen gegen Korruption in den Vordergrund, wie die „OECD Anti-Bribery Convention" (1997) oder die „United Nations Convention against Corruption" (2005), die inzwischen von 177 Staaten ratifiziert wurde. Damit wurde die Grundlage für Anti-Korruptionsreformen gelegt und der Druck auf die internationale Staatengemeinschaft erhöht, diese umzusetzen. Ende der 1990er Jahre setzte die Phase der Implementierung von Antikorruptionsmaßnahmen ein (Tisné und Smilov), in die auch der Analyserahmen der vorliegenden Arbeit fällt.

Bisher ist die Literatur zu Antikorruption im postsowjetischen Raum noch übersichtlich. Die wenigen vorhandenen Studien kommen trotz nunmehr zweieinhalb Jahrzehnten des internationalen Kampfes gegen Korruption durch zahlreiche Konventionen, Gesetze und Initiativen zu dem Schluss, dass die bisherigen Maßnahmen weitgehend ineffektiv geblieben seien (Mungiu-Pippidi 2006) und Korruption im postsowjetischen Raum weiterhin sehr verbreitet sei (Grødeland und Aasland 2011; Tisné und Smilov). Mungiu-Pippidi sieht eine Ursache für das Scheitern vieler Antikorruptionsmaßnahmen in der Zusammenfassung unterschiedlicher Phänomene unter einem Korruptionsbegriff:

> „*In fact, what we label corruption in these countries is not the same phenomenon as corruption in developed countries. In the latter, the term corruption usually designates individual cases of infringement of the norm of integrity. In the former, corruption actually means particularism' – a mode of social organization characterized by the regular distribution of public goods on a nonuniversalistic basis that mirrors the vicious distribution of power within such societies.*" (Mungiu-Pippidi 2006, S. 86f.)

Ein Teil der Literatur zu Antikorruption in postkommunistischen Staaten kritisiert, dass Antikorruptionsreformen zu stark auf ökonomischen Rational-Choice-Konzepten á la Rose-Ackerman (1978) oder Klitgaard (1988) basierten. In dieser Region sei die ubiquitäre Korruption jedoch weniger ein rationaler Tauschakt als vielmehr eine gesellschaftliche Norm, und damit auch kein Problem individueller Devianz, sondern vielmehr ein Problem des kollektiven Handelns, weshalb viele Reformen auf falschen Grundannahmen basierten und daher nicht greifen würden:

> „*While contemporary anticorruption reforms are based on a conceptualization of corruption as a principal-agent problem, in thoroughly corrupt settings, corruption rather resembles a collective action problem. This, in turn, leads to a breakdown of any anticorruption reform that builds on the principal-agent framework, taking the existence of noncorruptible so-called principals for granted.*" (Persson et al. 2013, S. 449)

Auch internationale Akteure wie die Weltbank oder der Internationale Währungsfonds (IWF), deren Antikorruptionspolicies zunächst vor allem auf ökonomischen Annahmen gründeten, kamen zu dem Ergebnis, dass diese im postsowjetischen Raum nicht greifen würden. Daniel Kaufman, ehemals Programmdirektor für Antikorruption bei der Weltbank, musste eingestehen: „*Much was done, but not much was accomplished. What we are doing is not working*" (Naím 2005, S. 96). Offensichtlich scheiterten die auf ökonomischen

Überlegungen fußenden „One-size-fits-all"-Lösungen an ihrer Unfähigkeit, lokale und kulturelle Spezifika zu berücksichtigen: „*One of the key lessons that needs to be learnt* [...] *is that context matters.*" (Hough 2013, S. 30). So kommt z. B. Grødeland (2010b) zu dem Schluss, dass die auf internationalen Druck erfolgten ukrainischen Antikorruptionsmaßnahmen nicht den lokalen Kontext berücksichtigt hätten, und sieht darin die Hauptursache für deren Scheitern.

Die Opponenten des „Rational-Choice"-Paradigmas sehen Korruption als soziokulturelles Phänomen (Cheloukhine und Haberfeld 2011), „kulturelle Praxis" (Brovkin 2003) oder „Norm" (Rimskii 2013), woraus sich Implikationen für Antikorruption ergäben: Diese Form der Korruption lasse sich nicht einfach durch ökonomische Anreize aus der Welt schaffen. Grødeland stellt auf Grundlage ihrer umfangreichen empirischen Studien die These auf, dass die soziokulturellen Faktoren ein „*considerable obstacle to effective anti-corruption policies in post-communist Europe*" (Grødeland 2010a, S. 156) darstellten. Der Kampf gegen Korruption könne nicht durch eine Verschärfung der Gesetze gewonnen werden, sondern durch einen mithilfe von politischer Bildung und Aufklärung erwirkten Mentalitätswandel – erst auf dessen Grundlage könnten „klassische" Antikorruptionsmaßnahmen wie die Stärkung des Rechtsstaats und Strafverfolgung effektiv greifen. Ein universelles Erfolgsrezept für Antikorruptionsmaßnahmen gibt es nicht, da sie stets kontextabhängig erfolgen sollten (Hanna et al. 2011). In den letzten Jahren haben sich dennoch einige zentrale Bedingungen für effektive Antikorruptionsinstitutionen herauskristallisiert:

> „*Lessons learned show that capable anti-corruption agencies tend to be well-resourced, headed by strong leadership with visible integrity and commitment, and situated amongst a network of state and non-state actors who work together to implement anti-corruption interventions.*" (UNDP 2011a, S. 3)

Ein zentrales Problem im postsowjetischen Raum ist der fehlende politische Wille, Korruption zu bekämpfen – abgesehen von Georgien (The World Bank 2012) blieben konsequente Maßnahmen gegen Korruption in den Staaten der Region zumeist Lippenbekenntnisse. Oft seien die Verantwortlichen der Aufgabe nicht gewachsen: „*those in charge of enforcing the laws are neither of high enough quality nor adequately equipped for the task.*" (Grødeland

2010a, S. 155). Rothstein vermisst „Big-Bang"-Ansätze, um die ubiquitäre Korruption einzudämmen: „*It is unlikely that small institutional devices can set in motion a process towards establishing ‚good governance' in countries were corruption is systemic*" (Rothstein 2011, S. 228). Postsowjetische Gesellschaften zeichneten sich durch niedriges institutionelles bzw. generalisiertes Vertrauen aus (Roth 2007a). Um das Vertrauen wieder herzustellen, brauche es einen breiten und „revolutionären" Institutionenwandel. Ein Big-Bang-Ansatz sei entscheidend „*to change agents' beliefs about what' all' the other agents are likely to do when it comes to corrupt practices*" (Rothstein 2011, S. 246). Rothstein bleibt jedoch eine Erklärung schuldig, wie dieser Ansatz im postsowjetischen Raum umgesetzt werden könnte, wo die Eliten selbst am meisten von Korruption profitieren und kein Interesse an ihrer Bekämpfung haben (Pleines 2001; Sajó 1998). Wo die politischen Eliten Korruption zu ihrem *mode of (informal) governance* (Gel'man 2012) gemacht haben, wie in Russland unter Putin oder der Ukraine unter Janukovyč, würden Antikorruptionsmaßnahmen entweder selektiv gegen Opponenten eingesetzt oder sie würden lediglich simuliert (Orttung 2014; Coulloudon 2002).

Wirkungsvolle Antikorruptionsmaßnahmen sollten idealerweise gemeinsam durch staatliche Anstrengungen „von oben" und zivilgesellschaftliche Initiativen „von unten" koordiniert und durchgeführt werden – zu diesem Ergebnis kommen Steves und Rousso in ihrer Studie über Antikorruptionsprogramme in 24 postkommunistischen Ländern:

> „*Where anti-corruption programs are applied from the top-down, without adequate transparency and sufficient participation of civil society groups in both the formulation and monitoring of the initiatives, they may be a smokescreen for inaction rather than a sincere attempt to reduce levels of corruption.*" (Steves und Rousso 2003, S. 29)

Fehlt der politische Wille, effektiv gegen Korruption vorzugehen, übernimmt die Aufgabe der Korruptionsbekämpfung zunehmend die Zivilgesellschaft[10],

[10] Unter dem Begriff Zivilgesellschaft wird allgemein „*the realm of organized social life that is voluntary, self-generating, (largely) self-supporting, autonomous from the state, and bound by a legal order or set of shared rules*" (Diamond 1994, S. 5) verstanden. Sie ist eine intermediäre Entität zwischen dem Staat und seinen Bürgern und wird getragen von „*citizens acting collectively in a public sphere to express their interests, passions, and ideas, exchange information, achieve mutual goals, make demands on the state, and hold state officials accountable*" (Diamond 1994, S. 5).

die sich nach dem Zusammenbruch der Sowjetunion in den Nachfolgestaaten unterschiedlich entwickelt ha (Grimes 2008; Holmes 2010; Hough 2013; Schmidt-Pfister 2009, 2010; Wolf und Schmidt-Pfister 2010). Auch laut der Organisation für Wirtschaftliche Zusammenarbeit und Entwicklung (OECD) übernähmen zivilgesellschaftliche Organisationen in der Korruptionsbekämpfung elementare Funktionen:

> *„Channeling information from citizens to the State to design appropriate strategies, enrolling the participation and support of citizens and enterprises in the implementation of anti-corruption policies, maintaining pressure for a political commitment against corruption, while ensuring that anti-corruption drives are really rooted in public interest."* (OECD 2003, S. 27)

Die Zivilgesellschaft sei der *„key agent in fostering* [...] *anti-corruption in post-communist countries*" (Schmidt 2007, S. 211), und der Rückgang der Korruption sei laut Orlova (2008) nur möglich, wenn eine starke Zivilgesellschaft sich dafür engagiere.

Was die bisherige Antikorruptionsliteratur zum postsowjetischen Raum eint, ist dass ihr *„overall focus, however, seems to be more on explaining the lack of success rather than studying the anti-corruption measures themselves in systematic* [...] *ways*" (Schmidt 2007, S. 216).

Bildungskorruption

Im wissenschaftlichen Diskurs wird Korruption im Bildungssektor, kurz Bildungskorruption, bisher nur am Rande thematisiert. Das geringe Interesse steht in krassem Widerspruch zur Relevanz des Themas: Zum einen gehört Bildung zu den wichtigsten staatlichen Aufgaben und den größten Ausgabenposten; zum anderen ist der Bildungsbereich besonders stark von Korruption betroffen. Transparency International hat das Thema Bildungskorruption 2013 mit dem „Global Corruption Report 2013: Education" (Transparency International 2013b) auf die globale Agenda gesetzt, und es ist anzunehmen, dass die wissenschaftliche Beschäftigung mit der Thematik zunehmen wird.

Die Forschung zu Bildungskorruption ist noch sehr jung: Die ersten Publikationen erschienen in den Nuller Jahren (Chapman 2002; Waite und Allen 2003; Heyneman 2004; Hallak und Poisson 2005; Rumyantseva 2005).

Bildungskorruption kann in unterschiedlichen Bereichen auftreten, etwa in der Hochschuladministration, bei der Auftragsvergabe, Akkreditierung, Lizenzierung, aber auch in Zusammenhang mit der Lehre. Rumyantseva (2005) unterscheidet in ihrer „Taxonomy of Corruption in Higher Education“ zwischen Korruptionsformen, die Schüler und Studenten direkt betreffen („Education specific corruption“), und solchen, die sie nicht direkt betreffen („Administrative Corruption“). Chapman (2002) macht Bildungskorruption auf fünf Ebenen aus, die vom zentralen Ministerium bis hinunter auf die Klassenraum-/Kursebene reichten. Eine umfangreiche Übersicht der Bereiche und Formen von Bildungskorruption sowie ihrer Konsequenzen liefern Hallak und Poisson (2005, S. 5f.). Konkrete Beispiele, von Nepotismus über den Verkauf von Diplomen bis hin zu sexueller Erpressung, bietet der Sammelband von Heyneman (2009).

Die Folgen von Bildungskorruption werden vorrangig negativ beurteilt: „*It has detrimental consequences on the quality of education, the student's morals, the future opportunities for students, and quality of future leadership.*“ (Rumyantseva 2005, S. 91). Bildungskorruption verletze nicht nur das universelle Menschenrecht auf Bildung, sondern reproduziere soziale Ungleichheiten (Luk'yanova 2012), wenn nicht die Fähigkeit der Lernenden, sondern ihr soziales oder finanzielles Kapital über Bildungserfolge entscheide. Bildungsabschlüsse würden durch ihre Käuflichkeit entwertet und verlören ihre Funktion (Heyneman et al. 2008). Eine Gefahr von Bildungskorruption liege in der Internalisierung von Korruption in einem prägenden Lebensabschnitt:

> „*The real damage to a society occurs when entire generations of youth are mis-educated – by example – to believe that personal success comes not through merit and hard work, but through favoritism, bribery, and fraud.*“ (Chapman 2002, S. 2)

Für Russland warnen Galickij und Levin: „*Wenn es uns nicht gelingt, die Korruption im heutigen Bildungssystem zu senken, riskiert unsere Gesellschaft, sich in ein Kastenwesen zu verwandeln.*“ (Galickij und Levin 2008a, S. 117). Denn in der Regel seien die ärmsten und bereits sozial benachteiligten Schichten von Bildungskorruption betroffen (Sahlberg 2009, S. 7) und im Unterschied zu anderen Korruptionsformen überwiegend jüngere Altersgruppen wie Schüler und Studierende, die sich schlechter zu Wehr setzen könnten als Erwachsene (Ochse 2004).

Nachhaltig negativ wirkt sich Korruption beim Zugang zu Hochschuleinrichtungen aus, ein Problem vieler Staaten: „*Because of the lack of modern methods and technologies, the selection systems to higher education are riddled with bribery*" (Heyneman 2004, S. 647). Laut Klitgaard (1986) liege jedoch genau in der meritokratischen Elitenselektion ein Grundstein für wirtschaftliche Entwicklung. Piñera und Selowsky (1981) zufolge könnten Entwicklungsländer ihr Bruttoinlandsprodukt um fünf Prozentpunkte steigern, wenn sie ihre Eliten nicht nach sozialem Status, sondern nach meritokratischen Kriterien auswählen würden.

Heynemann, der in den 1990er Jahren für die Weltbank Bildungsreformen in den postsozialistischen Staaten begleitete, kommt zu der Annahme, dass Bildungskorruption in dieser Region deutlich zugenommen habe. In der Sowjetunion sei sie „*modest by comparison to the level today*" (Heyneman et al. 2008, S. 21) gewesen; inzwischen habe sie sich zu einem „systemischen" Problem (Galickij und Levin 2008b) bzw. einer „Routine" (Temple und Petrov 2004) entwickelt. Das belegen zum Beispiel Preislisten für Noten, die Klein (2010) an einigen russischen Universitäten vorfand

Osipian hat die Forschung zu Bildungskorruption in Russland und der Ukraine in den letzten Jahren mit zahlreichen Publikationen (Osipian 2012b; 2012a; 2011; 2009a; 2009b) vorangetrieben. Sie zeigen die vielfältigen Formen von Bildungskorruption an russischen und ukrainischen Hochschulen, die den korrupten Erwerb von Studienplätzen, Leistungsnachweisen und Diplomen bis hin zu Doktortiteln umfassen. Für Russland stammt die bisher umfangreichste Arbeit zum Thema von Zaborovskaja et al. (2004), die u. a. die unterschiedlichen informellen Praxen bei der Hochschulzulassung untersuchen, wie Bestechung, Blat oder den Nachhilfeunterricht Repetitorstvo, der häufig alle Eigenschaften von Korruption besitzt (ausführlicher zu dieser im postsowjetischen Raum verbreiteten Praxis siehe Büdiene et al. 2006). Im Schnitt etwa 20% der Studienplätze würden über korrupte Praxen vergeben, so die Autoren, wobei der Anteil an angesehenen Universitäten grundsätzlich höher sei. Dies deckt sich auch mit den Daten von Galickij und Levin (2010), die anhand der Auswertung indirekter Befragungen den Anteil der informell vergebenen Studienplätze in Russland auf etwa 25% schätzen. Wobei der Großteil der Studienplätze nicht über direkte Bestechungsleistungen erworben werde, sondern über Blat oder Repetitorstvo. Laut Shaw (2005) lag in der Ukraine der Anteil der informell erworbenen Studienplätze sogar noch höher. In seiner Studie berichteten 56% aller Studierenden, eine Bestechung für ihren Studienplatz geleistet zu haben.

Zaloznaya (2012) geht der Frage nach, weshalb bestimmte Hochschulen stärker und andere weniger stark von Bildungskorruption betroffen sind und warum das Korruptionsniveau sogar innerhalb von Hochschulen – z. B. auf Fakultätsebene – variiert. Anhand von Sutherlands Theorie der Differentiellen Assoziation (Sutherland 1947) und auf Grundlage von Experteninterviews an ukrainischen Hochschulen kommt sie zu dem Schluss, dass es vor allem die von der Führungsebene geschaffene Organisationskultur auf der Mesoebene der einzelnen Hochschule sei, die das Korruptionsausmaß begründe, und weniger strukturelle Ursachen der Makroebene oder persönliche Präferenzen der Mikroebene. Die Akteure erlernten durch „organizational enactment" (Weick 1995) die jeweils an ihrer Institution geltenden Normen, wie auch Leontyeva (2013; 2011) in ihren Forschungen zu informellen Netzwerkstrukturen an russischen Hochschulen belegt. Mit der Zeit entstünde, so Titaev (2012), an vielen Hochschulen ein Klima der „academic collusion", eine stillschweigende Übereinkunft zwischen Lernenden und Lehrenden, dass Korruption eine Win-win-Situation und für beide Seiten von Vorteil sei. Zaloznayas und Titaevs Ergebnisse decken sich mit der Studie von Shaw (2005) zu den Determinanten von Bildungskorruption in der Ukraine, der zufolge die Korruptionsperzeption die individuelle Korruptionsbereitschaft maßgeblich beeinflusse.

Temple und Petrov (2004) untersuchen die Ursachen für Bildungskorruption im postsowjetischen Raum. Neben ökonomischen Motiven (Löhne und Renten unterhalb des Subsistenzminimums, fehlende staatliche Investitionen in die Bildungsinfrastruktur[11]) betrachten sie das sowjetische Erbe sowie die postsowjetische Mentalität als wesentliche Gründe für das hohe Korruptionsniveau. Golunov hingegen sieht in schwachen oder fehlenden Gegenmaßnahmen und Kontrollinstanzen an den Universitäten eine zentrale Ursache:

---

11 Zu den – nicht nur aus ökonomischer Sicht – schwierigen postsowjetischen Bedingungen an den Hochschulen siehe Smolentseva (2003).

> *„In the vast majority of Russian universities mechanisms for maintaining academic integrity (such as university self-government, ethics codes, professional unions, student trust lines, internal and external audit) are weak, imitative, or non-existent.“* (Golunov 2013b, S. 1)

Publikationen zu Antikorruptionsmaßnahmen in postsowjetischen Bildungssystemen gibt es bisher nur wenige. Hallak und Poisson (2002; 2005; 2007) haben Gegenmaßnahmen aus mehr als 60 Ländern zusammengetragen. Sie sehen das Machtmonopol der Bildungsinstitutionen und ihrer Lehrenden sowie die fehlende Transparenz und Rechenschaftspflichten als idealen Nährboden für Korruption. Um Korruption einzudämmen, brauche es entsprechend mehr Transparenz, Informationen und Verantwortlichkeit. Waite und Allen weisen jedoch darauf hin, wie schwierig es sei, ein korruptes System von innen heraus zu ändern, da dieses selbsterhaltend sei:

> *„Once someone becomes an active, willing participant in a corrupt system (say, an administrator in such a system), the inducements are there to maintain the system and the ill-gotten benefits accrued.“* (Waite und Allen 2003, S. 294)

Ergo kommt Sahlberg zu der Erkenntnis: „*Success stories in fighting education corruption are still rare*“ (Sahlberg 2009, S. 15).

Das Handbuch „Preventing Corruption in the Education Sector“ (Ochse 2004) zeigt Schwachstellen auf, die Bildungskorruption im Bereich der Personalpolitik, Finanzverwaltung und beim Zugang zu Bildungsinstitutionen begünstigten, und leitet daraus Lösungsvorschläge ab. Als korruptionsfördernde Faktoren beim Hochschulzugang sieht die Autorin intransparente Auswahlprozesse ohne interne/externe Kontrolle der Entscheidungsträger; fehlende Informationen/Dokumentationen über den Entscheidungsprozess sowie sog. „high-stakes-exams“[12]. Um Korruption in diesem Bereich einzudämmen, sollte man Eltern, Schüler und Studierende besser über ihre Rechte informieren, die externe zivilgesellschaftliche Kontrolle erhöhen, Vorgänge digitalisieren, den Entscheidungsprozess auf mehrere Personen verteilen sowie ein zivilgesellschaftlich begleitetes Berufungssystem etablieren. Explizit verweist das

12 Von diesen Prüfungen hängt ab, ob man an eine weiterführende Bildungsinstitution gelangt, weshalb der Druck, sie zu bestehen, sehr hoch ist. Berliner und Nichols (2007) führen als Grund für das Korruptionsrisiko solcher Tests „Campbell's Law“ an, das Donald Campbell (1979) postulierte: Umso größer die sozialen Konsequenzen eines quantitativen Indikators wie z. B. eines Testergebnisses, umso höher die Wahrscheinlichkeit, dass der Indikator selbst korrumpiert werde.

Handbuch auf Aserbaidschan, eines der ersten postsowjetischen Länder, das sein Hochschulzulassungssystem reformiert und Korruption erfolgreich eingedämmt habe.

Die Studie von Teodorescu und Andrei (2009) zu Antikorruptionsmaßnahmen in südosteuropäischen Staaten kommt zum Ergebnis, dass aufgrund schwacher staatlicher Institutionen zivilgesellschaftliche und studentische Maßnahmen effektiver seien. Die Autoren empfehlen daher, externe Akteure stärker in staatliche Antikorruptionsprogramme einzubeziehen.

Der vom United Nations Development Programme (UNDP) erstellte, auf internationaler Expertise basierende Bericht „Fighting Corruption in the Education Sector" (Wood und Antonowicz 2011) sieht in effektiven legislativen Rahmenbedingungen, moderner Finanzverwaltung, unabhängigen und externen Kontrollinstanzen (z. B. zur Kontrolle des Zulassungssystems), Bildungs- und Aufklärungsmaßnahmen[13], Capacity Building und Digitalisierung die Schlüssel zur erfolgreichen Bekämpfung der Bildungskorruption. Außerdem müssten erfolgte Maßnahmen genauer evaluiert werden. Zu dieser dringend notwendigen Evaluierung möchte die vorliegende Arbeit einen Beitrag leisten.

1.3 Erkenntnisinteresse und Relevanz

Die vorliegende Arbeit analysiert und vergleicht die reformierten Hochschulzulassungssysteme in Russland und der Ukraine im Hinblick auf ihre Wirkung zur Eindämmung von Korruption.

Da die vorhandene Literatur keine schlüssigen theoretischen Konzepte für den Untersuchungsgegenstand liefert, stellt sich als Erstes die Frage:

---

13 Zur nachhaltigen Eindämmung von Korruption im Bildungssektor – und auch darüber hinaus – bieten sich Bildungs- und Aufklärungsprogramme an, wie sie z. B. erfolgreich in Litauen durchgeführt wurden (vgl. Ministry of Education and Science of the Republic of Lithuania 2006). Einen Überblick, welche Maßnahmen und Lernformen geeignet sind, in Bildungseinrichtungen für das Thema zu sensibilisieren und einen langfristigen Normenwandel zu erzielen, bietet die Publikation „Teaching Integrity to Youth" von Meier (2004); praktische Anwendungsbeispiele finden sich bei Keen (2000). Einen internationalen Versuch, durch Bildung Korruption vorzubeugen, stellt die 2014 initiierte „Poznan Declaration" (Tannenberg et al. 2014) dar. Unterzeichnende Hochschulen verpflichten sich, zusammen mit zivilgesellschaftlichen Initiativen Ethik und Antikorruption stärker in die Curricula einzubinden.

1. Anhand welcher Theorieansätze kann postsowjetische Bildungskorruption am besten erfasst und erklärt werden?

Nach der Konzeption eines geeigneten theoretischen Rahmens werden die Spezifika von Bildungskorruption in beiden untersuchten Ländern anhand folgender Leitfragen erarbeitet:

2. Welche konkreten Formen der Bildungskorruption gibt es und wie sehen diese in Zusammenhang mit der Hochschulzulassung aus?
3. Wie lässt sich das große Ausmaß der Bildungskorruption erklären? Was sind die ökonomischen, normativen und institutionellen Ursachen?

Ein Schwerpunkt der Arbeit liegt auf der Implementierung und Wirkung der Reformen:

4. Wie wurden die Reformen konkret implementiert? Gab es signifikante Unterschiede zwischen den beiden Fallbeispielen?
5. Wie effektiv waren die Reformen in Russland und der Ukraine? Ging die Bildungskorruption tatsächlich zurück oder haben sich die Korruptionsformen bloß gewandelt? Gibt es weiterhin Schlupflöcher für Korruption?

Seit der Implementierung der Reformen zeigt sich, dass sie trotz ähnlicher Ausgangslage hinsichtlich ihrer Effektivität signifikant differieren und insgesamt betrachtet das neue Zulassungssystem in der Ukraine erfolgreicher gegen Korruption wirkt. Angesichts dieser Entwicklung liegt ein weiteres Erkenntnisinteresse der Arbeit auf folgenden Fragen:

6. Warum führten die Reformen trotz ähnlicher Ausgangsbedingungen in den untersuchten Ländern zu unterschiedlichen Ergebnissen?
7. Welche Rolle nahm dabei die Zivilgesellschaft ein? Wie wirkten sich die in den letzten Jahren zu beobachtende Marginalisierung der Zivilgesellschaft in Russland und die Pluralisierung und Stärkung der Zivilgesellschaft in der Ukraine jeweils auf den Reformprozess aus?

Die Beantwortung dieser Fragen ist sowohl aus wissenschaftlicher als auch aus praktischer und gesellschaftlicher Perspektive aus mehreren Gründen bedeutsam. Die Korruptionsforschung beschäftigt sich gegenwärtig vorwiegend mit drei Fragen: Wodurch wird Korruption verursacht, welche Folgen hat sie und wie lässt sie sich effektiv und effizient reduzieren (Lambsdorff und Schulze 2015)? Während die Ursachen und Folgen von Korruption bereits seit den 1970er Jahren Gegenstand unzähliger Forschungsarbeiten sind, steht die Erforschung von Antikorruptionsmaßnahmen noch relativ am Anfang und ist erst in den letzten Jahren in den Fokus des wissenschaftlichen Diskurses gerückt. Diese Dissertation geht auf die Ursachen und Folgen von Korruption ein, widmet sich jedoch in erster Linie explizit den Antikorruptionsmaßnahmen und leistet somit einen wichtigen Beitrag für die Forschung auf diesem Gebiet. Die untersuchte Region und die untersuchten Reformen sind insofern besonders relevant, als dass Bildungskorruption beim Hochschulzugang im postsowjetischen Raum besonders weit verbreitet ist (Transparency International 2013b).

Seit die in den 1990er Jahren populären neoliberalen, häufig von internationalen Organisationen aufgesetzten „One-size-fits-all“-Lösungen zur Bekämpfung von Korruption aufgrund mangelnden Erfolgs zunehmend in die Kritik geraten sind, setzt sich die Forschung verstärkt mit einzelnen Ländern, Sektoren und isolierten Korruptionsfällen auseinander und berücksichtigt auch lokale Kulturen und Praktiken, die Einfluss auf die Wirkung von Antikorruptionsmaßnahmen haben können. An dieser Programmatik orientiert sich auch die vorliegende Arbeit und blickt sowohl auf den Bildungssektor, der im bisherigen Korruptionsdiskurs trotz seiner gesellschaftlichen Relevanz nur eine marginale Rolle einnimmt, als auch auf die länderspezifischen Gegebenheiten, die in internationalen Vergleichsstudien, die häufig als quantitative large-N-Studien angelegt sind, meist nicht berücksichtigt werden. Bisher gibt es nur wenige qualitative Fallstudien, die Wirkungszusammenhänge von Korruption und Antikorruptionsmaßnahmen systematisch auf der Mikroebene untersuchen – hier bietet die vorliegende Arbeit einen zentralen Erkenntnisgewinn.

Weiterhin gibt es eine eklatante Forschungslücke, was einzelne Antikorruptionsmaßnahmen im postsowjetischen Raum sowie deren Implementierung anbelangt. Angesichts der Vielzahl gescheiterter Antikorruptionsreformen stellt sich die Frage, warum Implementierungsprozesse nicht schon früher analysiert und evaluiert wurden. Die vorliegende Arbeit versucht, diese Forschungslücke zu schließen. Sie kommt dabei der Aufforderung Schmidts nach – „*anti-corruption research needs to move beyond output-centered and towards more process-oriented analysis*" (Schmidt 2007, S. 225) – und erforscht die Kausalmechanismen postsowjetischer Antikorruptionsmaßnahmen. Diese Arbeit beleuchtet daher explizit auch den Implementierungsprozess und eruiert, welche Faktoren Antikorruptionsmaßnahmen letztlich erfolgreich machen – bzw. welche Faktoren sie scheitern lassen.

Diese Erkenntnisse sind auch für die Praxis von essenzieller Relevanz. Global betrachtet gehört das Bildungsbudget vor allem in Staaten mit mittleren und niedrigen Einkommen zu den größten Posten im Staatshaushalt und macht häufig mehr als ein Fünftel des Budgets aus (Transparency International 2013c, S. 4). Korruption im Bildungssektor führt zur ineffektiven Verwendung dieser Mittel, vermindert die Bildungsqualität und schränkt Bildungs- und Aufstiegschancen ein, was sich negativ auf das gesamtgesellschaftliche Humankapital und damit auch auf die wirtschaftliche Entwicklung auswirkt. Es ist somit auch aus der Praxisperspektive erstrebenswert, mehr über Bildungskorruption zu erfahren, um erfolgreiche Antikorruptionsmaßnahmen für den postsowjetischen Kontext (und darüber hinaus) zu entwickeln:

> „*Impact evaluations need to be used more widely to test assumptions about what works and what doesn't in efforts to improve education and to tackle corruption. Research on corruption in education still focuses on the prevalence of the phenomenon and less on the causes or successful interventions.*" (Transparency International 2013a, S. xxiii)

Die vorliegende Dissertation schließt diese Lücke und liefert eine umfangreiche Analyse und Evaluierung der Umsetzung von Antikorruptionsreformen im ukrainischen und russischen Hochschulsektor.

Abschließend sei noch auf die – vielleicht nicht auf den ersten Blick ersichtliche – Relevanz für (west)europäische Hochschulen hingewiesen: Russland und die Ukraine sind Teil des gemeinsamen Europäischen Hochschulraumes (EHEA) und stellen mehr als 30% der Studierenden im Bologna-Raum. Durch die wachsende Zahl der Kooperationen mit russischen und ukrainischen Hochschulen sowie die steigenden Zahlen von Studierenden aus beiden Ländern werden auch an Hochschulen in anderen Ländern zunehmend Studenten ausgebildet, die in einem korrupten Bildungssystem sozialisiert wurden. Nicht zuletzt zu ihrer eigenen Qualitätssicherung sollten sich die Hochschulen im Bologna-Raum verstärkt mit dem Thema Korruption beschäftigen (Golunov 2013b).

1.4 Methoden und empirische Basis

Die vorliegende Arbeit ist als *strukturierte* und *fokussierte Vergleichsstudie* (George und Bennett 2005, S. 67) angelegt. Strukturiert insofern, als dass die Forschungsfragen gleichermaßen für beide zu untersuchenden Fallstudien gelten, um einen systematischen Vergleich und die Zusammenführung der Ergebnisse zu ermöglichen. Fokussiert bedeutet, dass lediglich spezifische Aspekte der jeweiligen Fallbeispiele Untersuchungsgegenstand sind, also ein klarer thematischer Fokus erkennbar ist:

> *„The method also requires that the study of cases be ‚focused': that is, they should be undertaken with a specific research objective in mind and a theoretical focus appropriate for that objective. A single study cannot address all the interesting aspects of a historical event."* (George und Bennett 2005, S. 70)

Der Fokus der Arbeit liegt auf der Gewinnung von Erkenntnissen für die Korruptions- und weniger für die Bildungsforschung, obgleich die untersuchten Reformen auch aus dieser Perspektive beleuchtet werden könnten.

Der Arbeit liegt ein *Most-Similar-Case-Design* (vgl. Jahn 2013, S. 237 f.) zugrunde: Historisch bedingt weisen die Bildungssysteme der beiden untersuchten Länder eine große Homogenität auf, die selbst nach 1991 Bestand hatte:

> *„In all the former Soviet republics apart from the Baltics, the legacy of the Soviet days remains. They have similar rules still in force, have structurally similar higher education institutions and a similar research infrastructure, and post-Soviet patriotism and corruption are common."* (Kvit 2013a)

Dennoch scheinen die Ergebnisse der Zulassungsreformen zu variieren, was die Fallauswahl erklärt: Die Dissertation untersucht, weshalb die gleiche Policy-Maßnahme – die Einführung eines zentralisierten und standardisierten Hochschulzulassungssystems zur Bekämpfung der Korruption – in zwei Ländern mit ähnlichen Voraussetzungen zu unterschiedlichen Ergebnissen führt.

Da vermutet wird, dass die unterschiedlichen Outcomes durch unterschiedliche Implementierungsansätze zustande kommen, liegt auf dem Implementierungsprozess der Reformen ein Schwerpunkt der Analyse. Um diesen Prozess detailliert zu beschreiben und die Kausalmechanismen zu identifizieren, die zum Erfolg bzw. Misserfolg der Reformen führten, wird auf Ansätze des *process tracing* zurückgegriffen (George und Bennett 2005; Collier 2011; Beach und Pedersen 2013). Unter *process tracing*, auf Deutsch als „Prozessanalyse" (Schimmelpfennig 2006) bekannt, versteht man einen prozessorientierten methodischen Ansatz, der Kausalprozesse nachverfolgt.

Der Untersuchungszeitraum umfasst die Jahre 1999-2014, wobei er in zwei Abschnitte unterteilt werden kann: 1) die Vorbereitung der Reformen (1999/2000 bis 2008/2009); und 2) die Implementierung (2008/2009 bis 2014). Kontextualisierend wird noch auf den Zeitraum 1991-1999 eingegangen, da er für die Genese der untersuchten Korruptionspraxen entscheidend war und zum besseren Verständnis der Korruptionsproblematik mitberücksichtigt werden sollte (Sager und Ledermann 2006).

Die zentralen Forschungsfragen können nur anhand eines detaillierten Verständnisses der Spezifika von Bildungskorruption im postsowjetischen Raum beantwortet werden. Da diese Thematik weitgehend unerforscht ist und kaum belastbare empirische Daten vorliegen, bestand in der umfassenden Feldforschung und der Erhebung empirischer Daten eine zentrale Aufgabe dieser Arbeit.

Dabei war eine besondere Herausforderung, dass Korruption aufgrund des verborgenen Charakters nur schwer auszumachen ist und die an Korruption beteiligten Akteure in aller Regel kein Interesse daran haben, ihr mitunter strafbares Handeln öffentlich zu thematisieren. Es gibt kaum offen zugängliche, verwertbare Materialien wie dokumentierte Gerichtsverfahren. Zumal in den untersuchten Ländern Korruptionsdelikte nur selten vor Gericht kommen, sondern in der Regel hochschulintern unter Ausschluss der Öffentlichkeit geregelt werden.

Um mehr über informelle und korrupte Praxen zu erfahren, bieten sich Experteninterviews an (vgl. Gläser und Laudel 2006). Im Rahmen der Untersuchung wurde daher während mehrerer Forschungsaufenthalte in Russland und der Ukraine eine Reihe von Experteninterviews erhoben. Zu einigen Personen bestanden durch vorherige Forschungen bereits Kontakte, weitere Respondenten wurden nach dem Schneeballprinzip ausfindig gemacht: Interviewpartner wurden nach weiteren potenziellen Respondenten befragt und stellten oft auch den Kontakt zu diesen her. Diese Vorgehensweise hat sich für Untersuchungen sensibler Themen wie z. B. illegalem oder deviantem Verhalten bewährt (Biernacki und Waldorf 1981). „*The major advantage of snowball sampling lies in the fact that each additional respondent is introduced to the researcher by someone who the respondent knows and trusts, making it easier for the interviewee to discuss sensitive issues.*“ (Zaloznaya 2012, S. 302).

Die Studierenden erwiesen sich generell als offen und gesprächsbereit, was ihre persönlichen Erfahrungen mit Korruption anbelangt. Offizielle Hochschulvertreter, die bei der Preisgabe sensibler Informationen Sanktionen durch ihren Arbeitgeber zu fürchten haben, sprachen hingegen eher ungern über Korruptionspraxen. Viele wussten zwar gut über das Thema Bildungskorruption Bescheid, bestritten jedoch deren Existenz an ihren Universitäten.

Die Interviews, die bis auf wenige Ausnahmen auf Russisch stattfanden, führte der Autor selbst. Es wurde ein breites Spektrum an Respondenten befragt: In den Interviews kamen sowohl die Reformer aus Politik und Ministerien zu Wort und lieferten Expertenwissen über die Hintergründe und Implementierung als auch die von den Reformen betroffenen Schüler, Studierenden und deren Familien. Ergänzendes Material wurde in Interviews mit Korruptionsexperten und Bildungsexperten aus Forschung und Praxis erhoben. Auch Journalisten, die zum Thema arbeiten, wurden konsultiert und interviewt.

Die Interviews in Russland wurden 2011-2013 im Wesentlichen in den Hochschul- und Forschungszentren Moskau und St. Petersburg geführt. Dort sitzt der Großteil der relevanten Institutionen und Experten, wie die Bildungsforscher an der Higher School of Economics (HSE) oder die Korruptionsexperten von Transparency International und der INDEM-Stiftung. Auch sind in beiden Städten die renommiertesten Universitäten des Landes konzentriert, alleine in Moskau mehr als ein Dutzend. Zudem unterscheiden sich im landesweiten Vergleich die untersuchten Korruptionsformen zwar hinsichtlich der

Bestechungssummen, aber nicht hinsichtlich der Praxen, sodass diese Auswahl genügte. Insgesamt wurden in Russland 22 Interviews geführt (eine detaillierte Übersicht findet sich im Anhang). Darunter waren vier Studierende, drei Journalisten, fünf Hochschuldozenten, zwei Lehrer, drei Experten zum Thema Korruption und sechs zum Thema Bildung. Das Material wurde um 27 weitere Interviews ergänzt, die der Autor im Frühjahr 2009 im Rahmen der Magisterarbeit „Korruption im russischen Hochschulwesen" in Moskau, St. Petersburg und Samara geführt hatte (Klein 2010). Obwohl der Fokus dieser Interviews eher allgemein auf Bildungskorruption lag, enthalten sie dennoch nützliche Informationen, z. B. zu den Korruptionsformen vor der Zulassungsreform.

Das Interviewmaterial aus der Ukraine wurde während mehrerer Forschungsaufenthalte erhoben, die 2011-2013 in Kiew, Charkiw, Odessa, Mykolajiv und Lwiw stattfanden. Es wurden 32 Interviews an den wichtigsten Hochschulstandorten geführt: zehn Studierende, drei Hochschuldozenten, zwei Hochschulrektoren, sieben Bildungsexperten, sieben NGO-Aktivisten, zwei Politikerinnen sowie eine Meinungsforscherin wurden interviewt.

Die Datenerhebung erfolgte in Form *problemzentrierter Interviews*. Diese u. a. von Andreas Witzel begründete Erhebungsform hat die Rekonstruktion gesellschaftlicher oder biographischer Probleme zum Ziel (Witzel 1996, 2000). Im Vordergrund des Erkenntnisinteresses stehen die individuellen Orientierungen und Handlungen der Akteure sowie die Interpretation dieser. Es wurde ein halbstandardisierter, offener Leitfaden erstellt (siehe Anhang), zugeschnitten auf die jeweilige Expertengruppe (Schüler/Studierende; Dozenten/Lehrer; Experten aus Praxis/Wissenschaft). Während die Schüler, Studierenden und Hochschulvertreter primär nach ihren persönlichen Erfahrungen mit Korruption im Rahmen der Hochschulzulassung und ihren Meinungen über die Zulassungsreform befragt wurden, thematisierten die Fragen an die Experten vor allem den Reformprozess und dessen (bildungs-)politische Hintergründe sowie die gesellschaftlichen Ursachen und Auswirkungen von Bildungskorruption.

Die Interviewleitfäden wurden in mehrere Themenblöcke unterteilt: Der Leitfaden für die Betroffenengruppen eröffnete mit Einstiegsfragen zum Thema Bildung: Glauben sie durch das neue Zulassungssystem bessere Chancen bei der Studienwahl zu haben? Wie durchlässig und gerecht empfinden sie das Bildungssystem? Wie schätzen sie die Entwicklungen im Bildungswesen ein? Im zweiten Block folgten zunächst allgemeinere Fragen zu Korruption: Was bedeutet Korruption für sie persönlich? Halten sie Korruption für eine gesellschaftliche Norm? Welche Konsequenzen besitzt Korruption ihrer Meinung nach? Spezifischere Fragen zum Thema Bildungskorruption forschten dann nach den Ursachen, Formen, Mechanismen und Folgen von Bildungskorruption und der Verbreitung von Korruption an der Hochschule der Befragten. Im dritten und letzten Abschnitt wurde nach der Meinung zum neuen Zulassungsmechanismus und seiner Wirkung auf Korruption gefragt und nach persönlichen Erfahrungen mit dem neuen Zulassungssystem und mit Korruption. Zum Schluss wurden soziodemographische Daten erhoben.

Die Experten, die im Unterschied zu den anonymisierten Respondenten, sofern nicht anders abgesprochen, auch namentlich genannt werden, beantworteten ebenfalls zwei Fragenblöcke mit allgemeinen Einstiegsfragen zu den Themen Bildung und Korruption. Ein dritter Abschnitt fragte nach der Zulassungsreform und deren gesellschaftlichen Auswirkungen, z. B. in welcher Weise das neue System die Korruptionspraxen transformiere. Die an den Reformen direkt beteiligten Akteure aus Politik, Behörden und Nichtregierungsorganisationen (NGOs) wurden insbesondere zu der konkreten Umsetzung der Reformen befragt.

Während der Interviews wurden bei Bedarf die Antworten durch gezieltes Nachfragen spezifiziert; zugleich ermöglichte das halbstandardisierte Fragebogendesign den Respondenten, zusätzliche Punkte einzubringen, die sie für wichtig hielten.

Die Interviews wurden mit Zustimmung der Probanden auf Tonband aufgezeichnet. Die Dauer der Interviews reichte von 15 Minuten bei einigen Studierenden bis zu mehr als zweieinhalb Stunden bei den Experten; im Durchschnitt dauerte ein Interview 54 Minuten. Transkribiert wurden die Tonbandaufzeichnungen nach einer Methodik mit bewusst einfachen und schnell erlernbaren Transkriptionsregeln (vgl. dazu Dresing und Pehl 2011), die *„die Sprache deutlich ‚glätten‘ und den Fokus auf den Inhalt des Redebeitrages setzen“* (Kuckartz et al. 2008, S. 27). Die Interviews wurden teilweise vom

Autor selbst, teilweise von externen Personen transkribiert, die über die IMPULSE-Forschungsförderung der Universität Bremen vergütet wurden.

Im nächsten Schritt wurden die Daten mithilfe von MAXQDA 11, einer Software für qualitative Datenanalyse, systematisch analysiert und interpretiert. Hierzu wurden die Interviews vom Autor kodiert, wodurch sich ein erster Überblick über das Interviewmaterial ergab. Aus den knapp 3.000 Codings entstand ein Codebuch mit 660 einzelnen Codes, das eine systematische Struktur für das vorhandene Datenmaterial bietet und den gezielten Vergleich der empirischen Daten aus beiden Ländern ermöglicht. Der Schwerpunkt lag dabei weniger auf der intensiven, psychologischen Einzel- oder Tiefenauswertung der Interviews, sondern vielmehr auf einer möglichst breiten Analyse der Faktoren aus den zentralen Forschungsfragen. Ausgehend von der Analyse und Interpretation der Codings konnten aus dem empirischen Material verschiedene Muster und Typen von Korruption im Zusammenhang mit der Studienplatzvergabe bestimmt werden, die einen bisher unbekannten tiefen Einblick in diese Thematik verschaffen.

Zusätzlich zu den qualitativen Interviews wurde im Sinne der Methodentriangulation (Flick 2008) auf weitere quantitative Daten und Studien zurückgegriffen, um ein umfassendes Bild der untersuchten Problematik sowie eine höhere Validität der Ergebnisse zu erreichen. Vorhandene repräsentative Meinungsumfragen wurden berücksichtigt und im Lichte der eigenen Erkenntnisse analysiert und mit diesen verglichen. Weiterhin wurden in einer umfangreichen Dokumentenanalyse ukrainische und russische Gesetzestexte und Regierungsdekrete recherchiert und analysiert. In einer umfassenden Literaturrecherche an deutschen und russischen Universitätsbibliotheken wurde die Sekundärliteratur zum Thema gesichtet und, soweit für den Fokus der Arbeit aufschlussreich, in der Arbeit berücksichtigt. Neben der Fachliteratur wurden in einem parallel laufenden Medienmonitoring über Suchmaschinenalerts auch Presseartikel zum Thema Bildungskorruption analysiert, die häufig als Ausgangspunkt für weitere Recherchen dienten. Auch wurden zahlreiche Dokumente von an den Reformen beteiligten nationalen und internationalen Akteuren und Institutionen (Jahresberichte, Reporte, Policy Papers usw.) begutachtet und ausgewertet.

Außerdem war es dem Autor in der Ukraine möglich, sich offiziell als zivilgesellschaftlicher Beobachter registrieren zu lassen und landesweit an Prüfungen eine teilnehmende Beobachtung durchzuführen, um die Prüfungsabläufe und Sicherheitsvorkehrungen direkt vor Ort zu begutachten. Mehrere Testpunkte in Kiew und Lwiw wurden besucht, wobei keinerlei Verstöße, die auf Korruption oder informelle Einflussnahme hindeuten, festgestellt werden konnten. Auch das regionale Testzentrum in Lwiw, das für die Durchführung des Zentralabiturs in der westukrainischen Region zuständig ist, konnte der Autor besuchen und sich einen persönlichen Eindruck von der Arbeit und den Sicherheitsvorkehrungen verschaffen. In Russland ist die Beobachtung nur russischen Staatsbürgern gestattet; mehrere Versuche des Autors, dennoch für eine teilnehmende Beobachtung zugelassen zu werden, scheiterten.

Die durch die Methodentriangulation gewonnenen Daten bieten ein umfassendes und detailliertes Bild von der komplexen und ansonsten nur schwer zugänglichen Thematik der Bildungskorruption und bilden eine reiche empirische Grundlage zur Beantwortung der zentralen Fragestellungen.

1.5 Hinweise zur Transliteration und Schreibweise

Die Transliteration der vorliegenden Publikation unterliegt weitgehend den „Regeln für die alphabetische Katalogisierung in wissenschaftlichen Bibliotheken RAK-WB“ in der zweiten überarbeiteten und erweiterten Auflage von April 2006. Ausnahmen bestätigen bekanntermaßen die Regel, und so entfällt die Punktierung oberhalb des kyrillischen ё bei der Transliteration. Außerdem werden allgemein bekannte Bezeichnungen, Orte oder Persönlichkeiten aus Gründen der Leserlichkeit in der Duden-Transkription verwendet (z. B. Jelzin statt El'cin, Kiew und Charkiw statt Kyïv und Char'kiv etc.).

Fremdsprachige Artikel von russischen bzw. ukrainischen Autoren werden in der Schreibweise aufgeführt, in der sie publiziert wurden, d. h. in der Regel in englischer, seltener in deutscher Transkription. Hierdurch bedingt kommt es bei einigen Autoren zu unterschiedlichen Schreibweisen (z. B. Lilja Grynevych und Liliya Hrynevych). Russische und ukrainische Originalzitate wurden vom Autor ins Deutsche übersetzt. In den Interviews verwendete englische Begriffe und Sätze werden jedoch auf Englisch wiedergegeben.

In der Arbeit wird das gebräuchliche Adjektiv „russisch“, anstatt des zwar sprachlich korrekten, jedoch für deutsche Leser ungewohnten Begriffes „russländisch“ verwendet. Dies spiegelt keine diskriminierende Einstellung des Autors gegenüber den zahlreichen nicht-russischen Ethnien innerhalb der Russischen Föderation wider, sondern ist allein der Leserlichkeit geschuldet, ebenso die Verwendung des Begriffs „Russland“ synonym für den offiziellen Terminus der „Russischen“ bzw. „Russländischen Föderation“.

2 Korruption im interdisziplinären Spannungsfeld zwischen sozialer Beziehung, rationaler Handlung und informeller Institution

Dieses Kapitel bildet den theoretischen Unterbau der Dissertation. Nach der Definition von Bildungskorruption werden die drei für den Forschungskontext relevanten Theoriekonzepte von Korruption vorgestellt, die jeweils ihre Schwächen und Stärken in der Analyse der Ursachen, Entstehungsbedingungen, Merkmale und Effekte von Korruption im spezifischen Kontext des postsowjetischen Hochschulsektors haben. Hierzu zählt das von Höffling (2002) entwickelte soziologische Konzept von Korruption als Form der *sozialen Beziehung*, das die soziale Komponente von Korruption als konstituierendes Merkmal hervorhebt. Diese Theorie ist insofern für den postsowjetischen Kontext geeignet, als dass Korruption dort viel stärker auf sozialen Beziehungen (Patronage, Netzwerke etc.) beruht als in westeuropäischen Gesellschaften. Da Höfflings Konzept jedoch eher einen Analyserahmen, denn eine Theorie im eigentlichen Sinne darstellt, wird als Erklärungsmodell für die Entstehungsbedingungen von Korruption der Principal-Agent-Client-Ansatz (PAC) von Klitgaard (1988) hinzugezogen. Dieser Rational-Choice-basierte Ansatz eignet sich auch für die gezielte Entwicklung konkreter Antikorruptionsmaßnahmen, wird jedoch aufgrund seiner vereinfachten Rationalitätslogik zunehmend kritisiert. Als dritter Theoriestrang wird daher das institutionenökonomische Korruptionsmodell von Dietz (1998) vorgestellt, das ebenfalls auf akteurszentrierten Rationalitätsprinzipien basiert, zugleich aber auch die formellen (z. B. Gesetze) und informellen (z. B. Normen) Handlungsspielräume der Akteure explizit berücksichtigt. Abschließend wird in einer Synthese aus den drei Modellen ein eigens auf den Forschungskontext zugeschnittenes Konzept erarbeitet, das die Korruptionsproblematik im postsowjetischen Hochschulwesen erklären kann.

2.1 Definition von Bildungskorruption

Die erste und gleichzeitig zentrale Herausforderung, die sich in der Erforschung des Phänomens Korruption stellt, ist die Suche nach einer geeigneten Definition. Bisher gibt es weder eine einheitliche noch eine eindeutige Begriffsbestimmung:

> *„Definitions of corruption are problematic. Agreed-on definitions are rare, and definitions of corruption run the gamut from being too broad as to be rendered relatively useless to being too narrow and thus be applicable to only limited, rare, well-defined cases."* (Waite und Allen 2003, S. 282)

Historisch betrachtet existiert Korruption als eine spezifische Form der sozialen Interaktion bereits, seitdem sich menschliche Individuen zu größeren, komplexen sozialen Organisationssystemen zusammenfinden. Erste schriftliche Hinweise darauf sind im babylonischen „Codex Hammurapi" überliefert, der im 17. Jahrhundert v. Chr. die Bestechung von Richtern unter Strafe stellte (Brockhaus – Die Enzyklopädie 2006, S. 588). Im 8./7. Jahrhundert v. Chr. berichtete der griechische Dichter Hesiod von „gabenschluckenden Herren", die sich als Richter bestechen ließen und parteiische Urteile fällten (vgl. Schuller 2005, S. 50).

Der etwa seit dem 15. Jh. n. Chr. gebräuchliche Korruptionsbegriff wird im allgemeinen Sprachgebrauch seiner etymologischen Bedeutung nach (der Terminus stammt vom lat. „corrumpere" ab, was verderben, verführen, zu Schanden machen oder vernichten bedeuten kann (Kluge und Seebold 1999, S. 479)) als „moralisch verwerflicher Sachverhalt" verstanden, der sowohl einzelne Vorgänge, z. B. Bestechung oder Vorteilsnahme, als auch gesellschaftliche Zustände, z. B. Staatsverfall, beschreiben kann (Brockhaus – Die Enzyklopädie 2006, S. 588). Der im öffentlichen Diskurs verwendete Korruptionsbegriff ist allerdings unscharf. Da Korruption in der Regel a priori als amoralisch verurteilt wird, ist eine wissenschaftlich-objektive Herangehensweise an den Forschungsgegenstand aus dieser Perspektive schwierig.

Ein Grund, weshalb es keine umfassende, alle Faktoren berücksichtigende Definition von Korruption gibt, liegt in den unterschiedlichen *Bewertungen* menschlichen Handelns: Abhängig vom jeweiligen spezifischen, gesellschaftspolitischen und legal-juristischen Kontext kann ein und dieselbe Handlung unterschiedlich aufgefasst und ausgelegt werden. Während reziproke Austauschbeziehungen in der einen Gesellschaft als völlig legitimer und legaler integraler Bestandteil sozialer Beziehungen gelten, kann exakt die gleiche Handlung in einem anderen gesellschaftlichen Kontext als moralisch illegitim und juristisch illegal gelten. Geschenke sind hierfür ein anschauliches Beispiel: Während es z. B. laut russischem Zivilgesetzbuch Art. 575, Abs. 1 gestattet ist, Professoren und Dozenten Geschenke bis zu einem „alltäglichen" Wert von 3000 Rubel (RUB) (Stand März 2016: ca. 90 Euro) zu unterbreiten, schreibt der „Verhaltenskodex gegen Korruption in Forschungseinrichtungen" im Bundesland Bremen den Mitarbeitern vor, „*Belohnungen, Geschenke, Provisionen oder sonstige Vergünstigungen mit Bezug auf ihre Tätigkeit*" abzulehnen, da diese als Bestechungsleistung aufgefasst werden könnten, selbst wenn ihr materieller Wert lediglich wenige Euro betrage.

Angesichts dieser Deutungsvielfalt sowie aufgrund disziplinärer, kultureller und geografischer Differenzen wird im gegenwärtigen Forschungsdiskurs Abstand von einer allumfassenden Definition genommen. Vielmehr hat sich in der Wissenschaft eine Vielzahl von Begriffsbestimmungen von Korruption herausgebildet, die abhängig von der jeweiligen Disziplin und den konkreten Forschungsinteressen sind. Es gibt juristische bzw. kriminologisch-strafrechtliche[14], psychologische[15], soziologische[16], anthropologische[17], politikwissenschaftliche[18], ökonomische[19], politökonomische[20], institutionsökonomische[21] oder governance-theoretische[22] Konzepte (Jansen 2005, S. 19). Da der vorliegenden Arbeit eine interdisziplinäre Herangehensweise mit theoretischen Ansätzen aus der Soziologie, der Politikwissenschaft und dem Neoinstitutionalismus zugrunde liegt, muss zunächst eine passende

14 Z. B. Bannenberg (2002).

15 Z. B. Richter (1990).

16 Z. B. Höffling (2002).

17 Z. B. Haller und Shore (2005).

18 Z. B. Mannow (2003); Alemann und Kleinfeld (1992).

19 Z. B. Shleifer und Vishny (1993).

20 Z. B. Rose-Ackerman (1978).

21 Z. B. Lambsdorff (2007).

22 Z. B. Homann (1997).

Definition von Korruption für den spezifischen Kontext des ukrainischen und russischen Hochschulwesens erarbeitet werden, da eine solche bisher nicht vorliegt.

Eine der gegenwärtig gebräuchlichsten Definitionen stammt von Transparency International, der wohl prominentesten NGO im Kampf gegen Korruption. TI versteht darunter „*misuse of entrusted power for private gain*" (Transparency International 2015). Ursprünglich geht diese Definition auf eine klassische Begriffsbestimmung von Joseph J. Senturia aus dem Jahr 1931 zurück, die Korruption als „*the misuse of public power for private profit*" (1931, S. 448f.) beschreibt. Eine analoge Definition bietet Daniel Kaufmann, der Korruption als „*abuse of public office for private gain*" (1998, S. 131) versteht. Vergleicht man diese drei Definitionen, ist die von TI am weitesten gefasst, da sie durch die Verwendung des Terminus *entrusted power* auch Korruption zwischen nichtstaatlichen Akteuren, z. B. aus der Wirtschaft, abdeckt, während sich die beiden anderen Auffassungen explizit auf öffentliche Amtsträger beziehen (public power, public office).

Eine in den Politikwissenschaften populäre Definition stammt von Joseph S. Nye, sie versteht Korruption als:

> „[...] *behavior which deviates from the normal duties of a public role because of private-regarding (family, close private clique), pecuniary or status gains, or violates rules against the exercise of certain types of private-regarding influence. This includes such behavior as bribery (use of reward to pervert the judgment of a person in a position of trust); nepotism (bestowal of patronage by reasons of ascriptive relationship rather than merit); and misappropriation (illegal appropriation of public resources for private-regarding use).*" (Nye 1967, S. 419)

Dieses Konzept ist einerseits unscharf („normal duties of a public role"), bietet andererseits aber den Vorteil, dass soziale Beziehungen, die bei Korruptionsformen in den postkommunistischen Staaten eine wichtige Komponente darstellen, explizit mit einbezogen werden.

Die meisten Studien zu Korruption beschäftigen sich mit politischer Korruption zwischen Wirtschaftsakteuren und hochrangigen Beamten und Mandatsträgern, weshalb auch die Mehrzahl der Definitionen auf diesen Bereich fokussiert ist. In der letzten Dekade hat jedoch auch die sektorspezifische Korruptionsforschung Auftrieb erhalten, und so wurde auch Korruption im Bildungssektor zunehmend wahrgenommen und erforscht. Die Suche nach einer geeigneten Definition steht jedoch nicht im Zentrum des akademischen Diskurses. Ararat Osipian unternimmt wie Nye den Versuch, informelle Beziehungen in seine Definition zu integrieren, und beschreibt Bildungskorruption als „*a system of informal relations established to regulate unsanctioned access to material and nonmaterial assets through abuse of the office of public or corporate trust*“ (Osipian 2012a, S. 23). Diese allgemein gehaltene Begriffsbestimmung vernachlässigt jedoch den bildungsspezifischen Kontext und könnte auch auf jede andere Form der Korruption zutreffen. Eine weitere eher unscharfe Erklärung findet sich bei Stephen P. Heyneman:

> „*But because education is an important public good, its professional standards include more than just material goods; hence the definition of education corruption includes the abuse of authority for personal as well as material gain.*“ (Heyneman 2004, S. 637)

Eine hinsichtlich des Bildungskontextes spezifischere Definition bieten Jacques Hallak und Muriel Poisson, die das Kernelement der gängigen Begriffsbestimmungen – Machtmissbrauch zum privaten Vorteil – um die spezifischen Charakteristika korrupter Praktiken im Bildungssektor erweitern und Bildungskorruption definieren als:

> „[...] *the systematic use of public office for private benefit, whose impact is significant on the availability and quality of educational goods and services, and, as a consequence on access, quality or equity in education.*“ (Hallak und Poisson 2007, S. 29)

Auch diese Definition von Bildungskorruption ist nicht ideal – zu hinterfragen bleibt, warum der Missbrauch *systematisch* sein muss und Korruption nicht auch *sporadisch* erfolgen kann –, dennoch dient sie als Orientierung zur Erarbeitung des eigenen Ansatzes.

Für diese Arbeit wurde ein Begriff von Bildungskorruption erarbeitet, der sich aus den gängigen Definitionen ableitet, gleichzeitig aber die spezifischen Bedingungen des postsowjetischen Bildungssektors aufgreift. Demnach ist Bildungskorruption:

> *Der Missbrauch anvertrauter Macht zum persönlichen Vorteil (oder zum Vorteil einer Interessengruppe) mit Auswirkungen auf Zugang, Chancengleichheit oder Qualität im Bildungswesen.*

Im Gegensatz zu den oben beschriebenen Definitionen umfasst dieses Verständnis sämtliche Ebenen von Korruption im Bildungswesen: an staatlichen und privaten Hochschuleinrichtungen, im Zusammenhang mit der Studienplatzvergabe, im Rahmen der Lehre und bei der Vergabe von Diplomen und wissenschaftlichen Titeln, aud auf administrativer Ebene. Verschiedene Korruptionspraktiken fallen in diese Kategorisierung: der korrupte Tauschakt kann als monetäre Bestechung oder geldwerte Gegenleistung erfolgen, aber genauso gut als persönliche Gegenleistung im Rahmen sozialer Beziehungen oder auch verschleiert als Geschenk.

Eine umfassende Übersicht, welche konkreten Formen Korruption im Bildungswesen annehmen kann, bieten Hallak und Poisson (vgl. Tabelle 2). Dabei wird ersichtlich, dass es vielfältige Korruptionsformen gibt, die auf sehr unterschiedlichen Ebenen stattfinden, und praktisch jeder Bereich im Bildungswesen von Korruption betroffen sein kann.

Tabelle 2: Typologie von Bildungskorruption

Areas	Corrupt practices	Impact on education
School building, rehabilitation	Fraud in public tendering Embezzlement School mapping	Access Quality *Example*: bad location of schools, too high or too low use; demand for places unattended
Equipment, Textbooks, Food	Fraud in public tendering Embezzlement Bypass of criteria	Equity Quality *Example*: school meals free to the rich and not available for the poor: lack of consistency between textbooks and curricula
Teacher appointment / management	Favouritism Nepotism Bribes	Quality *Example*: less qualified teachers appointed
Teacher behaviour	„Ghost teachers“ Bribes (for school entrance, exams, assessment, private tutoring etc.)	Equity Ethics *Example*: disparity in staffing by schools; discrimination against the poor
Examinations and diplomas	Selling of information Favouritism Nepotism Bribes Academic fraud	Equity Ethics *Example*: unjustified credentials available to students who can afford to pay bribes
Information systems	Manipulating data Selecting/surpressing information	Equity Ethics Policy Priorities *Example*: omitting data on repetition/dropout; less priority on quality improvement
Specific allowances (fellowships, subsidies etc.)	Favouritism Nepotism Bribes Bypass of criteria	Access Equity *Example*: inflating enrolment figures to increase financial transfers
Finance	Transgressing rules/procedures Inflation of costs and activities Opacity of flow Leakage of funds	Access Quality Equity Policy priorities *Example*: less resource for quality improvement: textbooks, materials etc.

Quelle: Hallak und Poisson (2005, S. 5).

Nachdem der Begriffsbestimmung wird im Folgenden der Analyserahmen für Korruption im postsowjetischen Bildungssektor entwickelt.

2.2 Korruption als „soziale Beziehung" im Mehr-Ebenen-Modell

Im Unterschied zum moralisierend-normativen medialen und gesellschaftlichen Korruptionsdiskurs, der Korruption in ihrer ursprünglichen etymologischen Bedeutung als *Normverfall*, also abweichendes und *unsoziales* Verhalten missbilligt, sollten wissenschaftliche Ansätze auf moralische Vorverurteilungen verzichten. Niklas Luhmann fordert in seiner Rechtssoziologie, abweichendes Verhalten wie Korruption isoliert und wertneutral zu betrachten. Eine soziologische Analyse erfordere, dass:

> „[...] *die Vorwerfbarkeit abweichenden Verhaltens objektiviert und isoliert wird und nicht auf den erklärenden Kontext abfärbt; denn nur so ist es möglich, abweichendes Verhalten durch Bezug auf positiv geschätzte Ursachen oder gar auf die Ganzheit eines strukturierten Systems zu erklären. Die Auswahl der Erklärung darf, mit anderen Worten, weder subjektiv noch objektiv durch die Moralität des zu erklärenden Ereignisses behindert werden.*" (Luhmann 1987, S. 121)

Die vorliegende Arbeit folgt Luhmanns Prämisse, dass *„auch abweichendes Verhalten sozial veranlasst ist, durch soziale Prozesse gestützt wird und erforschbaren Regeln sozialen Verhaltens folgt, also nicht einfach ‚unsozial' und allein auf den bösen Impuls zurückzuführen ist*" (Luhmann 1987, S. 121).

Verglichen mit anderen Formen devianten Handelns konstituiert sich Korruption sehr stark über die *Beziehung* zwischen den Akteuren. Zahlreiche Untersuchungen belegen, dass gerade im postsowjetischen Kontext Kontakte, Netzwerke, Freundschaften, Bekanntschaften – kurz, *soziale Beziehungen* – eine tragende Funktion in korrupten Transaktionen einnehmen (Kravzova 2014; Ledeneva 1998; Leontyeva 2011; Rose 2009). Dies gilt vor allem auch für Korruption bei der Studienplatzvergabe, wo informelle persönliche Beziehungen oft ausschlaggebend für die Zuweisung eines Studienplatzes sind. In den gängigen Korruptionstheorien wird die soziale Ebene allerdings häufig marginalisiert oder ganz ausgeblendet. Insofern scheint Christian Höfflings (2002) Konzept von „Korruption als sozialer Beziehung" einen vielversprechenden theoretischen Ansatz für das vorliegende Forschungsvorhaben zu liefern und wird im Folgenden näher erläutert.

Höffling versteht Korruption als soziale Beziehung. Seinen Überlegungen liegt Max Webers Definition der sozialen Beziehung zugrunde, *„ein seinem Sinngehalt nach aufeinander gegenseitig eingestelltes und dadurch orientiertes*

Sichverhalten mehrerer" (Weber 2008, S. 19), wozu Weber u. a. „*Kampf, Feindschaft, Geschlechtsliebe, Freundschaft, Pietät, Marktaustausch*" (2008, S. 13) zählt. Daran anknüpfend definiert Höffling Korruption als:

> „*Eine soziale Beziehung zwischen individuellen Akteuren in den Rollen von Amtswalter und Klient, die unter Missachtung der auf das Rollenhandeln gerichteten universalistischen Erwartungen um die partikularistische Komponente eines persönlichen Austauschverhältnisses erweitert wird.*" (Höffling 2002, S. 25)

Diese Begriffsbestimmung beinhaltet Kriterien der gängigen Korruptionsdefinitionen („Missbrauch anvertrauter Macht zum privaten Vorteil"), erweitert sie jedoch um den Begriff der *sozialen Beziehung.*

Auf Grundlage seines umfangreichen empirischen Datenmaterials[23] entwirft Höffling eine *Typologie der Korruption*, die zwar auf Korruptionsfällen in Deutschland basiert, jedoch auch für den postkommunistischen Kontext einen passenden Analyserahmen bietet (siehe Abbildung 1).

Abbildung 1: Typologie korruptiver Beziehungen

Beziehungsstabilität / **Grad der Institutionalisierung von Korruption**		gering	hoch
		Korruption als flüchtige Interaktion (situative Korruption)	Korruption als auf Dauer gestelltes Beziehungssystem (strukturierte Korruption)
gering	Korruption als abweichendes Verhalten (isolierte Korruption)	**Riskante Korruption (1)**	**Intime Korruption (2)**
hoch	Korruption als konformes Verhalten (systemische Korruption)	**Alltägliche Korruption (4)**	**Expansive Korruption (3)**

Quelle: Höffling 2002, S. 78.

Die Kreuztabelle zeigt vier Typen[24] von Korruption, die hinsichtlich des Institutionalisierungsgrades und der Beziehungsstabilität unterschieden werden:

---

[23] Höffling konnte auf insgesamt 570 Strafakten zu Korruptionsfällen der Staatsanwaltschaften Baden-Württemberg, Bremen, Hamburg, Hessen, Niedersachsen und Sachsen aus den Jahren 1993-1996 zugreifen. Etwa zwei Drittel (363 Fälle) erwiesen sich als für die Forschung relevant und stellen die Materialbasis dar, auf der die Ergebnisse beruhen (Höffling 2002, S. 26f.).

[24] Die vier Korruptionstypen sind als *Idealtypen* zu verstehen, das heißt als – zur einfacheren Abgrenzung teilweise überzeichnete – Ausschnitte der Realität, die erfasst, geordnet und interpretierbar gemacht werden sollen. Die Bildung von Idealtypen geht auf

1) Riskante Korruption, 2) Intime Korruption, 3) Expansive Korruption und 4) Alltägliche Korruption.

Die erste Variante zeichnet sich durch eine *„geringe Beziehungsstabilität bei geringem Institutionalisierungsgrad korruptiver Verhaltenserwartungen“* (Höffling 2002, S. 78) aus. In diesem Fall stellt Korruption eine riskante Transaktion für die Akteure dar, da aufgrund der fehlenden gesellschaftlichen Institutionalisierung von Korruption nicht nur eine Normabweichung vorliegt, sondern wegen der zumeist nur flüchtigen Beziehung auch keine Informationen über die Vertraulichkeit des Gegenübers vorhanden sind und der Unsicherheitsfaktor groß ist. Bei diesem Typus ist die Misserfolgsrate sehr hoch, weshalb er als *riskante Korruption* bezeichnet wird. Ein Beispiel hierfür wäre die Bestechung eines Polizisten in Deutschland, die gelegentlich versucht wird, aber häufig zu Strafanzeigen führt. Im untersuchten ukrainischen und russischen Hochschulwesen wäre dieser Typus theoretisch an den (wenigen) Einrichtungen denkbar, die ein korruptionsfeindliches Umfeld etabliert haben.

„Die Konstellation einer hohen Stabilität der Beziehung bei geringer Institutionalisierung von Korruption“ (Höffling 2002, S. 79) kennzeichnet den zweiten Typus. Hier liegt ein persönliches Vertrauensverhältnis zwischen den Akteuren vor, welches es ermöglicht, die Korruptionsbeziehung unter korruptionsfeindlichen Bedingungen vor Außenstehenden zu verheimlichen. Höffling spricht daher auch von *intimer Korruption.* Nicht nur wird bei dieser Form ein hoher Aufwand für die Verheimlichung betrieben, sondern teilweise auch dafür, das Vertrauensverhältnis durch gegenseitige Gefälligkeiten dauerhaft zu etablieren. Höffling verdeutlicht dies anhand einiger typischer Beispiele aus der Baubranche, in welcher Klienten häufig versuchten, die Amtswalter zu beeinflussen, damit diese über größere Zeiträume hinweg Genehmigungen und Bescheinigungen zugunsten der Klienten erteilten. In Russland und der Ukraine ist dieser Typus ebenfalls existent, da gerade im postsowjetischen Kontext informelle und korrupte Praktiken oft durch soziale Beziehungen geprägt sind.

Weber zurück, der darunter „[...] *ein Gedankenbild, welches nicht die historische Wirklichkeit oder gar die ‚eigentliche‘ Wirklichkeit ist* [...], *sondern welches die Bedeutung eines rein idealen Grenzbegriffes hat, an welchem die Wirklichkeit zur Verdeutlichung bestimmter bedeutender Bestandteile ihres empirischen Gehaltes gemessen, mit dem sie verglichen wird*“ versteht (Weber und Winckelmann 1973, S. 194).

In Russland als auch in der Ukraine ist jedoch nicht nur die Beziehungsstabilität, sondern gleichzeitig auch der Grad der Institutionalisierung von Korruption sehr hoch. Für die *expansive Korruption* ist charakteristisch:

> „[...] *die Einbettung dauerhafter und stabiler Beziehungssysteme in ein soziales Milieu, in dem die Missachtung formaler Normen zugunsten partikularistischer Interessen kein Abweichendes Verhalten darstellt. Korruptives Handeln wird hier zumindest akzeptiert und entschuldigt, oftmals auch erwartet und gefördert. Die Unterhaltung entsprechender Beziehungen erscheint den Beteiligten als Teil ihrer – kulturellen oder subkulturellen – Normalität.*" (Höffling 2002, S. 79)

Expansiv bedeutet, dass Korruption unter diesen Rahmenbedingungen die Tendenz hat, sich netzwerkartig auszubreiten: Korruption wird in Netzwerken sozialisiert und rationalisiert, die Bewertungsmaßstäbe von Konformität und Devianz kehren sich um, sanktioniert werden die nicht-korrupten „Abweichler". Einige Studien (Klein 2011; Leontyeva 2011; Round und Rodgers 2009) lassen darauf schließen, dass dieser Typus sowohl im russischen als auch im ukrainischen Hochschulwesen sehr häufig vorkommt. An vielen Hochschuleinrichtungen ist Korruption so stark institutionalisiert, dass Studienplätze oftmals nur noch nach informellen Kriterien, z. B. per Blat, an Freunde, Bekannte, Verwandte vergeben wurden (Ledeneva 1998).

Der vierte Typus in Höfflings Matrix ist die *alltägliche Korruption.* Angesichts fehlender empirischer Belege in seinem Datenmaterial ist diese für ihn aber nur theoretischer Natur. Korruption sei in Deutschland in keinem gesellschaftlichen Bereich so fest institutionalisiert, dass man sie als alltägliches Phänomen bezeichnen könne. Anders sehe es in vielen postsowjetischen Staaten aus, da dort:

> „*[...] das soziale Umfeld, in dem diese Begegnungen stattfinden,* [...] *die Bevorzugung partikularistischer Normen gegenüber einem abstrakten Universalismus als selbstverständlich* [erachtet]. *Damit kann die Abwicklung einer korruptiven Transaktion – bei Beachtung gewisser Regeln – grundsätzlich jederzeit mit jedem auch unbekannten Partner ohne Risiko vollzogen werden.* [...] *Korruption ist hier eine alltägliche und quasi öffentliche Praxis; die Ahndung einer Bestechung (obwohl de jure stets geboten) wäre geradezu ein Akt von Willkür.*" (Höffling 2002, S. 80)

Alltägliche Korruption findet sich in unterschiedlichem Maß in vielen gesellschaftlichen Teilsystemen in den Staaten der ehemaligen Sowjetunion; von der Gesundheitsvorsorge über die Justizorgane bis hin zum vorliegenden Untersuchungsgegenstand, dem Hochschulwesen.

Höfflings Typologie erfasst nicht nur unterschiedliche Dimensionen von Korruption, sondern stellt auch einen geeigneten Analyserahmen zur Verfügung. Von den vier Idealtypen kommen in den beiden Fallbeispielen vor allem die dritte und vierte Ausprägungsform vor: die expansive und die alltägliche Korruption. Erklärungsansätze, *wieso* gerade diese beiden Formen im untersuchten Fall so ausgeprägt sind, liefert diese Erkenntnis jedoch nicht. Abhilfe schafft hier das Makro-Mikro-Makro-Modell der soziologischen Erklärung, das Höffling auf den Gegenstand der Korruption anwendet, um „*Korruption* [...] *wie alle sozialen Phänomene* [...] *als soziale*[n] *Prozess, als kontinuierliches Wechselspiel von sozialem Handeln und sozialen Strukturen zwischen Mikro- und Makro-Ebene* [zu] *beschreiben.*“ (Höffling 2002, S. 81).

Das Mehr-Ebenen-Modell hat seinen Ursprung im Versuch der Überwindung eines in der Soziologie lange Zeit vorherrschenden Dualismus‘: dem Verhältnis zwischen Individuum und Gesellschaft. Während Vertreter des Methodologischen Individualismus autark handelnde *Akteure* in das Zentrum ihrer Theorien stellen und Gesellschaft und gesellschaftlichen Wandel als kollektives Handeln individueller Akteure betrachten, sehen Vertreter des Methodologischen Kollektivismus die *Gesellschaftsstruktur*, in die Individuen hineingeboren werden und deren sozialen Zwängen und Mechanismen sie unterliegen, als theoretischen Ausgangspunkt. Diese Dichotomie wurde ab Mitte der 1980er Jahre jedoch zunehmend infrage gestellt und es wurden Modelle erarbeitet, diese Polarität zu überwinden. James S. Coleman entwickelt in seinem Grundlagenwerk „Foundations of Social Theory“ (1990) ein Mikro-Makro-Modell, womit er Webers *Protestantismusthese*[25] zu erklären versucht und gleichzeitig die Überbrückung dieses Gegensatzes erreicht. Das bei Coleman noch sehr spezifisch auf Webers These zugeschnittene *Wannenmodell* hat Hartmut Esser (1993) aufgegriffen und theoretisch verallgemeinert. Nach Essers Theorie kann ein bestimmter gesellschaftlicher Zustand auf

[25] Weber vertritt in seinem Klassiker „Die protestantische Ethik und der Geist des Kapitalismus“ die These, dass die protestantische Ethik mit ihrer auf Ideen von Luther und Calvin beruhenden Weltanschauung die Grundlage für den mit der Industrialisierung einsetzenden Kapitalismus sei.

der Makroebene nur über die Untersuchung der Mikroebene einzelner handelnder Akteure erklärt werden. Dabei stellt der „Wannenboden“ die mikrosoziologische Erklärungsebene dar, um makrosoziologische Prozesse auf der „Wasseroberfläche“ zu erläutern.

Das Badewannenmodell haben wiederum Hess und Scheerer (1997, S. 95) spezifiziert und für die Kriminalitätsforschung fruchtbar gemacht. Höffling verwendet es, um die Zusammenhänge zwischen Korruption auf der Mikro- und der Makroebene aufzuzeigen. Dabei geht es ihm weniger darum, eine konkrete Theorie zu entwickeln, als einen handlungs- und strukturtheoretischen Rahmen zu schaffen (Höffling 2002, S. 63). Das Mehr-Ebenen-Kriminalitätsmodell von Hess und Scheerer stellt soziale Strukturen und soziales Handeln in einen Sinnzusammenhang, der Kriminalität als *kontinuierlichen Prozess* im Wechselspiel unterschiedlicher Mikro- und Makrofaktoren erklärt (vgl. Abb. 2).

Abbildung 2: „Modell zur Erklärung der Konstruktion von Kriminalität“

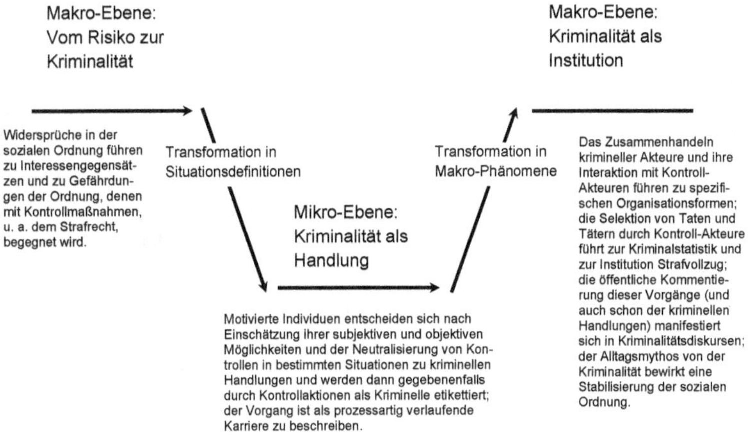

Makro-Ebene:
Vom Risiko zur
Kriminalität
Makro-Ebene:
Kriminalität als
Institution
Widersprüche in der sozialen Ordnung führen zu Interessengegensätzen und zu Gefährdungen der Ordnung, denen mit Kontrollmaßnahmen, u. a. dem Strafrecht, begegnet wird.
Transformation in Situationsdefinitionen
Transformation in Makro-Phänomene
Das Zusammenhandeln krimineller Akteure und ihre Interaktion mit Kontroll-Akteuren führen zu spezifischen Organisationsformen; die Selektion von Taten und Tätern durch Kontroll-Akteure führt zur Kriminalstatistik und zur Institution Strafvollzug; die öffentliche Kommentierung dieser Vorgänge (und auch schon der kriminellen Handlungen) manifestiert sich in Kriminalitätsdiskursen; der Alltagsmythos von der Kriminalität bewirkt eine Stabilisierung der sozialen Ordnung.
Mikro-Ebene:
Kriminalität als
Handlung
Motivierte Individuen entscheiden sich nach Einschätzung ihrer subjektiven und objektiven Möglichkeiten und der Neutralisierung von Kontrollen in bestimmten Situationen zu kriminellen Handlungen und werden dann gegebenenfalls durch Kontrollaktionen als Kriminelle etikettiert; der Vorgang ist als prozessartig verlaufende Karriere zu beschreiben.

Quelle: Hess und Scheerer 1997, S. 95.

Den Ausgangspunkt der Überlegungen stellen Widersprüche in der sozialen Ordnung auf der Makroebene dar, die bestimmte Kriminalitätsrisiken in sich bergen (*Logik der Situation*). Diese äußeren Bedingungen werden auf die

Mikro-Ebene transformiert, wo sie einen „*institutionellen, normativen und situativen Rahmen für das soziale Handeln individueller Akteure*" (Höffling 2002, S. 63) bilden, worin diese abwägen, ob sie konform oder abweichend handeln (*Logik der Selektion*). Die Logik der Selektion lässt sich in der heutigen Forschung am besten anhand verschiedener Rational-Choice-Theorien erklären, von denen im nächsten Kapitel der Principal-Agent-Client-Ansatz vorgestellt wird.

Doch zunächst wird anhand des Wannenmodells erklärt, wie Hess und Scheerer von den aggregierten Handlungen zahlreicher individueller Akteure auf die Makro-Ebene zur „Kriminalität als Institution" gelangen. Kriminalität werde ihrem Verständnis zufolge dadurch institutionalisiert, dass die Aggregation individueller Handlungen entweder zur Reproduktion oder Veränderung von bestimmten sozialen Strukturen und Verhaltensmustern führe. Dabei gilt zu bedenken, dass sich Akteure zum einen nicht immer der Folgen ihrer Handlungen bewusst sind und es zugleich auch immer unvorhersehbare und nicht intendierte Konsequenzen ihres Tuns gibt, wodurch sich sozialer Wandel auch unkalkulierbar vollziehen kann.

Kriminalität wird anhand des Badewannenmodells als *sozialer Prozess* veranschaulicht und beschreibbar gemacht: Hess und Scheerer begreifen Kriminalität nicht als ein statisches Gebilde, sondern als ein „*ständig ineinander verwobenes Geschehen*", dessen „*Strukturen und Handlungen nicht unabhängig voneinander existieren, sondern sich ständig gegenseitig produzieren*" (Hess und Scheerer 1997, S. 94f.). Da es sich hierbei um ein idealtypisches Analysemodell handelt, das komplexe Vorgänge auf ihren Kern reduzieren und erklärbar machen soll, ist für die Realität zu bedenken, dass Phänomene auf der rechts dargestellten Makro-Ebene gleichzeitig auch links existieren und umgekehrt und dass sich die Wirkungen der Handlungen ebenfalls ständig wandeln (ebd.).

Höffling konkretisiert diesen Ansatz für den Forschungsgegenstand Korruption. Drei Aspekte nehmen eine zentrale Position in seinen Überlegungen ein: 1.) das Reziprozitätsprinzip, 2.) Unterschiede in der Konstitution von Gesellschaft und 3.) der Konflikt zwischen zwei unterschiedlichen *Moralen*. Im Folgenden wird kurz auf diese Faktoren eingegangen, um anschließend das Konzept von Korruption als sozialer Beziehung zu erörtern.

Bereits Georg Simmel verweist 1907 auf das Prinzip der Reziprozität: „*Aller Verkehr der Menschen beruht auf dem Schema von Hingabe und Aequivalent*", bei dem „*objektiv gleiches für objektiv gleiches*" (Simmel 1907, S. 593) – oder anders ausgedrückt: reziprok – getauscht wird. Reziprozität ist somit ein universell gültiger gesellschaftlicher Tauschmechanismus, und unterschiedliche Reziprozitätsnormen und Erwartungen formen und regulieren den Tausch. In der Regel folgt auf eine Eröffnungsgabe, abhängig von den geltenden Normvorstellungen, die Annahme oder Ablehnung dieser, und falls der Empfänger die Gabe akzeptiert, erwartet der Geber eine Gegengabe.[26] Die bekannteste Form ist die direkte Reziprozität, die sich auch in der Regel „tit for tat" oder in dem deutschen Sprichwort „Wie Du mir, so ich Dir" niederschlägt. Dieses Reziprozitätsprinzip bindet die Beziehungsebene zwischen den korrupten Tauschpartnern – die in Rational-Choice-Modellen üblicherweise keine Berücksichtigung findet – in die theoretischen Überlegungen zu Korruption ein.

Korruption ist in der Regel ein Tauschakt, bei dem die Gegenleistung zeitlich verzögert erfolgt. Durch diese Verzögerung ist vielen Transaktionen ein Risikofaktor gemein, den Luhmann auch als das „*Problem der riskanten Vorleistung*" (Luhmann 1968, S. 21) bezeichnet: Der Bestechungsgeber kann sich nicht absolut sicher sein, ob der Tauschpartner die erwartete Leistung tatsächlich erbringt. Diesem Risiko wird durch *persönliches Vertrauen* entgegengewirkt, das Luhmann als „*Mechanismus zur Reduktion sozialer Komplexität*" (Luhmann 1968) versteht, der dazu beitrage, eben solche Situationen aufzulösen.[27] Man bringt dem Tauschpartner im Moment der Gabe nicht nur

26 Vgl. auch Marcel Mauss, der sich intensiv mit Form und Funktion der Gabe auseinandersetzt, z. B. in Mauss und Ritter (1990).

27 Postmoderne (westliche) Gesellschaften zeichnen sich durch die fortschreitende Ausdifferenzierung in unterschiedliche Institutionen wie z. B. Schule, Polizei, Justizwesen etc. aus. Das *persönliche* Vertrauen in einzelne Akteure wird in der Folge zunehmend durch ein *systemisches* oder *institutionelles* Vertrauen ersetzt. Bedingt durch negative Erfahrungen mit staatlichen Institutionen, die zu Zeiten der Sowjetunion totalitär, willkürlich und repressiv agierten, und verstärkt durch das empfundene Versagen staatlicher Institutionen seit dem Zusammenbruch des Kommunismus, ist das institutionelle Vertrauen in weiten Bevölkerungsteilen der postsowjetischen Staaten sehr gering. Es herrscht eine Atmosphäre des Misstrauens, in der das fehlende institutionelle Vertrauen durch persönliches Vertrauen kompensiert wird, was sich korruptionsfördernd auswirkt (Dittrich 2004; Rose 2009; Roth 2007a; Shlapentokh 2006).

Vertrauen dafür entgegen, dass eine äquivalente Gegenleistung erfolgt, sondern im Fall von Korruption auch dafür, dass der Tausch geheim bleibt.

Das Reziprozitätsprinzip bestimmt, zu welchem Zeitpunkt, in welcher Form und in welchem Umfang eine Gegenleistung erbracht werden muss. Ein weiteres Kriterium, das Marshall Sahlins (1972, S. 191ff.) zufolge Reziprozitätsnormen forme, ist die *soziale Nähe* der Tauschpartner. Auch Höffling sieht zwischen Akteuren mit engen persönlichen Bindungen, wie innerhalb familiärer oder freundschaftlicher Beziehungen, andere Reziprozitätsnormen als zwischen fremden Akteuren:

> *„Im Clan, in der Familie, unter Menschen, die als Verwandte oder Freunde definiert werden, darf mit dem Vorherrschen verallgemeinerter oder generalisierter Reziprozität gerechnet werden. Die Enge der persönlichen Bindung gebietet, Leistungen, Gaben und Gegengaben nicht unmittelbar aufzurechnen. Wechselseitigkeit wird zwar erwartet, aber nur langfristig und mit Blick auf die gesamte Gruppe, die Beziehung ist in hohem Maße ausgleichstolerant. Mit zunehmender Distanz des Beziehungspartners zur Eigengruppe wird das Verhältnis gegenseitiger Erwartungen ausgeglichener (balancierte Reziprozität). Leistung und Gegenleistung sollen möglichst gleichwertig sein und Zug um Zug getauscht werden. Weniger auf die Beziehung selbst kommt es den Partnern an als auf die Realisierung der Vorteile, die für beide Seiten aus ihr sich ergeben."* (Höffling 2002, S. 67)

Daraus lässt sich ein dualistisches Normverständnis ableiten, das in eine *Binnenmoral* und eine *Fremdmoral* (Höffling 2002, S. 67) unterteilt werden kann. Für den Forschungskontext ist dies insofern relevant, als dass genau diese Doppelmoral eine Ursache für die weite Verbreitung korrupter Praktiken im postsowjetischen Raum ist. Gerade in Fällen von Korruption, die dazu dient, Verwandten oder Bekannten zu helfen, handeln viele Korrupteure der eigenen Binnenmoral nach nicht unmoralisch oder korrupt. Außerhalb der persönlichen sozialen Netzwerke hingegen wirkt die Fremdmoral: Korruption wird oft als unmoralisch und verwerflich angesehen und falls es doch dazu kommt, wird eine direkte Gegenleistung erwartet.[28]

[28] Ein anschauliches Beispiel dafür liefert die Arbeit von Elvira Leontyeva (2011), die informelle Netzwerke an russischen Universitäten untersucht: „*The majority of regional Russian universities tend to favor the closed academic community model, which generates a great deal of informal activity*" (Leontyeva 2011, S. 44). Die informellen Netzwerke könnten – hier greift die Autorin auf die Theorie von Mark Granovetter (1983) zurück – entweder „strong" (Familie, Freunde, Clans) oder „weak" (Bekannte, Kollegen, Nachbarn) sein. Abhängig davon, wie eng die Beziehung zwischen den beiden Tauschpartnern ist, folge Korruption der genannten Binnen- bzw. Fremdmoral: Bei en-

Dieses dualistische Moralverständnis lässt sich konzeptionell in eine Mikro-Moral und eine Makro-Moral unterteilen (vgl. Tabelle 3).

Tabelle 3: Mikro- und Makro-Moral

	Ethischer Partikularismus (Mikro-Moral)	**Moralisch-rechtlicher Universalismus (Makro-Moral)**
Orientierung sozialen Handelns	am Besonderen	am Allgemeinen
Normative Steuerung erfolgt primär über	informale Normen (soziale Verhaltenserwartungen)	formale Normen (Recht)
Internalisierungsgrad	hoch	begrenzt/kontingent
Primärer Modus sozialer Beziehungen	Reziprozität (gegenseitige Verpflichtung)	Komplementarität von Rechten und Pflichten
Eingehen sozialer Beziehungen erfordert	persönliches Vertrauen (in die Kooperationsbereitschaft konkreter Partner)	Systemvertrauen (in ausgleichende Mechanismen sozialer Institutionen)
Legitime Geltungs horizonte	Gemeinschaft Lebenswelt Privatsphäre Privater Sektor	Gesellschaft System Öffentlichkeit Staat

Quelle: Höffling 2002, S. 72.

Charakteristisch für den *ethischen Partikularismus* der Mikro-Moral sind die Orientierung an Partikularinteressen, die Steuerung über informelle Normen, ein hoher Internalisierungsgrad und ein hohes Maß an persönlichem Vertrauen. Bei der eher abstrakten Makro-Moral des *moralisch-rechtlichen Universalismus* dominieren hingegen nicht die gemeinschaftlichen Wertorientierungen, sondern das übergeordnete Wohlergehen der Gesamtgesellschaft steht im Vordergrund. Kennzeichnend hierfür sind u. a. die Orientierung an allgemeinen, formellen Normen wie dem kodifizierten Recht, daraus resultierend die Erfordernis von Systemvertrauen und, aufgrund des hohen Abstraktionsgrades der Makro-Moral, ein eher begrenzter Internalisierungsgrad. Diese bei-

gen Bindungen gebiete das Reziprozitätsprinzip nicht-monetäre Tauschakte und „*the work is based on a sincere desire to solve a problem as if it were his or her own*" (Leontyeva 2011, S. 247). Eine monetäre Bestechungsleistung werde eher als Beleidigung aufgefasst und weniger als Anreiz. Im Gegensatz dazu stehe bei schwachen persönlichen Bindungen oftmals der materielle Gewinn im Vordergrund und monetäre Anreizformen seien typisch.

den idealtypisch dargestellten Moralen kommen in der realen Lebenswelt nicht nur ständig miteinander in Berührung, sondern geraten in Konflikt. Das gilt besonders für neopatrimoniale[29] Gesellschaften wie Russland und die Ukraine, in denen zwar ein formaler rechtsstaatlicher Überbau vorhanden ist, das praktische Handeln der Akteure jedoch informellen und partikularistischen Logiken und sozialen Beziehungsmustern unterliegt. Die Akteure befinden sich in einem ständigen Spannungsfeld zwischen diesen beiden Moralen – ebenjenen Widersprüchen in der sozialen Ordnung, die den Ausgangspunkt des Badewannenmodells bilden. In beiden Fallstudien folgen die Akteure eher ihrer Mikro-Moral als den abstrakten und universellen Handlungserwartungen der Makro-Moral. Aus diesem normativen Konflikt entsteht ein Nährboden für Korruption, worin aus zahlreichen individuellen Korruptionsakten *systemische Korruption* erwächst, die „*wohl als Abweichung von einer als wirklichkeitsfern empfundenen abstrakten Norm, nicht aber von gelebter Normalität*" (Höffling 2002, S. 75) empfunden wird. Dies führt langfristig zu einem Gesellschaftszustand:

> „*Where wrong doing has become the norm, and the standard accepted behaviour necessary to accomplish organizational goals according to notions of public responsibilities and trust has become the exception not the rule.*" (Caiden und Caiden 1977, S. 306)

Wenn die Akteure Korruption als „*simply a different way of doing business*" (Caiden und Caiden 1977, S. 304) betrachten, Korruption alltäglich ist und sowohl juristisch als auch sozial nur in den seltensten Fällen sanktioniert wird, stellt sich die Frage: Kann in so einer Situation der Korruptionsbegriff überhaupt noch angewandt werden (Merl 2010)? Hier ist jedoch strikt zu differenzieren: Zwar geht Korruption in Russland und der Ukraine *de facto* mit den informellen, ungeschriebenen Gesetzen der Praxis konform; stellt *de jure* aber in beiden Ländern eine Straftat dar, was den Akteuren durchaus bewusst ist. Die Frage also, ob es legitim ist, in diesen Fällen überhaupt von Korruption zu sprechen, muss mit Ja beantwortet werden.

---

[29] Bratton und van de Walle meinen mit Neopatrimonialismus „*those hybrid political systems in which the customs and patterns of patrimonialism coexist with, and suffuse, rational-legal institutions*" (Bratton und van de Walle 1997, S. 62).

In einem Umfeld systemischer Korruption, womit wir es in beiden Fallstudien zu tun haben, werden diejenigen Akteure sanktioniert, benachteiligt und ausgegrenzt, die *nicht* an der korrupten Alltagspraxis teilhaben und stattdessen ihr Handeln an den formalen Normen orientieren. Höfflings Definition von systemischer Korruption liegt das Institutionsverständnis von Luhmann zugrunde, der unter Institutionen den „*Umfang* [...], *in dem Erwartungen auf unterstellbaren Erwartungserwartungen Dritter gestützt werden können*" (Luhmann 1987, S. 64) begreift. Daran angelehnt bedeutet für Höffling *institutionalisierte Korruption:*

> „*Dass korruptive Beziehungen nicht deshalb (und nur deshalb) eingehbar werden, weil ein konkretes Gegenüber seine Kooperationsbereitschaft zu einer exzeptionellen Transaktion signalisiert hat. Sie werden vielmehr (in erster Linie) deshalb eingehbar, weil – unabhängig von der Personen eines konkreten Partners – einschlägige Erwartungen allgemein unterstellt werden dürfen.*" (Höffling 2002, S. 75f.)

Das Risiko, dass das Gegenüber an der korrupten Transaktion nicht teilnimmt, sei in solch einer Umgebung minimal, da prinzipiell auch von unbekannten Akteuren der Tauschakt zu erwarten sei. Anhand eines Beispiels aus den untersuchten Gerichtsakten veranschaulicht Höffling, wie stark institutionalisierte Korruption von den Akteuren sozialisiert und internalisiert werde, sodass sie nicht mehr hinterfragt, sondern als normale Handlung wahrgenommen und erwartet werde: Ein seit zwei Jahren in Deutschland lebender russischer Spätaussiedler, der bei seiner Gemeinde eine Wohnung beantragt hatte, legte, nachdem der Antrag abgelehnt wurde, dem zuständigen Beamten einen Umschlag mit 1.000 DM auf den Tisch – ein eindeutiger Bestechungsversuch. In der Vernehmung erklärte er:

> „*In der ehemaligen UdSSR war es so üblich, dass man an allen Behörden und Ämtern Geld hinterlegen musste, um etwas zu bekommen. Ich bin davon ausgegangen, dass dies hier in Deutschland ähnlich ist.* [...] *Ich habe praktisch 42 Jahre nichts anderes gekannt.*" (Höffling 2002, S. 93)

Vor allem Migranten aus der ehemaligen Sowjetunion seien Höffling zufolge immer wieder in Korruptionsfälle in Deutschland verwickelt. Dies zeigt, wie fest sich Korruption internalisieren kann. Die Institutionalisierung von Korruption kann auch in einzelnen Subsystemen erfolgen, sodass einige gesellschaftliche Teilbereiche als nicht korrupt gelten, während sie in anderen Bereichen zu den *rules of the game* zählt.

Abschließend bleibt festzuhalten, dass Höffling einen vielversprechenden Ansatz aufzeigt, der Korruption wertneutral als eine Form der *sozialen Beziehung* begreift und einen auf dem soziologischen Mehr-Ebenen-Modell basierenden Analyserahmen bietet, der die Rahmenbedingungen und Wirkungszusammenhänge von Korruption als *prozessartigem* Wechselspiel zwischen der Mikro- und Makroebene erfasst. Was sein Modell jedoch explizit nicht liefert, ist eine konsistente und schlüssige Theorie über die Entstehungsbedingungen von Korruption auf der Mikroebene. Diese Lücke schließen rationale Handlungstheorien, von denen im Folgenden der Principal-Agent-Ansatz von Korruption nach Klitgaard (1988) vorgestellt wird.

2.3 Korruption als Principal-Agent-Modell

Korruption wird in dieser Arbeit dem Weberschen Verständnis nach als *soziale Beziehung* bzw. *soziales Handeln* begriffen. Soziales Handeln, das Weber in seinem Klassiker „Wirtschaft und Gesellschaft" als *„sinnhaftes und für die Mitmenschen verstehbares Verhalten*" (Miebach 2010, S. 31) definiert, wird in vier Idealtypen unterschieden:

- *zweckrational*: durch Erwartungen des Verhaltens von Gegenständen der Außenwelt und von anderen Menschen und unter Benutzung dieser Erwartungen als „Bedingungen" oder als „Mittel" für rational, als Erfolg, ersterbte und abgewogene eigne *Zwecke*
- *wertrational*: durch bewussten Glauben an den – ethischen, ästhetischen, religiösen oder wie immer sonst zu deutenden – unbedingten *Eigen*wert eines bestimmten Sichverhaltens rein als solchen und abhängig vom Erfolg
- *affektuell*, insbesondere *emotional*: durch aktuelle Affekte und Gefühlslagen
- *traditional*: durch eingelebte Gewohnheit (Weber 2008)

Im gegenwärtigen Korruptionsdiskurs stellen Rational-Choice-Theorien, die Webers zweckrationalen Handlungstypus aufgreifen, das dominierende Paradigma dar. Sie basieren auf der Überlegung, dass soziale Prozesse und Phänomene auf der Makro-Ebene letztlich nur über die individuellen Handlungen der Akteure auf der Mikro-Ebene erklärt werden könnten. Hier kommt wieder Colemans Mikro-Makro-Modell ins Spiel, das eine „*Systematisierung der Rational-Choice-Ansätze*“ (Miebach 2010, S. 32) darstellt.

Im europäischen Diskurs war es Siegwart Lindenberg, der in den 1970er Jahren den ursprünglich aus dem ökonomischen Denken stammenden Begriff des *rationalen Akteurs* prägte – in Abgrenzung zum nach normativen oder interpretativen Gesichtspunkten handelnden *Homo sociologicus* auch als *Homo oeconomicus* bezeichnet. Der Homo oeconomicus setzt die ihm zur Verfügung stehenden Ressourcen nutzenmaximierend zum Erreichen seiner Ziele ein. Lindenberg definiert den Homo oeconomicus in seinem „RREEMM“-Konzept (Lindenberg 1977, zitiert nach Miebach 2010, S. 29) als:

- *Resourceful*, d. h. er verfügt über bestimmte Ressourcen, auf die er zurückgreifen kann
- *Restricted*, d. h. er unterliegt sozial vorgegebenen Handlungseinschränkungen
- *Evaluating*, d. h. er bewertet die Handlungsalternativen nach dem erwarteten Nutzen
- *Expecting*, d. h. er bewertet die Folgen von alternativen Handlungsentscheidungen nach deren Wahrscheinlichkeit
- *Maximising*, d. h. er trifft die Entscheidung mit dem größten zu erwartenden Nutzen
- *Man*

Kritiker rationaler Handlungstheorien führen an, dass „*Akteure in bestimmten Situationen kooperieren, obwohl sie unter der Prämisse der subjektiven Nutzenoptimierung nicht kooperieren dürften*“ (Miebach 2010, S. 30), und halten den Rational-Choice-Ansatz daher nicht für überzeugend. Da die komplexe soziale Realität mit ihren bekannten und unbekannten Variablen in keinem universellen theoretischen Modell ganzheitlich erfasst wird, ist der Rückgriff auf vereinfachende Konzepte wie den Rational-Choice-Ansatz jedoch unabdingbar. Entscheidend ist, diese als Analyseinstrument zu begreifen und korrekt anzuwenden, wie Andreas Suchanek schreibt:

> *„Ich halte den Homo Oeconomicus für ein leistungsstarkes und sogar unverzichtbares Analyseinstrument, und zwar für wichtige Probleme; man muss ihn nur richtig anwenden und interpretieren können. Ihn als eindimensionales Menschenbild zu verwerfen, erscheint mir ebenso unangemessen wie seine normative Überhöhung, wie es manche Liberale machen. Er ist kein ‚Menschenbild', sondern ein problemabhängiges Modell, und wir sind für den vernünftigen Umgang mit gesellschaftlichen Problemen auf ihn ebenso angewiesen wie auf andere Modelle menschlichen Denken und Handelns."* (Suchanek 1993, S. 15)

Klitgaard, der eine der meistrezipierten Rational-Choice-basierten Korruptionstheorien postuliert hat, argumentiert ähnlich:

> *„Faced with a topic like corruption, the first task is to disaggregate the types of corruption, their scope and seriousness, the beneficiaries and the losers. One approaches a sensitive subject by highlighting not the moral failures of individuals, but the structural failures of information and incentives. One uses a simplifying theory to obtain not an optimizing model under restrictive assumptions but a heuristic framework that enables problem solvers to address the complex problem of corruption in their varied and unique circumstances. Finally, one tries to illuminate both the utility and limitations of the framework by looking at real examples."* (Klitgaard 1988, S. xiv)

Rational-Choice-Theorien gehen von drei Grundannahmen aus:

- Den Ausgangspunkt bilden Akteure.
- Die Akteure verfügen über Ressourcen (bzw. handeln unter Restriktionen), haben Präferenzen und können zwischen mindestens zwei Alternativen wählen.
- Die Theorie enthält eine Entscheidungsregel, die angibt, welche Handlung ein Akteur ausführen wird (Diekmann et al. 2004, S. 15)

Diese Grundannahmen liegen sämtlichen Modellen zugrunde, die auf den Principal-Agent-Client-Ansatz zurückgreifen, so z. B. bei Susan Rose-Ackerman (1978), Robert Klitgaard (1988), Shleifer und Vishny (1993) oder Johann Graf Lambsdorff (2007). Diese Autoren verstehen unter Korruption einen *Tauschakt* zwischen verschiedenen Akteuren. Lambsdorff beschreibt die Ausgangssituation folgendermaßen:

> *„Corruption is an exchange of favours between two actors, an agent and a client [...] The agent is entrusted with power by her superior, the principal. The principal delegates a task to the subordinate, his agent, and sets up the rules as to how this task is to be fulfilled. The agent is supposed to serve the client in accordance to these rules."* (Lambsdorff 2007, S. 18)

Abbildung 3 fasst die Grundannahmen der Theorie zusammen und stellt die Akteurskonstellation grafisch dar.

Abbildung 3: Principal-Agent-Client-Modell von Korruption

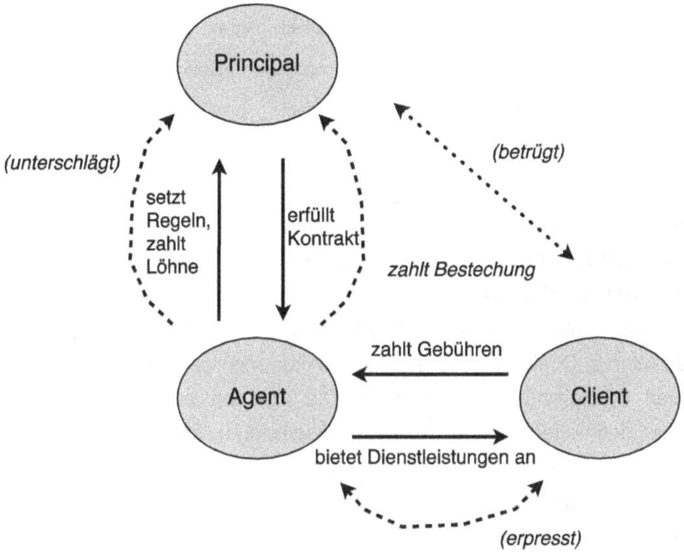

Quelle: Lambsdorff 2007, S. 19.

Die durchgezogenen Pfeile und die nicht kursive Schrift beschreiben den vorgesehenen *formalen* Verfahrensweg der Interaktion zwischen den Akteuren, während die kursiven Bezeichnungen und gestrichelten Pfeile das *informelle, korrupte* Verhalten darstellen. Ausgangspunkt der theoretischen Überlegung ist der *Principal*, der im Auftrag einer übergeordneten Institution in der Regel das Allgemeinwohl vertritt. Um das Modell einfach zu halten, geht Klitgaard explizit von der (unrealistischen) Annahme eines „*highly principled principal*" (1988, S. 22) aus, der lediglich im Interesse seiner Institution agiere und kein Eigeninteresse vertrete. Da dieser aufgrund mangelnder Ressourcen nicht alle Angelegenheiten persönlich mit seinen *Klienten* – den Bürgern – regeln könne, delegiere er die Aufgaben an den *Agenten,* den er eigens für diese Aufgabe ausgewählt hat. Dieser habe laut Klitgaard „*a less scrupulous devotion to the public interest*" (1988, S. 22) und handle zwar im Auftrag des

Principals, berücksichtige dabei jedoch auch seine eigenen Interessen. Im Folgenden werden die Akteure auf den Hochschulkontext übertragen, um die Theorie zu veranschaulichen.

Principal	→	z. B. Universitätsrektor, Schuldirektor etc.
Agent	→	z. B. Dozent, Lehrer, Hochschulpersonal etc.
Klient	→	z. B. Abiturient, Student, Eltern

Dem Principal, also dem (Hoch-)Schulrektor, sind innerhalb der Universitäts- bzw. Schulhierarchie eine Vielzahl von Agenten (Professoren, Lehrer, administratives Personal etc.) unterstellt. Diesen erteilt er Anweisungen, nach denen sie sich bei der Ausübung ihrer Funktion zu richten haben. Hierfür stattet er sie mit Ressourcen aus, die sie zur Erfüllung ihrer Aufgaben benötigen. Dies kann z. B. als Mitglied der Auswahlkommission das Recht sein, die zukünftigen Studierenden auszuwählen. Die Agenten verfügen über einen nicht näher definierten eigenen Ermessensspielraum, innerhalb dessen sie agieren können. Durch seine Befugnisse und Handlungsmöglichkeiten besitzt der Agent eine besondere Position gegenüber den Klienten, also den Schülern, Studenten und Eltern, die als *Monopol* bezeichnet wird.

Wie Rose-Ackerman verdeutlicht, bestehe in dieser Situation eine systemimmanente Informationsasymmetrie zwischen dem *Principal* und dem *Agent*:

> *„While superiors would like agents always to fulfil the superior's objectives, monitoring is costly, and agents will generally have some freedom to put their own interests ahead of their principals'. Here is where the money enters. Some third person, who can benefit by the agent's action, seeks to influence the agent's decision by offering him a monetary payment which is not passed on to the principal."* (Rose-Ackerman 1978, S. 6)

Die Theorie besagt, dass Agenten dann korrupt handelten, wenn ihr zu erwartender Gewinn die zu erwartenden Kosten übersteige. Diese Überlegung lässt sich anhand eines konkreten Beispiels aus dem Forschungskontext verdeutlichen: Angenommen, der Agent sei ein Dozent, der vom Rektor zusätzlich zum Lehrauftrag in die Auswahlkommission der Hochschule berufen wurde und mit darüber entscheidet, welche Abiturienten zum Studium zugelassen werden. Er soll im Interesse des Rektors handeln und nach meritokratischen Prinzipien die geeignetsten und besten Bewerber auswählen. Neben diesem Interesse, das er im Rahmen seiner Funktion verfolgt, besitzt er zugleich partikulare Interessen, z. B. seine finanzielle Situation, die sein Handeln und seine Motivation leiten und beeinflussen.

Der formale Weg, sich an einer Hochschule zu immatrikulieren, wäre für die Abiturienten, ihre Hochschulzugangsberechtigung in Form des Schulabschlusszeugnisses bei der Universität einzureichen und gegebenenfalls noch einen Eignungstest zu bestehen, um dann zu hoffen, zu den besten Bewerbern zu gehören und einen Studienplatz zugewiesen zu bekommen. Falls man jedoch nicht darauf vertrauen möchte, dass Zeugnis und Testergebnis gut genug sind, oder an der Integrität der Auswahlkommission zweifelt, kann man versuchen auf informellem Weg, z. B. durch eine Bestechung, die Kommission zu beeinflussen. Angenommen der Abiturient bzw. in der Regel seine Eltern bieten dem Dozenten eine Bestechung an, steht dieser laut Klitgaard nun vor folgender Überlegung:

- Wenn ich *nicht* korrupt handle, erhalte ich meinen regulären Lohn sowie die moralische Genugtuung, nicht käuflich zu sein, und behalte meinen guten Ruf.
- Wenn ich korrupt handle, bekomme ich zusätzlich zum Lohn eine Bestechungsleistung, „bezahle" aber mit meinem schlechten Gewissen, da ich unmoralisch und ungesetzlich gehandelt habe. Zusätzlich besteht das Risiko, gefasst und sanktioniert zu werden; in diesem Fall müsste ich eine Strafe zahlen und könnte meinen Job sowie meine Rentenansprüche verlieren.

Der Theorie zufolge wägt der Dozent *rational* zwischen den beiden Handlungsoptionen ab und entscheidet sich für Korruption, wenn:

- Die Bestechungsleistung minus der „moralischen Kosten" minus [(der Möglichkeit entdeckt und bestraft zu werden) mal (der Strafe für korruptes Handeln)] größer ist als der Lohn und die moralische Genugtuung, nicht korrupt zu handeln.

Für den Fall, dass er das Tauschgeschäft ausschlägt, erhält der Dozent sein Gehalt sowie die moralische Genugtuung, die ihm anvertraute Machtposition nicht ausgenutzt zu haben. Lässt er sich auf die Bestechung ein, erzielt er womöglich einen beträchtlichen finanziellen Gewinn. Gleichzeitig riskiert er aber, gefasst und bestraft zu werden, und muss in Zukunft mit den moralischen „Kosten" leben. Diese ergäben sich nach Klitgaard aus den persönlichen ethischen, kulturellen und religiösen Wertvorstellungen und orientierten sich an der Meinung und den Handlungen von Kollegen und Peergroups. Der Grad der Devianz der Handlung beeinflusse ebenfalls die moralischen Kosten, je abweichender die Handlung, desto höher die Kosten. Daraus geht hervor, dass *„for an unscrupulous person in a corrupt subculture, the moral cost of being corrupt may approach zero"* (Klitgaard 1988, S. 69). Wenn Korruption also, wie es in zahlreichen postsowjetischen Hochschuleinrichtungen der Fall ist, eine fest institutionalisierte Norm darstellt, haben Akteure eine geringe moralische Hemmschwelle, korrupt zu handeln.

Zusammengefasst beeinflussen folgende Determinanten die Entscheidung des Agenten:

- *Die Summe der Bestechungsleistung:* Je höher die Summe, desto höher die Wahrscheinlichkeit für Korruption
- *Das Gehalt des Agenten:* Je niedriger das Gehalt, desto attraktiver die Bestechungsleistung
- *Die moralische Einstellung des Agenten:* Je weniger Skrupel vor Korruption, umso höher die Wahrscheinlichkeit für Korruption
- *Das Risiko, gefasst zu werden:* Je geringer das Risiko, desto wahrscheinlicher kommt es zu Korruption
- *Mögliche Sanktionen:* Je weniger mit Konsequenzen und Sanktionen zu rechnen ist, desto höher das Risiko für Korruption

Die Überlegungen des Dozenten stellen sich analog auch dem Abiturienten bzw. dessen Eltern, die ebenfalls die Kosten und Nutzen abwägen (Risiko, nicht an der Hochschule angenommen werden, vs. Risiko, durch Bestechung angenommen zu werden, jedoch aufzufliegen, womöglich den Studienplatz zu verlieren und mit weiteren Sanktionen zu rechnen). Neben den moralischen Motiven ist vor allem der finanzielle Aspekt ausschlaggebend, da die geforderte Bestechungszahlung überhaupt erst aufgebracht werden muss.

Dabei verhält es sich umgekehrt wie beim Agenten: Je niedriger die Bestechungssumme, desto wahrscheinlicher wird Korruption.

Diese Überlegung bringt Klitgaard in seiner populären Formel auf den Punkt:

Corruption = monopoly + discretion - accountability

Wenn Agenten ein Monopol besitzen, das nur sie dazu berechtigt, bestimmte Dienstleistungen auszuführen, sie gleichzeitig über einen großen Diskretionsspielraum verfügen, aber nur eine geringe Rechenschaftspflicht gegenüber ihrem Principal haben, sind die Bedingungen für Korruption förderlich und die Wahrscheinlichkeit korrupter Handlungen ist entsprechend hoch. Dies gilt vor allem für staatliche Dienstleistungen, zu denen Klitgaard auch die Studienplatzvergabe zählt:

> *„By the very nature of many public sector activities, the government will have monopoly powers over the disbursements of certain goods and services, such as* [...] *admissions to a public university.* [...] *Thus, officials with discretion over such disbursements will be tempted to corruptly charge monopoly rents."* (Klitgaard 1988, S. 43)

Klitgaard betrachtet Korruption wertneutral und verurteilt die Akteure nicht für ihre Handlungen. Die durch Korruption entstehenden Folgeerscheinungen sieht er jedoch negativ, würden doch die meisten Studien belegen, dass *„the rich and the privileged benefit from corrupt schemes at the expense of the poor, the rural, and the disadvantaged*" (1988, S. 41). Als weiteres Problem nennt er *„unproductive incentives*", die durch Korruption entstünden und die Akteure davon abhielten, ihre Arbeit effektiv zu verrichten. Stattdessen zielten sie darauf ab, unproduktive *„monopoly rents*" zu erzielen.

Korruption trägt weiterhin, je endemischer sie auftritt, zu einer zynischen Einstellung der Bevölkerung gegenüber Politik und öffentlicher Verwaltung bei. Dieser Zynismus kann wiederum zur Verbreitung von Korruption führen, denn wenn gesellschaftliche Eliten als notorisch korrupt gelten, sinkt auch die Hemmschwelle in der Bevölkerung zu korrumpieren.

Entscheidet sich der Agent für die korrupte Handlungsalternative, verursacht er Kosten für den Principal, da die Aufgabe nicht in dessen Sinne, sondern nach den partikularen Interessen des Agenten ausgeführt wird. Das Problem ist, dass der Principal häufig nicht weiß, wie der Agent sich verhält – korrupt oder regelkonform –, und diese *Informationsasymmetrie* aufzulösen, ist für ihn arbeitsaufwendig und kostspielig. Daher ist das optimale Level für Korruption auch nicht Null – dies würde eine nahezu totalitäre Kontrolle des Agenten bei gleichzeitig sehr hohen Kosten für den Principal bedeuten. Der Principal muss die richtige Balance zwischen „*the optimal degree of productive activity and the optimal degree of corrupt activity*" (Klitgaard 1988, S. 70) finden.

Neben der theoretischen Grundsteinlegung liegt die Stärke in Klitgaards Arbeit vor allem darin, dass sie verschiedene Antikorruptionskampagnen aus der Praxis analysiert und daraus Maßnahmen zur Korruptionseindämmung ableitet. Sie liefert ein „*heuristic framework that can help policymakers think more creatively about ways to control corruption*" (Klitgaard 1988, S. xiii).

Klitgaard geht davon aus, dass sich das Verhalten der Akteure an den Anreizen und Rahmenbedingungen konkreter Situationsdefinitionen orientiere. Daraus ergibt sich, dass eine Veränderung dieser Bedingungen das Handeln der Akteure verändern kann. Hierzu besitzt der Principal verschiedene Möglichkeiten, da er die Rahmenbedingungen setzt und umgestalten kann.

Aus den Best-Practice-Beispielen der untersuchten Reformen hat Klitgaard ein *framework of policy measures* zur Eindämmung von Korruption erarbeitet:

- Select agents for honesty and capability
- Change the rewards and penalties facing agents (and clients)
- Gather and analyze information in order to raise the chances that corruption will be detected
- Restructure the principal-agent-client relationship to remove the corruption-inducing combination of monopoly power plus discretion plus little accountability
- Change attitudes about corruption (Klitgaard 1988, S. 94f.)

Sein Maßnahmenkatalog ist zum Teil recht allgemein formuliert und sicherlich nicht auf jeden Fall übertragbar. Fraglich ist z. B., ob ein geografisches Rotationsprinzip, das in einem kleinen Staat funktionieren könnte, in den Fallbeispielen Russland, dem flächenmäßig größten Land der Erde, und der Ukraine, nach Russland der größte Flächenstaat Europas, durchsetzbar wäre.

Daher sollten die einzelnen Maßnahmen auch als Empfehlungen und weniger als Anweisungen verstanden werden. Das sieht auch Klitgaard so:

> *„Which of these many kinds of policy measures are used, and which seem to be most effective, under what conditions? How do policymakers actually implement such measures – what strategies do they follow? The framework presented* [...] *is not ‚the answer' but a way to organize our investigation of specific cases."* (Klitgaard 1988, S. 97)

Neben den Handlungsempfehlungen zur effektiven Eindämmung von Korruption liefert Klitgaards Ansatz auch wichtige Erkenntnisse dafür, *wie* diese am besten umgesetzt werden sollten. Denn gerade aufgrund ihrer unzureichenden Implementierung scheitern Antikorruptionsprogramme immer wieder. Das liegt oftmals daran, dass nur wenig Wissen über die Umsetzung der Theorie in konkrete praktische Maßnahmen vorhanden ist. Für die erfolgreiche Implementierung von Antikorruptionsreformen empfiehlt Klitgaard sieben Strategien (Klitgaard 1988, S. 184ff.):

- *In augenscheinliche („ostensible") und strategische Probleme der Korruptionsbekämpfung unterscheiden:* Klitgaard verwendet eine Analogie, um diese Strategie zu verdeutlichen: Die *augenscheinliche* Aufgabe eines Arztes sei es, herauszufinden, welche Krankheit ein Patient habe, und ihm die passende Medizin zu verschreiben; seine strategische Aufgabe bestehe darin, den Patienten dazu zu bringen, der ärztlichen Anweisung zu folgen. Bei der Korruptionsbekämpfung verhalte es sich ähnlich, und Klitgaard schlägt folgende Schritte für die *augenscheinliche* Lösung des Problems vor: Analyse der Kosten und Nutzen der verschiedenen Formen korruptiven Verhaltens; Erstellung möglicher Antikorruptionstechniken; Abwägung der Vorteile, die durch geringere Korruption entstünden, und der direkten und indirekten Kosten, die durch die Implementierung dieser Maßnahmen entstünden; und letztlich die Auswahl und Implementierung derjenigen Maßnahmen, die bei geringstem Aufwand den meisten Nutzen versprechen. Die *strategische* Aufgabe beinhaltet Fragen wie: Welche Akteure/Gruppen können für das Projekt gewonnen werden? Wie kann potenzieller Widerstand neutralisiert oder umgangen werden?
- *Politische Unterstützung sichern:* Reformen benötigten politische Unterstützung. Wenn Politiker Antikorruptionsreformen nicht nur rhetorisch

einforderten und für eigene Zwecke instrumentalisierten, sondern sich aktiv dafür engagierten, steigere das die Erfolgswahrscheinlichkeit.

- *Die Öffentlichkeit überzeugen:* Die Öffentlichkeit spiele insofern eine große Rolle, als dass die Bürger von Alltagskorruption unmittelbar betroffen seien und die meisten ein Interesse daran hätten, Korruption aufzudecken und zu bekämpfen. Öffentliche Empörung über Korruption steigere den Druck auf die Machthabenden, Reformen durchzuführen. Um die Gesellschaft für den Kampf gegen Korruption zu gewinnen, könne es effektiv sein, einige „große Fische" für ihre korrupten Handlungen zur Rechenschaft zu ziehen. Dadurch würde gezeigt, dass die Antikorruptionsmaßnahmen ernst gemeint sind. Außerdem hätte ein derartiges Vorgehen Signalwirkung für andere potenziell korrupte Akteure, die ein erhöhtes Entdeckungs- und Sanktionierungsrisiko von korrupten Handlungen abhalten könnte.

- *Korruptionskultur in der eigenen Organisation stoppen:* In Organisationen könne eine Korruptionskultur herrschen, ohne dass jedes Mitglied direkt daran beteiligt sei; es reiche schon, wenn die integren Akteure über die korrupten Aktivitäten ihrer Kollegen hinwegsehen und sie nicht daran hindern. Klitgaard bringt dies durch die anschauliche Analogie eines Busses auf den Punkt: Nicht jeder Mitarbeiter müsse einsteigen, aber wenn der Bus einmal fahre, sollte man sich ihm besser nicht entgegen stellen. In einer Korruptionskultur hätten viele Gesellschaftsmitglieder eine zynische Einstellung gegenüber Antikorruptionskampagnen und fehlendes Vertrauen in solche Maßnahmen, da sie zwar immer wieder proklamiert, aber nur selten umgesetzt würden und noch seltener Erfolg hätten. Um dem Zynismus entgegenzuwirken und Vertrauen zu gewinnen, helfe es z. B., einige „große Fische" zu fangen, unabhängige Ombudsstellen zu schaffen oder Whistleblower zu schützen.

- *Bedacht zwischen positiver und negativer Herangehensweise agieren:* Gehe man zu negativ an die Problemsituation heran und verurteile die gesamte Organisation als korrupt und moralisch verwerflich, werde man kaum die Agenten für seine Ziele gewinnen. Stattdessen solle man ihnen das Gefühl vermitteln, für eine *gute* und integre Organisation zu arbeiten, in der man Leistung erbringen sollte, die durch entsprechende Anreize belohnt werden müsste.

- *Antikorruptionsmaßnahmen mit den Aufgaben und Zielen der Organisation vereinen:* Maßnahmen, die sich zu sehr gegen die Arbeits- und Organisationsphilosophie richten, seien schwer zu implementieren. Es solle daher nach Möglichkeiten gesucht werden, die Antikorruptionsmaßnahmen sinnvoll in die Organisationsstruktur zu integrieren. Maßnahmen seien umso erfolgreicher, desto weniger sie mit Routineaufgaben der Agenten kollidierten, desto weniger Aufwand sie bedeuteten, desto größer die Gefahr sei, dass durch Korruption der Organisation ein Schaden zugefügt werde, und desto größer die Anreize für Agenten mittleren und niedrigen Dienstgrades seien, nicht korrupt zu handeln.

- *„Mr. Clean" finden und unterstützen:* Häufig wird behauptet, dass administrative Korruption mit politischer Korruption einhergeht und solange existiert, wie letztere nicht besiegt wird. Klitgaard führt jedoch Beispiele an, die das Gegenteil beweisen, indem sie zeigen, dass auch in einem korrupten (politischen) Umfeld Organisationen frei von Korruption sein können. Hier komme es darauf an, die richtigen Agenten zu rekrutieren und sie so zu unterstützen, dass sie nicht nur weiterhin ihre Aufgaben regelkonform wahrnehmen, sondern gleichzeitig auch als Vorbild für die anderen Agenten dienen (z. B. durch Beförderung).

Die Stärken des PAC-Ansatzes liegen somit nicht zuletzt in den konkreten Handlungsempfehlungen, die sich aus der Theorie ableiten lassen. Jedoch besitzt auch dieses Modell eine Reihe von Schwächen. Die Annahme, dass der Principal moralisch und richtig handelt, findet sich, zumindest in der postsowjetischen Realität, häufig nicht wieder. Im Gegenteil weiß der Principal oftmals nicht nur von den korrupten Handlungen seiner Agenten, sondern fordert sie sogar von ihnen ein und profitiert davon persönlich, da in den oftmals hierarchischen Strukturen die Korruptionsleistungen zu ihm weitergeleitet werden (Osipian 2007a). Daher kann auch nicht von einem Informationsdefizit ausgegangen werden, wie Klitgaard es postuliert. Wenn aber bereits der Principal korrupt handelt, ist das Modell hinfällig. Ein weiterer Aspekt, den der PAC-Ansatz nicht berücksichtigt, sind die Fälle von Korruption, die auf sozialen Beziehungen und Netzwerken beruhen – wie es insbesondere im postsozialistischen Kontext häufig der Fall ist (Ledeneva 1998, 2009; Rose 1998; Roth 2007b). Daher erfasst die PAC-Theorie einen Großteil der korrupten Handlungen nicht.

In der Handlungstheorie hat sich zunehmend die Einsicht durchgesetzt, dass Akteure nicht unter vollkommen rationalen Gesichtspunkten entscheiden, sondern ihre Handlungen einer begrenzten *bounded rationality* unterliegen (Gigerenzer und Selten 2001; Kahnemann 1994; Robles 2007; Salehnejad 2007; Selten 1990). Eine rationale Entscheidung kann insofern nicht gefällt werden, als dass die Informationen der Akteure begrenzt sind, ebenso wie ihre kognitiven Fähigkeiten, alle möglichen Konsequenzen ihrer Handlung abzuwägen, und schlussendlich die begrenzte Zeit, in der eine Entscheidung getroffen werden muss. Daher entscheiden sich Akteure häufig nicht für die optimale Handlungsvariante, die den meisten Nutzen bringt, sondern für eine für sie zufriedenstellende Option, die nicht zwingend rational ist. Der Neoinstitutionalismus greift das Paradigma der begrenzten Rationalität auf und liefert einen Analyserahmen für Korruption, der über rein rationale Motive hinaus explizit auch kulturelle und soziale Faktoren berücksichtigt.

2.4 Korruption als Rational-Choice-basierter Neoinstitutionalismus

Der Neoinstitutionalismus ist ein relativ neues Forschungsgebiet, das stark auf empirische Fragestellungen ausgerichtet ist und je nach Problemstellung auf unterschiedliche Theoriemodule zurückgreift (Miebach 2010, S. 81). Auf den ersten Blick mag eine interdisziplinäre Kombination von theoretischen Modellen aus der Soziologie und der Ökonomie, wie er in vorliegender Arbeit erfolgt, widersprüchlich erscheinen. Tatsächlich jedoch macht diese Vorgehensweise Sinn, da:

> *„[...] ökonomische und soziologische Institutionenanalyse – im Gegensatz zu einer weithin vorherrschenden Überzeugung – nicht alternativ, sondern komplementär aufzufassen und zu verwenden sind. Die Einseitigkeiten einer engen ökonomischen Orientierung am Handlungserfolg können durch eine umfassendere Ausrichtung am Sinn sozialer Handlungen ebenso vermieden werden wie die Beliebigkeiten einer soziologischen Handlungsbeschreibung ohne klare Reflexion der Handlungsgrundlagen und der Handlungsergebnisse."* (Nutzinger 2009, S. 131)

Weder Höfflings noch Klitgaards Ansatz kann das komplexe Phänomen Korruption vollständig erfassen und erklären. Daher sind sie auch eher als theoretische Annäherungen, denn als umfassendes Erklärungsmodell anzusehen. Beide Modelle unterliegen einem Dualismus zwischen *sozialem* Handeln einerseits und *rationalem* Handeln andererseits. Diesem wird in der gegenwärtigen Korruptionsforschung am ehesten durch Theorien der Neuen Institutionenökonomik entgegengewirkt (Clague 1997; Helmke und Levitsky 2004; Lambsdorff 2007; Meyer 2008b; Schimank 2007).

Ähnlich wie beim Korruptionsbegriff existiert keine präzise und zugleich allgemeingültige Definition von *Institution*, da der Terminus eine Vielzahl teilweise sehr unterschiedlicher Begriffe (Märkte, Gesetze, Verträge, schließlich auch traditionelle Bräuche und Normen) subsumiert. In den „Grundbegriffen der Soziologie" werden Institutionen als *„eine normativ geregelte, mit gesellschaftlichem Geltungsanspruch dauerhaft strukturierte und über Sinnbezüge legitimierte Wirklichkeit sozialen Handelns"* (Kopp 2010, S. 114) beschrieben, die verschiedenste gesellschaftliche Bereiche von Familie, Erziehung, Bildung und Kultur bis hin zu Wirtschaft, Politik und Herrschaft regeln. Innerhalb des Rational-Choice-Ansatzes werden Institutionen als das *„Produkt von Entscheidungssituationen rational agierender Akteure"* (Kopp 2010, S. 115) konstruiert. So definiert sie der Rational-Choice-Theoretiker Hartmut Esser in seiner „Speziellen Soziologie" als *„eine Erwartung über die Einhaltung bestimmter Regeln, die verbindliche Geltung beanspruchen"* (Esser 2000, S. 2).

Eine umfassende wissenschaftliche Auseinandersetzung mit Institutionen setzte in den 1990er Jahren mit den Arbeiten von Douglass C. North (1990) und Guillermo O'Donnell (1996) und explizit für den postsozialistischen Raum mit Gerd Meyer et al. (2008b) ein. Die Autoren analysieren die Implikationen von formellen und informellen Institutionen für Politik, Wirtschaft und Gesellschaft. Der Wirtschaftnobelpreisträger North, der den Begriff maßgeblich geprägt hat, begreift unter Institutionen die *Spielregeln* (*„rules of the game"*) moderner Gesellschaften. Sie seien:

> *„Humanly devised constraints that structure human interaction. They are made up of formal constraints (e.g., rules, laws, constitutions), informal constraints (e.g., norms of behavior, conventions, self-imposed codes of conduct), and their enforcement characteristics."* (North 1994, S. 360)

In seiner Definition findet sich die grundlegende Klassifikation in *formelle* und *informelle* Institutionen. Erstgenannte seien in der Regel universell, sichtbar und für alle Akteure verbindlich, z. B. kodifizierte Verfassungen, Gesetze oder schriftliche Vorgaben. Institutionen strukturierten den menschlichen Alltag, um – und hier knüpft die Theorie an den Rational-Choice-Ansatz an – Kosten zu reduzieren. Ihr Hauptzweck bestehe in der Schaffung einer *stabilen Ord-*

nung, die die Unsicherheit menschlicher Interaktion vermindere. Ebenso wie die formellen haben auch informelle Institutionen einen Einfluss auf die Funktionsweise von Staaten, obwohl sie *„formlos, ohne formalen Auftrag, nicht offiziell*" (Brockhaus – Die Enzyklopädie 2006) sind und anstatt universalen oftmals partikularen Interessen unterliegen und daher auch nur für die Beteiligten erkennbar sind. Während formelle Institutionen in der Regel als funktional gelten, können informelle Institutionen sowohl funktional – z. B. in Form eines kulturellen Wertekanons – als auch dysfunktional – wie im Falle von Korruption – sein.

Die Differenzierung in formell und informell nehmen auch andere Autoren wie Gretchen Helmke und Steven Levitsky vor. Institutionen sind für sie *„rules and procedures (both formal and informal) that structure social interaction by constraining and enabling actors' behavior*" (Helmke und Levitsky 2004, S. 727). Als wesentliches Unterscheidungsmerkmal sehen auch sie an, dass formelle Institutionen über *offizielle* Kanäle kommunizierten:

> *„Formal institutions are rules and procedures that are created, communicated and enforced through channels widely accepted as official. This includes state institutions (courts, legislatures, bureaucracies) and state-enforced rules (constitution, laws, regulations), but also what Robert C. Ellickson calls ‚organization rules', or the official rules that govern organizations such as corporations, political parties, and interest groups."* (Helmke und Levitsky 2004, S. 727)

Die Kommunikation informeller Institutionen erfolge hingegen über inoffizielle Kanäle, woraus sie folgende Definition für informelle Institutionen ableiten: *„Informal institutions are socially shared rules, usually unwritten, that are created, communicated, and enforced outside of officially sanctioned channels*" (2004, S. 727). Als Beispiele nennen sie persönliche Netzwerke, Klientelismus, Korruption, Blat, Clans, Mafia, aber auch Zivilgesellschaft und traditionelle Kultur. Sie nehmen dabei eine Unterscheidung zwischen *institution* und *behaviour* vor, denn aus letzterer gehe nur eine Institution hervor, wenn das reguläre Verhalten einer etablierten Regel folge, deren Verstoß zu einer externen Sanktionierung führen würde (Helmke und Levitsky 2004, S. 727).

Weiter gefasst ist die Begriffsbestimmung Guillermo O'Donnells. Er sieht in informellen Institutionen:

„[...] *a regularized pattern of interaction, that is known, practiced and accepted* [...] *by actors who expect to continue interacting under the rules sanctioned and backed by that pattern.* [...] *When informal rules are widely shared and deeply rooted* [...] *it may be said that these rules (rather than the formal ones) are highly institutionalized.*" (O'Donnell 1996, S. 40)

Letzteres ist in vielen postsowjetischen Ländern der Fall.

Hans-Joachim Lauth hat sich mit informellen Institutionen auf politischer Ebene auseinandergesetzt und begreift sie in diesem Zusammenhang als *„fest etablierte Verhaltensstrukturen und -muster* [...], *mittels derer versucht wird, den politischen Entscheidungsprozess zu beeinflussen, ohne dass sie offiziell dafür vorgesehen sind*" (Lauth 1999, S. 65). Der Autor macht vier verschiedene Ausprägungen aus: Klientelismus, Korruption, Putschdrohung und zivilen Widerstand.

Ein zentraler Analysebestandteil des Neoinstitutionalismus ist das Verhältnis von informellen zu formellen Institutionen. O'Donnell (1996) und Lauth (1999) sehen informelle Institutionen entweder als *funktional* oder als *dysfunktional* zu formellen Institutionen an. Sie verhielten sich funktional, wenn sie z. B. völlig legal zu einer Effizienzsteigerung formaler Institutionen beitrügen. Dysfunktionalität hingegen liege bei einer Unterminierung der formalen Institutionen, z. B. durch Korruption, vor.

Als differenzierter erweist sich das Konzept von Helmke und Levitsky, die Lauths Modell erweitern und neben dem Kriterium der Effektivität formaler Institutionen zusätzlich berücksichtigen, ob informelle Institutionen komplementär oder divergent zu formalen Institutionen sind. Daraus ergeben sich vier Typen informeller Institutionen (Abb. 4).

Abbildung 4: Typologie informeller Institutionen

Outcomes	**Effective formal institutions**	**Ineffective formal institutions**
Convergent	Complementary	Substitutive
Divergent	Accommodating	Competing

Quelle: Helmke und Levitsky 2004, S. 728.

In die linke Tabellenspalte lassen sich informelle Institutionen einordnen, die neben effektiven formalen Institutionen existieren. Hinsichtlich ihrer Wirkung verhalten sie sich entweder *komplementär* oder *anpassend* zu formalen Institutionen. Komplementarität ist in der Regel gegeben, wenn die informellen Institutionen mit formellen Rahmenbedingungen weitestgehend übereinstimmend sind und das Ergebnis dasselbe ist, das durch formale Institutionen zustande käme. Das Ausnutzen ungeregelter Gesetzeslücken fiele hierunter.

Daneben existieren *anpassende* („accommodating") informelle Institutionen, die zu anderen Ergebnissen führen als formale. Sie weichen zwar vom formalen Rahmen ab, verletzen aber keine offiziellen Richtlinien, sondern umgehen sie. Als Exempel führen die Autoren das sowjetische Blat an, das dazu diente, das Plansoll zu erfüllen, und oft von formalen Vorgaben abwich, aber nicht verboten war.

In der rechten Spalte der Tabelle ist aufgeführt, auf welche Weise informelle Institutionen wirken, wenn formelle Institutionen ineffektiv sind. Für den Fall, dass sie mit formalen Institutionen konvergieren, sind sie *substitutiv*, d. h. sie übernehmen einen Teil der Aufgaben, die eigentlich den formalen Institutionen zukämen. Ursächlich hierfür ist häufig die geringe Autorität von Staatsorganen. In diese Kategorie fällt zum Beispiel die Gründung von Bürgerwehren in Gebieten, in denen sich die Bevölkerung nicht ausreichend durch die Polizei beschützt fühlt.

Schließlich gibt es informelle Institutionen, die mit den formellen *konkurrieren* („competing"). Voraussetzung hierfür ist, dass formelle Institutionen nur schwach ausgeprägt sind und leicht übergangen werden können. Diese Form findet sich häufig in postkolonialen Kontexten, in denen formelle Institutionen zum Teil ohne Rücksicht auf bestehende informelle Institutionen implementiert werden. Klientelismus, Patrimonialismus und Korruption sind dieser Kategorie zuzuordnen.

Doch was genau bewirken informelle Institutionen überhaupt? Einen Überblick über die wesentlichen Funktionen informeller Institutionen findet sich bei Gerd Meyer:

- They help that formal institutions adapt more easily to changing circumstances; in periods of crisis and radical change, they can provide relative stability by unwritten rules, fostering security and trust, particularly among elites.

- They can make formal (or other informal) institutions, democratic in character or not, function more smoothly, in a more flexible and efficient way, thus supporting and strengthening them, but also „flexibly“ serving particularistic interests.
- They define and limit forms and effects of political influence; they may include or exclude certain individuals or groups and their interests, thus effecting policy outputs, the redistribution of resources and chances for reform or systemic change.
- They can be used to incrementally change, without control, constitutional/legal rules and ethical norms that restrict or do not benefit elites, this undermining formal institutions and reducing their legitimacy, maybe even democratization as a whole.
- They strongly influence political cultures, i.e. how people think, feel and behave towards a political system and its performance, about their role and perspectives. (Meyer 2008a, S. 28)

Obwohl ihre – im direkten Vergleich zu formellen Institutionen flexiblere und effektivere – Anwendung zu einer Performancesteigerung formeller Institutionen beitragen kann, werden im gegenwärtigen wissenschaftlichen Diskurs überwiegend die negativen Folgen informeller Institutionen betont. Lauth beschreibt drei „demokratiegefährdende Perspektiven“ informeller Institutionen:

> *„Erstens unterhöhlen sie die staatliche Souveränität, indem sie das Gewaltmonopol brechen und die Möglichkeiten effektiven Regierens beschneiden. Zweitens unterminieren sie den Rechtsstaat, indem sie seine formalen Regeln missachten und die Gewaltenteilung partiell aufheben. Drittens beeinträchtigen sie den demokratischen Prozess, indem sie den Präferenztransfer der formalen demokratischen Verfahren manipulieren und demokratische Institutionen okkupieren.“* (Lauth 1999, S. 65)

Bedingt durch die Vielfalt informeller Institutionen gibt es keine monokausale Erklärung für ihre Entstehung. Laut Meyer et al. (2008b) begünstigten folgende Faktoren die Entstehung informeller Institutionen:

- Formale Regeln und Institutionen existieren nicht, sind schwach, inkonsistent oder können nicht durchgesetzt/kontrolliert werden; außerdem bei strukturellen Unsicherheiten wie z. B. politischen Systemübergängen mit unklarem Ausgang

- Fehlende demokratische Traditionen und daher nur unzureichende Erfahrungen mit formalen Regeln und Institutionen wie z. B. Rechtsstaatlichkeit
- Schnelle oder permanente Veränderungen der Spielregeln und/oder der formalen Institutionen und/oder der gesellschaftspolitischen Eliten
- Unübersichtlichkeit durch zu viele komplexe Regeln
- Regeln sind unflexibel, hoch formalisiert und zu bürokratisch
- Zwischen den tatsächlichen Abläufen und den formalen Regeln von Institutionen klafft ein zu großer Unterschied, zumeist aufgrund dominanter partikularer Interessen (Meyer 2008b, S. 26).

Sowohl formelle als auch informelle Institutionen unterliegen einem stetigen Wandel, mit dem Unterschied, dass informelle Institutionen schwieriger steuerbar sind, da sie kein „institutionelles Zentrum“ in Form einer Organisation oder der Staatsgewalt besitzen, welches die Koordination übernimmt. Das Tempo des Wandels ist situationsabhängig, in einigen Fällen werden formelle Institutionen, z. B. die Kodifikation von Gesetzen, schnell verabschiedet und implementiert, anderen geht hingegen ein jahrelanger Entscheidungsprozess voraus. Informelle Institutionen können sich ebenfalls schnell wandeln, z. B. wenn sie auf neue formale Regeln reagieren, oder auch jahrzehntelang bestehen. In der Regel gilt jedoch, dass sobald sie sich erst einmal etabliert haben, sie sehr resistent gegenüber Veränderungen und nur schwer rückgängig zu machen sind.

W. Richard Scott versteht unter institutionellem Wandel:

> „[...] *the creation of new institutional forms and associated changes in organizational fields, populations, and individual organizations as these entities respond to pressures to adopt new structures or practices.*“ (Scott 2001, S. 181)

Ursächlich für die veränderten Institutionen können sowohl externe Faktoren sein, wie neue Technologien oder Managementpraktiken, als auch interne Einflüsse wie persönliche Erfahrungen der Akteure. Norths evolutionstheoretisches Konzept des Institutionenwandels geht davon aus, dass *„im Laufe der Zeit ineffiziente Institutionen ausgeschaltet werden, effizientere hingegen überleben, und sich auf diese Weise allmählich effizientere Formen ökonomi-*

scher, politischer und sozialer Organisationen entwickeln.“ (North 1992, S. 109). Fundierend auf einem akteurszentrierten Ansatz entwirft Scott ein Mehr-Ebenen-Modell des institutionellen Wandels (Abbildung 5).

Abbildung 5: Mehr-Ebenen-Modell des institutionellen Wandels nach Scott

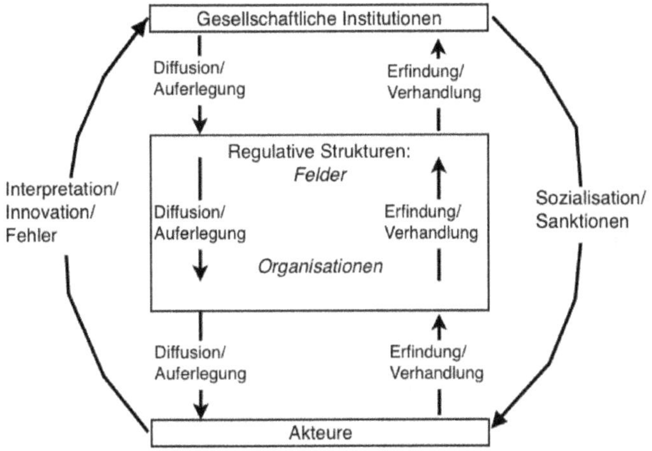

Quelle: Miebach 2010, S. 96.

Die drei Ebenen wirken wechselseitig aufeinander ein, wobei institutionelle Modifikationen entweder von unten nach oben gelenkt stattfinden – z. B. wenn aus einer gesellschaftlichen Initiative heraus eine neue Institution geschaffen wird – oder von oben nach unten, z. B. durch einen Gesetzesbeschluss, der das Handeln der Akteure auf der Mikroebene beeinflusst. Das Modell kann anhand der Reform des Hochschulzulassungssystems in den untersuchten Fallbeispielen veranschaulicht werden: Die oberste Ebene der gesellschaftlichen Institutionen verkörpern gesetzgebende staatliche Organe, die die Reform beschlossen haben. Auf der Mesoebene finden sich die regulativen Strukturen der Felder in Form von Vorgaben für die einzelnen Hochschulen sowie die Hochschulen selbst als Organisationssubjekte. Schließlich befinden sich auf der Mikroebene Abiturienten und Hochschulmitarbeiter, die als Akteure die neuen Institutionen umsetzen bzw. sich nach ihnen richten müssen. Die Akteure sind nicht nur Objekte des Wandels, sondern zugleich

Subjekte, da sie den institutionellen Wandel durch Innovationen etc. selbst gestalten und forcieren können. Formelle Institutionen bilden häufig die Rahmenbedingungen für Veränderungsprozesse, die im Wesentlichen informellen Institutionen unterliegen (Schreyögg 1998).

Nachdem die Grundzüge des neoinstitutionalistischen Paradigmas vorgestellt wurden, soll im Folgenden Korruption aus dieser Perspektive beleuchtet werden. Im Zentrum steht dabei die Analyse von Markus Dietz (1998). Dietz kritisiert rationale Korruptionstheorien, die „*ihr Augenmerk allzu sehr auf die Ressourcen und ihre Nutzung* [richteten] *und dabei relevante situative Anreizbedingungen und strategische Interdependenzen* [übersähen]" (Dietz 1998, S. 21).

Als Ziel der Institutionenökonomik begreift Dietz nicht nur die Feststellung eines gesellschaftlichen Problems, in diesem Fall Korruption, sondern auch dessen theoretische Handhabung und die hypothetische Überprüfung der Implementierbarkeit eines *pareto-superioren* Zustands, in dem mindestens ein Akteur in seiner gesellschaftlichen Position besser, jedoch keiner schlechter gestellt wird (Dietz 1998, S. 22). Um das Problem zu lösen und einen wünschenswerten Gesellschaftszustand zu erreichen, „*wird die Implementierung geeigneter Institutionen empfohlen, deren Aufgabe es ist, das Verhalten der Akteure in zweckmäßiger Weise zu kanalisieren*" (Dietz 1998, S. 91).

Zum Erreichen dieser Situation müssten jedoch alle Akteure kooperieren, was für einige den Verzicht auf bestimmte Vorteile bedeuten würde – und für sie daher Grund zur Defektion, nicht zur Kooperation sei. In einem schwachen formellen Institutionengefüge besteht eine große Unsicherheit über die Voraussagbarkeit des Handelns der Kooperationspartner, und die Akteure befinden sich in einem Dilemma, da sie nicht wissen, ob die anderen Akteure kooperieren oder nicht. In der Spieltheorie wurde für diese Situation der Begriff *Gefangenendilemma* geprägt (Kreps et al. 1982). Die Akteure tendierten zum Defektieren, um sich ihren partikularen Vorteil zu sichern, schadeten dadurch aber der Gesellschaft und versetzten sie in einen *pareto-inferioren* Zustand, der durch Kooperation hätte verbessert werden können. Als Beispiel führt Dietz den Erwerb von Zeugnissen durch Bestechung an, der dazu führe, dass niemand sich mehr für Zeugnisse interessiere, da sie als käufliche Güter für alle Akteure ihren Wert verlören (Dietz 1998, S. 41f.) – in der Tat ein Problem in Russland und der Ukraine.

Das Institutionengefüge steht vor folgender Herausforderung:

> *„Entscheidend ist, dass die allgemeinen Verhaltensbeschränkungen jedem Akteur zum Vorteil gereichen müssen, da es für einen rationalen und eigeninteressierten Akteur, der keinen Vorteil aus seinem Verzicht zieht, keinen Grund gibt zu kooperieren und gleichzeitig jeder einzelne Defekteur gemäß dem Modell den Gesellschaftsvertrag effektiv sabotieren kann."* (Dietz 1998, S. 25)

Ursächlich für Probleme seien Informationen (zu wenige, falsche, irrelevante) und/oder Anreize (positive wie negative) (Dietz 1998, S. 27), womit das theoretische Gerüst dieses Paradigmas auf Konzepte und Begrifflichkeiten des Rational-Choice-Ansatzes zurückgreift und an Klitgaards Herangehensweise erinnert, der Korruption nicht auf die moralischen Verfehlungen von Individuen, sondern auf strukturelle Informationsasymmetrien und Anreizfehler zurückführt.

Grundlage für Dietz' Modell ist ein Principal-Agent-Client-Ansatz, wie ihn auch Klitgaard – auf den Dietz sich explizit beruft – verwendet. Entsprechend analog ist sein Verständnis von Korruption, an der nach seiner Aussage:

> „[...] *immer drei Akteure beteiligt sind, die als Prinzipal, Agent und Klient bezeichnet werden. Prinzipal und Agent erhalten eine Vertragsbeziehung, aus der sich eine besondere Position des Agenten ergibt, die der Klient nicht hat. Wie gesehen, kann diese Position situationsbedingt sein. Zwischen dem Agenten und Klienten findet ein Tausch statt. Die Leistung des Agenten im Rahmen dieses Tausches ist der Verstoß gegen einen im Vertrag mit dem Prinzipal festgelegte Regel, zu dem der Agent seine Position nutzt. Im einfachen Fall liegt der Regelverstoß in einer Überschreitung des dem Agenten vertraglich zugestanden diskretionären Handlungsraums. Als Regelverstoß ist es jedoch ebenso anzusehen, wenn der Agent sich in seiner Aktion durch das vom Klienten bezahlte Bestechungsgeld beeinflussen lässt, ohne dass der Prinzipal dem zugestimmt hätte (oder seine Zustimmung ohne weiteres vorausgesetzt werden könnte). Der Klient profitiert von dem Regelverstoß des Agenten, dies muss nicht unbedingt bedeuten, dass er etwas erhält, worauf er keinen Anspruch hat."* (Dietz 1998, S. 39)

Der Bezug zum PAC-Ansatz ist deutlich erkennbar. Konstitutives Merkmal ist wie bei Klitgaard der regelwidrige Tauschakt zwischen Agent und Klient. Dabei kann der Agent entweder innerhalb seines diskretionären Handlungsspielraums agieren oder diesen überschreiten. Verstößt der Agent durch Anreize des Klienten gegen die Auflagen seines Principals, liegt eine Überschreitung und damit Korruption vor. Agiert er jedoch innerhalb der vom Principal festgelegten Handlungsmöglichkeiten, indem er z. B. Bestechungsleistungen für die Beschleunigung seiner Arbeit annimmt (*speed money*[30]), stellt laut Dietz die *Information* den entscheidenden Unterschied zwischen korruptem und nicht-korruptem Tauschakt dar. Dies beschreibt er im Rückgriff auf Rose-Ackerman (1978) anhand des Trinkgelds, womit der Gast bezweckt, im Restaurant gut behandelt zu werden. Trinkgelder würden aber explizit nicht als Korruption aufgefasst, da der Principal davon wisse und dieser Praxis sogar zustimme, um Kosten zu sparen. In Fällen von Korruption besitze der Principal hingegen in der Regel keine Information über den Tauschakt, da Agent und Klient mit der korrupten Handlung gegen bestehende Regeln verstießen und ihre Transaktion geheim halten müssten.

Dietz geht in seiner Arbeit auch der Frage nach, ob Korruption funktional oder dysfunktional sei. Er kommt zu dem Schluss, dass sie aus institutionenökonomischer Perspektive in hohem Maße unproduktiv sei (Dietz 1998, S. 51). Trotzdem gebe es, vor allem in Entwicklungs- und Transformationsländern, ein hohes Maß an Korruption, das häufig auf unspezifische kulturelle Ursachen und Rückständigkeit zurückgeführt werde. Diese Auffassung sei wenig hilfreich, da Korruption in diesen Ländern zwar tatsächlich weit verbreitet, jedoch in der Regel nicht konsensfähig sei und weder einen wünschenswerten Gesellschaftszustand darstelle noch der jeweiligen Kultur entspreche (Dietz 1998, S. 54). Ganz im Gegenteil sähen die Akteure Korruption als Problem an, das es zu bekämpfen gelte.

Laut Dietz sei Korruption im Status quo darauf zurückzuführen, dass „*die Opportunitätskosten des Verzichts auf die Beteiligungen an den korrupten Transaktionen höher sind als der Nutzen, der den Akteuren aus diesem Verzicht erwüchse.*“ (Dietz 1998, S. 69) Dennoch hätten selbst korrupte Agenten und Klienten gesamtgesellschaftlich betrachtet ein Interesse an einem korruptionsfreien Umfeld. Das Problem bestehe darin, dass die korrupte Transaktion für beide Akteure profitabel sei. Daher sei es schwierig, die Anreizstrukturen im Sinne des institutionenökonomischen Postulats der Pareto-

---

30 Aidt (2009) beschreibt, wie z. B. Unternehmensgründer *speed money* zahlen, um ihre Firmen an formalen Vorgaben vorbei zu registrieren und dadurch Zeit und Ärger im Umgang mit Behörden zu sparen.

Superiorität so zu gestalten, dass die Akteure nicht mehr defektierten und die anderen Mitglieder gleichzeitig nicht schlechter gestellt würden. Dietz geht von einem Gesellschaftsvertrag aus, der auf dem Konsens aller Gesellschaftsmitglieder beruhe, da alle davon profitierten. Sollte dies nicht der Fall sein und einzelne Mitglieder oder Gruppen den Vertrag z. B. durch Korruption brechen, wäre er nicht mehr stabil, und es wäre im Interesse der Allgemeinheit, die Defekteure durch eine veränderte Anreizstruktur zu integrieren. Anders ausgedrückt: Für Agent und Klient stellt Korruption eine Win-win-Situation dar, daher müssen die Anreizbedingungen so umgestaltet werden, dass die Akteure nicht mehr von Korruption.

Die beiden aktiven Akteure – in der Regel Agent und Klient:

> *„[...] befinden sich in einem Dilemma, einem pareto-inferioren Zustand, den ein einzelner nicht überwinden kann, weil seine eigene Kooperation ihn nur selbst schädigen würde, wenn nicht garantiert ist, dass die jeweils anderen ebenfalls kooperieren. Allein eine Änderung der allgemeinen Anreizstruktur kann hier Abhilfe schaffen.* [...] *Die individuelle Nutzenmaximierung jedes einzelnen Agenten führt somit zur kollektiven Selbstschädigung aller Agenten."* (Dietz 1998, S. 62f.)

Wenn es nicht gelingt, korruptionshemmende Anreizbedingungen zu gestalten, sondern es im Gegenteil zu einer Ausweitung der Korruption im öffentlichen Sektor kommt, wird die Unzufriedenheit der Gesellschaftsmitglieder zunehmen, die dann dazu geneigt wären, den Gesellschaftsvertrag ihrerseits aufzukündigen. Daraus geht im Umkehrschluss hervor, dass die Agenten auf lange Sicht kein Interesse an Korruption haben dürften, da sie ihren eigenen Status quo gefährdet.

Der defektierende Klient handelt ebenfalls aus einer Situation heraus, worin der Nutzen der korrupten Transaktion die Opportunitätskosten übersteigt. Folglich muss die Anreizstruktur für den Klienten derart modifiziert werden, dass die Kosten der Defektion höher sind als die der Kooperation. Dietz macht auf ein Problem des Klienten aufmerksam, das bei ubiquitärer Korruption im öffentlichen Sektor auftrete – der Zwang, sich daran zu beteiligen, um nicht gesellschaftlich benachteiligt zu werden:

> *„Ergo geht mit der allgemeinen Defektion die ebenso unmittelbare kollektive Selbstschädigung einher. Auch hier besitzt der einzelne Akteur lediglich die Entscheidung zwischen seiner individuellen Kooperation und seiner individuellen Defektion, die Erstellung des jeweiligen öffentlichen Gutes jedoch erfordert die kollek-*

> *tive Kooperation. Diese kommt nicht zustande, weil der einzelne Akteur durch seine Anreizstruktur zur Defektion verleitet wird. Dabei sind zwei Aspekte entscheidend: Zum einen sichert sich der Akteur mit der Zahlung des Bestechungsgeldes einen Vorteil, und zum anderen kann er sich – wenigstens über viele solcher Situationen hinweg – ständige Kooperation, also Ehrlichkeit gar nicht leisten, wenn zu erwarten oder zu beobachten ist, dass die übrigen defektieren, weil sich seine relative Positionierung im Wettbewerb um knappe Güter verschlechtern würde."* (Dietz 1998, S. 65)

Bevor Dietz auf die praktische Ebene der Prävention und Bekämpfung von Korruption übergeht, behandelt er in einem kurzen Abschnitt die Rolle von *internen* bzw. *informellen* Institutionen in Form kultureller Traditionen und Sitten, die, wenn sie im Widerspruch zu formalen Institutionen stünden, zu Korruption führen könnten, was wiederum mit den Entstehungsbedingungen nach Meyer übereinstimmt. Für die Implementierung korruptionshemmender Anreizstrukturen ist dies insofern bedeutsam, als dass Institutionen einer Pfadabhängigkeit unterliegen, die berücksichtigt werden muss, da institutionelle Gefüge nicht einfach von einem spezifischen Kontext auf einen anderen übertragbar sind. Dies findet sich ähnlich bei North, der die Bedeutung informeller *constraints* unter anderem daran festmacht, dass dieselben formalen Regeln angewandt auf unterschiedliche Gesellschaften auch eine unterschiedliche Wirkung erzielten (North 1990, S. 36). Der Wirkungsgrad formeller Institutionen hängt also in hohem Maße von der jeweiligen Gesellschaft und ihrer Kultur ab.

Analog zu Klitgaard argumentiert Dietz, dass Korruption nur solange bekämpft werden sollte, wie der Nutzen die Kosten der Korruptionsbekämpfung nicht übersteige. Generell sei auch zu beachten, dass es nicht *die eine* Lösung für Korruptionsprobleme geben könne, allein schon wegen der unterschiedlichen Pfadabhängigkeiten. Nur eine an den spezifischen Kontext und die Situation angepasste Kombination unterschiedlicher Antikorruptionsmaßnahmen führe zum Erfolg. Dietz empfiehlt folgende Maßnahmen zur Bekämpfung von Korruption (Dietz 1998, S. 78ff.):

- *Umfassende Änderungen der institutionellen Rahmenordnung:* Hierunter fallen die grundsätzliche Überprüfung der Rahmenbedingungen mit anschließenden Folgemaßnahmen wie der Beseitigung bürokratischer Hürden, Deregulierung, Legalisierung korrupter Transaktionen etc.

- *Strafen:* Weil eine bloße Erhöhung der Strafen in der Regel nur eine beschränkte Wirkung zeige, regt Dietz an, die praktische Ausgestaltung der Strafen zu optimieren, beispielsweise indem nicht nur die Defekteure, sondern auch die Organisationen, für die sie arbeiten, bestraft würden und somit ein verstärktes Interesse an einer integren Organisationskultur bekämen.

- *Fremdkontrolle und Öffentlichkeit:* Sowohl der Principal als auch die Öffentlichkeit hätten ein Interesse an der Bekämpfung von Korruption und könnten, z. B. durch vom Principal beauftragte Kontrolleure (Ombudspersonen, Revisionsabteilungen etc.), Kontrolle und Druck ausüben, ebenso wie eine freie Presse, deren Auflage durch Korruptionsskandale in der Regel stiege; darüber hinaus erfüllten Oppositionsparteien auf der politischen Ebene eine wichtige Kontrollfunktion.

- *Pfand, Zeugnisse und weiteres:* Eines der wichtigsten Anreizinstrumente stellten Gehälter dar, deren Anhebung zur gewünschten Kooperation der Agenten beitragen könne. Ein niedriges Gehalt, das nicht zur Existenzsicherung reicht, biete einen großen Anreiz für korruptes Verhalten. Neben einer Gehaltserhöhung, die nicht zwangsläufig zur Reduktion von Korruption führe, solange keine weiteren präventiven Maßnahmen ergriffen würden[31], könnten Pfand- oder Bondssysteme in Erwägung gezogen werden, die den Agenten nach Ablauf ihrer erfolgreichen Arbeit ausgezahlt werden. Dies kommt dem deutschen Beamtentum insofern recht nahe, als dass viele Beamte lieber kein Risiko eingehen, da sie im Falle einer Aufdeckung der korrupten Transaktion ihre lukrative Pension verlieren könnten. Eine weitere Möglichkeit bestünde in der Auswahl der Agenten durch den Principal, der z. B. durch Arbeitszeugnisse Informationen über das Verhalten und die Einstellung seiner Agenten einholen könnte. Abschließend diskutiert Dietz als weitere Maßnahmen die Rotation von Agenten, das *Whistleblowing* sowie den effizienteren organisationsinternen Informationsfluss, der klar zu verstehen geben müsse, dass Korruption unerwünscht sei und sanktioniert werde. Dies entspricht der inzwischen gängigen Praxis vieler großer Konzerne, entsprechende Compliance-Programme zu etablieren.

---

[31] Beispielsweise kommt Chene (2009) zu dem Schluss: „*There is a negative and well defined effect of wages on both corruption and procurement efficiency when there is a positive perceived probability of detection and punishment, suggesting that audit intensity is crucial for the effectiveness of anti-corruption wage policies*" (2009, S. 4).

Zusammenfassend lässt sich festhalten, dass Dietz' Arbeit einen gelungenen Versuch darstellt, Korruption aus institutionenökonomischer Perspektive mit Hilfe des Principal-Agent-Ansatzes zu beschreiben. Laut den Prämissen der Neuen Institutionenökonomik profitieren Agent und Klient zwar kurzfristig, schaden jedoch mittel- bis langfristig der Allgemeinheit und damit sich selbst, indem sie den auch für sie profitablen Gesellschaftsvertrag brechen. Ziel muss es daher sein, die Opportunitätskosten der Defektion durch eine modifizierte Anreizstruktur so zu ändern, dass Korruption für die Akteure mehr Kosten als Nutzen verursacht und keine präferierte Handlungsalternative mehr darstellt.

2.5 Zusammenfassung und Zusammenführung der Theoriestränge

Nachdem eine Korruptionsdefinition für die zugrundeliegende Arbeit erarbeitet wurde – Bildungskorruption meint den *Missbrauch anvertrauter Macht zum persönlichen Vorteil (oder zum Vorteil einer Interessengruppe) mit Auswirkungen auf Zugang, Chancengleichheit oder Qualität im Bildungswesen* –, wurden drei unterschiedliche theoretische Herangehensweisen an Korruption vorgestellt: das soziologische Modell von Höffling, das Korruption als soziale Beziehung begreift, das ökonomische Konzept von Klitgaard, das Korruption als rationalen Tauschakt beschreibt, und die institutionenökonomische Analyse von Dietz, die Korruption als informelle Institution versteht. Diese theoretischen Ansätze sind in sich schlüssig, allerdings auch begrenzt, was ihren Geltungsbereich anbelangt. Das Problem aller drei Ansätze ist, dass sie nur Teile der Wirklichkeit abbilden und erklären, ohne ein konsistentes Bild über die kontextuellen Entstehungs- und Wirkungszusammenhänge von Korruption zu liefern. Das heißt, ein auf sozialen Beziehungen begründetes Korruptionsmodell erklärt nur unzureichend, wie sich Akteure in spontanen Situationen ohne persönliche Beziehung auf riskante korrupte Tauschakte einlassen. Umgekehrt können rationale Modelle Korruptionspraktiken innerhalb sozialer Personennetzwerke, die vor allem im postsowjetischen Kontext eine zentrale Rolle spielen, nur unzureichend erklären, da in diesen Fällen die Zugehörigkeit zu einer sozialen Gemeinschaft und weniger die persönliche Nutzenmaximierung den Ausschlag für korrupte Handlungen gibt. Fakt ist jedoch: Beide

Formen existieren parallel und sollten daher nach Möglichkeit auch nicht getrennt voneinander konzeptualisiert werden. Die dritte vorgestellte Theorie aus der Neuen Institutionenökonomik kann als Syntheseversuch gewertet werden, die beiden Diskurse in ein gemeinsames Modell zu integrieren. Sie verortet rational denkende Akteure in einem spezifischen kulturellen Gefüge formeller und informeller Institutionen, das ihr Handeln wesentlich beeinflusst. Die Akteure werden als begrenzt rational handelnde Individuen begriffen, was der Realität näher kommt als der alleine nach rationalen Gesichtspunkten handelnde Homo oeconomicus.

Der Rückgriff auf den Ansatz aus der Neuen Institutionenökonomik löst die Dualität zweier Auffassungen: auf der einen Seite die politikwissenschaftliche und ökonomische, die Akteure „untersozialisiert" und ihre Handlungen als nutzenmaximierend begreift; und auf der anderen Seite die soziologische, die Akteure eher „übersozialisiert" und ihre Handlungen vor allem auf erlernte soziale Normen zurückführt. Letztere ist angelehnt an Granovetters Auffassung von akteurszentriertem Handeln: „*Actors do not behave or decide as atoms outside a social context, nor do they adhere slavishly to a script written for them by the particular intersection of social categories that they happen to occupy*" (Granovetter 1985, S. 487).

Die Analyse des gegenwärtigen Forschungsstandes zu Korruption im postsowjetischen Raum zeigt, dass sowohl ökonomische als auch soziale Motive für das hohe Ausmaß der Korruption ursächlich sind (Cheloukhine und Haberfeld 2011; Dininio und Orttung 2004; Grødeland 2010a; Karklins 2005; Kotkin und Sajó 2002; Ledeneva 2009; Levin und Satarov 2000; Levin und Satarov 2012; Suhara 2004; Walker 2011).

In Anlehnung an das Mehr-Ebenen-Konzept von Coleman und Esser lässt sich ein akteurszentriertes Mikro-Makro-Modell von Korruption entwickeln, das zweck- *und* wertrationale Handlungsmotive miteinander vereint und somit *beide* Interpretationen des Zustandekommens von Korruption innerhalb des spezifischen postsowjetischen Institutionengefüges berücksichtigt und erklärt.

Diesem Konzept zufolge (vgl. Abbildung 6) wird Korruption auf der Makro-Ebene über die aggregierten Handlungen der Akteure auf der Mikro-Ebene erklärt, die in bestimmten Situationslogiken entweder aufgrund rationaler

Überlegungen *oder* sozialer Beziehungen korrupt agieren. Die formellen und informellen institutionellen Rahmenbedingungen stellen dabei ein System von Anreizen dar, die die Akteure in ihren Wahlmöglichkeiten beeinflussen. Sie werden im Schaubild durch den Kasten „Institutionelles Gefüge" sichtbar gemacht, der als dynamischer Überbau gedacht werden soll, da Institutionen (sowohl formelle als auch informelle) sich mit der Zeit ändern.

Abbildung 6: Korruption in postsowjetischen Gesellschaften

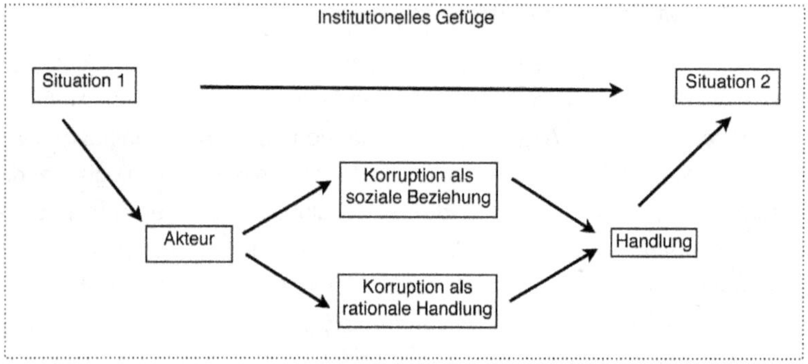

Quelle: Eigene Darstellung.

Auf den Forschungsgegenstand lässt sich das Modell folgendermaßen übertragen: Die Logik der Situation 1) auf der Makro-Ebene bildet den Ausgangspunkt, also im vorliegenden Fall das Zulassungssystem zu Hochschuleinrichtungen in Russland und der Ukraine. Dieses ist kein autarkes System, sondern eingebettet in einen größeren gesellschaftlichen formellen und informellen Kontext mit unterschiedlichen Normen, Gesetzen etc., die ein Spannungsfeld bilden und den Klienten – den Abiturienten, der ein Studium aufnehmen möchte – in seinen Handlungen beeinflussen. Das Spannungsfeld besteht in diesem Fall zwischen dem formalen Weg, den der Abiturient bestreiten kann, indem er seine Unterlagen einreicht und darauf vertraut, angenommen zu werden, und dem informellen Weg, z. B. der Bestechung der Auswahlkommission. Die Überlegung des Klienten findet auf der Mikro-Ebene statt und folgt der Logik der Selektion.

Der Vorteil des Modells liegt darin, dass nicht entscheidend ist, aufgrund welcher Überlegung sich der Klient zu einer korrupten Handlung entschließt, da sowohl rationale als auch soziale Motive gleichwertig anerkannt und erklärt werden, und zwar mithilfe der dafür vorgestellten Ansätze von Höffling und Klitgaard. Die Überlegungen des Klienten resultieren in einer Handlung, die durch die Aggregationslogik zu Situation 2) auf der Makro-Ebene führt: Korruption bei der Studienplatzvergabe entsteht als gesellschaftliches Phänomen. Dieser Zustand beeinflusst wiederum die Ausganssituation, da sich Akteure an den sie umgebenden Institutionen und ihren Mitmenschen orientieren. So kann es zu einem Anstieg und zur Institutionalisierung von Korruption kommen, wenn sie auf der gesellschaftlichen Ebene bereits zu den Spielregeln gehört und ihre Ablehnung den Akteur benachteiligen würde. Es entsteht ein Korruptionskreislauf, der nur schwer zu durchbrechen ist.

Hiermit wäre der theoretische Entwicklungsprozess beschrieben, der dazu geführt hat, dass Korruption zu einem weitgreifenden Problem im russischen und ukrainischen Hochschulwesen werden konnte. Da diese Entwicklung im Hochschulsektor nicht plötzlich und isoliert eingetreten ist, sondern die Institutionalisierung der Bildungskorruption in einem gesellschaftlichen Kontext erfolgte, den es zu kennen und zu verstehen gilt, wird dieser im nächsten Abschnitt näher erläutert.

3 Die Hochschulsysteme Russlands und der Ukraine im Spiegel von Bildungskrise und Bildungskorruption

Nach dem Zerfall der Sowjetunion, wo das Bildungssystem aus ideologischen Gründen einen zentralen Stellenwert besaß und daher gut ausgestattet war, gerieten die Hochschulsysteme der postsowjetischen Nachfolgestaaten in eine tiefe Systemkrise. Mit dem Wegfall der Staatsideologie und damit verbunden auch der Legitimationsgrundlage für eine solide Finanzierung der Hochschulen gingen die staatlichen Bildungsausgaben drastisch zurück. Die Reformer standen vor dem „Dilemma der Gleichzeitigkeit": Die politischen, ökonomischen und kulturellen Institutionen mussten parallel transformiert werden. Unter diesen Bedingungen ein so großes, komplexes und bedeutendes gesellschaftliches Teilsystem wie das Hochschulwesen zu reformieren und zu modernisieren, erwies sich nicht zuletzt wegen der strukturellen und jahrelangen Unterfinanzierung als äußerst schwieriges Unterfangen.

Die Hochschulen waren angesichts der veränderten Rahmenbedingungen (was in erster Linie einen Zusammenbruch alter Strukturen bedeuteten, die nur sehr langsam durch funktionsfähige neue ersetzt wurden) überfordert. Das führte dazu, dass die Hochschulen in eine jahrelange Krise gerieten und anstatt Reformen voranzutreiben, Krisenmanagement betrieben (Teichmann 2007). Diese Situation schuf letztlich den Nährboden für Bildungskorruption.

Im ersten Teil des folgenden Kapitels wird auf den hochschulpolitischen Kontext eingegangen. Anschließend werden die Ursachen, Folgen, Formen und das Ausmaß der Korruption im Rahmen der Studienplatzvergabe in Russland und der Ukraine erörtert und der dringende Handlungsbedarf, der zur Reformierung der Zulassungssysteme in beiden Ländern führte, deutlich gemacht.

3.1 Bildungspolitischer Kontext: Russland

Die Reformierung des russischen Hochschulsystems, das auf dem sowjetischen Bildungssystem beruhte (Yudkevich 2014), setzte bereits während der

Perestroika ein, jedoch ohne größere Neuerungen zu bewirken: „*In general, the reforms remained a dead letter*“ (Marquand 2010, S. 73). Nach der russischen Souveränitätserklärung am 12. Juni 1990 herrschte eine Aufbruchsstimmung und es gab positive Ansätze in der Hochschulpolitik. Der erste gewählte Bildungsminister Eduard Dneprov (Juli 1990 bis Dezember 1992) leitete einen Entsowjetisierungsprozess ein (Mühle 1995). Dies stellte eine Zäsur dar, da „*die Grundfesten des sowjetischen Bildungswesens und die Prinzipien der zugehörigen Pädagogik und Bildungspolitik in Frage gestellt*“ (Schmidt 2010, S. 2) wurden. Der Paradigmenwandel zeigte sich in Schlagworten wie „Entideologisierung“, „Demokratisierung“ und „Humanisierung“.[32] Auf Grundlage der neuen demokratisch-marktwirtschaftlichen Ideologie erarbeitete Dneprov ein progressives und westlich ausgerichtetes liberales Bildungsgesetz[33], das im November 1992 verabschiedet wurde und – zusammen mit der im folgenden Jahr verabschiedeten neuen Verfassung – neue Rahmenbestimmungen für das Bildungssystem schuf (Kuebart 2001, S. 216). Das Ende des sowjetischen Hochschulmodells wurde formal besiegelt.

Allerdings gelang es Dneprov nicht, die Reformpläne umzusetzen, da er 1992 nach einem Korruptionsskandal von konservativen Pädagogen aus dem Amt gedrängt wurde (Johnson 1996). Während Dneprov in seiner kurzen Amtszeit noch vom massiven Rückgang des staatlichen Bildungsbudgets verschont geblieben war, stellte die Unterfinanzierung des Bildungshaushalts für seinen Nachfolger Evgenij Tkačenko (Dezember 1992 bis August 1996) eines der größten Reformhindernisse dar. Die im neuen Bildungsgesetz verankerte Aufhebung des staatlichen Bildungsmonopols und der damit verbundene Rückzug aus der staatlichen Finanzierung der Hochschulen führten zu einer jahrelangen Unterfinanzierung und einer tiefgreifenden Krise des russischen Bildungswesens (Gudkov 1998; Teichmann 2007).

---

32 So forderte Viktor Bolotov, ab 1993 Vizebildungsminister, Inhalt, Ziele und Methoden im Bildungswesen zu ändern. Bildung sollte der Entwicklung des Individuums dienen und nicht mehr der Kommunistischen Partei oder dem Staat. Neben dieser „Humanisierung“ sollte es auch eine „Humanitarisierung“ geben, mit einem stärkeren Fokus auf Gesellschafts-, anstatt wie bisher auf Naturwissenschaften. Weiterhin sollten sich die Unterrichtsmethoden stärker an den Lernenden orientieren; außerdem sollte das Bildungssystem dezentralisiert werden (Muckle 2010, S. 153).

33 Gesetz № 3266-1 „Über die Bildung in der Russischen Föderation“ vom 25. November 1992.

Um gegenzusteuern und die fehlenden Mittel zu kompensieren, wurde ein Kommerzialisierungsprozess eingeleitet. Ebenso wie privaten Bildungseinrichtungen, die im neuen Bildungsgesetz erstmals zugelassen wurden und sich aus Studiengebühren selbst finanzieren sollten, wurde auch staatlichen Hochschulen die Möglichkeit eingeräumt, Studiengebühren einzuführen und sich darüber zu finanzieren. Die neue Verfassung sah zwar ein Recht auf kostenlose Hochschulbildung vor, jedoch *auf Wettbewerbsgrundlage* kompetitiver Eignungsprüfungen. Das bedeutet, es gab ein staatlich festgelegtes Kontingent kostenloser Budgetplätze, die an diejenigen Bewerber vergeben wurden, die bei den universitären Eignungsprüfungen am besten abschnitten. Bewerber mit schlechteren Prüfungsergebnissen konnten ein kostenpflichtiges Kontrakt-Studium aufnehmen. In einem Regierungsdekret von 1994 wurde die Zahl der kostenpflichtigen Studienplätze auf 10% aller Studienplätze begrenzt.[34] Um den tatsächlichen Bedürfnissen gerecht zu werden, wurde das Kontingent im Laufe der Jahre zunächst auf 25% und Ende der 1990er Jahre auf 45% erhöht. Das führte dazu, dass es bald genauso viele zahlende Studierende (Kontrakt) wie nicht zahlende Studierende (Budget) gab (vgl. Abbildung 7). 2000 nahmen erstmals mehr Studierende ein kostenpflichtiges Studium auf als ein gebührenfreies.

34 Dekret № 407 vom 28 April 1994 „Über dringende Maßnahmen zur Unterstützung des Bildungssystems in Russland".

Abbildung 7: Verhältnis kostenpflichtiger zu kostenlosen Studienplätzen (1995-2002, in Tsd.)

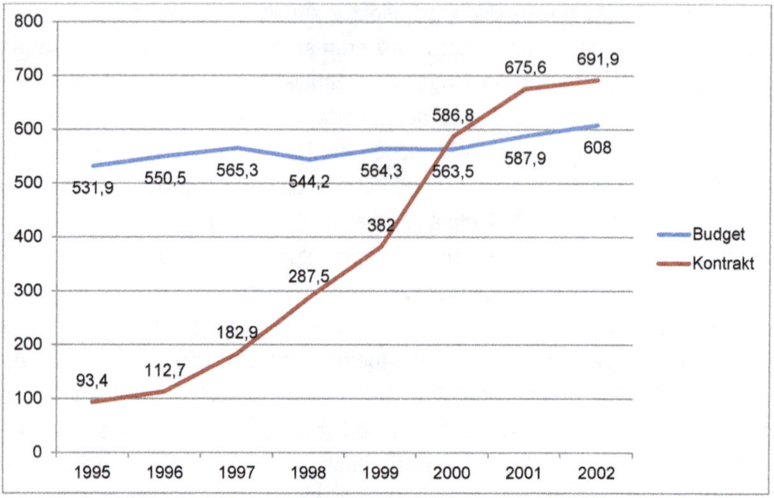

Quelle: Kljačko 2004a.

Das russische Hochschulsystem wandelte sich innerhalb eines Jahrzehnts von einem kostenlosen in ein überwiegend kostenpflichtiges mit Studiengebühren von etwa 1.000-2.000 USD pro Jahr. Bei den damaligen Löhnen – diese lagen im Jahr 2000 bei durchschnittlich 80 USD und 2001 bei ca. 111 USD monatlich[35] – bedeutete das praktisch einen Jahreslohn.

Ein weiteres Charakteristikum des postsowjetischen russischen Hochschulwesens war dessen Expansion: Hatten in den 1970er und 1980er Jahren durch die strikte staatliche Regulierung nur etwa 25% der 18-22 jährigen Russen ein Hochschulstudium aufnehmen können (Yudkevich 2014), gab es nach 1992 keine Beschränkungen mehr. Um 1995 setzte eine starke Nachfrage nach akademischen Abschlüssen ein, die zu einer dynamischen Entwicklung des Hochschulsektors führte und durch kommerzielle Studienangebote befriedigt wurde. Innerhalb weniger Jahre verdoppelten sich die Studierendenzahlen (vgl. Tabelle 4), und das in einer der ökonomisch schwierigsten

---

35 Quelle: BOFIT Russia Statistics, www.suomenpankki.fi/bofit_en/seuranta/venajatilastot/Pages/default.aspx, zuletzt geprüft am 20.09.2015.

Phasen der jüngeren russischen Geschichte, als der Staat nicht über die finanziellen Kapazitäten verfügte, um auf diese Nachfrage zu reagieren und das Hochschulsystem auszubauen.

Ein Erklärungsfaktor für die steigende Nachfrage ist, dass für den Aufbau und die Entwicklung einer funktionierenden Marktwirtschaft neue Anforderungen an die Arbeitnehmer gestellt wurden[36], die vor allem im Hochschulstudium erworben werden mussten. Selbst für einfache Tätigkeiten suchten Arbeitgeber zunehmend Arbeitnehmer mit Hochschulabschluss und dieser wurde zu einem gesellschaftlichen und sozialen Imperativ[37] (Androushchak und Yudkevich 2012, S. 267): *„Eine wachsende Zahl von Menschen aus verschiedenen sozialen Milieus sah ihn als notwendige Bedingung für die berufliche Entwicklung und vertikale Mobilität an"* (Bočarova 2002). In einer Umfrage des Levada-Zentrums von 2009 empfanden 87% der russischen Bevölkerung und 89% der 15-29-jährigen Russen ein Hochschulstudium als absolute Notwendigkeit (Dubin und Zorkaja 2009, S. 55). Der gesellschaftliche Druck zu studieren trug dazu bei, dass der Anteil der 17-Jährigen, die ein Studium aufnehmen, bis 2012 auf 90% anstieg (Androushchak und Yudkevich 2012, S. 267). Russland ist im internationalen Vergleich inzwischen das Land mit der höchsten Akademikerdichte.[38]

---

36 Allerdings hatte die wachsende Studienzahl nur bedingt den gewünschten wirtschaftlichen Effekt, da die Quantität stark zulasten der Qualität der Hochschulausbildung ging: *„Die massenhafte Hochschulbildung sollte ein schnelles Wachstum des Humankapitals für die russische Wirtschaft bringen, und dadurch die Dynamik und Qualität des Wirtschaftswachstums steigern. Das Ausbleiben dieses Effekts hängt eindeutig mit der unzureichenden Qualität der Hochschulbildung zusammen, und das nicht nur in der Massen-, sondern auch im Segment der Elitenbildung."* (Natchov und Poliščuk 2012, S. 30).

37 Ein Grund, weshalb viele männliche Abiturienten ein Studium aufnahmen, bestand darin, sich dadurch dem Wehrdienst zu entziehen. Dies war nicht zuletzt vor dem Hintergrund der Tschetschenienkriege (1994-1996 und 1999-2009) ein wichtiges Motiv. Auch wird der Armeedienst aufgrund von Misshandlungen und Menschenrechtsverletzungen gefürchtet (Human Rights Watch 2004). *„Für eine große Zahl der männlichen Abiturienten stellt die Befreiung von der Wehrpflicht eine Notwendigkeit dar und manchmal ist sie auch das einzige Kriterium für die Studienwahl und Stimulus für den Erhalt eines Hochschulabschlusses"* (Bočarova 2002). Das Studium nimmt die Funktion eines „sozialen Schutzmechanismus" für junge Männer ein, was auch ihren höheren Anteil (56%) unter den Erstsemestern erklärt (Bočarova 2002).

38 Laut dem „Education at a Glance Report" der OECD von 2013 besitzen 53% der Russen zwischen 25 und 64 Jahren einen Hochschulabschluss, womit Russland welt-

2008/2009 wurde mit 7,5 Mio. Studierenden der Scheitelpunkt erreicht, seither sinken die Zahlen aufgrund des „Demografielochs“[39] der 1990er Jahre, 2013/14 gab es noch 5,6 Mio. Studierende. Davon geht weniger als die Hälfte einem Vollzeitstudium nach, während der Großteil berufsbegleitend in Abend- und Fernstudiengängen studiert (Kljačko und Mau 2015, S. 36). Für diese Studierenden steht häufig weniger der Wissenserwerb, sondern vielmehr der Erhalt eines formellen Diploms im Fokus, um die Chancen auf dem Arbeitsmarkt zu erhöhen (Dubin und Zorkaja 2009, S. 45).[40]

Wie erwähnt entstanden Mitte der 1990er Jahre eine Reihe kommerzieller Privathochschulen, darunter zahlreiche *Business Schools*, die die große Nachfrage nach neuen Fächern wie Wirtschaft, Jura und BWL befriedigten (Åslund 2002, S. 325). Allerdings sind diese nach wie vor weniger angesehen als die staatlichen Einrichtungen (Androushchak und Yudkevich 2012) und machen zwar 40% aller Hochschuleinrichtungen aus, bilden jedoch nur 10-15% der Studierenden aus. Eine Besonderheit des russischen Hochschulsystems ist, dass viele Universitäten – zumeist die beliebten klassischen Hochschulen – Hochschulfilialen in den Regionen betreiben, insgesamt gibt es davon mehr als 2.000 (Schmidt 2010, S. 25). Aufgrund der ineffektiven, häufig auch korrupten staatlichen Regulierung entstand in den 1990er Jahren eine unüberschaubare Anzahl von Hochschuleinrichtungen von zweifelhafter Qualität.[41]

---

weit auf Rang 1 und deutlich über dem OECD-Durchschnitt von 32% liegt (OECD 2014, S. 37).

39 Zur demografischen Entwicklung des postsowjetischen Russlands vgl. Lindner (2008).

40 Eine weitere Folge dieser pragmatischen Herangehensweise an das Studium ist, dass für Bewerber zwar die Aufnahme an einer Hochschule höchste Priorität besitzt, jedoch nicht die Wahl des Studienfaches oder die Qualität der Ausbildung. Viele studieren ein Fach, das sie für ihre spätere berufliche Laufbahn nicht ausreichend qualifiziert, und etwa 70% der Absolventen arbeiten nach ihrem Abschluss nicht auf dem Gebiet, für das sie ausgebildet wurden (Borusjak 2009, S. 77). Dass die Inhalte aus dem Studium im späteren Beruf nur eine geringe Rolle spielen, wirkt sich negativ auf die Studienmotivation aus – was wiederum Korruption begünstigt.

41 Ab 2010 ging das Bildungsministerium dazu über, die Qualität der Hochschulen stärker zu überprüfen und qualitativ mangelhafte Hochschuleinrichtungen zu schließen.

Tabelle 4: Kennziffern des russischen Hochschulsystems

Jahr	1990/91	1995/96	2000/01	2005/06	2008/09	2010/11	2012/13	2013/14
Studierende (in Mio.)	2,82	2,79	4,74	7,06	7,51	7,04	6,07	5,64
davon: an privaten HS	-	n. a.	0,47	1,07	1,29	1,20	0,93	0,88
Studierende/ 10.000 EW	191	188	324	493	526	493	424	n. a.
Budget-Studierende/ 10.000 EW	191	163	192	210	202	n. a.	n. a.	n. a.
Bewerber auf 100 Plätze	175	184	187	203	208	347	374	
Hochschulen	514	762	965	1068	1134	1115	1046	969
davon: privat	-	193	358	413	474	462	437	391

Quelle: Föderales Statistikamt der Russischen Föderation, www.gks.ru.

Nach dem Regierungswechsel 1996 folgten mit Vladimir Kinelev (August 1996 bis Februar 1998) und mit Aleksandr Tichonov (Februar bis September 1998) bereits der dritte und vierte Bildungsminister. Kurz nach Kinelevs Ernennung wurde das unter seinem Vorgänger Tkačenko ausgearbeitete neue Hochschulgesetz verabschiedet.[42] Zusammen mit dem Bildungsgesetz von 1992 legte es die Rahmenbedingungen für die weitere Entwicklung des Hochschulwesens fest. Allerdings vermochten es Kinelev und Tichonov in ihren kurzen Amtszeiten nicht, notwendige institutionelle Reformen einzuleiten. Dabei wurden in dieser Zeit vielversprechende Reformvorschläge erarbeitet, zum Beispiel die „Konzeption organisatorisch-ökonomischer Reformen im Bildungssystem der Russischen Föderation" von Bildungsexperten aus dem Umfeld der Higher School of Ecomomics.[43] Aufgrund der kritischen Finanzlage verblieben die Ideen jedoch in den Schubladen des Ministeriums.

[42] Föderales Gesetz vom 22. August 1996 № 125-F3 „Über die höhere und postgraduale Bildung".

[43] Die HSE wurde 1992 mit Unterstützung des damaligen Premierministers Gaidar per Regierungsdekret gegründet und unterstand dem liberalen Wirtschaftsministerium. Ziel war es, eine reformorientierte sozialwissenschaftliche Institution zu schaffen, an der Lösungen für die wirtschaftspolitischen Herausforderungen erarbeitet werden sollten. Diese Anforderung formte das Profil der Hochschule: Sie sollte praktisch orientierte Forschung zur Unterstützung der marktwirtschaftlichen Reformen liefern. Daher besaß sie auch von Anfang an enge Verbindungen in die Politik. Die HSE wurde vom Wirtschaftsministerium finanziell deutlich besser ausgestattet als vergleichbare Universitäten, die dem Bildungsministerium unterstanden, und zog dadurch begabtes und reformbereites Personal an. Die Hochschulleitung orientierte sich bei der Hochschul-

Mit dem sukzessiven Rückzug aus der Finanzierungsverantwortung verlor der Staat zunehmend auch seine Steuerungsfunktion. Die Universitäten wurden sich selbst überlassen: Die staatlichen Einnahmen der Hochschulen entsprachen über Jahre hinweg lediglich 15-40% des Budgets, das sie für einen ordnungsgemäßen Betrieb eigentlich benötigt hätten (Teichmann 2004, S. 9). Laut Daten der Europäischen Bank für Wiederaufbau wurden die staatlichen Hochschulausgaben zwischen 1992 und 1998 um fast 75% gekürzt (vgl. Tabelle 5).

Tabelle 5: Staatliche Hochschulausgaben in % des BIP, 1992-1998

	1992	1993	1994	1995	1996	1997	1998
Anteil der Hochschulausgaben am BIP (%)	1,21	0,76	0,87	0,52	0,48	0,59	0,40
BIP (1992=100), Inflation berücksichtigt	100	91,3	79,7	76,4	72,8	73,4	69,7
Hochschulausgaben (1992=100), Inflation berücksichtigt	100	61,2	60,3	39,7	34,9	43,3	27,9

Quelle: Kniazev 2002, S. 111.

Die staatlichen Bildungsausgaben sanken bereits 1992 um 39% im Vergleich zum Vorjahr (Froumin 2011, S. 298). Hinzu kam, dass die Mittel, die der Staat investierte, ineffektiv verwaltet wurden. In den 1990er Jahren erfolgte aufgrund der schwachen rechtsstaatlichen Institutionen praktisch keine Kontrolle über die Mittelverwendung, sodass Misswirtschaft und Korruption sich ausbreiteten. Das Geld kam vielfach nicht an den benötigten Stellen an, worunter vor allem die Ausstattung und die Mitarbeiter der Hochschulen litten.

Die staatlichen Hochschulen befanden sich in einem Dilemma: Einerseits waren sie gesetzlich dazu verpflichtet, ein kostenloses Studienangebot zu bieten, andererseits erhielten sie dafür vom Staat nicht die erforderlichen Mittel:

governance an modernen und innovativen anglo-amerikanischen Modellen, was sie z. B. von der Staatlichen Geisteswissenschaftlichen Universität RGGU, die zur selben Zeit aus der Fusion zweier sowjetischer Institutionen hervorging und zur „Geisel" der institutionellen Kultur ihrer Vorgänger wurde (Froumin 2011, S. 302), unterschied. Die Bildungsexperten an der HSE zählen zu den besten in Russland. Seit 2004 gibt die HSE mit der Zeitschrift „Fragen der Bildung" (Voprosy obrazovanija) eine der wichtigsten Fachzeitschriften zur russischen Bildungspolitik heraus.

> *„Der Staat hat zwar verbal (im Bildungsgesetz verankert) an der Verpflichtung festgehalten, kostenfreie Bildung für seine Bürger bereitzustellen, er hat aber in all den Jahren (seit 1990) versäumt, die Umsetzung der eingegangenen Verpflichtung mit entsprechenden finanziellen Mitteln sicher zu stellen. LehrerInnen sollen an Schulen und Hochschulen ihre SchülerInnen bzw. Studierenden wie zu Zeiten der Sowjetunion auf Staatskosten unterrichten, obwohl die dazu bereitgestellten Mittel um das fünf- bis zehnfache gekürzt wurden."* (Teichmann 2004, S. 9f.)

Der Staat hatte sich im Bildungsgesetz darauf verpflichtet, 170 Studierende pro 10.000 Einwohner zu finanzieren. Tatsächlich studierten 2000/01 aber bereits 324 Personen je 10.000 Einwohner (vgl. Tabelle 4). Der staatliche Finanzierungsmechanismus sieht vor, dass jeder Hochschule eine bestimmte Quote an staatlich finanzierten Studienplätzen zugewiesen wird. Diese Quote wird jährlich vom Ministerium festgelegt und richtet sich nach den Studierendenzahlen des Vorjahres. Für die Universitäten ist es daher entscheidend, alle Studienplätze zu belegen, weil durch Plätze, die verfallen, die Finanzierung im Folgejahr sinkt. Zusätzlich dürfen die Hochschulen in einem bestimmten Rahmen auch Studiengebühren erheben. Da russische Hochschulen sehr stark auf Lehre und weniger auf Forschung ausgerichtet sind (wodurch sie Drittmittel einwerben könnten), hängt ihre Finanzierung extrem stark von den Einnahmen durch Studienplätze ab. Viele Institutionen nehmen daher Studierende unabhängig von deren Qualifikation und Eignung an und exmatrikulieren sie auch bei ungenügenden Leistungen nicht: *„Some institutions accept virtually all young people who apply to their programs, including those with an extremely low level of previous training and those with no motivation to learn"* (Androushchak und Yudkevich 2012, S. 267).

Im Jahr 2000 erreichten die Bildungsausgaben mit 2,9 am BIP ihren Tiefpunkt (Meister 2008, S. 95), obwohl in Art. 40, Abs. 2 des Bildungsgesetzes ein Mindestsatz der Bildungsausgaben i.H.v. 10% des BIP festgelegt worden war.[44] Die Unterfinanzierung führte zu desolaten Bedingungen:

> „[...] *die sehr schlechte Bezahlung der Arbeit, die miserablen Stipendien, der Büchermangel, ganz zu schweigen von der technischen Ausstattung der Auditorien, Laboratorien, Bibliotheken, das Nichtvorhandensein von Mitteln für die Verwirkli-*

[44] Da das Recht auf kostenlose Hochschulbildung zwar in der Verfassung garantiert war, es aber nicht der Realität der Transformationsperiode entsprach, spricht man in diesem Zusammenhang auch von Russlands *„constitution that it could not afford"* (Gounko und Smale 2007, S. 538).

chung jedweder Programme für Renovierungen, für Neubauten." (Akopjan 2000, S. 42)

Weder das Ministerium noch die Regierung fanden eine Strategie, das Problem zu lösen (Froumin 2011, S. 299), und vor allem das Bildungsministerium zeigte eine „*consequent inability … to direct reform*" (Johnson 1996, S. 129). Auf sich alleine gestellt mussten die Hochschulen ihren Fortbestand durch die Verwendung außerbudgetärer Mittel, wie der Vermietung von Eigentum, Räumlichkeiten und Laboratorien, und durch die Erhebung von Studiengebühren sichern. Doch selbst das reichte nicht aus und dieser finanzielle Mangel schuf letztlich den Nährboden für Korruption.

3.2 Bildungspolitischer Kontext: Ukraine

Die Situation des ukrainischen Hochschulsystems ähnelte in vielem der desolaten Situation des russischen Hochschulwesens. Mit der ukrainischen Unabhängigkeitserklärung am 24.08.1991 begann eine neue Ära selbstbestimmter Bildungspolitik. Bildung sollte zum Grundpfeiler des Demokratisierungsprozesses werden und zur Staats- bzw. Nationenbildung der Ukraine beitragen, einem faktisch neuen Staatsgebilde auf der europäischen Landkarte (Wulff und Malerius 2007). Das neue souveräne Selbstverständnis drückte sich allen voran in der „Ukrainisierung" des Unterrichts aus, der zusehends auf Ukrainisch und nicht mehr auf Russisch stattfand.[45]

Die erste nennenswerte bildungspolitische Maßnahme der unabhängigen Ukraine erfolgte 1993: Mit dem Ziel, eine Reformstrategie auszuarbeiten, fand der erste nationale Pädagogenkongress statt. Die Ergebnisse wurden in der Resolution „Über das staatliche nationale Bildungsprogramm: Die Ukraine im 21 Jh."[46] zusammengefasst und später vom Präsidenten angenommen (Kremen und Nikolajenko 2006, S. 66). Das umfangreiche Dokument gleicht einer Absichtserklärung mit zahlreichen Maßnahmen zur Entwicklung des

---

45 Während im Schuljahr 1991/92 der Unterricht je zur Hälfte auf Ukrainisch und Russisch stattfand, wurde 2000/01 bereits zu 70% auf Ukrainisch unterrichtet (Fimyar 2008, S. 575).

46 Resolution des Ministerkabinetts № 896 vom 3. September 1993.

Bildungssektors, die eher deklarativen Charakter besitzt und zu vage bleibt, um daraus konkrete strukturelle Reformen ableiten zu können.

Ein Paradigmenwechsel erfolgte 1994/95, als in der Ukraine erstmals private Hochschuleinrichtungen zugelassen wurden und der Staat fortan nicht mehr alleine für den Bildungsauftrag zuständig war. Innerhalb kürzester Zeit entstand ein dynamischer nichtstaatlicher Hochschulsektor, der auf die neuen marktwirtschaftlichen Bedürfnisse reagierte und Juristen, Ökonomen und Manager ausbildete. Gab es 1993/1994 noch 159 Hochschulen, lag ihre Zahl nur zwei Jahre später bereits bei 255 (Tabelle 8). Dieser Anstieg ging vor allem auf neugegründete private Institutionen zurück.

Ansonsten waren die bildungspolitischen Maßnahmen bis Mitte der 1990er Jahre eher punktuell als systematisch. Eine umfassende und konsistente Strategie für die Hochschulbildung wurde erst unter Präsident Leonid Kučma konzipiert[47] – und zwar vom späteren umstrittenen Bildungsminister Dmytro Tabačnyk, damals Leiter der Präsidialadministration. Die im September 1995 per Dekret[48] erlassene Strategie sah vor, weitreichende Reformen des Hochschulsystems auszuarbeiten, damit es den neuen marktwirtschaftlichen und demokratischen Anforderungen genügte. Auf Grundlage dieser Strategie entstand 1996 das Bildungs- und 2002 das Hochschulgesetz. Zusammen mit der 1996 in Kraft getretenen Verfassung legten diese vier Dokumente die Rahmenbedingungen zur Steuerung des Hochschulwesens fest.[49] In der Verfassung wurde allen Studienbewerbern ein kostenloses Erststudium an staatlichen oder kommunalen Hochschulen *auf Wettbewerbsbasis* garantiert.

Die Ukraine litt wie Russland und die anderen postsowjetischen Länder unter dem ökonomischen Zusammenbruch der Region. Die Steuereinnahmen gingen zwischen 1991 und 1998 um 70% zurück (Darvas 2002). Im Zeitraum

---

47 Dies verdeutlicht eine Analyse der wichtigsten hochschulpolitischen Gesetze, Erlasse, Resolutionen etc. der Verchovna Rada, des Präsidenten, des Bildungsministeriums sowie des Ministerkabinetts: Während 1991-1994 nur 6 maßgebliche Dokumente verabschiedet wurden, waren es 1995-1999 insgesamt 20 vergleichbare Dokumente, und von 2000-2003 wurden 18 Kernpunkte geregelt (vgl. die einzelnen Dokumente in Kremen und Nikolajenko 2006, S. 95 ff.).

48 Ukas des Präsidenten № 832/95 „Über die grundsätzliche Ausrichtung der Hochschulreform der Ukraine“ vom 12. September 1995.

49 Vgl. dazu Kremen und Nikolajenko (2006).

von 1990 bis 1993 sanken die Reallöhne um 63%.[50] Die Hyperinflation stieg 1993 auf mehr als 10.000% (Zholud 2015) und erst mit Einführung der Hryvnja (UAH) 1996 gewann die Währung an Stabilität. Der Bildungsetat wurde drastisch gekürzt (Wulff und Malerius 2007, S. 160) und die 1996 im neuen Hochschulgesetz auf mindestens 10% des BIP veranschlagten Bildungsausgaben wurden nicht annähernd erreicht und fielen 1999 auf den historischen Tiefstwert von 3.62%. Im Anschluss stiegen sie wieder leicht, erreichten den gesetzlich vorgeschriebenen Wert aber bei weitem nicht (Tabelle 6).

Tabelle 6: Bildungs- und Hochschulausgaben der Ukraine, 1995-2012

Jahr	Bildungshaushalt (Mio. UAH)	Bildungsausgaben in % d. HH	Bildungsausgaben in % d. BIP	Hochschulausgaben (Mio. UAH)	Hochschulausgaben in % d. HH	Hochschulausgaben in % d. BIP
1995	2.932*	12,1*	n.a.	522*	2,2*	1,0*
1996	4.007*	11,7*	n.a.	770*	2,3*	0,9*
1997	5.034*	14,7*	5,5°	903*	2,6*	1,0*
2000	7.085	14,7°	4,2°	2.285	4,7	1,3
2002	12.269	20,3°	5,4°	n.a.	n.a.	n.a.
2003	14.977	19,8°	5,6°	n.a.	n.a.	n.a.
2005	26.801	18,1	6,1°	7.934	5,7	1,8
2008	60.959	19,7	6,4	18.552	6	2,0
2009	66.773	21,7	7,3	20.966	6,8	2,3
2010	79.826	21,1	n.a.	24.998	6,6	2,3
2011	86.253	20,7	6,2	26.619	6,4	2,0
2012	101.560	20,6	n.a.	29.335	6	2,0

Quelle: Eigene Zusammenstellung.[51]

---

50 The World Bank 1996, S. 29.

51 Die Zahlen sind offiziellen Daten des Ukrainischen Statistikamts entnommen. Die mit Sternchen markierten Zahlen von 1995-1997 entstammen dem Bildungsministerium (Ministry of Education of Ukraine 1999), während die mit ° markierten Daten aus dem Statistikportal „Index Mundi" stammen, www.indexmundi.com/facts/ukraine/public-spending-on-education, zuletzt geprüft am 07.03.2014. Allerdings sollte berücksichtigt werden, dass es bis Mitte der 1990er Jahre keine verlässlichen Statistiken für Bildungsausgaben in der Ukraine gab und die Zahlen eher als ungefähre Richtwerte, denn als tatsächliche Ausgaben anzusehen sind. Dies stellt ein generelles Problem der postsozialistischen Länder dar, da Hochschuleinrichtungen unterschiedlichen Ministerien unterlagen und diese die Daten weder veröffentlichten noch abglichen. Es gab zu der Zeit ein großes Informationsdefizit sowohl in der Ukraine als auch in Russland: *„Of the 516 higher education institutions in the Russian Federation at that time, the rectors of only two knew what was spent on their own institutions.* [...] *None of the institutions could allocate resources or improve efficiency because budgets and statistics were controlled by ministries separate from their own sector. There were no public statistics available on the number of higher education programs, the students in them, or*

Die Bildungsausgaben lagen bis zum Jahr 2000 zwar relativ konstant bei 12-15% des Gesamthaushalts, die absoluten Ausgaben gingen jedoch zurück. Überdies wurden zumeist nur 75-80% des zugewiesenen Budgets ausbezahlt (Ministry of Education of Ukraine 1999), sodass die tatsächlichen Bildungsausgaben in den 1990er Jahren unter dem veranschlagten Budget lagen. Die finanzielle Krise führte dazu, dass der Staat seine Bediensteten kaum noch bezahlen konnte. Besonders betroffen waren die Beschäftigten im Bildungs- und Hochschulwesen. Waren sie in der Sowjetunion relativ gut bezahlt gewesen und hatten eine Reihe von Privilegien genossen, lag das durchschnittliche Gehalt ukrainischer Pädagogen Anfang der 1990er Jahre – sofern es überhaupt ausgezahlt wurde[52] – mit umgerechnet 5 USD pro Monat nicht nur deutlich unter dem Landesdurchschnitt, sondern auch unter dem Existenzminimum (Robertson 2007). Zwar stiegen die Löhne im Bildungsbereich in den folgenden Jahren wieder an, jedoch nur langsam auf umgerechnet 40 USD pro Monat im Jahr 2001. Sie verloren zunehmend den Anschluss an die Gehälter in der Privatwirtschaft, die deutlich schneller stiegen (Tabelle 7).

Tabelle 7: Lohnentwicklung im Bildungssektor der Ukraine, 1996-2001

	1996	1997	1998	1999	2000	2001
Ø Monatsverdienst im Bildungssektor in UAH	119	127	129	142	156	224
Ø Monatsverdienst in der Ukraine in UAH	126	143	153	189	230	311
Ø Monatsverdienst im Industriesektor in UAH	153	174	184	217	310	419

Quelle: Ministry of Education and Science of Ukraine 2003, S. 146.

Die nicht kompetitiven Gehälter machten es dem Staat immer schwerer, dringend benötigtes neues Hochschulpersonal anzuwerben, während das alte Personal „*unwilling or unable to adapt to the new circumstances* [...] *succumbed to the easy money of student bribes.*“ (Robertson 2007, S. 69).

the curricula offered. Normal information necessary to plan and manage education was considered to be a state secret to which rectors and even ministers had no access“ (Heyneman 2010, S. 77).

52 Verspätete Lohnauszahlungen waren in den 1990ern bis hinein in das neue Jahrtausend ein großes Problem. Auf dem 5. Plenum des Zentralkomitees der Ukrainischen Gewerkschaft für Bildung und Wissenschaft am 19.04.2002 wurde berichtet, dass sich Lohnrückstände über Monate und Jahre angehäuft hätten und alleine im Bildungssektor mehr als 20 Mio. UAH (ca. 4 Mio. USD) betrügen (Razumkov Centre 2002, S. 30).

Ein weiteres Moment, das die Probleme im Hochschulsektor noch verschärfte, waren wie in Russland die ab 1995 rapide steigenden Studierendenzahlen, die sich fast verdreifachten (vgl. Tabelle 8).

Tabelle 8: Kennzahlen des ukrainischen Hochschulsektors

Jahr	Studierende (in 1.000)	Erstsemester (in 1.000)	Absolventen (in 1.000)	Hochschulen
1992/1993	855	170,4	144,1	158
1993/1994	829	170	153,5	159
1995/1996	922	206,8	147,9	255
1997/1998	1110	264,7	186,7	280
2000/2001	1402	346,4	273,6	315
2003/2004	1843	432,5	416,6	339
2005/2006	2203	503	372,4	345
2006/2007	2318	507,7	413,6	350
2007/2008	2372	491,2	468,4	351
2008/2009	2364	425,2	505,2	353
2010/2011	2129	392	543,7	349
2012/2013	1824	341,3	520,7	334
2013/2014	1723	348	485,1	325

Quelle: Ukrainisches Statistikamt, www.ukrstat.org.

Wie auch in Russland zwangen die sinkenden staatlichen Einnahmen in den 1990er Jahren die Universitäten dazu, immer mehr zahlende Kontrakt-Studenten aufzunehmen. Der Teil der Studierenden, die aus dem staatlichen Budget finanziert wurden, ging stark zurück: Hatten im Studienjahr 1998/1999 noch 51,2% der Erstsemester einen staatlich finanzierten Studienplatz, waren es 2001/2002 nur noch 39,9%. Der Staat verankerte daher im Hochschulgesetz von 2002, dass mindestens 50% aller Studierenden an staatlichen Hochschulen einen kostenlosen Budgetstudienplatz erhalten müssen, was jedoch nicht eingehalten wurde:

> *„In practice this norm failed from the outset, being too unrealistic, at least for some State-owned higher education institutions. In September 2005, the Ukrainian Parliament cancelled the norm."* (Kremen und Nikolajenko 2006, S. 46)

Selbst Bewerber mit ungenügenden Qualifikationen wurden aufgenommen, weil man auf ihre Gebühren dringend angewiesen war. Ohne einen effektiven Selektionsmechanismus wurden auch Studierende immatrikuliert, die nicht motiviert oder von ihren kognitiven Fähigkeiten her nicht für ein Studium geeignet waren. Es gab praktisch zwei Arten von Studierenden: „*There are also good and bad students – with the difference that bad students outnumber good ones many times over*“ (Polese 2006b). Selbst wenn Studierende während des Studiums die Anforderungen nicht erfüllten, wurden sie in der Regel nicht exmatrikuliert – stattdessen wurden entweder die Anforderungen gesenkt oder aber das Lehrpersonal stellte Leistungsnachweise im Gegenzug für informelle Leistungen oder „Geschenke“ aus.

Diese Entwicklung – sinkende Finanzierung einerseits, steigende Studierendenzahlen andererseits – ging zulasten der Bildungsqualität. Ende der 1990er Jahre waren notwendige Reformen noch immer nicht umgesetzt worden. Es fand praktisch keine Bildungspolitik statt, sondern eine Verwaltung des Mangels. Ein Grund für den Reformstau lag in den häufigen Regierungs- und Personalwechseln (in den 1990er Jahren hatte die Ukraine sieben verschiedene Ministerpräsidenten, vier Bildungsminister und 15 Stellvertretende Bildungsminister), was zu ständigen Kurswechseln führte. Das Bildungsministerium zeichnete sich in weiten Teilen der 1990er Jahre durch Inaktivität aus.[53] Auch nach einem Jahrzehnt der Unabhängigkeit war das ukrainische Hochschulsystem noch immer sowjetisch geprägt: Es gab keine Hochschulautonomie; das Bildungsministerium besaß eine absolute Vormachtstellung und steuerte alle wichtigen Bereiche zentral, von der Finanzierung der Hochschulen über die Ernennung der Rektoren bis zum Studienangebot.

Erst mit Viktor Juščenko als Premierminister wurde 1999 eine neue Ära eingeleitet. Der neue Premier profilierte sich als Reformpolitiker und leitete zügig eine Reformagenda ein, die für einen spürbaren wirtschaftlichen und sozialen Aufschwung sorgte (Åslund 2009). Auch im Bildungsbereich brachte Juščenko wichtige Reformen voran. So ratifizierte die Ukraine im Dezember 1999

53 Laut Åslund sind dafür die sowjetischen Bürokraten verantwortlich, die vor allem im sozialen Bereich weiterhin an den Schalthebeln saßen: „*The Ministries of Health Care and Education have been consistently inert. They have been manned by Soviet-era bureaucrats and have resisted any structural reforms, just calling for more resources to be wasted on the old overcentralized Soviet systems*“ (Åslund 2009, S. 233).

die Lissabon-Konvention und rückte damit hochschulpolitisch näher an Europa heran.[54] War das ukrainische Hochschulwesen nach dem Zerfall der Sowjetunion sich weitgehend selbst überlassen worden, nahm in der nun folgenden Phase nicht nur der sich allmählich konsolidierende Zentralstaat mehr Einfluss auf die Bildungspolitik, sondern zunehmend engagierten sich auch externe Akteure, wie die Zulassungsreform verdeutlicht.

Der einsetzende Reformprozess fiel zeitlich mit einem globalen Diskurs über die Qualität von Bildung zusammen, der um die Jahrtausendwende die postsowjetischen Staaten erfasste (Fimyar 2010). Zahlreiche (europäische) Länder nahmen in dieser Zeit an internationalen Bildungsvergleichsstudien wie TIMSS (Einführung: 1995), PISA (2000) oder PIRLS (2001) teil und führten nationale Bildungsstudien ein (Kamens und McNeely 2010). Mehrere postsowjetische Länder folgten diesem Trend (Gabrscek 2010). Da es in Russland und der Ukraine keine Studien gab, die Aufschlüsse über die Qualität der Schulbildung und den Leistungsstand der Schüler lieferten, kamen auch hier Überlegungen auf, den Bildungsstand auf nationaler Ebene durch die Einführung zentraler, einheitlicher Abschlussexamen am Ende der Sekundarstufe zu erfassen und damit die Bildungspolitik zu steuern.

Gleichzeitig entstand die Idee, mithilfe neuer Zulassungsmechanismen die korrupten Aufnahmeprozeduren der Hochschulen zu reformieren. Die grassierende Korruption unterminierte die Chancengleichheit der Studienbewerber und wurde zunehmend als Problem wahrgenommen. Bevor es in den einzelnen Fallstudien um die Umsetzung dieser Reformen in Russland und der Ukraine geht, wird im folgenden Abschnitt das Problem der Bildungskorruption in beiden Ländern umfassend beleuchtet.

---

[54] Die Konvention wurde 1997 vom Europarat erarbeitet und gilt als Vorläufer des Bologna-Prozesses, da sie den Grundstein legte für die Anerkennung von Qualifikationen im Hochschulbereich der europäischen Region. Das Gesetz „Über die Ratifikation der Konvention über die Anerkennung von Qualifikationen im Hochschulbereich in der europäischen Region" wurde von der Verchovna Rada am 03.12.1999 ratifiziert und trat am 01.06.2000 in Kraft.

3.3 Ursachen der Bildungskorruption

Die Ursachen der Bildungskorruption sind vielfältig. Ökonomische Gründe spielen eine exponierte Rolle, aber das hohe Korruptionsausmaß und die vielfältigen Korruptionsformen monokausal darauf zurückzuführen, greift zu kurz und wird der Komplexität des Problems nicht gerecht. Vielmehr existieren neben den ökonomischen auch zahlreiche institutionelle, historische und kulturelle Faktoren, die zusammengenommen ein „Klima der Korruption" im Hochschulsektor begünstigen und die im Folgenden beschrieben werden.

3.3.1 Ökonomische Faktoren

Die Unterfinanzierung der 1990er Jahre schuf den Nährboden für Bildungskorruption. Vor allem die Hochschulmitarbeiter spürten die sinkenden Bildungsausgaben. Gemessen an ihrer Kaufkraft sind die Löhne im Bildungssektor in den 1990er Jahren auf ein Viertel des sowjetischen Lohnniveaus gesunken (Kuzminov 2012, S. 334). Die Gehälter lagen oft unter dem Existenzminimum und der Großteil der Akademiker, denen es vor 1991 durch gute Löhne und zahlreiche Privilegien verhältnismäßig gut gegangen war, lebte nun in Armut[55] (Clarke 1999). Nach Angaben der Föderalen Russischen Statistikbehörde lag der monatliche Durchschnittsverdienst für Beschäftigte im Hochschulsektor im Jahr 2000 bei 64 USD (vgl. Tabelle 9). In einer Umfrage unter Hochschullehrern der russischen Region Tambov im Jahr 2000 gaben 69,5% der Befragten an, sie hätten einen niedrigen Lebensstandard, und 38,1% sagten, sie lebten in Armut und „von der Hand in den Mund" (Kokorev und Nikoljukina 2000). In der Ukraine lagen die Gehälter noch unter dem russischen Niveau.

[55] Einen eindrücklichen Einblick in die katastrophalen Lebensumstände vieler Akademiker zu dieser Zeit liefert folgender Zeitzeugen-Bericht: „*Wir haben alles, was Wert hatte, auf dem Markt getragen. Kristall, sowjetisches Gold und das Wertvollste, was wir besaßen – Bücher. Wochenlang haben wir uns nur von Kartoffelbrei ernährt. Ich zog ein ‚Geschäft' auf. Ich verkaufte auf dem Markt Kippen – Zigarettenstummel. Ein Literglas voll Kippen, ein Dreiliterglas. Meine Schwiegereltern (Uni-Dozenten) sammelten die Kippen auf der Straße auf, und ich verkaufte sie.*" (Alexijewitsch 2013, S. 158). Angesichts der prekären Lage entschieden sich viele russische und ukrainische Wissenschaftler, vor allem solche mit internationalen Kontakten, in westliche Staaten zu emigrieren – ein massiver Brain-Drain setzte ein. Laut der amerikanischen National Science Foundation haben seit 1990 mindestens 100.000 russische Wissenschaftler das Land verlassen, darunter 70-80% der Mathematiker und 50% der theoretischen Physiker, die auf internationalem Niveau arbeiten (Mironov 2013, S. 18).

Erst seit 2000 stiegen die Gehälter allmählich wieder und haben sich in Russland zwischen 2000 und 2008 etwa verzehnfacht.[56] Jedoch müssen die signifikanten Gehaltsunterschiede zwischen Hochschullehrern und Hochschulleitern mitberücksichtigt werden: Letztere verdienen mit zum Teil mehreren Millionen Rubel pro Monat ein Vielfaches ihrer Angestellten.[57]

Tabelle 9: Monatlicher Durchschnittsverdienst im russischen Hochschulsektor

Jahr	1995[58]	2000	2002	2004	2005	2006	2008	2010	2013
RUB	365.100	1.815	4.284	6.518	8.503	10.716	16.955	21.318	40.428[59]
USD	73	64	136	226	301	394	684	701	1.267

Quelle: Föderales Statistikamt der Russischen Föderation, www.gks.ru.

Die Löhne waren in den 1990er Jahren nicht nur zu niedrig, um davon leben zu können, sie wurden zudem nur unregelmäßig ausgezahlt:

---

56 Im internationalen Vergleich liegt Russland mit einem Durchschnittsgehalt von 617 USD bei der Bezahlung akademischen Personals dennoch weit zurück, wie eine Studie von Altbach (2012) zeigt. Von 28 untersuchten Ländern war nur in Armenien die Bezahlung schlechter. In den anderen BRICS-Staaten wie Brasilien (3.179 USD) oder Indien (6.070 USD) liegt der Durchschnittslohn signifikant höher. Selbst in Äthiopien (1.207 USD) ist er fast doppelt so hoch. Anfang 2014 verordnete Präsident Putin per Dekret, die Gehälter des Hochschullehrpersonals bis 2018 auf 200% des Durchschnittsgehalts der jeweiligen Region anzuheben. Inwieweit diese Maßnahme tatsächlich umgesetzt werden kann, ist jedoch fraglich. Mitte September 2014 rügte Bildungsminister Livanov eine Reihe von Rektoren, die die Löhne an ihren Hochschulen nicht entsprechend erhöht hatten (Černych 2014b).

57 Seit 2013 müssen Rektoren ihre Einkünfte deklarieren. Aus der vom Bildungsministerium veröffentlichten Deklaration geht z. B. hervor, dass der Rektor einer staatlichen St. Petersburger Universität mit knapp 6 Mio. RUB (ca. 140.000 Euro) etwa das Hundertfache der Professoren seiner Universität verdient (Muchametšina 2013a). Auch der Rektor der Staatlichen Universität Nižnyj Novgorod zahlt sich das Hundertfache der Professorengehälter aus (Golunov 2013a, S. 2). Im Schnitt beträgt das Monatsgehalt von Rektoren renommierter staatlicher Hochschulen 300.000-700.000 RUB (ca. 8.000-22.000 Euro) und liegt damit über dem Gehalt ihrer westeuropäischen Kollegen.

58 Am 1. Januar 1998 wurde eine Denominierung der Währung durchgeführt und aus 1.000 alten Rubeln wurde 1 neuer Rubel.

59 Die Gehälter variieren jedoch regional sehr stark, wie den Daten des Föderalen Statistikamts zu entnehmen ist. Während 2013 im Zentralen Föderationskreis um Moskau das durchschnittliche Einkommen 48.254 RUB (1.500 USD) betrug, war es im Nordkaukasischen Föderationskreis mit 23.925 RUB (750 USD) halb so hoch (Quelle: Föderales Statistikamt, www.gks.ru).

> *„Wage delays in education are around the average, at about one and a half months. However, wage delays in education are distributed very unevenly by region; in some regions they exceed six months, while in others they are virtually absent. This is part of the explanation for the militancy of teachers, which is comparable with that of the coal miners.“* (Clarke 1998, S. 73)

Die ausbleibenden Gehaltszahlungen lösten – wie auch in anderen Sektoren – Proteste und Streiks aus. Zwischen 1993 und 1997 gab es in Russland wegen Lohnrückständen etwa 17.000 Streiks; Beschäftigte aus den Bildungsinstitutionen stellten dabei neben den erwähnten Bergarbeitern die größte soziale Gruppe dar (Gudkov und Zaslavsky 2011, S. 43; Füllsack 2002, S. 5).

Die prekäre finanzielle Situation zwang die Beschäftigten im Bildungsbereich regelrecht dazu, informelle Zusatzeinnahmen monetärer und nicht-monetärer Natur zu erschließen (Golunov 2013b, S. 2). Daher wird auch von „forced corruption“ (Temple und Petrov 2004, S. 90) gesprochen: „*One can in effect hear people say in Russia: it is impossible to live honestly on such a low salary – this makes academics ask for and accept bribes. Corrupt practices are justified by this argument*“ (Temple und Petrov 2004, S. 90).

Einer der verbreitetsten informellen Zusatzverdienste bestand in privatem Nachhilfeunterricht, in Russland und der Ukraine „Repetitorstvo“ genannt (Büdiene et al. 2006; Heyneman 2011; Silova 2010; Biswal 1999). Im Studienjahr 2002/03 gaben etwa 45% aller Hochschullehrer in Russland private Nachhilfe und verdienten durchschnittlich ca. 400 USD hinzu, ein Vielfaches ihres offiziellen Einkommens (Kljačko 2004b). Wie später noch ausführlich beschrieben wird, eröffnete diese Praxis den Hochschulrepetitoren mit Zugang zu den Auswahlkommissionen dank ihres Insiderwissens eine lukrative informelle Einnahmequelle.

Selbstverständlich waren nicht alle Hochschulmitarbeiter korrupt. Grundsätzlich können zwei Typen von Hochschullehrern unterschieden werden: „*Honest teachers receive their main income outside academia, while dishonest ones obtain more cash inside universities, through corruption*“ (Androushchak et al. 2013, S. 82).

Eine Moskauer Dozentin ist der Ansicht, dass vor allem die jüngere Akademikergeneration sich durch die Annahme verschiedener legaler Nebentätigkeiten den schwierigen Bedingungen angepasst habe, während der „sowjetischen" Generation, die den Niedergang des Hochschulsystems persönlich erlebt hat, die Adaption schwieriger falle und diese sich tendenziell eher informeller Einkünfte bediene:

> *„Heute geht jeder drei oder vier Tätigkeiten nach. Es ist nicht so, dass ich es gut finde, da ich weder Zeit habe, mich der Forschung zu widmen, noch dazu komme, meine Wohnung aufzuräumen. Aber ich kann auf menschenwürdige Art leben. Aber hier liegen die Wurzeln für diese Situation; wenn eine Person nur einer Tätigkeit nachging. Das war vor allem vor fünfzehn Jahren der Fall, als die ältere Generation nur an einem Platz arbeitete. Sie waren es so gewohnt."* [Interview RU-13]

Die prekäre Situation der Hochschulmitarbeiter war und ist der Gesellschaft bewusst. Vor diesem Hintergrund wurde Korruption nicht als moralisch verwerfliche, persönliche Selbstbereicherung verurteilt, sondern – wie auch im Gesundheitswesen, das nach dem Zusammenbruch der Sowjetunion eine ähnliche Krise wie das Bildungswesen erfuhr[60] – als notwendiger sozialer Sicherungsmechanismus verstanden. Die strukturelle Unterfinanzierung legitimierte Korruption, die als Win-win-Situation für alle Beteiligten aufgefasst und allmählich zur Norm wurde:

> *„What are the results of such large-scale underfunding? First of all, the majority of teaching staff have to find side jobs, which leaves them less time for their main activities, i.e. teaching and research. Some people – usually the most talented – leave the sphere either for the business sector or for the foreign universities. This lead to the establishment of a new academic norm, which implied that there was nothing wrong with taking some extra money directly from students. The development of this norm is facilitated and legitimised, thanks to underfunding as a universal excuse."* (Yudkevich 2014, S. 6)

Nahezu sämtliche am Bildungsprozess beteiligten Akteure, von den Studierenden über ihre Eltern bis hin zu den Dozenten und dem administrativen Hochschulpersonal, sehen Bestechungen als *„shadowy' but morally justified*" (ebd.) an. Die Rechtfertigung mit ökonomischen Zwängen spiegelt sich auch in den Interviews, wie folgende Aussagen exemplarisch verdeutlichen:

> *„Ich denke, der wichtigste Grund* [für Korruption] *– das ist das niedrige Gehalt der Lehrenden."* [Interview RU-2]

> *„Vom Gehalt konnte man nicht leben, aber man konnte* […] *informelle Dienste anbieten. Viele Hochschullehrer arbeiteten für einen Lohn, von dem man sich monat-*

60 Zu informellen Zahlungen im russischen Gesundheitssystem siehe Morris und Polese (2014a).

lich gerade 20 Packungen Zigaretten und drei Flaschen Vodka kaufen konnte. So niedrig waren ihre offiziellen Gehälter." [Interview RU-5]

„Die Menschen nehmen Bestechungen, weil sie schlecht leben. Und die Hochschullehrer, also die leben erst recht schlecht. Die Gehälter sind einfach schrecklich niedrig. Man muss da etwas machen, da ich denke, dass Hochschullehrer eine sehr wichtige Arbeit leisten, sie formen die Menschen. Sie formen eine ganze Generation. Wenn es so weitergeht, wird die Korruption daher nicht verschwinden." [Interview RU-9]

„Die Situation, als Korruption massenhaft aufkam – ‚Los, bezahl Geld, dann wirst du schon angenommen!' –, das war die Situation der 90er Jahre, als die Löhne im Hochschulwesen einfach schrecklich waren." [Interview RU-16]

Viktor Sadovničij, der Rektor der bekanntesten russischen Hochschule, der Staatlichen Moskauer Lomonossow Universität (MGU), rechtfertige so auch die Handlungen zweier seiner Professoren, die aufgrund von Korruptionsvorwürfen festgenommen worden waren:

„Until the country will start to think whom, what, and how it teaches, it is immoral and not clever to organize demonstrative prosecutions of university faculty who take bribes. It is a blasphemy to require high moral principality from a professor, who lives at 50 USD." (zitiert in Temple und Petrov 2004, S. 325)

Tatsächlich nahm Korruption in den 1990er Jahren insofern eine funktionale Rolle ein, als dass sie die Existenz zahlreicher Hochschulmitarbeiter sicherte und dadurch den vollständigen Kollaps des Hochschulsektors verhinderte (Goldthau und Schütt 2005).

Mit der wirtschaftlichen Erholung und der staatlichen Konsolidierung etwa ab dem Jahrtausendwechsel und der damit einhergehenden stärkeren staatlichen Finanzierung des Hochschulbereichs und signifikant steigenden Löhnen nahm die Notwendigkeit der *forced corruption* allmählich ab. Doch obwohl Korruption nicht mehr als ökonomisch-existenzsichernder Kompensationsmechanismus notwendig war, wollten viele Hochschulmitarbeiter nicht auf den informellen Zuverdienst verzichten:

„The very bad economic period in 1993-5 reduced professors' salaries to an average of 5 USD per month and there were several consecutive months when staff were unpaid. University staff had to get money somehow and student bribes were on offer from wealthier families. This difficult situation stoked corrupt practices that persisted even when the economic situation improved." (Robertson 2007, S. 69)

Auch ein Hochschuldozent aus Charkiw ist der Meinung, dass Korruption inzwischen keine ökonomische Notwendigkeit mehr sei, sondern sich verselbstständigt habe:

> *„Es ist verständlich, dass als Grund für die Korruption immer das niedrige Niveau des materiellen Wohlbefindens genannt wird. Aber wenn das vor ein paar Jahren noch zutraf, als die Gehälter absolut niedrig waren, sind erstens die Gehälter inzwischen gestiegen. Zweitens haben sich in dieser Zeit Korruptionsschemata gebildet, die sich selbst reproduzieren. Sie bringen den Teilnehmern an diesem Prozess sehr große Dividenden, sodass es unmöglich ist, durch eine einfache Anhebung der Löhne dieses Schema zu durchbrechen."* [Interview UA-2]

Anstatt wie zuvor lebensnotwendige Bedürfnisse (Wohnung, Nahrung) zu befriedigen, diente Korruption der Wohlstandsvermehrung und dem Erwerb materieller Güter (Auto, Urlaub etc.):

> *„Das Gehalt war dann kein Problem mehr. Es war nicht so, dass das Geld nicht zum Leben gereicht hätte. Stattdessen ist es einfach eine sehr gute Möglichkeit des Zuverdiensts."* [Interview RU-13]

Dieser Wandel kann in der Terminologie von Bauhr und Nasiritousi (2011) als Übergang von einer eher funktionalen *need corruption* zu einer dysfunktionalen *greed corruption* angesehen werden.

3.3.2 Institutionelle Faktoren

Neben den ökonomischen Ursachen gibt es eine Vielzahl korruptionsfördernder Anreizstrukturen auf institutioneller Ebene. Die Hochschulen selbst verfügen über Deklarationsmaßnahmen hinaus kaum über nennenswerte Präventions- bzw. Sanktionsmechanismen gegen Korruption (Galickij und Levin 2013, S. 104). Hinzu kommt eine durch ständige, schlecht aufeinander abgestimmte Reformen unklare oder widersprüchliche Rechtslage, die Informalität fördert. Die gegenwärtige Gesetzeslage in beiden untersuchten Ländern bietet durch Schlupflöcher Korruptionsopportunitäten und macht es schwer, Korruption juristisch nachzuweisen. Die am Bildungsprozess beteiligten Akteure verfügen über einen sehr großen diskretionären Handlungsspielraum mit weitreichenden Entscheidungsvollmachten, die sie für korrupte Zwecke ausnutzen können. Weiterhin sind die Kompetenzen und Zuständigkeiten zwischen legislativen und exekutiven Institutionen häufig nicht eindeutig festgelegt, wodurch die Kontrolle, Aufdeckung und Sanktionierung von Korruption erheblich erschwert wird. Häufig werden Korruptionsfälle administrativ hochschulintern geregelt und Korruptionsverfahren aufgrund der schwierigen Beweisführung eingestellt. Eine vom Europarat beauftragte Studie zu den Korruptionsrisiken der russischen Legislative im Bildungssektor kommt zu dem Ergebnis, dass das institutionelle Gefüge zahlreiche „*incentives for corruption*" (Talapina und Sannikova 2008, S. 106) biete. Laut der Studie besäßen viele Gesetze deklarativen Charakter, hätten Lücken und schützten die Rechte der Bürger nur unzureichend, vor allem bezüglich des gleichberechtigten Hochschulzugangs: „*Among these gaps in legislative regulation of educational activity is also the absence in these laws of the mechanisms for exercising the citizens' right for equal access to education*" (Talapina und Sannikova 2008, S. 107). Auch fehlende (interne sowie externe) Kontrollen der verwendeten staatlichen, aber auch privaten[61] Mittel förderten die Bildungskorruption, so der Bericht.

Als Beispiel für unzureichende, korruptionsbegünstigende Rechtsnormen und Schlupflöcher in der russischen Gesetzgebung lässt sich die „Schenkung" anführen (Kapitel 32, Art. 575, Abs. 1, UKRF Teil 2). Bedienstete im Bildungssektor dürfen Geschenke bis zu einem Wert von 3.000 RUB (ca. 90 Euro, Stand März 2016) annehmen. Da die informellen Preise für gekaufte Prüfungen und Klausuren oft bei 1.000-3.000 RUB liegen, ist es nicht verwunderlich, dass Geschenke – zum Beispiel eine Flasche guten Cognacs oder eine Packung edler Pralinen (Patico 2002) – eine beliebte Form der Bestechung darstellen. Bestechungsnehmer und -geber gehen kein Risiko einer Straftat ein. Zudem sei ein nicht-monetäres Geschenk die „angenehmste" Bestechungsvariante, wie eine russische Studentin beschreibt: „*Die beste Variante der Bestechung ist – eine Flasche Cognac. Es ist ein angenehmes Geschenk, es ist fein und unschuldig*" (Klein 2010, S. 49). Diese Korruptionsform ist nicht nur strafrechtlich legitim, sondern auch eine *soziale*

---

[61] Ein Beispiel für privat bereitgestellte Mittel sind die inoffiziellen Gebühren, die von vielen Hochschulen z. B. für Renovierungsarbeiten oder Sicherheitsdienste erhoben werden. Laut Daten der HSE zahlte im Studienjahr 2007/08 jeder zwanzigste Haushalt (4,5%) einen „freiwilligen Beitrag" (sponsorksij vznos) von durchschnittlich 28.600 RUB (ca. 1.150 USD) an eine Hochschule (Galickij und Levin 2010, S. 29). Aufgrund fehlender Nachweispflicht ist jedoch nicht überprüfbar, ob die Mittel tatsächlich für den angegebenen Zweck aufgewendet werden. Der desolate Zustand und sichtbare Verfall zahlreicher Universitätsliegenschaften lässt eher vermuten, dass das Geld versickert.

Norm (Leont'eva 2010, S. 85): In einer Umfrage unter russischen Studierenden von 2006 gaben 28% der Respondenten an, ihren Lehrkräften Geschenke gemacht zu haben (Roščina 2006, S. 29).

Häufig wird argumentiert, die Geschenke seien nicht als Bestechung gedacht, sondern ein kulturspezifischer Ausdruck der Dankbarkeit ohne den Hintergedanken, die eigenen Prüfungsleistungen positiv zu beeinflussen. Außerdem sei der Wert zu gering, um Auswirkungen auf die Note zu nehmen. Allerdings zeigen Malmendier und Schmidt (2012), dass selbst kleinste Geschenke – unabhängig von der Intention der Geberseite – beim Nehmer ein Verpflichtungsgefühl erzeugen und sein Handeln beeinflussen: „*If a gift is given the decision maker tends to favor the gift giver; if no gift is given the decision maker tends to discriminate against him, both at the expense of the third party.*" (Malmendier und Schmidt 2012, S. 31). Polese (2008) zufolge bestimmt die Perspektive, wie solch ein reziproker informeller Tausch von den Beteiligten codiert wird, und er kommt zu dem Schluss: „*If I receive it, it is a gift; if I demand it, then it is a bribe*". Letztlich sind Geschenk und Bestechung zwei Varianten derselben korrupten Transaktion, denn beide verfolgen – bewusst oder unbewusst – dasselbe Ziel, und den meisten Studierenden ist sehr wohl bewusst, dass ihr Geschenk nicht nur Dankbarkeit ausdrückt, sondern auch ihre Noten beeinflusst.

Typisch ist der patrimoniale Charakter des Schenkens: Geschenke werden häufig vertikal verteilt und fördern korruptive Patron-Klient-Beziehungen und Netzwerke (Leont'eva 2010, S. 90). Die erwähnte Europarat-Studie empfiehlt für Russland, jegliche Geschenke unabhängig von ihrem Sachwert zu verbieten (Sannikova 2008, S. 125). Aufgrund der langjährigen Praxis und der kulturellen Verankerung des Schenkens[62] scheint diese Empfehlung jedoch schwer durchsetzbar.

Wie bereits erwähnt wendeten die unterbezahlten Hochschulmitarbeiter unterschiedliche Strategien an, um sich ihren Lebensunterhalt zu sichern. Einige emigrierten, andere gingen (manchmal parallel zu ihrer Hochschultätigkeit)

---

62 Wie stark die Tradition von Geschenken an Lehrpersonal in der russischen Gesellschaft verankert ist, zeigt die Tatsache, dass es von einigen Schokoladenherstellern spezielle „Lehrerschokolade" gibt, die als „Dankeschön" am Ende des Schul- bzw. Studienjahres verschenkt wird.

in die Wirtschaft, wieder andere lehrten parallel an mehreren Universitäten. Es ist bis heute keine Seltenheit, dass Professoren an drei oder vier Universitäten gleichzeitig unterrichten. Solche Möglichkeiten waren jedoch nur Lehrkräften in den Großstädten vorbehalten, wo es genügend Beschäftigung gab. Hochschuldozenten kleinerer Städte bzw. strukturschwacher Regionen mussten sich mangels ausreichender Arbeitsplätze in der freien Wirtschaft auf Nebentätigkeiten im Bildungssektor beschränken. Zwar ist es legal, mehreren Tätigkeiten parallel nachzugehen, allerdings wirkt sich die hohe Arbeitsbelastung negativ auf die Qualität der Lehre (und nicht zuletzt auch auf das Privatleben) aus.

Ein weiterer korruptionsfördernder Umstand sind die wachsenden Anforderungen der Hochschulen an die Studienbewerber. Die Hochschulen begründen diese mit der großen Nachfrage und den dafür notwendigen strengen Selektionsmechanismen und -kriterien. Kritiker werfen den Hochschulen jedoch vor, so absichtlich einen erhöhten Bedarf nach informellen Dienstleistungen zu erzeugen:

> *„Die Hochschulen produzieren bewusst eine Lücke zwischen dem Niveau der Schulausbildung und den Anforderungen der Hochschulen. Diese Lücke hat faktisch ein komplett neues Bildungssystem im Übergang von Schule zur Hochschule geschaffen. Es ist das System von Repetitorstvo und speziellen Vorbereitungskursen.“* (Šiškin 2004, S. 17)

Von diesem System profitieren die Hochschulen, aber auch der Staat, der die Bildungsausgaben (sowohl Gehälter als auch nachgelagerte Rentenansprüche) niedrig halten kann. Es besteht eine Art stillschweigende Übereinkunft darüber, dass die niedrigen Löhne durch informelle Einnahmen kompensiert werden dürfen, ohne sanktioniert zu werden. Nur so war es lange möglich, den Bildungssektor am Laufen zu halten und neue Lehrkräfte zu rekrutieren:

> *„By tolerating widespread corruption, the [...] states do not have to allocate large sums from the budget for the salary of state officials but, at the same time, as it is well known that the meagre salary will be topped up with additional ‚provisions', it is still possible to recruit people to work on such a low wage.“* (Polese 2006a, S. 32)

Die Hochschulmitarbeiter dürfen sich an ihren Klienten, den Studierenden und ihren Eltern, bereichern, dafür stellen sie keine Forderungen an den

Staat. Und der Staat mischt sich nicht in die Angelegenheiten der Hochschulen ein, solange diese ihre Finanzierung selber sichern.

Dies erinnert stark an die „Kormlenie"-Praxis aus der russischen Zarenzeit, auf die im nächsten Abschnitt genauer eingegangen wird. Im heutigen Russland werden die schwachen formalen Institutionen von umso stärkeren informellen und personifizierten Patron-Klient-Netzwerken[63] innerhalb einer hierarchischen „Machtvertikale" ersetzt, die Putin mit ihm als Patron an der Spitze etabliert hat. Dieses System beruht darauf, dass informelle Einnahmen aus Korruption geduldet werden, solange sich dem Patron gegenüber loyal verhalten und „dem Dienstgrad entsprechend"[64] genommen wird. Der russische Hochschulsektor bildet da keine Ausnahme[65], sondern ist in dieses System voll integriert.[66] Er gilt nicht nur als strikt hierarchisch und hyperzentralisiert, sondern als autoritär und quasifeudal (Yudkevich 2014):

---

[63] Vgl. dazu z. B. Mrowczynski (2010).

[64] Die Redewendung geht auf Gogols Komödie „Der Revisor" von 1836 zurück, in der der Polizeichef seinem Mitarbeiter vorwirft, dieser habe sich mehr bereichert, als ihm seinem Rang nach zustehe: *„Pass auf! Du nimmst nicht nach Dienstgrad!"* („Smotri! ne po činu bereš'!").

[65] Als Beispiel hierfür ist der Versuch politischer Akteure zu nennen, zusätzliche Gehälter an Hochschuladministratoren zu zahlen, um deren politische Loyalität zu erkaufen (Osipian 2009b, S. 324). Laut Osipian gebe es die informelle Übereinkunft, dass der Staat über korrupte Machenschaften an den Hochschulen im Tausch für Loyalität hinwegsieht und dadurch seine Kontrolle manifestiert: *„Corruption is used on a systematic basis as a mechanism of direct and indirect administrative control over higher education institutions"* (Osipian 2009c, S. 182).

[66] Viele Rektoren sind auf lokaler und kommunaler Ebene einflussreiche Politiker der Regierungspartei „Einiges Russland". Wurden in den letzten Jahren neue Rektoren ernannt, spielte eher ihre politische Loyalität eine Rolle als die akademische Qualifikation. So kommen beispielsweise alle Rektoren der neuen Föderalen Universitäten (mit Ausnahme der Föderalen Universität Kaliningrad), die in den letzten Jahren ernannt wurden, nicht aus dem akademischen, sondern dem politischen Milieu und waren zuvor häufig Gouverneure. Die Rektoren der beiden wichtigsten russischen Hochschulen, den großen Staatlichen Universitäten in Moskau und St. Petersburg, werden vom Präsidenten persönlich ernannt, die der anderen führenden Hochschulen vom Premierminister. Durch politisch motivierte Berufungen sichert die politische Führung ihren Machterhalt und verhindert, dass aus Universitäten revolutionäre Keimzellen entstehen, wie es z. B. in der Ukraine mit der Kiewer Mohyla-Akademie der Fall ist, die die Euromaidan-Proteste mitinitiierte. Studierende können von den Rektoren zum Beispiel bei Wahlen leicht erpresst und gezwungen werden, für die Regierungspartei zu stimmen. So wurde im November 2011 bekannt, dass Studierenden des Moskauer Physik-Technischen Instituts (MFTI) angedroht worden war, ein neues Wohnheim nicht fertig zu stellen, wenn nicht genügend Studierende für Einiges Russland stimmen würden.

> „*As for the university leadership, it is very risky not to be loyal to their patrons at the governmental level. It is not wise for university principals to upset relations with provincial authorities or representatives of various agencies (fire, sanitary etc. inspections, law enforcement etc.), who wish to defend dissertations, protect their children from bad marks, or mobilize students to support pro-governmental parties and politicians during elections. A ‚too principled' university head can be potentially replaced by a more loyal one or can provoke fault finding inspections, paralyzing the university's work. It seems that only a few heads of prominent higher education institutions can successfully resist such pressures due to their connections to the top political circles.*" (Golunov 2013a, S. 6)

Das auf informellen Beziehungen beruhende Governance-System bildet „*a fertile ground both for abuse of power by the university leadership and for the development of shadow clientelist relations between rectors and their patrons at the upper levels*" (Golunov 2013a, S. 5).

Zu der hierarchischen Hochschulorganisation kommt der „geschlossene" Charakter des Hochschulsystems mit sehr dichten und weit verzweigten Netzwerken innerhalb der Universitäten. In einer Studie von Leontyeva gaben 90% der befragten Hochschullehrer einer russischen Universität an, dass ihre Kinder an derselben Institution studierten, an der sie arbeiteten (Leontyeva 2011), was informelle Netzwerke und *academic inbreeding* (Yudkevich und Sivak 2012) fördert. Leontyeva zufolge werde innerhalb dieser Hochschulnetzwerke den Bitten und Wünschen von Verwandten, Vorgesetzten und Kollegen nach guten Noten für ihre Kinder entsprochen und durch die Gefälligkeiten diese nicht-monetäre Korruptionsform zunehmend institutionalisiert. Im geschlossenen System „Hochschule" werde seitens der Universitätsleitung, aber auch vom Kollegium, Druck auf viele Hochschulmitarbeiter ausgeübt, sich an Korruption zu beteiligen: „*Sometimes it is very hard, and sometimes even impossible to resist the pressure from your colleagues. They openly take bribes and they want you to do the same. The university has a system of collecting and later dividing the money that comes from students*" (Grabovska 2001). Eine Hochschuldozentin berichtet z. B., dass Korruption in

---

Als zusätzlicher Anreiz wurde Geld für die „richtige" Stimmabgabe versprochen (Gazeta.ru 2011). Wie ein regierungskritischer Sender während eines staatlich gelenkten „Anti-Maidan"-Protests im Februar 2015 in Moskau herausfand, nahmen zahlreiche beteiligte Studierende nur auf Druck ihres Dekanats an den Pro-Putin-Protesten teil (Dožd'. The optimistic channel 2015a). Einem Studenten zufolge forderte der Dekan, dass aus jedem Kurs mindestens fünf Studierende teilnehmen mussten.

den Kommissionen systematisch stattfinde und dass man sich den informellen Regeln unterordnen müsse:

> „*Die Hochschulzulassung ist natürlich ein komplettes System.* [...] *Sie ist ein System, das von oben nach unten arbeitet. Und wenn ich jetzt in einer Auswahlkommission arbeiten würde, würde man mich wahrscheinlich auch dazu bringen, nach diesen Regeln zu spielen. Daher werde ich auch nicht dort arbeiten, das ist nichts für mich.* [...] *Aber natürlich gibt es Leute, auch junge, die dazu bereit sind.*" [Interview RU-23]

Die starren bürokratischen und hierarchischen Strukturen fördern den Druck der Hochschuladministration auf die Prüfer, dem diese sich kaum entziehen können. Selbst wenn sie dem Druck standhalten und nicht die von ihnen verlangten Noten vergeben, können diese im Nachhinein verändert werden, wie die ukrainische Wochenzeitschrift *Zerkalo Nedeli* 2006 herausfand:

> *„Nehmen wir zum Beispiel die Zulassungsexamen an renommierten Universitäten. Es ist schon lange kein Geheimnis mehr, dass Zulassungsexamen an solchen Hochschulen (zum Glück gibt es auch ein paar Ausnahmen) – bloß eine Farce sind, da die korrupte Hochschulleitung schon vorher Listen festlegt. Dem prüfenden Dozenten drückt die Leitung einfach eine Liste mit den Noten in die Hand, die die jeweiligen Abiturienten erhalten sollen. Der Dozent ist dazu gezwungen, in diesem Spektakel, das ‚Zulassungsprüfung' genannt wird, mitzuspielen. Wenn aus irgendwelchen Gründen der Dozent nicht die vorhergesehen Note ausstellt, lässt sich das Resultat leicht während des nächsten Examens korrigieren. Anders gesagt, an den ‚renommierten' Hochschulen, an denen die Auswahlprüfungen von der Hochschulleitung kontrolliert werden, ist Korruption fast allgegenwärtig."* (Merežko und Antonovič 2006)

Dozenten, die sich nicht an Korruption beteiligen, nehmen finanzielle Einbußen gegenüber ihren Kollegen in Kauf und riskieren, sozial ausgegrenzt zu werden oder sogar ihre Position zu verlieren[67], wie ein ukrainischer Professor erklärt:

---

67 Exemplarisch hierfür steht der Grošev-Fall, der in Russland überregional Schlagzeilen machte: Der Soziologe Igor Grošev lehrte Ethik am Juristischen Institut der Hochschule des Innenministeriums der sibirischen Stadt Tjumen und führte unter seinen Studenten eine Studie zu Korruption durch. Er fand heraus, dass nahezu alle Offiziersanwärter während ihres Studiums bestochen hatten, ein Drittel nannte ihm sogar die konkrete Bestechungssumme, die sie für ihren Studienplatz zahlen mussten. Nachdem Grošev die Ergebnisse veröffentlicht hatte, ging die Universität gerichtlich wegen Rufschädigung gegen ihn vor. Der Klage wurde stattgegeben, Grošev musste die Ergebnisse laut Gerichtsbeschluss öffentlich widerrufen, und zudem wurde er von seiner Hochschule entlassen (Velikovskij 2009).

„*People blame professors [...] way too quickly. [...] Often you have to do things that you really do not want to do simply because you are not your own boss. X. has certain lists, which he [...] circulates within the admissions committee: [...] these applicants will be admitted regardless of how they do on exams. [...] If I want to keep my job, I better favor them.*" (Zaloznaya 2012, S. 310)

Diese Organisationskultur beeinflusst wiederum wesentlich die Korruptionsbereitschaft anderer Akteure der jeweiligen Institution, wie eine Studie der Organisationskultur ukrainischer Hochschulen zeigt:

„*The findings of this study suggest that ordinary Ukrainians' decisions to abstain from or participate in bribery reflect corruption-favorable or corruption-unfavorable definitions the actors learn from the informal cultures of universities, rather than actors' instrumental considerations and moral beliefs, or national cultures of corruption.*" (Zaloznaya 2012, S. 312)

Eine weitere Korruptionsursache wird von Osipian in der Veränderung der institutionellen Rahmenbedingungen im Bildungsbereich gesehen: Die sowjetische, stark zentralisierte Governance-Struktur wurde zu Beginn der 1990er Jahre – zumindest formal – dezentralisiert. Die Hochschulen erhielten einen größeren diskretionären Spielraum, den sie aufgrund fehlender Kontrollinstanzen und -mechanismen für Korrupion ausnutzen konnten (Osipian 2009b). Anstatt mit strengeren Kontrollen gegen die Korruption vorzugehen, erwarb das Bildungsministerium selbst informelle Einnahmen über die Lizenzierung und Akkreditierung der Hochschulen (Silova et al. 2007; Rimskij 2010a). „*Universities themselves have to pay bribes in order to be accredited*" (Osipian 2009b, S. 324). Der von Korruption durchdrängte Lizenzierungs- und Akkreditierungsprozess erklärt auch die Entstehung der zahlreichen qualitativ zweifelhaften Hochschulen und Universitätsfilialen.

Der erwähnte starke Anstieg der Studierendenzahlen wirkte sich aus zwei Gründen korruptionsfördernd aus: Im Unterschied zu den Studierenden blieb der Lehrkorpus konstant. Die steigenden Studierendenzahlen bedeuteten daher einen signifikanten Anstieg der Arbeitsbelastung der Lehrkräfte, zumal viele von ihnen Nebentätigkeiten nachgingen. Die einfachste Möglichkeit, die Belastung zu verringern, bestand für viele Dozenten darin, Klausuren und andere Leistungsnachweise nicht mehr zeitintensiv zu korrigieren, sondern einfach gegen Geld auszustellen. Titaev (2012) bezeichnet diese Praxis in Anlehnung an Tiroles Konzept der *tacit collusion* (Tirole 1986) als *academic collusion* – eine informelle stillschweigende Übereinkunft, der zufolge beide Parteien in gegenseitigem Einvernehmen und verbunden mit bestimmten Erwartungen ohne vorherige Absprache korrupt handeln nach dem Prinzip: „Ihr tut so, als ob ihr lernt, und ich tue so, als ob ich euch prüfe".[68] Vor allem Studierende, für die weniger der Wissenserwerb, sondern der Erwerb eines formalen Diploms im Vordergrund steht, neigten zu Korruption.[69]

Die wachsenden Studierendenzahlen hatten zweitens einen gestiegenen Konkurrenzdruck zur Folge. Der Unsicherheit, ob man einen Hochschulplatz erhielt, konnte man durch Korruption entgehen. Hierbei spielte auch die veränderte Rolle des Studiums nach dem Zusammenbruch der Sowjetunion eine Rolle: Besaß Bildung in der Sowjetunion einen besonderen gesellschaftlichen Stellenwert[70], wurde sie durch die Kommerzialisierung zunehmend zur käuflichen Ware degradiert. Das Hochschulstudium sollte nun in erster Linie einen formalen Nachweis in Form eines Diploms einbringen[71], von welcher Hochschule oder in welcher Disziplin war zweitrangig, denn: „*employers do not care about employees' grades or even the university they went to (except for the few top universities)*" (Yudkevich 2014, S. 9). Dies hat zu der paradoxen Situation geführt, dass zwar Arbeitnehmer einen Hochschulabschluss vorwei-

---

68 Ein ähnliches Prinzip war bereits in der Sowjetunion weit verbreitet, als Bürger und Staat getreu dem Motto handelten: „Wir tun so, als ob wir arbeiten, und ihr tut so, als ob ihr uns bezahlt."

69 Polese (2006b) teilt ukrainische Studierende in drei Gruppen ein: „*Good students who are willing and love to learn and would emerge on top in any educational system; decent students who sometimes suffer under the system but are still good enough to take some advantage from their education; and ‚accidental' students, who are often enrolled because they will do anything in order to get the piece of paper they need to survive in a competitive workplace. Most of the time corruption is generated by the encounter of accidental students with those teachers who are unable to find alternative sources of income, or who are simply greedy*".

70 Bildung diente in der Sowjetunion nicht nur dazu, einen neuen „Sowjet-Menschen" heranzuziehen, sondern ihr kam auch im Systemwettkampf mit dem Kapitalismus eine Schlüsselrolle zu.

71 Diese Entwicklung erklärt auch, weshalb in den 1990er Jahren eine Vielzahl semilegaler Anbieter von Diplom-Zertifikaten entstand, die in den Großstädten an fast jeder Metro-Station und vor vielen Hochschulen ihre Werbung verbreiteten. Für wenige Rubel oder Hryvnja konnte man Hochschuldiplome erwerben. Inzwischen hat sich dieser informelle Markt in das Internet verlagert: Die Sucheingabe „Hochschuldiplom kaufen" auf der russischen Suchmaschine www.yandex.ru ergibt mehr als 3 Millionen Treffer. Auf dem russischen Schwarzmarkt sollen jährlich etwa 500.000 gefälschte Diplome verkauft werden (Grošev und Groševa 2010, S. 115).

sen müssen, die im Studium erworbenen Qualifikationen jedoch kaum eine Rolle spielen, zumal Arbeitsplätze vorwiegend innerhalb persönlicher Netzwerke vergeben werden[72] und nicht aufgrund guter Hochschulabschlüsse. Zudem geht der Großteil der Hochschulabsolventen fachfremden Tätigkeiten nach – Studien gehen von ca. 75% aus (Nikolaev und Chugunov 2012, S. 58) – und muss von den Unternehmen neu angelernt werden, weshalb auch in dieser Hinsicht der im Studium erworbenen fachlichen Qualifikation oft nur wenig Bedeutung beigemessen wird.[73] Da das System der mittleren Berufsausbildung an den Berufsschulen seit dem Zerfall der Sowjetunion stark an Ansehen verloren hat und drastisch zurückgebaut wurde (Schmidt 2010, S. 23), ist das Studium zum sozialen Imperativ geworden. Laut des Leiters der Auswahlkommission einer renommierten Moskauer Hochschule war es *„diese Alternativlosigkeit, die die Hochschulbildung erst zum Massenphänomen gemacht hat“* [Interview RU-22]. Die Bildungsexpertin Tatjana Abankina sieht darin gar eine neue postsowjetische „Ideologie“:

> *„Im heutigen Russland ist Hochschulbildung zu einer sozialen Norm geworden, fast schon eine Notwendigkeit in der Vorstellung vieler Familien.* [...] *Die überwältigende, alternativlose Ideologie lautet: Studiere!“* [Interview RU-10]

Dass ein großer Teil der Studierenden das Studium auf den formalen Diplomerwerb für einen Arbeitsplatz reduziert, zeigen auch die Antworten von Studierenden auf die Frage „Wie wichtig ist Hochschulbildung für dich?“:

> *„Sehr wichtig, um eine gute Arbeit zu finden.“* [Interview RU-9]

> *„Um sich an seinem Arbeitsplatz sicher zu fühlen, wenn man denn eine Arbeit findet. Um überhaupt leichter eine Arbeit zu finden.“* [Interview RU-11]

---

72 In einer jüngeren Umfrage in Russland äußerten etwa zwei Drittel der Befragten die Ansicht, dass man ohne Beziehungen keine gutbezahlte Arbeit finden könne (Avraamova und Maleva 2014). Dies gilt offensichtlich vor allem für Führungskräfte: In einer Studie unter Managern gab von 90 Befragten nur einer an, dass er sich auf eine Ausschreibung für seine Position beworben habe, während alle anderen über Netzwerke in ihre Position gelangt waren (Clarke 2002). Dafür wird insbesondere auf Blat-Netzwerke zurückgegriffen (Onoshchenko und Williams 2014).

73 In einer Untersuchung von 2010 gaben 55% der Arbeitgeber an, dass sie ihre neu eingestellten Absolventen zunächst qualifizieren und weiterbilden müssten, da sie nicht die benötigten Qualifikationen für die Stellenbeschreibung mitbrächten (Krasil'nikova und Bondarenko 2012, S. 24).

„Für mich persönlich ist Hochschulbildung sehr wichtig, da sie in unserem Land wichtig ist, um eine mehr oder weniger gute Arbeit zu finden." [Interview UA-23]

„Ohne Hochschulbildung sehe ich keine Zukunft für mich. [...] *Wie soll man denn eine Arbeit finden, wie soll ich ohne einen Hochschulabschluss eine Arbeit finden?"* [Interview UA-18]

„Hochschulbildung ist sehr wichtig in unserem Land, das ist wahr. Um zu arbeiten, muss man oft eine Hochschulausbildung vorzeigen, dabei muss man sie eigentlich nicht mal erhalten haben." [Interview UA-22]

Nicht das Erlernen von Wissen und neuen Fähigkeiten steht im Mittelpunkt, sondern das Diplom als Nachweis für den Arbeitgeber. Leontyeva (2011) schätzt den Anteil jener, die weder *„the desire nor the ability to study"* haben, auf 15 bis 30%. Die daraus resultierende fehlende Lernmotivation[74] vieler Studierender (Chirikov 2015) ist ein weiterer Grund für die hohe Toleranz gegenüber akademischem Fehlverhalten[75] und Korruption.

Auch die gesamtgesellschaftliche Institutionalisierung von Korruption wirkt sich auf Korruption im Bildungssektor aus. Die ubiquitäre Korruption im neopatrimonialen, auf hierarchischen Netzwerken gründenden Herrschaftssystem macht es schwierig, dass einzelne Bereiche wie das Hochschulwesen gänzlich frei von Korruption bleiben. So hat laut der Stiftung Öffentliche Meinung die persönliche Erfahrung mit Alltagskorruption in Russland in den

---

74 In einer Internetumfrage, die im Mai 2011 von der führenden russischen Karrierewebsite www.career.ru unter 3.000 Studierenden im Abschlusssemester und 500 Berufsanfängern durchgeführt wurde, gaben 53% an, dass sie eine berufliche Zukunft anstrebten, die mit ihrem Studium verbunden ist; aber 48% der Respondenten gaben an, dass sie ihr Studium bzw. ihre Disziplin nicht interessiere, was zulasten ihrer Lernmotivation gehe. Quelle: Career.ru, Zhisn posle vuza, www.career.ru/article/10959, zuletzt geprüft am 12.09.2014.

75 Beispielsweise stellen Plagiate im ukrainischen und russischen Hochschulbetrieb ein großes Problem dar, da sie häufig als normal angesehen werden und weit verbreitet sind (Golunov 2014). Studierende kopieren für ihre Hausarbeiten häufig ganze Absätze aus Fachartikeln oder Onlinediensten wie Wikipedia, ohne diese zu zitieren. In einer Umfrage von 2012 gaben von 42 Studierenden einer russischen Universität 27 an, *„writing a paper by coping and pasting text from the internet"* sei völlig akzeptabel, zwölf waren der Meinung, es sei in einigen Fällen akzeptabel, während nur ein Respondent fand, dies sei generell nicht akzeptabel (Denisova-Schmidt und Leontyeva 2013, S. 11). Die 2012 in Anlehnung an das deutsche Antiplagiatsportal „Vroniplag" gegründete Initiative „Dissernet", die russische Dissertationen auf Plagiate hin untersucht, hat seit ihrer Gründung bereits mehr als 5.000 plagiierte wissenschaftliche Arbeiten aufgedeckt. Laut Dissernet handelt es sich in den meisten Fällen um Autoren, *„who have never done research and might have never even seen their dissertation texts at all"* (Rostovtsev 2016).

letzten Jahren stark zugenommen: Berichtete 1997 etwa jeder fünfte Russe (17%), in den letzten beiden Jahren vor der Befragung im Umgang mit Beamten in eine Korruptionssituation gelangt zu sein, waren es 2008 bereits 28% (Fond Obščestvennoe mnenie 2008). Korruption wird zur *„geregelten Regelverletzung“* (Pleines 1999) und zur *„Norm“* (Rimskii 2013). Daher wird es von großen Teilen der Bevölkerung auch gar nicht als Korruption angesehen, einen Repetitor zu engagieren, der durch seine persönlichen Beziehungen zur Hochschuladministration eine Aufnahmegarantie bietet (Rimskij 2010a, S. 34). Dasselbe gilt für Geschenke, die Studierenden ihren Dozenten geben. Die informellen Regeln und Normen sind dominanter als die formellen, und der Bruch der informellen Normen wird mit sozialen Sanktionsmechanismen bestraft, während der Bruch formaler Regeln häufig folgenlos bleibt. Wer nicht nach diesen invertierten Regeln spielt, verliert: Studienbewerber erhalten keinen Studienplatz, und gute Noten werden ihnen verweigert, während Dozenten, die nicht nach den informellen Regeln handeln, im Kollegium als „Nestbeschmutzer“ diffamiert und isoliert werden und sogar fürchten müssen, ihre Anstellung zu verlieren.

Gefördert wird die Korruption zusätzlich durch die mangelhaften rechtsstaatlichen Bedingungen in beiden Ländern. Bildungskorruption wird zwar regelmäßig aufgedeckt, jedoch nur in wenigen Ausnahmefällen geahndet, was sie de facto zu einer straffreien Handlung macht. Entsprechend wird Bildungskorruption oft nicht als kriminelle Straftat wahrgenommen, sondern als Kavaliersdelikt verharmlost.

3.3.3 Historische, soziokulturelle und normative Faktoren

Neben ökonomischen und institutionellen Faktoren spielen auch historische und soziokulturelle Ursachen eine Rolle für die ubiquitäre Verbreitung der Bildungskorruption. Es wurde bereits erwähnt, dass in der russischen und ukrainischen Geschichte, anders als in den westeuropäischen Staaten, keine gesellschaftliche Ausdifferenzierung hin zu einer professionellen, modernen Bürokratie erfolgte.[76]

---

76 Der folgende Absatz orientiert sich an einer früheren Publikation des Autors (vgl. Klein 2010, S. 35ff.).

Bis in das Mittelalter hinein waren Korruption, Patronage, Nepotismus etc. auch in Westeuropa Teil des staatlichen Herrschaftssystems. Erst zu Beginn des 18. Jahrhunderts setzte, ausgehend von Frankreich[77] und getragen von den Ideen der Aufklärung eine Modernisierung und Bürokratisierung der Staatlichkeit durch umfangreiche Verwaltungsreformen ein, die Korruption allmählich zurückdrängte. Das bis dahin auf partikularen Interessen beruhende Verwaltungs- und Normensystem wurde sukzessive durch dem Gemeinwohl dienende Universalnormen ersetzt. Der Webersche *Idealtypus der Bürokratie*, charakterisiert durch Rationalität, Trennung von Amt und Person, Regelgebundenheit, Neutralität, Schriftlichkeit und Professionalisierung (Weber 2008), bildete sich aus.

Das zaristische Russland (und damit auch die Ukraine, die 1917 erstmals für kurze Zeit unabhängig von Russland wurde) blieb bei dieser Entwicklung außen vor (Pipes 2008). Eine Trennung zwischen Amt und Person sowie zwischen Staatsbesitz und Privateigentum gab es praktisch nicht. Ein Normenwandel wie in Westeuropa, weg von den partikularen Interessen der Gemeinschaft (Familie, Klan, Netzwerk) hin zu universalistischen Normen zum Gemeinwohl der Gesamtgesellschaft fand kaum statt. Stattdessen herrschte weitestgehend ein Pfründesystem, das seine Wurzeln im „Kormlenie" („Fütterung") besaß. Die Kormlenie-Praxis stammte aus dem 11. Jh., als russische Fürsten ihren Vasallen Ländereien zur Verwaltung überließen:

> *„The main principle of the system of ‚kormlenie' was that officials did not get salary from the state, but had the right to collect taxes from citizens and return a particular part of those taxes to the budget. Not surprisingly, that the formation of the trade elite along with the system of ‚kormlenie' caused a bloom of corruption in XII-XV centuries in Russia."* (Kalinina 2012, S. 23)

Anstatt einer Entlohnung erhielten die Vasallen nahezu uneingeschränkte Rechte, sich vom Ertrag des verwalteten Landes zu bereichern, und wurden protegiert, solange sie für Ruhe und Ordnung sorgten (Holm 2006, S. 59).

Ivan III (1440-1505) war der erste russische Herrscher, der (vergeblich) versuchte, gegen Korruption vorzugehen. Sein Enkel Ivan IV (genannt „der

[77] Das Wort „Bürokratie" entstand zu dieser Zeit in Frankreich. Es setzt sich zusammen aus dem französischen „bureau" (Schreibtisch, Arbeitszimmer) und dem griechischen „cratie" (Macht, Herrschaft).

Schreckliche", 1530-1584), der sich zum ersten russischen Zaren krönen ließ, versuchte das Kormlenie-System zu bekämpfen und den Einfluss der Fürsten zu beschneiden, indem er Korruption unter Todesstrafe stellte. Allerdings fand dieses Gesetz nur selektiv Anwendung, denn Personen aus dem engen Umfeld des Zaren konnten sich – im Tausch für Loyalität und Leistungen – davon befreien lassen. Selbst vom Reformzaren Peter dem Großen (1682-1725) ist bekannt, dass seine engen Vertrauten wie z. B. Graf Menšikov Korruptionsgesetze umgehen konnten (Holm 2006, S. 92 ff.).

Die willkürliche, auf Kormlenie beruhende Herrschaftspraxis hatte bis weit in die Zarenzeit Bestand. Bis in das frühe 20. Jahrhundert erhielten russische Staatsbeamte gar keinen oder einen sehr geringen Lohn (Mildner 1995, S. 348); dafür durften sie sich an den verwalteten Gebieten persönlich bereichern (Schattenberg 2008). Der Staat sparte so Verwaltungsausgaben, allerdings auf Kosten des Volkes, das gezwungen wurde, Abgaben an die willkürlichen Verwalter zu leisten. Selbst nach der Oktoberrevolution 1917 gelang es den neuen sowjetischen Bürokraten, die jegliche Spuren der zaristischen Herrschaft beseitigen wollten, nicht, dieses System zu beenden. So bedienten sich Fabrikmanager oftmals am von ihnen verwalteten staatlichen Eigentum (Berliner 1957) und – hier gibt es eine enge Verbindung zum Blat – tauschten Mangelwaren innerhalb ihrer Netzwerke. In dieser traditionalen Herrschaftspraxis liegt der Ursprung der auf sozialen Beziehungen aufbauenden russischen und ukrainischen *parochialen Korruption*, die „*klientelistisch organisiert und nicht (oder kaum) monetarisiert ist*" (Stykow 2004, S. 249). Stefan Hedlund zeigt in seiner Arbeit zur Pfadabhängigkeit informeller Institutionen in Russland, dass diese auf „*patterns of personalization that are ingrained in the path dependent practices of kormlenie*" (Hedlund 2005, S. 329) zurückgehen.

Insofern kann der postsowjetische russische Staat in Anlehnung an Webers Herrschaftstypologie als *neopatrimonial* bezeichnet werden, da er dem formalen Anschein nach zwar auf demokratischen Institutionen gründet (Verfassung, Parteiensystem etc.), diese jedoch durch eine informelle, autoritäre, personifizierte und willkürliche Herrschaftsausübung, die auf Klientelismus, Patronage und Korruption beruht, unterhöhlt werden (vgl. Levitsky und Way 2002).

Vieles am gegenwärtigen Hochschulgovernancesystem in Russland und der Ukraine erinnert an die Kormlenie-Praxis: Die quasi-feudale[78], undemokratische, intransparente und häufig klientelistische bzw. nepotistische[79] Machtausübung der Rektoren[80], die in beiden Ländern oft mit Feudalherren verglichen werden, bietet zahlreiche Opportunitäten für Korruption:

> *„Das gegenwärtige feudal-autokratische Verwaltungssystem der russischen Hochschulen birgt eine Vielzahl von Gefahren für die Hochschulbildung in sich. Fehlende Kontrolle sowie Intransparenz führen zu sehr guten Grundvoraussetzungen für Korruption und andere Praktiken, darunter die epidemische Verbreitung von Plagiaten, sowohl bei Professoren als auch bei Studierenden."* (Golunov 2013a)

Aber nicht nur das Kormlenie-Verwaltungssystem, sondern auch das ineffiziente und totalitäre System der Sowjetunion ist aus mehreren Gründen ursächlich für das hohe Korruptionsniveau. Die jahrzehntelange Mangelwirtschaft führte zum Aufblühen eines informellen Sektors, in dem Waren und

---

78 Maria Yudkevich sieht in der feudalen Universitätskultur und -struktur einen der wesentlichen Gründe für die ineffiziente Verwaltung im russischen Hochschulsektor, die Korruption und Misswirtschaft fördere und Reformen behindere: „*We argue that the main problems are academic feudalism as the dominant feature of the academic culture both within universities and at the inter-university level, underfunding and prevalence of inefficient practices and institutions in the administration of academia (including both the national system of university management and the internal, institutional level, i.e. within universities themselves). These problems prevent an efficient appropriation of funds provided by the state and make the implementation of large-scale reforms far less efficient*" (Yudkevich 2014).

79 Im August 2014 machte ein besonderer Fall von Nepotismus Schlagzeilen: Die Antiplagiatsinitiative Dissernet deckte auf, dass Galina Žukova, die mit 21 Jahren ihren Doktortitel erwarb und mit 26 Jahren jüngste Professorin Russlands wurde, in ihren Arbeiten plagiiert hatte (Newsru.com 08.08.2014). Erstmals ging das Ministerium den Plagiatsvorwürfen von Dissernet nach und entzog ihr den Titel. Žukova hatte beide Titel an der Russischen Staatlichen Sozialen Universität erworben, deren Gründer und Präsident ihr Vater ist und an der ihre Mutter als Prorektorin tätig ist. Bereits zuvor war, ebenfalls nach Plagiatsvorwürfen von Dissernet, Galina Žukovas ältere Schwester als Rektorin beurlaubt worden (Newsru.com 30.04.2014), auch ihr Mann ist Prorektor an derselben Hochschule. Ein weiterer Fall von Nepotismus wurde im Dezember 2013 öffentlich: Die Leitung der Staatlichen Technischen Luftfahrtuniversität Ufa hatte zwischen 2010 und 2012 ein Drittel der Finanzierung für einen Forschungsauftrag in Höhe von 280 Mio. RUB (9 Mio. USD) unterschlagen und an sich selbst bzw. Familienangehörige ausgezahlt, die lediglich auf dem Papier Projektpartner waren (Asaf'ev 2013).

80 Etwa seit dem Ende von Putins zweiter Amtszeit versucht das Bildungsministerium den Einfluss und die Kontrolle über die Hochschulrektoren wieder zu stärken. Noch bis 1993 waren die Rektoren zentral von der sowjetischen Regierung bestellt worden, durch die Hochschulreformen wurden sie ab 1993 von den Hochschulen selbst gewählt. Nun versucht die Politik diese Entwicklung rückgängig zu machen und bennennt Rektoren immer häufiger per Regierungsdekret.

Dienstleistungen als Gefälligkeiten getauscht wurden. Diese noch heute weit verbreitete Praxis wird in Russland und der Ukraine als „Blat“ bezeichnet: „*Blat is best defined as the use of personal networks for obtaining goods and services in short supply and for circumventing formal procedures*“ (Ledeneva 2009, S. 257). In der Regel werden innerhalb von Personennetzwerken Dienstleistungen und Güter nach dem Reziprozitätsprinzip getauscht; dabei muss, aufgrund der persönlichen Beziehung und des Vertrauens untereinander, die Gegenleistung nicht sofort erbracht werden, sondern kann auch zu einem späteren Zeitpunkt erfolgen. Blat stellt nicht zwingend ein Korruptionsdelikt dar, da nicht notwendigerweise Gesetze gebrochen werden oder ein Machtmissbrauch vorliegt; es gilt jedoch als informelle Institution. Die meisten Respondenten benutzten das Wort in den Interviews synonym für korrupte Tauschakte innerhalb persönlicher Netzwerke, weshalb es in der vorliegenden Arbeit auch als eine spezifische Form der Korruption verstanden wird.

Blat-Netzwerke dienten den kommunistischen Eliten, der sog. Nomenklatura, zur Machtsicherung, weshalb Blat im Unterschied zu anderen Tauschhandlungen (wie dem privaten Handel, der als subversive Agitation gegen den Staat verstanden und sanktioniert wurde) toleriert wurde. Blat trug wesentlich dazu bei, die starre sowjetische Planwirtschaft vor dem Kollaps zu bewahren (Berliner 1957). Es wurde zur Norm, die auch das Hochschulsystem erfasste, wie eine Karikatur aus der Satirezeitschrift „Krokodil“ von 1935 zeigt:

Abbildung 8: „Gute Bekanntschaft – Garantie für den Erfolg"

Quelle: Klein 2010, S. 36.

Diese publizistische Reaktion lässt auf den Bedeutungszuwachs informeller Praxen bei der Hochschulzulassung, über die ansonsten in der offiziellen Presse nicht berichtet wurde, schließen. Unter dem Titel „Gute Bekanntschaft – Schlüssel zum Erfolg" sind drei angehende Studierende zu sehen, die vor einer Auswahlkommission, bestehend aus den berühmten russischen Schriftstellern Tolstoi, Puschkin, Gogol und Dostojewski, stehen. Tolstoi ermahnt die Studierenden, dass nicht persönliche Bekanntschaften – sprich Blat – für die Zulassung entscheidend seien, sondern die Bekanntschaft mit den in den Auswahlprüfungen behandelten Werken der Schriftsteller.

Blat ist zwar nicht gleichbedeutend mit Korruption, aber die Grenzen sind oft fließend und es kommt – wie auch bei Geschenken (Polese 2008) – auf die Perspektive an: *„Corruption was simply other peoples' Blat*" (Krastev 2002, S. 111). Auf die fließende Grenze zwischen Blat als legitimer Hilfe und illegitimer Korruption lässt die folgende Aussage des ehemaligen Vizebildungsminister Bolotov schließen:

> *„Der Erwerb eines Studienplatzes durch Blat, das gab es bereits zur Zeit der Sowjetunion.* [...] *Zum Beispiel: Ich arbeite an einer Universität, ich habe einen Freund, der ein Kind hat, und ich helfe diesem Kind* [bei der Zulassung]. *Also, so etwas würde ich nicht Korruption nennen, sondern Hilfe für die eigenen Kinder."* [Interview RU-16]

Die auf reziproken Tauschbeziehungen aufbauenden Blat-Netzwerke sind auch während und nach der Systemtransformation vielfach erhalten geblieben und haben sich lediglich monetarisiert (Ledeneva 2009), wie der Dekan einer Moskauer Hochschule beschreibt:

> *„Verstehen sie, die Welt der Lehrkräfte ist klein. Wir kennen uns untereinander und tauschen uns aus, und ein Dozent, der bei uns unterrichtet, hat mir erzählt: ‚Ich wollte meinen Sohn auf eine gute, renommierte Moskauer Hochschule schicken, an die Fakultät, an der ich selbst gelernt habe. Mir wurde gesagt: Nur weil Du es bist, kostet es 3.000* [USD], *normalerweise nehmen wir 8.000.' Und das ist nur ein Beispiel."* [Interview RU-22]

Der zweite „sowjetische" Faktor, der die hohe Korruption bedingt, ist die kollektive gesellschaftliche Erfahrung des totalitären Willkürstaats. Fast jede russische und ukrainische Familie hat negative Erfahrungen mit dem sowjetischen Staatsapparat gemacht, was sich bis heute in einer diffizilen Beziehung und großem Misstrauen zwischen dem Staat bzw. seinen Institutionen und seinen Bürgern widerspiegelt (vgl. dazu Alexijewitsch 2013). Russland zählt, wie auch die Ukraine, zu den Ländern mit dem geringsten institutionellen Vertrauen:

> *„Russia is a country, much more than any other, that mistrusts its social institutions* [...] *in terms of their lack of confidence in social institutions, the Russians are behind not only the most advanced countries in the world, but even countries known for their unstable political systems, such as Colombia or Nigeria."* (Shlapentokh 2006, S. 153)

Das mangelnde Vertrauen gegenüber staatlichen Behörden wird durch ein umso stärkeres personalisiertes Vertrauen (in Form von Blat-Netzwerken etc.) kompensiert (Roth 2007a). Die Bürger meiden den Kontakt mit staatlichen Institutionen und ziehen sich ins Private zurück (Shlapentokh 1989). Kommt es zur Interaktion mit staatlichen Vertretern, z. B. wenn das eigene Kind einen Studienplatz benötigt, wird zunächst versucht, über die informellen Netzwerke Kontakt zu Bekannten und vertrauenswürdigen Personen in den entsprechenden Institutionen herzustellen und die Angelegenheiten über diese Kontakte zu klären. Formale Regeln werden dabei häufig umgangen, und die Gefälligkeiten werden, wie das Zitat von Bolotov weiter oben zeigt, in der Regel nicht als Korruption wahrgenommen, sondern als gegenseitige Hilfe gegen den Willkürstaat.

Selbst in der jüngeren Generation, die nicht in der Sowjetunion aufwuchs und das totalitäre System nicht selbst erlebte, ist das institutionelle Misstrauen groß. In einer Studie unter 15- bis 29-Jährigen waren 51% der Befragten der Meinung, man könne den meisten Menschen nicht trauen, weshalb sie viele Angelegenheiten nicht über formelle Wege regelten, sondern über informelle Kanäle und Netzwerke (Dafflon 2009, S. 33).

Ein weiterer Aspekt, der Korruption in den Augen der Bürger legitimiert, ist, dass sie nicht nur als eine Art Sicherheitsgarantie zum Erhalt einer Dienstleistung angesehen wird, sondern gleichzeitig als ein Akt der Rebellion gegen den Unrechtsstaat, der nicht im Sinne seiner Bürger agiert:

> *„Vom Staat darf man nichts Gutes erwarten, er versucht einem etwas wegzunehmen. [...] ‚Sie'* [die Bürokraten] *wollen das Bildungswesen endgültig zerstören. Da ‚sie' bis auf den Minister jedoch unpersonalisiert sind, kann man auch nicht gegen ‚sie' vorgehen. Das heißt, man muss versuchen ‚sie' zu schlagen, und zwar mit ihren eigenen Mitteln."* (Borusjak 2011, S. 41)

Korruption wird zwar nicht zwingend positiv konnotiert, aber auch nicht als verwerfliches Übel angesehen, sondern häufig schlicht als pragmatische und legitime (Überlebens-)Strategie wahrgenommen, die zur postsowjetischen Lebensrealität dazugehört:

> *„Die Gesellschaft ist nicht an Transparenz interessiert. Das heißt, alle reden davon, dass man die Korruption bekämpfen müsse, dass sie die Gesellschaft zerstört, aber für sich selbst trifft jeder die Entscheidung, zu bestechen, um Sicherheit zu*

haben. Weder die Eltern noch die Lehrenden noch die Lernenden [...] sind dazu bereit, die Prinzipien sozialer Gerechtigkeit einzuhalten. [...] Wenn, wie mir ein Bekannter erzählt hat, als erstes jeder sofort in die Tasche greift, sobald er von der Verkehrspolizei angehalten wurde, entspricht dieses Verhalten nicht Werten wie sozialer Gleichberechtigung und Transparenz. [...] Jeder greift sofort in seine Tasche nach seiner Geldbörse, und genauso denken sie, wenn es darum geht, etwas anderes zu erhalten – sie greifen in ihre Portemonnaies. Und sie rufen sofort Bekannte an und erfragen: ‚Wer, was?' – Das heißt, sie greifen auf ihre sozialen Beziehungen zurück, um bei der Lösung ihrer Probleme zu helfen. Es existiert eine Doppelmoral." [Interview RU-10]

Dieser Doppelmoral zufolge, die im theoretischen Kapitel als *Konflikt zweier Moralen* beschrieben wurde, ist Korruption immer nur die Korruption der anderen; ist man jedoch selbst daran beteiligt, wird vielmehr von „Hilfe" gesprochen. In einer Studie von 2010 in Russland empfanden es nur drei Lehrkräfte von 25 als Korruption, auf Bitten ihrer Kollegen oder Verwandten bestimmten Studierenden bessere Noten auszustellen, als deren Studienleistungen rechtfertigten (Leont'eva 2010, S. 90). Die überwiegende Mehrheit sah darin keine Verletzung ihrer Pflichten und Integrität, sondern eine übliche Hilfeleistung. Zudem ist den Bestechenden die prekäre Situation der Hochschulmitarbeiter bewusst, und Korruption wird als Unterstützung dieser toleriert (USAID 2006a, S. 33). So verwundert es auch nicht, dass in einer 2011 von der Democratic Initiatives Foundation erhobenen repräsentativen Umfrage unter ukrainischen Studierenden lediglich ein knappes Drittel (31,1%) Korruption als Rechtsbruch ansah, während jeder Fünfte (20,8%) Korruption als gesellschaftliche Norm und der Großteil (35,1%) sie als eine normale Handlungsoption betrachtete, mit der man Probleme löse (Democratic Initiatives Foundation 2011). Im Bewusstsein der Studierenden helfen sie nicht nur sich selbst, sondern auch ihren unterbezahlten Professoren – eine Win-win-Situation für beide Seiten.

Diese pragmatische Haltung zu Korruption ist auch in Russland unter jungen Erwachsenen zwischen 15 bis 29 Jahren weit verbreitet. 70% stimmten der Aussage zu, dass man Probleme nicht lösen könne, ohne eine Bestechung zu zahlen (Dafflon 2009, S. 33). Für sie ist Korruption:

„[...] *accepted as a common practice against which nothing can be done. It is even admitted that it remains an inevitable practice to solve one's problems. Almost 50%*

of respondents agree with the idea that the end justifies the means[81] *and 58% say they are ready to bribe should it bring them some advantage.*" (Dafflon 2009, S. 36)

Dafflons Studienergebnisse decken sich mit einer Umfrage unter Studienbewerbern der juristischen Fakultät der Sibirischen Föderalen Universität in Krasnojarsk. Mit 55,1% gaben mehr als die Hälfte der Befragten an, dass sie bestechen würden, um bessere Noten zu erhalten (Sibirskij Federal'nyj Universitet).[82]

Geht es um die Vergabe von Studienplätzen, sind in der Regel nicht Studierende diejenigen, die auf korrupte Praxen zurückgreifen, sondern ihre Eltern.[83] Viele von ihnen gehören einer neu entstandenen Mittelschicht vor allem in den größeren Städten an, die nicht nur in zunehmendem Maße finanziell dazu in der Lage, sondern auch dazu bereit ist, ihren Nachwuchs mit allen Mitteln zu fördern. So war laut einer Studie der HSE von 2003 fast die Hälfte der russischen Eltern dazu bereit, den Studienplatz ihres Kindes auf informelle Weise zu sichern (vgl. Abbildung 9).

---

81 Die heutige, nach 1991 geborene, Studentengeneration ist in einem stark materialistischen System aufgewachsen, in dem Geld als Selbstzweck und *Fetisch* (Archipova und Fruchtmann 2013) zum wichtigsten Lebensziel erklärt wird. Dies blieb nicht ohne Auswirkungen auf die moralischen Gesellschaftsvorstellungen, nach denen für diesen Zweck – die Akkumulation von Geld – sämtliche Mittel, auch Korruption, rechtens sind: „*This creates a society in which being rich is almost the only way to gain social recognition and the only criteria to measure success. As a consequence, this situation gives rise to a generation for whom money is the most important value and which is ready to use any means to achieve its objectives. Dishonesty is considered the key to economic success*" (Dafflon 2009, S. 45).

82 Interessant dabei ist, was genau sie unter einer Bestechung verstehen: Während von den meisten Studierenden (83,5%) Geld als Bestechung aufgefasst wurde, sahen nur ein Drittel (32,9%) Blat und lediglich 2,8% Geschenke als Korruption an. Insofern ist es für die Mehrheit der Studierenden völlig legitim, durch Geschenke und Beziehungen bessere Noten zu erhalten.

83 Vielen Abiturienten ist dies nicht bewusst, da ihre Eltern oft ohne ihr Wissen handeln (Klein 2010). Ein Grund dafür, dass Eltern bei der Studienplatzwahl eine große Rolle spielen, ist das junge Alter der Abiturienten. Die Studienbewerber in Russland und der Ukraine sind in der Regel 17 Jahre alt; die Entscheidung über das Studium fällt daher häufig den Eltern zu. Das führt bei der Studienplatzvergabe zu einem „*‚parentocratic' pattern in which a ‚child's education increasingly depends on parents' well-being and willing and not his/her own abilities and efforts*" (Konstantinovskiy 2012, S. 21).

Abbildung 9: Würden Sie einen inoffiziellen Beitrag für die Hochschulzulassung Ihres Kindes zahlen, wenn Sie die Gelegenheit hätten?

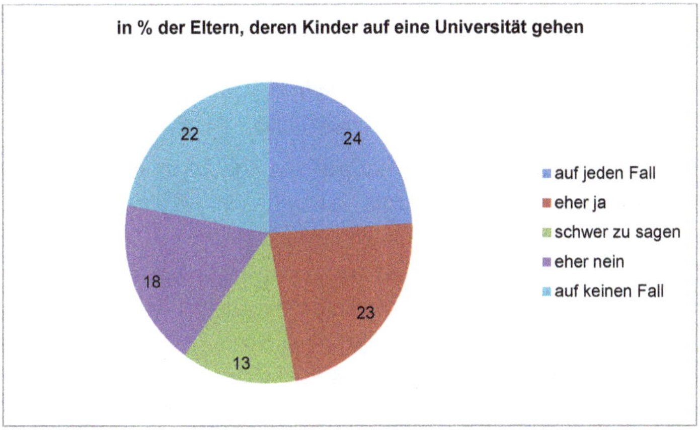

Quelle: Levin und Galickij 2004, S. 10.

Eine analoge Studie der OECD, in der 54% der russischen Eltern angaben, dass es praktisch unmöglich sei, einen Studienplatz ohne Korruption zu erhalten, und 42% dazu bereit waren, diese zu leisten, bestätigt diese Ergebnisse (OECD 2004, S. 38). Die Zahlen decken sich mit anderen Umfragedaten, die die Korruptionsbereitschaft in Russland abbilden. Einige der wichtigsten und aufschlussreichsten repräsentativen Arbeiten stammen von der unabhängigen INDEM-Stiftung, die 2001, 2005 und 2010 drei große Studien zur Alltagskorruption in Russland durchführte. Deren Ergebnisse zeigen, dass die Bereitschaft zu bestechen zwar generell abnimmt, sich nach wie vor aber auf einem hohem Niveau bewegt: 2001 waren 74,7% der Russen bereit, eine Bestechung zu leisten, 2005 sank ihr Anteil auf 53,2% und 2010 auf 47%[84] (Ministerstvo Ekonomičeskogo Razvitija Rossijskoj Federacii 2011).

84 Auf der Konferenz „Schneller Vorteil, langes Nachsehen? Korruption und Korruptionsbekämpfung in Russland, Deutschland und der Ukraine" am 7./8. November 2014 in Berlin erklärte Vladimir Rimskij, Leiter der soziologischen Abteilung des INDEM-Instituts, dass die gesunkene Bereitschaft in erster Linie nicht damit zusammenhänge, dass die russischen Bürger nicht mehr bestechen möchten, sondern vielmehr damit, dass die geforderten Bestechungssummen stark gestiegen und die Bürger nicht mehr dazu bereit seien, so hohe Summen zu zahlen.

Auch in der Ukraine waren viele Eltern dazu bereit, korrupt zu handeln: In einer Umfrage der Ukrainischen Pädagogischen Akademie der Wissenschaften von 2006 gaben 42% an, dass sie davon absähen, ihre Kinder auf die Auswahlexamen vorzubereiten, sondern sich gleich informierten, wie sie die Aufnahme über Bestechung sichern könnten (Galkovskaja et al. 2007). Die Initiative für Korruption ging nicht wie oft behauptet von den Auswahlkomitees der Hochschulen aus, sondern ebenso von den Eltern der Studienbewerber.

Ein Großteil der Eltern würde zwar prinzipiell auf Korruption verzichten und auf formalem Wege einen Studienplatz sichern. Aufgrund ihrer bisherigen Erfahrungen mit korrupten Beamten haben jedoch viele den Eindruck, dass alle Behörden korrupt seien und dass man immer bestechen müsse. Somit stellt die Korruptionsperzeption einen weiteren Erklärungsfaktor für den Anstieg der Korruption dar: Je höher die wahrgenommene Korruption, desto höher die Bereitschaft, selbst korrupt zu werden. Čábelková und Hanousek stellen für die Ukraine fest: „*Corruption perception is positively and significantly associated with the willingness to give a bribe,* [...] *the more corrupt the person perceives the institution to be, the more willing he/she is to give bribes*“ (2004, S. 16). Dabei spielt es keine Rolle, ob die Perzeption der Realität entspricht. Es kommt zu einer selbsterfüllenden Prophezeiung: Da von vorneherein angenommen wird, das Hochschulzulassungsverfahren sei korrupt und man könne ohne Bestechung keinen guten Studienplatz erhalten, spielt man nach den ungeschriebenen *rules of the game* und besticht, wodurch sich Korruption tatsächlich verbreitet.

Das Spielen nach informellen Regeln erscheint als die natürlichere Handlungsalternative: „*In an environment where everyone demonstrates rent-seeking behaviour, it seems irrational not to involve in corruption*“ (Osipian 2009b, S. 326). Das führt dazu, dass in einem korrupten Land „*eine nicht-korrupte Hochschulzulassung in einer Konkurrenzsituation praktisch unmöglich*“ (Borusjak 2011, S. 47) ist. Partikularinteressen – hier das Wohl des eigenen Kindes – stehen über abstrakten ethisch-universellen Normen, die (in der eigenen Wahrnehmung) weder von den Mitbürgern noch von den Eliten befolgt werden. Dass die Bildungskorruption sich langfristig negativ auf die Bildungsqualität und die gesamtwirtschaftliche Entwicklung auswirkt, ist der Mehrheit der russischen Bevölkerung (81,3%) durchaus bewusst (Satarov 2013, S. 401), wird jedoch hingenommen.

Die aufgezeigte historische Entwicklung hat letztlich zu einer Situation beigetragen, in der „*institutions and norms of political behavior have provided the accommodating framework for a society where corruption is a principal means of acquiring wealth at all levels*“ (Levin und Satarov 2000, S. 114). Korruption ist nicht nur Mittel zum Zweck, sondern eine universelle Norm: „*Bribery as a social phenomenon has to a large extent become a social norm by which citizens solve their problems with representatives of the government*“ (Rimskii 2013, S. 8).

Abschließend lässt sich festhalten, dass die in diesem Kapitel angeführten ökonomischen, institutionellen, historischen, kulturellen, normativen und gesellschaftlichen Rahmenbedingungen eine Kultur der Korruption im russischen und ukrainischen Hochschulsektor hervorgebracht haben, die Korruption zum *Modus Operandi* werden ließ.

3.4 Ausmaß der Bildungskorruption

Im folgenden Abschnitt wird das Ausmaß der Bildungskorruption in Russland und der Ukraine – mit Fokus auf Korruptionspraxen bei der Studienzulassung *vor* der Zulassungsreform von 2008 bzw. 2009 – näher beschrieben.

Hinsichtlich des Korruptionsausmaßes müssen zunächst zwei Vorbemerkungen gemacht werden, was die Varianz in der Verbreitung als auch die empirische Messbarkeit von Korruption betrifft. Russland ist nicht nur ein sehr großes, sondern auch sehr heterogenes Land[85], in dem das Korruptionsausmaß

---

[85] Die Sozialgeographin Natalja Zubarevič unterteilt Russland in vier Dimensionen: 1) Das postindustrielle Russland der Großstädte (in den 14 Millionenstädten wohnen mehr als 20% der Gesamtbevölkerung) mit hohem Bildungsstand und vergleichsweise guter sozioökonomischer Entwicklung. 2) Das Russland der *blue-collar worker,* die in industriell geprägten, kleineren Städten mit bis zu 250.000 Einwohnern leben, häufig in Staatsbetrieben arbeiten und stark sowjetisch sozialisiert sind (ca. 25% der Bevölkerung). 3) Das ländliche und kleinstädtische, oftmals überalterte Russland in den Provinzen, das etwa ein Drittel der Bevölkerung ausmacht und dessen Einwohner eher nach den Anforderungen ihrer natürlichen Umgebung leben als nach der Politik und den Regeln des fernen Moskaus. 4) Das unterentwickelte, kaum industrialisierte Russland, das von Transferzahlungen lebt und in dem häufig noch Clanstrukturen herr-

regional stark variiert (vgl. Ministerstvo Ekonomičeskogo Razvitija Rossijskoj Federacii 2011). Dies gilt in Teilen auch für die Ukraine, wo es eine historisch bedingte Heterogenität zwischen westlichen und östlichen Landesteilen gibt.

Eine große Varianz bezüglich der Korruptionsverbreitung gibt es auch auf der Ebene der Hochschulen, denn auch wenn Korruption im Hochschulsektor insgesamt als institutionalisiert gilt, sind nicht alle Institutionen gleichermaßen davon betroffen. Das Korruptionsausmaß hängt oft mit dem Prestige der Hochschule zusammen: Vor allem renommierte und stark nachgefragte Universitäten bzw. Fakultäten oder Studiengänge, an denen aufgrund der vielen Bewerber der Konkurrenzdruck besonders hoch ist, stehen in dem Ruf, korrupt zu sein. Generell lassen sich drei Hochschultypen unterscheiden (Zaborovskaja et al. 2004):

1. Nicht prestigeträchtige Hochschulen/Fakultäten/Studiengänge mit wenig Bewerbern; dort erhält man mit durchschnittlichen schulischen Leistungen und ohne Nachhilfeunterricht, Bestechung oder Blat einen Studienplatz; vor allem die wenig populären naturwissenschaftlichen und technischen Hochschulen und Studiengänge zählen zu dieser Gruppe.
2. Durchschnittliche Hochschulen/Fakultäten/Studiengänge mit mittleren Bewerberzahlen; für diese benötigt man gute Schulleistungen und muss in der Regel einen kostenpflichtigen Vorbereitungskurs belegen oder einen Repetitor engagieren.
3. Renommierte Hochschulen/Fakultäten/Studiengänge mit hoher Bewerberquote, an die man nur mit einer sehr guten schulischen Ausbildung, z. B. an Fachschulen, oder informell über korrupte Praxen gelangt.

So wird z. B. an der Staatlichen Moskauer Lomonossow Universität die Aufnahmeprozedur als besonders korrupt empfunden: In einer 2005 von der Stiftung Öffentliche Meinung durchgeführten Umfrage äußerten 54% der Befragten die Ansicht, dass die Mehrheit der Bewerber an der MGU aufgrund von Bestechung oder Blat aufgenommen worden seien. Lediglich 16% waren der Auffassung, die Bewerber seien aufgrund ihrer Qualifikation angenommen worden (Petrova 2005).

---

schen und Korruption als besonders verbreitet gilt. Eine nähere Analyse der vier unterschiedlichen Dimensionen Russlands findet sich in Zubarevich (2012; 2015).

Wie im vorherigen Kapitel erwähnt bedingt die Organisationskultur der Hochschulen Korruption. Abhängig von der jeweiligen Korruptionskultur variiert daher das Korruptionsausmaß zwischen einzelnen Universitäten und selbst Fakultäten oder Instituten stark. Ein Interviewpartner beschrieb, dass an einer sibirischen Universität, an der er früher lehrte, die geisteswissenschaftliche Fakultät als absolut korrupt gegolten habe, während die mathematische Fakultät eine Etage tiefer frei von Korruption gewesen sei [Interview RU-1].[86] Entsprechend sind, wenn über Korruption an russischen und ukrainischen Hochschulen gesprochen wird, nicht pauschal alle Universitäten gemeint.[87] Es gibt auch Hochschulen, die eine integre akademische Kultur ohne Korruption etabliert haben.

Zwei Spezifika von Korruption – ihr verborgener Charakter sowie die fehlenden Opfer – machen dieses Phänomen schwer mess- und quantifizierbar. Korruption ist nur sehr schwer nachweisbar, denn wenn eine Bestechung für einen Vorteil angenommen wird, der außerhalb der dienstlichen Befugnisse des Amtsträgers liegt – wie oft bei den Auswahlkommissionen der Fall – kann der Bestechungsnehmer nicht juristisch dafür belangt werden (Huber und Skoupil 2014). Das erklärt zum Teil, weshalb die Dunkelziffer sehr hoch ist und Schätzungen über das Ausmaß und über die verursachten Kosten stark variieren. Selbst in Deutschland mit seinem funktionierenden Rechtsstaat wird die Dunkelziffer auf 95% geschätzt (Dölling und Benz 2007, S. 7). Umso mehr trifft die Problematik der Korruptionsmessung für den postsowjetischen Raum zu, für den es weniger Daten gibt, die zudem nicht immer zuverlässig sind (Pleines 2001).

Eine verbreitete Methode, Korruption zu messen, bieten Kriminalstatistiken. Da in Russland und der Ukraine die Bereitschaft, sich an staatliche Institutio-

---

86 In naturwissenschaftlichen Disziplinen findet Korruption seltener statt als in anderen Fächern. Die Nezavisimaja Gazeta zitiert eine 2010 durchgeführte Umfrage unter Moskauer Studierenden, in der 29% der Jurastudenten angaben, sie hätten persönliche Erfahrungen mit Korruption gemacht. Die Quote unter den übrigen Geisteswissenschaftlern (36%) und unter Ingenieurswissenschaftlern (41%) lag noch höher (Baškatova 2010).

87 Z. B. gaben in einer 2011 durchgeführten Online-Umfrage unter russischen Studierenden 68% an, es gebe Korruption an ihrer Universität; 25% sagten, sie sei an ihrer Institution systematisch (Quelle: Career.ru, Zhisn posle vuza, www.career.ru/article/10959, zuletzt geprüft am 12.09.2014).

nen zu wenden, um Korruption anzuzeigen, allerdings sehr gering ist[88], werden die wenigsten Fälle polizeilich registriert, was offiziellen Polizeistatistiken wenig Aussagekraft verleiht. Offizielle Statistiken schwanken häufig, da sie von den Prioritäten und Kapazitäten der staatsanwaltlichen und polizeilichen Behörden und der Qualität der Ermittlungen abhängen. Amtliche Statistiken bieten somit weder einen validen Einblick, noch beschreiben sie tatsächliche Trends. Zudem sind viele Korruptionspraxen strafrechtlich nicht eindeutig definiert oder werden intern geregelt, weshalb sie nicht registriert werden und somit nicht in den offiziellen Statistiken auftauchen.

Abhilfe kann die indirekte Korruptionsmessung leisten[89], z. B. anhand von Wahrnehmungsindizes wie dem Corruption Perceptions Index von Transparency International. Allerdings beruhen solche Metastudien, die Daten aus anderen Studien aggregieren, oft auf subjektiven Experteneinschätzungen und Meinungsumfragen zur Korruptionswahrnehmung und werden daher vielfach kritisiert (Bertrand und Mullainathan 2001; Olken 2009; Sík 2002). Die Wahrnehmung ist stark durch die Medienberichterstattung beeinflusst und beruht häufig nicht auf eigenen Erfahrungen. Rose und Mishler (2010) zeigen für Russland, dass das tatsächliche Korruptionsausniveau von der angenommen Verbreitung stark abweicht. Insofern bieten Wahrnehmungsindizes zwar informative Richtwerte; ihre Aussagekraft, was die tatsächliche Verbreitung anbelangt, sollte jedoch nicht überbewertet werden.

Eine präzisere Methode, das Korruptionsausmaß zu bestimmen, sind Opferindizes, in denen nach tatsächlichem Verhalten bzw. eigenen Korruptionserfahrungen gefragt wird. Sie bergen aufgrund der Sensitivität des Themas jedoch das Risiko sozial erwünschter Antworten. Betroffene neigen dazu,

---

88 Z. B. gaben laut dem Global Corruption Barometer 2013 von Transparency International (www.transparency.org/research/gcb/overview) 86% der Russen an, dass sie theoretisch Korruption melden würden. In einer Umfrage in der Region Tatarstan hatten jedoch nur 9,9% der Befragten diese tatsächlich angezeigt (Komitet Respubliki Tatarstan po social'no-ekonomičeskomu monitoringu 2014, S. 15).

89 Eine Methode der indirekten Korruptionsmessung in Russland nimmt Zuravleva (2013) vor. Basierend auf Daten aus dem *Russian Longitudal Monitoring Survey* von 2000-2009 vergleicht sie die Einkommen und Ausgaben von öffentlichen Bediensteten und Beschäftigten aus der Privatwirtschaft. Obwohl Letztere im Schnitt signifikant höhere Einnahmen haben, sind die Ausgaben beider Gruppen ähnlich hoch, was sich durch Korruption im öffentlichen Sektor erklären lässt.

Korruption nicht zuzugeben und eine persönliche Verwicklung zu bestreiten (Levin und Galickij 2004, S. 25). Aufgrund dieser Einschränkungen sind die im Folgenden genannten Zahlen und Statistiken daher eher Annäherungen an das ungefähre Korruptionsausmaß als quantitativ verifizierbare Daten. In ihrer Gesamtheit vermitteln sie dennoch ein detailliertes Bild der Korruptionssituation im Hochschulsektor.

Auch wenn in der Sowjetunion keine Studien zum Thema durchgeführt wurden, ist bekannt, dass es bereits im sowjetischen Bildungswesen Korruption gab und – entgegen der offiziellen Linie, dass allen Sowjetbürgern dieselben Chancen eingeräumt wurden – keine Chancengleichheit bei der Hochschulzulassung herrschte.[90] Nikita Chruščev kritisierte 1963: „*Bribes are given* [...] *for admission to higher educational establishments, and even for the awarding of diplomas*" (Karklins 2005, S. 74).

Dass das Thema in den 1970er Jahren verstärkt in den staatlichen Medien behandelt wurde, lässt die Vermutung zu, dass sich Korruption in dieser Zeit ausweitete. Der Rektor der MGU veröffentlichte Mitte der 1970er Jahre eine Liste von Professoren, die wegen Bestechlichkeit entlassen worden waren (Simis 1982, S. 43). Die *Literaturnaja Gazeta* behandelte 1976 unter dem Titel „Geschenk oder Bestechung?" das Thema Korruption an Universitäten. Ein Professor, der Ende der 1970er Jahre an einer Hochschule in Odessa lehrte, berichtet von Korruption an seiner Hochschule zu dieser Zeit:

> „*My daughter was accepted to the institute not only because her grades were good but also because of an informal understanding that children of faculty members were always to be admitted.* [...] *Bribes were commonplace.* [...] *In the course of an entrance examination teachers* [...] *could either help a student or hurt him. A reasonable common practice for gaining admittance to an institute was to buy someone else's high school diploma with the name of the original owner erased and the new name written in. Such doctored diplomas were sold by college admission officers. In addition, one could engage the services of ‚tutors' who were themselves members of the entrance examination committee. On oral examinations, the admittance of the student was thus virtually guaranteed.*" (Friedberg 1991, S. 78)

---

[90] So ist z. B. bekannt, dass es für jüdische Bewerber Quoten und besonders hohe Hürden gab (Shen 1994). Konstantinovskiy, der sich seit den 1960er Jahren mit dieser Thematik beschäftigt, entlarvt den sowjetischen Mythos der Chancengleichheit, für den sogar die offiziellen Statistiken gefälscht wurden: „*In practice, Soviet society was not free of unequal opportunities in its educational system* [...] *in access to higher education, inequality is especially great*" (Konstantinovskiy 2012, S. 10).

Um gegen die zunehmende Korruption in den Auswahlkommissionen vorzugehen, wurden diese seit etwa Ende der 1970er Jahre regelmäßig neu gewählt. Das Rotationsprinzip zeigte aufgrund der über Jahre gewachsenen Blat-Netzwerke allerdings kaum Wirkung:

> „*The previous year's members would work as tutors during the year that they were not formally serving, and their friends would see to it that their pupils were admitted. The procedure would then be reversed the following year.*" (Friedberg 1991, S. 78)

Die Bestechungssummen für einen Studienplatz an renommierten Hochschulen waren für die damaligen Verhältnisse sehr hoch: An der MGU wurden bis zu 6.000 RUB gezahlt, und aus den Kaukasusrepubliken ist bekannt, dass für einen Medizinstudienplatz in Georgien 15.000 RUB und am Ökonomischen Institut in Aserbaidschan bis zu 35.000 RUB für einen Platz verlangt wurden (Simis 1982, S. 167). Angesichts damaliger Löhne von etwa 100-200 RUB pro Monat konnte sich das nur eine verschwindend geringe Elite leisten.

Zwar gibt es keine Datenbasis, anhand derer ein Vergleich zwischen dem sowjetischen und dem postsowjetischen Korruptionsausmaß möglich ist, aber nahezu alle interviewten Personen aus dem Hochschulbereich berichten, dass das Ausmaß in der postsowjetischen Transformationsperiode der 1990er Jahre deutlich zugenommen habe. Bedingt durch die Systemtransformation, die generell zu einem starken Anstieg informeller Praxen führte, nahm das Ausmaß der Korruption im Bildungswesen in kürzester Zeit völlig neue Dimensionen an, was Qualität und vor allem auch Quantität anbelangt: „*The spread of corruption in the education sector has been a shock. No one in 1991 anticipated the depth to which this disease would take over or the impact it would have on the reputation of the higher education systems*" (Heyneman 2010, S. 81). Auch laut Osipian (2009b) nahm das Ausmaß verglichen mit der sowjetischen Zeit – vielleicht mit Ausnahme der kaukasischen und zentralasiatischen Republiken, deren Universitäten bereits vorher im Ruf standen, besonders korrupt zu sein – deutlich zu. Nach dem Zerfall der Sowjetunion ist eine weitgehend unkontrollierte und nicht sanktionierte auf Korruption basierende Organisationskultur entstanden (Zaloznaya 2012), die von nahezu allen beteiligten Akteuren – Abiturienten, Studenten, Eltern, Dozenten, Hochschuladministratoren – als kaum hinterfragter *mode of governance* akzeptiert wird. Sämtliche Hochschulbereiche von der Hochschuladministration, der Hochschulzulassung, den Prüfungsleistungen und Abschlussexamen bis hin zu Diplomen und wissenschaftlichen Titeln sind davon betroffen.

Russland

Verlässliche Längsschnittstudien zur Verbreitung der Korruption im russischen Hochschulsektor werden seit 2002 von der Higher School of Economics im Rahmen eines regelmäßigen Hochschulmonitorings im Auftrag des Bildungsministeriums erhoben.[91] Neben den offiziellen staatlichen Bildungsausgaben werden darin auch Daten zu informellen Aufwendungen privater Haushalte erfasst. Das Monitoring von 2002 kam zu dem Ergebnis, dass die offiziellen und inoffiziellen Ausgaben für die Hochschulzulassung aller Haushalte in diesem Jahr zusammengenommen 900 Mio. USD betrugen. Davon seien 320 Mio. USD auf informelle Zahlungen entfallen, wobei die Autoren zwischen Zahlungen an Repetitoren (200 Mio. USD) und direkten Bestechungen (120 Mio. USD) differenzieren (Busygin et al. 2003). Im Folgejahr hatte sich alleine die Summe der Bestechungen auf 350 Mio. USD nahezu verdreifacht (Levin und Galickij 2004, S. 18). 9% der befragten Haushalte gaben an, für einen Studienplatz Bestechungszahlungen geleistet zu haben. Aufgrund der Sensibilität des Themas und der Wahrscheinlichkeit sozial erwünschter Antworten gehen die Autoren jedoch davon aus, dass dieser Wert eher zu niedrig sei und schätzen die tatsächliche Zahl auf 16%. Im Schnitt seien 35.000 RUB, etwa 1.200 USD, für einen Studienplatz ausgegeben worden, was bei den damaligen Durchschnittslöhnen etwa fünf Monatsgehältern entsprach. In Moskau und St. Petersburg waren die Summen deutlich höher.

In einer 2007 vom Levada-Institut erhobenen Bevölkerungsumfrage glaubten 9% der Befragten, dass Studienplätze selten über Korruption vergeben würden. Ein Drittel nahm an, dass bei der Vergabe der Hälfte aller Studienplätze Korruption im Spiel sei, und ein Drittel war überzeugt, dass der Großteil der Studienplätze informell zugeteilt würden (vgl. Abbildung 10).

---

[91] Die repräsentativen Daten werden in Kooperation mit der Stiftung Öffentliche Meinung erhoben und basieren auf einem jährlich neuen Sample aus 9.000 russischen Haushalten (Gesamtrussland) sowie einem Sample aus 3.000 Moskauer Haushalten mit Kindern zwischen 4 und 22 Jahren (Galickij und Levin 2013, S. 106).

Abbildung 10: Wie viele Studierende werden durch Bestechung oder Protektion immatrikuliert?

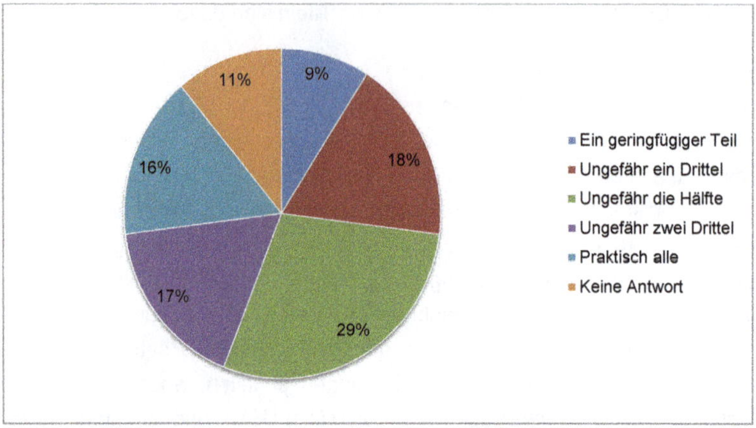

Quelle: Russland-Analysen 2008, S. 13.

Laut den bereits erwähnten Studien des INDEM-Instituts ist das Hochschulwesen einer der am meisten von Korruption betroffenen öffentlichen Sektoren in Russland, und die Ausgaben dafür steigen konstant, wie Tabelle 10 zeigt:

Tabelle 10: Kennziffern zu Korruption im russischen Hochschulsektor, 2001-2010

	2001	**2005**	**2010**
Korruptionsrisiko	36,0%	52,1%	46%
Korruptionsbereitschaft	66,7%	63,2%	55%
Ø-Bestechungssumme	4.305 RUB	3.869 RUB	12.909 RUB
Korruption: gesamt	449 Mio. USD	583 Mio. USD	684 Mio. USD

Quelle: INDEM-Website, www.indem.ru.

Das Risiko, an einer Hochschule mit Korruption konfrontiert zu werden, ist bis Mitte des letzten Jahrzehntes stark gestiegen. Laut INDEM resultierte aus jeder zweiten Interaktion zwischen Bürgern und Hochschulvertretern eine Korruptionssituation. Der 2010 registrierte Rückgang des Korruptionsrisikos gehe auf die Einführung des EGE zurück, das einerseits die Korruptionsopportunitäten minimiert und andererseits dazu geführt habe, dass Korruption sich an die Schulen verlagerte. Im Vergleich zu anderen öffentlichen Sektoren sei das Korruptionsrisiko jedoch noch immer hoch; nur im Kontakt mit der Straßenpolizei und Vorschuleinrichtungen (jeweils 52%) liege es höher.

Das Korruptionsrisiko hängt maßgeblich mit der sozialen Herkunft zusammen, vor allem für sozioökonomisch schwache Haushalte ist es zwischen 2001 und 2005 deutlich gestiegen. Lag es für die Gruppe mit niedrigem Haushaltseinkommen 2001 noch bei 24,5%, stieg es innerhalb von vier Jahren auf 62,5% (Satarov 2013, S. 396). Korruption diskriminiert sozial benachteiligte Haushalte zusätzlich. Dass Bestechungsnehmer, also z. B. die Auswahlkommissionen, informelle Zahlungen nicht mehr nur von der Mittel- und Oberschicht, sondern auch von den schwächeren Einkommensschichten verlangen, spiegelt die gesamtgesellschaftliche Institutionalisierung von Korruption wider, die zunehmend erpresserische Züge annimmt.[92]

Die Bereitschaft der Bevölkerung, im Hochschulwesen in korrupte Handlungen einzuwilligen, ist im letzten Jahrzehnt von 66,7% auf 55% gesunken; den Grund dafür sieht INDEM in den gestiegenen Bestechungssummen. Viele könnten oder wollten die hohen Forderungen nicht mehr zahlen. Die durchschnittliche Bestechungssumme hat sich in der zweiten Hälfte der Nuller Jahre verdreifacht und ist damit deutlich schneller gestiegen als die Reallöhne. Insgesamt ist der Korruptionsumsatz im Hochschulbereich stetig gestiegen und wurde 2010 von INDEM auf knapp 700 Mio. USD beziffert. Im Bereich der Alltagskorruption seien nur im Gesundheitswesen (1.15 Mrd. USD) und bei der Verkehrspolizei (805 Mio. USD) noch mehr Bestechungsgelder umgesetzt worden.

---

92 Elena Panfilova von Transparency International Russland berichtete auf der bereits erwähnten Konferenz „Schneller Vorteil, langes Nachsehen? Korruption und Korruptionsbekämpfung in Russland, Deutschland und der Ukraine“, dass bis zu 80% der Schmiergelder für Dienstleistungen bezahlt würden, die den russischen Bürgern laut Gesetz kostenlos zustünden. Korruption sei immer stärker von einem gegenseitigem Einvernehmen zu Erpressung „mutiert“, so Panfilova (2012). In einer 2011 durchgeführten Online-Umfrage unter russischen Studierenden gaben 27% an, im Verlaufe ihres Studiums bestochen zu haben, wovon wiederum 55% sagten, dass sie keine andere Wahl gehabt hätten (Quelle: Career.ru, Zhisn posle vuza, www.career.ru/article/10959, zuletzt geprüft am 12.09.2014).

Viktor Panin von der Russischen Verbraucherschutzorganisation für Bildungsdienstleistungen schätzt die Summe noch weitaus höher. Er beruft sich auf Zahlen der Abteilung für Wirtschaftskriminalität des Innenministeriums, denen zufolge 2010 der Gesamtumfang aller informellen Zahlungen im Bildungsbereich bei 5.5 Mrd. USD gelegen habe. Davon seien 1.5 Mrd. USD auf die Hochschulzulassung entfallen [Interview RU-18].

Eine andere Methode, sich dem Umfang der Korruptionszahlungen anzunähern, verfolgt das Medienportal www.public.ru. Nach Auswertung von 1.500 regionalen und überregionalen Zeitungen belief sich der – wohlgemerkt nur auf Pressemeldungen basierende – Korruptionsmarkt im gesamten Bildungswesen (inkl. Primär- und Sekundarbildung) im Jahr 2010 auf 12 Mrd. RUB (395 Mio. USD), wovon 37% im Hochschulbereich umgesetzt worden seien (Public.ru 2011a). Die Autoren der Studie vermuten, dass die Korruption sich seit dem EGE zunehmend an die Schulen verlagert habe, da dort der Umfang der Korruptionszahlungen um das 20- bis 25-fache im Vergleich zu den Vorjahren gestiegen sei. Die durchschnittliche Bestechungssumme für einen Studienplatz sei zwischen 2001 und 2007 in den Regionen von 35.000 auf 75.000 RUB gestiegen (ca. 1.200 bzw. 3.000 USD) und in Moskau von ca. 300.000 auf 400.000 RUB (ca. 10.000 bzw. 16.000 USD) (Public.ru 2011a).

Ukraine

Zur Ukraine liegen deutlich weniger Zahlen zum Korruptionsumfang im Hochschulsektor vor. Es gibt allerdings zahlreiche Anhaltspunkte dafür, dass Bildungskorruption in der Ukraine ein endemisches Problem darstellt. Miller et al. (2001) berichten, dass Ende der 1990er Jahre Korruption an einigen Hochschulen derart verbreitet und normal gewesen sei, dass wie auch in Russland Preislisten existierten. Philip Shaw (2005) greift für seine Studie auf Umfragedaten des von USAID geförderten Projekts „Partnership for a Transparent Society" zurück, das 2003 in zwölf Städten des Landes 1588 Studierende verschiedener Hochschultypen befragte. Mehr als jeder zweite Respondent (56%) gab an, bestochen zu haben, um an eine Hochschule zu gelangen. Die Umfrage fand weiterhin heraus: *„22% bribed to pass exams, 18% bribed for credit, and 5% bribed on term papers. Over 35% of students felt their educational establishment was ‚very corrupt' or ‚rather corrupt'.* [...]

Finally, 27% of students bribed on their final exams during secondary school“ (Shaw 2005, S. 6). Laut Liliya Hrynevyč soll der Umfang der Bestechungsleistungen im Rahmen der Studienplatzvergabe zu dieser Zeit etwa bei 2 Mrd. UAH (360 Mio. Euro) gelegen haben (Suržik und Oniščenko 2013). Die Wochenzeitschrift *Zerkalo Nedeli* konstatierte 2006, dass:

> „[...] *gegenwärtig das staatliche Hochschul- und Wissenschaftssystem, mit einigen wenigen Ausnahmen, ein einziges, zentralisiertes System der Korruption ist, in dem Professionalität, hohe Qualität und echte Wissenschaft aufgehört haben, irgendeine Rolle zu spielen.*“ (Merežko und Antonovič 2006)

Eine von USAID in Auftrag gegebene Studie von 2007 kommt zu dem Ergebnis:

> „*Of those respondents interacting with universities, 47.3 percent indicated that they were approached for bribes, while 29 percent indicated that they offered bribes voluntarily. Of those respondents who were approached, 37.6 percent said that the bribe they paid was to ensure admission to the university*“ (Round und Rodgers 2009, S. 81)

Das Bildungsministerium führte 2006 eine Umfrage unter Erstsemestern durch, von denen zwei Drittel angaben, ohne eine Bestechung an ihre Universität gelangt zu sein (Osipian 2007b, S. 11). Im Umkehrschluss bedeutet dies, dass ein Drittel der Bewerber den Studienplatz entweder über Korruption oder Beziehungen erhalten hatten. Dabei muss berücksichtigt werden, dass etwa die Hälfte der Studienplätze kostenpflichtige Kontrakt-Plätze sind, für deren Erhalt man in der Regel nicht bestechen muss. Daraus ergibt sich, dass bis zu 60% der Budgetplätze informell vergeben wurden. Insgesamt lässt sich aus den vorliegenden Daten der Schluss ziehen, dass in der Ukraine je nach Hochschule etwa ein Drittel bis die Hälfte der Budgetstudienplätze durch korrupte Transaktionen vergeben wurden.

Vor allem an den angesehenen staatlichen Hochschulen nahm der Konkurrenzkampf um die begehrten kostenlosen Studienplätze enorm zu und förderte die Ausbreitung der Korruption und den Anstieg der Kosten. Laut Shaw betrug 2003 die durchschnittliche Bestechungssumme für den Studienplatz an einer Universität 1.600 USD (Shaw 2005, S. 9). Dies war für die damalige Zeit eine beträchtliche Summe, die deutlich über den jährlichen Durchschnittslöhnen lag, wodurch Studienbewerber aus ökonomisch schwächeren Familien benachteiligt waren.

3.5 Formen der Bildungskorruption

Das folgende Kapitel geht auf die unterschiedlichen Formen der Bildungskorruption in Russland und der Ukraine ein. Ermöglicht und gefördert wurde die Korruption bei der Hochschulzulassung durch die intransparente Aufnahmeprozedur, die sich seit der Sowjetunion nicht geändert hatte. Um die informellen, korrupten Zulassungsmechanismen zu verstehen, erfolgt zunächst ein Blick auf die formalen Regeln *vor* der Zulassungsreform.

3.5.1 Intransparente Zulassungssysteme als Nährboden für Korruption

In Russland besitzt laut Art. 3, Abs. 43 der Verfassung sowie Art. 3, Abs. 40 des Bildungsgesetzes jeder Staatsbürger mit Sekundarschulabschluss das Recht auf ein kostenloses Hochschulstudium. Allerdings gibt es im Bildungsgesetz Art. 2, Abs. 40 eine Einschränkung: Der Staat verpflichtet sich lediglich 170 kostenlose Studienplätze pro 10.000 Einwohner zu finanzieren, weshalb die kostenlosen Budgetstudienplätze laut Art. 16, Abs. 3 des Bildungsgesetzes auf Wettbewerbsbasis vergeben werden:

> *„Die Aufnahme von Bürgern an staatliche und kommunale Bildungseinrichtungen* [...] *erfolgt (...) auf Wettbewerbsgrundlage. Die Wettbewerbsbedingungen müssen die Wahrung der Rechte der Bürger auf dem Gebiet der Bildung garantieren und die Zulassung der befähigtsten und auf die Erarbeitung des Bildungsprogramms der entsprechenden Stufe am besten vorbereiteten Bürger gewährleisten."* (Mühle 1995, S. 147)

Da die Studierendenzahlen seit den 1990er Jahren deutlich anstiegen – bis im Studienjahr 2008/09 der höchste Wert mit 526 Studierenden pro 10.000 Einwohner erreicht wurde – und es deutlich mehr Bewerber als kostenlose Studienplätze gab, kam es zu einem wachsenden Wettbewerbsdruck.

Vor der Zulassungsreform 2009 konnten Bewerber – formal – nach folgenden Zulassungskriterien einen kostenlosen Budgetplatz erhalten:

a. Auf Grundlage *allgemeiner Zulassungsprüfungen*

b. Auf Grundlage eines *Auswahlgesprächs (für Medaillisten)*

c. Außer Konkurrenz in besonderen *Härtefällen*

d. Auf Grundlage besonderer *Leistungen*

e. Auf Grundlage *spezifischer Zulassungsbedingungen:*

   1. *Administrativ* geförderte Aufnahme

   2. Aufnahme mit *verkürzter Studienzeit*

f. Auf Grundlage eines *Kontrakts (kostenpflichtiges Studium)*

g. Auf Grundlage *weiterer Besonderheiten*

a) Allgemeine Zulassungsprüfung

In der Regel erfolgte die Zulassung auf Grundlage allgemeiner Zulassungsprüfungen. Diese wurden von den Hochschulen nach selbst festgelegten Kriterien durchgeführt. Die Prüfungen sollten so gestaltet sein, dass sie allen Bewerbern die gleichen Chancen garantieren und nach meritokratischen Gesichtspunkten die besten und geeignetsten Bewerber ermitteln. Die Examina fanden oftmals an allen Hochschulen des Landes parallel statt, sodass sich Bewerber in der Regel nur an einer Universität bewerben konnten. Bewerber von außerhalb der großen Universitätsstädte standen vor einem beträchtlichen zeitlichen sowie finanziellen Aufwand: Die mitunter mehrtätige Fahrt und der Auswärtsaufenthalt waren für die durchschnittlich 17-jährigen Bewerber nicht nur strapaziös, sondern oft schlicht unbezahlbar. Da die Erfolgsquote bei etwa 40% lag (Foley 2008), versuchten viele talentierte Bewerber aus den Regionen gar nicht erst, sich zu bewerben. Laut Zaborovskaja et al. (2004) wurden Anfang der 2000er Jahre zwischen 54% und 67% der Studienplätze über allgemeine Zulassungsprüfungen vergeben.

b) Auswahlgespräch für Medaillisten

Die besten Abiturienten erhalten Gold- und Silbermedaillen für ihre Leistungen; ein System, das noch aus der Sowjetunion stammt und beibehalten wurde. Die sog. „Medaillisten" mussten nicht an den allgemeinen Auswahlprüfungen teilnehmen, sondern lediglich ein persönliches Auswahlgespräch absolvieren. Etwa 10% der Studienplätze wurden über solche Auswahlgespräche vergeben (Zaborovskaja et al. 2004). Bewerber, die das Auswahlgespräch nicht bestanden, erhielten die Chance, an den normalen Auswahlprüfungen teilzunehmen.

c) Außer Konkurrenz in besonderen Härtefällen

Bestimmte soziale Gruppen erhielten, sofern sie die Mindestanforderungen bei den Zulassungsprüfungen erfüllten, einen garantierten Studienplatz. Zu diesen Härtefällen gehörten z. B. Waisen, Halbwaisen und Invaliden. Außerdem Personen, die infolge der Reaktorkatastrophen in Tschernobyl und Majak gesundheitliche Schäden erlitten hatten. Diese Gruppen machten etwa 5% der Studienanfänger aus (Zaborovskaja et al. 2004).

d) Auf Grundlage besonderer Leistungen

Es gibt zwei Personengruppen, die ohne Aufnahmeprüfung zugelassen wurden, weil sie sich besonders verdient gemacht hatten: Gewinner der allrussischen Schulolympiaden sowie Personen im Militärdienst. Sie machten etwa 1% der Studienbewerber aus (Zaborovskaja et al. 2004). Für die Preisträger der Olympiaden galt allerdings die Einschränkung, dass sie nur für die Fächer von der Aufnahmeprüfung befreit wurden, in denen sie die Olympiade gewonnen hatten. Einige Hochschulen veranstalteten eigene Olympiaden, deren Sieger ohne weitere Zulassungsprüfungen dort studieren durften. Da diese Praxis Bewerber aus der Region der Hochschule bevorzugte – Schüler aus anderen Regionen konnten in der Regel nicht teilnehmen – unterminierte sie die verfassungsrechtlich garantierte Chancengleichheit. Immer wieder gab es Diskussionen, die Hochschulolympiaden abzuschaffen, was aber nur eingeschränkt gelang. Allen voran die prestigeträchtigen und einflussreichen Hochschulen hielten an dieser Praxis fest. 2009 besaßen mehr als 100 Universitäten das Recht auf eigene Olympiaden (Borusjak 2009, S. 79).

e) Auf Grundlage spezifischer Zulassungsbedingungen

1) Administrativ geförderte Aufnahme

In Absprache mit staatlichen Institutionen wie lokalen Verwaltungen, Krankenhäusern, Schulen, Staatsanwaltschaften etc. konnten Hochschulen ein festgelegtes Kontingent an Studienplätzen für diese Institutionen reservieren. Die Zulassung für diese speziellen Plätze erfolgte in einem separaten Auswahlgespräch, das von der „entsendenden" Institution durchgeführt wurde, die auch für die Studiengebühren aufkam. Studierende, die einen dieser Plätze bekamen, verpflichteten sich dazu, nach ihrem Abschluss für einen festgelegten Zeitraum (in der Regel drei Jahre) für diese Institution zu arbeiten.[93] Allerdings gab es bei der Nichterfüllung dieser Regelung keine Sanktionen, weshalb sie oft missachtet wurde. Etwa 10% aller Studienplätze wurden über diese Zulassungsform verteilt (Zaborovskaja et al. 2004, S. 44).

2) Aufnahme mit verkürzter Studienzeit

Bewerber, die einen Berufsschulabschluss besaßen und sich ausbildungsbezogen an der Hochschule weiterbilden wollten, konnten sich ebenso wie Bewerber, die bereits einen Hochschulabschluss besaßen, für ein verkürztes Studium bewerben. Für sie fand ein separates Auswahlverfahren statt. Im Vergleich zu den auf Abiturienten zugeschnittenen allgemeinen Auswahlprüfungen waren diese Aufnahmetests meist einfacher zu bestehen. Daher entschieden sich in ländlichen Regionen viele Schüler dafür, zunächst eine Berufsausbildung zu absolvieren, um dadurch ihre Chancen auf einen Studienplatz zu erhöhen. Studenten mit verkürzter Studienzeit nahmen etwa 12-20% der Studienplätze ein (Zaborovskaja et al. 2004, S. 49).

f) Auf Grundlage eines Kontrakts (kostenpflichtiges Studium)

Hochschulbewerber, die nicht über einen dieser genannten Mechanismen einen kostenlosen Studienplatz erhielten, konnten sich dennoch für ein Studium einschreiben, sofern sie sich vertraglich (russisch „Kontrakt") dazu bereit erklärten, die Studiengebühren selbst zu tragen. An den meisten Hochschulen lagen die Gebühren bei etwa 1.000-2.000 Euro p.a., an renommierten Hochschulen bei mehreren zehntausend Euro pro Studienjahr. Der Anteil der Kontrakt-Studierenden ist in den 1990ern stark gestiegen und liegt inzwischen relativ konstant bei 50%.

g) Weitere Wege zur Zulassung: Vorbereitungskurse und Lyzeen

Um zusätzliches Geld zu erwirtschaften, boten viele Hochschulen spezielle Dienstleistungen für zahlungswillige Bewerber an, die ihre Zulassungschan-

93 Dieses System stammt aus der Sowjetunion und diente dazu, Fachkräfte aus abgelegen Regionen, die bei der Hochschulzulassung benachteiligt waren, in Hochschulzentren auszubilden und sie anschließend in ihre Region zurückzuholen. Vor dem Hintergrund der Größe der Sowjetunion war dies ein wichtiger Steuerungsmechanismus, um wenig besiedelte, jedoch wirtschaftlich bedeutende Regionen zu erschließen.

cen erhöhen wollten. Zu ihrem Angebot zählten insbesondere kostenpflichtige Vorbereitungskurse für die Aufnahmeprüfungen, die häufig von zu den Hochschulen gehörenden „Voruniversitären Bildungszentren" und Colleges durchgeführt wurden. Der Besuch solcher Kurse garantierte zwar nicht die spätere Aufnahme an der Hochschule, erhöhte jedoch die Erfolgschancen signifikant: Je nach Hochschule erhielten zwischen 50% und 80% der Kursabsolventen einen Studienplatz (Zaborovskaja et al. 2004, S. 142).

Einige Hochschulen boten sogar eigene Lyzeen für die 10. und 11. Klasse an. Schüler, die an diesen kostenpflichtigen – und im Vergleich zu den Vorbereitungskursen deutlich teureren – Lyzeen lernten, war die anschließende Aufnahme an der Hochschule praktisch garantiert, da sie intensiv auf die Auswahlprüfungen vorbereitet wurden.

Schließlich hielten einige Schulen und Hochschulen so genannte „gemeinsame Prüfungen" („sovmeščenye ekzameny") ab, die gleichzeitig als Abschlussprüfung und Zulassungsexamen anerkannt wurden. Mit Beginn des EGE-Experiments wurden die gemeinsamen Prüfungen 2002 abgeschafft.

Die Problematik der Vorbereitungskurse, Lyzeen etc. besteht darin, dass Studienbewerber, die aus wirtschaftlichen oder geografischen Gründen nicht an solchen Angeboten teilnehmen können, systematisch diskriminiert werden. Zudem fördern sie Korruption, wie eine Studentin, die an den Vorbereitungskursen der MGU teilgenommen hatte, im Interview berichtete: Solche Einrichtungen bereiteten weniger auf die Prüfungen vor, sondern vielmehr auf Bestechungszahlungen zur Sicherung der Immatrikulation:

> *„Tatsächlich aber werden die Eltern langsam moralisch darauf vorbereitet, eine Bestechungsleistung zu zahlen.* […] *Später, wenn das Externat langsam zu Ende geht, beginnen die Eltern zu fragen: ‚Was würden Sie uns raten, wo soll unser Kind denn hingehen? Wie hat es sich entwickelt?' Es wird über irgendwelche akademischen Leistungen gesprochen, aber in Wirklichkeit geht es in dem Gespräch darum, ‚An wen, wohin und wie viel sollen wir zahlen?'"* (Klein 2010, S. 53)

De jure gab es ein meritokratisches Auswahlverfahren auf Wettbewerbsbasis. *De facto* wurde der Wettbewerb jedoch durch Korruption verzerrt, und die Realität wich an vielen russischen Hochschulen von den formalen Zulassungsregeln ab.

Ukraine

Bis zur Zulassungsreform 2008 verfügte die Ukraine über ein ähnliches Zulassungssystem wie Russland. Art. 53 der Verfassung der Ukraine garantiert das Recht auf kostenlose Hochschulbildung. Noch aus der Sowjetunion wurde das System der freien Hochschulbildung übernommen. Dies änderte sich 1997, als aufgrund des starken Bewerberanstiegs und angesichts des sinkenden staatlichen Bildungsetats gebührenfreie Studienplätze auf kompetitiver Basis nur noch an die besten Bewerber vergeben wurden. Hierfür errechnete das Bildungsministerium den zukünftigen Bedarf an Fachkräften und wies den staatlichen Universitäten entsprechend Studienplätze zu („gosudarsvennyj zakaz").[94] Jede Hochschule erhielt ein festes Kontingent an staatlich finanzierten Budgetstudienplätzen. Zusätzlich erhielten die Universitäten das Recht, in einem bestimmten Rahmen kostenpflichtige Studienplätze anzubieten, um mit den Studiengebühren die sinkende staatliche Finanzierung zu kompensieren. War das staatlich finanzierte Kontingent ausgeschöpft, konnten Bewerber, die bei den Aufnahmeprüfungen nicht gut genug für einen kostenlosen Studienplatz abgeschnitten hatten, per Kontrakt angenommen werden. Die Gebühren dafür betrugen je nach Hochschule meist zwischen 1.000-3.000 USD pro Studienjahr.[95]

Ein Dekret des ukrainischen Bildungsministeriums[96] regelte die Arbeit der Auswahlkommissionen und legte die Bedingungen für die Studienplatzverga-

---

94 Dieses „Manpower-Forecasting"-Modell geht auf die planwirtschaftliche Bildungspolitik der Sowjetunion zurück, als Hochschulen dazu dienten, den Bedarf an Facharbeitern und Ingenieuren zu decken, um die Fünfjahrespläne zu erfüllen. Gegenwärtige (angelsächsische) nachfrageorientierte Hochschulfinanzierungsmodelle hingegen orientieren sich meist am konträren Paradigma: Nicht der Staat bestimmt, welche Universitäten in welchem Umfang finanziert werden, sondern der Markt regelt sich nach dem Prinzip *„the money follows the student"* weitgehend selbst.

95 Allerdings wurde versäumt, gleichzeitig ein System von Studienkrediten, Stipendien etc. einzuführen, wodurch Bewerber aus ökonomisch schwachen Haushalten benachteiligt wurden (Razumkov Centre 2002, S. 27). Wenn sie keinen Budget-Studienplatz an einer Hochschule erhielten, konnten sie häufig kein Studium aufnehmen. Dies führte dazu, dass sich selbst überdurchschnittlich begabte Abiturienten aus ärmeren Verhältnissen nicht an den besten Hochschulen bewarben, sondern an weniger renommierten, da ihre Chancen auf einen Studienplatz dort größer waren.

96 Das Dekret № 49 vom 01.03.1995 „Über die Zulassung von Auswahlkomitees an Hochschuleinrichtungen der Ukraine" löste die bis dahin gültige Rechtspraxis ab, für die die veralteten Dekrete № 39 vom 28.02.1992 und № 60 vom 26.03.1992 des Bildungsministeriums die Basis gebildet hatte.

bepraxis fest. Diese glichen eher einer Anleitungsempfehlung als festen Vorschriften und Regeln. Das Dekret schrieb vor, dass die Auswahlkommissionen direkt den Rektoren unterstehen, wodurch diese einen erheblichen Einfluss auf den Auswahlprozess erhielten. Weiterhin setzte das Reglement die Dauer der schriftlichen Aufnahmetests je nach Fach auf drei bis vier Stunden fest, während für mündliche Examen nur 15 Minuten angesetzt wurden, wodurch letztere für die Auswahlkommissionen einen geringeren Arbeitsaufwand darstellten.[97] Das erklärt, weshalb die Hochschulen, zudem bei stark steigenden Bewerberzahlen, mündliche Prüfungen bevorzugten. Diese Prüfungen waren sehr heterogen und variierten stark hinsichtlich Inhalt, Anforderungen und Prozedur. Außerdem unterlagen sie keinen objektiven Kriterien, und diese Intransparenz leistete korrupten Praxen Vorschub. Einige wenige Hochschulen führten schriftliche Aufnahmeprüfungen ein und hielten die Examen öffentlich ab, vor allem um Korruption zu unterbinden. Doch dies waren nur vereinzelte Versuche, die nicht verhindern konnten, dass sich Korruption im ukrainischen Zulassungssystem zunehmend institutionalisierte.

3.5.2 Korruptionsformen im Rahmen der Hochschulzulassung

Aus den uneinheitlichen Zulassungsregelungen und dem intransparenten Zulassungsprozess ergaben sich zahlreiche Korruptionsopportunitäten, von denen einige bereits angedeutet wurden. In der öffentlichen Debatte wird Korruption oft undifferenziert als ein einfacher Tausch von Gefälligkeiten, häufig reduziert auf Bestechung, aufgefasst. Das Interviewmaterial sowie eine umfassende Analyse des wissenschaftlichen Textkorpus und medial bekannt gewordener Fälle zeigen jedoch, dass Korruption bei der Hochschulzulassung wesentlich komplexer ist und in unterschiedlichen Formen auftritt. Im Folgenden werden die verschiedenen informellen Mechanismen und Korruptionsformen, die vor der Hochschulzulassungsreform existierten, näher beschrieben.

---

97 Im Gegensatz zu den mündlichen Prüfungen, deren Ergebnisse direkt mitgeteilt wurden, mussten die schriftlichen Examen noch gelesen und korrigiert werden, wodurch der Auswahlprozess bei schriftlichen Verfahren nicht nur arbeitsintensiver war, sondern sich zusätzlich in die Länge zog.

Repetitorstvo

In der Sowjetunion besaß der Staat das Primat über die Bildung, private Bildungsangebote gab es nicht. Die einzige Ausnahme bildete nonformaler privater Nachhilfeunterricht, das sog. „Repetitorstvo", das vor allem im Bereich der Fremdsprachen existierte (Silova und Bray 2006, S. 44). Repetitorstvo wird allgemein definiert als „*tutoring in an academic school subject* [...], *which is taught in addition to mainstream schooling for financial gain*" (Bray und Silova 2006, S. 29). Während private Nachhilfe eine weltweit gängige Praxis ist, um den Lernerfolg von Schülern und Studierenden zu verbessern, und gesamtgesellschaftlich betrachtet das Humankapital stärkt, dient sie in vielen postsowjetischen Ländern vor allem zur Vorbereitung auf die Aufnahmeprüfungen und geht häufig mit Korruption einher. Dadurch werden vor allem sozial benachteiligte Gruppen, die sich das Repetitorstvo nicht leisten können, in ihren Bildungschancen diskriminiert (Bray 2007, S. 18).

War das Repetitorstvo in der Sowjetunion eher einer kleinen Schicht der städtisch Elite vorbehalten, stieg in den 1990er Jahren die Nachfrage deutlich an (Büdiene et al. 2006, S. 8). In einer Umfrage von 2004/2005 gaben 93% der Aserbaidschaner an, in ihrem letzten Schuljahr privaten Nachhilfeunterricht besucht zu haben; in Georgien waren es 80% und in der Ukraine 79% (Büdiene et al. 2006, S. 14). Es entstand ein riesiger, weitgehend ungeregelter „grauer" Bildungsmarkt, der auch als *shadow education system* (Bray 2013) bezeichnet wird.

Ein Grund für das enorme Wachstum war der Rückzug des Staates aus seiner Bildungsverantwortung und die Öffnung und Kommerzialisierung des Bildungswesens nach 1991, infolge derer die Anzahl privater Bildungsangebote generell zunahm.[98] Die sinkenden staatlichen Bildungsausgaben führten zu steigenden privaten Bildungsausgaben (Micklewright 1999).

Im Schnitt konnten Repetitoren das Zwei- bis Dreifache, einige sogar das Zehnfache ihres offiziellen Gehalts hinzuverdienen (Zaborovskaja et al. 2004, S. 150). Vor allem für Lehrkräfte kleinerer, regionaler Hochschulen, war das Repetitorstvo eine zentrale Einnahmequelle. Schätzungen zufolge stellten 50-

[98] Zur Veranschaulichung: Die populäre russische Suchmaschinen-Website yandex.ru listet für den Suchbegriff „Repetitorstvo" mehr als 8 Mio. Treffer; darunter unzählige Dienstleister für Nachhilfekurse.

60% der russischen Lehrkräfte, an einigen gefragten Fakultäten sogar 80-85%, ihre Dienste als Repetitoren zur Verfügung (Zaborovskaja et al. 2004, S. 151). Eine im Rahmen der vorliegenden Arbeit interviewte deutsche Lehrerin in Moskau berichtet, dass an ihrer Schule praktisch jeder zusätzlich unterrichte und es dabei auch zu Korruption komme:

> *„Alle Lehrer geben Privatstunden. Also, ich weiß es jetzt von einer Deutsch-Kollegin, da gab es einen Fall, da gab es den Verdacht, dass eben der Schüler, der bei ihr zum Privatunterricht kommt und dafür Geld bezahlt, dass der sozusagen hinterher in der Prüfung nicht durchfallen darf."* [Interview RU-12]

Die Universitäten hatten ebenfalls ein Interesse am Repetitorstvo:

> *„In den 1990er Jahren gelang es den Hochschulen nur dank des intransparenten Zulassungssystems, die Lehrkräfte an den Universitäten zu halten, da man zwar nicht vom offiziellen Gehalt leben konnte, aber vom Repetitorstvo und anderen informellen Dienstleistungen. [...] Ihr Status als Hochschullehrer ermöglichte es ihnen, ‚richtig' zu verdienen. Und ja, genau dies war eine große Quelle für Korruption, aber Korruption auf einer niedrigen Ebene, auf der Ebene des Repetitorstvo und auf der Ebene des Hochschulzugangs."* [Interview RU-5]

Durch die sinkenden offiziellen Löhne der Lehrenden sanken ihr sozialer Status und ihre Autorität, und viele waren *„more concerned about personal survival than educating children"* (Silova und Bray 2006, S. 48). Das Repetitorstvo stellte nicht selten die wichtigste Einkommensquelle dar, um ihr Überleben zu sichern (ebd.).

Zur Vorbereitung auf die Aufnahmeprüfungen der Universitäten wurden überwiegend Professoren und Dozenten der präferierten Hochschule engagiert[99], da sie in der Lage waren, ihren Schülern einen Studienplatz zu garantieren (Gabrscek 2010, S. 11).

---

[99] Dies birgt die Problematik, dass die Lehrer Anreize erhalten, einen künstlichen Bedarf für ihren Privatunterricht zu erzeugen. Biswal (1999) sieht dabei Parallelen zur Korruption: *„Klitgaard's definition of corruption closely resembles the school teachers' tutoring practice. [...] They are the monopoly suppliers of their services to the students, they have the full discretion in what they supply, and they are hardly held accountable for their actions. This gives rise to a situation where the teachers try to extract students' consumer surplus by shirking at school and supplying tutoring outside the school for a fee"* (1999, S. 223). Jayachandran (2013) stellt in ihrer Studie zu privatem Nachhilfeunterricht in Entwicklungsländern fest: *„Teachers say, in not so many words or sometimes even explicitly, ‚You need to know X, Y, and Z to pass the exam. We'll cover X and Y in class. If you want to learn Z, come to tutoring.'"* (S. 2). Laut dem Leiter der Kiewer Bildungsbehörde Boris Zhebrovskyj sei dies auch in der Ukraine der Fall:

Ein weiterer Grund für den Anstieg des Repetitorstvo bestand darin, dass das Schulcurriculum, gerade an schwächeren Schulen in ländlichen Regionen, stark hinter den Anforderungen der Universitäten und ihren Auswahlprüfungen zurückblieb (Androushchak et al. 2013, S. 79), wie eine Respondentin aus Russland bestätigte:

> *„Die Bildungslücke zwischen dem Schulprogramm und den Anforderungen der Universitäten für die Hochschulzulassung ist sehr groß. Das heißt, um an einer Hochschule angenommen zu werden, muss man entweder Vorbereitungskurse besuchen oder zu einem Repetitor gehen."* [Interview RU-19]

Vielen Abiturienten blieb gar keine andere Wahl, als sich durch privaten Nachhilfeunterricht auf die Auswahlprüfung und ihr Studium vorzubereiten. Entsprechend gaben in einer 2004 durchgeführten Studie 71% der Ukrainer an, dass der Hauptgrund für ihren privaten Nachhilfeunterricht die Vorbereitung für die Aufnahmeexamen sei (Hrynevych et al. 2006, S. 306).

Im Grunde koexistierten zwei Arten des Repetitorstvo: Auf der einen Seite gab es integre Repetitoren, die auf legalem Wege ihre Schüler auf die Aufnahmeprüfungen vorbereiteten. Obwohl es keine genauen Zahlen gibt, gehörte die überwiegende Zahl der Repetitoren vermutlich dieser Gruppe an.

Auf der anderen Seite gab es Repetitoren, die entweder einen direkten Zugang zu Auswahlkommissionen besaßen, an der Ausarbeitung der Auswahlprüfungen beteiligt oder selbst in der Auswahlkommission vertreten waren und ihren Klienten einen Vorteil bei der Studienzulassung verschaffen konnten. Ein Dekan einer Moskauer Hochschule beschreibt diese „Pseudorepetitoren" folgendermaßen:

> *„Dies sind in erster Linie arme Dozenten, die weniger auf die Prüfung vorbereiten und Wissen vermitteln, sondern vielmehr auf eine Bestechung vorbereiten; es ist also eine verdeckte Form der Korruption. Die Menschen haben verstanden, dass*

„Teachers often deliberately give lower grades to their students and then say that to get a good grade they have to study with the teacher additionally after school." (Hrynevych et al. 2006, S. 320). In diesen Fällen wird aus dem freiwilligen Repetitorstvo eine Notwenigkeit. In einer 2004 in der Ukraine durchgeführten Studie gaben 45,1% der Schüler an, dass ihre Lehrer sie dazu aufgefordert hätten, Nachhilfeunterricht bei ihnen zu nehmen, um ihre Noten zu verbessern (Hrynevych et al. 2006). Um diese Praxis zu unterbinden, verbot das ukrainische Bildungsministerium ab dem Schuljahr 2004/2005, dass Lehrer ihren eigenen Schülern privaten Nachhilfeunterricht geben (Hrynevych et al. 2006, S. 310), in der Praxis blieb dieses System jedoch bestehen.

> *sie einfach dazu gezwungen sind, Repetitoren zu nehmen, und selbst wenn diese kein Wissen vermitteln, so hilft diese Person dennoch bei der Immatrikulation. Das ist natürlich alles andere als echter Nachhilfeunterricht."* [Interview RU-4]

In der öffentlichen Wahrnehmung entstand in den 1990er Jahren die Überzeugung, dass man ohne Repetitor (oder Bestechung) kaum eine Chance hatte, an einer renommierten Hochschule aufgenommen zu werden. Zaborovskaja et al. (2004, S. 147) zitieren Umfragen, denen zufolge zwischen 50% und 85% der russischen Studierenden an mittleren und guten Hochschulen die Dienste eines Repetitors in Anspruch genommen hätten; an prestigeträchtigen Hochschulen bzw. Fakultäten seien es praktisch alle gewesen. Besonders die Nachfrage nach Tutoren mit direktem Zugang zu den Auswahlkommissionen der Hochschulen sei hoch, da diese die Hochschulzulassung garantieren könnten:

> *„Repetitorstvo ist in diesen 10 Jahren* [nach dem Zerfall d. Sowjetunion] *zu einer Tradition und zu einer Möglichkeit der Minimierung des Zulassungsrisikos geworden. Die dominierende Gruppe der Eltern ist dabei diejenige, die ein Repetitorstvo ‚mit garantierter Zulassung' fordert."* (Zaborovskaja et al. 2004, S. 158)

Dieser Interessenskonflikt birgt ein enormes Korruptionsrisiko: Wenn Repetitoren selbst Teil der Auswahlkommission sind oder direkten Zugang dazu und zu Insider-Informationen über die Auswahlprüfungen verfügen, können sie diese Informationen leicht ihren Klienten verkaufen. Einige Repetitoren nahmen für ihre Zulassungsgarantie bis zum Zehnfachen der regulären Preise (Zaborovskaja et al. 2004, S. 148):

> *„University lecturers responsible for developing and administering entrance examinations have become among the most attractive tutors. Their comparative advantage allows them to set high prices for private tutoring lessons."* (Büdiene et al. 2006, S. 307)

Viele Repetitoren machten ihre informellen Leistungen nur einem engen Personenkreis von Bekannten und Verwandten zugänglich.[100] Jedoch existierten ganze Netzwerke von Repetitoren, die sich gegenseitig unterstützten,

[100] Das wirkte sich auf die Studienwahl vieler Abiturienten aus, denn: *„Viele angehende Studenten wählen ihr Studium* [...] *nicht nach Interesse, sondern nach den in der Familie oder im Bekanntenkreis bestehenden Beziehungen zu Universitätslehrern aus, Qualifikation und Begabung sind* [...] *sekundäre Faktoren"* (Füllsack 2002, S. 7).

sodass man über die persönlichen Beziehungen eines Repetitors Kontakte zu einer Reihe von Auswahlkomitees mehrerer Hochschulen herstellen konnte.

Gesellschaftlich wurde diese Form der Korruption akzeptiert und institutionalisiert. In einer repräsentativen Umfrage des russischen INDEM-Instituts von 2005 waren 41% der Befragten der Ansicht, dass das Repetitorstvo keine Korruption darstelle (Satarov 2013).

Zum ukrainischen Repetitorstvo sind weniger Daten vorhanden, aber klar ist:

> *„Private tutoring became an entrenched and common part of everyday educational life in post-Soviet Ukraine. [...] It was a widespread, unregulated phenomenon that significantly affected educational equity, caused corruption, and resulted in a significant burden for individual households."* (Hrynevych et al. 2006, S. 305)

2006 erschien eine umfangreiche Studie zum Repetitorstvo in der Ukraine, in deren Rahmen zwischen November 2004 und Januar 2005 insgesamt 898 Erstsemester unterschiedlicher Hochschulen befragt wordne waren (Büdiene et al. 2006). Die Studie ergab, dass 75% der Befragten Nachhilfeunterricht erhalten hatten. Dieser habe zumeist in privater Form[101] (43%), aber auch in größeren Vorbereitungskursen (12%) oder in beiden Formen parallel (21%) stattgefunden. Der Großteil der Tutoren kam aus den Hochschulen: 51% der Respondenten gaben an, dass ihre Tutoren Dozenten oder Professoren seien; davon wiederum hatten 38% Nachhilfe bei Dozenten der Hochschule, an der sie nun auch studieren.

Während es unter den Abiturienten mit Repetitor keine signifikanten Unterschiede bei der geografischen Herkunft (in urbanen Regionen nehmen 82% der Abiturienten private Nachhilfe, in ländlichen Regionen 78%) und dem Geschlecht (81% der weiblichen und 77% der männlichen Schüler engagieren Repetitoren) gibt, stellt die soziale Herkunft eine Barriere dar: Abiturienten, deren Eltern eine akademische Ausbildung haben, nehmen häufiger Repetitoren als solche aus nicht-akademischen Haushalten. Befragt nach

---

[101] In der Regel findet der Unterricht individuell statt (63%), seltener in 2er- bzw. 3er-Gruppen (18%) oder in Gruppen von mehr als fünf Personen (12%). Im Durchschnitt nehmen die Schüler wöchentlich zwei Unterrichtsstunden pro Schulfach, wobei der Preis pro Unterrichtseinheit je nach Tutor, Region, Gruppengröße und Fach zwischen 30 und 100 UAH (11-38 USD) variiert. Die überwiegende Mehrheit (71%) empfindet das zwar als teuer, ist aber aufgrund des angenommenen Nutzens dazu bereit, diese Kosten zu tragen.

ihrer sozioökonomischen Herkunft gaben 30% der Respondenten an, dass sie aus Familien mit überdurchschnittlichem Einkommen stammten, 59% kamen aus durchschnittlichen Einkommensverhältnissen und lediglich 11% der Respondenten stammten aus Familien mit niedrigen Einkommen. Wie diese Verteilung zeigt, führen die hohen Kosten für das Repetitorstvo zu einer Zwei-Klassen-Teilung: Auf der einen Seite Schüler, die es sich finanziell leisten können und dadurch die eigenen Bildungschancen steigern, auf der anderen Seite eine sozioökonomisch benachteiligte Gruppe von Schülern, die sich die Nachhilfe nicht leisten können und deren Möglichkeiten auf einen kostenlosen Studienplatz an einer angesehenen Universität dadurch vermindert werden.

Dekans- und Rektorenlisten

Eine sehr verbreitete Korruptionsform waren sog. Dekanslisten bzw. Rektorenlisten: Rektoren, Dekane und andere ranghohe Hochschulmitarbeiter setzten Bewerber, die (bzw. deren Eltern) sie persönlich kannten oder gegen Bestechungszahlung, auf ihre Listen. Bei der Vergabe der Studienplätze wurden diese Bewerber bevorzugt und erhielten garantierte (Budget-)Plätze:

> *„An jeder Universität gibt es sogenannte Rektoren- und Dekanslisten. Das sind Listen derjenigen Abiturienten, die* [auf Anweisung des Rektors bzw. des Dekans] *aufgenommen werden müssen. Auf diese Listen gelangt man über Beziehungen, das sowjetische Blat funktioniert hier nach wie vor. Es gibt auch Leute, die Personen aus dem nahen Umfeld der Auswahlkommissionen, aber nicht deren direkte Mitglieder, bestechen. Und diese Verwaltungsangehörigen tragen die Namen der Bestechenden dann in die Rektoren- bzw. Dekanslisten ein."* (Klein 2010, S. 48)

Der ehemalige ukrainische Bildungsminister Ivan Vakarčuk, der 1990 Rektor der Ivan-Franko-Universität Lwiw war, erinnert sich noch gut an die Listen:

> Interviewer: *„Wie sah das Auswahlverfahren zu der Zeit genau aus?"*
>
> Vakarčuk: *„Es gab eine Aufnahmeprüfung, die Lehrkraft lud dazu ins Auditorium ein, und es gab ein mündliches Gespräch, einer nach dem anderen. Und es gab zahlreiche Bitten, hunderte, es waren unterschiedliche Listen, das war entsetzlich."*
>
> Interviewer: *„Dekanslisten?"*
>
> Vakarčuk: *„Ich weiß nicht genau, welche, aber hunderte, viele hunderte* [...] *Alle waren auf den Listen. Als ich das sah,* [...] *es war einfach schrecklich. Und ich habe nicht einmal alles gesehen."* [Interview UA-28]

Häufig wurden über diese Listen Familienangehörige und Bekannte zugelassen. Daher versuchten zahlreiche Eltern von Studienbewerbern Kontakt zu Rektoren und Dekanen aufzubauen, um ihre Kinder auf diese Listen zu bekommen. Eine interviewte Studentin erzählte, dass einer ihrer Freunde so einen Studienplatz an einer sehr renommierten Universität für Öl und Gas erhalten habe (Klein 2010, S. 48). Seine Noten seien zu schlecht für einen Budgetstudienplatz gewesen, aber durch eine Bestechung von 180.000 RUB (ca. 6.000 USD) an die Administration hätten ihn seine Eltern auf die Liste für einen sicheren Studienplatz setzen können. Eine weitere Studentin (Klein 2010, S. 54) sagte, sie kenne mehrere Kommilitonen, die ihren Studienplatz über solche Listenplätze erlangt hätten. Ein Respondent[102] erinnert sich an seinen Studienbeginn in den 1990er Jahren:

> „*Ich sage es ganz ehrlich: Ich habe nicht ein Examen abgelegt, bevor ich mein Studium aufgenommen habe. Das heißt, ich bin aus zwei Gründen angenommen worden: Ich habe eine Allrussische Olympiade gewonnen, aber in einem ganz anderen Fach und nicht in dem, das ich studiert habe. Und mein Vater war ein guter Freund des Rektors. Er hat ihn damals angerufen und gesagt: ‚Mein Sohn hat eine Olympiade gewonnen', und der Rektor hat geantwortet ‚Klasse, er soll sich einfach irgendeine Fakultät aussuchen' – und so bin ich an die Uni gelangt. Wirklich, ich habe nicht eine Aufnahmeprüfung absolviert.* […] *Und so sind viele meiner Bekannten angenommen worden, das heißt, es gab eine Zeit, in der es keine Seltenheit war, wenn der Vater einfach beim Rektor anrief und mit diesem eine Vereinbarung schloss, dass sein Sohn ohne Examen immatrikuliert wird.* […] *Ich fragte dann* [an meiner neuen Hochschule]: *‚Wann muss ich zur Auswahlprüfung kommen?', und man erwiderte mir: ‚Ach, nein, wir haben schon in der Liste stehen, dass du bestanden hast.'*"

Eltern, die die Absicht hatten, zu bestechen, versuchten oft über ihre persönlichen Kontakte herauszufinden, wer dafür empfänglich ist und wie hoch die Bestechungssummen sind:

> „*I knew she (respondent's daughter) wanted to go to this particular school,* […] *the university is very prestigious and we were afraid we just wouldn't have money to get her in.* […] *I don't think anybody gets in there without a bribe!* […] *I called the mother of her friend who was attending this university and found out which dean I could talk to about prices.* […] *I met with that dean and she told me that the price was usually 3000 dollars, but all seats were already filled.* […] *But, if we could pay 4500 USD, maybe.* […] *So, I just met with that woman-dean again and gave it all to*

102 Um die Anonymität des Respondenten zu wahren, der in seiner Funktion als Experte interviewt wurde, wird die Interviewnummer in diesem Zitat nicht genannt.

> *her, and she said she'll pass it on where it's supposed to go.*" (Zaloznaya 2012, S. 304ff.)

Das Geld wurde selten direkt übergeben, sondern zumeist über Mittelsmänner an den Fakultäten, die oft über Hörensagen bekannt sind.[103] So berichtete eine Respondentin:

> *„In meiner Zeit als Studentin gab es eine Person, über die jeder Bescheid wusste: M. K. Und jeder wusste, dass über ihn die Immatrikulation sowie die dazugehörigen finanziellen Angelegenheiten abgewickelt wurden. Überhaupt lief alles über ihn. Wahrscheinlich teilte er das Geld mit jemandem, damit er weiterhin auf seinem Posten bleiben konnte. Er stellt eine Art Verbindungsglied dar. Alle kennen ihn, und er kennt jeden. Und diejenigen, die dank seiner Hilfe bereits immatrikuliert wurden, bestehen dank ihm wiederum die weiteren Prüfungen."* (Klein 2010, S. 49)

Irina Bekeškina vom ukrainischen Meinungsforschungsinstitut Democratic Initiatives Foundation berichtet Ähnliches für die Ukraine:

> *„Alle wussten, was Rektorenlisten sind, das bedeutet, dass Prüfer der Auswahlkomitees schon vorher Listen erhielten, wem welche Note ausgestellt werden musste. An einigen Universitäten blieben gar keine freien Plätze übrig."* [Interview UA-7]

Das Ausmaß der Vergabe über solche Listenplätze war groß: Grishina & Korchinsky (2006) berichten von einer Kiewer Hochschule, wo von 120 kostenlosen Budgetplätzen 96 im Voraus an Bewerber auf Rektoren- bzw. Dekanslisten vergeben wurden.

Pavel Poljanskyj, der vor seiner Tätigkeit als Stellvertretender Bildungsminister (2008-2010; erneut seit 2014) an einer Hochschule arbeitete und dort

---

[103] Mittelsmänner spielen eine große Rolle: Sie erleichtern Korruption, da sie die Ansprechpartner und deren Preisvorstellungen kennen; durch ihre Erfahrung minimieren sie das Entdeckungsrisiko und reduzieren auch die „moralischen Kosten" für Bestechungsnehmer und -geber, wie Drugov et al. in einer Studie herausfanden. Sie kommen zu dem Ergebnis: *„Clients more frequently offered bribes when this was arranged by intermediaries."* (Drugov et al. 2012). In der Sowjetunion gab es einen ganzen informellen „Berufszweig" von Mittelsmännern – die sog. „Tolkači" (vom russischen tolkat', was so viel wie „anstoßen", „anschieben" bedeutet) (Berliner 1957, S. 57). *„It was their job to bypass bureaucratic snarl-ups. A tolkach earned his keep by having good contacts: by being skilled in manipulating people, procedures and paperwork"* (Ledeneva 1998, S. 25). Ursprünglich war ihre Aufgabe, durch ihre umfassenden Blat-Netzwerke dafür zu sorgen, die Fünfjahrespläne staatlicher Betriebe zu erfüllen.

auch in der Auswahlkommission tätig war, sieht den Ursprung dieser Praxis im sowjetischen „Telefonnoe pravo"[104], dem „Telefonrecht":

> *„Es ist kein Geheimnis, dass ein Anruf irgendeines Parteifunktionärs eine ‚Frage' klärte. Geld spielte damals zwar eine geringere Rolle als politische Motive, aber es war auch Korruption. [...] Heute läuft es über Absprachen, und das geht nur über den Rektor. Kein Dozent und auch kein Dekan kann die Garantie geben; das kann nur ‚Seine Majestät' der Rektor. [...] Ich habe ein Jahr in einer Auswahlkommission gearbeitet. [...] Bevor ich anfange, gibt mir der Dekan der Fakultät eine Liste, und er diktiert mir die Namen. Und in dieser Liste, sagen wir, ich prüfe 20 Bewerber, erhalten 17 vom Dekan bereits vorher festgelegte Noten."* [Interview UA-14]

Eine ukrainische Studentin erinnert sich, wie sie sich an einer angesehenen Hochschule bewarb, sich aber aufgrund der hohen Summe, die für einen Listenplatz zu zahlen war, für eine andere Universität entschied:

> *„When my dad took me to a special pre-entrance seminar that was held with the purpose of providing basic information on what documents should be submitted, what should the applying students bring with them, etc., my parents were given the five digit number that was ‚needed' in order to smooth my entrance exams and make it possible for me to get in. This number was shocking. Even though my knowledge was good enough to get the state scholarship and therefore, study for free, it was not possible. From being a crime, corruption became a norm of life. Names of students to be admitted (even for the scholarship) were already on a special list together with the exact amounts of money their parents were willing to pay."* (Grabovska 2001)

Der Druck der Administration auf die Dozenten im strikt hierarchischen System führte dazu, dass diese in der Regel mitmachten, da ihnen andernfalls Sanktionen drohten, wie eine Charkiwer Dozentin berichtet:

> *„Sehr viel hängt vom Rektor oder Dekan ab. [...] Der Student einigt sich mit dem Dekan oder der Administration, korrumpiert sie, und diese zwingen den Dozenten dazu, eine Note* [bei der Auswahlprüfung] *auszustellen. Und man kann sich nicht gegen seinen Chef stellen, da man ansonsten Probleme bekommt, man wird verjagt oder man darf im kommenden Semester sein Seminar nicht mehr halten, weil sie sagen, man mache es schlecht."* [Interview UA-1]

---

[104] Das „Telefonrecht" war eine gängige informelle Praxis in der Sowjetunion, in der persönliche Befehle wichtiger waren als das geschriebene Recht, und einflussreiche Bürokraten oder Parteifunktionäre – oftmals über einen Anruf per Diensttelefon, daher auch der Name – informell ihren Einfluss geltend machten (vgl. Ledeneva 2008).

Manipulation des Prüfungsverlaufs

Neben Absprachen mit der Hochschuladministration konnte man auch Personen in den Auswahlkomitees bestechen, die sich in der Regel aus etablierten Professoren zusammensetzen. Der Kontakt zu Mitgliedern der Komitees wurde oft über Mittelsmänner, Repetitoren oder Studierende älteren Semesters hergestellt, die auch die finanziellen Transaktionen abwickelten. Waren sich alle Parteien einig, wurden Codes vereinbart, mithilfe derer sich die zahlenden Bewerber in der Prüfung erkennbar machen konnten. In schriftlichen Prüfungen erhielten sie z. B. Stifte mit anderen Farben als die restlichen Bewerber (Klein 2010, S. 53). Bei der Korrektur konnten die Prüfer so selbst bei anonymisierten Prüfungen erkennen, wer bezahlt hatte und zugelassen werden sollte. Die Dozentin einer renommierten Moskauer Hochschule beschreibt ein weiteres Verfahren, wie Tests der zahlenden Bewerber identifiziert werden konnten:

> *„Bei den schriftlichen Examen konnte man sich bei uns immer ‚absichern'. Wenn schriftliche Aufsätze – anonym ohne Namen auf der Prüfung – geschrieben wurden, musste man sich vorher den ersten Absatz genau einprägen.* [...] *Später wurde diese Arbeit anhand des ersten Absatzes wiedererkannt. Es gab immer Wege, solche Aufgaben zu umgehen, und wenn man sie umgehen wollte, konnte man es."* [Interview RU-13]

An einigen Hochschulen waren die informellen Einkünfte der Auswahlkommissionen fest verplant, wie der Dekan einer Moskauer Hochschule berichtet:

> *„Ich weiß aus eigener Erfahrung von Hochschulen, in denen die Einkünfte der Auswahlkommissionen, also die durch Korruption erwirtschafteten Einnahmen der Auswahlkommission, bereits eingeplante Einnahmen der jeweiligen Universität oder Fakultät sind.* [...] *Das Korruptionsbudget der Auswahlkommission wurde bereits lange Zeit im Voraus ermittelt,* [...] *und es war bekannt, nach welchem Verteilungsschlüssel diese Einnahmen mit wem geteilt wurden. Es war ein Privileg, in der Auswahlkommission zu arbeiten, da man eine Möglichkeit besaß, ‚gefüttert' zu werden."* [Interview RU-4]

Die informelle Vergabe von Studienplätzen durch die Manipulation des Prüfungsverlaufs bzw. der Ergebnisse stellte an vielen Hochschulen nicht nur eine wichtige Einnahmequelle dar, sondern auch eine der wenigen konstanten. Die Hochschulen, und insbesondere deren Leitungen, waren die größten Profiteure dieses Systems. In der Regel wurden die Einkünfte nach einem bestimmten Schlüssel geteilt, wobei der Großteil – bis zu 75% – an die Rektoren ging und der Rest unter den Fakultätsmitgliedern aufgeteilt wurde (Grabovska 2001). Das erklärt auch den Widerstand vieler Hochschulen gegen die Zulassungsreformen.

Korruption bei der Vergabe von Schulmedaillen

Eine weitere Möglichkeit, die Aufnahmeprozedur auf informellem Wege zu umgehen, bot sich Bewerbern, die für ihre guten Noten mit Gold- bzw. Silbermedaille ausgezeichnet wurden. Die Medaillisten brauchten keine Auswahlprüfung abzulegen, sondern wurden direkt zu einem Auswahlgespräch eingeladen, wo die Chance höher war, angenommen zu werden. In diesem Fall fand Korruption weniger auf der Hochschul-, sondern auf der Schulebene statt: Um Medaillen zu erhalten, musste in der Regel die jeweilige Schuladministration beeinflusst werden, was durch Bestechung und Blat erfolgte. Dazu eine Moskauer Lehrerin:

> *„Sie* [die Lehrerin] *kam in das Klassenzimmer mit zwei gleichen Notenheften, beide für das letzte Schuljahr, für dieselbe Abiturklasse. Es waren zwei Hefte, weil der Direktor der Schule Nr. 1040 die Lehrer dazu gezwungen hatte, alle Noten des letzten Jahres umzuschreiben. Sie sollten so umgeschrieben werden, dass einige Schüler, die der Direktor aufgezählt hatte,* […] *in allen Fächern ein ‚sehr gut' bekommen sollten,* […] *um eine Goldmedaille zu erhalten."* (Rybina 2007)

Dass es sich dabei um keinen Einzelfall handelte, belegen die Aussagen weiterer Lehrer sowie Umfragen. In einer Studie unter russischen Lehrern gaben alle Befragten an, solche Fälle persönlich zu kennen (Borusjak 2009). Für die Hochschulen war die Korruption auf Schulebene ein Argument, die Schulzeugnisse nicht anzuerkennen und die eigenen – korrupten – Zulassungsprüfungen zu rechtfertigen (Teichmann 2004, S. 23).

Der ehemalige russische Bildungsminister Vladimir Filippov konstatierte, dass in Russland Medaillen massenhaft informell erworben werden konnten, vor allem für Kinder einflussreicher Eliten: *„Die Schulen hängen von den kommunalen Machthabern ab – daher ist es nicht verwunderlich, dass Kinder von Direktoren Medaillen bekommen"* (Zaborovskaja et al. 2004, S. 39). Ursächlich für den „Medaillenregen" (Rybina 2007) waren neben den Eltern, die die Zugangsmöglichkeiten ihrer Kinder steigern wollten, die Schulen selbst: Mit der Vergabe von Medaillen versuchten sie ihr Image zu verbessern, um sich im Wettbewerb mit anderen Schulen besser zu positionieren.[105]

Diese Korruptionsform etablierte sich ab Mitte der 1990er Jahre. Das legt auch Tabelle 11 nahe, die, trotz allgemein sinkender Bildungsqualität, eine Inflation der Medaillisten zeigt: Während sich im Zeitraum von 1995-2008 die Anzahl der russischen Abiturienten um etwa ein Drittel verringerte, stieg die Zahl der Goldmedaillengewinner um fast das Doppelte. Besonders in den Regionen des Kaukasus erhielten überproportional viele Schüler Medaillen (Okuneva und Semenova 2006).

Tabelle 11: Abiturienten in Russland, inkl. Medaillisten, 1995-2008 (in Tsd.)

	1995	2000	2001	2002	2003	2004	2005	2006	2007	2008
Abitur	19.180	21.280	21.909	22.672	22.041	20.281	18.685	15.974	14.121	12.822
Gold	11,6	21,9	22,9	23,5	24,6	24,7	23,3	23,5	22,8	21,6
Silber	n.a.	58,2	58,3	64,1	63,8	62,8	57,5	54,2	51,4	43,0

Quelle: Föderales Statistikamt der Russischen Föderation, www.gks.ru.

Korruption bei den Schul- und Universitätsolympiaden

In der Sowjetunion galten Schulolympiaden als Königsweg, um an begehrte Hochschulen zu gelangen, denn die Gewinner der Olympiaden durften ihren Studienplatz frei wählen. Das Olympiaden-System existiert noch heute in vielen postsowjetischen Ländern. Neben den staatlich organisierten Olympiaden, die auf verschiedenen Ebenen von den Schulen aufwärts bis zur Landesebene stattfinden, dürfen einige Hochschulen eigene Olympiaden durchführen, deren Gewinner nur an der austragenden Institution studieren dürfen.

Das Problem dabei ist: Die „*Mehrzahl dieser Olympiaden besitzt deutliche Anzeichen von Korruption*“ (Borusjak 2009, S. 79). Sie wird begünstigt durch

[105] Angesichts des signifikanten Rückgangs der Schülerzahlen – in Russland um jährlich etwa 1 Mio. (Schmidt 2010, S. 19) – und den damit einhergehenden Schließungen zahlreicher Schulen hing nicht zuletzt davon ihr Überleben ab. So kam es dazu, dass in einigen Fällen die Notenverbesserungen nicht auf Initiative dafür zahlender Eltern zurückgingen, sondern – sogar gegen den Willen der Schüler – auf Druck der Schulleitungen (Borusjak 2011).

uneinheitliche und unklare Regeln, subjektive Bewertungsmaßstäbe und mangelhafte Kontrollen. Der Rektor einer führenden Moskauer Hochschule schätzt, dass bis zu 70% der Olympiadengewinner in Russland über Blat und informelle Absprachen bestimmt würden (Taratuta 2008). Die universitären Olympiaden seien *„in vielerlei Hinsicht einfach Dubletten der üblichen Auswahlprüfungen, sie werden bloß unbenannt“* [Interview RU-08], wie der Dekan einer anderen Moskauer Universität es ausdrückt.

Die bereits zitierte Medienanalyse von Public.ru zeigt, dass in Russland ab 2007, nachdem das EGE bereits die Auswahlprüfungen an den meisten Hochschulen abgelöst hatte, vermehrt Meldungen über korrupte Olympiaden erschienen (Public.ru 2011b). An einer Handvoll russischer Hochschulen wurden in einigen Studiengängen sämtliche Budgetplätze von (vorgeblichen) Olympiadengewinnern eingenommen. Da der Gewinn einer Olympiade nicht nur den Hochschulzugang sichert, sondern innerhalb der Bevölkerung ein hohes Prestige genießt, ist der informelle Erwerb einer Medaille nicht günstig: Zwischen 2007 und 2011 stieg der Preis in Russland von durchschnittlich 400.000 RUB (16.000 USD) auf 600.00 RUB (18.000 USD) (ebd.).

3.6 Folgen der Bildungskorruption

Bildungskorruption zieht zahlreiche Folgen nach sich, deren Effekte umstritten sind. Einige Arbeiten sehen Bildungskorruption als funktional an, weil sie helfe, das unterfinanzierte Bildungssystem zu erhalten und unabhängig von Faktoren wie religiöser und ethnischer Zugehörigkeit jedem, der finanziell dazu in der Lage sei, Zugang zur Hochschulbildung ermöglichten (Polese und Rodgers 2011). Dies mag in den 1990er Jahren, als die Unterfinanzierung im Hochschulsektor besonders drastisch war und der Lehrbetrieb nur durch informelle Zahlungen am Laufen gehalten werden konnte, mit Einschränkungen gegolten haben. Die vorliegende Studie nimmt jedoch einen anderen Standpunkt ein und betrachtet Bildungskorruption in erster Linie als dysfunktionale, subversive informelle Institution (Gel'man 2012) mit langfristigen negativen sozial-ökonomischen Auswirkungen, denn zentrale Funktionen der Bildung[106] werden untergraben.

Die hohen Korruptionsforderungen für einen Studienplatz unterminieren die Chancengleichheit. Für einkommensschwache Haushalte machen Korruptionszahlungen oftmals das gesamte Jahreseinkommen aus, wodurch ein Studium an einer guten Hochschule praktisch unbezahlbar wird. Weil diese Familien außer dem ökonomischen in der Regel auch nicht über das soziale Kapital in Form von Beziehungen zur Hochschuladministration verfügen, bleiben ihren Kindern viele Bildungschancen verwehrt. Sie werden durch die informelle Zugangspraxis systematisch diskriminiert.

Zu den Gruppen, die in Russland und der Ukraine am meisten durch Bildungskorruption benachteiligt werden, zählen:

- Bewerber aus dem ländlichen Raum und Kleinstädten
- Bewerber aus einkommensschwachen Haushalten
- Bewerber mit Eltern mit niedrigem Bildungsstand
- Bewerber mit Migrationshintergrund
- Bewerber, die (Halb-)Waisen sind
- Bewerber mit körperlicher oder geistiger Behinderung

Die sozialen und geografischen Verteilungsmechanismen, die in der Sowjetunion diesen Gruppen eine gewisse soziale Mobilität ermöglichten, griffen im von Korruption durchdrungenen postsowjetischen Hochschulsystem nicht mehr. Das führte zum Beispiel dazu, dass in den großen russischen Universitätszentren (allen voran Moskau und St. Petersburg) in den 1990er Jahren der Anteil der Studierenden, die aus den Provinzen des Landes kamen, signifikant sank – sie konnten sich weder die informellen Zahlungen für kostenfreie Budgetplätze noch ein zahlungspflichtiges Kontrakt-Studium leisten (Starcev 2012, S. 60). In der Ukraine fand eine ganz ähnliche Entwicklung

[106] Hochschulbildung dient gesamtgesellschaftlich betrachtet der Bildung von Humankapital und erfüllt folgende Funktionen: Qualifikation (durch Vermittlung von Wissen und Fertigkeiten; „kulturelles Kapital"), Integration (in gesellschaftliche Strukturen; „soziales Kapital"), Elitenselektion (anhand meritokratischer Prinzipien nach Fähigkeit und Leistung; „symbolisches Kapital").

statt. Es kam zu einer paradoxen Entwicklung: Zwar stiegen die Hochschulzugangsmöglichkeiten und mehr Menschen als je zuvor konnten ein Studium aufnehmen. Gleichzeitig aber schloss die ubiquitäre Korruption ganze soziale Gruppen von den neuen Bildungschancen aus. In einer Studie zur Chancengleichheit im russischen Bildungssektor heißt es:

> *„Einerseits ist die quantitative Entwicklung des Hochschulwesens offensichtlich, was den Hochschulzugang erleichtert.* [...] *Andererseits steigen gleichzeitig durch den Ausbau kostenpflichtiger Studienformen sowie den Anstieg informeller Ausgaben der Bevölkerung für kostenlose Studienplätze die ökonomischen Barrieren; unabhängig von den absolut wachsenden Studierendenzahlen haben sich somit die Zugangsmöglichkeiten für eine Reihe sozialer Schichten verringert, allen voran für Kinder aus einkommensschwachen Haushalten."* (Zaborovskaja et al. 2004 S. 9)

Die Studie verdeutlicht, wie stark die Zugangsmöglichkeiten von der sozialen Schicht abhingen.[107] Während da Groß der Massenuniversitäten mit niedriger Ausbildungsqualität praktisch für alle zugänglich war, konnten die wenigen renommierten Hochschulen mit hoher Bildungsqualität nur jene besuchen, die die Mittel hatten, durch das korrupte Zulassungssystem zu kommen:

> *„Der Zugang zu renommierter Bildung hängt nicht nur und nicht so sehr von der Leistung ab, die die jungen Menschen bei der Aufnahmeprüfung erbringen, sondern vielmehr vom Ressourcenpotenzial ihrer Familie, das sich aus dem sozialen Status, informellen Beziehungen, Geld, Wohnort und anderen Faktoren zusammensetzt. An durchschnittlichen Hochschulen stammen 26% der Studierenden aus Familien mit geringem und 46% aus Familien mit mittlerem Ressourcenpotential; an prestigeträchtigen Studiengängen elitärer Hochschulen sind es lediglich 12% aus Familien mit niedrigem und 41% aus Familien mit mittlerem Ressourcenpotential, da der Zugang dort mit erheblichen Kosten verbunden ist. Die Zulassung ist ohne Repetitor* [...] *oder Bestechung unwahrscheinlich."* (Šiškin 2004, S. 14)

Die Abiturienten aus einkommensschwachen Haushalten fernab der Großstädte besaßen nicht die Möglichkeit, an Vorbereitungskursen für die Aufnahmeprüfungen teilzunehmen, und häufig auch nicht das Geld für privaten Nachhilfeunterricht: *„Therefore, regional and socio-economic inequalities were replicated in access to higher education, negatively affecting the opportunities of school leavers from the countryside and small towns, and of working class students"* (Luk'yanova 2012, S. 1894). Geografische und soziale

107 Zu den Ungleichheiten und Benachteiligungen im Hochschulstudium aufgrund der sozialen Herkunft siehe auch die Studie von Bargel und Bargel (2010).

Mobilität fand kaum statt, und soziale Ungleichheiten wurden durch das korrupte Bildungssystem nicht gemildert, sondern im Gegenteil verschärft.

Eine weitere negative Folge von Bildungskorruption ist die Normalisierung und Internalisierung von Korruption. Studierende, die ihren Studienplatz durch Korruption erhalten haben, gehen im weiteren Studienverlauf davon aus, dass sie auch Leistungen wie Klausuren, Hausarbeiten und selbst Examensarbeiten und Diplome käuflich erwerben können:

> *„Es entsteht eine Kettenreaktion. Wenn es Korruption bereits bei der Zulassung gibt, so wiederholt sie sich grundsätzlich auch während des Studiums. Man kann dasselbe machen, um ein Examen zu bestehen. Du erwartest, dass du Geld anbieten kannst und dass man es auch von dir annimmt."* [Interview RU-4]

Die Studie von Rimskij (2010b) zeigt, dass russische Bürger, die studiert haben, eher zu Korruptionshandlungen neigen als solche, die kein Studium absolviert haben. Denisova-Schmidt et al. (2016) für Russland und Shaw (2005) für die Ukraine weisen nach, dass Studierende, die bereits an Schulen persönliche Erfahrungen mit Korruption gemacht haben, auch im Laufe ihres Studiums eher zu Bestechung neigen. Studierende erlernen durch ihre persönlichen Erfahrungen mit Korruption an den Hochschulen in einer prägenden Entwicklungsphase die informellen *rules of the game*. Korruption wird verinnerlicht und über das Studium hinaus in anderen gesellschaftlichen Teilbereichen als Norm wahrgenommen (Rimskii 2013, S. 13). Und dieses Wissen wird weitergegeben, z. B. an die neue Lehrergeneration, wie ein Bericht der Russischen Zivilgesellschaftskammer feststellt:

> *„Heute kommt eine neue Generation von gestrigen Studenten an die Schulen, die eine andere Einstellung zu Korruption haben. Laut Umfragen sind bis zu 80% der jungen Leute, darunter auch angehende Lehrer der pädagogischen Hochschulen, davon überzeugt, dass eine Bestechung eine ganz normale Möglichkeit ist, verschiedenste Probleme zu lösen."* (Obščestvennaja palata Rossijskoj Federacii 2013, S. 98)

Somit ist die sich reproduzierende ubiquitäre Korruption in Russland und der Ukraine letztlich auch ein Produkt ihrer korrupten Bildungssysteme.[108]

---

[108] Das impliziert, dass man zur erfolgreichen Korruptionsbekämpfung im Bildungswesen ansetzen muss und dort die ethischen und normativen Grundlagen für Korruptionsprävention schafft: *„Die Bekämpfung der Korruption wird dadurch erschwert, dass Korruption im Bildungswesen eine alltägliche Norm geworden ist und in einigen Fällen sogar*

Eine weitere zentrale Folge von Bildungskorruption ist ihre negative Auswirkung auf die Bildungsqualität und damit auch die Leistungsfähigkeit des Hochschulsystems:

> *„If the system is corrupt or widely believed to be corrupt, little else in the education system can be successful. Inattention to corruption in selection will place all other aspects of a nation's economic and social ambitions at risk."* (Heyneman 2003, S. 6)

Wenn die talentiertesten Bewerber keinen Studienplatz erhalten, sinkt die Leistungsfähigkeit des Bildungssystems. Das kann selbst negative Auswirkungen auf das wirtschaftliche Wachstum haben (Osipian 2012a, 2009d; Heyneman et al. 2008).

Korruption untergräbt die Bildungsqualität zudem dadurch, dass Studierende, die einzelne Noten oder komplette Abschlüsse durch Korruption erwerben, in der Regel nicht für Prüfungen lernen und, wie es ein Interviewteilnehmer drastisch ausdrückte, zu *„diplomierten Idioten"* würden. Dennoch sind gerade Personen mit gekauften Diplomen und Doktortiteln beruflich besonders erfolgreich. Die russische Antiplagiatsinitiative Dissernet fand heraus: *„The higher a Ph.D. rose in the Russian state hierarchy, the more likely it was that his doctoral thesis had been plagiarized* " (Bershidsky 2015). Dissernet wies in 40% der Doktorarbeiten russischer Parlamentarier Plagiate nach, was von einer negativen Elitenselektion zeugt, die nicht die fähigsten, sondern die skrupellosesten Personen an die Spitze der (korrumpierten) Gesellschaft aufsteigen lässt (Rostovtsev 2016).

Schließlich ist die ineffektive Allokation der knappen Ressourcen eine negative Begleiterscheinung von Korruption. Zwar werden durch die privaten informellen Zahlungen die fehlenden staatlichen Investitionen abgefedert. Allerdings werden diese Gelder ineffektiv und unfair verteilt – in der Regel werden sie nach informellen Gesetzmäßigkeiten hierarchisch nach oben weitergeleitet und nur ein geringer Teil verbleibt beim Hochschulpersonal oder wird in die Infrastruktur investiert. Die Mittel werden privatisiert und dem Bildungs-

---

die einzige Möglichkeit darstellt, vom Staat nominell kostenlos bereitgestellte Dienstleistungen zu erhalten. Ohne Überwindung der Korruption im Bildungssystem kann man unmöglich auf eine deutliche Abnahme der gesamtgesellschaftlichen Korruption hoffen" (Satarov 2013, S. 413).

system entzogen. Deswegen gibt es regelmäßig Forderungen, das gesamte Hochschulsystem zu kommerzialisieren und die informellen Zahlungen durch offizielle Studiengebühren zu ersetzen – also im Grunde genommen die Korruption dadurch zu legalisieren –, um diese Einnahmen gerechter und effizienter verteilen zu können (Grabovska 2001). Aufgrund der in der russischen und ukrainischen Gesellschaft verankerten (sowjetischen) Vorstellung, Hochschulbildung müsse kostenlos sein, scheint dieser Paradigmenwechsel trotz der inzwischen weitgehend vorangeschrittenen Kommerzialisierung derzeit jedoch nicht vermittel- und umsetzbar.

3.7 Zusammenfassung

Dieses Kapitel vermittelte einen umfassenden Einblick in das Phänomen der Bildungskorruption in Russland und der Ukraine. Die Krise der postsowjetischen Hochschulen in den 1990er Jahren schuf den Nährboden für Korruption, die sich wie auch in anderen Gesellschaftsbereichen ausbreitete. Es wurden die vielfachen ökonomischen, institutionellen, historischen, soziokulturellen und normativen Ursachen der Bildungskorruption aufgezeigt, die im Zusammenspiel das hohe Ausmaß der Bildungskorruption erklären. Die unterschiedlichen Ursachen für Bildungskorruption machen deutlich, dass die Lösung dieser Problematik eines komplexen Ansatzes bedarf, der über rein ökonomische, wie die Erhöhung der Löhne, oder technische Lösungen, wie den Einsatz von Videoüberwachung, hinausgeht. Vor allem die normativen Ursachen der Bildungskorruption können nur durch Bildung und Aufklärungsmaßnahmen angegangen werden.

Es wurden die unterschiedlichen Korruptionsmechanismen beschrieben, die im Vorfeld der Zulassungsreform in beiden Staaten existierten. Dazu gehören in erster Linie das Repetitorstvo, Rektoren- und Dekanslisten, Manipulation des Prüfungsverlaufs, Korruption bei der Vergabe von Schulmedaillen und bei den Schul- und Universitätsolympiaden. Somit machen nicht nur die verschiedenen Korruptionsursachen, sondern auch die unterschiedlichen Korruptionsformen eine effektive Bekämpfung der Korruption im Rahmen der Hochschulzulassung schwierig.

Es wurde deutlich, dass Bildungskorruption in beiden Ländern so verbreitet und fest verankert ist, dass sie als ubiquitär angesehen werden kann. Strukturelle und systematische Bildungskorruption zieht gesamtgesellschaftlich negative Implikationen nach sich. Dies ist vor allem der Fall, wenn der Hochschulzugang durch Korruption unterminiert wird und die negative Selektion mittel- bis langfristig die Leistungsfähigkeit des Staates beeinträchtigt.

In den beiden nun folgenden Kapiteln erfolgt in den Fallstudien eine detaillierte Analyse der Umsetzung der Zulassungsreformen. Dabei werden die Reformen einerseits hinsichtlich ihrer Implementierung untersucht und andererseits hinsichtlich ihrer Auswirkungen auf die Korruption bei der Vergabe von Studienplätzen.

4 Fallstudie Russland

Seit der Auflösung der Sowjetunion und der Souveränitätserklärung der Russischen Sozialistischen Föderativen Sowjetrepublik zur unabhängigen Russischen Föderation (RF) im Juni 1990 befindet sich die russische Bildungspolitik in einem kontinuierlichen Reformprozess. Scheiterte die tiefgreifende Modernisierung und Reformierung des postsowjetischen Hochschulsystems in den 1990er Jahren vor allem aufgrund der fehlenden Mittel des bankrotten Staates, hat sich durch die staatlichen Rohstoffeinnahmen die finanzielle Lage im Bildungssektor seit der Jahrtausendwende entspannt und dem Staat neue Spielräume für strukturelle Reformen eröffnet. Nach einem Jahrzehnt der Stagnation und der Krise wurde ein bildungspolitischer Reformprozess eingeleitet, der auf drei *Säulen der Modernisierung* (Gounko und Smale 2007) beruht: dem Staatlichen Einheitsexamen EGE, das 2000 als Experiment startete und 2009 verpflichtend eingeführt wurde; dem Studienfinanzierungsmechanismus GIFO, der 2002 als Pilotprojekt begann, 2005 jedoch wieder eingestellt wurde; sowie der Integration in den Europäischen Hochschulraum (Bologna-Prozess), dem sich Russland 2003 anschloss. In jüngerer Zeit sind mit einer „Effizienzinitiative", in deren Rahmen hunderte Hochschulen von zweifelhafter Qualität geschlossen wurden, sowie verstärkten Anstrengungen, Anschluss an den globalen Hochschulwettbewerb zu finden, zwei weitere Modernisierungspfeiler zu erkennen. Der Reformprozess scheint weder in absehbarer Zeit vollendet zu sein, noch hat er bisher die erhoffte tiefgreifende Umstrukturierung des nach wie vor sowjetisch geprägten Systems gebracht.[109]

---

[109] Vielmehr lässt sich eine Reformmüdigkeit feststellen – charakteristisch für die stockende Modernisierung Russlands: „*Any reform, that goes on for too long inevitably becomes its opposite, that is, it becomes a kind of counterreform. Unfortunately, this has been characteristic in general of reforms in Russia. Many researchers, in particular economists, have drawn attention to this* [...] *as a specific feature of the societal development if reforms on Russia.* [...] *As a result ‚Over several centuries Russia has been on the path of inorganic modernization, or catch-up development. But not a single one of the country's attempts to achieve catch-up modernization has been completely successful*'" (Mironov 2013, S. 4).

Im Folgenden wird mit der Einführung des EGE eine *Modernisierungssäule* im Hinblick auf die Bekämpfung von Korruption bei der Hochschulzulassung analysiert. Hierfür werden der Reformkontext und der Reformprozess nachgezeichnet, bevor anschließend die Wirkung auf die einzelnen Korruptionspraxen untersucht wird.

4.1 Der Einfluss externer Akteure auf die russische Bildungspolitik

Mit dem Zerfall der Sowjetunion ging erstmals in der russischen Geschichte eine breite Öffnung für internationale Bildungsakteure einher, und diese wurden zu neuen Akteuren im Reform- und Bildungsprozess. So legten z. B. die europäischen Staaten das Programm TEMPUS-TACIS[110] auf, das ab 1994 russische Hochschulen unterstützte. Neben der Förderung des akademischen Austauschs lag der Programmfokus zunächst auf der Entwicklung neuer, dem internationalen Standard entsprechender Curricula sowie der Modernisierung der Hochschulgovernance (European Training Foundation 1996, S. 17). Von 1994 bis 2006 wurden im Rahmen von TEMPUS-TACIS mehr als 250 Projekte mit einem Gesamtvolumen von ca. 130 Mio. Euro gefördert. Zwar nahm das Programm keinen direkten Einfluss auf die inhaltliche Ausgestaltung der Bildungspolitik, wirkte aber, wie später auch der Bologna-Prozess, durch Hochschulkooperationen und Normentransfer auf diese ein (Lenz 2014; Telegina und Schwengel 2012).

Die finanzielle Situation des Hochschulpersonals in den 1990er Jahren war prekär. Die Open Society Foundation (OSF) von George Soros, in dieser Zeit der wichtigste externe Akteur, vermochte das staatliche Finanzierungsvakuum einigermaßen aufzufangen. Die Arbeit der OSF war für die Aufrechterhaltung des Hochschulbetriebs essenziell. Die Stiftung verfolgte jedoch weniger eine konsistente Modernisierungsstrategie, sondern leistete eher punktuelle Hilfe in besonders problematischen Bereichen. Damit nicht die gesamte wissenschaftliche Elite auswanderte, förderte die Stiftung allein die Naturwissenschaften zwischen 1993 und 1996 mit 130 Mio. USD (Dezhina und Graham

[110] Das TEMPUS-Programm wurde mit dem Ziel initiiert, die Bildungskooperation mit Staaten außerhalb Europas zu fördern. 2014 wurde TEMPUS in das Förderprogramm „Erasmus+" der EU integriert.

2005, S. 1772). Für die Reformierung der sowjetischen Marxismus-Leninismus-Studien hin zu modernen Geistes- und Sozialwissenschaften stellte die OSF weitere 250 Mio. USD zur Verfügung; die Ausstattung von Schulen und Hochschulen mit EDV wurde zwischen 1995 und 2001 mit 100 Mio. USD finanziert (Johnson 1996, S. 126). Auch sicherte die OSF die Bereitstellung von Lehrbüchern, die Finanzierung von Konferenzen, die Entwicklung neuer Curricula und die Förderung von Forschungsprojekten. 1995 finanzierte die Stiftung die Gründung der renommierten britisch-russischen Moscow School of Social and Economic Sciences und unterstützte reformorientierte Universitäten wie die New Economic School in Moskau oder die Europäische Universität St. Petersburg. Im Juli 2003 gab George Soros jedoch bekannt, dass die Stiftung die Arbeit in Russland einstellen werde, da es genügend potenzielle russische Philanthropen im Land gebe.[111] In den 15 Jahren ihrer Russland-Aktivität hatte die OSF mehr als eine Milliarde USD investiert.[112]

Großen Einfluss auf die inhaltliche Ausrichtung der russischen Bildungsreformen besaßen die OECD und die Weltbank. Die OECD betrachtete die mangelnde Bildungsgerechtigkeit und den ungleichen Zugang zu den Hochschulen als eines der größten Probleme der 1990er Jahre:

> „*Despite legal pledges to the contrary, serious and growing disparities in access and equity exist throughout the Russian Federation. The most serious disparities are between those who can pay for special access and programs and those who cannot, between European Russia and areas distant from Moscow and Saint Petersburg, and between urban areas and those in rural areas.*" (OECD 1999, S. 12)

Laut OECD seien in den 1990ern zwar durch eine vergleichsweise liberale Hochschulgesetzgebung die formalen Rahmenbedingungen für eine umfas-

---

111 Er nannte explizit Michail Chodorkovskij, dessen 2001 gegründete Open Russia Foundation (ORF) im Jahr 2003 erstmals mehr Geld in zivilgesellschaftliche Projekte investierte als die OSF (Serchuk 2003). Die ORF finanzierte z. B. in vielen Regionen vertiefende Unterrichtskurse für höhere Klassenstufen, um sozial benachteiligten Schülern bessere Chancen bei den Aufnahmeprüfungen an den Universitäten zu ermöglichen. Mit Erfolg: 90% der teilnehmenden Schüler bestanden die Aufnahmeprüfungen (Teichmann 2004, S. 18).

112 Allerdings wurden die Mittel nicht immer effektiv verwendet und aufgrund finanzieller Unregelmäßigkeiten wurden die Konten der Stiftung sogar kurzzeitig eingefroren (Johnson 1996, S. 126). Viele Bildungsakteure äußern daher bis heute Skepsis und Kritik gegenüber der OSF (Grigor'ev 2009, S. 6).

sende Bildungsreform geschaffen worden. Aufgrund der mangelhaften Umsetzung sei aber ein tiefgreifender institutioneller Wandel ausgeblieben:

> „*The process of implementing actual change in underlying policies of quality assurance, financing and governance has been painfully slow.* [...] *In a time when rapid adjustment is critical to survival, the tertiary education system is drifting and, in many instances, unable to act.*“ (OECD 1999, S. 14)

Etwa zeitgleich mit der Öffnung des russischen Bildungssystems versuchte die OECD weltweit mehr Einfluss auf Bildungsreformen zu nehmen und eine neoliberale Bildungspolitik zu fördern (OECD 1998, 1999, 2004; 2014). Im Unterschied zu den Programmen der EU und der Soros-Stiftung zielte sie dabei jedoch weniger auf finanzielle Unterstützung, sondern hauptsächlich auf Beratung. Die Absicht war: „*provide a list of recommendations on how to improve education and establish a policy direction*“ (Gounko und Smale 2007, S. 538f.). Mit dem „Review of National Policies for Education: Russian Federation“ (OECD 1998) und „Tertiary Education and Research in the Russian Federation“ (OECD 1999) beeinflusste die OECD die russische Bildungspolitik maßgeblich. Während das erste Dokument die gescheiterten Reformbemühungen der 1990er Jahre analysiert, beinhaltet das zweite konkrete Reformempfehlungen. Zu den vordergründigen Zielen für Russland zähle „*reducing inappropriate barriers at the secondary/tertiary interface*“ (OECD 1999, S. 163), womit Korruption bei der Hochschulzulassung gemeint ist. Die OECD schlug vor, die Auswahlprüfungen an den Hochschulen durch ein einheitliches Examen zu ersetzen:

> „*The* [Ministry of Education] *should design and implement* [...] *a competitive entrance system that is equitable and transparent and that utilises examinations that are comparable, valid, reliable, affordable, and transparent. Institution-specific examinations should be replaced by the national examination system.* [...] *The new national examinations will* [...] *promote affordability and access so as to encourage greater equity in access to appropriate forms of higher education opportunities for all students, regardless of their economic condition or location.*“ (OECD 1999, S. 164)

Die OECD forderte, eine Testinfrastruktur mit einer nationalen Testagentur (mit regionalen Abteilungen) aufzubauen (OECD 1999, S. 36). Auf Grundlage dieser Empfehlungen entstand später „Rosobrnadzor“, die Agentur zur Durchführung des Einheitsexamens. Zwar verfügte die OECD über keinerlei finanzielle Hebel, um die Vorschläge umzusetzen, prägte durch ihre Expertise den Reformprozess dennoch entscheidend mit.

Neben der OECD engagierte sich auch die Weltbank[113] im russischen Bildungssystem und unterstützte die Reform- und Modernisierungsbemühungen. Aufgrund ihrer (finanziellen) Kapazitäten sah sich die Weltbank als einzige internationale Organisation mit genügend finanziellen Ressourcen für umfassende Bildungsreformen in Russland an (Gounko und Smale 2007, S. 536). Seit 1992 in Russland aktiv, investierte sie zwischen 1994 und 1998 ca. 40 Mio. USD in das russische Bildungssystem (Bray und Borevskaya 2001, S. 359). Im Zeitraum von 1998 bis 2008 stellte sie dem Bildungsministerium Kredite mit einem Gesamtvolumen von 212 Mio. USD zur Verfügung (Starcev 2012, S. 71). Damit besaß die Weltbank einen effektiven Einflusshebel, denn die Kredite waren an strikte Konditionen gebunden. Eine Forderung für die Bereitstellung der Kredite war die Entwicklung eines objektiven und transparenten Hochschulzulassungssystems zur Korruptionsprävention:

> *„Create objective university entrance examinations. The purpose is to reduce the relationship between families' abilities to pay bribes to secondary or university faculties and university entry. Payment of bribes to faculties predated the transition, but this practice, in the form either of tutorials to prepare students for examinations that the tutor himself/herself might be writing or of outright ‚gifts', has worsened."* (The World Bank 2000, S. 42)

Internationale Akteure investierten in den 1990er Jahren viel Geld in das marode russische Bildungssystem und hielten es dadurch am Laufen. Gleichzeitig übten sie durch *agenda setting*, *coercive pressure*, und *discursive power* in den 1990er Jahren maßgeblichen Einfluss auf das russische Bildungssystem aus[114], was einige Autoren gar zu der Ansicht verleitete:

---

[113] Die Weltbank beschäftigt sich seit den 1990er Jahren intensiv mit Bildungsreformen und der Einführung (externer) Bildungsevaluationssysteme (vgl. dazu Clarke 2012; Kusek und Rist 2004; Liberman und Clarke 2012; Lockheed 1992; The World Bank 2002; The World Bank 1995). Sie zählt zu den einflussreichsten globalen Akteuren in der Bildungspolitik, steht aufgrund ihrer neoliberalen Ansätze jedoch oft in der Kritik (Klees 2008).

[114] Ein Hindernis war jedoch die mangelnde Expertise bezüglich der Besonderheiten des russischen Hochschulsystems sowie die fehlenden praktischen Erfahrungen in der postsowjetischen Region. Westliche, neoliberale New-Public-Management-Methoden sollten implementiert werden, ohne dass postsowjetische Spezifika berücksichtig wurden (Sigman 2008). Dies führte dazu, dass: *„Russian reformers and their international allies were guided more by idealized Western models and practices than by the more*

„*their role in shaping social and educational policies is significant*“ (Gounko und Smale 2007, S. 546). Mit der wirtschaftlichen Konsolidierung des Landes unter Putin und seinem Kurs des eigenständigen und souveränen Russlands, das keine Unterstützung von außen benötige, nahm auch die Rolle internationaler Akteuer in der Bildungspolitik wieder ab.

Der Einfluss internationaler Akteure auf die russische Zulassungsreform ist daher als gering einzustufen. Sie gaben zwar den Anstoß für den Reformprozess, waren aber nicht mehr maßgeblich an der späteren Implementierung beteiligt, wie es in anderen postsowjetischen Staaten, in denen analoge Zulassungsreformen gemeinsam mit externen internationalen Akteuren umgesetzt wurden, der Fall war.

4.2 Konsolidierung und Modernisierung des russischen Hochschulsystems

Kennzeichnend für die russische Bildungspolitik der 1990er Jahre war eine konstante Verwaltung des Mangels. Erst gegen Ende des Transformationsjahrzehnts setzte eine wirtschaftliche und politische Konsolidierung ein, die eine tiefgreifende Modernisierung des Bildungssektors ermöglichte. Vor allem mit dem Amtsantritt Putins als Präsident im Jahr 2000 begann in einer Art „nachgelagerten Modernisierung“ ein zweiter Anlauf bei den Bildungsreformen (Schmidt 2010, S. 3). Nachdem der Staat die Hochschulen über Jahre vernachlässigt hatte, nahm er nun wieder verstärkt seine Verantwortung und Steuerungsfunktion wahr.

Im September 1998 wurde der Rektor der Universität der Völkerfreundschaft, Vladimir Filippov, zum Bildungsminister der neuen Regierung unter Jevgenij Primakov ernannt. Im Gegensatz zu seinen Vorgängern machte Filippov sich durch ein weitreichendes Modernisierungsprogramm einen Namen als Reformer. Ihm kam dabei zugute, dass in seiner Amtszeit die staatlichen Bildungsausgaben sowohl nominal als auch prozentual signifikant stiegen (vgl.

prosaic needs and realities of Russian teachers and students. [...] *Many of the recent international efforts have been led or shaped by educators who are experts in their countries, but who neither read Russian nor possess detailed knowledge of Soviet or Russian education*" (Johnson 1996, S. 128).

Tabelle 12). Höhere Rohstoffeinnahmen und die daraus resultierende wirtschaftliche Konsolidierung ab dem Jahr 2000 machten dies möglich.

Tabelle 12: Staatliche Bildungsausgaben der Russischen Föderation, 2000-2009

	2000	2001	2002	2003	2004	2005	2006	2007	2008	2009
Konsolidiertes Bildungsbudget, Mrd. RUB	214	277	408	475	593	800	1.033	1.342	1.664	1.691
Anteil am BIP (%)	2,9	3,1	3,8	3,6	3,5	3,7	3,9	4,1	4,1	4,0
Ausgaben aus dem Staatshaushalt für Bildung (%)	9,7	9,7	10,2	12,0	12,7	11,8	12,3	11,9	11,8	10,5
Ausgaben aus dem Staatshaushalt für Hochschulbildung (%)	2,3	2,4	2,2	2,3	2,8	3,2	3,6	3,3	3,8	4,1

Quelle: Kljačko 2010, S. 125.

Die Reformierung des Bildungssektors war Bestandteil der Modernisierungsstrategie des späteren Ministers für Wirtschaftliche Entwicklung, German Gref, der 1999 Direktor des von Vladimir Putin neu gegründeten „Centre for Strategic Research" wurde. Der für seine wirtschaftsliberalen Ansichten bekannte Gref war maßgeblich an der „Strategie für die sozial-ökonomische Entwicklung Russlands von 2000-2010" („Strategie 2010") beteiligt, die eine umfassende wirtschaftliche und soziale Modernisierung zum Ziel hatte. Das Programm von Gref markierte den eigentlichen Beginn der Modernisierung des russischen Bildungssystems.

Im Rahmen der „Strategie 2010" wurden drei für die Hochschulentwicklung wegweisende Dokumente erarbeitet: Im März 2000 wurde das „Föderale Entwicklungsprogramm für die Bildung von 2001-2005" bewilligt. Im Oktober desselben Jahres beschloss die Regierung zudem die „Nationale Bildungsdoktrin" № 751, und am 29. Dezember folge der Regierungsbeschluss № 1756-r über die „Konzeption zur Modernisierung der Bildung bis 2010". Diese drei Dokumente legten die grundlegende Ausrichtung der Bildungsreformen für das kommende Jahrzehnt fest. Im Gegensatz zu bisherigen Dokumenten, die eher Absichtserklärungen glichen, beinhalteten diese Dokumente nicht nur konkrete Modernisierungsmaßnahmen, sondern stellten dafür auch substanzielle finanzielle Ressourcen bereit.

In vielen Punkten gingen diese Dokumente, die ein neoliberales Bildungskonzept vertraten und die Loslösung vom sowjetischen Bildungssystem beschleunigen sollten, auf Empfehlungen der Weltbank und der OECD zurück (Gounko und Smale 2007). Ein zentraler Bestandteil war die Einführung eines einheitlichen Examens am Ende der Sekundarstufe, das als Hochschulzugangsberechtigung dienen und die korruptionsanfälligen Aufnahmeprüfungen obsolet machen sollte.[115]

Im stark zentralisierten russischen Bildungssystem stieg in dieser Zeit die Higher School of Economics zu einem der wichtigsten Akteure der Bildungsreformen auf. Bildungsexperten der HSE wie Tatjana Kljačko, Tatjana Abankina und Irina Abankina vom Institut für Bildung und vor allem der Rektor der HSE, Jaroslav Kuz'minov, der aufgrund seines großen Einflusses auch als „inoffizieller Bildungsminister“ bezeichnet wird, beeinflussten die Bildungsreformen maßgeblich. Kuz'minov, der an Grefs „Strategie 2010“ mitgewirkt hatte, und Bildungsminister Filippov verfolgten ein ähnliches Bildungskon-

---

115 Neben der Einführung des Zentralabiturs war das zweite große Vorhaben die Reform der Studienplatzfinanzierung, kurz GIFO (Gosudarstvennoe imennoe finansovoe objazatel'stvo). Der Staat sollte nicht länger eine vorweg festgelegte Anzahl kostenfreier Studienplätze an den Hochschulen finanzieren, sondern nach dem nachfrageorientierten Steuerungsmodell *„the money follows the student“* (Teichmann 2004). Ursprünglich war vorgesehen, die Höhe der Studiengebühren an das Resultat des neuen Einheitsabiturs zu koppeln. Abiturienten sollten für ihr EGE-Resultat einen Bildungsgutschein erhalten: Je besser ihr Ergebnis, desto höher der Bildungsgutschein und damit die staatliche finanzielle Förderung ihres Studiums. Für die besten Resultate sollten Gutscheine verteilt werden, die ein kostenfreies Studium ermöglichen. Tatjana Kljačko von der Higher School of Economics, die wesentlich am Reformentwurf mitgewirkt hatte, erklärt wie EGE und GIFO zusammen die russischen Haushalte deutlich entlasten würden, ohne dass die Hochschulen finanzielle Einbußen hätten: *„Der Umfang des staatlichen Bildungsbudgets wird anhand des EGE berechnet. Nehmen wir an, das GIFO der Kategorie B beträgt 7.000 Rubel, kann eine Familie folgende Rechnung aufstellen: Nicht einmalig 30.000 Rubel für den Repetitor zahlen, sondern über 5 Jahre verteilt 7.000 Rubel. Das sind zwar 5.000 Rubel mehr, aber die Ausgaben verteilen sich auf den gesamten Studienzeitraum und die finanzielle Belastung für die Familie sinkt. Auch die Hochschule profitiert davon.* [...] *Dank EGE und GIFO sinkt nicht nur die finanzielle Belastung für die Familien, sondern steigt auch noch die Effizienz in der Verwendung der Mittel“* (Kljačko 2002). Das GIFO-Projekt wurde 2005 auf massiven Druck der Rektoren jedoch eingestellt, da vor allem die weniger angesehenen Hochschulen ihre staatliche Finanzierung dadurch bedroht sahen.

zept. Im Oktober 2000 ernannte das Bildungsministerium eine Arbeitsgruppe aus 22 Personen, die ein einheitliches Examen am Ende der Sekundarstaufe entwickeln sollten, darunter neben Filippov auch Kuz'minov.[116]

Den von der HSE angeführten (wenigen) liberalen Hochschulen stand jedoch von Beginn an ein konservativer Flügel um die Staatliche Lomonossow Universität Moskau gegenüber. Viktor Sadovničij, Rektor der MGU und Vorsitzender des einflussreichen, konservativen Rektorenbundes, sprach sich während eines Treffens des Rektorenverbands im Dezember 2000 strikt gegen die Idee eines Zentralabiturs aus. Die Gruppe der reaktionären Rektoren sah das sowjetische Bildungswesen nach wie vor als führend in der Welt an und war gegen Reformen.[117] Diese Einstellung herrscht auch in weiten Teilen der Bevölkerung, aber auch der Bildungsakteure vor: In einer Umfrage von 2006 unter 309 Bildungsexperten äußerten drei Viertel der Befragten Kritik oder Zweifel an den Bildungsreformen; die Einführung des Einheitsexamen wurde dabei mit 31% am dritthäufigsten kritisiert (58% kritisierten die Kommerzialisierung des Hochschulsystems und 43% den Bologna-Prozess) (Grigor'ev 2009, S. 4). Politische Unterstützung erhielten die Reformgegner von den Kommunisten, die sich nahezu gegen jede Bildungsreform stellten und prinzipiell gegen das EGE waren. Zwar sollten sich letztlich die progressiven Reformer durchsetzen; die konservativen Hochschulvertreter rangen ihnen jedoch zahlreiche Kompromisse ab, die nicht selten Korruptionsopportunitäten schufen, wie später gezeigt wird.

---

116 Die Anordnung 3066 vom 26.10.2000 „Über die Gründung eines Rats zur Vorbereitung, Organisation und Durchführung eines Einheitsexamens auf experimenteller Basis" beruft die Mitglieder der Kommission und legt den Zeitplan für die Umsetzung des Einheitsexamens fest.

117 In den konzeptionell unterschiedlichen Vorstellungen von der Ausrichtung der Bildungspolitik spiegelt sich die zwei Jahrhunderte alte russische Bipolarität zwischen reformorientierten „Westlern" und konservativen „Slavophilen" wider (Pavlova 2010, S. 68). Für eine detaillierte Beschreibung der liberalen und konservativen Strömungen in der Bildungspolitik und ihrer Verfechter vgl. Afanas'ev (2002). Die Reformziele und Vorstellungen der Modernisierer finden sich z. B. In Filippov (2002), Kuz'minov (2002) und Volkov et al. (2008). Sadovničij legte seine bildungspolitische Vision u. a. im programmatischen „„Obolonjat'-li Rossiju?" im *Moskovskij Komsomolez* vom 3. September 2003 vor, das zum Manifest für alle Modernisierungskritiker wurde und dem Bologna-Raum ein postsowjetisches Anti-Bologna entgegenstellte; online abrufbar unter www.phys.msu.ru/rus/about/sovphys/ISSUES-2003/4(33)-2003/ sadovn/, zuletzt geprüft am 13.01.2015.

Putins zweite Amtszeit von 2004-2008 war gekennzeichnet durch den steigenden Einfluss des Staates und die zunehmende Bürokratisierung in allen politischen und gesellschaftlichen Bereichen. Die durch Putin errichtete Machtvertikale, die wie kaum ein anderes Phänomen sein Herrschaftssystem charakterisiert, wirkte sich zunehmend auf das Bildungssystem aus[118], in das der Staat immer stärker eingriff.

Anfang September 2005 rief Präsident Putin vier „Prioritäre Nationale Projekte" aus, wovon eines Bildung war.[119] Dies galt nicht nur als politisches Signal für die Fortführung des Modernisierungskurses unter Filippov, der ein Jahr zuvor durch Putins engen Vertrauten Aleksej Fursenko ersetzt wurde, sondern hatte auch finanziell bedeutsame Folgen: Das Nationale Bildungsprogramm stellte jährlich ca. 5 Mrd. Euro zusätzlich bereit; ab 2011 sogar mehr als 11 Mrd. Euro. Das staatliche Programm zielte vor allem darauf ab, das Bildungssystem besser auf die Bedürfnisse des Arbeitsmarktes auszurichten und die Ausbildungsqualität zu verbessern. Dabei wurden viele Ideen und Initiativen übernommen, die in den 1990ern von der Open Society Foundation initiiert und finanziert worden waren (Starcev 2012). Z. B. wurden in Anlehnung an ein Programm der Soros-Stiftung leistungsbasierte Gehälter eingeführt, um größere Anreize für Pädagogen zu schaffen, die Unterrichtsqualität zu verbessern.[120] Darüber hinaus wurden in einer Art Exzellenzinitiative neun „Föderale Universitäten" und 29 „Forschungsuniversitäten" ernannt, die eine zusätzliche Finanzierung erhielten und zu Leuchttürmen der russischen Hochschullandschaft ausgebaut werden sollten (Meister 2009). Sie erhielten ein Vielfaches der staatlichen Mittel der übrigen Universitäten. Dadurch konnten notwendige Umstrukturierungen im Rahmen des Bologna-Prozesses

---

[118] Exemplarisch hierfür ist das erwähnte Wahlverfahren der Rektoren, das die staatliche Kontrolle der Hochschulen deutlich verstärkt hat.

[119] Die anderen drei Nationalen Projekte waren Gesundheit, Wohnungsbau und Landwirtschaft. Die milliardenschweren Ausgaben kamen jedoch nicht nur den russischen Bürgern zugute, sondern häufig auch der Putin nahestehenden Elite: Im Mai 2014 berichteten investigative Journalisten, dass bei der Vergabe von staatlichen Aufträgen im Rahmen des Nationalen Gesundheitsprojekts dreistellige Millionenbeträge in schwarzen Kassen verschwunden seien (Grey et al. 2014). Sie konnten nachweisen, dass vor allem Putins Vertraute davon profitiert hatten.

[120] Die anreizbasierte Finanzierung sieht vor, dass 70% des Lehrergehalts fix und 30% nach leistungsabhängigen Richtwerten festgelegt werden (Schmidt 2010, S. 14).

realisiert werden. Auch die Reform des Hochschulzugangs und die Einführung des EGE wurden teilweise aus Mitteln des Nationalen Bildungsprojekts finanziert.

Mit der zunehmenden staatlichen Einflussnahme einher ging der graduelle Rückzug internationaler Akteure wie der Open Society Foundation. Bis auf einige Hochschulrektoren wie Jaroslav Kuz'minov von der HSE oder Viktor Sadovničij von der MGU gab es nur wenige zivilgesellschaftliche Akteure, die sich aktiv am bildungspolitischen Reformprozess beteiligten. Erst als 2006 die Zivilgesellschaftskammer (Obščestvennaja Palata Rossijskoj Federacii, OPRF)[121] ihre Arbeit aufnahm, gab es mit ihr einen gewichtigen Akteur, der aktiv am Bildungsreformprozess und der Einführung des EGE mitwirkte. Innerhalb der OPRF war die von Kuz'minov geleitete „Kommission für die Entwicklung des intellektuellen Potenzials" für den Bildungssektor zuständig. Die Zivilgesellschaftskammer entwickelte sich zu einer Diskussionsplattform über die konkrete Ausgestaltung des EGE.

4.3 Antikorruptionsbemühungen im russischen Hochschulsektor

Über die gesamten 1990er Jahre hinweg gab es praktisch keine ernsthaften staatlichen Versuche, gegen Korruption vorzugehen. Jelzins Antikorruptionsgesetz von 1991 wurde durch die schwierigen politischen und wirtschaftlichen Rahmenbedingungen konterkariert (Dugan und Lechtman 1997) und verpuffte durch den Aufstieg einer oligarchischen Elite und deren zunehmenden informellen Einfluss (Pleines 2005a). Trug Jelzins Ausübung des Superpräsidentialismus bereits deutliche undemokratische Züge, verfestigte sich nach Putins Amtsantritt im Jahr 2000 ein semiautoritäres Regime, in dem Privile-

---

121 Die OPRF geht auf eine Initiative des Präsidenten im Herbst 2004 zurück, als Putin, in Reaktion auf ein zivilgesellschaftliches Vakuum, die Einführung einer politisch unabhängigen zivilgesellschaftlichen Institution forderte. Die Zivilgesellschaftskammer sollte wichtige Reform- und Gesetzesvorhaben mit der Zivilgesellschaft abstimmen und die Arbeit der Exekutive kontrollieren. Aufgrund ihrer Zusammensetzung – ein Drittel der Kammer wird direkt vom Präsidenten ernannt – sowie der begrenzten Einflussmöglichkeiten wird die Zivilgesellschaftskammer jedoch kritisiert (Evans 2008) und als *„Potjomkinsches Parlament und Papiertiger"* (Fein 2006) bezeichnet.

gien und Profite informell gegen politische Loyalität getauscht wurden.[122] Korruption diente dazu, die Zustimmung der Eliten und des unter Putin stark wachsenden Beamtenapparats[123] zu festigen und damit den Machterhalt sicherzustellen. Auf institutioneller Ebene gab es zwar einige Fortschritte, wie zum Beispiel 2000 die Gründung einer Antikorruptionskommission in der Duma und die Initiierung eines Rats des Präsidenten zur Korruptionsbekämpfung 2003 – allerdings zogen diese Maßnahmen keine sichtbaren Erfolge nach sich.

Die Antikorruptionsaktivitäten gingen vom Staat aus und wurden ohne zivilgesellschaftliche Beteiligung *top-down* implementiert. Die korrupte Bürokratie sollte sich selbst bekämpfen – ein Ansatz, der zum Scheitern verurteilt war. Entgegen seiner Rhetorik führte Putins Politik daher zu einem vielfachen Anstieg der Korruption (INDEM Foundation 2005).

Putins Nachfolger Medvedev, der als hoffnungsvoller Reformer 2008 das Präsidentenamt übernahm, räumte dem Kampf gegen die Korruption einen besonderen Stellenwert ein. Seine Regierungszeit wird auch als „*Tauwetterphase*" (Panfilova 2012) der Korruptionsbekämpfung bezeichnet. Unter Medvedev wurde eine umfassende Gesetzesbasis zur Bekämpfung von Korruption geschaffen. Kurz nach seinem Amtsantritt wurde eine Expertenkommission gebildet, die einen „Nationalen Antikorruptionsplan" und anschließend das „Gesetz zur Bekämpfung der Korruption" vom 25. Dezember 2008 № 273-F3 ausarbeitete. Darin wird Korruption in Russland nicht nur erstmalig kodifiziert und definiert, sondern es werden auch Antikorruptions- und Sanktionsmaßnahmen eingeführt. Ein wichtiger Schritt war, dass Beamte ihre Einkünfte fortan offenlegen mussten, was der Zivilgesellschaft neue Kontrollmöglichkeiten eröffnete und z. B. die Arbeit des Antikorruptionsaktivisten Alexej Navalnyj ermöglichte, der bald zu einem bekannten Oppositionspolitiker wurde. Im weiteren Verlauf von Medvedevs Amtszeit, aber auch in der 2012 folgen-

---

122 Wer gegen diese informelle Absprache verstieß, wurde sanktioniert, wie das Beispiel von Michail Chodorkovskij, dem einstmals reichsten und mächtigsten russischen Oligarchen, zeigt, der bei Putin in Ungnade fiel und seine Freiheit und sein Vermögen verlor (vgl. Sakwa 2009).

123 In Putins ersten beiden Amtszeiten hat sich der Beamtenapparat einigen Angaben zufolge nahezu verdoppelt (Levčenko 2009).

den dritten Amtszeit Putins, wurden weitere Gesetze und Dekrete erlassen.[124] Diese staatlichen Antikorruptionsmaßnahmen waren auch ein Versuch, die Ansätze zivilgesellschaftlicher Korruptionsbekämpfung zu vereinnahmen und den politischen Aufstieg von Navalnyj zu verhindern.

Trotz der umfassenden Gesetzesbasis zeigen sich zahlreiche Defizite, zum Beispiel was die Regulierung der Beamtenbestechung oder den Hinweisgeberschutz anbelangt. Aufgrund der schwachen rechtsstaatlichen Institutionen und des gelenkten und willkürlichen Justizwesens bedeutet die bestehende Gesetzesgrundlage zudem nicht, dass die Gesetze angewendet werden: So wurden im ersten Halbjahr 2014 zwar 120.000 Antikorruptionsuntersuchungen eingeleitet, aber in der Folge verloren lediglich 200 Beamte ihre Stellung (Galeotti 2015). Auch die mangelhafte Durchsetzung der Rechenschaftspflicht ist ein großes Problem: Politiker sind zwar gesetzlich dazu verpflichtet, ihre Einkünfte zu deklarieren; laut Transparency International gab es 2013 jedoch in den meisten Regionen grobe Verstöße gegen das Transparenzgesetz und 746 regionale Abgeordnete legten ihre Einkünfte nicht offen (Transparency Internation Russia 2015, S. 9). Viele Experten bemängeln daher, dass sich trotz der reformierten *de jure* Gesetzesbasis, die inzwischen zu den fortschrittlichsten der Welt zählt, sich *de facto* nichts geändert habe (Panfilova 2012, S. 245). Im Gegenteil: Die im Bereich der Antikorruption aktive Zivilgesellschaft wurde in den letzten Jahren zunehmend marginalisiert. Die gelenkte Justiz wendet die Antikorruptionsgesetzgebung selektiv an, um wirtschaftliche und politische Opponenten der Politik Putins zu schwächen[125] und die eigenen Reihen innerhalb des Regierungsapparats zu schließen.[126] So er-

124 Die zentralen Gesetzesnormen des Antikorruptionspakets sind z. B. auf der Seite der Föderalen Agentur für Wissenschaftsorganisation zu finden, www.fano.gov.ru/ru/activity/corrupt/legistation/index.php, zuletzt geprüft am 15.04.2015.

125 Die drei bekanntesten russischen Antikorruptions-NGOs sind die INDEM-Stiftung, die russische Abteilung von Transparency International sowie die „Stiftung gegen Korruption" von Alexej Navalnyj. Während die ersten beiden Organisationen seit Erlass des sog. „Agenten-Gesetzes" in ihrer Arbeit stark behindert werden (TI Russland wurde im April 2015 zum „Ausländischen Agenten" erklärt), reicht die staatliche Repression im Falle von Navalnyj weiter: Im Dezember 2014 wurde der Aktivist in einem politisch motivierten Verfahren aufgrund eines angeblichen Korruptionsskandals zu einer mehrjährigen Bewährungsstrafe verurteilt.

126 Beispielhaft für *„Putin's Fake Anti-Corruption Drive"* ist das Schicksal des Duma-Abgeordneten Gennadij Gudkov, der, nachdem er Demonstrationen der Opposition besuchte, durch einen angeblichen Korruptionsskandal sein Mandat und seine Immu-

wiesen sich die bisherigen staatlichen Antikorruptionsmaßnahmen als ineffektiv und bewirkten sogar das Gegenteil: „*In the last four years, the war on corruption has led to the opposite results*“ (Khvostunova 2012).

Vor diesem Hintergrund ist es nicht verwunderlich, dass es in den 1990er Jahren keine systematische Korruptionsbekämpfung im Hochschulsektor gab. Im Gegenteil wurde Korruption als Kompensation für die niedrigen Löhne im Bildungssektor gesellschaftlich akzeptiert und als Win-win-Situation wahrgenommen. Ihre konsequente Bekämpfung hätte den Kollaps des kriselnden Hochschulsystems bedeuten können, wie sich der ehemalige Vizebildungsminister Bolotov erinnert:

> *„Mir sagte einer der ranghöchsten Beamten des Innenministeriums damals: ‚Nun, was sollen wir tun? Sollen wir anfangen, sie alle festzunehmen? Aber wenn wir damit anfangen, werden wir jeden Zweiten festnehmen. Dort* [an den Hochschulen] *nimmt jeder Zweite. Du verstehst das selbst. Was geschieht dann mit dem Bildungssystem? Es kollabiert einfach.‘“* [Interview RU-18]

Effektive Korruptionsbekämpfung war in den 1990er Jahren somit weder möglich, noch gewollt. An einzelnen Hochschulen waren Antikorruptionsmaßnahmen zwar vorhanden, oft jedoch nur formal. Während der Interviews an russischen Hochschulen sind dem Autor verschiedene deklarativen Charakter besitzende Maßnahmen aufgefallen: An einigen Universitäten wurden – nach alter sowjetischer Tradition – Warnhinweise aufgestellt, dass Korruption verboten sei. Andere Hochschulen richteten spezielle Hotlines oder Briefkästen für Korruptionsfälle ein. Da viele Betroffene jedoch fürchten, dass ihre Anonymität nicht gewährleistet sei, werden diese Angebote misstrauisch betrachtet und kaum in Anspruch genommen. Darüber hinaus gehende Maßnahmen gibt es kaum. Wer versucht, Korruption aufzudecken, wird in der Regel nicht unterstützt, sondern als Nestbeschmutzer angesehen, wie das Schicksal von Igor Grošev (vgl. Fußnote 67) zeigt. Whistleblower müssen mit Druck seitens der Kollegen bis hin zum Arbeitsplatzverlust rechnen.

---

nität verlor: „*Most likely, the anti-corruption campaign is an attempt to further bind United Russia at all levels to avoid the danger of defectors or a split in the elite. This is precisely where the campaign to discredit Just Russia Deputy Gennady Gudkov comes in. The Kremlin is using him as an example to show all the disloyal and doubtful what could happen to them if they criticize President Vladimir Putin and the ruling regime too sharply*“ (Petrov 2012).

Bis heute haben nur einige wenige Hochschulen konsequente Antikorruptionsprogramme wie Ethikkodizes und Antiplagiatsmaßnahmen umgesetzt (Golunov 2013b, S. 10). Diese Inseln mit ihren Mechanismen zur Wahrung akademischer Integrität und ihren Korruptionspräventionsmaßnahmen zeigen, dass es auch innerhalb eines korrupten Umfelds möglich ist, erfolgreich gegen Korruption vorzugehen. Als Vorbild wurde in nahezu allen Interviews auf die Higher School of Economics verwiesen, der es gelungen ist, eine korruptionsfreie Organisationskultur zu etablieren.[127]

Da die russische Zivilgesellschaft auch zweieinhalb Jahrzehnte nach der Auflösung der Sowjetunion unterentwickelt ist und seit dem Protestwinter 2011/12 (vgl. Gabowitsch 2013) durch repressive staatliche Maßnahmen weiter geschwächt wurde, gibt es kaum eine gezielte, geschweige denn umfassende Antikorruptionstätigkeit von nichtstaatlichen Organisationen im Bildungssektor. Das russische Chapter von Transparency International betreibt zwar seit einigen Jahren ein „Antikorruptionslaboratorium"[128] an der HSE und bietet Seminare für Studierende an, allerdings ist deren Reichweite sehr gering und an den monatlichen Vorträgen nehmen vielleicht ein Dutzend Personen teil. 2014 erarbeitete TI ein Curriculum für Ethik, Transparenz und Antikorruption für Schulen und Hochschulen und führte Seminare an Bildungseinrichtungen in mehreren Regionen durch.[129] Außer TI gibt es mit dem „Russischen Studierendenbund"[130] sowie der „Allrussischen Organisation zum Schutz der Verbraucher von Bildungsdienstleistungen"[131] zwei weitere Orga-

---

[127] Allerdings unterscheidet sich die HSE sehr stark von den übrigen russischen Hochschulen: Erstens untersteht sie direkt dem Wirtschaftsministerium, das die Hochschule finanziell überdurchschnittlich gut ausstattet. Dies ermöglicht der HSE, sehr gute Gehälter zu zahlen, die im Unterschied zu den Löhnen anderer Hochschulen zum Leben reichen. Zweitens wurde die HSE erst 1992 gegründet, sodass es keine alten, korrupten Seilschaften gibt und neue Mitarbeiter nach Kriterien wie Integrität ausgewählt wurden. Der Dritte Faktor ist die integre Hochschulleitung, die eine korruptionsfreie Hochschulkultur von Anfang an konsequent durchsetzte.

[128] Mehr Informationen sowie das Programm finden sich auf der Website des Laboratoriums unter www.lap.hse.ru.

[129] Transparency International Russia: Novye programmy antikorrupcionnogo obrazovanija, www.transparency.org.ru/antikorruptcionnoe-obrazovanie/tcentr-ti-r-razrabotal-programmy-antikorruptcionnogo-obrazovaniia, zuletzt geprüft am 19.01.2015.

[130] Website der Organisation: www.russiansu.ru.

[131] Website der Organisation: www.ozppou.org.

nisationen, die sich gegen Bildungskorruption einsetzen. Allerdings besitzen beide Institutionen trotz ihrer landesweiten Präsenz nur begrenzte Ressourcen, sodass ihre Arbeit vor allem darin besteht, auf Missstände hinzuweisen. Da Antikorruptionsmaßnahmen zudem nicht den Schwerpunkt ihrer Arbeit ausmachen, ist von einer systematischen Antikorruptionstätigkeit nicht zu sprechen.

Ein weiterer Faktor, der die Korruptionsbekämpfung im Bildungssektor erschwert, sind die unzureichenden bzw. nicht greifenden Sanktionen. Zwar gibt es wie gezeigt eine umfassende Gesetzesbasis, die auch empfindliche Strafen beinhaltet; diese werden jedoch selten angewandt. Selbst wenn Korruption nachgewiesen werden kann (was selten der Fall ist), kommt es nur vereinzelt zu Strafmaßnahmen. Werden Mitarbeiter entlassen, können sie einfach an anderen Hochschulen weiterarbeiten. Das Risiko, Lohn- und Pensionsansprüche zu verlieren, spielt bei den niedrigen Gehältern und Renten eine untergeordnete Rolle. Für effektivere Maßnahmen bräuchte es:

> „[...] *eine deutliche Erhöhung der Gehälter, damit die Pädagogen sich an ihre Arbeitsplätze klammern. Aber wenn man nur 25.000 Rubel* [ca. 600 Euro] *verdient, gibt es keinen, der einen direkt ersetzen würde. Selbst wenn sie dich erwischen und kündigen, dann fängst du einfach an einer anderen Hochschule an, da gibt es überhaupt keine Verbote. Niemand wird* [im Arbeitszeugnis] *schreiben, dass du wegen Bestechlichkeit entlassen wurdest.*“ [Interview RU-15]

Mit der 2012 eingeleiteten Effizienzkampagne verstärkte das Bildungsministerium die Kontrolle über die Hochschulen und schloss zahlreiche „ineffektive“ Einrichtungen. Das zielte nicht zuletzt auf darauf ab, gegen die an vielen Universitäten grassierende Korruption vorzugehen. Allerdings ist der Erfolg dieser Maßnahme nicht unumstritten. Ein Grund dafür ist, dass das Ministerium selbst als eine der korruptesten Behörden gilt und mit den Effizienzmaßnahmen der korruptionsanfällige bürokratische Aufwand gestiegen ist.[132]

---

[132] 2014 hat eine unabhängige Überprüfung durch die Zivilgesellschaftsorganisation „Obrnadzor“ ergeben, dass es bei 223 staatlichen Auftragsvergaben im Bildungsbereich in 165 Fällen Unregelmäßigkeiten gab, die auf Korruption im Gesamtvolumen von 3,4 Mrd. RUB (40 Mio. Euro) schließen ließen (Kazakov 2014). Auffallend häufig gingen Aufträge an Bewerber mit familiären Beziehungen zum Bildungsministerium.

Unter den angeführten Umständen ist es nicht verwunderlich, dass sich die Korruptionsbekämpfung im Bildungssektor als ineffektiv erwies. Ob die Zulassungsreform diesbezüglich effektiver war, beleuchten die nächsten Kapitel.

4.4 Implementierung des Staatlichen Einheitsexamens EGE

Obwohl der Zeitpunkt für umfassende Bildungsreformen um den Jahrtausendwechsel nicht ideal war – die strukturelle Unterfinanzierung und die Nachwirkungen der Rubelkrise von 1998 waren noch deutlich spürbar, das bevorstehende Wirtschaftswachstum noch nicht absehbar und selbst die Weltbank, die großzügige Kredite gewährte, räumte ein: „*The timing was not right for a project that would encompass broad educational reforms*" (The World Bank 2005, S. 3) –, brachte Bildungsminister Filippov die Zulassungsreform voran. Er sah in der grassierenden Korruption ein Entwicklungshindernis für die Zukunft des Hochschulwesens: „*The development of education is being hindered by corruption in institutions of higher learning*" (Mironov 2013, S. 33). Filippov setzte die Korruptionsbekämpfung auf die politische Agenda, wobei sein Hauptaugenmerk auf der Reformierung des Hochschulzugangs lag. Von der Einführung eines neuen Examens erhoffte er sich, Korruptionsmechanismen wie Blat auszuhebeln:

> „*Wir lieben es immer noch, Absprachen zu treffen.* [...] *Das EGE – es ist genau dafür da, Blat zu verhindern und dieses System der informellen Absprachen zu bekämpfen.*" (Uroki EGE kak sistemnogo proekta 2012, S. 183)

Im folgenden Kapitel wird der Implementierungsprozess des EGE von den ersten Überlegungen bis zur landesweiten Einführung 2009 skizziert.

4.4.1 Zur Idee eines Einheitsexamens als Mittel der Korruptionsbekämpfung

Erstmals wurde die Idee eines standardisierten Examens für Abiturienten, das zugleich als Hochschulzugangsberechtigung die korruptionsanfälligen Aufnahmeprüfungen obsolet machen sollte, 1992 erörtert. Zu dieser Zeit war der Einfluss der Weltbank und der OECD auf die globale (und russische) Bildungspolitik sehr groß (Gounko und Smale 2007). Das zeigte sich z. B. in der Einführung externer Evaluationssysteme[133], die mit ihrer Unterstützung in zahlreichen Staaten etabliert wurden. Stephen Heynemann, bei der Weltbank verantwortlich für Bildungspolitik und Kreditvergabe an die postsozialistischen Staaten, schlug Vizebildungsminister Viktor Bolotov vor, über ein nationales Examen nachzudenken (Uroki EGE kak sistemnogo proekta 2012, S. 166). Heynemann forderte „*an objective and efficient mechanism to administer selection to higher education. For example, admissions should be based on tests that can be administered anywhere in Russia*" (Heyneman 1995, S. 4). Da Korruption bei der Studienplatzvergabe zu diesem Zeitpunkt noch nicht den systematischen Charakter der späten 1990er Jahre besaß, zielte der Vorschlag zunächst nicht explizit auf Korruptionsbekämpfung ab, sondern darauf, ein effizientes, landesweit standardisiertes und vergleichbares Testsystem aufzubauen. Viele postsowjetische Staaten versprachen sich von der Einführung externer Evaluationssysteme schnell sichtbare positive Effekte, da sich im Unterschied zur Reformierung von Lernmethoden oder Curricula ein Zulassungssystem schneller und einfacher implementieren und besser vorweisen ließ (Bakker 2012).

---

133 Grundsätzlich lassen sich drei Ebenen von Evaluationssystemen mit unterschiedlichen Funktionen unterscheiden (Clarke 2011):
1) *Classroom Assessments:* Sie dienen vor allem dazu, Informationen über den individuellen Lernprozess zu dokumentieren. In der Regel werden die Informationen in mündlichen Abfragen oder schriftlichen Tests erhoben, die jederzeit und in allen Fächern erfolgen können. Diese Prüfungen sind nicht standardisiert und grundsätzlich für alle Schüler einer Klasse obligatorisch.
2) *Large-Scale Assessment Surveys* (Bildungsstudien auf nationaler und internationaler Ebene): Die Funktion von Large-Scale Assessments besteht vor allem darin, nicht nur die individuelle, sondern eine größere regionale, nationale oder internationale Ebene zu erfassen. Querschnitts- und/oder Längsschnittstudien ermöglichen ein Bildungsmonitoring, das Informationen und Rückschlüsse über den Leistungsstand des untersuchten Bildungssystems liefert, z. B. um spezifische Problemfelder oder Trends zu erkennen. Im Zuge des Wandels hin zu einer globalen Wissensökonomie werden seit den 1990er Jahren internationale Schulleistungsuntersuchungen wie PISA (von der OECD), TIMSS oder PIRLS (beide von der International Association for the Evaluation of Educational Achievement) immer populärer. Die Ergebnisse helfen dabei, Stärken und Schwächen von Bildungssystemen herauszukristallisieren und werden dazu benutzt, bildungspolitische Reformen und Prozesse zu steuern.
3) *High Stakes Examinations* (Abschluss- oder Zugangsprüfungen): Diese dienen dazu, den individuellen Leistungsstand von Schülern zu ermitteln und zu zertifizieren, z. B. durch ein Abiturzeugnis, das im weiteren Verlauf häufig zur Selektion, z. B. Zulassung zum Studium, verwendet wird. Aufgrund der großen Bedeutung, die ihnen damit zuteil wird, sind sie besonders anfällig für Korruption. Die untersuchten Zulassungssysteme in Russland und der Ukraine entsprechen dieser Prüfungsform.

Neben der Weltbank wurde das russische Bildungsministerium zu dieser Zeit vom niederländischen Bildungsministerium und dem Dutch National Institute for Education Assessment (CITO) sowie dem British Council beraten. CITO und Britisch Council verfügten über langjährige Expertise im Bereich nationaler, standardisierter Testsysteme und empfahlen ebenfalls die Einführung eines standardisierten Examens (Bakker 1998; Bolotov 1998). Um zu eruieren, „*whether using written tests with multiple-choice and highly structured open-ended questions would be an acceptable means of measurement in Russian schools*“ (Bakker 1999, S. 299), erarbeitete das CITO 1994 mit Bildungsexperten aus Moskau und mit lokalen Bildungsinstitutionen in den Testregionen Vologda und Krasnojarsk die ersten standardisierten Examen. Die Tests basierten auf modernen psychometrischen Evaluationsmethoden, die es so in Russland bis dahin nicht gab. Sie stellten sich in der Pilotstudie nicht nur als adäquates Messinstrument heraus, sondern wurden sowohl von Lehrkräften als auch von Schülern positiv bewertet (ebd.).

Steven Bakker, ein niederländischer Experte für externe Evaluationssysteme, der außer in Russland auch in Georgien und der Ukraine am Aufbau neuer Evaluationssysteme beteiligt war, erkannte, dass mithilfe des neuen Examens auch die Korruption effektiv bekämpft werden könne:

> „*When I started as a consultant, coming from a culture built on mutual trust and transparency, I would not have known how. But soon it became a main reason for international donors to invest even more in building educational assessment capacity and make it one of the spearheads in the war against corruption.*“ (Bakker 2012, S. 41)

Trotz der erfolgreichen Pilotstudie wurden die Pläne für standardisierte Tests auf nationaler Ebene zunächst auf Eis gelegt und erst im Rahmen der Modernisierungsstrategie von Gref wieder aus der Schublade geholt. Zu diesem Zeitpunkt besaßen Korruption und informelle Praktiken bei der Hochschulzulassung bereits systematischen Charakter:

> „*Die Situation des Hochschulzugangs war alarmierend. Dabei ging es weniger um direkte Bestechungen – diese gab es auch schon in der Sowjetunion und sie besaßen keinen totalen, massenhaften Charakter – als vielmehr um unterschiedliche informelle* [tenevyx] *Möglichkeiten, um an eine prestigeträchtige Hochschule zu gelangen.*“ (Uroki EGE kak sistemnogo proekta 2012, S. 167)

Nahezu sämtliche Publikationen, die sich mit dem russischen Hochschulwesen dieser Zeit beschäftigen, weisen auf die Korruptionsproblematik hin:

> *„Der Zugang zum gebührenfreien Studium war ohne kostspielige Repetitorien, eingeschlossen Schmiergeldzahlungen, d. h. Korruption, kaum mehr zu erlangen."* (Schmidt 2010, S. 6)

Im September 2000 beauftragte Bildungsminister Filippov seinen Stellvertreter Viktor Bolotov mit einer Machbarkeitsstudie zur Einführung eines transparenten, objektiven und standardisierten Abitur- und Hochschulzugangsexamens. Im Februar 2001 wurde mit Dekret № 119 des Bildungsministeriums „Über die Organisation eines experimentellen Einheitlichen Staatlichen Examens" der Beginn der Reform offiziell eingeleitet. Neben dem Ministerium waren ein ihm unterstelltes Testzentrum, das bereits Expertise im Bereich der psychometrischen Bildungsevaluation besaß, die Russische Pädagogische Akademie der Wissenschaften sowie einige Hochschulvertreter u. a. von der HSE an der Ausarbeitung des neuen Examens beteiligt.

Das Ministerium fertigte zunächst eine Studie an, die die Hochschulzulassungssysteme in 50 Ländern verglich. Die Analyse internationaler Best-Practices sollte dabei helfen, einheitliche Abschluss- und Zulassungsexamen in Russland zu gestalten:

> *„Wenn das Examen auf traditionellen Prüfungsformen* [basierend] *eingeführt wird, besteht die Gefahr, dass die Einführung dieser Art von Examen die bestehenden Probleme konserviert. Um dieses Problem zu lösen, könnte die internationale Erfahrung der Länder helfen, deren Bildungsevaluationssysteme auf Kompetenztests basiert."* (Ministerstvo obrazovanija i nauki Rossijskoj Federacii 2001, S. 58)

Im Unterschied zu anderen postsowjetischen Staaten, die analoge Reformen durchführten, wurden die Empfehlungen in Russland allerdings bei der weiteren Implementierung nicht oder kaum berücksichtigt. Dazu Vizebildungsminister Bolotov:

> *„The attempt was made to capitalize upon the Western experience. The experience of the UK, USA, Germany and other countries was being studied with regard to standards and assessment. It soon became clear that this expertise could not be directly transplanted to the Russian soil. Moreover, in the course of public discussions the question was posed as to whether foreign experience could be of any use in the Russian system of education, which has its own traditions, culture and history."* (Bolotov 1998, S. 126)

Stattdessen entwickelte Russland weitgehend ein eigenes System, das 2001 unter der Leitung von Bolotov getestet wurde. Das Ziel der Pilotphase war, eine Testtechnologie mit adäquaten Test-items zu entwickeln, eine regulative und normative Basis zu schaffen, die (regionalen) Behörden mit dem neuen Testformat bekannt zu machen und erste praktische Erfahrungen in der Durchführung zu sammeln. Mit Unterstützung vier regionaler Gouverneure, die sich vom neuen Zulassungssystem einen Vorteil für ihre Abiturienten versprachen, wurde 2001 in den Regionen Marij El, Čuvašija, Jakutien und Mordowien das erste staatliche Einheitsexamen EGE mit 30.000 teilnehmenden Abiturienten durchgeführt. Die Hochschulen dieser Regionen verpflichteten sich, die Testergebnisse alternativ zur Zulassungsprüfung zu akzeptieren. Bolotov und seinem Team war es in kürzester Zeit – nahezu ohne externe finanzielle Hilfe und technische Expertise – gelungen, ein neues Zulassungssystem aufzubauen. Der erste Probedurchlauf lief ohne größere Probleme oder Korruptionsskandale ab. Die Gruppe der reformorientierten Bildungsexperten zeigte sich mit diesem Erfolg zufrieden. Der den konservativen Rektorenbund vertretende Rektor der MGU hingegen sprach sich gegen das neue Verfahren aus: Den Ergebnissen sei nicht zu trauen und die Universitäten sollten lieber an ihren traditionellen Auswahlprüfungen festhalten (Starcev 2012, S. 79). Neben den Hochschulen der vier beteiligten Regionen akzeptierte auch die unter Studierenden beliebte HSE das Examen als Hochschulzulassung, wodurch es an Ansehen gewann.

Im Folgejahr konnte das Examen bereits auf 16 Regionen und 300.000 Abiturienten ausgeweitet werden. Auch diese zweite Pilotphase verlief erfolgreich, sodass bereits 2003 mit 47 Regionen nicht nur mehr als die Hälfte aller Föderationssubjekte teilnahmen, sondern mit 700.000 Abiturienten auch ein Großteil der Schulabsolventen (vgl. Tabelle 13). Die HSE war unter den renommierten Universitäten federführend und wählte zu diesem Zeitpunkt bereits ein Drittel der Studierenden über den neuen Zulassungsmechanismus auf.

Tabelle 13: Kennzahlen der EGE-Entwicklung, 2001-2004

Jahr	**2001**	**2002**	**2003**	**2004**
Regionen	5	16	47	65
Hochschulen	16	123	464	950
EGE-Teilnehmer	30.000	300.000	700.000	850.000

Quelle: Barchatova 2004.

Bis hierhin verlief die experimentelle Phase des Examens äußerst erfolgreich und auch Präsident Putin sprach sich öffentlich dafür aus:

> *„Das Motiv der Einführung des EGE war der Wunsch, die Korruption bei der Hochschulzulassung zu bekämpfen. Zweitens sollte es Möglichkeiten für talentierte junge Menschen eröffnen, an renommierte Universitäten zu gelangen.* [...] *Das Experiment* [...] *belegt, dass es die richtige Entscheidung war und es einen Effekt gibt."* (RIA Novosti 25.01.2005)

An der Umsetzung beteiligte Akteure kritisierten allerdings, dass Putin das EGE zwar rhetorisch unterstütze, ein echter politischer Wille zur Durchführung der Zulassungsreform aber nicht erkennbar sei (Uroki EGE kak sistemnogo proekta 2012).

Um der zunehmenden Komplexität und dem steigenden Aufwand zur Organisation und Durchführung des Einheitsexamens Rechnung zu tragen, gründete das Bildungsministerium 2004 mit dem „Föderalen Dienst zur Überwachung der Bildung und Wissenschaft", kurz Rosobrnadzor, eine Behörde, die von nun an für die Implementierung des EGE zuständig war. Vizebildungsminister Bolotov, der im Bildungsministerium bisher das Examen verantwortet hatte, wurde als Direktor eingesetzt. Mit dem Föderalen Testzentrum (FTZ) und dem Föderalen Institut zur Pädagogischen Messung (FIPI) wurden Rosobrnadzor zwei Institutionen unterstellt, welche die Tests ausarbeiteten, während Rosobrnadzor vor allem administrative Funktionen übernahm und durch die Kontrolle des Examensablaufs dafür sorgen sollte, dass die Prüfungen frei von Korruption und Manipulationen verliefen.

Bolotov schlug vor, das EGE computerbasiert an neu zu schaffenden schul- und universitätsunabhängigen Testzentren durchzuführen, die weniger Interesse an der Manipulation hätten (Rančin 2009). Dies ließ sich aus Finanz-

und Kapazitätsgründen jedoch nicht umsetzen, sodass die Prüfungen an Schulen stattfanden, was laut dem Direktor des Föderalen Testzentrums Vladimir Chlebnikov problematisch sei:

> *„Das größte Problem besteht darin, Geheimhaltung zu gewährleisten. Da dem Einheitsexamen eine große Bedeutung zukommt, erschaffen wir auch eine große Motivation für Manipulationen. Das Examen wird in Schulen stattfinden, und an den Schulen wird man sonst was für Noten vergeben. Dem Schulpersonal dürfen wir nicht trauen. Wir haben bettelnde, hungrige Lehrer – die Eltern können sie alleine schon mit dem Geruch von Tabak kaufen. Wenn wir den Regionen erlauben die Tests selbst durchzuführen, wird alles käuflich sein."* (Starcev 2012, S. 61)

Viele Beobachter fürchteten, dass sich die Korruption von den Hochschulen an die Schulen verlagern würde, ohne das Korruptionsausmaß zu verringern:

> *„Das einheitliche Examen löst keine Probleme, sondern schafft neue. In unserem gänzlich korrupten Prüfungssystem bedeutet die Verlagerung auf die Ebene der Sekundarstufen lediglich eine zusätzliche Bereicherungsquelle für Bestechungsnehmer und es verschärft sogar noch die Situation talentierter junger Menschen, die nicht dazu in der Lage sind, informelle ‚Beiträge' von Tausenden Dollar zu leisten."* (Afanas'ev 2002)

Ein Problem, dem die Reformer nicht genügend Aufmerksamkeit widmeten, war, dass die Überprüfung der Examen in den Regionen stattfand und nicht zentral für das ganze Land. Dadurch eröffneten sich für die regionalen, schwer kontrollierbaren Eliten Manipulations- und Korruptionsopportunitäten. Durch Rosobrnadzor wurde der Bildungsprozess letztlich stärker bürokratisiert[134] und kontrolliert, ohne tatsächlich die Korruption zu senken:

> *„Eine Flut rechtlicher und administrativer Regelungen, begleitet von der Expansion der Bürokratie, soll zwar die Herausbildung eines transparenten Systems der Bildungsangebote sichern; nicht verhindert werden konnte aber bislang, dass Schattensysteme sowie Korruption beharrlich fortbestehen."* (Schmidt 2010, S. 32)

2004 und 2005 fanden weitreichende Umstrukturierungen innerhalb des Bildungsministeriums statt, die den Implementierungsprozess des EGE verzögerten. Das Bildungsministerium wurde mit dem Ministerium für Forschung,

---

134 Yudkevich merkt an, dass die zunehmende Bürokratisierung bei gleichzeitig fehlendem institutionellen Vertrauen einen signifikanten Mehraufwand für das Hochschulpersonal bedeute, der zur bloßen Imitation der Erfüllung der Vorgaben führe: „*There is nearly no trust between universities and the state. Instead, the former are overloaded with excessive formal reporting; a huge part of their work is just imitation in the attempt to formally satisfy all reporting requirements*" (Yudkevich 2014, S. 4).

Industrie und Technologie zusammengelegt, und bis auf Bolotov, der weiterhin Rosobrnadzor leitete, wurde nahezu das gesamte Führungspersonal ausgewechselt. Filippov, der 2003 mit der Unterzeichnung der Bologna-Deklaration seine Modernisierungspläne für das russische Bildungswesen unterstrichen hatte, wurde durch den Minister des Forschungsministeriums, Andrej Fursenko ersetzt. Einige Beobachter sahen das EGE-Projekt bereits gefährdet (Ivanova 2004), da mit Filippov der wichtigste EGE-Befürworter seinen Posten verlor:

> *„Er hat den Mut aufgebracht, anzuerkennen, dass die Hochschulen korrumpiert sind, dass – so eine seiner liebsten Redewendungen – ‚bei den mündlichen Examen die Lehrer nicht in die Augen des Abiturienten schauen, sondern in die Taschen der Eltern.‘ Er war es vor allem, der ein ehrliches, transparentes Prüfungssystem aufgebaut hat, das die Chancengleichheit und objektive Prüfungen für alle russischen Abiturienten garantierte.“* (Starcev 2012, S. 101)

Fursenko nahm zunächst eine nahezu gegensätzliche Position ein. Er sprach sich gegen das EGE als einzigem Zulassungsmechanismus aus, sah es stattdessen als eine Zulassungsoption unter mehreren. Auch die Rhetorik änderte sich: Während Filippov das EGE explizit als Instrument zur Korruptionsbekämpfung ansah, sollten Fursenko zufolge Bildungsreformen *„nicht die Korruptionsbekämpfung als Hauptziel beinhalten“* (Kačurovskaja 2004). Zuspruch bekam er von den Rektoren für die Zusage, die traditionellen Zulassungsmöglichkeiten erhalten zu wollen und den Hochschulen die Wahl der Auswahlmechanismen zu überlassen:

> *„Ich denke auch, dass Hochschulen, vor allem führende Hochschulen, das Recht haben, ihre Studenten selbst auszusuchen. Daher scheint es vollkommen zulässig, dass solche Universitäten wie die MGU oder das Moskauer Physikalische Institut („Fistech“) ihre eigenen, zusätzlichen Prüfungen durchführen werden.“* (Vesti 2005)

Den Universitäten sollte es Fursenko zufolge freistehen, ob sie das EGE als Zulassungskriterium einführen oder ihre eigenen Zulassungsprüfungen fortführen. Obwohl das Pilotprojekt weitestgehend erfolgreich verlief, wuchs der Widerstand gegen das EGE zunehmend. Der fehlende politische Wille innerhalb der neuen Ministeriumsführung, die zögerliche Haltung Fursenkos, die Zulassungsreform mit der Entschlossenheit seines Vorgängers konsequent fortzuführen, sowie das Lobbying der Rektoren führten dazu, dass Fursenko bereits kurz nach Amtsantritt die ursprünglich für 2006 geplante landesweite Einführung des EGE auf 2008 verschob.

4.4.2 Widerstand gegen das EGE

Seit den ersten Überlegungen zur Einführung des EGE gab es viele Hochschulen, die sich dagegen aussprachen. Das hatte verschiedene Gründe: Unterdurchschnittliche Hochschulen mit vielen schwächeren Studienbewerbern fürchteten die Schließung und waren deshalb dagegen.[135] An den durchschnittlichen Hochschulen gab es sowohl Befürworter als auch Gegner des EGE. Meist war die Reformbereitschaft der Rektoren entscheidend dafür, ob eine Hochschule sich für das EGE aussprach oder nicht. An den prestigeträchtigen Hochschulen mit überdurchschnittlichen Bewerbern wiederum überwogen die Kritiker der Reform. Sie sahen darin den Verlust ihres Einflusses auf die Bewerberauswahl und fürchteten Einbußen ihrer informellen Einnahmemöglichkeiten:

> *„Warum waren die Hochschulen so sehr dagegen? Es war vor allem deswegen, weil es ihre ökonomischen Interessen einschränkte, die Hochschulen haben durch das Zulassungssystem riesige Summen verdient."* [Interview RU-5]

Vor allem Hochschulen in Moskau und St. Petersburg, die zu den besten und begehrtesten Universitäten zählen, waren überwiegend gegen das EGE und weigerten sich bis zum Schluss, auf das neue Zulassungssystem zu wechseln. MGU-Rektor Viktor Sadovničij warnte davor, dass die „*Verabsolutierung und Monopolstellung des EGE dem gesamten Bildungssystem Russlands Schaden zufügen könnten*" (zitiert in Teichmann 2004, S. 29). Er kritisierte auch, dass für die Hochschulen durch das EGE und das GIFO eine finanzielle Mehrbelastung entstünde, die es zu verhindern gelte.

Die Hochschulrektoren versuchten über den Rektorenbund Einfluss auf den Auswahlprozess zu behalten. So forderten sie z. B. eine Rektorenquote, die es erlaubt hätte, bis zu 25% der Studienplätze unabhängig vom EGE über

---

135 Ihre Befürchtung bestätigte sich, als durch die Effizienzkampagne des Bildungsministeriums Hochschulen, deren Studierende deutlich unterdurchschnittliche EGE-Noten aufwiesen, geschlossen oder mit anderen Universitäten zusammengelegt wurden. So verloren laut Bildungsministerium alleine 2014 mehr als 450 Hochschuleinrichtungen, vor allem Hochschulfilialen und private Universitäten, ihre Lizenz (Interfax 15.01.2015).

Listenplätze zu vergeben, faktisch also ein Fortbestehen der Rektorenlisten. Diese Forderung konnten sie jedoch nicht durchsetzen.

Aufsehen erregte 2004 der Appell von 420 Wissenschaftlern (darunter 280 Professoren und mehr als 80 Mitglieder der Akademie der Wissenschaften) in der viel rezipierten Fachzeitschrift „Erster September", die unter dem Titel „Nein zu zerstörerischen Experimenten im Bildungswesen" Präsident Putin aufforderten, das EGE zu stoppen. Sie begründeten ihre Haltung unter anderem damit, dass das Einheitsexamen die Korruption bei der Studienzulassung nicht stoppe, sondern das Problem lediglich auf die Schulebene verlagere und letztlich noch verschlimmere („Net" – razrušitel'nym eksperimentam v obrazovanii 2004, S. 4). Bildungsminister Fursenko zeigte sich kompromissbereit und entgegnete, dass das EGE zwar nicht zurückgenommen, aber überprüft und verbessert werde. Mehrere Hochschulen konnten durchsetzen, dass sie in einigen besonders populären Fächern mit hohem Bewerberaufkommen zusätzlich zum EGE schriftliche und/oder mündliche Auswahlprüfungen durchführen durften. Insgesamt 24 Hochschulen (überwiegend in Moskau und St. Petersburg), an denen die Anzahl der Bewerber mit sehr guten Noten die Zahl der Budgetstudienplätze mindestens um das Doppelte übersteigt[136], wurde dieses Privileg vom Bildungsministerium gewährt.[137]

Einige Kritiker versuchten, die Einführung über eine Verfassungsklage abzuwenden. Die Kläger argumentierten, dass das mit dem EGE zusammenhängende GIFO nicht verfassungskonform sei, da es gegen das in Art. 43, Abs. 3 garantierte Grundrecht auf eine unentgeltliche Hochschulausbildung verstoße. Die Klage scheiterte jedoch.

Ein weiterer Kritikpunkt, den die Hochschulen ins Feld führten, war, dass die durch das EGE angestrebte Chancengleichheit nur eine Utopie sei, da die Schüler auf teure Repetitoren angewiesen seien, um einen guten EGE-Abschluss zu erreichen, was sich nur wohlhabende Familien leisten könnten.

---

136 Eine Liste der Hochschulen findet sich auf www.kommersant.ru/doc/1088513, zuletzt geprüft am 26.06.2014.

137 Beschluss vom 23. April 2008 № 294 „Genehmigung der Regelungen über die Auswahl staatlicher Hochschuleinrichtungen, denen das Recht auf zusätzliche Aufnahmeprüfungen gewährt wird".

Neben den Hochschulen regte sich auch in den Schulen Widerstand gegen das Einheitsexamen, da dieses eine größere Kontrolle ihrer Arbeit bedeuten würde (Luk'yanova 2012). Durch die landesweite, insbesondere aber die regionale Vergleichbarkeit der Prüfungsergebnisse befürchteten viele Schulen, an Ansehen zu verlieren, wenn ihre Schüler unterdurchschnittlich abschnitten. Die Schulen setzten alles daran, auch die schwächsten Schüler durch die Abiturprüfungen zu bringen, um ein schlechtes Image zu vermeiden (Borusjak 2009, S. 74). Durch standardisierte Prüfungen würden Schulen mit niedriger Bildungsqualität identifizierbar. Die Schullehrer fürchteten dadurch negative Konsequenzen für ihre Leistungsbeurteilung:

> *„However, an alternative explanation for teachers' skepticism is possible. Teachers may have feared the prospect of facing stricter external control of their students' success. According to a tradition established in the Soviet period, poor exam results were looked upon not only as the students' failure, but also as evidence of the pedagogical incompetence of their teachers."* (Luk'yanova 2012, S. 1898)

Infolge einer Besoldungsreform von 2007, wonach sich das Lehrergehalt auch nach den EGE-Leistungen ihrer Schüler bemessen sollte, drohten ihnen finanzielle Einbußen. Tatsächlich musste infolge des Reform ein Drittel der Lehrer Einkommensverluste hinnehmen (Luk'yanova 2012, S. 1898).

In einer Umfrage, die das Zentrum für Bildungssoziologie der Russischen Akademie für Pädagogik unter 2.500 Lehrern durchführte, gaben 80% der Lehrkräfte an, den Sinn und Mehrwert des unabhängigen Examens nicht nachvollziehen zu können (Kirillova 2008). Viele äußerten die Befürchtung, dass das Examen die Bildungsqualität noch weiter verschlechtere. Nahezu jeder zweite Befragte (44%) glaubte, dass das EGE manipulierbar sei, und nur 3,2% waren der Meinung, dass mit der Einführung des EGE die Korruption gesenkt werden könne (Sobkin 2009, S. 37).

Außer den Schulen und Hochschulen sprach sich auch ein großer Teil der urbanen Bevölkerung, allen voran die Moskauer und St. Petersburger, gegen das EGE aus. Die Erklärung dafür ist folgende: Überdurchschnittlich viele Städter besitzen Hochschulabschlüsse und möchten auch ihren Kindern ein Studium ermöglichen. Häufig haben sie noch persönliche Kontakte zu ihrer Alma Mater, über die sie vor der Reform informell einen Studienplatz für ihre Kinder sichern konnten. Diese Möglichkeit bliebe ihnen durch das EGE verschlossen. 41% der Bevölkerung mit Hochschulabschluss war gegen die Einführung des EGE, während es in der Gruppe ohne Hochschulabschluss nur 19% waren, wie die Stiftung Öffentliche Meinung FOM herausfand (Bavin 2007). Und während es in Moskau mehr Gegner (33%) als Befürworter (21%) des Examens gab, sah es in Kleinstädten (pro: 27%, contra: 23%) und Dörfern (pro: 29%, contra: 17%) genau umgekehrt aus, da die Befragten dort im EGE eine Chance sahen, ihren Kindern ein gutes Studium zu ermöglichen.

Über alle sozioökonomischen und geografischen Differenzen hinweg lag der Anteil der Befürworter in keiner Bevölkerungsgruppe bei mehr als 40%, was die große Skepsis gegenüber dem EGE zeigt. 35% glaubten nicht an die Transparenz und Ehrlichkeit des Examens, und 45% waren der Ansicht, dass das klassische Auswahlverfahren immer noch weniger korruptionsanfällig sei als das EGE (Luk'yanova 2012, S. 1897).

Auch aus der Politik gab es viele Stimmen gegen das EGE. Allen voran die Kommunisten wollten die alten Strukturen erhalten, wie ihr Vertreter Sergej Mironov, zugleich Vorsitzender des Föderationsrates[138], verdeutlichte:

> *„Das sowjetische Hochschulsystem war das beste der Welt und ist das fortschrittlichste in der ganzen Welt, daher muss es erhalten bleiben. Ich würde dem Bildungsministerium nicht empfehlen, etwas zu zerstören, das jahrzehntelang seine Qualität bewiesen hat. Viele sprechen von der Notwendigkeit, den Trends des 21. Jahrhunderts zu folgen, und ich bin nicht gegen Reformen und Innovationen, aber ich denke, dass man nichts überstürzen sollte."* (Regions.ru 28.04.2006)

Als im zweiten Halbjahr 2006 die zweite Lesung des EGE-Gesetzes im Parlament anstand, in der die landesweite Einführung des EGE festgeschrieben werden sollte, versuchte Mironov mit Unterstützung von Pädagogen, Hochschul- und Schuldirektoren diese, wie er sie nannte „Fehlentscheidung" zu verhindern (Starcev 2012, S. 132).

Der breite Widerstand gegen das EGE erschwerte und verzögerte die Durchsetzung der Reform. Den Reformern gelang es nicht, die Gesellschaft von der Notwendigkeit und den Vorteilen des neuen Zulassungssystems zu überzeugen und die benötigte Zustimmung zu mobilisieren Die Reform besaß von

---

[138] Der Föderationsrat ist das Oberhaus der beiden russischen Parlamentskammern und repräsentiert die einzelnen Subjekte der Russischen Föderation.

Anfang an wenig Rückhalt in der Gesellschaft und wurde als bürokratisches Elitenprojekt angesehen.

4.4.3 Landesweite Einführung

Am 10. August 2006 teilte Fursenko nach einem Treffen der Regierung mit, dass das EGE nicht wie geplant 2008, sondern erst 2009 allgemein verpflichtend eingeführt würde – ein weiterer Rückschlag für das Einheitsexamen. Zudem wurde beschlossen, dass zwar die Mehrzahl der Studienplätze über EGE-Resultate zugewiesen würden, es aber Ausnahmen gebe: Eine Reihe renommierter Hochschulen, die vom Ministerium bestimmt würden, sollten zusätzlich zum EGE eigene Auswahlprüfungen durchführen dürfen. Besaßen zunächst mehr als 100 Hochschulen dieses Privileg, waren es 2013 nur noch sieben.[139] Neben den Allrussischen Olympiaden wurden außerdem eine Reihe hochschulinterner Olympiaden als Auswahlkriterium anerkannt.

Einen weiteren Dämpfer erhielt das EGE am 2. Februar 2007, als die Staatsanwaltschaft wegen des Verdachts auf Amtsmissbrauch sowie Veruntreuung von öffentlichen Mitteln Ermittlungen gegen den Leiter des Föderalen Testzentrums, Vladimir Chlebnikov, einleitete (Taratuta 2007a). Ein Strafverfahren nach Art 285, Abs. 1 (Amtsmissbrauch) wurde eröffnet. Chlebnikov beteuerte seine Unschuld, die Staatsanwaltschaft sah es aber als erwiesen an, dass er 2005 und 2006 mit der Firma Rustest – die seiner Tochter und seiner Frau gehörte, wobei letztere ebenfalls in leitender Position für Rosobrnadzor tätig war – fiktive Verträge geschlossen habe. Das Testzentrum hatte Rustest für Leistungen bezahlt, die das Unternehmen nie erbracht hatte (Šmaraeva 2009). Chlebnikov wurde außerdem beschuldigt, staatliche Gelder veruntreut zu haben. Laut Staatsanwaltschaft lag die veruntreute Summe bei insgesamt 51 Mio. RUB (2 Mio. USD) (Taratuta 2007c). Im weiteren Verlauf der Ermittlungen wurde der entstandene Schaden auf mehr als 60 Mio. RUB

[139] Dies sind die Moskauer und die St. Petersburger Staatlichen Universitäten, die einen Sonderstatus mit vielen Privilegien genießen, sowie die Moskauer Staatliche Juristische Universität, die Moskauer Staatliche Linguistische Universität, die Moskauer Pädagogische Staatliche Universität, die Staatliche Forschungsuniversität – Higher School of Economics. Als einzige Hochschule außerhalb Moskaus und St. Petersburgs erhielt die Staatliche Linguistische Universität Nižnyj Novgorod das Sonderrecht. Verfügung vom 15. Januar 2014 № 17-p, www.government.ru/media/files/41d4b65397 fd5d8d7707.pdf, zuletzt geprüft am 28.06.2014.

(2,4 Mio. USD) beziffert und Chlebnikov schließlich am 20. Februar 2007 von seinem Posten entbunden.[140]

Dies war nicht der einzige Korruptionsfall bei Rosobrnadzor: Am 19. Februar teilte die Staatsanwaltschaft mit, dass 13 Mitarbeiter von Rosobrnadzor ihr Einkommen und Eigentum nicht offengelegt und somit die Antikorruptionsrichtlinien verletzt hätten (Taratuta 2007b). Laut der Tageszeitung Kommersant ermittelte die Staatsanwaltschaft zudem gegen die Leitungsebene von Rosobrnadzor und beschuldigte diese, wichtige Informationen zu korruptionsverdächtigen Sachverhalten zurückgehalten zu haben. So soll Rosobrnadzor davon gewusst haben, dass an einer Moskauer Hochschule informelle Zahlungen von Studierenden verlangt wurden; dass es an der MGU Unregelmäßigkeiten bei der Annahme von Doktoranden gegeben hatte und dass an einigen Einrichtungen staatliche Diplome gefälscht und öffentliche Gelder missbraucht wurden. Indem Rosobrnadzor als zuständige Aufsichtsbehörde diese Informationen verschwieg und nichts unternahm, habe sie gegen das Beamtengesetz verstoßen. Die Staatsanwaltschaft leitete jedoch kein Strafverfahren ein, sondern beließ es bei der Aufforderung zu Disziplinarmaßnahmen gegen die betroffenen Akteure.

In einem (auf Bitten des Respondenten nicht aufgezeichneten) Interview mit einem hochrangigen Vertreter von Rosobrnadzor stritt dieser jegliche Korruption im Rahmen des EGE ab und wälzte die Verantwortung auf die Strafverfolgungsbehörden ab. Es sei nicht die Pflicht von Rosobrnadzor, gegen Korruption vorzugehen – selbst innerhalb der eigenen Behörde.[141] Neben unklaren Zuständigkeiten[142] stellte das fehlende Verantwortungsbewusstsein der

---

[140] Drohte Chlebnikov zunächst eine Freiheitsstrafe von bis zu zehn Jahren, wurde das Verfahren im Februar 2013 ohne Verurteilung eingestellt.

[141] Erst 2013 wurden im Zuge des Ministeriumserlasses № 1400 vom 26.12.2013 „Über die Durchführung der staatlichen Abschlussprüfungen der Sekundarstufe" administrative Strafen für Verstöße in Zusammenhang mit dem EGE verhängt. Danach können die Strafen für Korruption, Amtsmissbrauch etc. für Amtsträger zwischen 20.000 und 40.000 RUB (635 bzw. 1.270 USD) betragen. Quelle: Internetportal des EGE, www.ege.edu.ru/ru/main/narushenia, zuletzt geprüft am 15.01.2015.

[142] Gegenwärtig gibt es in Russland mehr als zehn unterschiedliche Behörden und Institutionen, die für Korruptionsbekämpfung zuständig sind, mit dem Resultat, dass keine ihren genauen Zuständigkeitsbereich kennt und sich letzten Endes niemand für die ineffektive Implementierung staatlicher Antikorruptionspolitik verantwortlich fühlt.

für das EGE zuständigen Institutionen eines der Grundprobleme im Reformprozess dar:

> *„Wer trägt die Verantwortung? Das Bildungsministerium erarbeitet die Bildungspolitik. Die regionalen Bildungsinstitutionen führen diese durch. Rosobrnadzor kontrolliert diese. Aber die Frage ist: Wer ist verantwortlich für die niedrige Qualität und die Korruption, wer? Niemand. Wie damals in der Sowjetunion: Alles gehört der Kolchose, alles gehört niemanden. Und genauso ist es mit der Bildung.“* [Interview RU-18]

Durch die Skandale büßten Rosobrnadzor und das EGE Vertrauen in der Bevölkerung ein. Die Hoffnung schwand, dass Korruption durch das neue Zulassungsverfahren erfolgreich bekämpft werden könne; die Gruppe der EGE-Kritiker wuchs. Doch trotz der Korruptionsskandale wurde am 9. Februar 2007 das Föderale Gesetz № 12-F3[143] verabschiedet und trat zum 1. Januar 2009 in Kraft. Zum Wintersemester 2009/10 ersetzte das EGE landesweit an allen Schulen die Abschlussprüfungen am Ende der 11. Schulklasse und die Zulassungsprüfungen an den Hochschulen.

Der Prüfungs-, Kontroll- und Zulassungsablauf beinhaltet verschiedene Stufen, die auf unterschiedlichen institutionellen Ebenen angesiedelt sind (vgl. Abbildung 11).

143 „Über Änderungen der föderalen Gesetze ‚Über die Bildung‘ und ‚Über höhere und postgraduale Bildung‘ zum Zwecke der Einführung des Einheitlichen Staatlichen Examens“.

Abbildung 11: Organisation des EGE

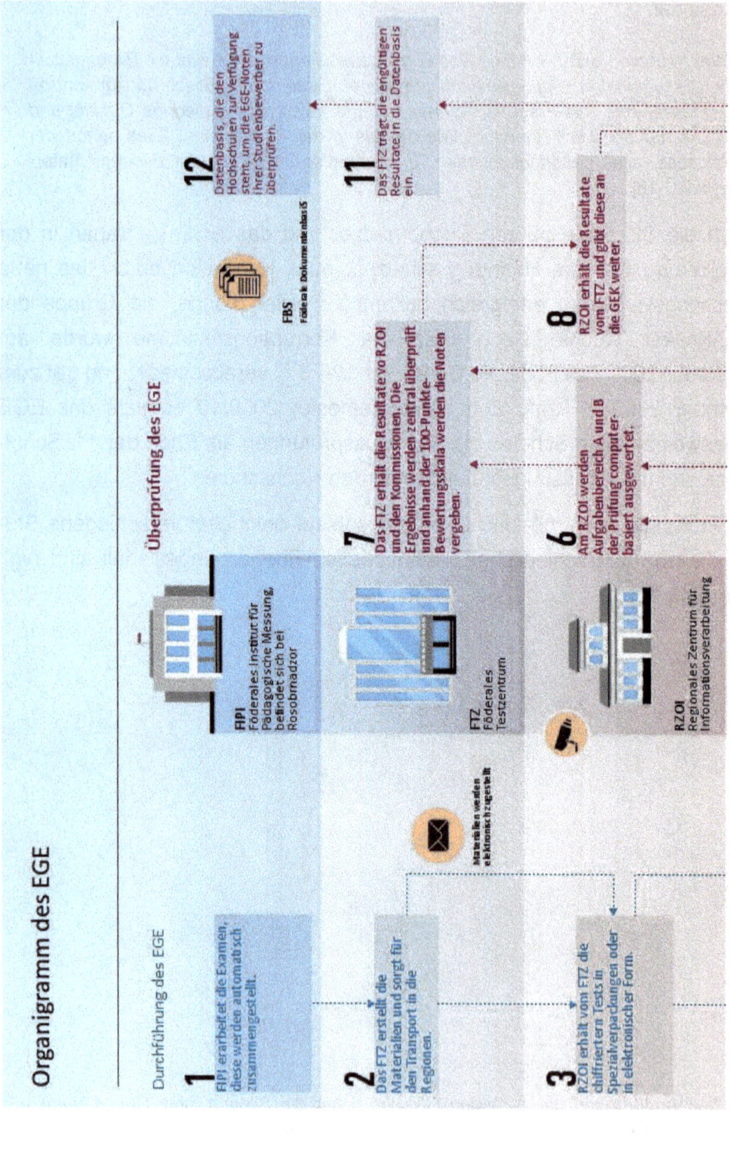

Organigramm des EGE
Durchführung des EGE
Überprüfung des EGE
1 FIPI erarbeitet die Examen, diese werden automatisch zusammengestellt.
2 Das FTZ erstellt die Materialien und sorgt für den Transport in die Regionen.
3 RZOI erhält vom FTZ die chiffrierten Tests in Spezialverpackungen oder in elektronischer Form.
Materialien werden elektronisch zugestellt
FIPI Föderales Institut für Pädagogische Messung, befindet sich bei Rosobrnadzor
FTZ Föderales Testzentrum
RZOI Regionales Zentrum für Informationsverarbeitung
6 Am RZOI werden Aufgabenbereich A und B der Prüfung computerbasiert ausgewertet.
7 Das FTZ erhält die Resultate vo RZOI und den Kommissionen. Die Ergebnisse werden zentral überprüft und anhand der 100-Punkte-Bewertungsskala werden die Noten vergeben.
8 RZOI erhält die Resultate vom FTZ und gibt diese an die GEK weiter.
FBS Föderale Dokumentenbasis
11 Das FTZ trägt die engültigen Resultate in die Datenbasis ein.
12 Datenbasis, die den Hochschulen zur Verfügung steht, um die EGE-Noten ihrer Studienbewerber zu überprüfen.

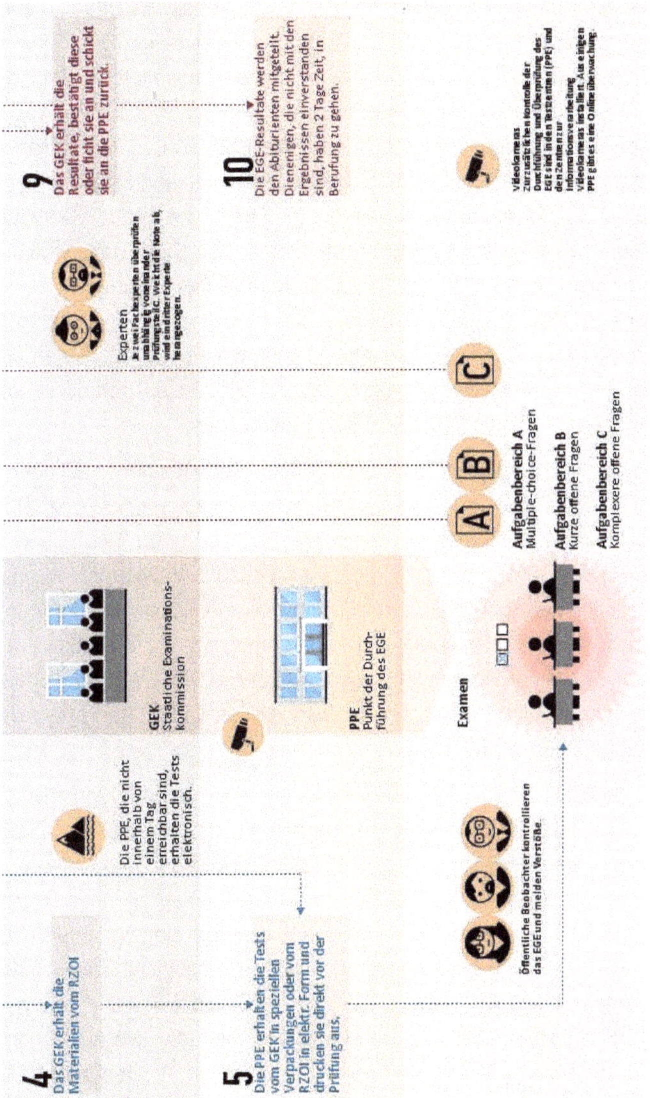

4
Das GEK erhält die Materialien vom RZOI
Die PPE, die nicht innerhalb von einem Tag erreichbar sind, erhalten die Tests elektronisch.
GEK
Staatliche Examinations-kommission
Experten
Je zwei Fachexperten überprüfen unabhängig voneinander Prüfungsteil C. Weicht die Note ab, wird ein dritter Experte herangezogen.
9
Das GEK erhält die Resultate, bestätigt diese oder ficht sie an und schickt sie an die PPE zurück.
5
Die PPE erhalten die Tests vom GEK in speziellen Verpackungen oder vom RZOI in elektr. Form und drucken sie direkt vor der Prüfung aus.
PPE
Punkt der Durch-führung des EGE
10
Die EGE-Resultate werden den Abiturienten mitgeteilt. Dienenigen, die nicht mit den Ergebnissen einverstanden sind, haben 2 Tage Zeit, in Berufung zu gehen.
Öffentliche Beobachter kontrollieren das EGE und melden Verstöße.
Examen
A
B
C
Aufgabenbereich A
Multiple-choice-Fragen
Aufgabenbereich B
Kurze offene Fragen
Aufgabenbereich C
Komplexere offene Fragen
Videokameras
Zur zusätzlichen Kontrolle der Durchführung und Überprüfung des EGE sind in den Testzentren (PPE) und den Zentren zur Informationsverarbeitung Videokameras installiert. Aus einigen PPE gibt es eine Onlineüberwachung.

Quelle: Ria Novosti, www.ria.ru/abitura/20140526/1009361754.html.

Am Föderalen Institut für Pädagogische Messung FIPI werden die Testmaterialien, die sog. KIM („Kontrol'no-izmeritel'nye materialy", Kontroll- und Messmaterialien), zentral für einen Abiturjahrgang ausgearbeitet. Die Prüfung setzt sich aus drei Teilen zusammen: Teil A besteht aus Multiple-Choice-Fragen, Teil B aus offenen Fragen mit kürzeren Antworten und Teil C aus offenen Fragen mit längeren Antwortoptionen. Die KIM werden im zentralen Föderalen Testzentrum gedruckt und per gesichertem Versand an die Regionalen Zentren zur Informationsverarbeitung (RZOI)[144] geschickt. Von hier gehen sie einen Tag vor der Prüfung an die Staatlichen Examinationskomitees (GEK), die dafür zuständig sind, dass die eigentliche Prüfung am Testpunkt, in der Regel eine Schule, ordnungsgemäß abläuft. Liegt ein Testpunkt so abgelegen, dass er nicht innerhalb eines Tages per Post erreicht werden kann, werden die KIM elektronisch versendet und vor Ort ausgedruckt. Die Testpunkte erhalten die Tests in versiegelten Umschlägen.

Die Prüfung soll für alle Abiturienten unter gleichen Bedingungen stattfinden, was angesichts der Größe des Landes nur schwierig umzusetzen ist. Sie kann allein schon aufgrund der elf verschiedenen Zeitzonen nicht überall zeitgleich stattfinden. Die Schüler sollen am Testtag auf unterschiedliche Schulen verteilt werden, damit sie ihre Mitprüflinge möglichst nicht kennen, was in wenig besiedelten Gebieten praktisch unmöglich ist. In jedem Prüfungsraum gibt es zwei Aufseher (überwiegend Lehrer), die nicht die Lehrer der Abiturienten sein sollen, was aufgrund mangelnder Kapazitäten ebenfalls nicht immer eingehalten wird.

Zusätzlich zur Aufsicht sind öffentliche Beobachter, z. B. Vertreter von NGOs, Elternbeiräte, Journalisten etc. zugelassen; anderen nicht am EGE beteiligten Personen ist das Betreten der Testpunkte während der Prüfung verboten. Alle Abiturienten erhalten die gleiche Zeit, um die Aufgaben zu lösen. Nach der Prüfung werden die Fragebögen von den Aufsehern eingesammelt und Teil A und B an das RZOI zurückgeschickt, wo sie maschinell erfasst und kontrolliert werden. Teil C wird jeweils von zwei Experten auf dem Prüfungsgebiet (häufig Schullehrer oder jüngere Hochschuldozenten), die zuvor vom Examinationskomitee ausgewählt und an einen zentralen Ort gebracht wur-

---

[144] Jedes Subjekt der RF besitzt ein eigenes RZOI.

den, kontrolliert und bewertet. Weichen Noten stark voneinander ab, wird ein dritter Gutachter hinzugezogen.

Die ausgefüllten Tests sind anonymisiert und nur mit einem Strichcode versehen, damit die Prüfer niemanden, den sie kennen, bevorzugt behandeln können. Das Föderale Testzentrum bekommt die Ergebnisse für Teil A, B und C zentral übermittelt und vergibt für jedes geprüfte Fach eine Note auf einer Skala von 0 bis 100 Punkten. Anschließend teilt es das Gesamtergebnis dem RZOI mit. Von dort werden die Noten noch einmal zur Überprüfung an das Staatliche Examinationskomitee weitergeleitet und schließlich an das jeweilige Testzentrum gegeben, wo die Abiturienten ihre Ergebnisse erfahren und nach der Verkündung zwei Tage Zeit haben, um in Berufung zu gehen, falls sie mit ihrer Note nicht einverstanden sind. Stehen die Noten endgültig fest, werden sie vom FTZ in die Föderale Dokumentenbasis eingetragen, die allen Hochschulen zugänglich ist, damit sie die Echtheit eingereichter EGE-Zertifikate überprüfen können. Anhand der EGE-Resultate erstellen die Hochschulen die Listen mit den zugelassenen Bewerbern.

In der Theorie ist damit ein – vor allem im Vergleich zum bisherigen Zulassungsmechanismus – modernes, effizientes und transparentes System geschaffen worden, das allen Abiturienten und Studienbewerbern die gleichen Möglichkeiten bietet. In der Praxis ist dies jedoch häufig nicht der Fall, da diverse Möglichkeiten für informelle Einflussnahme und Korruption bestehen.

4.5 Informelle Praxen und Korruption nach Einführung des EGE

Wie genau hat das EGE die bisherigen Korruptionspraxen beeinflusst und verändert? Welche Mechanismen sind verschwunden, welche haben sich verlagert, welche haben sich an das neue System adaptiert und welche sind neu entstanden? Diese Fragen werden im folgenden Kapitel näher analysiert.

4.5.1 Die neue Rolle der Repetitoren und Vorbereitungskurse

Ein positiver Effekt des EGE war die Minimierung der Korruption im Zusammenhang mit dem Repetitorstvo, was auch eines der erklärten Ziele der Reform war:

„Viele denken, dass Repetitorstvo und Bestechung im russischen Bildungssystem unausrottbar sind, daher werden sich diese Erscheinungen auf die Ebene des EGE verlagern. Aber die richtige Organisation des EGE wird diese Phänomene erschweren. In jedem Fall wird sich der Charakter des Repetitorstvo ändern: Bei der Vorbereitung auf das EGE wird die Aneignung von Wissen die Hauptsache sein, und nicht mehr, herauszufinden, welche Fragen in der Zulassungsprüfung gestellt werden. Durch den Übergang zum EGE wird sich die Rolle des Repetitorstvo ändern." (Kljačko 2002)

Im reformierten Auswahlprozess verloren die Repetitoren ihre direkten Einflussmöglichkeiten auf die Zulassung. Viele Repetitoren befürchteten zunächst, dass sie nicht mehr benötigt würden, wenn sie keine informellen Deals mit der Auswahlkommission mehr zu bieten hätten. Das Gegenteil ist jedoch eingetreten: Weil viele Abiturienten Nachhilfe in Anspruch nehmen, um sich auf die neuen Prüfungen vorzubereiten, ist die Nachfrage nach Repetitoren gestiegen. Deshalb ist auch der Anteil der Pädagogen, die Nachhilfe anbieten, gestiegen: 2012/13 hatten 17,6% der Lehrkräfte unterrichte. 2014/15 waren es bereits 22%.[145] Dabei spielt es bei der Auswahl der Repetitoren eine zunehmend geringere Rolle, an welcher Institution sie unterrichten (Prakhov 2014, S. 12) – ein Hinweis darauf, dass ihre fachlichen Qualitäten und die Vorbereitung auf das EGE im Mittelpunkt stehen. Laut Levada-Institut engagierten 2009 insgesamt 57% der Abiturienten einen Repetitor (Dubin und Zorkaja 2009, S. 58). In einer anderen Studie sagten 95% der befragten Abiturienten, die sich mithilfe eines Repetitors auf das EGE vorbereitet hatten, dass sie ohne den Nachhilfeunterricht die Prüfung nicht bestanden hätten (Luk'yanova 2012). Diese Ansicht scheint weit verbreitet, konnte empirisch jedoch weitgehend widerlegt werden. Wie Prakhov (2014) zeigt, konnten Bewerber, die sich einen Repetitor nahmen oder Vorbereitungskurse besuchten, ihren Notenschnitt damit durchschnittlich um lediglich 2,8 Punkte verbessern.

Für viele Haushalte stellen die hohen Kosten für einen Repetitor eine große finanzielle Belastung dar: „*Most vulnerable were those school leavers from village high schools, from single parent or low-income working class families. For almost 50% of these parents, preparation for the* [EGE] *presented signifi-*

[145] Higher School of Economics: 22% of teachers are involved in tutoring, 25.03.2014, www.hse.ru/en/news/science/146585298.html, zuletzt geprüft am 13.04.2015.

cant material difficulties" (Luk'yanova 2012, S. 1904). Dadurch wird die mit dem EGE assoziierte steigende Chancengleichheit unterminiert.

Die Vorbereitungskurse an den Hochschulen durchliefen eine ähnliche Entwicklung: Obwohl sie die Zulassung informell nicht mehr beeinflussen können, bestehen sie fort und dienen inzwischen tatsächlich der inhaltlichen Vorbereitung auf das EGE. 2009 besuchten 19% der Abiturienten solche Vorbereitungskurse (Dubin und Zorkaja 2009, S. 58). Somit bereiten sich vier von fünf Abiturienten mit Repetitoren oder durch Vorbereitungskurse privat auf das EGE vor.

Die gestiegene Nachfrage nach privater Nachhilfe zur Vorbereitung auf das EGE spiegelt sich in den Ausgaben der Haushalte wider. Je nach Wohnort und Art des Repetitors werden pro Schüler jährlich durchschnittlich zwischen 13.000 RUB (500 USD) in den Regionen und 78.000 RUB (3.150 USD) in Moskau aufgewendet (Prakhov 2014, S. 5). Die Gesamtaufwendungen haben sich zwischen 2008 und 2012 auf 40,6 Mrd. RUB (1 Mrd. Euro) verdoppelt (vgl. Tabelle 14).

Tabelle 14: Ausgaben für die Vorbereitung auf das EGE, 2008-2012 (in RUB)

2008	2009	2010	2011	2012
19,9 Mrd.	20,6 Mrd.	24,5 Mrd.	35,3 Mrd.	40,6 Mrd.

Quelle: Kononova und Šugal 2014, S. 50.

Für die Repetitoren hat sich die Situation insofern verbessert, als dass sie nach wie vor zusätzliche Einnahmen erwirtschaften (die meist nach wie vor in dem Sinne informell sind, dass sie nicht ordnungsgemäß versteuert werden), dafür aber nicht mehr außerhalb des Gesetzes bzw. in einer rechtlichen Grauzone agieren müssen.

Dort, wo die staatliche Kontrolle des EGE schwach ist, besteht für Repetitoren weiterhin die Möglichkeit, informell auf Prüfungsergebnisse einzuwirken. Wenn es in den Prüfungen keine effiziente Aufsicht gibt, nehmen die Abiturienten z. B. über ihre Mobiltelefone Kontakt zu ihren Repetitoren auf und lassen sich bei der Lösung der Aufgaben helfen. Eine Studentin, die das EGE 2010 durchlief, hat zahlreiche solcher Fälle beobachtet:

„*Alle verstoßen gegen die Regeln, benutzen Telefone, die verboten sind. Aber wenn die Aufseher streng sind, benutzt niemand sein Handy im Prüfungsraum, sondern alle gehen auf Toilette und benutzen dort das Internet oder rufen ihre Repetitoren an oder schreiben ihnen.* [...] *Es ist sehr verbreitet, Fotos* [von den Aufgaben] *zu machen und* [an den Repetitor] *zu verschicken und dann die Antworten zu bekommen.*" [Interview RU-17]

4.5.2 Korruption im Rahmen hochschulinterner Aufnahmeprüfungen

Wie bereits erwähnt behielten nach der verbindlichen Einführung des EGE zunächst mehr als 100 Hochschulen das Recht, zusätzlich eigene Zulassungsprüfungen abzuhalten. Die Sondererlaubnis wird offiziell mit zwei Argumenten begründet: Zum einen mit dem hohen Bewerberaufkommen an renommierten Universitäten – bei vielen Bewerbern mit ähnlich guten EGE-Noten sollen zusätzliche Tests helfen, die besten Bewerber herauszufiltern. Zum anderen seien für Fächer wie Musik, Malerei, Theater oder Sport spezielle Eignungsprüfungen aussagekräftiger als das EGE.

Beide Argumente sind nachvollziehbar, doch angesichts der schwachen Kontrolle bieten die hochschulinternen Prüfungen zahlreiche Korruptionsopportunitäten. 2011 ereignete sich an der MGU ein Fall, der exemplarisch dafür ist, wie die Hochschulen ihre Privilegien im Auswahlprozess ausnutzen, um die Prüfungsergebnisse zu manipulieren:

Für das Fach Journalistik hält die MGU eine zusätzliche Aufnahmeprüfung ab, die aus einem mündlichen und einem schriftlichen Teil besteht. Da die Hochschule nicht genügend Kapazitäten besitzt, alle Bewerber selbst zu prüfen, engagiert sie Journalisten als externe Prüfer. Jeder Prüfung sitzen zwei Mitarbeiter der MGU und zwei externe Journalisten bei. 2011 war einer der externen Prüfer der angesehene Radiojournalist Vladimir Varfalomeev. Er erhielt kurz nach den Prüfungen einen Brief von einer Bewerberin, die wissen wollte, weshalb sie von Varfalomeev lediglich 12 von möglichen 30 Punkten im mündlichen Teil erhalten habe – sie hatte die Prüfung als sehr gut empfunden (Varfolomeev 2011). Varfalomeev überprüfte daraufhin seine Notizen und stellte fest, dass er der Bewerberin die volle Punktzahl 30 gegeben hatte. Er fragte beim Dekanat nach, wie zu erklären sei, dass die Bewerberin eine schlechtere als die von ihm ausgestellte Note bekommen habe. Der Dekan antwortete ihm, dass es einen Ministeriumsbeschluss gebe, der im Anschluss an den Auswahltest eine Überprüfung der Noten durch eine nicht näher definierte Expertenkommission zuließe. Diese Kommission hätte die Note der Bewerberin herabgesetzt.

Varfalomeev wandte sich an seinen Kollegen Aleksej Venediktov, den Chefredakteur von Echo Moskau und engen Freund des Bildungsministers Fursenko. Venediktov fand über Fursenko heraus, dass der Ministerbeschluss, den der Dekan angeführt hatte, gar nicht existierte und auch in den Zulassungsbestimmungen der MGU kein entsprechender Verweis zu finden sei; die Überprüfung der Noten durch die Kommission also frei erfunden war. Wie sich herausstellte, hatte die Dekanatsleitung eigenmächtig Prüfungsresultate verändert. Zwar konnte nicht eindeutig nachgewiesen werden, dass Korruption im Spiel war, aber vieles deute darauf hin, wie ein Dekan der HSE meint:

> *„Ich habe von den Journalisten unserer Fakultät erfahren, dass auf Venediktov Druck ausgeübt wurde, damit er nicht noch mehr Staub aufwirbelt. Ja, er habe gewonnen, aber er solle das Ganze nicht aufblasen. Was das Dekanat der MGU-Fakultät betrifft: Sie haben einfach gehandelt wie immer, sie sahen darin nichts Schlechtes. Und das ist ein Aspekt, der gewöhnlich und normal geworden ist, ein* pattern. *Alle verstehen, dass einigen – für Geld oder weil sie die ‚richtigen' Leute sind – die Noten angehoben wurden – aber das ist Korruption."* [Interview RU-22]

Als der Skandal ans Licht kam, war der Rektor der MGU Sadovničij dazu gezwungen, die vom Dekanat manipulierten Resultate zu annullieren und die ursprünglichen Resultate anzuerkennen. Die betroffenen Bewerber wurden über den Vorgang nicht informiert. Viele von ihnen erfuhren erst kurz vor Studienbeginn, dass ihre Resultate doch reichten, um an der MGU zu studieren. Eine Bewerberin von damals erzählt:

> *„Meine mündliche Prüfung verlief ganz gut, schien mir, alles verlief wie geplant und ich konnte ihre Fragen beantworten.* [...] *Nach einiger Zeit wurden auf der Website die Resultate aufgelistet, und meine Gesamtnote war 66* [von 100 Punkten]. *Die Einzelnoten der mündlichen und schriftlichen Prüfung wurden nur persönlich in der Universität mitgeteilt, aber ich wohnte damals noch nicht in Moskau, sondern in der Region Wolgograd und konnte es nicht in Erfahrung bringen.* [...] *Ich war enttäuscht, denn es war eigentlich zu wenig für die MGU.* [...] *Ende Juli fuhr ich erneut nach Moskau, um mich an einer anderen Hochschule einzuschreiben.* [...] *Als ich schon in Moskau war, riefen meine Eltern an und sagten: ‚Schatz, du wurdest an der MGU angenommen, du hast plötzlich 19 Punkte mehr!' Ich habe meine Dokumente zur MGU gebracht und dort von vielen anderen Bewerbern erfahren, dass es ihnen ähnlich ging."*[146]

[146] Zitiert aus einer persönlichen Email an den Autor vom 26.09.2012.

Dass den Bewerbern die einzelnen Noten nur persönlich mitgeteilt wurden, benachteiligte nicht nur Bewerber außerhalb Moskaus, sondern begünstigte Korruption, da nur schwer zu überprüfen war, wie man in den Teilprüfungen abgeschnitten hatte – ein Umstand, den sich das Dekanat zunutze machte, um bestimmte Bewerber bei den zusätzlichen Aufnahmeprüfungen bevorzugt zu behandeln.

Eine ähnliche Begebenheit an einer anderen renommierten Hochschule beschreibt eine weitere Respondentin:

> *„Als eine Freundin von mir diesen Sommer ihre Dokumente an der Universität X einreichte, war sie dort zunächst auf dem zweiten Platz. Und als sie dann dort das mündliche Examen ablegte,* [...] *war sie auf einmal auf dem letzten Platz, und Bekannte von ihr, die* [während der gemeinsamen Prüfung] *nicht einmal zwei Sätze vernünftig aneinanderreihen konnten, waren unter den Bestplatzierten. Es gibt Gerüchte, dass die Plätze an der Universität X bereits im Winter vorher verkauft werden."* [Interview RU-11]

Die zusätzlichen, häufig intransparenten Aufnahmeprüfungen bieten den Universitäten ein Schlupfloch, das sie für Korruption während der Aufnahmeprüfungen nutzen können. 2012 erhielt der Russische Studierendenverband innerhalb von zwei Tagen ca. 300 Meldungen von Studienbewerbern an etwa 20 Universitäten, dass es bei ihnen Unregelmäßigkeiten gegeben habe, die auf Korruption hindeuten (Volochonskij 2012a).

4.5.3 Bestechung hochrangiger Beamter aus Verwaltung, Bildung und Politik

Durch das neue Zulassungssystem haben zahlreiche Personen und Netzwerke in den und um die Aufnahmekommissionen an informellen Einfluss- und Manipulationsmöglichkeiten verloren. Die *gatekeeper* sitzen nun vorrangig in der Bildungsadministration, z. B. bei Rosobrnadzor oder in den regionalen Testzentren und Bildungsministerien. Es gibt aber auch weiterhin Personen aus dem direkten Umfeld der jeweiligen Hochschuladministration, die informelle Einflussmöglichkeiten auf die Vergabe von Studienplätzen haben und diese gegen Bestechungszahlungen geltend machen. Ein entsprechender Korruptionsfall ereignete sich 2010 an der MGU:

Polina Surina, Professorin an der Fakultät für Verwaltungswissenschaft, einer der Kaderschmieden für hohe Posten in Politik und Verwaltung, deren Dekan

Surinas Vater Aleksej Surin ist, wurde im April 2010 auf frischer Tat ertappt, als sie eine Bestechung i. H. v. 35.000 Euro dafür annahm, dass sie einer Abiturientin einen kostenpflichtigen Studienplatz[147] an ihrer Fakultät garantierte. Normalerweise werden solche Zahlungen über Mittelspersonen abgewickelt, die in Verbindung zum Dekanat stehen, sodass vermutet werden kann, dass Surina Teil eines größeren Netzwerks war und das Geld an ihren Vater gehen sollte.

Surina wurde entlassen und ein Strafverfahren nach Art. 290 UKRF (Bestechlichkeit in besonders großem Umfang, in der Regel mit einer Freiheitsstrafe von 7 bis 12 Jahren) gegen sie eingeleitet, das später jedoch in Art. 4, Abs. 159 UKRF (Betrug in besonders großem Umfang) abgeändert wurde, da sie offiziell nicht der Auswahlkommission angehörte und somit – zumindest formal – nicht über die Zulassung entscheiden konnte (was wiederum den Verdacht erhärtet, dass sie nicht eigenmächtig gehandelt hat). Die Staatsanwaltschaft forderte fünf Jahre Freiheitsentzug; das Urteil – eines der wenigen im Bereich Bildungskorruption – fiel mit einer Bewährungsstrafe von drei Jahren verhältnismäßig milde aus. Für Aleksej Surin hatte der Fall kaum Konsequenzen: Er legte zwar seinen Posten als Dekan nieder, offiziell weil sein Vertrag auslief, wurde aber kurz darauf stellvertretender Leiter eines Lehrstuhls an eben jener Fakultät für Verwaltungswissenschaften.[148]

Da Surina, die am Institut ihres Vaters studiert und promoviert hatte – ein typischer Fall des verbreiteten *academic inbreeding* –, mehrere Kinder einflussreicher politischer Persönlichkeiten unterrichtete, verwundert das Urteil Justiz kaum. Schon am Folgetag ihrer Verhaftung hatten sich zahlreiche Personen für sie eingesetzt und durch die Moskauer Staatsanwaltschaft die sofortige Freilassung aus der Untersuchungshaft erwirkt. Einer ihrer Unterstützer war der Vorsitzende der Duma und enge Vertraute Vladimir Putins, Vjačeslav Volodin, der zugleich einen Lehrstuhl an der Fakultät von Surin

---

147 An den besonders begehrten Fakultäten wird sogar für kostenpflichtige Kontrakt-Plätze bestochen: *„An der Fakultät gibt es nur wenige Budget-Plätze, aber diese sind schon lange im Voraus für ‚die Eigenen'* [na svoi] *reserviert. Man kann also nur einen Platz mit Studiengebühren erhalten.* [...] *Daher denken viele gar nicht mehr daran, kostenlos zu studieren, sondern bemühen sich um einen kostenpflichtigen Platz. Daher der hohe Wettbewerb und folglich die hohen Bestechungen"* (Evstifeef 2010a).

148 Website der MGU, www.spa.msu.ru/prepod_22.html, zuletzt geprüft am 06.01.2015.

leitet und eng mit Surina zusammengearbeitet hatte (Trifonov 2010). Mitarbeiter des Ermittlungskomitees, die Surina über mehrere Monate lang observiert und schließlich festgenommen hatten, gaben an, bei ihren Ermittlungen von der Moskauer Staatsanwaltschaft unter Druck gesetzt worden zu sein, den Fall zu schließen (Stroeva 2010).

Der Fall zeigt exemplarisch, wie eng in Russland Politik und Hochschulen durch informelle Netzwerke und Korruption miteinander verwoben sind.

Ein ähnlicher Fall ereignete sich an der Russischen Staatlichen Geisteswissenschaftlichen Universität, RGGU. Die renommierte Universität steht im Ruf, besonders anfällig für Korruption zu sein.[149] So meinte eine Studentin der RGGU auf die Frage nach gleichen Chancen bei der Studienplatzwahl:

> *„Als ich mich* [2010] *an der RGGU bewerben wollte, haben mir alle gesagt, dass es überall Bestechung gibt und dass man ohne diese nicht angenommen wird."* [Interview RU-11]

Eine Professorin der RGGU bestätigte im Interview, [Interview RU-13], dass Korruption bei der Hochschulzulassung trotz EGE existiere. 2012 gab sich zudem ein investigativer Journalist als wohlhabender Moskauer Geschäftsmann aus, der für seine Tochter einen „All-inclusive"-Studienplatz, also inkl. bestandener Prüfungsleistungen während des Studiums, erwerben wollte. Marina Oparina, Leiterin des Studiengangs Internationale Beziehungen, traf sich mit dem Journalisten und garantierte ihm für eine Bestechungssumme von 20.000 Euro sowohl die Aufnahme an der Universität als auch das Bestehen sämtlicher Prüfungen während des Studiums (Sobolev 2012). Das Treffen wurde mit einer versteckten Kamera aufgezeichnet. Auf die Frage des Journalisten, wie sie die Aufnahme trotz des EGE garantieren könne, antwortete Oparina:

> *„Für solche Fälle gibt es spezielle Budgetplätze. Also, wie können wir sie immatrikulieren? Entweder kann sie als talentiert und genial eingeschrieben werden oder über Budgetplätze für die Regionen. Oder, wir haben auch Invaliden der ersten Gruppe, das sind Taube und Blinde. Über welchen Mechanismus genau wir sie aufnehmen, kann ich Ihnen jetzt noch nicht sagen."* (Sobolev 2012)

---

[149] Wie eine Recherche von Dissernet ergab, gab es an der Fakultät für Wirtschaftswissenschaften der RGGU ein ganzes Netzwerk von Professoren, die 2003-2012 insgesamt 52 plagiierte Doktortitel ausstellten (Kalabrina 2015).

Dass Hochschulmitarbeiter der RGGU die Leistungen der Studierenden an Oparinas Fakultät als schwach beurteilen, stützt die Vermutung, dass viele Studierende über informelle Zulassungsmechanismen und nicht aufgrund ihrer Prüfungsleistungen an einen der begehrten Studienplätze gelangt sind: *„Vor allem an der von Oparina geleiteten Einrichtung trifft man Studenten an, die einem zu denken geben, wie sie überhaupt das EGE geschafft haben und so gute Ergebnisse haben, die für die Zulassung an der RGGU erforderlich sind*“ (Nasyrov 2012a). Ein Mitarbeiter aus dem Bildungsministerium bestätigte, dass die Methode von Oparina auch an anderen Universitäten verbreitet sei: Oparina sei eine *„traditionelle ‚Tante‘, und solche gibt es an vielen Unis – sie ‚lösen Probleme‘ und helfen mit semilegalen und illegalen Methoden bei der Hochschulzulassung*“, so der Ministeriumsbeamte (Nasyrov 2012a).

Der Fall verdeutlicht, wie die Sonderregelungen für Härtefälle etc. von den Universitäten als Schlupflöcher für Korruption missbraucht werden. An der RGGU geschehe dies systematisch und viele Professoren seien daran beteiligt, wie eine Professorin der Universität erklärt (Sobolev 2012). Dass dieses System von der Hochschuladministration zumindest geschützt, wenn nicht sogar gefördert oder gefordert wird, zeigt die Reaktion der RGGU auf die Korruptionsvorwürfe: Der Rektor erklärte in Interviews öffentlich, dass es an seiner Hochschule keine Korruption gebe, falls aber doch, würden die betroffenen Professoren zur Verantwortung gezogen.[150] Im Juni 2012 erklärte das Rektorat, im Fall Oparina eine interne Überprüfung eingeleitet zu haben und dass sie freiwillig von ihren Funktionen zurückgetreten sei. Laut Website der RGGU[151] arbeitet Oparina jedoch weiterhin (Stand März 2016) als stellvertretende Studiengangsleiterin an der Hochschule.[152]

---

150 Konfrontiert mit Bestechungsvorwürfen an seiner Universität beantwortete der Rektor die Frage *„Welche Maßnahmen gibt es gegen Professoren, die Bestechungen annehmen?“* mit den Worten: *„Verstehen Sie, bei uns wurde niemand wegen Bestechung schuldig gesprochen, welche Maßnahmen soll es da geben?“*. Auf die Nachfrage des Reporters *„Werden diese entlassen?“* antwortete der Rektor: *„Selbstverständlich“* (Sobolev 2012).

151 Vgl. ihr Profil auf der Website des Instituts für Wirtschaft, Verwaltung und Recht, www.ieup.rsuh.ru/section.html?id=5020, zuletzt geprüft am 14.03.2016.

152 Nicht zuletzt die wiederholten Korruptionsfälle an der RGGU waren ein Grund für die Effizienzkampagne des Bildungsministeriums (Gathmann und Koch 2013). Die RGGU gelangte auf die Liste der „ineffektiven“ Hochschulen, konnte ihre Schließung oder Fusion jedoch vermeiden.

Neben den beiden geschilderten Fällen gab es weitere ähnliche Korruptionsfälle, die jedoch weniger publik wurden, da sie sich an Universitäten außerhalb Moskaus ereigneten oder die Bestechungssummen vergleichsweise niedrig waren.[153]

Neben hochrangigen Hochschulmitarbeitern können auch einflussreiche Personen in der (regionalen und lokalen) Bildungsadministration bestochen werden, damit sie z. B. die Noten in der zentralen Notendatenbank umschreiben, wie von einer Lehrerin in St. Petersburg geschildert [Interview RU-2]. Oder sie sorgen dafür, dass bestimmte Abiturienten bereits korrekt ausgefüllte Prüfungsbögen erhalten, wie eine Moskauer Studentin in ihrer EGE-Prüfung beobachtete:

> *„Als ich die Mathematikprüfung ablegte, wurden allen die Tests ausgehändigt. Sie waren alle noch in den Schutzhüllen verpackt. Und neben mir saß ein Mädchen, bei der das Paket schon geöffnet war. Das konnten alle sehen, auch die beiden Aufsichtslehrer, die dafür sorgten, dass niemand abschrieb.* [...] *Und also bei ihr, das konnte ich von meinem Nachbarplatz sehen, war bereits alles mit Bleistift markiert. Ist das etwa keine Korruption?"* [Interview RU-9]

In der Republik Tuva wurde im Juni 2011 ein Korruptionsfall aufgedeckt, in den zwei hochrangige Mitarbeiter der regionalen Bildungsadministration verwickelt waren: Valentina Kankova, Direktorin des dortigen Testzentrums, wurde von den lokalen Ermittlungsbehörden verhaftet, da sie das EGE für die Tochter der Landwirtschaftsministerin der Region ausgefüllt hatte (Ziganšina 2011). Die Strafermittlungsbehörden hatten einen anonymen Hinweis erhalten, dass die Tochter der Ministerin die Fragebögen in den Prüfungen in Russisch und Allgemeinwissen unausgefüllt zurückgegeben hatte. Ermittlun-

[153] Auch liegen nicht alle Fälle so eindeutig wie die Beispiele an der MGU und der RGGU. Dass Korruptionsvorwürfe auch als politisches Druckmittel missbraucht werden können, belegt folgender Fall: Im Juli 2011 wurden Ermittlungen gegen Nikolaj Trapš, den Dekan der historischen Fakultät der Föderalen Südlichen Universität in Rostov am Don eingeleitet, da er von zwei Studierenden jeweils 100.000 RUB (3.100 USD) angenommen haben soll, um sie durch zusätzliche Auswahlprüfungen zu bringen (Sacharova 2011). Trapš genoss einen sehr guten Ruf an der Universität, und viele seiner Studierenden, aber auch einige Kollegen, verteidigten ihn gegen die Korruptionsvorwürfe. Aufgrund des großen gesellschaftlichen Drucks wurden die Anschuldigungen schließlich fallen gelassen. Die Recherche einer Zeitung ergab, dass der Korruptionsfall konstruiert worden war und Trapš zum Opfer eines internen Machtkampfs um den neu zu vergebenen Rektorenposten wurde und der Korruptionsvorwurf lediglich dazu diente, ihn zu diskreditieren (Krivenjuk 2012).

gen ergaben, dass Kankova dann während der Korrektur selbst die richtigen Ergebnisse in die Bögen eingetragen hatte. Gegen sie wurden zunächst Ermittlungen wegen Amtsmissbrauchs eingeleitet, da aber die Korruption nicht zweifelsfrei nachgewiesen werden konnte, wurde sie schließlich wegen Urkundenfälschung verurteilt und erhielt ein Jahr Arbeitsverbot in Bildungsbehörden.[154] Gegen die Ministerin und ihre Tochter wurden keine juristischen Maßnahmen eingeleitet.

Im selben Jahr ereignete sich ein analoger Fall in der Oblast Omsk: Vitalij Fedotov, Direktor des regionalen Bildungsministeriums, sorgte dafür, dass die Prüfungsbögen dreier Abiturienten, die diese unausgefüllt abgegeben hatten, von seiner Behörde mit den richtigen Lösungen versehen wurden.[155]

Auch in der Republik Adgyea war 2011 eine ranghohe Persönlichkeit in einen Korruptionsfall involviert. Die Stellvertretende Bildungsministerin der Republik, Marjat Alieva, hatte veranlasst, dass mehrere Abiturienten in ihrer Prüfung Prüfungsbögen erhielten, die bereits korrekt ausgefüllt waren.[156]

In Dagestan gab es einen weiteren Fall: Zwei Mitarbeiter (Vater und Sohn) einer lokalen Universität, die der regionalen EGE-Kommission angehören, nahmen von Eltern von Abiturienten zwischen 500.000 und 700.000 RUB (15.000 bzw. 22.000 USD) und versprachen dafür eine bestimmte Punktzahl. Die jeweiligen Abiturienten sollten nur die Titelseite der Prüfung mit allgemeinen Informationen ausfüllen, die Fragebögen jedoch unbeantwortet abgeben. Da sie als Kommissionsmitglieder Zugang zu den Tests hatten, konnten sie diese im Anschluss an die Prüfung ausfiltern und ließen sie von Studierenden

154 Generalstaatsanwaltschaft der Russischen Föderation: V Respublike Tyva byvšaja rabotnica organa obrazovanija osuždena za pomošč' v sdači EGE dočeri mestnogo ministra, 27.08.2012, Quelle: www.genproc.gov.ru/smi/news/archive/news-77444, zuletzt geprüft am 16.01.2015.

155 Generalstaatsanwaltschaft der Russischen Föderation: Napravleno v sud ugolovnoe delo v otnošenii byvšego direktora kazennogo učreždenija Omskoj oblasti „Regional'nyj informacionno-analitičeskij centr sistemy obrazovanija", obvinjaemogo v nezakonnych dejstvijach pri sdače Edinogo gosudarstvennogo ekzamena, 03.07.2010, Quelle: www.genproc.gov.ru/smi/news/archive/news-76619, zuletzt geprüft am 16.01.2015.

156 Generalstaatsanwaltschaft der Russischen Föderation: General'naja prokuratura Rossii obobščila praktiku prokurorskogo nadzora za ispolneniem zakonodatel'stva v sfere provedenija EGE, 01.09.2011, Quelle: www.genproc.gov.ru/smi/news/archive/news-73059/#sel=20:1,37:28, zul. geprüft am 10.01.2015.

ihrer Universität ausfüllen. Wie Transparency International Russland berichtet, konnten sie auf diese Weise insgesamt 70 Mio. RUB (2,2 Mio. USD) erwirtschaften.[157]

Die bereits erwähnte Medienanalyse von www.public.ru kommt zu dem Ergebnis, dass die Bestechungssummen, die für manipulierte EGE-Ergebnisse bezahlt werden, seit Einführung des Examens deutlich gestiegen sind (vgl. Abbildung 12). Zwischen 2006 und 2010 stieg die durchschnittliche Bestechung in den Regionen (grüne Säulen) von 20.000 auf knapp 40.000 RUB (760 bzw. 1.300 USD) an, in Moskau (gelbe Säulen) erhöhte sie sich im selben Zeitraum von 120.000 auf 150.000 RUB (4.500 bzw. 5.250 USD). 2011 brach die durchschnittliche Bestechungssumme fast um die Hälfte ein, was von den Autoren damit erklärt wird, dass aufgrund sinkender Abiturientenzahlen die Nachfrage nach informellen Dienstleistungen schrumpfte (2012 legten 760.000 Studenten die EGE-Prüfungen ab; 2010 waren es noch 900.000 Abiturienten gewesen), während das Angebot stieg.

Abbildung 12: Durchschnittliche Bestechung für eine EGE-Prüfung (in RUB)

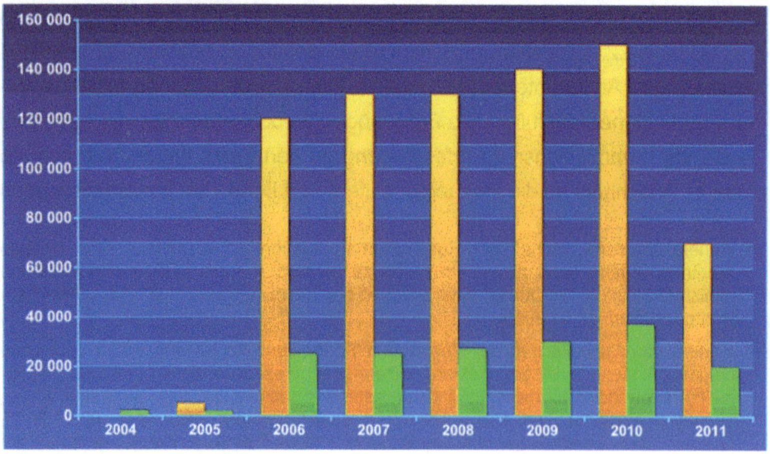

Quelle: Public.ru 2011b.

[157] Online-Projekt „Karte der Korruption" von Transparency International Russland, www.askjournal.ru/karta-korruptsii, zuletzt geprüft am 14.08.2014.

4.5.4 „Tote Seelen"

Einer der größten Korruptionsfälle seit der Zulassungsreform ereignete sich an der renommierten Nationalen Medizinischen Forschungsuniversität „N.I. Pirogov", in Russland auch „Vtoroj Med" (Zweite Medizinuniversität) oder „Pirogovka" genannt. Wie andernorts auch, wurde dieser Fall nur durch Zufall aufgedeckt: Im Juli 2011 wurde der Datenspezialist Viktor Simak von einem Freund, der sich an mehreren Moskauer Medizinhochschulen beworben hatte, gebeten, anhand der auf den Universitätswebsites veröffentlichten Bewerberlisten dessen Zulassungschancen zu errechnen (UNDP 2011b, S. 18). Um seinem Freund zu helfen, erstellte Simak eine Liste der rund 20.000 Bewerber für ein Medizinstudium in Moskau. Dabei fand er heraus, dass die meisten überdurchschnittlich guten Abiturienten gleichzeitig an fünf Hochschulen zugelassen wurden. Demnach müssten viele Plätze frei bleiben und im Nachrückverfahren vergeben werden.

Bei näherer Betrachtung fiel Simak eine starke Anomalie an der Pirogov-Universität auf: Auf 800 Budgetstudienplätze hatten sich dort etwa 600 Bewerber mit signifikant überdurchschnittlich guten EGE-Noten beworben (alle besaßen mehr als 270 von 300 möglichen Punkten). Außerdem besaßen alle das Privileg, „außer Konkurrenz" zugelassen zu werden, und sie alle hatten sich erst kurz vor Bewerbungsschluss nahezu zeitgleich beworben. Am auffälligsten war jedoch, dass sich alle nur an der Pirogov-Universität beworben hatten, obwohl die meisten Abiturienten fünf Bewerbungen verschicken.

Wie sich herausstellte, waren diese 600 Bewerber nicht echt. Es handelte sich um so genannte „Tote Seelen", wie in Russland nach dem gleichnamigen Roman von Nikolaj Gogol Personen genannt werden, die nur auf dem Papier existieren.

Daher schrieb sich nach der Zulassung auch keiner dieser Bewerber an der Pirogov-Universität ein und ihre Namen tauchten im Nachrückverfahren erneut auf. Dadurch wirkte die Konkurrenz im Nachrückverfahren für viele der echten Bewerber so groß, dass sie sich keine realistischen Zugangschancen ausrechneten. Sie schrieben sich stattdessen an anderen Hochschulen ein, von denen sie eine Zusage hatten.

Weil die meisten echten Bewerber sich aus dem Nachrückverfahren zurückzogen, blieben fast alle Budgetplätze im Nachrückverfahren frei. Sie gingen an Bewerber mit deutlich schlechteren EGE-Noten, die dafür bezahlt hatten, dass ihnen ein Platz von einer „Toten Seele" freigehalten worden war.

Simak informierte den Hochschulrektor über seine Analyse[158] und veröffentliche sie auch in einem Online-Forum der Universität. Die Nachricht löste eine öffentliche Debatte aus, die bis in die Duma Wellen schlug und letztlich zu einer Überprüfung des Falls durch Rosobrnadzor und zu staatsanwaltschaftlichen Ermittlungen gegen die Hochschulleitung führte. Rosobrnadzor fand bei der Überprüfung der Bewerber heraus, das von 709 zugelassenen Personen 626 frei erfunden waren (Lenta.ru 2011).

Der Rektor Nikolaj Volodin stritt sämtliche Korruptionsvorwürfe ab und machte zunächst ein technisches Problem, später die Fahrlässigkeit seiner Mitarbeiter verantwortlich. Auch die stellvertretende Rektorin, Natalja Polunina, behauptete, es handle sich lediglich um einen Softwarefehler (Vasil'eva 2012). Im Zuge ihrer Ermittlungen konnte die Staatsanwaltschaft jedoch nachweisen, dass die Listen nicht irrtümlich entstanden, sondern manuell an Computern der Auswahlkommission erstellt worden waren, die passwortgeschützt waren und auf die nur wenige Mitarbeiter der Kommission Zugriff hatten (Lenta.ru 2011), was den Kreis der Täter einschränkte. Beim Russischen Studentenverband meldeten sich mehrere Bewerber, die übereinstimmend erklärten, dass von ihnen für die Zulassung Bestechungsgelder gefordert worden waren. Dazu exemplarisch der Kommentar eines Bewerbers:

> *„Ich habe sehr gute EGE-Resultate – 270 Punkte, aber aufgrund der hohen Zahl an privilegierten Bewerbern habe ich meine Bewerbung zurückgezogen.* [...] *Mir wurde angeboten, 400.000 Rubel für die Zulassung zu zahlen. Mir wurde gesagt, dass es zu viele Privilegierte gebe, aber wenn ich diese Summe zahle, erhalte ich garantiert einen Platz."*[159]

---

[158] Diese findet sich unter www.bolnoy-zub.livejournal.com/1483.html, zuletzt geprüft am 08.01.2015.

[159] Website des Russischen Studentenbunds, www.russiansu.ru/publ/2-1-0-238, zuletzt geprüft am 08.01.2012.

Der Rektor wurde eine Woche nach Bekanntwerden des Skandals entlassen.[160] Bei der Überprüfung der Zulassung des Vorjahres fand ein Blogger heraus, dass es bereits damals Unregelmäßigkeiten an der Pirogovka gegeben hatte: Für 300 Budgetplätze hatte es mehr als 300 Bewerber mit sehr guten Noten und privilegierter Zulassung gegeben, die sich weder in der ersten noch in der zweiten Runde eingeschrieben hatten. Im zweiten Nachrückverfahren waren dann Bewerber angenommen worden, die gerade so die EGE-Prüfung bestanden hatten[161] (Buntman und Maksimova 2011). Zudem stellte sich heraus, dass zahlreiche „Toten Seelen" von 2011 bereits 2010 zugelassen worden waren. Die Auswahkommission hatte sich anscheinend nicht einmal die Mühe gemacht, neue Namen zu erfinden.

Der Fall an der Pirogovka belegt einerseits, dass die Hochschulen kreative Mechanismen entwickelt haben, um die offiziellen Zulassungsbestimmungen zu umgehen bzw. sie zu manipulieren. Gleichzeitig bietet das EGE aber auch Möglichkeiten, solche Mechanismen aufzudecken. Simak, der durch seine Analyse den Fall an der Medizinischen Pirogov-Universität aufdeckte, sieht deshalb trotz aller Schwächen des Systems darin einen Fortschritt: „*Ich denke, dass es sehr gut ist, dass bei uns alles immer transparenter wird, und ja, ich denke, dass es ohne das Zulassungssystem auf Basis des EGE vermutlich nie aufgedeckt worden wäre*" (Fel'gengauer und Pljuščev 2011).

4.5.5 Lehrer und Studierende legen im Auftrag der Schüler das EGE ab

Immer wieder wird von Fällen berichtet, in denen nicht die Abiturienten die EGE-Prüfung ablegen, sondern Lehrer oder Studierende. In der Kleinstadt Morozovsk im Gebiet Rostov am Don wurden 2010 am Tag der Russisch-EGE-Prüfung an einer Schule 30 Lehrer verhaftet, die laut Generalstaatsan-

---

160 Ansonsten gab es keine gravierenden personellen Konsequenzen. Die fünf beteiligten Mitarbeiter aus der Auswahlkommission verloren zwar ihre Position, arbeiten jedoch weiter an der Hochschule.

161 Obwohl die Pirogovka zusammen mit der Moskauer Medizinischen Sečenov-Akademie als beste medizinische Hochschule der Stadt gilt, besaßen die Pirogovka-Studienanfänger 2010 deutlich schlechtere Noten als die Studienanfänger an der Sečenov-Universität: An der Pirogovka lag der EGE-Schnitt der Erstsemester nur bei 68,3 Punkten; die Erstsemester an der Sečenov-Akademie hatten im Durchschnitt 79,8 Punkte. Wissenschaftler der HSE wiesen bereits 2010 auf diese Abweichung hin, ohne jedoch einen expliziten Korruptionsverdacht zu äußern. Quelle: Rating der Zulassung russischer Hochschulen, www.hse.ru/org/hse/ex/nov, zuletzt geprüft am 07.01.2015.

waltschaft gegen Bezahlung die Prüfung für Abiturienten geschrieben hatten.[162] Die Lehrer waren von ihrem Schuldirektor unter Druck gesetzt und gezwungen worden, die Tests auszufüllen. Diese Leistung hatte der Direktor seinen Schülern bzw. deren Eltern für 10.000 RUB (330 USD) angeboten. Nur wenige Tage später wurde auch in der Region Astrachan ein Lehrer gefasst, der das Mathematik-EGE für einen Schüler ausfüllte (RIA Novosti 09.06.2010).

Ein weiterer Fall wurde im selben Jahr in der Region Voronež bekannt: Galina Žuravleva, Vorsitzende der Zentralen Prüfungskommission der Region, wurde nachgewiesen, dass sie während des EGE die Prüfungen von acht Abiturienten eingesammelt und damit das Schulgebäude verlassen hatte. Die Fragebögen ließ sie von ihr unterstellten Lehrern ausfüllen und brachte sie zurück in den Klassenraum zu den Abiturienten.[163] Es hieß, sie habe für diese Leistung 25.000 RUB (770 USD) pro Abiturient und Prüfung verlangt. Da man ihr keine Bestechung nachweisen konnte, wurde sie nicht wegen Bestechlichkeit, sondern Amtsmissbrauchs verurteilt und durfte für drei Jahre keine Posten in staatlichen Bildungseinrichtungen einnehmen.

Um auf diese Korruptionsform aufmerksam zu machen, zeichnete der Lehrer Igor Lubkov 2011 heimlich ein Video auf, das zeigt, wie während des EGE an einer Moskauer Eliteschule die Prüfungen einiger Abiturienten in einem anderen Raum von Lehrern geschrieben werden.[164] Die öffentlichen Beobachter waren zu der Zeit nicht in den Klassenräumen, sondern wurden durch das Schulmuseum geführt (Konjuchova 2011). Lubkov beschwerte sich über die Vorfälle beim Direktor, musste jedoch feststellen, dass eben dieser für die Korruption verantwortlich war. Nachdem der Direktor sich Lubkovs Stillschweigen mit einer Gehaltserhöhung erkaufen wollte, was dieser ablehnte,

---

162 Generalstaatsanwaltschaft der Russischen Föderation: V Rostovskoj oblasti načata prokurorskaja proverka po zajavleniju o massovom napisanii učiteljami EGE vmesto škol'nikov, 03.06.2010, Quelle: www.genproc.gov.ru/smi/news/archive/news-59120/, zuletzt geprüft am 10.01.2015.

163 Generalstaatsanwaltschaft der Russischen Föderation: Predstavitel' gosudarstvennoj ekzamenacionnoj komissii na territorii Voronežskoj oblasti osuždena za nezakonnuju pomošč' učastnikam EGE, 25.01.2011, Quelle: www.genproc.gov.ru/smi/news/archive/news-57443, zuletzt geprüft am 11.01.2015.

164 Das Video findet sich auf www.youtube.com/watch?v=5owieC0ecO4, zuletzt geprüft am 15.02.2015.

wurde ihm mit Entlassung gedroht. Lubkov kündigte daraufhin von sich aus – wie in den Jahren zuvor bereits 60 seiner Kollegen, die mit solchen Praxen nicht einverstanden waren. Als er den Vorfall der städtischen Bildungsadministration meldete und das Beweisvideo vorlegte, wurde ihm erwidert, dass stets Mängel bei der Durchführung aufträten, es aber nicht weiter schlimm sei und es daher auch keine Konsequenzen für die beteiligten Personen gebe.[165] Daraufhin setzte er die Staatsanwaltschaft über die Vorfälle in Kenntnis, die jedoch keine Verstöße feststellen konnte – oder wollte.

In einem anderen aufsehenerregenden Fall in Moskau gaben sich Studierende einer führenden Moskauer Hochschule als Abiturienten aus, um für diese die Prüfung abzulegen.[166] Auch ein Dekan der HSE erwähnte, dass es an seiner Hochschule einen ähnlichen Fall gegeben habe:

> *„Als hier das EGE stattfand, hatten wir eine Studentin aus St. Petersburg, die einer Abiturientin ähnlich sah und hierher* [nach Moskau] *gebracht wurde. Sie bekam glaube ich 200 oder 300 Dollar. Sie erhielt den Pass* [der Abiturientin] *und ging zur Prüfung, anschließend wurde sie gefasst und sagte, es sei ein Scherz gewesen und sie hätte den Pass einfach auf der Straße gefunden."* [Interview RU-22]

Auch wenn diese Praxis nicht häufig vorkommt, deckt sie eine Schwachstelle auf: die schwache Kontrolle, die es ermöglicht, dass Abiturienten die Prüfungen durch andere Personen ablegen lassen.

4.5.6 Manipulation der Notenskala: schwache Kontrolle oder inoffizielle Bildungspolitik?

Im Jahr 2010 wurden in der südrussischen Republik Karačaj-Čerkessien bei der Überprüfung des EGE durch Rosobrnadzor Unregelmäßigkeiten festgestellt. Die konkreten Vorwürfe lauteten, dass auf hoher administrativer Ebene die gesamten Resultate der Region nach oben korrigiert worden seien. Als Indiz diente das überdurchschnittliche Abschneiden der Abiturienten der Republik im gesamtrussischen Vergleich. Da dieses Phänomen bereits im Vorjahr aufgetreten war – 2009 hatte es viermal so viele Spitzenabsolventen

---

165 Dies teilte Lubkov in seinem Videoblog mit, zu finden auf www.vk.com/video 7770992_161571641, zuletzt geprüft am 15.02.2015.

166 Generalstaatsanwaltschaft der Russischen Föderation: General'naja prokuratura Rossii obobščila praktiku prokurorskogo nadzora za ispolneniem zakonodatel'stva v sfere provedenija EGE, 01.09.2011, Quelle: www.genproc.gov.ru/smi/news/archive/ news-73059/#sel=20:1,37:28, zuletzt geprüft am 10.01.2015.

gegeben wie im Landesdurchschnitt (Černakov 2009) –, stand die Region 2010 unter besonderer Beobachtung.

Der Präsident der Republik, Boris Ebzeev, hatte für 2010 versprochen, diese Form der Korruption zu bekämpfen, doch in zahlreichen Fächern wichen die Ergebnisse erneut dermaßen stark von der Norm ab, dass entschieden wurde, alle Prüfungen mit Ergebnissen im oberen Bereich zwischen 80-100 Punkten zu überprüfen. Im Prüfungsfach Allgemeinwissen war die Spitzengruppe in der Republik vierzehn mal so groß wie im Landesdurchschnitt, in Mathematik etwa zehnmal so groß und in weiteren Fächern ebenfalls signifikant größer (Černakov und Gritčin 2010). Die Überprüfung ergab, dass die Noten-Manipulationen vor allem im dritten Prüfungsteil C mit offenen Antworten stattgefunden hatten, wo dies aufgrund unterschiedlicher Antwortvarianten am einfachsten geht. In Mathematik wiesen zwei Drittel der untersuchten Arbeiten Unregelmäßigkeiten auf (Černakov und Gritčin 2010). Dieses Ausmaß – von Einzelfällen kann hier nicht mehr gesprochen werden – ist allein durch schwache Prüfungskontrolle schwer erklärbar; vielmehr scheint es das Resultat einer von oben verordneten, informellen Vorgabe zu sein.

Ebzeev sah sich dazu gezwungen, die regionale Bildungsministerin Irina Šapovalova, die als Leiterin des Staatlichen Prüfungskomitees für den ordnungsgemäßen Ablauf des EGE in der Republik zuständig war, sowie einige ihrer Mitarbeiter, die an den Vorgängen beteiligt waren, zu entlassen (Lenta.ru 2010).

Tatjana Kljačko zufolge fanden Manipulationen des Notenspiegels auch in anderen Regionen statt:

> *„In einigen Republiken wie Tatarstan, Baškirien, dort gehört es zur nationalen Politik, dass die Ergebnisse des EGE nicht schlechter sein dürfen als im russischen Durchschnitt. Und das kann man entweder dadurch erreichen, dass die Bildungsqualität verbessert wird, oder man kann es auch dadurch erreichen, dass die Resultate ‚von Hand' erhöht werden. In der Regel werden die Resultate ‚von Hand' verbessert."* [Interview RU-15]

Gestützt wird ihre Einschätzung durch die Tatsache, dass 2010 in weiteren Regionen, darunter Baškirien, Kalmykien, Lipezk und Murmansk, die Ergebnisse stark vom Landesdurchschnitt abwichen, ohne dass dies mit höheren Bildungsstandards dieser Regionen erklärt werden konnte. In der Republik

Ingušetien wurden 2012 auffällig viele überdurchschnittlich gute Noten in Biologie, Geschichte und Mathematik registriert[167], was zu einer Untersuchung durch Rosobrnadzor führte. Dabei stellte sich heraus, dass bei vielen Examen nachgeholfen worden war. „*Einer der häufigsten Verstöße waren Zeichen und Symbole in den Arbeiten, die es nicht geben durfte und die es ermöglichten, konkrete Arbeiten zu identifizieren*", so Lemka Izmailova, die Bildungsministerin der Republik (RIA Novosti 04.07.2012). Darüber hinaus gebe es eine Vielzahl von Arbeiten, so die Ministerin, die mit anderen als den im offiziellen Reglement vorgeschriebenen blauen oder schwarzen Kugelschreibern geschrieben waren, was ebenfalls auf Manipulationen hinweise: „*Das zeugt davon, dass weniger die Schüler als vielmehr die zuständigen Testleiter gegen die Regeln verstoßen*" (ebd.). Etwa die Hälfte der Examen in Mathematik sowie jeweils ein Viertel in den Biologie- und Geschichtsprüfungen waren davon betroffen. Sie wurden aberkannt, die Abiturienten erhielten aber die Möglichkeit, die Prüfungen zu wiederholen.

In der Autonomen Republik Dagestan stieß Rosobrnadzor 2013 bei der obligatorischen Überprüfung der besten EGE-Examen auf zahlreiche Unregelmäßigkeiten und beurlaubte daraufhin mehr als 30 Beamte, die an den Manipulationen beteiligt gewesen waren (Muchametšina 2013b), darunter zwölf Schuldirektoren, neun Leiter kommunaler Bildungsverwaltungen und zehn weitere Führungspersönlichkeiten aus dem Bildungsbereich (RIA Novosti 28.06.2013). Nach einer Inspektion von viertausend Examen der letzten Jahre in den Fächern Biologie, Chemie und Allgemeinwissen, an deren Korrektur die betroffenen Beamten beteiligt gewesen waren, wurde jede vierte Prüfung aufgrund vorgefundener Manipulationen annulliert (RIA Novosti 04.07.2013).

Ein Moskauer Soziologieprofessor sagte im Interview, dass „*die regionalen und kommunalen* [Bildungs-]*Behörden zu den Hauptzentren der Korruption geworden*" [Interview RU-5] seien und die Hochschulen abgelöst hätten. Eine Meinung, die viele Bildungsexperten teilen:

---

167 Viele Pädagogen in den Kaukasusregionen sehen die Manipulationen für ihre Schüler dadurch legitimiert, dass sie diesen eine Zukunftsperspektive böten. Ohne gute Noten besteht kaum die Chance, aus den von hoher (Jugend-)Arbeitslosigkeit geprägten und regelmäßig von Terroranschlägen heimgesuchten Regionen zu entkommen.

> *„Es gibt solche Regionen.* [...] *In Čuvašien gibt es jedes Jahr sehr hohe Ergebnisse, und wir überprüfen sie jedes Jahr, aber haben nichts entdeckt. Im Süden sind es Dagestan, Kabardino-Balkarien, aber nicht Tschetschenien. In Zentralrussland Voronež und Lipezk. Höchstwahrscheinlich ist dort nicht alles sauber. Aber es ist schwer, sie zu ertappen. Die Arbeiten werden überprüft, aber sie haben schon verstanden, dass Arbeiten mit der vollen Punktzahl von 100 Aufsehen erregen und sie geben nun weniger, irgendwas mit 90.* [...] *Die Tatsache, dass die Arbeiten in der eigenen Region geprüft werden und dann anhand dieser Ergebnisse gesagt wird, wie gut der Gouverneur arbeitet – das ist ein falsches System. Dieses System muss verändert werden."* [Interview RU-22]

Der Grund für den systematischen Betrug ist häufig politischer Natur: Die Gouverneure haben ein großes Interesse daran, dass ihre Regionen überdurchschnittlich gut abschneiden, fließt das EGE-Ergebnis in die Bewertung ihrer Arbeit ein. Auch ein anderer Respondent weist auf die Problematik hin, dass mit den Testergebnissen Politik betrieben würde, solange diese die Beurteilungsgrundlage für die Arbeit der regionalen und kommunalen Bildungsbehörden seien. Daher fordert er:

> *„Diese beiden Funktionen dürfen überhaupt nicht miteinander zusammenhängen. Aber bei uns ist es ein und derselbe Test. Damit die Administration eine gute Beurteilung erhält, wird die Notenskala angehoben."* [Interview RU-7]

Dass die Absetzung einzelner für dieses System verantwortlicher Personen nicht viel am Fortbestand der korrupten Mechanismen ändert, zeigt das Beispiel Karačaj-Čerkessien, wo es nach der Absetzung der eingangs erwähnten Šapovalova einen erneuten Korruptionsfall gab: Boris Spiridonov, ihr Nachfolger im Bildungsministerium, der sich damit rühmte, ein Antikorruptionsprogramm im Bildungswesen der Region durchgeführt zu haben, wurde Anfang Juli 2013 von der Polizei überführt, als er von einem Mittelsmann der Eltern zweier Abiturienten jeweils 280.000 RUB (8.800 USD) dafür annahm, den Schülern ohne Teilnahme gute EGE-Noten auszustellen (Muchametšina 2013b). Im Mai 2014 wurde Spiridonov zu einer Haftstrafe von acht Jahren sowie einer Strafzahlung von 17 Mio. RUB (530.000 USD) verurteilt. Damit war dieser Korruptionsfall einer der wenigen, der über rein administrative Strafmaßnahmen hinausging.

2013 registrierte die von der Gesellschaftskammer eingesetzte EGE-Hotline besonders viele Anrufe aus der Region von Spiridonov: Die meisten Beschwerden kamen dabei von Lehrern, die berichteten, dass sie von ihren

Schuldirektoren unter Druck gesetzt und gezwungen worden seien, von Abiturienten Geld für die eigentlich kostenlosen Prüfungen einzusammeln. Viele Eltern beschwerten sich, dass ihnen gesagt worden sei, dass sie Geld einzahlen müssten, damit ihr Kind das Examen schreiben darf (Muchametšina 2013b).

4.5.7 Problemregion Nordkaukasus? Massenhafte Korruption und „EGE-Tourismus"

Die Kontrolle des Examensablaufs stellt in der gesamten RF ein großes Problem dar. Dies hängt unter anderem mit der Größe des Landes zusammen:

> „*Conducting the* [EGE] *in a country as huge as Russia entails additional difficulties. In smaller countries, where such an examination can be conducted in just one or a few centers, the ‚cleanness' of the examination can be assured. This is not possible under the conditions of Russia.*" (Mironov 2013, S. 35)

Das russische Sprichwort „Russland ist groß, der Zar ist weit" steht als Synonym dafür, dass der staatliche Einfluss abnimmt, je weiter man sich von Moskau entfernt. Aber selbst in Moskau und St. Petersburg ist nicht immer gewährleistet, dass das Reglement zur Verhinderung von Missbrauch und Korruption während der Prüfung eingehalten wird. Das nutzen viele Abiturienten aus, wie der folgende Interviewausschnitt zweier Studentinnen verdeutlicht:

> Respondentin A: „*In der Russischprüfung haben bei uns alle abgeschrieben. Die Schüler, die in den letzten Reihen saßen, kamen alle aus einer Klasse und konnten ganz bequem voneinander abschreiben. Eigentlich müssen im Raum Schüler aus verschiedenen Klassen zusammensitzen. Also rein theoretisch kann das gar nicht sein, dass man mit jemanden aus seiner Klasse im selben Raum sitzt, aber faktisch ist das überhaupt nicht so. Sie saßen alle zusammen und kannten sich und wussten, wer intelligent ist und helfen kann.*"
>
> Respondentin B: „*Ich habe es selbst gesehen, dass in der Matheprüfung die Aufzeichnungen einfach über die Tische gereicht wurden, und da die Aufsichtspersonen hinten saßen, konnten sie es nicht sehen.*" [Interview RU-11]

Diese Beobachtungen belegen nicht nur, dass Schüler, die sich kennen, nicht wie vom Reglement gefordert auf unterschiedliche Testzentren verteilt werden, sondern auch, dass die Prüfungsadministratoren ihrer Aufsichtspflicht ungenügend nachkommen und dadurch Manipulationen ermöglichen. In Regionen mit schwachen staatlichen Institutionen ist dieses Problem besonders gravierend. Vor allem in einigen südrussischen Gebieten[168] ist die ineffektive Kontrolle systematisch geworden, wie die Gesellschaftskammer, die ein jährliches Monitoring des EGE durchführt, in einem Bericht über den Ablauf des EGE 2010 festhält:

> *„Wir gehen leider davon aus, dass Korruption im Rahmen des EGE in einigen russischen Regionen solch eine normale Erscheinung geworden ist, dass sie als selbstverständlich hingenommen – und gar nicht mehr bemerkt wird."* (Obščestvennaja palata Rossijskoj Federacii, S. 53)

Grund zu dieser Annahme bieten zahlreiche Anrufe über die EGE-Hotline der Gesellschaftskammer, in denen sich nach den Preisen für die Prüfung erkundigt wurde. Das lässt darauf schließen, dass viele gar nicht wissen, dass die Teilnahme an der Prüfung kostenlos ist, und Bestechungszahlungen für eine reguläre Prüfungsgebühr halten. Ein Journalist, der 2013 als EGE-Beobachter an einigen Testzentren vor Ort war und den Examensablauf kontrollierte, berichtete von ineffektiven Kontrollmechanismen und inaktiven Organisatoren, die durch Korruptionszahlungen „ruhig gestellt" würden und sämtliche Verstöße ignorierten. So hätten zum Beispiel trotz Metalldetektoren im Eingangsbereich sowie einer Durchsuchung der Schüler durch den FSB fast alle Schüler ihre Mobiltelefone in der Prüfung dabei gehabt (Voroncova et al. 2013). Während der Prüfungen seien Telefongespräche (in der Regel mit Repetitoren) geführt sowie SMS und Fotos versendet worden, so der Beobachter. Einige Abiturienten seien noch vor Testbeginn mit den Fragebögen aus den Prüfungsräumen gegangen – während die Mitarbeiter des FSB und die Aufsichtspersonen so getan hätten, als ob sie dies nicht bemerkten. Einige Eltern teilten mit, dass die Benutzung des Telefons gegen eine Gebühr von 3.000 RUB (90 USD) erlaubt sei; für eine informelle Zahlung von 5.500 RUB pro Prüfung an das Schulpersonal brauche man sich *„keine Sorgen mehr über die Noten"* (ebd.) zu machen.

---

[168] Generell ist Korruption in den südrussischen und kaukasischen Föderationsbezirken (u. a. in den Republiken Dagestan und Tschetschenien, der Oblast Rostov und den Gebieten Krasnodar und Stavropol) weit verbreitet. Laut einer Studie des INDEM-Instituts zählen fast alle Regionen des südlichen und des kaukasischen Föderationsbezirks zur Gruppe mit dem höchsten Ausmaß an Alltagskorruption (Ministerstvo Ekonomičeskogo Razvitija Rossijskoj Federacii 2011, S. 37).

Beim EGE 2011 in einer Kleinstadt in Dagestan übergab der Schuldirektor – im Beisein der Sicherheitsbeamten des Innenministeriums, die Verstöße eigentlich verhindern sollen – die Prüfungen an einige Eltern, die diese für ihre Kinder lösten.[169] Ein Respondent merkte in ironischem Tonfall an, es sei nicht besonders verwunderlich, dass in einem Landkreis in Dagestan alle Mathematikprüfungen mit der Höchstnote bestanden worden seien, wenn man bedenke, dass in der Region die Regierungspartei Einiges Russland durch manipulierte Wahlergebnisse auch schon mal auf einen Stimmenanteil von 100%[170] komme [Interview RU-18]. Eine Moskauer Studentin berichtet vom EGE in Dagestan:

> *„Meine Freundin aus Machačkala[171], die dort ihr EGE abgelegt hat, sagte mir, dass ihre Lehrer* [während der Prüfung] *entweder den Raum verlassen hätten oder ihnen Bücher gaben, und sie einfach alles abgeschrieben hätten, sodass sie die Höchstpunktzahl erreichten. Und natürlich konnte sie dann zum Studieren nach Moskau kommen."* [Interview RU-11]

Aufgrund vielfältiger systematischer Manipulationsmöglichkeiten, die einige Regionen bieten[172], ist ein sog. „EGE-Tourismus" entstanden: Eltern schicken ihre Kinder für das letzte (halbe) Schuljahr an Schulen dieser Regionen, damit sie dort die Prüfung ablegen und bessere Resultate erlangen. Alleine in

---

169 Generalstaatsanwaltschaft der Russischen Föderation: General'naja prokuratura Rossii obobščila praktiku prokurorskogo nadzora za ispolneniem zakonodatel'stva v sfere provedenija EGE, 01.09.2011, Quelle: www.genproc.gov.ru/smi/news/archive/news-73059/#sel=20:1,37:28, zuletzt geprüft am 10.01.2015.

170 In Dagestan erzielte bei den Parlamentswahlen 2011 die Regierungspartei Einiges Russland ein Ergebnis von 99,48% (Ivanov und Ibragimov 2011). Auch die offizielle Wahlbeteiligung von 99,45% legt den Verdacht der Wahlmanipulation nahe.

171 Machačkala ist die Hauptstadt der Autonomen Republik Dagestan in Südrussland.

172 Eine Vorstellung davon, wie gering die Kontrolle in einigen Regionen ist, vermitteln mehrere Videos, die von Abiturienten während des EGE aufgenommen und ins Internet gestellt wurden. Auf einer Aufnahme ist zu erkennen, wie während der Prüfung Schüler durch den Raum gehen, sich mit ihren Mitschülern unterhalten und unerlaubte Hilfsmittel (Tablet, Handy) benutzen, während die Aufsichtsperson sich mit ihrem Mobiltelefon beschäftigt und die Vorgänge im Prüfungsraum ignoriert. Ein Schüler, der die Prüfung selbstständig löst, wird dafür von den Mitschülern ausgelacht. Die Videos sind abrufbar unter www.youtube.com/watch?v=9a3sWPX1_5Q und www.newsland.com/news/detail/id/729209/, zuletzt geprüft am 06.01.2015.

der Region Dagestan, in der landesweit mit die höchsten EGE-Resultate erzielt werden, gab es 2013 etwa 1.500 „EGE-Touristen“.[173]

In ländlichen Regionen sind hoher sozialer Druck und soziale Kontrolle ein weiterer Grund, weshalb Prüfungsvorschriften und Kontrollmechanismen missachtet werden, wodurch informelle Opportunitäten entstehen. Ein Studium in der Großstadt stellt für viele Abiturienten die einzige Chance auf eine bessere Zukunft dar, weshalb viele Eltern Druck auf die EGE-Verantwortlichen ausüben – die sie in Kleinstädten oft persönlich kennen oder zu denen sie über ihre Netzwerke Kontakt haben– ausüben. Da man sich kennt, fällt es schwer, solche Bitten und Angebote abzulehnen:

> *„Ähnlich wie in den Autonomen Republiken ist in den kleinen Dörfern in der Regel die Ausbildungsqualität schlechter als in den Städten. Aber die EGE-Ergebnisse zeigen häufig, dass diese Kinder bessere Noten haben als in den Städten. Der einfache Grund hierfür ist, dass die Eltern dem Direktor der Dorfschule sagen: ‚Du sollst es so hinbekommen, dass unsere Kinder eine Möglichkeit haben, auf die Universität zu gehen.‘ Da alle Eltern verstanden haben, dass man seine Kinder heutzutage auf die Universität schicken muss, beginnt ein massenhafter Druck auf diesen Direktor. Und da dieser mit den Menschen im Dorf zusammenlebt, fängt er an, ihnen zu helfen.“* [Interview RU-15]

4.5.8 Verwendung technischer Hilfsmittel

Abiturienten benutzen zunehmend technische Hilfsmittel, um die Prüfungsfragen zu beantworten, wie Viktor Panin von der Verbraucherschutzorganisation für Bildungsdienstleistungen im Interview beschreibt:

> *„Im Umgang mit technischen Hilfsmitteln ist unsere Jugend sehr gut, mit Smartphones und so weiter. Wir haben eine unabhängige Kontrolle während der Prüfungen 2010 in einigen Landesteilen durchgeführt und haben festgestellt, dass sie ausnahmslos genutzt werden. Darüber hinaus überwachen und stoppen es die zuständigen Lehrer und Aufsichtspersonen nicht nur nicht – sie fördern es sogar noch.“* [Interview RU-18]

Zwar stellt dies nicht zwingend Korruption dar, geht jedoch häufig mit dieser einher, da die zuständigen Aufsichtspersonen bestochen werden, um technische Hilfsmittel während der Prüfungen nutzen zu können. Smartphones werden verwendet, um auf Lösungen der Prüfungsfragen, die im Internet kostenpflichtig angeboten werden, zuzugreifen. 2010 sickerten die Lösungen

---

[173] Dies berichtete die Nachrichtenagentur RIA Novosti in einem Beitrag vom 04.06.2013, www.ria.ru/tv_society/20130604/941178933.html, zuletzt angerufen am 06.01.2015.

für die Mathematikprüfung bereits im Vorfeld des EGE durch, sodass zahlreiche Abiturienten noch vor dem Examen Zugriff darauf hatten (RIA Novosti 08.06.2010).

2011 gab es zwar kein Datenleck, aber vielen Abiturienten gelang es, über ihre eingeschleusten Smartphones an Lösungen zu gelangen. Hierbei spielt die Größe des Landes mit elf Zeitzonen eine große Rolle, wodurch das EGE nicht überall zeitgleich stattfindet. Das bietet Abiturienten in den westlichen Landesteilen den Vorteil, dass sie vor Prüfungsbeginn an die Prüfungsfragen und Antworten kommen, die Abiturienten im Osten des Landes online stellen. Während der EGE-Prüfungen 2011 überprüfte ein Lehrer die Aktivitäten in sozialen Medien wie dem russischen Facebook-Ableger „vkontakte" und stellte fest, dass Prüfungsfragen abfotografiert und hochgeladen wurden und die richtigen Antworten innerhalb kürzester Zeit online auftauchten und abgeschrieben werden konnten (Guščin 2011). Um darauf zuzugreifen, mussten die Abiturienten zuvor in kostenpflichtige Gruppen eintreten. Alleine an einem einzigen Prüfungstag des Fachs Mathematik griffen auf eine der Seiten 165.000 Personen zu. Das EGE 2011 wurde im Volksmund als *„erstes massenhaftes Abschreibexamen"* bezeichnet. Von landesweit gleichen Bedingungen für die Schüler konnte keine Rede sein.

Abiturienten, die über diesen Weg ihre Ergebnisse aufbessern oder die Prüfungsaufgaben ins Internet stellen, gehen dabei in der Regel kein großes Risiko ein. So erhielt ein Schüler der Region Saratow, der 2011 die Physikprüfung online gestellt hatte, eine Geldstrafe von 3.000 RUB (90 USD), und seine Prüfungsleistung in Physik wurde annulliert[174] – aber selbst ohne Physiknote kann er sich für die meisten Studiengänge bewerben. Ähnliche Fälle wurden in zahlreichen weiteren Regionen dokumentiert, die Strafen fielen dabei stets äußerst milde aus.

4.5.9 Olympiaden, geförderte Aufnahme und Bewerber mit Privilegien

Wie im Abschnitt zum Zulassungssystem beschrieben wurde, können Bewerber, die erfolgreich an den Olympiaden teilgenommen haben oder die auf-

---

174 Generalstaatsanwaltschaft der Russischen Föderation: General'naja prokuratura Rossii obobščila praktiku prokurorskogo nadzora za ispolneniem zakonodatel'stva v sfere provedenija EGE, 01.09.2011, Quelle: www.genproc.gov.ru/smi/news/archive/news-73059/#sel=20:1,37:28, zuletzt geprüft am 10.01.2015.

grund von Härtefallregelungen in die Kategorie der L'gotniki fallen, außer Konkurrenz aufgenommen werden. 2009 gab es insgesamt 153 Kategorien von Personen, die dieses Privileg erhielten (Agranovič 2009). Da diese Ausnahmeregelungen verhältnismäßig einfach manipulierbar sind, werden sie häufig als Schlupflöcher ausgenutzt. So ermöglicht es z. B. die verbreitete Korruption im russischen Gesundheitssystem (Morris und Polese 2014a; Reed 2008), gefälschte Dokumente ausstellen zu lassen, die eine Invalidität oder eine Krankheit (z. B. Asthma) bescheinigen, die zur Zulassung außer Konkurrenz berechtigen. Die Überprüfung der Echtheit der Dokumente ist kompliziert und zeitaufwändig und wird von den Universitäten daher nur selten vorgenommen. Durch Vorlage solcher gefälschter Bescheinigungen steigen die Chancen signifikant, an einer renommierten Hochschulen angenommen zu werden. Die Ansprechpartner in den Auswahlkomitees weisen oft direkt auf diese informelle Möglichkeit hin:

> *„Sie sagen den Eltern bereits im Vorfeld: ‚Gehen Sie dorthin, organisieren Sie einen Bescheid über den Invalidenstatus und wir nehmen ihr Kind dann außer Konkurrenz auf.' Diese Form der Korruption hat sich überhaupt nicht verändert."* [Interview RU-1]

Der Rektor der bei Studierenden beliebten Finanzakademie der Russischen Regierung erklärte 2010: *„Zu uns kamen 120-130 Personen mit solchen gefälschten Bescheinigungen.* [...] *Es ist unerlässlich, die Kontrolle über die Echtheit der Bescheinigungen zu erhöhen"* (Evstifeef 2010b).

Vor allem in der Spitzengruppe der beliebtesten Hochschulen ist der Anteil der Abiturienten aus den privilegierten Gruppen sehr hoch, wie Tabelle 15 der zehn Hochschulen, die 2014/15 den höchsten Numerus Clausus besaßen, zeigt. Dort ist aufgelistet, nach welchen Zulassungskriterien die Bewerber für Budgetstudienplätze angenommen wurden: über das allgemeine Verfahren auf Grundlage des EGE-Resultat, über Olympiaden, als L'gotniki oder gefördert von staatlichen Institutionen.

Tabelle 15: Erstsemester 2014/15 an russischen Hochschulen (in Klammern 2013/14)

Universität	EGE-Note (Ø)	Budget-plätze	Davon:			
			allg. Verfahren	Olympiaden	L'gotniki	Geförderte Aufnahme
Moskauer Institut für Internationale Beziehungen (MGIMO)	92,6 (95,6)	416 (450)	337 / 81% (350 / 77%)	67 (84)	12 (16)	0 (0)
Moskauer Institut für Physik und Technologie (MFTI)	92,2 (93,2)	926 (944)	751 / 81% (812 / 86%)	61 (67)	9 (12)	83 (53)
Medizinische Pawlow Universität, St. Petersburg	86,7 (88,6)	565 (592)	328 / 58% (284 / 47%)	47 (81)	28 (78)	162 (149)
Staatliche Universität St. Petersburg	86,3 (87,8)	2365 (2640)	1958 / 82% (2170/ 82%)	293 (263)	89 (175)	25 (32)
Higher School of Economics, Moskau	86 (89)	1873 (2102)	1048 / 55% (976 / 46%)	725 (1002)	59 (88)	41 (36)
Staatliche Lomonossow Universität, Moskau	84,8 (88,1)	3919 (3998)	3246 / 82% (3348 / 83%)	397 (424)	140 (120)	136 (106)
Nationale Nukleare Forschungsuniversität Moskau	83,7 (84,6)	607 (865)	482 / 79% (707 / 81%)	41 (22)	9 (18)	67 (118)
Medizinische Pirogov-Universität, Moskau	82,5 (83,2)	1024 (1056)	626 / 61% (539 / 51%)	30 (6)	31 (115)	333 (396)
Finanzakademie der Russischen Regierung, Moskau	82,4 (85,4)	640 (1398)	417 / 65% (989 / 70%)	126 (187)	47 (116)	31 (106)
Plechanow Wirtschaftsuniversität, Moskau	82,4 (85,2)	1142 (1146)	1026 / 89% (950 / 82%)	27 (26)	36 (105)	53 (65)

Quelle: www.hse.ru/ege/second_section2014/rating/2014/53497368/gos.

Etwa ein Fünftel der Plätze werden nicht über das allgemeine Zulassungsverfahren des EGE vergeben, sondern anhand von Sonderregelungen. An den medizinischen Universitäten, der Higher School of Economics und der Finanzakademie der Regierung sind es sogar bis zu 50%. Während an der Higher School of Economics aufgrund ihrer integren Hochschulkultur davon ausgegangen werden kann, dass der Großteil der Bewerber aufgrund ihrer Leistungen angenommen wurde[175], zeigt der erwähnte Fall der „Toten See-

175 Laut einem Dekan der HSE gebe es zwar auch an seiner Universität manchmal Studienanfänger mit gekauften EGE-Zeugnissen oder angebliche Olympiadengewinner. Diese würden jedoch in der Regel nach dem ersten Semester exmatrikuliert, da häufig ihre Leistungen nicht reichten und sie diese an der HSE auch nicht durch Korruption

len“ an der Pirogov-Medizinuniversität, wie die Sonderregelungen an anderen Hochschulen für korrupte Praxen ausgenutzt werden können.

Dies erklärt, weshalb nach der Einführung des EGE regelrecht eine „olympische Bewegung“ einsetzte:

> *„Als zum Beispiel bekannt wurde, dass man nicht nur über das EGE, sondern auch über Olympiaden einen Studienplatz bekommen konnte, wurden Wege gesucht, wie man mit großer Wahrscheinlichkeit solche Olympiaden gewinnt: Wo findet man Repetitoren, welche Olympiaden sind die einfachsten, wo kann man sich den Sieg erkaufen, und wo geht dies nicht.“* (Borusjak 2011, S. 41)

Zwar genießen die Olympiaden in Russland nach wie vor einen guten Ruf, aber sie sind inzwischen bis in die Spitze von Korruption betroffen. Elena Nizienko, die im Bildungsministerium für die Olympiaden zuständig ist, teilte mit, dass 2011 so viele Schüler wie noch nie an den Olympiaden teilnahmen (Agranovič 2011). Auf die Frage, wie man solch einen Massenwettbewerb mit vielen Tausend Schülern überprüfen und kontrollieren könne, antwortete Nizienko: „*Wichtig ist die Transparenz. Wir haben eine Website, wo die Ergebnisse der Olympiaden in allen Fächern veröffentlicht werden*“ (ebd.). Tatsächlich nahm sie es mit der Transparenz nicht sehr genau: Über Jahre hinweg manipulierte sie die Listen mit den Preisträgern und trug Personen als Sieger ein, die nicht an den Olympiaden teilgenommen hatten (Muchametšina 2013c). Von einem der fiktiven Preisträger ist bekannt, dass er 2011 auf Grundlage der bevorzugten Zulassung von Olympiadensiegern einen Studienplatz am MGIMO erhielt, der russischen Hochschule mit dem höchsten Numerus Clausus, was er ohne die gekaufte Olympiade nicht erreicht hätte (Nasyrov 2012b). Aufgrund von Korruptionsverdacht ist Nizienko später entlassen worden.

Neben den zentralen, staatlich organisierten Olympiaden sind viele Hochschulen in den letzten Jahren dazu übergegangen, eigene Olympiaden durchzuzuführen – um am EGE vorbei Studienbewerber aufzunehmen. Dass hochschulinterne Olympiaden käuflich sind, ist weit bekannt, wie diese Moskauer Studentin erzählte:

---

erwerben könnten [Interview Ru-22]. Die HSE hat zudem in besonders offensichtlichen Korruptionsfällen die Olympiaden ganzer Regionen nicht anerkannt [Interview Ru-4].

„Wenn es um die Zulassung zur MGU oder anderen renommierten Hochschulen geht, so wird das über die Olympiaden gemacht. Du gibst deine Bestechung einer bestimmten Person, schreibst die Olympiade, und sie sorgen dafür, dass man die richtige Note erhält und automatisch angenommen wird." [Interview RU-17]

Die Zivilgesellschaftskammer macht regelmäßig Fälle öffentlich von Olympiadenteilnehmern, die beobachtet haben, dass Konkurrenten bereits mit richtigen Lösungsskizzen in die Prüfungen kamen. An einer Handvoll Hochschulen führten die Schwachstellen des Olympiadensystems dazu, dass in bestimmten Studiengängen alle Budgetplätze von (vorgeblichen) Olympiadengewinnern eingenommen wurden. Dies war besonders zum Wintersemester 2011 der Fall und wurde öffentlich stark kritisiert, woraufhin im Folgejahr die Liste der Hochschulen, die Olympiaden abhalten dürfen, gekürzt wurde.

Auch die „geförderte" Aufnahme durch staatliche Institutionen, für die das Bildungsministerium jährlich bis zu 20% der Budgetplätze reserviert (Ivojlova 2012), bietet hohes Korruptionspotential, da die Vergabe dieser Plätze oft intransparent über ein kurzes Gespräch mit regionalen Behörden erfolgt und diese Plätze einen direkten Zugang zu den Kaderschmieden für Politik und Verwaltung bieten: 2011 wurden z. B. die Hälfte aller Budgetplätze (226 von 554) an der angesehenen Moskauer Juristischen Kutafin-Akademie über dieses Verfahren an die sog. „Zeleviki" vergeben. Dass an der Juristischen Fakultät der Staatlichen Universität St. Petersburg Studienplätze über die geförderte Aufnahme häufig über Korruption oder Blat vergeben werden, fand ein Lokaljournalist heraus. Seine Nachforschungen ergaben, dass 2010 von den Bewerbern auf die 120 Budgetplätze der Alma Mater von Präsident Putin und Premierminister Medvedev 13 über die geförderte Aufnahme angenommen worden waren, darunter auffällig viele Kinder ranghoher Beamter der Generalstaatsanwaltschaft, des Justizministeriums und der Präsidialadministration (Roldugin 2013), die als Alumni der Fakultät gute Beziehungen zu dieser besitzen. 2012 besaßen von 18 „Zeleviki" nur drei die zur Zulassung benötigte EGE-Mindestpunktzahl von 274 Punkten, die restlichen 15 wurden nur zugelassen, da sie außer Konkurrenz waren (Volochonskij 2012b). Der Enkel des Direktors des einflussreichen Föderalen Dienstes für Bewachung (FSO) erhielt so trotz seiner 192 Punkte – einem äußerst schwachen Resultat, das an den allermeisten Hochschulen nicht für einen Budgetplatz gereicht hätte – über eine von der Generalstaatsanwaltschaft geförderte Aufnahme einen Jura-Studienplatz, obwohl es genügend besser qualifizierte Bewerber gab. 2012 wurde ein weiterer ähnlicher Fall bekannt, als der Sohn der Leiterin der Administration der Region Kaliningrad, Svetlana Muchomor, einen Budgetplatz an der Baltischen Föderalen Kant-Universität über die geförderte Aufnahme erhielt, obwohl sein EGE Zertifikat mit 153 Punkten nicht die Mindestvoraussetzungen von 220 Punkten erfüllte (Fichte 2012). Nachdem der Fall überregional bekannt wurde und der Druck auf Muchomor stieg, trat sie von ihrem Amt zurück – ihr Sohn nahm das Studium dennoch auf.

Der Missbrauch der geförderten Aufnahme ist an vielen Universitäten verbreitet (Roldugin 2013) und nutzt vor allem Abiturienten mit einflussreichen Eltern:

> *„Für diejenigen, die mit schlechten EGE-Resultaten dennoch einen Studienplatz außerhalb der Konkurrenz erhalten möchten, stellt dies eine garantierte Möglichkeit dar, und nicht selten nutzen mäßig intelligente Kinder einflussreicher Beamter dieses Blat-Kontingent aus."* (Roldugin 2013)

In einer Umfrage gaben 37% der Russen an, dass sie die geförderte Aufnahme lediglich als einen weiteren Korruptionsmechanismus ansähen (Ivojlova 2012). Laut dem ehemaligen Bildungsminister Filippov hat sich die geförderte Aufnahme selbst diskreditiert (Roldugin 2013). Aus dem einst effektiven Verteilungsmechanismus hat sich ein Korruptionsschema entwickelt, das die Eliten aus Politik und Verwaltung dazu nutzen, ihre Kinder an Hochschulen mit hohem Wettbewerb zu platzieren, an die sie ansonsten nicht gelangen würden.

4.6 Die Einführung des EGE – ein Erfolg?

> *„Eines der Hauptargumente für die Einführung des EGE bestand darin, uns von der Korruption zu befreien und unsere Abiturienten, unabhängig davon wo sie in unserem großen Land wohnen, an die renommiertesten Hochschulen zu bringen. Aber während die zweite Komponente einigermaßen effektiv funktioniert, trifft das für die erste nicht zu, da unser Volk sehr talentiert darin ist, sämtliche Schlupflöcher zu finden."*
> Vladimir Putin (Official Homepage of the President of Russia)

Die öffentliche Debatte über Erfolg und Misserfolg, Vor- und Nachteile der Zulassungsreform wird äußerst emotional geführt und einige Beobachter machen eine regelrechte „*atmosphere of panic*" (Luk'yanova 2012) aus. Dies hat vor allem zwei Ursachen: Einerseits sind praktisch alle Familien vom EGE betroffen und fast jeder hat eine Meinung zu dem Thema. Diese beruht allerdings häufig nicht auf eigenen Erfahrungen, sondern auf Hörensagen oder Informationen aus den Medien, die die Probleme des EGE oft dramatisieren. Zum anderen genießt das sowjetische Bildungssystem in weiten Teilen der Bevölkerung nach wie vor den Ruf, das Beste der Welt gewesen zu sein. Modernisierung und Reformen werden als Degradierung verstanden und skeptisch bis negativ beurteilt.[176] Das wirft die Frage auf, wie das EGE in der Bevölkerung gesehen und bewertet wird, denn u. a. in der Akzeptanz spiegelt sich wider, ob die Reform ihre Ziele erreicht hat.

4.6.1 Das EGE aus der Sicht der Bevölkerung

Umfragedaten zur Rezeption des EGE in der Bevölkerung zeigen, wie sich die Einstellung dazu im Laufe der Jahre verändert hat: Im Jahr 2001, zu Beginn der Reformplanung, standen 50% der Befragten hinter der Idee, die intransparenten Auswahlverfahren durch ein Einheitsexamen zu ersetzen (vgl. Tabelle 16). 28% sprachen sich damals gegen die Reform aus. In den folgenden Jahren, als über zahlreiche Korruptionsskandale berichtet wurde, sank die Zuspruchsrate kontinuierlich und erreichte 2009, als das EGE erstmals verbindlich war, ihren absoluten Tiefpunkt: Nur 28% unterstützten das Verfahren noch, während sich 40% klar dagegen positionierten. Das EGE wurde im öffentlichen Diskurs bereits als „Trauma" bezeichnet. Seither ist die Zuspruchsrate wieder leicht gestiegen und die Befürworter des Examens sind

---

[176] In einer Umfrage des Levada-Zentrums von 2013 befürwortete nur jeder fünfte Bürger (21%) die Bildungspolitik der Regierung, während sich nahezu jeder zweite (46%) gegen den bildungspolitischen Reformkurs aussprach (Podosenov 2013). Auf die Frage, ob die Bürger mit dem gegenwärtigen Bildungssystem zufrieden seien, anworteten 20% „definitiv" bzw. „eher ja", während 72% „definitiv" bzw. „eher nein" angaben. Nur 10% sahen qualitative Verbesserungen gegenüber dem Vorjahr, während 38% der Ansicht waren, die Bildungsqualität habe sich verschlechtert (Levada Centr 02.09.2013). Vor allem Eltern reagieren üblicherweise negativ auf Reformvorschläge, wie eine Analyse des Bildungsreformdiskurses ergeben hat: „*Eigentlich müssten die Bildungsreformen positiv aufgefasst werden, denn endlich passiert etwas. Aber es tritt genau das Gegenteil ein: Sobald die Menschen in den Medien, im Internet oder von anderen Personen erfahren, dass der Staat Bildungsreformen anstrebt, bringt dies stets sehr negative Reaktionen hervor.* [...] *Es herrscht ein Konsens darüber, dass unser Bildungssystem* [...] *nichts Gutes zu erwarten hat und jede Veränderung bloß eine Verschlechterung bringt*" (Borusjak 2011, S. 40).

seit 2014 erstmals wieder in der Mehrzahl: 2014 gab es 43% Befürworter und 38% Opponenten.

Tabelle 16: Wie stehen Sie zur Ablösung der Zulassungsprüfungen durch das EGE? (in%)

	2001	2002	2003	2004	2006	2007	2009	2010	2011	2012	2013	2014
Sehr positiv	18	20	19	13	14	12	6	9	10	9	13	12
Eher positiv	32	35	25	31	30	28	22	25	26	29	28	31
Eher negativ	19	18	20	22	22	25	25	31	25	25	23	26
Sehr negativ	9	12	14	15	10	11	15	12	16	16	12	12
Weiß nicht	22	15	22	19	24	24	32	23	23	22	24	19

Quelle: Levada Zentrum, www.levada.ru.

Das VCIOM-Meinungsforschungsinstitut kommt zu anderen Ergebnissen: Dessen Umfrage von 2013 ergab, dass der Anteil der Befürworter der EGE-Reform zwischen 2007 und 2013 konstant bei 34% lag, während die Zahl der Reformgegner von 30% auf 43% angestiegen ist (VCIOM 2013). 62% der Befragten waren der Meinung, das EGE habe die Bildungsqualität verschlechtert. Laut der Stiftung Öffentliche Meinung ist die Abneigung gegenüber dem Einheitsexamen unter älteren Bürgern höher als unter jüngeren: Sahen 44% der 18-30-jährigen 2013 die Einführung des EGE als falsch an, lehnten sie unter den 46-60-jährigen 60% ab (Fond Obščestvennoe mnenie 2013). Die Zahlen zeigen: Die Bevölkerung ist tief gespalten, und von einem Erfolg und breiter Akzeptanz des EGE kann keine Rede sein.

Mit welchen Faktoren begründen die Skeptiker und Gegner ihren Standpunkt? Eine Rolle spielt sicherlich die gescheiterte Zielsetzung des EGE. Das einleitende Zitat von Präsident Putin benennt zwei zentrale Probleme des Hochschulsystems[177] und die Ziele, die mit der Einführung des EGE verbun-

[177] In einer Umfrage des Levada-Zentrums von 2009, in der nach den größten Problemen des Bildungssystems gefragt wurde, landete der ungleiche Hochschulzugang mit 25% auf Rang zwei und die Korruption mit 19% auf Platz fünf (Dubin und Zorkaja 2009, S. 63). Als das mit Abstand größte Problem wurden mit 67% die hohen Kosten für Schulen und besonders Hochschulen identifiziert, diese hingen, so die Autoren, für viele Respondenten direkt mit Korruption zusammen.

den waren: die Korruptionsbekämpfung und die Wiederherstellung der Chancengleichheit und Förderung der sozialen bzw. geografischen Mobilität. Putin sieht den zweiten Punkt als erfüllt an, gibt aber zu, dass die Antikorruptionskomponente des EGE nicht gegriffen habe. Während seine Einschätzung, was die gescheiterte Korruptionsbekämpfung anbelangt, weitgehend zutrifft, ist der kolportierte Effekt des EGE auf Chancengleichheit und Mobilität allerdings bestreitbar – auch wenn einige positive Tendenzen erkennbar sind.

Diese positiven Trends zeigen sich vor allem an den beliebten, zumeist Moskauer und St. Petersburger Hochschulen, die vor Einführung des EGE überwiegend die lokale Ober- und Mittelschicht ausbildeten. Sie weisen seit Einführung des EGE eine signifikant höhere Durchlässigkeit für Studierende aus der gesamten Russischen Föderation auf. Wie ein hochrangiger Mitarbeiter der Auswahlkommission der Higher School of Economics mitteilte, stammten inzwischen 40% der Studierenden von außerhalb Moskaus. Vor der Reform waren es 20%. Laut HSE war 2011 an den Moskauer und St. Petersburger Universitäten der Anteil der Erstsemester aus den Regionen nahezu doppelt so hoch wie im Vorjahr.[178] Vor allem für bisher benachteiligte Bewerber aus strukturschwachen und abgelegenen Regionen sind die führenden russischen Hochschulen durch die Einführung des EGE leichter zugänglich geworden, wie ein Dekan der HSE bestätigt:

> *„Für Einwohner aus Dörfern und kleinen Städten, die früher nicht zu den Vorbereitungskursen an den Hochschulen fahren konnten, trifft dies auf jeden Fall zu. Ich kann für meine Universität und auch für andere sprechen: Motivierte Studenten aus den Dörfern kommen und lernen hier, und sehr oft kommen sie mit dem Lernen gut zurecht."* [Interview RU-10]

Während sich die Mobilität in der Spitze erhöht hat und Bewerber aus den Regionen nun leichter an die zuvor nahezu geschlossenen renommierten Hochschulen gelangen, hat sich die Mobilität in der Breite nur wenig verbessert, wie Umfragedaten des Levada-Instituts zwischen 2003 und 2009 belegen: 2003 antworteten 22% der Befragten, dass praktisch alle Hochschulen zugänglich seien; 39% glaubten, dass nur weniger renommierte Hochschulen frei zugänglich seien, und 33% sagten, Hochschulbildung sei für sie prinzipiell

---

178 Website der Higher School of Economics: Itogi vstupitel'nych ekzamenov: nedobor s pereborom, 10.08.2011, www.hse.ru/news/1163611/33737969.html, zuletzt geprüft am 14.04.2015.

nicht zugänglich (Dubin und Zorkaja 2009, S. 49). Bis 2009 hat sich der Anteil derjenigen, die Hochschulbildung als nicht frei zugänglich bewerteten, auf 21% verringert, was ein Effekt des EGE sein könnte, da es mehr Abiturienten aus sozial schwachen Milieus kostenlose Studienplätze ermöglichte.[179] Gleichzeitig gaben jedoch 60% an, dass zumindest gute Hochschulbildung kaum zugänglich sei, und nur noch 17% waren der Ansicht, dass ihnen generell alle Hochschulen offen stünden.

Ein Grund, weshalb die soziale und räumliche Mobilität in der Breite nicht zugenommen hat, ist die unzulängliche finanzielle staatliche Unterstützung der Bewerber. Zwar gibt es ein Stipendiensystem, aber dessen Leistungen sind äußerst niedrig.[180] Spezielle Studienkredite, wie es sie in vielen europäischen Ländern gibt, sind nicht vorhanden.

Viele Abiturienten aus strukturschwachen Regionen können sich aufgrund der hohen Lebenshaltungskosten in den großen Universitätsstädten dort kein Studium leisten.[181] Eine Studie von Luk'yanova (2012) unter Abiturienten der Region Ul'janovsk ergab, dass sich vor allem aus ökonomischen Motiven heraus 75% der Abiturienten nur an Universitäten in ihrer Region bewerben. Auch durch das EGE hat sich diese Situation kaum verändert. Insofern widersprechen diese Zahlen der Annahme Putins, dass sich die soziale und geografische Mobilität entscheidend verbessert habe.

Bezüglich des zweiten Punktes in Putins Aussage, der Korruptionsbekämpfung, kommen die meisten Umfragen und Studien – noch gibt es wenige – zu dem Schluss, dass die Reform nicht zum Rückgang der Korruption beigetra-

---

179 Es könnte auch auf den generell gestiegenen Wohlstand der Bevölkerung in dieser Zeit zurückzuführen sein, der einer wachsenden urbanen Mittelklasse neue finanzielle Spielräume für das kostspielige Studium eröffnete.

180 In Russland gibt es zwei Arten von Stipendien: Die „sozialen" Stipendien, die 2013 bei minimal 1.650 und maximal 15.000 RUB pro Monat lagen (40 bzw. 375 Euro) werden an Bewerber aus sozial benachteiligten Gruppen vergeben. Außerdem erhalten herausragende Studierende „akademische" Stipendien zwischen 1.200 und 6.000 RUB pro Monat (30 bzw. 150 Euro).

181 Dies war in den 1990er Jahren der wesentliche Grund dafür, weshalb viele Hochschulen Ableger in den Provinzen gründeten: Da die Studierenden es sich nicht leisten konnten, in die Städte zu ziehen, kamen die Universitäten in die Provinzen, wobei die Lehrqualität häufig zu wünschen übrig ließ und die Filialen vor allem von ihrem guten Namen lebten. Infolge der erwähnten Effizienzkampagne des Bildungsministeriums wurden hunderte von ihnen geschlossen.

gen habe. Umfragen der drei großen Meinungsforschungsinstitute Levada-Zentrum, Stiftung Öffentliche Meinung und VCIOM zufolge habe sich die Korruption nach der landesweiten Einführung des EGE sogar vermehrt. Aus den Umfragedaten des Levada-Zentrums (vgl. Tabelle 17) geht hervor, dass der Anteil derjenigen, die einen Rückgang der Korruption erwarten bzw. tatsächlich wahrnehmen, von 2004 bis 2014 relativ konstant bei ca. 15% geblieben ist. Der Anteil derjenigen, die denken, Korruption würde zunehmen, ist hingegen signifikant gestiegen: Zwischen 2004 und 2012 von 21% auf 35%. Der Anteil derjenigen, die meinten, das Ausmaß der Korruption habe sich trotz EGE nicht verändert, ist von 48% auf 38% gesunken.

Tabelle 17: Hat sich mit der Einführung des EGE das Ausmaß von Bestechungen, Blat und ähnlichen Verstößen beim Übergang von Schule zur Hochschule verändert?[182] (in%)

	2004	2006	2009	2010	2011	2012	2013	2014
Vergrößert	21	23	25	27	30	35	30	25
Verkleinert	14	13	17	15	17	16	13	15
Gleich geblieben	48	43	36	31	33	31	34	38
Weiß nicht	18	21	23	28	20	18	24	22

Quelle: Levada Zentrum, www.levada.ru.

Allerdings ist seit 2013 eine Trendwende zu beobachten: Die Gruppe derjenigen, die meinen, Korruption habe sich ausgeweitet, ist zwischen 2012 und 2014 von 35% auf 25% gesunken – eine positive Entwicklung. Dennoch überwiegt nach wie vor der Anteil derjenigen, die meinen, Korruption habe durch das EGE sogar zugenommen.

2011 führte die Stiftung Öffentliche Meinung Umfragen vor und nach dem EGE durch. Die Ergebnisse spiegeln die zahlreichen Korruptionsskandale, die in diesem Jahr während der Prüfungen auftraten, deutlich wider. Während vor dem Examen 22% der Befragten meinten, dass Korruption durch das EGE zugenommen habe, waren es nach den Prüfungen mit 41% fast doppelt so viele (vgl. Abbildung 13). Bezeichnend ist, dass mit 7% bzw. 5% nur etwa

[182] Bis 2009 wurde die Frage im Konjunktiv gestellt.

jeder zwanzigste Befragte davon ausging, dass Korruption abgenommen habe, während der Anteil derjenigen, die meinen, das Korruptionsniveau sei gleich geblieben, jeweils bei einem Drittel lag. Diese Ergebnisse wurden 2012 in einer Folgeerhebung bestätigt und zeigen, wie auch die Levada-Daten, ein deutlich negatives Bild, was die Korruptionsbekämpfung anbelangt.

Abbildung 13: Ist Korruption nach Einführung des EGE gestiegen oder gesunken? (in%)

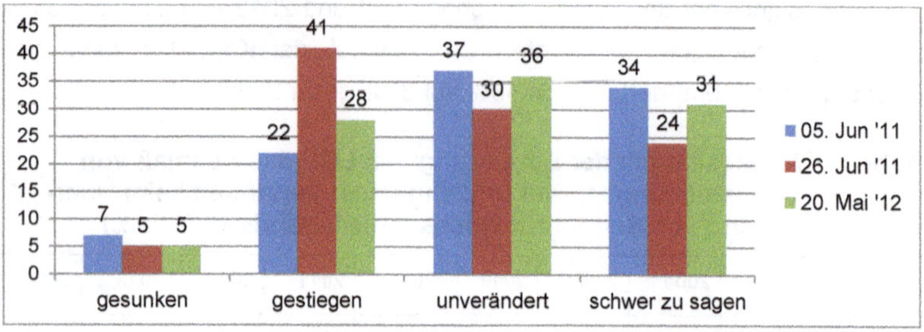

Quelle: Eigene Darstellung anhand der Daten der Stiftung Öffentliche Meinung, www.fom.ru.

Zu ähnlichen Ergebnissen gelangte das VCIOM-Institut, das danach fragte, ob Korruption und Unregelmäßigkeiten im Zusammenhang mit dem EGE Einzelfälle oder systematisch seien (vgl. Abbildung 14).

Abbildung 14: Sind Betrug und Manipulation der Ergebnisse beim EGE Einzelfälle oder allgemeine Praxis? (in%)

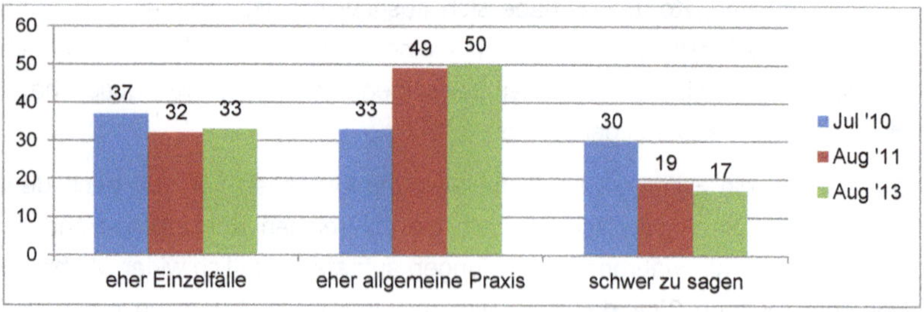

Quelle: Eigene Darstellung anhand der Daten von VCIOM, www.wciom.ru.

Ging nach dem EGE 2010 ein Drittel der Bevölkerung davon aus, dass es sich um ein systematisches Problem handle, änderte sich dies durch die zahlreichen Skandale im Folgejahr und die Hälfte der Bevölkerung sah Korruption beim EGE als weit verbreitete Praxis an. Bezeichnend ist, dass unter den Befragten, die bzw. deren Familienangehörige eigene Erfahrungen mit dem EGE gemacht haben (und die es dadurch besser wissen als die Allgemeinheit), der Anteil derjenigen, die Korruption als systematisch ansehen, im Jahr 2013 mit 55% über dem Durchschnitt lag (VCIOM 27.06.2013).

Die Umfragedaten des VCIOM sind nach Wohnorten differenziert und zeigen, dass die Bewohner mittelgroßer russischer Städte (100.000-500.000 Einwohner) mit 64% Manipulation wesentlich häufiger als systematisch ansehen als andere Befragte (vgl. Tabelle 18).

Tabelle 18: Sind Betrug und Manipulation der Ergebnisse beim EGE Einzelfälle oder allgemeine Praxis? (aufgeschlüsselt nach Wohnortgröße, in %)

	Gesamt	Moskau/ SPB	>1.000.000	>500.000	>100.000	<100.000	Dorf
Eher Einzelfälle	33	37	22	28	24	39	39
Eher allg. Praxis	50	46	44	63	64	46	44
Schwer zu sagen	17	17	34	8	12	16	18

Quelle: VCIOM, www.wciom.ru/index.php?id=459&uid=114260.

In den Millionenstädten (inkl. Moskau und St. Petersburg) sowie in Kleinstädten und Dörfern sind mit 44-46% deutlich weniger Befragte dieser Ansicht. Dies lässt auf einen unterschiedlichen Verbreitungsgrad informeller Praxen schließen und widerspricht der allgemeinen Annahme, dass vor allem in der Provinz, wo die zentralstaatliche Kontrolle schwach ist, Manipulationen an der Tagesordnung seien. Stattdessen scheinen sie eher in den mittelgroßen Städten ein Problem zu sein.

Auch wenn offizielle Korruptionsstatistiken wie eingangs erwähnt nur bedingt aussagekräftig sind, ist bemerkenswert, dass laut dem Innenministerium Bestechungsfälle im Bildungssystem zwischen 2008 und 2009 um 91% gestiegen sind (Rimskij 2010a, S. 42). 2010 nahm im Vergleich zum Vorjahr nicht nur die durchschnittliche Bestechungssumme im Bildungswesen um fast 400% zu – auch der Umfang der aufgedeckten Korruptionszahlungen stieg dem Innenministerium zufolge an – sogar um mehr als das Vierfache (RBK 04.03.2011). 2011 sprach man aufgrund der ubiquitären Korruption bereits davon, dass aus dem EGE ein „nationaler Skandal" geworden sei und dass es nicht das Wissen teste, sondern die Korruption im Land (Kagarlitsky 2011). Laut dem Ersten Stellvertretenden Generalstaatsanwalt, Aleksandr Buksman, stiegen Korruption und informelle Praxen 2013 um ein Vielfaches im Vergleich zu den Vorjahren.[183] Diese Einschätzung wird von der Mehrzahl der im Rahmen der vorliegenden Arbeit interviewten Respondenten geteilt.

Aleksandr Blankov, dem Leiter der im Innenministerium zuständigen Antikorruptionsbehörde zufolge, gehe der Anstieg auf die Einführung des EGE zurück. Um das EGE herum entstünden die im vorigen Kapitel beschriebenen Korruptionsmechanismen: Lehrer würden Schülern bei den Prüfungen helfen, Staatsbedienstete verkauften im Voraus die Prüfungen, EGE-Zertifikate würden manipuliert (Rimskij 2010a, S. 42).

Auch die wenigen bisher erschienenen wissenschaftlichen Arbeiten kommen zu ähnlichen Ergebnissen. Luk'yanova kommt zum Schluss: „*The aims of the Unified State Exam to address corruption and equalise access to higher education have not been met*" (Luk'yanova 2012, S. 1907). Golunov äußert sich ähnlich:

> „*The introduction of the Unified State Examination, formally providing equality of entrants' opportunities, which is assured by separating universities from taking entrance exams, did not reduce the scale of machinations, although it did change their typical schemes. The corruption relationships moved from the university level (where there were the so called ‚rectors' lists') to schools and the local educational administration departments, as well as to the regions where the process of going through tests is especially corrupt.*" (Golunov 2013b, S. 3)

4.6.2 EGE 2014: geglückter Neustart?

In den ersten fünf Jahren nach der Einführung des EGE (2009-2013) gelang es Bildungsministerium, Rosobrnadzor, regionalen Bildungsbehörden, Schulen und Hochschulen nicht, die Korruption bei der Hochschulzulassung einzudämmen. Stattdessen kamen wie gezeigt neue Möglichkeiten hinzu, informell auf den Zulassungsprozess Einfluss zu nehmen. Bestehende Methoden

[183] Dies berichtete er auf einer Versammlung der russischen Staatsanwalt am 30. Juli 2013, Quelle: www.ombudsman74.ru/xcat/1909, zuletzt geprüft am 15.04.2015.

adaptierten sich an das neue System oder verlagerten sich auf die Schulebene. Die Situation verschlimmerte sich sogar, was zur breiten Ablehnung der Reform in der Öffentlichkeit führte.

Mit der Ernennung Dmitri Livanovs zum Bildungsminister im Mai 2012, der sich in seiner Zeit als Stellvertretender Bildungsminister von 2005-2007 und als Rektor der Moskauer Hochschule für Stahl und Legierungen als Reformer und entschiedener Unterstützer des EGE erwiesen hatte, zeichnete sich jedoch eine allmähliche Veränderung ab. Livanov legte größeren Wert auf akademische Integrität und räumte der Korruptionsbekämpfung im Bildungssektor größere Priorität ein als sein Vorgänger Fursenko. Er schloss sich der Forderung von Präsident Putin an, etwa ein Viertel der ineffizienten Hochschulen zu schließen, und leitete 2012 die erwähnte „Effizienzkampagne" ein, die 20-25% der Hochschuleinrichtungen die Lizenz entziehen sollte. Bei der Rosobrnadzor-Leitung stieß dieser Vorstoß auf starken Widerstand und war letztlich einer der Gründe, weshalb die Direktorin Ljubov Glebova im August 2012 bekannt gab, ihren Posten zu räumen (RBK 2012). Zu ihrem Nachfolger wurde im November der recht unerfahrene Ivan Murav'jev ernannt, unter dessen Leitung während des EGE 2013 noch mehr Skandale auftraten als in den Vorjahren.[184] Die Forderung der Gesellschaft nach einer stärkeren Kontrolle des EGE konnte er nicht erfüllen. Die öffentliche Empörung setzte die Regierung so sehr unter Druck, dass immer mehr Politiker Abstand vom Einheitsexamen nahmen und selbst im Ministerium Überlegungen aufkamen, das EGE nur noch auf freiwilliger Basis anzubieten und zum alten Verfahren zurückzukehren. Als Reaktion auf die Skandale wurde der überforderte

[184] Hier einige Schlagzeilen, um einen Eindruck von der damaligen Stimmung zu vermitteln: *„Das EGE steht zum Verkauf. Abiturienten geben Millionen Rubel für gefälschte Antworten aus"*, Rossijskaja Gazeta, 27.05.2013; *„Das EGE in Russisch beginnt mit einem Skandal"*, BBC Russia, 27.05.2013; *„Beamte vergessen, wie man das Durchsickern von EGE-Lösung verhindert"*, Izvestija, 29.05.2013; *„Mathematik-EGE im Kaukasus: Lehrer und Schuldirektoren handeln mit Prüfungslösungen"*, News.ru, 04.06.2013; *„EGE-Basar: Wie das Staatliche Examen käuflich wurde"*; RBK, 04.06.2014; *„Stichprobe stellt in 77% der untersuchten EGE-Arbeiten Manipulationen fest"*, Lenta.ru, 24.06.2013.

Murav'jev, der zudem unter Plagiatsverdacht geraten war, direkt nach dem EGE Ende Juli 2013 entlassen.[185]

Zu seinem Nachfolger wurde Sergej Kravzov ernannt, der bereits zwischen 2002 und 2008 für das Bildungsministerium und Rosobrnadzor gearbeitet und nach dem Korruptionsskandal von Chlebnikov von 2008 bis 2009 das Föderale Testzentrum geleitet hatte. Tatsächlich gelang es Kravzov durch zahlreiche Innovationen, die Kontrolle des Examens deutlich zu verbessern und durch Änderungen des Organisationsprozesses innerhalb nur eines Jahres eine positive Wende einzuleiten. Hierfür wurde aus dem staatlichen Budget zusätzliches Geld zur Verfügung gestellt: Die jährlichen Aufwendungen zur Durchführung des EGE wurden von ca. 500 Mio. RUB (15,6 Mio. USD) auf 1.15 Mrd. RUB mehr als verdoppelt (Muchametšina 2014a).

Ein zentraler Schritt zur Verbesserung der (öffentlichen) Kontrolle war die von Kravzov forcierte externe Kontrolle:

> *„In den letzten Jahren haben die Verstöße während des EGE überall zugenommen, sind massenhaft. Da gibt es gefälschte Bescheinigungen von Ärzten über den Gesundheitszustand. Oder Beamte, die für eine Bestechung die EGE-Noten erhöhen. Es ist daher notwendig, die zivilgesellschaftliche Kontrolle des Examens zu verbessern.* [...] *Es ist offensichtlich, dass die Arbeit der Zivilgesellschaft bisher nicht systematisch ist und die Zivilgesellschaft in die Entwicklung einer Antikorruptionspraxis nicht einbezogen wird."* (Obščestvennaja palata Rossijskoj Federacii 2013, S. 99f.)

Weil sich die bisherigen Kontrollmechanismen des EGE als nicht sehr effektiv erwiesen hatten, führte Kravzov mit den *föderalen Inspekteuren* und *föderalen Beobachtern* neue Kontrollinstanzen ein:

> *„Es zeigte sich, dass das System der regionalen zivilgesellschaftlichen Beobachter eigentlich nicht immer funktioniert. Sie kommen zu den Testpunkten, schauen es sich kurz an, trinken einen Tee und gehen dann wieder. Dass es da keine Proto-*

[185] Dissernet fand bei der Überprüfung von Murav'jevs Doktorarbeit heraus, dass etwa ein Viertel der Arbeit plagiiert war (Dissernet, www.wiki.dissernet.org/wsave/MuravjevIA 2009.html, zuletzt geprüft am 11.09.2014). Murav'jev war allerdings nicht der einzige hochrangige Rosobrnadzor-Mitarbeiter, dem Dissernet Plagiarismus vorwarf; auch in der Dissertation seines Nachfolgers Sergej Kravzov fand Dissernet Plagiate, wenngleich in deutlich geringerem Ausmaß. Plagiatsvorwürfe wurden ebenfalls gegen Vizebildungsminister Aleksandr Klimov erhoben, der in seiner Arbeit ganze Kapitel abgeschrieben haben soll („Dissernet" našel plagiat v naučnych trudach zama Livanova i glavy Rosobrnadzora 2013). Trotz der Vorwürfe bekleiden beide Personen nach wie vor ihre Posten.

> *kolle oder andere Dokumente gibt, versteht sich schon fast von selbst. Daher haben wir die ‚föderalen Beobachter' eingeführt, die sich dieser Aufgabe ernsthaft annehmen.“* (Černych 2014a)

Zusammen mit der landesweit aktiven „Russischen Assoziation Studierender zur Entwicklung der Wissenschaft und Bildung“ (RASNO) rief Rosobrnadzor 2013 die Bewegung „Für ein ehrliches EGE“ ins Leben, die in zahlreichen Regionen Studierende zu Beobachtern ausbildete, die ein öffentliches Monitoring der EGE-Prozedur übernahmen. Neben den 988 föderalen Beobachtern wurden 115 föderale Inspektoren – meist Studierende höheren Semesters – als mobile Experten ausgebildet, die in die Regionen fuhren und die lokalen Beobachter unterstützen. Insgesamt wurden 2013 etwa 40.000 Beobachter im ganzen Land eingesetzt, die meisten davon aus Elternbeiräten; wirklich unabhängige und vor allem professionelle Bobachter gab es hingegen nur wenige. Ein Problem ist zudem, dass Verstöße zwar notiert und gemeldet werden, sie aber in der Regel keine Konsequenzen nach sich ziehen, solange die Verantwortlichen der Bildungsinstitutionen nicht einschreiten[186] – was oft nicht der Fall ist, wie man der frustrierten Reaktion eines Beobachters entnehmen kann:

> *„Nach dem dritten beobachteten Examen in Allgemeinbildung beschloss ich, nicht mehr zum EGE zu gehen. Es ist schlicht unangenehm zu beobachten, wie Personen die Regeln brechen, ohne dass man irgendeine Möglichkeit besitzt, das irgendwie zu beheben.“* (Karpjuk 2013)

Dennoch zeigte die verstärkte öffentliche Kontrolle Wirkung, denn 2013 wurden mit etwa 1.500 Schülern deutlich mehr als in den Vorjahren wegen Verstößen gegen das Reglement von den Prüfungen ausgeschlossen und ihre Resultate annulliert.

---

[186] Russische Bildungsbehörden machen es zivilgesellschaftlichen Institutionen schwer, Missstände aufzudecken. Eine von der Higher School of Economics zusammen mit der Nachrichtenagentur Ria Novosti durchgeführte Analyse über die Zugänglichkeit wichtiger Informationen kommt zu folgendem Urteil: *„Mit offen zugänglichen Informationen ist es im Bildungswesen nicht gut bestellt. 2013 wurde ein Rating der Informationszugänglichkeit der regionalen Bildungsverwaltungen erstellt. In der Studie wurden Materialien von 83 Behörden-Websites in 82 Föderationssubjekten der Russischen Föderation untersucht. Es hat sich herausgestellt, dass nicht eine Website alle Anforderungen erfüllt hat und viele überhaupt keinen Informationsgehalt besaßen. Das bedeutet, dass im Prinzip keine Grundlagen für eine zivilgesellschaftliche Kontrolle existieren“* (Obščestvennaja palata Rossijskoj Federacii 2013, S. 100).

Unter Kravzov arbeitet Rosobrnadzor verstärkt mit den Betreibern sozialer Netzwerke zusammen, um das Durchsickern und Bereitstellen von Prüfungsantworten zu verhindern. So wurden 2013 im Verlauf des EGE mehr als 2000 Gruppen verschiedener sozialer Netzwerke, in denen Antworten bereitgestellt wurden, geschlossen (RIA Novosti 22.06.2013). Allerdings bestehen auch zahlreiche Angebote außerhalb der sozialen Netzwerke über andere Websites, die nicht so einfach und schnell aufgedeckt werden können.

Um die öffentliche Kontrolle zusätzlich zu erhöhen, schloss die Regierung im April 2014 einen Vertrag mit der staatlichen Telefongesellschaft Rostelekom, die landesweit noch im selben Jahr 40.000 Videokameras in 36.000 Testzentren für eine Onlinebeobachtung installierte. Es registrierten sich 6.000 Nutzer, die über ein Webportal einen Großteil der Prüfungen live verfolgen und beobachtete Verstöße melden konnte. Insgesamt gingen laut Rosobrnadzor auf diese Weise mehr als 203.000 Hinweise auf mögliche Verstöße ein.[187] Das Entdeckungsrisiko für Manipulationen wurde erhöht, was bereits im Verlauf des EGE 2014 Wirkung zeigte: Mit jedem weiteren Prüfungstag wurden von Rosobrnadzor weniger Verstöße registriert. In den kommenden Jahren soll dieses System ausgebaut werden.

Weiterhin wurde die Logistik verändert und die Informationswege der Tests wurden auf Schwachstellen und Datenlecks untersucht und anschließend so umstrukturiert, dass deutlich weniger Personen Zugriff auf die Testmaterialen besitzen. Das Durchsickern der Tests konnte 2014 erstmals verhindert werden. Dafür waren auch neue Sicherheitsbehörden für Transport und Auslieferung der Prüfungen verantwortlich, die speziell engagiert wurden. Eine weitere Innovation war, dass die Prüfungsaufgaben erst unmittelbar vor Beginn der Prüfung direkt vor den Augen der Abiturienten ausgedruckt werden. Die Testzentren erhalten die Prüfungen im Voraus passwortgeschützt auf einem digitalen Datenträger, das Passwort zur Freischaltung wird allerdings erst eine Stunde vor Beginn der Prüfung von Rosobrnadzor zentral aus Moskau

---

[187] Allerdings bestätigte ein Mitarbeiter der Zivilgesellschaftskammer in einem Gespräch mit dem Autor im September 2014 in Moskau, dass es viele technische Probleme mit der Übertragung gegeben habe und vor allem aus vielen abgelegen Regionen die Liveübertragungen nicht möglich gewesen sei. Zudem ist fraglich, wie auf die Vielzahl der eingegangenen Hinweise reagiert werden soll, wer diese überprüft wie Verstöße im Nachhinein geahndet werden.

bekannt gegeben. Somit haben die regionalen Behörden, die häufig für die Datenlecks verantwortlich gemacht wurden, bis zum Prüfungsbeginn keinen Zugang zu den Prüfungsfragen. Dieses System wurde 2013 in vier Regionen erprobt und seither ausgebaut.

Fraglich ist, warum im größten Flächenstaat der Erde mit seinen großen Distanzen und elf Zeitzonen nicht gleich auf solche Probleme eingegangen wurde. Dabei gab es bereits vor der Einführung des EGE Bedenken, dass:

> „[...] *eine Vereinheitlichung zu noch mehr Korruption bei den Prüfungen führen würde. Bereits heute existiert und floriert ein enormer Schwarzmarkt für Prüfungsfragen und deren Antworten.* [...] *Bei einer Vereinheitlichung der Prüfungen würden überdies, so wird befürchtet, zum Beispiel die unterschiedlichen Zeitzonen Rußlands zu einem weiteren Anwachsen dieses Schwarzmarktes beitragen. Es wäre nicht schwer, am Prüfungstag etwa aus Moskau nach Vladivostok zu telefonieren, um dort die zu der Zeit bereits gestellten Prüfungsinhalte zu erfragen.*" (Füllsack 2002, S. 7f.)

Dennoch wurde erst 2014 unter Kravzov ein nach Zeitzonen unterteiltes EGE eingeführt. Eine weitere zentrale Neuerung war die Korrektur der EGE-Tests *über Kreuz*, also in einer anderen Region als der, in der die Prüfung stattfand. Erstmals wurde dieses System 2011 in zwei Pilotregionen getestet, aber erst 2014 wurden ca. 15% der Prüfungen auf diese Art ausgewertet (Černych 2014a), 2015 waren es etwa 30%. Zudem fließen seit 2014 die EGE-Noten nicht mehr in die Bewertung der Arbeit der Regionalgouverneure ein, wodurch diese weniger Interesse daran haben, die Ergebnisse ihrer Region künstlich zu erhöhen. Zukünftig ist angedacht, dass die EGE-Noten nicht mehr für die Leistungsbeurteilung der Schulen bzw. Lehrer genutzt werden, wie es bisher der Fall ist. Dadurch soll auch das Schulpersonal den Anreiz verlieren, informell bei den Prüfungen nachzuhelfen.

Weitere unter Kravzov eingeleitete Neuerungen betreffen Form und Inhalt des EGE. So soll die Prüfung zukünftig das ganze Jahr über abgelegt werden können, um den Stress und den Druck für die Abiturienten zu verringern. Außerdem wurden 2015 erste Prüfungsfächer, wie Mathematik, in zwei Schwierigkeitsgrade unterteilt, um den unterschiedlichen Leistungsniveaus besser gerecht zu werden. Im Pflichtfach Russisch soll zudem der erste Prüfungsteil A (Multiple-Choice-Fragen) entfallen und stattdessen die Prüfungsteile B und C vergrößert werden. Dadurch soll weniger reines Faktenwissen abgefragt werden, sondern eine Entwicklung hin zum verstärkten eigenständigen Denken angestoßen werden. Eine Umfrage vom Januar 2015 zeigt, dass die Weiterentwicklung des EGE positiv wahrgenommen wird: 80% der Befragten unterstützen sie, und 70% sind der Meinung, dass sich das Examen dadurch qualitativ verbessere (VCIOM 2015).

Die zahlreichen Verbesserungen haben dazu beigetragen, dass das EGE 2014 so ehrlich, transparent und objektiv durchgeführt wurde wie noch nie zuvor; die Hinweise auf Korruption im Rahmen des Zulassungsprozesses nahmen deutlich ab. Die Zivilgesellschaftskammer, die 2010 in ihrem EGE-Bericht noch konstatierte, dass Korruption in einigen Regionen zur Normalität geworden sei, erhielt zwar 13.500 Anrufe, aber Beschwerden aufgrund von Korruption wie in den Vorjahren fanden sich kaum darunter, wie ein Mitarbeiter auf Anfrage bestätige. Es gab keine größeren Skandale, was große Verwunderung in der Bevölkerung und Erleichterung bei den Verantwortlichen auslöste. Vizeministerpräsidentin Olga Golodez lobte besonders die zuvor sehr korruptionsanfälligen Regionen, in denen es viel weniger Probleme gab:

> *„Es ist der Verdienst der Regionen, dass es erstmals ein ehrliches EGE gab. Ich will mich daher insbesondere bei den Regionen bedanken, in denen es jahrelang Probleme mit einem ehrlichen EGE gab, die sie in diesem Jahr gelöst haben. Das sind vor allem Ingušetien, Dagestan, Kabardino-Balkarien, Brjansk, Adygeja, Karačaevo-Čerkesija, die Region Stavropol, die Region Lipezk, Baškortostan, Kalmykien und weitere."* (Muchametšina 2014b)

Gleichzeitig verdeutlichten die erstmals nicht von massenhafter Korruption manipulierten Ergebnisse, wie schlecht es um die Bildungsqualität stand. Dazu Kravzov:

> *„Das objektive EGE hat uns aufgezeigt, welche Probleme es an unseren Schulen gibt. Wir sehen, dass in einigen Regionen viele Absolventen in Mathematik und Russisch nicht einmal die Mindestanforderungen erfüllen. Dieses Problem hat sich über die Jahre aufgestaut, denn gute EGE-Noten wurden einfach gekauft und verkauft, und von außen betrachtet sah daher alles gut aus."* (Černych 2014a)

In der Tat waren die Resultate der EGE-Prüfungen 2014 so schlecht wie nie zuvor: In Mathematik fielen die durchschnittlichen Ergebnisse im Vergleich zum Vorjahr von 50 auf 40 Punkte, und auch in Englisch (von 73 auf 61) und Chemie (von 69 auf 56) sanken sie signifikant (Muchametšina 2014a). In Mathematik musste die Mindestpunktzahl zum Bestehen der Prüfung von 24 auf 20 Punkte gesenkt werden, da sonst jeder zehnte Abiturient durchgefallen wäre und, da Mathematik neben Russisch obligatorisches Prüfungsfach ist, kein Studium hätte aufnehmen können. In Ingušetien fiel dennoch jeder vierte Abiturient durch die Mathematikprüfung, und selbst mit Wiederholungsprüfungen bestanden 15% das Abitur nicht (Muchametšina 2014b).

Auch der Anteil der Abiturienten mit sehr guten Ergebnissen sank signifikant: Im Vergleich zum Vorjahr, als 180.000 Abiturienten zwischen 80 und 100 Punkten bei der Prüfung erhalten hatten, erreichten dies 2014 nur noch 115.000 Absolventen. Die Anzahl der Abiturienten mit der vollen Punktzahl von 100 Punkten ist von 9.000 auf 3.500 gesunken (Muchametšina 2014a). Das erfolgreiche EGE 2014 offenbarte in vollem Ausmaß den kritischen Zustand, in den das russische Bildungssystem durch zwei Jahrzehnte Unterfinanzierung, Reformträgheit, Misswirtschaft und Korruption gerutscht war.

4.7 Zusammenfassung und Ausblick

Seit dem Zusammenbruch der Sowjetunion befindet sich das Hochschulsystem der Russischen Föderation in einem kontinuierlichen Umbruch, der sämtliche Bereiche der Hochschulgovernance umfasst. Zu den positiven Entwicklungen seither zählen die Entideologisierung und Demokratisierung und das dynamische Wachstum des Hochschulsystems. Dieser Aufbruch wird jedoch von vielen negativen Erscheinungen konterkariert, und die Qualität sank infolge der Massifizierung des Bildungssystems und dem gleichzeitigen Rückzug des Staates aus der Finanzierungsverantwortung in den 1990er Jahren. Im Kern funktionieren viele Hochschulen trotz zahlreicher Reformen weiter wie zur Zeit der Sowjetunion.

Als unmittelbare Folge der Situation aus sinkenden staatlichen Hochschulausgaben und steigenden Studierendenzahlen einerseits und schwachen bzw. nicht-existenten staatlichen Steuerungsstrukturen andererseits sind in der Transformationsperiode der 1990er Jahre an vielen Hochschulen informelle Kompensationsmechanismen entstanden, die das tägliche Überleben der Hochschulen und ihrer Mitarbeiter absicherten. Bildungskorruption, die zwar bereits in der Sowjetunion verbreitet, jedoch weniger stark ausgeprägt war, institutionalisierte sich und wurde zur alltäglichen Norm. Die Politik hat den Wildwuchs und die Korruption über Jahre ignoriert und die Hochschulen gewähren lassen. Erst im Zuge des wirtschaftspolitischen Konsolidierungskurses unter Präsident Putin und eines verstärkten bildungspolitischen Engagements des Staates gelang es liberalen Reformern um Bildungsminister Filippov, mit dem EGE eine standardisierte und kombinierte Abitur- und Hochschulzulassungsprüfung zu entwickeln, die die korruptionsanfälligen Auswahlprüfungen an den Universitäten, die sozial und regional benachteiligte Studienbewerber zunehmend diskriminierten, ablösen sollte. Allerdings gab es große Vorbehalte und Widerstand gegen das Reformvorhaben, und auch der dezidierte Wille der politischen Elite des Landes, die Reform erfolgreich einzuführen, fehlte nach Filippovs Absetzung, nicht zuletzt, da andere Politikfelder eine größere Priorität einnahmen als Bildung.

Im Unterschied zu anderen postsowjetischen Staaten wie der Ukraine, Kirgistan oder Georgien, nahmen westliche Demokratieförderer und internationale Organisationen keine zentrale Rolle im russischen Reformprozess ein. Zwar gaben sie in den frühen 1990er Jahren den Anstoß für die Idee eines Einheitsexamens, aber letztlich wurde das EGE weitestgehend von russischen Beamten und Hochschulexperten entwickelt, ohne internationale Best-Practices mit einzubeziehen, was evtl. von vorneherein Probleme und Korruption verhindern hätte können. Stattdessen setzte die selbst als korruptionsanfällig geltende Bürokratie (Bildungsministerium, Rosobrnadzor) die Reformen ohne internationale Hilfe und nicht-staatliche Akteure durch. Die mangelhafte Top-Down-Implementierung ohne nennenswerte Beteiligung bildungspolitischer Akteure führte nicht nur zu großem Widerstand seitens der Bevölkerung, sondern aufgrund der schwachen staatlichen und fehlenden zivilgesellschaftlichen Kontrolle auch zur massenhaft auftretenden Korruption und Manipulationen im Rahmen des EGE auf sämtlichen Ebenen. Aufgrund der schwachen Kontrollmechanismen wurden viele Korruptionsfälle nur durch Zufall aufgedeckt, und die Sanktionierung korrupter Akteure geschah, wenn überhaupt, oft selektiv und willkürlich.

Sich jährlich wiederholende Korruptionsskandale um vorgebliche Olympiadengewinner, „Tote Seelen" sowie massenhaft im Voraus öffentlich gewordene Prüfungsfragen zwischen 2009 und 2013 führten dazu, dass die Bevölkerung, die anfänglich die Idee des EGE befürwortete, das Vertrauen in ein transparentes Zulassungsverfahren verlor und sich zunehmend dagegen aussprach. Die Reformer versäumten es, der Bevölkerung die Vorteile des neuen Zulassungsmechanismus klar und deutlich zu vermitteln. Die „Architekten" des EGE, Bolotov und Kuz'minov, räumten ein, dass es einer ihrer größten Fehler gewesen sei, keine Aufklärungskampagnen durchzuführen und keine breite Koalition mit Unterstützern des Examens aufzubauen, die sich öffentlich dafür einsetzten. Der breiten Front der Kritiker standen praktisch keine Befürworter des EGE gegenüber.

Angesichts des großen Ausmaßes an Korruption mit ihren zahlreichen Formen und Mechanismen ist es nicht verwunderlich, dass nahezu alle Experten der Meinung sind, dass die Korruption infolge des EGE nicht wie geplant abgenommen habe. Vielmehr hätten die *„durch die Reform eingeleiteten Innovationen* [...] *nicht zur Zerstörung der Korruption im Bildungswesen geführt, sondern zu ihrer Verlagerung auf eine andere Ebene*" (Rančin 2009). Das wird durch die Aussagen der Respondenten bestätigt:

> *„Mir scheint es, dass sich bloß der Kreis derjenigen, die sich daran beteiligen, geändert hat. Früher waren es diejenigen, die an den Auswahlexamen beteiligt waren, nun sind es z. B. die, die Olympiaden organisieren. Teilweise sind es dieselben Personen, aber der große Teil hat sich verlagert. Aber das System ist einfach das gleiche, die Korruption findet sich immer irgendwo."* [Interview RU-13]

> *„Die Korruption hat ihren Charakter verändert. Das heißt, wenn es früher, um an eine renommierte Universität zu gelangen, nötig war, entweder einen Repetitor dieser Hochschule zu nehmen, was faktisch eine versteckte Form der Korruption war, oder man gleich eine Person aus der Auswahlkommission bestechen musste, so hat sich die Korruption nun an die Institutionen verlagert, die das EGE durchführen."* [Interview RU-15]

> „[Die Korruption] *ist hinabgestiegen von der Ebene der Hochschulen auf die Schulebene, an die Prüfungsstellen des EGE, auf die Ebene der lokalen Bildungsadministration, wo es sie zwar schon davor gab, sie nun aber besonders blüht."* [Interview RU-18]

Tatsächlich scheint sich die Situation von Jahr zu Jahr verschärft zu haben, und 2013 wurde ein Höhepunkt an Unregelmäßigkeiten und Skandalen erreicht. Anfang 2014 war selbst für die Regierung und das Bildungsministerium die Zukunft des EGE unklar, und es hieß bereits, die Reform solle in Teilen wieder revidiert werden. Die Ernennung Kravzovs zum Leiter von

Rosobrnadzor erwies sich jedoch als richtige Entscheidung, da es ihm 2014 erstmals gelang, ein weitgehend korruptions- und manipulationsfreies Examen durchzuführen, wofür allen voran die landesweit signifikante Verschlechterung der EGE-Noten als Beleg gilt.

Es stellt sich die Frage: Wie konnte Kravzov in einem Jahr gelingen, was seinen drei Vorgängern in einem Jahrzehnt nicht gelungen war? Zum einen reformierte er den Ablauf des Examens an den entscheidenden Schwachstellen und griff dafür zum Teil auf Ideen zurück, die international in ähnlichen Kontexten Anwendung finden: So führte er die Überprüfung der Examen *über Kreuz* ein, was z. B. in der Ukraine von Anfang an praktiziert wurde. Von Georgien wurde das System der Videoüberwachung übernommen, das es Rosobrnadzor erlaubte, die Kontrolle während des Examens deutlich zu verbessern. Entscheidend ist auch die engere Zusammenarbeit mit zivilgesellschaftlichen Akteuren und Beobachtern, die alleine durch ihre Anwesenheit für einen transparenteren Ablauf sorgen – eine Praxis, die ebenfalls in der Ukraine erfolgreich angewendet wird. Insofern stellt sich weniger die Frage, wie es Kravzov innerhalb so kurzer Zeit gelingen konnte, das Examen erfolgreich zu reformieren, sondern vielmehr, warum diese international gängigen Methoden nicht bereits früher angewandt wurden. Dass es nicht geschah, bekräftigt die Annahme: Es gab bis dahin nicht genügend politischen Willen, die Reform erfolgreich durchzuführen. Erst mit der Ernennung Livanovs zum Bildungsminister, der sich nicht scheute, unpopuläre und einschneidende, aber notwendige Reformen (Effizienzinitiative samt Schließung von Hochschulen, Reform der Akademie der Wissenschaften) durchzuführen, wurde, zumindest teilweise, ein effektiver Kampf gegen Korruption im Rahmen des EGE möglich.

Nachdem 2014 nach fünf Jahren der massenhaften Korruption erstmals ein „sauberes“ Examen zu verzeichnen war – wie sehen die weiteren Perspektiven für die Korruptionsbekämpfung bei der Hochschulzulassung aus? Sind die anfänglichen „Kinderkrankheiten“ überwunden, und gibt es nun mit den zivilgesellschaftlichen Beobachtern, der Videoüberwachung und den Metalldetektoren ein effektives Kontrollsystem, um die Korruption erfolgreich einzudämmen? Welche Rolle spielt die demografische Krise, die vermutlich zu einem (moderaten) Rückgang der Korruption beitragen wird? Aufgrund der geburtenschwachen Jahrgänge, die in den nächsten Jahren an die Universitäten kommen, sinkt die Konkurrenz um Studienplätze, und es wird einfacher, einen kostenlosen Studienplatz auch ohne informelle Zulassungsmechanismen zu erhalten. Dies wird jedoch vermutlich nicht für die besonders begehrten Universitäten gelten, die wohl weiterhin Korruptionsopportunitäten für den Nachwuchs der Elite bieten werden, da den Hochschulen Anreizstrukturen fehlen, selbst gegen Korruption vorzugehen. Die Korruptionsbekämpfung stößt hier an ihre Grenzen, denn die Korruption an diesen Universitäten einzudämmen, würde voraussetzen, gegen die Korruption in Wirtschaft und Politik vorzugehen – wie exemplarisch der Korruptionsfall an der Fakultät für Verwaltungswissenschaften der MGU zeigt, in den Putin-loyale Eliten verstrickt sind. Dazu sind der Präsident und seine Elite, deren Beziehung nach wie vor auf der stillschweigenden Absprache „politische Loyalität im Tausch gegen Bereicherung durch Korruption" basiert, zum derzeitigen Zeitpunkt jedoch nicht bereit und werden es vermutlich auch zukünftig nicht sein.[188] Eine konsistente Bekämpfung der Korruption und die Herstellung von

---

[188] Als deutliches Signal für die mangelnde Bereitschaft, Korruption effektiv zu bekämpfen, galt Putins Ansprache auf der Föderalversammlung im Dezember 2014. Da Russland durch den schwachen Rubelkurs, die finanziellen Belastungen der Krim-Annexion, die sinkenden Erdölpreise und den zunehmenden Investitionsabzug dringend auf frisches Kapital angewiesen ist, verkündete Putin, dass jedes Geld, sei es auch durch unlautere Geschäfte erwirtschaftet worden, in Russland willkommen sei und nicht überprüft werde. Dadurch machte er Russland de facto zu einer Oase für kriminell erwirtschaftetes Geld und vermittelte das Gefühl, dass Korruption straffrei sei – ein verheerendes Signal, das sämtliche Antikorruptionskampagnen delegitimiert. Hierzu die kritische Einschätzung von Mark Galeotti (2014): „*But the implication of Putin's words is also that no questions will be asked about any funds brought into Russia during the span of this amnesty. The people to whom this might conceivably appeal are those whose funds, even if abroad, are vulnerable: the serious criminals, the gangsters, fraudsters, drug traffickers and extortionists. If Putin is true to his word, they can now bring back money earned through such crimes and these funds would be laundered clean in Russia's eyes. They could be spent, earned, reinvested and even transferred legally back out of the country without fear. Not only is Putin offering to make the Russian state the money laundry of choice for Russia's criminals, he is potentially opening the door to Russian criminals laundering the money of other gangsters, given that there is no way to prove that assets ‚returned' to the country ever left it in the first place.*" Anfang März 2015 wies Putin an, das Strafmaß für Bestechung, das im Zuge der reformierten Antikorruptionsgesetzgebung angehoben worden war, wieder zu senken (Dožd'. The optimistic channel 2015b). Die Strafe für Bestechungsnehmer wurde vom zwanzigfachen Wert der Bestechungssumme um die Hälfte auf den zehnfachen Wert reduziert, während die Strafzahlung für Bestechungsgeber vom fünfzehnfachen Wert der Bestechungssumme auf den fünffachen Wert reduziert wurde – ein weiteres fatales Signal.

Rechtsstaatlichkeit widersprechen dem Herrschaftssystem von Putin diametral und würden seinen Machterhalt bedrohen.

Insofern lässt sich heute, zumal unter dem Eindruck einer innen- wie außenpolitisch zunehmend angespannten Lage, der weitere Fortgang der Reform nicht mit Gewissheit vorhersehen. Die jüngsten Erfolge könnten, im Zuge einer weiteren Marginalisierung zivilgesellschaftlicher Bestrebungen, ebenso schnell zunichte gemacht werden, wie sie errungen wurden.

5 Fallstudie Ukraine

Der Reformprozess des ukrainischen Bildungswesens lässt sich grob in fünf Phasen gliedern: Die erste von etwa 1991-1999 war geprägt durch die politische und wirtschaftliche Transformationskrise, die auch den Bildungssektor erfasste. Die Reformen sollten der Staats- und Nationenbildung dienen und dem Übergang von einem sozialistischen zu einem humanistisch geprägten Bildungssystem. Infolge der Krise brachen die Bildungsausgaben jedoch drastisch ein. Außerdem gab es politische, wirtschaftliche und gesellschaftliche Probleme, die als dringlicher empfunden wurden als die im Bildungssystem. Eine effektive Reformpolitik war unter diesen Umständen nicht möglich.

Mit der einsetzenden wirtschaftlichen Konsolidierung des Landes um die Jahrtausendwende setzte die zweite Phase ein, in der es erstmals eine kohärente und effektivere Reformpolitik gab, die sich an europäischen Hochschulgovernance-Modellen (Stichwort: Bologna-Prozess) orientierte. Nichtstaatliche und internationale Akteure wie die International Renaissance Foundation und USAID waren maßgeblich am Reformprozess beteiligt. Sie engagierten sich von Beginn an für die Zulassungsreform und leisteten grundlegende Vorarbeiten für deren Umsetzung. Interessanterweise spielt ihre Rolle im innerukrainischen Diskurs praktisch keine Rolle (Osipian 2015), sodass in der vorliegenden Arbeit erstmals umfassend deren Wirken nachgezeichnet wird.

Nach der Orangen Revolution setzte 2005 die nächste Phase ein. Im Rahmen des Versuchs einer umfassenden Antikorruptionspolitik erhielt die Zulassungsreform breite politische Unterstützung, und das ehemals stiftungsfinanzierte private Projekt wurde schließlich 2008 als Zulassungsverfahren landesweit erfolgreich eingeführt.

Infolge des politischen Machtwechsels kam es 2010 zu einer Zäsur: In der nun folgenden vierten Phase fehlte es an Rückhalt für Reformen im Allgemeinen und für das Examen im Besonderen. Ungeachtet aller Reformerfolge – oder gerade deshalb – revidierte die politische Elite um den neugewählten Präsidenten Janukovyč, die von Korruption profitierte, vieles wieder.

Schließlich setzte mit dem Euromaidan 2013/14 eine neue Phase ein, in der die reformorientierten Akteure wieder die Oberhand gewannen und ihre Reformpläne weiter voranbringen konnten.

Die ukrainische Fallstudie zeichnet die Implementierung der Zulassungsreform im Lichte dieser Entwicklungen nach und zeigt, dass trotz widriger Umstände selbst in einem korruptionsfördernden Umfeld Antikorruptionsmaßnahmen gelingen können.

5.1 Das Zulassungsprojekt der International Renaissance Foundation

Die Initiative zur Einführung eines unabhängigen Examens ging 1999 nicht vom Staat, sondern einer privaten Stiftung, der International Renaissance Foundation (IRF), aus. Die mangelnde Reformbereitschaft des Staates hing damit zusammen, dass ein früherer Versuch, einheitliche Prüfungen einzuführen, 1993/1994 gescheitert war. Das hatte vor allem an den qualitativ schlechten Tests gelegen, für deren Entwicklung nicht ausreichend Geld und Expertise vorhanden gewesen waren, aber auch an den mangelhaften Kapazitäten, solche Tests durchzuführen (Ministry of Education and Science of Ukraine 2003, S. 84). Viele Schulen weigerten sich die Prüfungen einzuführen, und es gab keine zentrale Institution zur Durchsetzung des landesweiten Examens – das neue System ließ sich unter diesen Bedingungen schlicht nicht etablieren (Hrynevych 2009, S. 61).

Die Renaissance Stiftung nimmt im ukrainischen Reformprozess eine zentrale Rolle als *agenda setter* ein. Sie existiert in der Ukraine seit 1990 und gehört dem Open Society Netzwerk an, das der Investor und Philanthrop George Soros mit dem Auftrag gründete, die Demokratisierungsprozesse in den neuen postsozialistischen Staaten Osteuropas zu fördern. Der Ansatz von IRF ist, kleinere Projekte und NGOs zur Stärkung der Zivilgesellschaft mit Geldern zu unterstützen. Die Stiftung ist in der Ukraine eine der professionellsten und in finanzieller Hinsicht die größte, die zivilgesellschaftliche Projekte förert – seit ihrem Bestehen hat sie mehr als 100 Mio. USD in hunderte Projekte investiert. Neben der Zentrale in Kiew unterhält sie Repräsentanzen im ganzen Land und ist die *„womöglich mit Abstand am besten ausgestattete westliche Stiftung in der Ukraine*" (Umland 2004, S. 25).

Die Idee eines Examens, das die Abschlussprüfungen an Schulen und die Aufnahmetests an den Universitäten vereint und Korruption entgegenwirkt, stammt von Evhen Bystrytsky, dem Direktor der IRF. Während eines Aufenthaltes in England las er in den dortigen Zeitungen über das *General Certificate of Education Advanced Level*, die Abschlussprüfung der Abiturienten, über die sie sich an den Hochschulen des Landes bewerben können, ohne eine zusätzliche Aufnahmeprüfung zu machen:

> *„Als ich gerade in Großbritannien war und den Guardian aufschlug, las ich, dass dort die Tests stattgefunden hatten. In der Zeitung stand, aus welchen Schulen die besten Abiturienten kamen und an welche Universitäten die besten Bewerber gingen, und anhand dessen wurde ein Universitätsranking erstellt. Das hat mich umgehauen. Ich war damals schon Direktor der IRF. Als ich zurückkam, beschloss ich, dass wir auch so etwas versuchen sollten. So ist die Idee dazu entstanden."* [Interview UA-25]

Bystrytsky beschloss, ein Pilotprojekt zu starten und zu eruieren, ob ein ähnliches System in der Ukraine implementiert werden könnte. Das Bildungsministerium war aus den erwähnten Gründen zurückhaltend, aber Bystrytsky konnte den damaligen Bildungsminister Vasyl' Kremen schließlich davon überzeugen, dem Pilotprojekt zuzustimmen. Letztlich waren zwei Umstände ausschlaggebend für das Umdenken des Ministers: Zum einen waren Bystrytsky und Kremen seit ihrer gemeinsamen Studienzeit eng befreundet. Bystrytsky betont, dass er sich jederzeit direkt an den Minister wenden konnte. Dieser gab ihm dann auch in einem persönlichen Gespräch seine Zustimmung für das Projekt:

> *„Er kam hierher. Er saß da auf Ihrem Platz. Wir haben darüber geredet. Er sagte mir: ‚Ja, ist gut, also, ich unterstütze es. Fangen sie damit an.' Das sind Kontakte, Konsultationen, Lobbying, Advocacy."* [Interview UA-25]

Neben dem guten Verhältnis zwischen IRF und Ministerium spielte für die Zustimmung auch eine Rolle, dass Russland zu dem Zeitpunkt bereits mit einem staatlichen Einheitsexamen experimentierte und auch Polen, Litauen und andere Staaten des ehemaligen Ostblocks ein externes Prüfungsverfahren eingeführt hatten. Der Minister reagierte auch auf diesen externen Druck (Fimyar 2010, S. 161).

Nachdem das Ministerium grünes Licht gegeben hatte, sollte zunächst evaluiert werden, wie der Übergang von Schulen zu Hochschulen in anderen Ländern verlief und ob dort ähnliche Probleme mit Korruption existierten. 1999 führte die IRF eine Vorstudie durch zu „*external testing which involved studying new entrance examination methods as anti-corruption measures*" (Grynevych 2010, S. 3*)*. Die Studie verglich internationale Best-Practices bei der Studienplatzvergabe. Gleichzeitig untersuchte sie die Vergabepraxen der führenden ukrainischen Universitäten.

Um das Bildungsministerium bei der Ausarbeitung einer nationalen Strategie zur Entwicklung und Modernisierung des Bildungssektors zu unterstützen und die Entwicklung eines externen Examens zu fördern, wurde gemeinsam mit dem Institute of Education Policy aus Budapest (ebenfalls Teil des Open-Society Netzwerks), der Weltbank, dem UNDP und einigen kleineren Organisationen das „Education Policy Support Program" (EPSP) ins Leben gerufen. Im Rahmen des EPSP finanzierte und unterstützte die IRF alleine im Jahr 2000 insgesamt 60 Projekte im Gesamtvolumen von 1,2 Mio. USD (22% des IRF-Gesamtbudgets in dem Jahr). Ziel des Programms war:

> „[...] *to initiate a national debate on education in Ukraine; to develop international and public expertise of strategic documents and the government's technical abilities to analyze and formulate an education policy; to support the Ministry of Education and Science in its efforts to create and introduce a National Doctrine of Education Development."* (International Renaissance Foundation 2001, S. 78)

Die Doktrin, im Kern eine Prioritätenliste zur Reform der Bildung von der Grundschule bis zu den Hochschulen, sollte eine wichtige Rolle in der Modernisierung des ukrainischen Bildungssektors einnehmen. Bei der Ausarbeitung orientierte man sich an Projekten, die vom Open Society Netzwerk bereits in anderen Transformationsländern (Slowenien, Polen, Tschechien, Ungarn) durchgeführt worden waren. Die dort gemachten Erfahrungen flossen in die Liste ein. So wurde zum Beispiel empfohlen, explizit ukrainische Akteure in den Reformprozess zu involvieren und die Ziele der ukrainischen Öffentlichkeit zu kommunizieren, um die Akzeptanz der Maßnahmen zu fördern (International Renaissance Foundation 2002, S. 89).[189]

---

[189] Es wurde z. B. ein Projekt gefördert, das sich mit der Rezeption der Reformstrategie in den Medien auseinandersetzte. Für Journalisten wurden Seminare angeboten, um sie

Im Rahmen des EPSP wurde von der IRF die „Independent Testing Initiative" (ITI) gegründet, die an die Antikorruptionsaktivitäten der IRF im Bildungssektor anknüpfen sollte (International Renaissance Foundation 2001, S. 72). Als erstes Projekt finanzierte die ITI eine 2000 vom Gesundheitsministerium veranstaltete Summer School zum Thema „Implementing an objective testing program to assess professional knowledge and skills as an element of the higher education quality improvement project. Addressing the problems of national standards implementation in the higher education system of Ukraine", auf der sich nationale Experten mit internationalen Wissenschaftlern austauschten. Dass die Sommerschule nicht vom Bildungsministerium, sondern vom Gesundheitsministerium veranstaltet wurde, zeigt, dass zu diesem Zeitpunkt im Bildungsministerium noch keine fachliche Expertise für diese Art von Testsystemen vorhanden war. Im Gegensatz dazu besaß das Gesundheitsministerium bereits einige Erfahrung mit externen Prüfungen.[190]

Weiterhin initiierte die IRF das Projekt „Education, Innovation and Renewal for Improved Well-being and Poverty Reduction", an dem auch das Bildungsministerium, das UNDP und das Open Society Institute in Budapest beteiligt waren. Im Rahmen dieses Projekts gab die IRF eine Studie in Auftrag, die prüfen sollte, ob sich durch die Einführung externer Testverfahren die zunehmende Korruption bei der Studienplatzvergabe bekämpfen ließe. Die Studie untersuchte zudem die normative Basis für solch ein Testverfahren. In vier Städten wurde eine Befragung des Lehrpersonals durchgeführt, um zu eruieren, inwieweit die Abschlussprüfungen am Ende der Schulzeit transparent und objektiv sind. Die Mehrheit der Befragten (55%) bemängelte die uneinheitlichen Abschlussprüfungen und wünschte sich ein objektives, externes Prüfungsverfahren. Nur 14% unterstützen die Abschlussprüfungen

---

mit der Doktrin vertraut zu machen und so die Massenmedien zu erreichen (International Renaissance Foundation 2002, S. 89). Ein weiteres Projekt war eine Meinungsumfrage und eine anschließende Expertenumfrage zum Thema Bildungsreformen, um ein Stimmungsbild zu erhalten (International Renaissance Foundation 2002, S. 92). Das Razumkov-Institut wurde damit beauftragt, Kommentare zur Reformstrategie zu erarbeiten und Vorschläge einzubringen (International Renaissance Foundation 2002, S. 92, Razumkov Centre 2002).

190 Noch aus sowjetischer Zeit sind viele Universitäten den jeweiligen Fachministerien unterstellt. Die medizinischen Hochschulen fallen unter die Obhut des Gesundheitsministeriums. Ein Testzentrum des Gesundheitsministeriums führt seit den 1990er Jahren schriftliche Aufnahmeprüfungen für die medizinischen Hochschulen durch.

in ihrer damaligen Form und sahen keinen Änderungsbedarf. Die negative Beurteilung der Abschlussexamen durch die Lehrer wurde politischen Entscheidungsträgern präsentiert, um sie von der Notwendigkeit eines neuen, transparenten Prüfungssystems zu überzeugen.

Parallel zu den Reformbemühungen der IRF verabschiedete das Parlament im Januar 2002 das Gesetz „Über die Hochschulbildung" (im Folgenden HG, Hochschulgesetz) und etablierte damit die wesentlichen rechtlichen, organisatorischen, administrativen und finanziellen Rahmenbedingungen für die Entwicklung des Hochschulwesens. Es regelt, zusammen mit dem Gesetz „Über wissenschaftliche und wissenschafts-technische Aktivitäten" von 1991, dem „Gesetz über die Bildung" (1996) und der Verfassung von 1996 die ukrainische Hochschulpolitik. Für die vorliegende Arbeit ist neben dem verfassungsmäßig garantierten Recht auf Bildung insbesondere Art. 1, Abs. 4 HG von Bedeutung. Dieser garantiert allen ukrainischen Bürgern das Recht auf ein *kostenloses* Erststudium *auf wettbewerblicher Basis* („na konkursnych zasadach") an *staatlichen* bzw. kommunalen Hochschulen.

Am 17.04.2002 unterzeichnete Präsident Kučma den Präsidentenukas № 347/2002 „Über die Nationale Doktrin zur Entwicklung der Bildung". Darin wird in Art. 7, Abs. e) gefordert, ein effektives System zu entwickeln, das gleiche Zugangschancen zu kostenloser Hochschulbildung ermöglicht – *unabhängig* von sozialer Herkunft, Status, Nationalität, Geschlecht, Wohnort oder sonstigen Faktoren. Die IRF hatte einen wichtigen Schritt geschafft – die Einführung eines externen Examens zur Bekämpfung der Korruption wurde im staatlichen Entwicklungsprogramm für die nächsten Jahre festgehalten und unterstützt.

Die neue Doktrin zielte darauf ab, den Zugang zu Hochschulbildung vor allem für Studienbewerber aus sozioökonomisch schwachen Gesellschaftsschichten zu erleichtern, um der steigenden Armut im Land entgegenzuwirken.[191] In der Transformationsphase war das Armutsrisiko für Menschen mit niedrigem Bildungsstandard gestiegen, während die Zahl der von Armut betroffenen Menschen mit hohem Bildungsstandard gesunken war:

---

191 Zum Zusammenhang von Bildungszugang und Armut vgl. Edelstein (2006).

„Education is found to be the strongest correlate of poverty in Ukraine. When controlling for education, all other variables lose their significance to a certain extent. In other words, higher education reduces the likelihood of poverty considerably." (The World Bank 2001, S. 19)

Laut der Weltbank galten zum damaligen Zeitpunkt 44% der Personen, die lediglich eine Grundschulbildung besaßen, als „arm" und 24% als „sehr arm".[192] Von den Personen mit einem allgemeinen Schul- bzw. Berufsschulabschluss waren 35-37% arm (20% „sehr arm"). Unter der Bevölkerung mit einem Hochschulabschluss waren hingegen nur 14-16% von Armut und 3,3% von extremer Armut betroffen (Darvas 2002, S. 7). Zudem gab es ein großes Bildungsgefälle zwischen Stadt und Land – 2001 besaßen fast 38% der städtischen Bevölkerung einen höheren Bildungsabschluss, auf dem Land waren es knapp 18% (Wulff und Malerius 2007, S. 157). Vor allem die Bevölkerung außerhalb der Ballungsräume, die durch die informellen Vergabepraxen besonders benachteiligt wurde, sollte einen besseren Zugang zur Hochschulbildung erhalten.

Neben der IRF beteiligten sich zunehmend auch staatliche Akteure am Reformprozess. 2002 wurde ein Abkommen zwischen der IRF, dem Bildungsministerium und der Nationalen Pädagogischen Akademie der Wissenschaften über gemeinsame Anstrengungen zur Einführung einer unabhängigen Institution zur Evaluation der Bildung beschlossen. Auch internationale Akteure wurden involviert, wie die Weltbank, die mit Krediten viele Bildungsprogramme erst realisierbar machte und in Form von Analysen und Empfehlungen auch inhaltlich Einfluss ausübte. Exemplarisch hierfür sei die „Education Reform Policy Note" aus dem Jahre 2002 genannt, die Stärken und Schwächen des ukrainischen Bildungssystems analysiert und als Reformpriorität die Stärkung von Effizienz, Transparenz und Rechenschaftspflicht benennt. Der Weltbank-Bericht geht dabei explizit auf den Zulassungsprozess ein:

„Because there is no standard entrance examination and admission system, institutions vary widely in the way they select students. Admissions, grading, and even

[192] Als „arm" gelten in diesem Fall Personen mit einem Einkommen von weniger als 75% des mittleren Einkommens. Als „sehr arm" gilt, wer weniger als 60% des mittleren Einkommens zur Verfügung hat. Da die Reallöhne zwischen 1992 und 1999 um 60% gesunken waren, betrug das Durchschnittseinkommen im Jahr 2000 lediglich etwa 230 UAH, zum damaligen Zeitpunkt umgerechnet etwa 40 USD.

> *the learning processes are often riddled with bribery. Quality assurance and monitoring in higher education are by and large absent."* (Darvas 2002, S. 10ff.)

Um diese Problematik zu beheben, empfiehlt der Bericht, ein transparentes und standardisiertes Zentralabitur einzuführen, das gleichberechtigte Zugangsmöglichkeiten zu tertiärer Bildung schafft (Darvas 2002, S. 18). Somit übten auch internationale Institutionen Druck auf die ukrainischen Akteure aus, das Zulassungssystem zu reformieren.

5.1.1 Institutioneller Aufbau der Testinfrastruktur

Parallel zur Ausarbeitung der Doktrin entstand die erste umfassende Publikation zur ukrainischen Bildungspolitik. Unter Bezugnahme auf die in der Doktrin beschlossenen Reformprioritäten erstellte eine Gruppe externer Experten der IRF, des Open Society Instituts und des UNDP eine detaillierte Analyse möglicher *Policy-Optionen* für einzelne Problembereiche wie Hochschulzugang, Hochschulgovernance, Hochschulfinanzierung, Lehre und Bildungsmonitoring. Die Arbeit wurde später vom Bildungsministerium unter dem Titel „Reform Strategy for Education in Ukraine: Educational Policy Recommendations" (Ministry of Education and Science of Ukraine 2003) herausgebracht. Das Dokument ist ein Beispiel dafür, wie sehr die ukrainische Bildungspolitik und die Diskurse darüber zu dieser Zeit von externen Akteuren geprägt waren. Olena Lokshyna (2003) untersucht den Übergang von Schulen zu Hochschulen in Ländern mit externen Prüfungen und trägt Best-Practices und Empfehlungen für die Ukraine zusammen. Der Vorschlag, der sich in der Ukraine durchsetzte, sah eine externe Prüfung (entweder obligatorisch für alle Abiturienten oder auf freiwilliger Basis für diejenigen mit Studienambitionen) am Ende der Sekundarstufe vor, deren Zertifikat wie das Abitur in Deutschland zugleich als Hochschulzugangsberechtigung dienen sollte. Lokshyna identifizierte potenzielle Gegner, und zwar hauptsächlich die Hochschulen, die ihre Kontrolle über die Aufnahmeprüfungen und die damit verbundenen informellen Einkünfte verlieren würden (Lokshyna 2003, S. 97). Als weitere potenzielle Widersacher machte sie Schullehrer aus, da diese nicht gewillt seien *„to have external ‚standards' for measuring the result of their work"*, und fürchteten *„that such results will be compared and made public"* (Lokshyna 2003, S. 98). Die breite Öffentlichkeit und die betroffenen Abiturienten sah sie als Befürworter, da diese von dem neuen System profitierten.

In ihrem Fazit fasste sie zusammen, welche Schritte für eine erfolgreiche Implementierung unabdingbar seien, und gab damit die weitere Richtung der Reform vor (Lokshyna 2003, S. 99):

- Creation of an independent institution responsible for tests design, testing technologies development, testing results processing, and so on is an important condition for the formation of an external assessment system in Ukraine.
- Training of experts in this sphere is not less important. It could be realized on the base of higher education institutions or institutes of in service teacher training.
- Items for external testing should be of different types and measure all aspects of student performance.
- Introduction of an external assessment system in Ukraine (irrespective of policy options implemented and in which order) should be based on the adherence of basic principle of assessment organization taking into consideration the interests of students, parents, teachers, educational authorities, policy makers, and so forth.

Wie sich im weiteren Reformverlauf zeigen sollte, wurden diese Empfehlungen bei der Implementierung von der IRF berücksichtigt und trugen wesentlich zum Gelingen der Reform bei.

Mit Erlass № 409 des Bildungsministeriums vom 17. Juli 2002 wurde eine normative Grundlage zur experimentellen Durchführung der ersten externen Prüfung in der Ukraine gelegt (International Renaissance Foundation 2003). Der Erlass setzte Rahmenbedingungen für die Einführung externer Testverfahren fest und beauftragte die IRF damit, die Pilotstudie durchzuführen.

Nachdem die wichtigsten Vorarbeiten geleistet waren – Best-Practice-Beispiele aus anderen Ländern lagen vor; das Bildungsministerium war mit dem Experiment einverstanden und hatte die IRF mit der Durchführung beauftragt; die Stiftung hatte erste Tests ausgearbeitet – und die normative Basis zur Durchführung der Pilotstudie geschaffen war, ging die IRF in der nächsten Projektphase dazu über, ein landesweites Netzwerk von unabhängigen externen Testzentren aufzubauen. Die ersten regionalen Testcenter entstanden in Kooperation mit Universitäten: das Testcenter für die Südukraine an der Nationalen Mečnikov-Universität in Odessa, das für die Zentralukraine an der Kiewer Mohyla Akademie, das für die Westukraine an der Nationalen Ivan-Franko-Universität in Lwiw und das Testcenter für die Ostukraine an der Staatlichen Pädagogischen Skovoroda-Universität in Charkiw.

Die Auswahl erfolgte nicht zufällig: Die Ivan-Franko-Universität hatte 1992 als erste ukrainische Hochschule ein standardisiertes und transparentes Aufnahmeprozedere eingeführt, um Korruption vorzubeugen. Das kam damals einer Revolution gleich (Vakarčuk 2005). Maßgeblich dafür verantwortlich war Rektor Ivan Vakarčuk, der später als Bildungsminister eine entscheidende Rolle bei der landesweiten Einführung des externen Examens spielte. Als er im Dezember 1990 als Rektor antrat, wurde er erstmals mit Korruption bei der Vergabe von Studienplätzen konfrontiert. Er beschloss, gegen die informellen und korrupten Vergabepraktiken vorzugehen, und setzte – gegen den Widerstand der Auswahlkomitees – ein neues Verfahren durch:

> Vakarčuk: *„Ich wurde 1990 zum Rektor gewählt, und meine ersten Aufnahmeexamen waren 1991. Und ich erkannte, dass irgendwas gemacht werden muss."*
>
> Interviewer: *„Also gab es ein Problem mit Korruption?"*
>
> Vakarčuk: *„Ja, es war ein Problem. Ich wusste es vorher nicht, bin damit nicht in Berührung gekommen. Für mich war noch nicht klar, wie diese Examen ablaufen. Aber als ich es als Rektor sah, wollte ich etwas ändern. Ich beschloss, es ab dem kommenden Jahr so zu gestalten, dass die Lehrkräfte keinen Kontakt mehr mit den Abiturienten haben. Ich schaute mir an, wie es in anderen Ländern gemacht wird, und beschloss, einen Test einzuführen. Es war sehr schwierig, da ich über die Köpfe der Aufnahmekommission hinaus entscheiden musste. Ich denke, es konnte durchgesetzt werden, da nicht alle Mitglieder der Kommission genau verstanden, was dies bedeutet, wie sich später herausstellte. Das Wichtigste war dann, die Tests zu entwickeln und Personen für die Organisation zu finden.* [...] *Ich habe dann auf unterschiedlichen Wegen die Aufnahmekommission überzeugt und überredet, dass es schriftliche Tests geben wird. Und innerhalb eines Jahres wurden diese Tests für alle Fächer ausgearbeitet."* [Interview UA-28]

Vakarčuk und seine Mitarbeiter führten schriftliche Multiple-Choice-Tests ein. Pro Raum saßen etwa 25 Abiturienten, was das Risiko von Absprachen zwischen Bewerbern und Prüfern minimieren sollte. Niemand, auch nicht die Repetitoren, kannten die Prüfungsaufgaben, die Bewerber zogen ihre Tests erst zu Beginn der Prüfung aus einem Umschlag. Die Tests hatten alle dasselbe Niveau und wurden elektronisch ausgewertet. Die Bewerber mit den besten Ergebnissen erhielten kostenfreie Studienplätze. Dieser Auswahlprozess war wesentlich effektiver, objektiver und schwerer zu manipulieren als die mündlichen Verfahren. Bereits drei Stunden, nachdem sie den Test absolviert hatten, erhielten die Abiturienten ihre Ergebnisse und wussten, ob sie angenommen waren. Obwohl dieses neue Verfahren ein großer Erfolg im Kampf gegen die Korruption war und die Lwiwer Universität aufgrund ihres transparenten Zulassungsverfahrens bei vielen Abiturienten beliebt war, konnte Vakarčuk andere Hochschulen nicht von seinem System überzeugen. Diese fürchteten um ihre informellen Einnahmen:

> *„Bei uns gab es so einen Ausdruck, ‚gold harvest' for professors and rectors during the summer time, due to the admission bribes. Das war nach der Sowjetunion. Es war ein sehr korruptes System. In den letzten Jahren der Sowjetunion wurden die Kinder einflussreicher Personen über Telefonanrufe angenommen. Sie rufen den Rektor an,* [...] *sogar ich bin damals, obwohl meine Kinder sehr gute Noten hatten, zum Rektor gegangen und habe gesagt: Sieh zu, dass* [X, Name anonymisiert] *angenommen wird. Und dieses Testsystem hat die Möglichkeiten für Korruption bei der Studienplatzvergabe zerstört.“* [Interview UA[193]]

> *„Die Direktoren der großen Hochschulen werden die Einführung des externen Examens niemals befürworten. Warum? Die Antwort ist sehr simpel: Weil die Zeit der Vergabe von Studienplätzen immer – nein, das stimmt nicht, nicht immer, aber vor allem in der letzten Zeit – sehr eng mit Bestechungen verbunden war. Nach Einschätzungen verschiedener Experten fließen in diesem Zeitraum zwischen ein bis zwei Milliarden Hryvnja an Bestechungsgeldern. Natürlich will ich damit nicht sagen, dass nur die Rektoren an der Bestechung teilhaben, es werden eine Masse an Personen in den Auswahlkommissionen ‚gefüttert', in den Dekanaten, in unterschiedlichen Strukturen, die sich damit beschäftigen.“* [Interview UA-12]

Die einzige Hochschule, die sich für das neu entwickelte Testsystem interessierte, war die 1991 wiedereröffnete Kiewer Mohyla-Akademie. Sie besaß keine sowjetische Tradition und orientierte sich stark westlich. Der damalige Rektor Vjačeslav Brjuchoveckij fuhr nach Lwiw, um sich persönlich bei Vakarčuk über dessen Testsystem zu informieren (Vakarčuk 2005). Bei allen anderen Hochschulen fanden die Tests keinen Anklang. Und das, obwohl 2002 selbst das Bildungsministerium das Lwiwer Modell lobte die Umstellung auf objektive, schriftliche Testverfahren empfahl (ebd.). Da die Ivan-Franko-Universität und die Mohyla-Akademie damals die einzigen Hochschulen in

---

193 Da diese Person in ihrer Funktion als Experte interviewt wurde und namentlich genannt wird, ist die Interviewpassage aufgrund ihres sensiblen Inhalts anonymisiert.

der Ukraine waren, die mit transparenten Zulassungsverfahren vertraut waren, strebte die IRF bewusst mit ihnen eine engere Kooperation an und wählte sie als regionale Testzentren aus. Die beiden anderen Hochschulen wurden ausgewählt, da sie zu den führenden Universitäten auf dem Gebiet der Bildungsforschung zählten.

Im nächsten Schritt wurde Personal geschult, denn es gab keine ukrainischen Experten für psychometrische Mess- und Evaluationsmethoden. Die externen Examen wurden gemeinsam von Lehrkräften der Schulen und Universitäten ausgearbeitet. Unterstützt wurden sie von internationalen Experten, z. B. Mitgliedern aus den Nationalen Auswahlkomitees aus Polen und Litauen.

5.1.2 Die Pilotphase des Testing Technologies Center

Die Renaissance Stiftung gründete 2002 das Testing Technologies Center (TTC), das mit der Durchführung der Pilotstudie betraut wurde. Als Direktorin wurde die promovierte Pädagogin Liliya Hrynevyč eingesetzt. Ihre Expertise zu externen Prüfungssystemen hatte sie durch Auslandserfahrungen in Polen und den USA erlangt, u.a. in Princeton und an der Columbia University. In Polen[194] hatte sie die Einführung externer Examen in der Praxis erlebt und erforscht. Dadurch brachte sie für das Projekt wichtige Erfahrungen und Qualifikationen mit:

> *„Ich befand mich gerade zu einem Studienaufenthalt in Polen. Es war eine sehr interessante Zeit, denn 2002 wurden in Polen Bildungsreformen umgesetzt und ein externes Prüfungssystem eingeführt.* [...] *Polen ist für uns deshalb interessant, da es wie wir ebenfalls die postsowjetische Transformationsperiode durchgemacht hat. Man lud mich also ein, am Projekt mitzuarbeiten, da ich bereits viel über externe Prüfungssysteme wusste."* [Interview UA-26]

Hrynevyč stellte ein Team aus engagierten Pädagogen zusammen und entwickelte das neue Prüfungsverfahren (vgl. Hrynevych 2009, S. 61f.). Die Aufgaben wurden in Kooperation mit dem Bildungsministerium, der Nationalen Pädagogischen Akademie der Wissenschaften sowie den regionalen

---

194 2002 wurde der Übergang von Schulen zu Hochschulen in Polen neu geregelt. Alle weiterführenden Schulen enden seither mit dem Zentralabitur, wobei der schriftliche Teil extern von zentralen und regionalen Kommissionen, der mündliche Teil weiterhin schulintern geprüft wird. Die Aufnahmeprüfungen an den Hochschulen entfallen und werden durch die Abiturnoten ersetzt (Steier 2010).

Testzentren umgesetzt, wobei dem TTC eine tragende Rolle zukam, auch finanziell – das TTC bzw. die IRF kamen für den Großteil der Kosten auf.

Bei der Konzeption und konkreten Ausarbeitung des Testsystems orientierten sich Hrynevyč und ihr Team an den Erfahrungen Polens, Litauens sowie Empfehlungen der Weltbank (Hrynevych 2009, S. 63). Anhand der Weltbank-Leitlinien und der gesammelten Best-Practice-Beispiele erarbeite das TTC die Tests für eine Pilotstudie in Mathematik und Geschichte. Diese sollten vier wesentliche Kriterien erfüllen: Transparenz, Objektivität, Unparteilichkeit und gleiche Bedingungen für alle Schüler (Grinevič und Likarčuk 2011, S. 9). Am 22. März 2003 wurde ein Probedurchlauf mit 1.800 Schülern simuliert, bevor schließlich am 10. Mai 2003 die ersten 3.121 Abiturienten aus 670 Schulen die ersten externen Examen in den vier Testzentren absolvierten (Hrynevych 2009, S. 63). Sie erhielten Zertifikate, die vom Bildungsministerium anerkannt wurden und mit denen sie sich an den vier an der Pilotstudie beteiligten Universitäten ohne die üblichen Aufnahmeprüfungen bewerben konnten. Der erste Durchlauf des Pilotprojekts verlief erfolgreich, und die teilnehmenden Abiturienten zeigten sich zufrieden. Um auch die Öffentlichkeit über die neue Prüfungsform zu informieren und sie mit der Idee einer landesweiten Implementierung vertraut zu machen, startete die IRF eine breite Medienkampagne.

Im Folgejahr konnte Hrynevyč rund zwei Dutzend weitere Hochschulen für die Teilnahme am Pilotprojekt gewinnen. Die 4.480 Abiturienten, die im Frühjahr 2004 das externe Examen absolvierten, konnten sich mit ihren Zertifikaten bereits an 27 Universitäten bewerben (Hrynevych 2009, S. 63). Da auch der zweite Durchlauf positiv verlief, entschied die Politik, eine staatliche Institution zu schaffen, die in Zukunft die Rolle des TTC übernehmen sollte: Am 25. August 2004 verabschiedete das Ministerkabinett den wegweisenden Beschluss № 1095 über „Einige Fragen der Einführung standardisierter externer Prüfungen und Monitoring der Bildungsqualität“. Darin wird unter anderem die Gründung einer unabhängigen Institution zur Durchführung eines externen Prüfungsverfahrens vorgeschlagen. Außerdem beauftragte das Ministerkabinett das Bildungsministerium damit, ab dem Schuljahr 2007/08 die unabhängigen Prüfungen schrittweise einzuführen. Die Nationale Pädagogische Akademie der Wissenschaften erhielt den Auftrag, die Fragebögen und Evaluationskriterien für die externe Prüfung auszuarbeiten. Der Beschluss legte weiterhin fest, dass das externe Examen sowohl als Schulabschlusszeugnis als auch als Hochschulzugangsberechtigung dient. Mit dem Beschluss war eine wichtige Grundlage für die landesweite Implementierung geschaffen.

An dieser Stelle des Reformprozesses kristallisieren sich bereits einige Faktoren heraus, die als Erklärungsfragmente für den Reformerfolg dienen. Ein wichtiger Umstand war, dass die Reforminitiative nicht *top-town*, also vom Ministerium bzw. der Regierung ausging, sondern durch einen externen Akteur *bottom-up* initiiert wurde. Dadurch unterschied sich der Reformprozess deutlich von den meisten anderen Reformen sowohl im Bildungsbereich als auch im Bereich der Antikorruption. Olena Fimyar (2010, S. 161) differenziert zwischen *postkommunistischen* und *(neo)liberalen* Policies: Als ukrainetypisches, postkommunistisches Reformbeispiel sieht sie die Implementierung der Bologna-Reform: Vom Bildungsminister spontan beschlossen und persönlich verordnet, strikt hierarchisch *top-town* von Bürokraten implementiert, ohne gesellschaftliche Interessen und die Anliegen und Bedürfnisse der Hochschulen bzw. ihrer Studierenden zu berücksichtigen. Die Einführung des externen Examens unterliege einer entgegengesetzten Logik, die Fimyar als neoliberalen Policy-Ansatz bezeichnet: Externe Akteure (hier: IRF) seien die Initiatoren der Reform, und die Implementierung verlaufe nach folgendem Schema:

> *„First, the agencies organize ‚people who want some changes' into expert groups; second, they invite foreign specialists, who provide expertise on the national legislation; third, they finance selected initiatives suggested by these ‚communities of experts'. Through networking and training, local experts are socialized into the common (Western) language of reform, common (neo-liberal) modes of perception, and common approaches to problem formulation and solution-finding."* (Fimyar 2010, S. 166)

Ein zweiter wesentlicher Aspekt, der zur erfolgreichen Implementierung beitrug, war das *Framing*[195] der Reform: In offiziellen Dokumenten war nie expli-

[195] Der aus der Medienwirkungsforschung stammende Begriff *Framing* beschreibt die Einbettung von Prozessen oder Ereignissen in subjektive Deutungsrahmen. Framing bedeutet *„to select some aspects of a perceived reality and make them more salient in a communicating text, in such a way as to promote a particular problem definition, causal interpretation, moral evaluation, and/or treatment recommendation for the item*

zit die Rede davon, dass Korruption bei der Studienplatzvergabe bekämpft werden solle, auch wenn dies das eigentliche Ziel war. Die Initiatoren befürchteten, dass ein negatives Framing – das nicht nur impliziere, dass ein Problem mit Korruption vorliege, sondern eine konkrete Personengruppe des unethischen und illegalen Verhaltens beschuldige – zu starkem Widerstand führen würde. Deswegen war im offiziellen Diskurs stets die Rede davon, die Chancengleichheit beim Zugang zu qualitativer Hochschulbildung zu verbessern und Armut zu bekämpfen. Dies bestätigten sowohl Bystrytsky als auch Vakarčuk:

> *„Es hat dem Ministerium überhaupt nicht gefallen. Als ich zu ihnen kam und sagte, das wichtigste Ziel sei die Korruption zu bekämpfen, antworteten sie: ‚Welche Korruption? Bei uns gibt es keine Korruption. Daher sprechen Sie nicht darüber.' Ich musste dann sagen, es sei für die Verbesserung des Hochschulzugangs für Arme. ‚Das ist ein hehres Ziel, ja, das ist richtig.'* [...] *Aber selbstverständlich war* [der Kampf gegen die] *Korruption das eigentliche Ziel, obwohl ich es so nirgends formuliert habe."* [Interview UA-25]

> *„Faktisch war es gegen die Korruption, ja. Aber ich habe es nicht so deklariert* [...], *damit die Rektoren nicht aktiv dagegen sind.* [...] *Also nirgends habe ich gesagt, dass dies gegen Korruption ist. Ansonsten hätte es die gesamte Gesellschaft verletzt. Aber im Grunde war es natürlich gegen Korruption."* [Interview UA-28]

Dem positiven Framing konnten die politischen Entscheidungsträger, die Gesellschaft und vor allem auch die Rektoren schwer etwas entgegensetzen. Es war ein taktisch kluger Schachzug, der dazu beitrug, der Reform politischen Rückenwind und breite gesellschaftliche Unterstützung zu verschaffen.

Ein wesentlicher Schlüssel für den Reformerfolg lag in der umfassenden Planung, Vorbereitung und Finanzierung durch die Renaissance Stiftung. Die Arbeit der Stiftung lässt sich in drei Phasen gliedern: In der ersten Phase zwischen 1999 und 2002 initiierte sie als *agenda setter* die Zulassungsreform und analysierte unter Berücksichtigung internationaler Best-Practices, unter welchen Voraussetzungen ein externes Examen in der Ukraine realisierbar wäre. In dieser Phase war die IRF der maßgebliche Akteur im Reformprozess

---

described" (Entman 1993, S. 52). Kahnemann und Tversky beschreiben, wie durch Framing „*seemingly inconsequential changes in the formulation of choice problems caused significant shifts of preference.* [...] *The relative attractiveness of options varies when the same decision problem is framed in different ways*" (Tversky und Kahnemann 1981, S. 457).

und konnte, nicht zuletzt wegen der guten Beziehungen zum Bildungsministerium, die politische Unterstützung für das Projekt sichern.

In der zweiten Phase von 2002-2005 intensivierte die Stiftung ihre Bemühungen – ersichtlich z. B. an dem steigenden Projektbudget und dem gestiegenen Anteil am gesamten Bildungsetat der Stiftung (vgl. Tabelle 19) – und konzentrierte sich mit der Gründung des Testing Technologies Centers auf die Kapazitätenbildung und die Schaffung einer institutionellen Basis zur Durchführung des Examens.

Tabelle 19: Geförderte Projekte der IRF zur Einführung des ZNO

	2000	2001	2002	2003	2004	2005	2006	2007	2008	2009
Projekte	2	3	9	9	9	6	4	8	2	6
Betrag (in USD)	128.245	159.838	187.997	265.727	178.000	225.647	265.000	176.757	155.000	180.852
Anteil an Bildungs-projekten	11%	12%	25%	62%	40%	77%	61%	46%	43%	31%

Quelle: Eigene Zusammenstellung anhand der IRF-Jahresberichte.

In der dritten Phase, die 2005 mit der Gründung des staatlichen Testzentrums einsetzte, das auf dem TTC basierte, verlagerte die IRF ihre Bemühungen auf die Schaffung von Akzeptanz. Dies erfolgte durch Öffentlichkeitsarbeit, Informationskampagnen und vor allem durch den Aufbau und die Förderung des zivilgesellschaftlichen Monitorings durch unabhängige Beobachter.

Die IRF hat zwischen 2000 und 2012 mehr als 7,4 Mio. USD für Bildungsprojekte in der Ukraine aufgewendet, von denen ca. 2,3 Mio. USD direkt auf die Schaffung der Testinfrastruktur entfielen. Damit hat die Stiftung die Zulassungsreform in der Ukraine nicht nur initiiert, sondern maßgeblich zu deren Erfolg beigetragen.

5.2 Die Orange Revolution als *window of opportunity*

Signifikanten Einfluss auf die weitere Entwicklung des externen Examens hatte die Orange Revolution, die zwischen Ende 2004 und Anfang 2005 in der Ukraine stattfand[196] und von einigen Autoren gar als *„Resultat der Veränderungen im Bildungssystem“* angesehen wird.[197] Der Auslöser für die landesweiten Demonstrationen, die einen politischen Umbruch einleiteten und durch ein *window of opportunity* für kurze Zeit ein Reformklima schufen, waren die Wahlfälschungen bei den Präsidentschaftswahlen 2004: Als am 21. Oktober nach einer Stichwahl zwischen dem amtierenden Premierminister Viktor Janukovyč und seinem Herausforderer Viktor Juščenko Ersterer – entgegen der Prognosen unabhängiger Wahlbeobachter – zum neuen Präsidenten erklärt wurde, entstand angesichts der offenkundigen Wahlmanipulationen kurzerhand eine das ganze Land erfassende Protestbewegung mit hunderttausenden Demonstranten. Sie erstritten eine Stichwahl, aus der im Dezember Juščenko als klarer Sieger hervorging. Am 23. Januar 2005 wurde er als neuer Präsident vereidigt. Der Regierungswechsel trieb den Reformprozess im Bildungssystem entscheidend voran. Ausschlaggebend dafür waren die politische Unterstützung bzw. der politische Wille des neuen Präsidenten sowie die zunehmende Partizipation der sich konsolidierenden Zivilgesellschaft am (bildungs-)politischen Prozess.

5.2.1 Der politische Wille des Präsidenten und seiner Bildungsminister

Viele ukrainsiche Experten machen *„the presence of political will to introduce transparent assessment and conquering corruption in education“* (Grynevych 2010) als entscheidenden Faktor für den Reformerfolg aus. Diese Einschätzung wird von nahezu allen Respondenten geteilt:

> *„Die Idee des ZNO wurde schon länger diskutiert, aber unter Juščenko erhielt sie einen neuen Impuls und konnte realisiert werden.“* [Interview UA-2]

[196] Einen fundierten Überblick über die Orange Revolution mit einem Schwerpunkt auf der politischen Ebene bieten z. B. Åslund und McFaul (2006), Kuzio (2005) und Wilson (2005). Den Einfluss von Zivilgesellschaft, NGOs und westlichen Akteuren auf die Ereignisse analysieren z. B. Polese (2009), Wilson (2006), McFaul (2007), Strasser (2006) und Lane (2008). Die Auswirkungen der Revolution beschreiben u. a. die Sammelbände von Besters-Dilger (2009), Bredies (2005) oder Kubicek (2009).

[197] Stephan Malerius sieht in der erstrittenen politischen Partizipation der Bevölkerung *„ein Resultat der Veränderungen im Bildungssystem, in dem seit Jahren zahlreiche Ansätze des Lehrens und Lernens von Demokratie getestet wurden und vor allem Schulen den Handlungsspielraum besitzen, neue, demokratische Partizipationsformen auszuprobieren oder mit zivilgesellschaftlichen Akteuren zu kooperieren“* (Wulff und Malerius 2007, S. 155).

„Heute gibt es keinen politischen Willen, sie [die Bildungskorruption] *zu bewältigen. Die vorherige Regierung besaß diesen politischen Willen, sie hat alles dafür getan, […] also nicht alles, aber viel."* [Interview UA-4]

„Es kam also eine neue Regierung. Die alte war zwar auch nicht dagegen, […] auch das Ministerium war nicht wirklich dagegen, aber sie hielten es für richtig, dass man es erst noch testen und ab 2007 freiwillig einführen sollte, etwa für zehn Jahre. Wer es nicht machen wollte, konnte weiterhin das alte Examen ablegen. […] Als aber die neue Regierung kam, sagten sie, es wird nächstes Jahr verbindlich eingeführt, und damit fertig." [Interview UA-7]

„Dass wir es 2008 geschafft haben, das lag nur an der Unterstützung des Präsidenten, der Unterstützung der Regierung und zweier Premierminister und aufgrund der Unterstützung zweier Minister, Nikolajenko und Vakarčuk. Das verdeutlicht noch einmal, dass der menschliche Faktor in der ukrainischen Triade sehr, sehr stark ist. Nicht demokratische Traditionen, nicht die Kraft des Gesetzes, nicht die Mentalität, sondern vor allem der menschliche Faktor." [Interview UA-12]

„Juščenko unterstützte es sehr, und seine Position war die entscheidende." [Interview UA-14]

„2005, noch vor der Gründung des UCEQA, fanden die Präsidentschaftswahlen statt, es war so ein […] demokratisches Klima, die Zeit war reif, ernsthafte Veränderungen durchzuführen. Und als wir dann vorschlugen, das unabhängige Examen auf staatlicher Ebene einzuführen und staatlich zu finanzieren, unterzeichnete der damalige Präsident Viktor Juščenko einen Ukas. Das war eine sehr wichtige politische Entscheidung." [Interview UA-26]

„Juščenko erließ 2005 einen Ukas über Veränderungen im Bildungssystem, auf dessen Grundlage die Regierung ebenfalls einen Entschluss fasste und auf dessen Basis ich wiederum meinen Erlass für die unabhängigen Test schrieb. […] Juščenko hat es sehr unterstützt. Später hat es dann auch Timošenko unterstützt. Und nach den ersten Prüfungen alle." [Interview UA-28]

Der politische Wille zentraler Akteure war offensichtlich entscheidend – aber was genau ist darunter zu verstehen? Anderson und Gray (2006) weisen auf die Unschärfe dieses Begriffes hin: „*'Political will' has for years been cited as key for reducing corruption, almost to the point of cliché. Nevertheless, the importance of political will remains as unmistakable as it is difficult to analyze*" (2006, S. 82). Im Zusammenhang mit Korruptionsbekämpfung definiert Brinkerhoff politischen Willen als „*the commitment of actors to undertake actions to achieve a set of objectives – in this instance, reduced corruption – and to sustain the costs of those actions over time*" (Brinkerhoff 2010, S. 1). Anders gesagt drückt sich politischer Wille in den Intentionen und Handlungen politischer Akteure aus, bestimmte Ziele zu erreichen und dafür auch die Kosten zu tragen. Trotz dieser Eingrenzung bleibt der Begriff extrem unscharf. Er geht von Absichten und Motivationen der Akteure aus, die sich schwer objektiv messen lassen, da sie eine psychologische und somit kaum überprüfbare Kategorie darstellen: Selbst wenn Rhetorik und Resultat übereinstimmen, bedeutet das nicht, dass man die tatsächlichen Motive, also den *Willen* der Akteure kennt. Brinkerhoff löst dieses Problem, indem er politischen Willen anhand von sieben messbaren Indikatoren untersucht, die sich ex-post analysieren lassen. Diese sind: *government initiative*, *choice of policy*, *mobilisation of stakeholders*, *public commitment and allocation of resources*, *application of credible sanctions*, *continuity of effort* und *learning and adaptation* (Brinkerhoff 2010, S. 2–3). Anhand dieser Indikatoren werden im Folgenden die Aussagen und Handlungen der zentralen in den Reformprozess involvierten politischen Akteure untersucht – allen voran die des Präsidenten und der Bildungsminister.

Wie aus den obigen Interviewaussagen hervorgeht, führen die Experten, die den Reformprozess begleitet haben, den Erfolg der Reform auf den politischen Willen von Präsident Juščenko zurück. Dies erscheint zunächst verwunderlich, da er als *„prototype of the ineffective, low-impact leader“* (Colton 2012, S. 11) gilt und kaum nachhaltige politische Veränderungen vorzuweisen hat, wie unter anderem Serhyj Kvit betont: *„Juščenko war leider ein prinzipiell miserabler Präsident, und er hat kein Projekt bis zum Ende durchgeführt“* [Interview UA-9]. Was das externe Examen angeht, befürwortete und förderte er es jedoch energisch und setzte sich zu jeder Zeit für einen raschen Übergang der Pilotphase in ein staatliches System ein. Evhen Bystrytsky beschreibt die damalige Situation:

> *„Nach der Orangen Revolution gab es eine Atmosphäre der Freiheit. Es sollte etwas getan werden. Das ist das erste. Das zweite, das war der politische Wille Juščenkos. Nicht sofort, aber er war da. Und sehr deutlich zu erkennen war der Wunsch des Ministers, sich als Reformer darzustellen, verstehen Sie? Der Minister wollte als Reformer dastehen.“* [Interview UA-25]

Während die Bildungsminister Kremen, Nikolajenko und später auch Vakarčuk das Examen vor allem als Modernisierungsmaßnahme anpriesen und weniger als Antikorruptionskampagne (im Sinne des bereits beschriebenen positiven Framings), benannte Juščenko das Examen explizit als Teil seiner

Antikorruptionsagenda. Bereits während einer seiner ersten Parlamentssitzungen bezeichnete er Korruption als das größte Problem im Land[198] und forderte ein entschlossenes Vorgehen dagegen und Reformen. Diese Prioritätensetzung deckte sich mit den Interessen seiner Wähler – einer der zentralen Kritikpunkte der Demonstranten der Orangen Revolution war neben den Wahlmanipulationen die hohe Korruption im Land gewesen. Mit dem Gesetz № 356/95 vom 5. Oktober 1996 „Über den Kampf gegen die Korruption" sowie einem „Nationalen Programm zur Korruptionsbekämpfung" war zwar eine normative Gesetzesgrundlage vorhanden, allerdings fiel Schul- und Universitätspersonal nicht darunter. Diese Lücke kritisierten Studierendenorganisationen:

> *„Selbst wenn wir Beweise über den Missbrauch von Dozenten oder der Hochschuladministration haben, werden sie kaum dafür bestraft werden, weil das Gesetz so ist. Korruption an Hochschulen ist darin nicht reglementiert, Korruption gibt es nur, wenn man im Staatsdienst steht, aber wenn man an einer Universität arbeitet, fällt man nicht unter das Strafrecht, weil man kein Staatsbediensteter ist. Das heißt, du fällst nicht unter den Verantwortungsbereich des Gesetzes über die Korruptionsbekämpfung in der Ukraine, und wofür soll man sie dann belangen, wenn es diese Verantwortlichkeit nicht gibt?"* [Interview UA-4]

Die Rechtsdurchsetzung war zudem äußerst schwach.[199] *De jure* gab es unter Juščenko zwar Fortschritte wie die Ratifizierung der Antikorruptionskonvention der Staatengruppe gegen Korruption des Europarates (GRECO) im März 2005. *De facto* führten die Veränderungen der normativen Basis jedoch nicht zu den gewünschten Effekten:

> *„Every incoming government has declared combating corruption one of its top priorities. However, a closer look at the steps that have been implemented shows that this is largely lip-service. Over three years, 2006-2009, Ukraine partly fulfilled only 8 of GRECO's 28 recommendations. Anti-corruption policy mainly focuses on establishing legislative and institutional frameworks, which does little to really change the situation."* (Ukrainian Institute for Public Policy 2011, S. 13)

---

198 Sechste Sitzung der Verchovna Rada am 4. Februar 2006; das Stenogramm ist abrufbar unter www.static.rada.gov.ua/zakon/skl4/7session/STENOGR/04020507_06.htm, zul. geprüft am 04.04.2013.

199 Laut den „Worldwide Governance Indicators" der Weltbank liegt die Ukraine im „Rule of Law"-Index global betrachtet konstant im unteren Quantil und zählt zu den Staaten, in denen die Rechtssicherheit und Rechtsdurchsetzung am wenigsten ausgeprägt sind (The World Bank Institute 2013).

Zwar wurden unter Juščenko einige Staatsbedienstete aufgrund von Korruptionsvorwürfen tatsächlich verurteilt, doch das Vorgehen gegen Korruption war nicht systematisch, sondern willkürlich und selektiv.[200] Der Indikator *application of credible sanctions* war demnach unter Juščenko nur schwach ausgeprägt.

Juščenko stellte sich in der Öffentlichkeit von Anfang an hinter die Reform. So sagte er z. B. im Mai 2005 auf dem Nationalen Pädagogenkongress:

> *„Heute steht unser Bildungssystem vor dem Test, ob es reif ist für unsere Gesellschaft. Ist der Lehrkorpus dazu in der Lage, sich selbst zu reinigen? Gemeinsam müssen wir die Folgen der Gesetzlosigkeit überwinden und den Ruf der Lehrenden in der Gesellschaft wiederherstellen.* [...] *Wir stehen kurz vor den Abitur- und den Aufnahmeprüfungen an den Universitäten. Ich hoffe, sie werden transparent und ehrlich. Dieses Jahr soll das erste Jahr ohne Korruption bei den Examen werden."* (Vakarčuk 2005)

Mehrere der befragten Respondenten aus der Expertengruppe wiesen darauf hin, dass nicht nur die Rhetorik des Präsidenten dessen politischen Willen zum Ausdruck gebracht habe – womit der Punkt *public commitment* erfüllt wäre –, sondern vor allem die Unterzeichnung des Ukas № 1013 „Über dringend erforderliche Maßnahmen zur Sicherstellung des Funktionierens und der Entwicklung der Bildung" vom 4. Juli 2005. Darin wurde das Ministerkabinett angewiesen, konkrete Maßnahmen zur Prävention, Aufdeckung und Bekämpfung von Korruption im Bildungswesen auszuarbeiten und einen Zeitplan zu erstellen, um den Auswahlprozess an den Hochschulen auf das unabhängige Auswahlverfahren umzustellen (Prezident Ukrainy 04.07.2005). In dem Ukas wies Juščenko an, das externe Examen bereits 2006 verbindlich einzuführen – und nicht erst auf freiwilliger Basis ab 2007, wie es die Vorgängerregierung vorgesehen hatte. Der neue Präsident beschleunigte so den Reformprozess – ein weiteres Indiz für sein *commitment*. Allerdings löste er mit seiner Forderung eine große öffentliche Debatte darüber aus, ob die Einführung nicht zu früh erfolge, auch da es noch kein unabhängiges staatliches Testzentrum zur Durchführung des Examens gab. In dem Ukas wurde

---

[200] Beispielsweise wurde im September 2005 bekannt, dass Juščenko den Leiter des ukrainischen Sicherheitsdienstes SBU angewiesen hatte, Korruptionsermittlungen beim wichtigen Gaszwischenhändler RosUkrEnergo gegen „seine Männer" einzustellen (Kupchinsky 2005).

daher angewiesen, ein von Schulen und Hochschulen unabhängiges Zentrum für Bildungsmonitoring zu schaffen. Ukas № 1013 erfüllt gleich mehrere Kriterien für politischen Willen: *government initiative* (der Präsident erlässt einen bindenden Ukas), *choice of policy* (Gründung einer neuen, unabhängigen Institution zur Bekämpfung der Korruption) und *allocation of resources* (Sicherung der Finanzierung der Institution). Letzteres wurde nicht zuletzt erst deshalb möglich, da, bedingt durch den wirtschaftlichen Aufschwung des Landes, auch die Bildungsausgaben signifikant stiegen.

Juščenko forderte nicht nur von der Regierung und den Hochschulen die Durchsetzung eines transparenten Ablaufs der Examen, sondern er versuchte auch die Bevölkerung zu motivieren, Missbrauch und Korruption zu melden. So wandte er sich mit diesem Anliegen Anfang Juni 2006 in einer Ansprache an das Volk:

> *„Heute, während der Abschluss- und der Aufnahmeexamen stehen die Ehrlichkeit und Transparenz des Examens unter besonderer Kontrolle. Ich fordere von der Regierung, dass sie ein Umfeld schafft, in dem die Zulassung an den Universitäten ehrlich stattfindet.* [...] *Ich appelliere an alle Abiturienten und ihre Eltern: Melden Sie alle Fälle von Bestechung. Unsere Schulen und Hochschulen sollen frei von Korruption werden."* (Klimovič 2006)

Diese Aufforderung entspricht dem von Brinkerhoff formulierten Kriterium *mobilisation of stakeholders* – ein weiterer Punkt, der Juščenkos politischen Willen unterstreicht.

Juščenkos Überzeugung, dass das Examen wichtig und richtig sei, wird auch an seiner Reaktion deutlich, als das Examen an einem kritischen Punkt stand: Nur wenige Tage vor der ersten landesweiten und obligatorischen Prüfung im April 2008 versuchte die damalige Regierungschefin Julia Timošenko aus politischem Kalkül das Examen noch abzusagen, womit sie hunderttausende Abiturienten verunsicherte. Als Begründung für ihren Kurswechsel gab die Politikerin in einer Stellungnahme im Fernsehen an, dass die Vorbereitungen des Examens ungenügend gewesen seien und sie fürchte, dass die Rechte der Abiturienten verletzt werden könnten. Tatsächlich aber verfolgte sie wohl andere Motive und nutzte das Examen für ihren politischen Machtkampf mit dem Präsidenten aus, wie der damals in leitender Position im Bildungsministerium arbeitende Pavel Poljanskyj erklärt:

„2008 und 2009 war natürlich die Position von Juščenko entscheidend. Ich erinnere mich an diese Gespräche mit Timošenko, als sie einige Tage vor den Examen dazu bereit war, unter dem Druck der Rektorenlobby, das Examen zu stoppen. Die Wahlen standen an und sie befürchtete, Stimmen zu verlieren, und hoffte, dass die Rektoren Einfluss auf die Studenten nehmen können." [Interview UA-14]

Letztlich konnte Juščenko in diesem Konflikt seine Position durchsetzen.

Juščenko drückte während seiner Regierungszeit bei zahlreichen Anlässen seine Unterstützung für das Examen aus. Z. B. lud er zusammen mit Bildungsminister Vakarčuk im Juni 2008 die besten Abiturienten des Landes zu einem Abschlussball ein und lobte sie als neue *„Helden der Nation"* (Trusova 2008). Bei dieser Gelegenheit wies er darauf hin, dass mit der Einführung des externen unabhängigen Examens erstmalig das Wissen der Abiturienten und nicht mehr die Geldbörse der Eltern entscheidend für die Studentenauswahl sei. Im Jahr darauf bekräftige Juščenko bei einer ähnlichen Veranstaltung, dass er überzeugt vom neuen System sei, und lobte die Verbesserungen der Prozedur im Vergleich zum Vorjahr (USETI 2010a, S. 28). Bis zu seiner Abwahl 2010 unterstützte der Präsident das Examen öffentlich. Dadurch ist ein weiteres Kriterium für politischen Willen erfüllt: *continuity of effort*.

Der Wunsch, sich als Reformer zu profilieren, war auch bei den beiden Bildungsministern unter Juščenko vorhanden – Stanislav Nikolajenko (2005-2007) und Ivan Vakarčuk (2007-2010). Nikolajenkos Vorgänger Vasilij Kremen (1999-2005) war ebenfalls ein Befürworter des externen Examens. Ihm ist vor allem die erfolgreiche Vorarbeit zusammen mit der IRF zu verdanken. Der von einigen Experten als Technokrat beschriebene Nikolajenko hat sich zwar nicht als großer Korruptionsbekämpfer profiliert – so lautete ein Kommentar in der *Zerkalo Nedeli*: *„Dem Kampf gegen den größten Feind der neuen Regierung – die Korruption – nimmt sich der Minister zwar entschieden an, aber er hat nicht vor, die Säbel zu schwingen"* (Galkovskaja 2005) –, allerdings erkannte er die Notwendigkeit der Zulassungsreform[201] und schuf

201 Angesprochen auf die Auswahlprüfungen der Universitäten sagte Nikolajenko nach seinem Amtsantritt: *„Aus meiner Sicht ist dies nichts anderes als maskierte Bestechung. Man kann einfach Geld annehmen und dafür eine gute Note ausstellen, oder man kann die Anforderungen bei der Auswahlprüfungen so hoch ansetzen, dass nur diejenigen bestehen, die sich einen Repetitor ebenjener Hochschule genommen haben oder an den Vorbereitungskursen der Universität teilgenommen haben – so oder so muss man für seine Aufnahme bezahlen. Wir werden die Aufnahmeprozedur sorg-*

zusammen mit der IRF die institutionelle Basis für dessen Durchführung. Vakarčuk, der bereits als Rektor der Ivan-Franko-Universität Lwiw positive Erfahrungen mit schriftlichen Aufnahmeprüfungen gemacht hatte, setzte seine Bemühungen für transparente Zulassungsprüfungen als Minister konsequent fort.

Die Analyse der Indikatoren nach Brinkerhoff zeigt, dass nach der Orangen Revolution und dem daraus resultierenden Regierungswechsel bei den zentralen politischen Akteuren politischer Wille zur Bekämpfung der Korruption bei der Vergabe von Studienplätzen vorhanden war. „*The unequivocal commitment and support of the president and the Minister of Education and Science of Ukraine to education reform*" (USAID 2009b, S. vi) kann somit als einer der Faktoren für den Reformerfolg ausgemacht werden.

5.2.2 Politische Partizipation und die „Geburt der Zivilgesellschaft"

Ein weiterer Faktor, der zwar nicht unmittelbar aus der Orangen Revolution resultierte, aber in direktem Zusammenhang damit steht, ist die gestiegene (politische bzw. zivilgesellschaftliche) Partizipation einer jungen Generation, die keine persönlichen Erfahrungen mit dem totalitären sowjetischen Regime gemacht hat und daher eine andere Mentalität als die der sowjetisch sozialisierten Generationen besitzt:

> „*The success of the Orange Revolution should in part be attributed to Ukraine's youth, the generation that has no memories of pre-perestroika Soviet rule and therefore harbors much less fear of the authorities than do their parents and grandparents.*" (Kuzio 2005, S. 127)

Dieses Selbstbewusstsein schlägt sich in der jüngeren ukrainischen Geschichte nieder: In den letzten zweieinhalb Dekaden gab es drei große studentische Protestbewegungen, die politische Umbrüche einleiteten: Im Zuge der durch den allmählichen Zerfall der Sowjetunion ausgelösten Unabhängigkeitsbestrebungen versammelten sich am 2. Oktober 1990 mehr als 2.000 Jugendliche und Studierende auf dem Kiewer Unabhängigkeitsplatz (damals noch Platz der Oktoberrevolution), um öffentlich zu demonstrieren. Sie errichteten eine Zeltstadt und begründeten die *Studentische Revolution auf Granit.*

---

fältig verfolgen, aber endgültig lösen lässt sich diese Erscheinung nur mithilfe eines unabhängigen Examens" (Galkovskaja 2005).

Etwa 200 Studierende traten in einen Hungerstreik und forderten die Unabhängigkeit der Ukraine, die Absetzung des Premierministers sowie Neuwahlen der Verchovna Rada. Von Kiew weiteten sich die Demonstrationen auf das ganze Land aus An vielen Hochschulen streikten Studierende und erhöhten den Druck auf die Regierung. Nach 16 Tagen Protest erreichten sie den Rücktritt des Premierministers und trieben den Zerfall der Sowjetunion entscheidend voran (Diuk 2013). Dass der Protest zum Großteil von Studierenden getragen wurde, war damals etwas Besonderes. In den anderen Sowjetrepubliken gingen die Unabhängigkeitsbewegungen eher von einer älteren Generation von Oppositionellen und Dissidenten aus. In der Ukraine hingegen gab es eine sehr junge Protestbewegung, und ihr erfolgreicher Widerstand verhalf der jungen Generation zu einem neuen Selbstbewusstsein.

Ein Jahrzehnt später, zwischen 2000 und 2004, mischten sich erneut viele Studierende aktiv in das politische Geschehen des Landes ein. Zehntausende demonstrierten gegen die Politik von Präsident Kučma. Auslöser für die Proteste waren Details über die Ermordung des regierungskritischen Journalisten Georgyj Gongadze im Jahr 2000, in die der Präsident verstrickt war. Die Jugendlichen organisierten sich in Bewegungen wie „Für die Wahrheit“ oder „Ukraine ohne Kučma“ und protestierten gegen die autokratische Politik des Präsidenten. Auftrieb bekamen die Proteste, als im Zuge der Präsidentschaftswahlen 2004 viele Studierende von ihren Universitäten dazu gezwungen wurden, für den Favoriten des Präsidenten, Viktor Janukovyč, zu stimmen. Die Jugendorganisation „Pora“ („Es ist Zeit“), in der ehemalige Aktivisten der Granit-Revolution mitwirkten, nahm eine zentrale Rolle ein: In Anlehnung an die Proteste von 1990 stellte sie am 21. November 2004 Zelte auf dem Kiewer Unabhängigkeitsplatz auf und initiierte die ersten Demonstrationen, als die massiven Wahlfälschungen bekannt wurden.[202] Bald schlossen sich hunderttausende Ukrainer aus dem ganzen Land an – der Beginn der Orangen Revolution. Erneut war es vor allem die junge Generation, die sich für einen politischen Wandel stark machte: 44,8% der Protestierenden waren

202 Pora orientierte sich an dem Vorbild ähnlicher Bewegungen in Serbien, wo die Jugendorganisation „Otpor“ („Widerstand“) zum Sturz von Slobodan Miloševič beitrug, oder Georgien, wo die Gruppe „Kmara!“ in der Rosenrevolution gegen Eduard Schewardnadse eine Schlüsselrolle einnahm. Für genauere Details zur Rolle von Pora während der Orangen Revolution vgl. Laverty (2008).

zwischen 13 und 24 Jahren alt und vor allem die Gruppe der 20- bis 24-Jährigen war mit 32% sehr stark vertreten (Banakh 2014, S. 14). Sie versuchten, Prinzipien wie Verantwortung und Mitbestimmung in die ukrainische Zivilgesellschaft hineinzutragen. Damals entstand das Netzwerk OPORA („Unterstützung"), heute eine in der gesamten Ukraine tätige NGO, die als unabhängige Monitoringorganisation entscheidend zur Transparenz der Hochschulzulassung beiträgt.

Die dritte von Studierenden initiierte Protestbewegung war der sog. „Euromaidan", der erneut zu einem politischen Machtwechsel führte (vgl. Kapitel 5.8.2). Als sich Janukovyč im November 2013 auf Druck von Russland gegen ein Assoziationsabkommen mit der EU entschied, waren es wieder Studierende, die sich als Erste gegen den Richtungswechsel ihrer Regierung auflehnten. Anders als ein Großteil der politischen Elite fühlten sich die meisten Studierenden stärker mit europäischen Werten verbunden als mit der gemeinsamen Geschichte mit Russland. An den ersten Demonstrationen nahmen vor allem Studierende der Mohyla-Akademie, der Nationalen Ševčenko-Universität und der Nationalen Ivan-Franko-Universität Lwiw teil. Sie hatten bereits vor dem Gipfel in Vilnius, auf dem der Präsident seine endgültige Entscheidung gegen das Abkommen bekanntgab, demonstriert, um Janukovyč zum Unterzeichnen zu bewegen. Ein besonderes Merkmal der Studierendenproteste im Rahmen des Euromaidan war, dass sie sich nicht von politischen Kräften vereinnahmen ließen, sondern unabhängig auftraten. Besonders aktiv waren Kiewer Studierenden, von denen zehntausende bei den Protestaktionen mitmachen. Aber auch in anderen Landesteilen war die Beteiligung hoch: In Lwiw protestierten am 25. November 10.000 Studierende, in Ivano-Frankivsk versammelten sich am selben Tag etwa 5.000 Studierende und forderten neben der Unterzeichnung des Abkommens den Rücktritt des unpopulären Bildungsministers Dmytro Tabačnyk.

In der jüngeren Geschichte der Ukraine haben drei Generationen ukrainischer Jugendlicher durch ihren Protest erfolgreich Druck auf den Staat ausgeübt und erfahren, dass sie politisches Mitspracherecht besitzen und etwas in ihrem Land bewegen können. Das daraus resultierende Selbstbewusstsein hat sich im kollektiven Gedächtnis verfestigt und ist ein Grund, weshalb sich Jugendliche in der Ukraine aktiver in zivilgesellschaftlichen Initiativen engagieren, als das in den meisten postsowjetischen Ländern der Fall ist (Diuk 2013, S. 194). Hinzu kommt, dass das Vertrauen in zivilgesellschaftliche Initiativen im letzten Jahrzehnt konstant gestiegen ist. Während den politischen Institutionen misstraut wird[203], gab es im Mai 2012 erstmals mehr Ukrainer, die zivilgesellschaftlichen Organisationen vertrauten (38,4%), als Ukrainer, die ihnen misstrauten (35,6%).[204]

Die in die Zulassungsreform involvierten zivilgesellschaftlichen Organisationen wussten das *window of opportunity* für ihre Anliegen zu nutzen. Bystrytsky beschreibt die damalige Situation:

> *Bystrytsky: „Es war wie eine postrevolutionäre Atmosphäre. Eine Atmosphäre der Freiheit, der Redefreiheit. Aber gleichzeitig, und da können Sie mir glauben, haben weder Juščenko noch Timošenko den zivilgesellschaftlichen Organisationen Beachtung geschenkt. Die Zivilgesellschaft hat irgendwas für sich gemacht, und die Regierung für sich. In dieser Atmosphäre* [...] *haben sie nicht interagiert, aber* [...] *sich gegenseitig verstärkt."*
>
> *Interviewer: „War es eine Art window of opportunity?"*
>
> *Bystrytsky: „Ja. Und das heißt, es wurde tatsächlich von unabhängigen Organisationen gemacht. Bürokraten hätten das nicht geschafft. Sie hätten nicht gewusst, wie es geht. Es brauchte dafür eine absolut neue Initiative.* [...] *Mit anderen Worten: Die Handlungsfreiheit der Zivilgesellschaft, die Handlungsfreiheit der Bürger war die Grundlage dafür, dass diese Idee umgesetzt wurde."* [Interview UA-25]

In dieser Aussage steckt ein wichtiges Moment: Dass ZNO entstand aus einer unabhängigen zivilgesellschaftlichen Initiative heraus und wurde nicht durch (sowjetische) Bürokraten, sondern durch eine Vielzahl engagierter

---

203 Die Frage, ob sie politischen Parteien trauen, bejahte im Mai 2013 lediglich jeder fünfte Ukrainer (20,5%), während die Mehrheit den Parteien teilweise (42,8%) oder ganz (27,3%) misstraut. Quelle: Razumkov Centre. Do you trust political parties? (recurrent, 2001-2013), www.razumkov.org.ua/eng/poll.php?poll_id=82, zuletzt geprüft am 10.03.2014.

204 Quelle: Democratic Initiatives Foundation: U travni 2013 roku vperše dovira do gromads'kich organizacij pereviščila nedoviru, www.dif.org.ua/en/commentaries/socio logist_view/uevishila-nedoviru-.htm, zuletzt geprüft am 10.03.2014. Das relativ hohe Vertrauen in nichtstaatliche Organisationen hängt laut Umfragen des Razumkov-Zentrums damit zusammen, dass der zivilgesellschaftliche Bereich als der am wenigsten korrumpierte gilt. Während 15,8% diesen als korrupt ansehen, gelten andere Bereiche wie Hochschulen (31,5%), Gesundheitswesen (40,6%), Strafverfolgungsbehörden (45,4%) oder das Justizwesen (47,3%) als deutlich korrupter. Quelle: Razumkov Centre. To what extent each of these fields is corrupted?, www.razumkov.org.ua/eng/poll.php?poll_id=903, zuletzt geprüft am 10.03.2014.

NGO-Mitarbeiter gestützt. Während ukrainische Bürokraten eher ihren partikularen Interessen (oftmals: Korruption) nachgehen, handeln NGOs wie die IRF, OPORA etc. üblicherweise im Sinne der Gesellschaft.

Zwar war die Zivilgesellschaft zu Beginn der Reform noch schwach, professionalisierte sich aber zunehmend (Beichelt et al. 2014). Nach der Orangen Revolution stieg der Umfang internationaler Entwicklungsprogramme in der Ukraine stark an.[205] Die ukrainische Zivilgesellschaft profitierte von der finanziellen Unterstützung, aber vor allem auch von der Expertise. Ukrainische NGOs konnten durch die Professionalisierung ihre Anliegen immer besser vorbringen. Allerdings hatte diese Entwicklung auch eine Kehrseite: Durch die externe (finanzielle) Förderung gerieten die Organisationen in Abhängigkeit von der internationalen *donor community* und damit auch von deren Prioritäten, was sich negativ auf die Nachhaltigkeit ukrainischer NGOs auswirkt. Wenn zum Beispiel das von USAID und der IRF finanzierte Monitoring der unabhängigen Examen, woran mehrere ukrainischen NGOs beteiligt sind (u. a. OPORA, Wählerkomitee der Ukraine), nicht mehr extern gefördert würde, wäre fraglich, ob die ukrainischen NGOs das Monitoring auf eigene Kosten weiterführen könnten.

Seit der Orangen Revolution findet eine Konsolidierung der ukrainischen Zivilgesellschaft statt. Aus dem Jahresbericht 2006 der IRF geht hervor:

> *„Social changes and events of 2006 had a positive effect on the strength and structure of civil society. NGOs became less politicized. Their networking capacity increased."* (International Renaissance Foundation 2007, S. 5)

Am besten lässt sich die Konsolidierung anhand des „CSO Sustainability Index for Central and Eastern Europe and Eurasia" von USAID nachweisen, der die Nachhaltigkeit zivilgesellschaftlicher Arbeit misst. Er setzt sich aus sieben Indikatoren zusammen – legal environment, organizational capacity, financial viability, advocacy, service provision, infrastructure und public image – und wird auf einer Skala von 1 (Nachhaltigkeit stark verbessert) bis 7 (stark verschlechtert) gemessen. Nach dem Index von 2014 erreicht die Ukraine

[205] Laut OECD betrug die offizielle Entwicklungshilfe in der Ukraine im Jahr 2005 knapp 490 Mio. USD und stieg bis 2011 um etwa 50% auf ca. 740 Mio. USD an. Davon wurden etwa 11% im Bildungssektor investiert. Quelle: www.aidflows.org, zuletzt geprüft am 18.12.2013.

einen Gesamtwert von 3.3 (vgl. Abbildung 15) und schneidet damit im postsowjetischen Raum (ausgenommen das Baltikum) am besten ab.[206]

Abbildung 15: Civil Society Organisations Sustainability Index 2000-2014 für die Ukraine (blau) und Russland (rot)

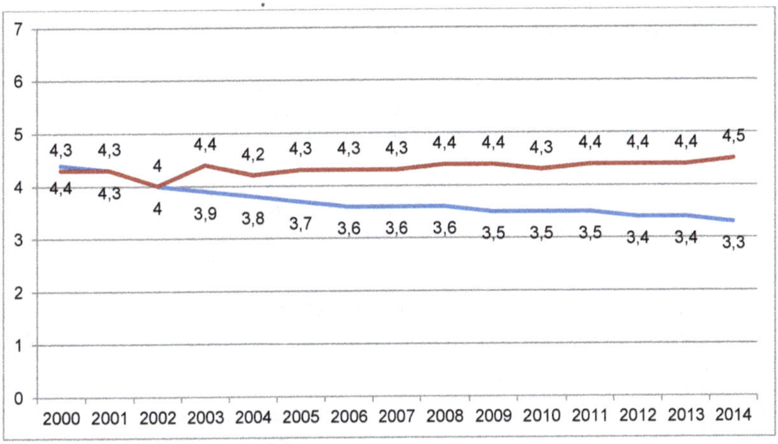

Quelle: USAID 2015.

Laut dem Index sind vor allem im Advocacy-Bereich signifikante Verbesserungen messbar. Zivilgesellschaftlichen Organisationen gelingt es demzufolge in den letzten Jahren immer besser, ihre Anliegen durchzusetzen: Lag der Indexwert für Advocacy 1999 noch bei 5.0 Punkten, verbesserte er sich bis 2014 auf 2.2. Dass zivilgesellschaftliche Organisationen in Juščenkos Amtszeit erheblichen Einfluss auf den politischen Prozess ausüben konnten, lag jedoch nicht zuletzt auch an der institutionellen Ineffektivität und den Reformblockaden der zerstrittenen Regierung. Durch die Einbindung und Mitwirkung zivilgesellschaftlicher Akteure konnte Juščenko einerseits seine Ineffektivität kompensieren und andererseits Konzessionen gegenüber den Kräften machen, die ihm zur Macht verholfen hatten (Riabchuk 2013, S. 285).

---

206 Im Vergleich zur Ukraine hat sich die Situation im zivilgesellschaftlichen Bereich in anderen postsowjetischen Ländern wie Armenien, Aserbaidschan, Belarus, Russland, Kasachstan, Kirgistan oder Usbekistan in den letzten Jahren kaum verändert.

Einige Autoren sind der Auffassung, dass die hoffnungsvollen Erwartungen an die aufblühende Zivilgesellschaft nach der Orangen Revolution – von manchen als *birth of civil society in Ukraine* (Riabchuk 2013, S. 284) bezeichnet – nicht erfüllt wurden. Die Zivilgesellschaft als Ganzes betrachtet sei immer noch schwach (Stewart 2009; Gatskova und Gatskov 2012). Allerdings erkennen sie trotzdem eine stetige, wenngleich langsame Konsolidierung:

> „*However, another consequence of the Orange Revolution was an overall strengthening of the NGO sphere, which had to cope with the loss of part of its leadership and was therefore forced to confront and address certain structural weaknesses that had previously been ignored. While this led to some processes of consolidation of organizations, it does not seem to have heightened the willingness of NGOs to build coalitions.* [...] *On the whole, the state of development of Ukraine's civil society does not differ greatly from that of some new EU member states, which provides grounds for optimism.*" (Stewart 2009, S. 191f.)

Stewart benennt ein Problem der ukrainischen Zivilgesellschaft: die fehlende Kooperationsbereitschaft der NGOs untereinander. Für das untersuchte Politikfeld trifft diese Beobachtung jedoch nicht zu; im Gegenteil sind wichtige Akteure der Bildungspolitik außerordentlich gut vernetzt, wie später anhand der „Ukrainian Standardized External Testing Initiative" gezeigt wird. Die gute Vernetzung der NGOs untereinander, aber auch mit staatlichen Akteuren, ist vielmehr ein weiterer Erklärungsfaktor für die erfolgreiche Umsetzung der Reform.

Auch die wachsende Presse- bzw. Meinungsfreiheit spielte eine nicht zu unterschätzende Rolle für den Erfolg der Reform. Infolge der Orangen Revolution wurde die Presse- und Redefreiheit deutlich gestärkt. Nikolay Kuzin von OPORA sieht darin das „*wahrscheinlich einzig Gute, das die Orange Revolution gebracht hat*" [Interview UA-11]. Medien konnten viel freier berichten als zuvor unter Kučma und später unter Janukovyč. Diese Erfahrung war vor allem für das Verständnis der jungen Generation von der gesellschaftlichen Rolle der Medien prägend:

> „*The preceding five years* [die Amtszeit von Juščenko] *of relatively free and pluralistic media had become the norm for youth: the twenty-three-year-olds who had finished their education and started in a job or career had gone through their formative years experiencing a free press, and the eighteen-year-olds just entering higher education or the work force would not have known any other kind of a media environment in their conscious preadult lives.*" (Diuk 2012, S. 62)

Durch ihre Erfahrung mit – vor allem für den postsowjetischen Raum – freien Medien und Redefreiheit geht die junge Generation wie selbstverständlich von ihrem Recht aus, ihre Meinung frei und unzensiert zu äußern:

> *„Das Universitätsleben ist sehr eng mit der Meinungsfreiheit im Staat verknüpft. […] Unsere Lehrkräfte können sagen, was sie denken, sie haben keine Angst. Und wir haben sehr gute Fernsehnachrichten, auch wenn es Probleme und Kritik gibt. Aber prinzipiell finde ich, dass wir Meinungsfreiheit haben. Auch wenn das der Regierung nicht gefällt."* [Interview UA-9]

Zwar gibt es wie hier von Kvit erwähnt Probleme, wie die Kontrolle der Medien durch Oligarchen. Da diese auf dem Medienmarkt miteinander konkurrieren, gibt es dennoch einen vergleichsweise hohen Meinungspluralismus, und die Medienlandschaft der Ukraine gilt laut „Freedom of the Press"-Report 2015 als „teilweise frei" (im Gegensatz zu den meisten anderen postsowjetischen Staaten, die als „nicht frei" eingestuft werden).[207] Es existieren zahlreiche einflussreiche kritische und nicht staatlich kontrollierte Medien. Korruption ist ein Dauerthema in ukrainischen Medien, selbst Korruptionsskandale der politischen Eliten sind kein Tabu.

Bystrytsky unterstreicht die Rolle der Medien, den gesellschaftlichen Unmut gegen Bildungskorruption zu thematisieren, um Druck auf die Politik auszuüben:

> *„Es war sehr wichtig, dass die Massenmedien das ZNO unterstützen.* […] *Hier sind die Massenmedien wesentlich freier* [als in Russland], *es gibt freedom of speech. Und access to information. Daher ist es sehr schwierig, dieses System* [das ZNO] *zu zerstören.* [...] *Jeder Versuch des Ministeriums, mehr Kontrolle zu erlangen, wird von den Massenmedien bestraft."* [Interview UA-25]

Besonders später unter Tabačnyk versuchte das Bildungsministerium, eine ernsthafte Diskussion über Korruption im Bildungswesen zu vermeiden und das Problem zu verharmlosen. Umso wichtiger waren die Medien (und die NGOs) für die Offenlegung und Benennung korrupter Praktiken.

Zusammenfassend lässt sich festhalten, dass die politischen und gesellschaftlichen Veränderungen infolge der Orangen Revolution die Rahmenbedigungen für eine erfolgreiche Implementierung der Zulassungsreform bildeten und als eine Art Katalysator dem Reformprozess einen wichtigen Impuls

---

207 Quelle: www.freedomhouse.org.

gegeben haben. Vor allem der reformbereite neue Präsident, der dem externen Examen die benötigte politische Unterstützung zusicherte, sowie die erstarkende Zivilgesellschaft wurden zu zentralen Akteuren der Reform. Zusammen mit dem Bildungsministerium, dem Ministerkabinett und in enger Abstimmung mit der IRF konnten die rechtlichen und finanziellen Rahmenbedingungen geschaffen werden, um das Zulassungssystem zu reformieren.

5.3 Die Implementierung des Externen Unabhängigen Examens ZNO

Bis 2005 war das Testing Technologies Center von IRF für die Ausarbeitung und Implementierung des Testverfahrens zuständig. Mit der Transformation des TTC zum staatlichen Testzentrum setzte eine qualitativ neue Phase ein, die zur landesweiten Einführung des Externen Unabhängigen Examens ab dem Schuljahr 2007/2008 führte. Das folgende Kapitel schildert den Implementierungsprozess.

5.3.1 Das Ukrainische Zentrum zur Evaluation der Bildungsqualität UCEQA

Für die Gründung einer staatlichen Institution zur Durchführung der externen Prüfungen nahm der in Kapitel 5.2.1 erwähnte Ukas № 1013 „Über dringend erforderliche Maßnahmen zur Sicherstellung des Funktionierens und der Entwicklung der Bildung" vom 4. Juli 2005 eine zentrale Rolle ein. Darin wurden nicht nur Maßnahmen zur Prävention, Aufdeckung und Bekämpfung von Bildungskorruption festgelegt, sondern auch die Ausarbeitung eines konkreten Zeitplans zur Umsetzung der Zulassungsreform. Der Erlass sah zudem vor, dass das externe ZNO landesweit und verbindlich anstelle des bisherigen Schulexamens und der universitären Aufnahmeprüfungen eingeführt und von sämtlichen Universitäten als Hochschulzugangsberechtigung akzeptiert werden sollte. Das war im Interesse der Bevölkerung: In einer landesweiten Umfrage des Kiewer Internationalen Instituts für Soziologie befürworteten 45% der Befragten die Ablösung der bisherigen Auswahlprüfungen durch das ZNO, während sich nur 15% dagegen aussprachen (Kiev International Institute of Sociology 2005).

Die IRF konzentrierte sich 2005 primär auf die Weiterentwicklung des TTC:

> *„The Project ‚The Center of Testing Technologies‘, which aims to form and introduce systems of outside testing for university entrance in Ukraine, holds a special place in the IRF's activity for 2005. The Presidential decree determined this pilot project to come into practice for 2006, bringing Ukraine's educational standards closer to European, and at the same time decreasing abuse and corruption in this area.“* (International Renaissance Foundation 2006, S. 4)

Die IRF, die bisher den Großteil der Finanzierung des Projekts übernommen hatte[208], investierte 2005 drei Viertel ihres Bildungsbudgets in Maßnahmen zur Entwicklung des Examens. Da es nach wie vor kaum Experten für Large-Scale-Assessments gab, organisierte die IRF im Juli 2005 eine Bildungsreise nach Georgien, um das georgische Testverfahren, das zu diesem Zeitpunkt erstmals landesweit stattfand, zu beobachten. Die Teilnehmenden erhielten einen intensiven Einblick in den Ablauf des Testsystems und konnten wichtige Erkenntnisse für die Umsetzung in der Ukraine mitnehmen. Außerdem beteiligte sich die IRF an der Finanzierung des neuen „TIMO“-Journals (Testing und Monitoring der Bildung).[209] Als erste ukrainische Fachzeitschrift berichtete es über Grundlagen und Funktionen von Bildungsstudien, stellte ausgewählte Studien vor und verglich internationale Testsysteme. Außerdem unterstützte die Stiftung öffentliche Informationskampagnen, um die Bevölkerung über das neue Testverfahren aufzuklären. Im Rahmen des Capacity Buildings schulten internationale Experten die Mitarbeiter der Testzentren. Hierfür kooperierte das TTC mit anderen Organisationen und ermöglichte einen intensiven Wissenstransfer, beispielsweise mit den American Councils

[208] Ab 2005 beteiligte sich als zweiter externer Geldgeber die Weltbank essenziell an den Kosten. Im April 2005 wurde gemeinsam mit der Regierung das „Equal Access to Quality Education in Ukraine Project" ins Leben gerufen und der Ukraine ein Kredit über 86,6 Mio. USD gewährt. Im Projektzeitraum von Februar 2006 bis Dezember 2010 sollte die Ukraine mit diesem Geld Reformen vorantreiben und u. a. ein verbindliches nationales externes Examen zur Evaluierung der Bildungsqualität einführen. Der Abschlussbericht fällt aufgrund der insgesamt ineffektiven Reformen kritisch aus, hebt allerdings die Einführung des externen Testsystems als *„one major institutional accomplishment of the project“* (The World Bank 2011) positiv hervor.

[209] Die Online-Version des zweimonatlich erscheinenden Journals erscheint unter www.timo.com.ua. Daneben bietet die Seite Informationen und Dokumente, die Abiturienten ihre Rechte und Möglichkeiten beim Studienzugang erklären, Online-Vorbereitungskurse für das ZNO sowie ein Online-Planspiel, das die Abiturienten spielerisch über das ZNO-basierte Zulassungssystem informiert.

for International Education. In der Testentwicklung wurde z. B. für die Englischtests mit Experten des British Council zusammengearbeitet.

Das TTC erarbeitete außerdem eine „Analysis of Educational Policies and Educational Reform", um eine normative Basis für die Implementierung des nationalen Testsystems zu schaffen. Viele der darin enthaltenen Empfehlungen wurden 2005/2006 umgesetzt. So entstand z. B. die Gesetzesgrundlage, die das ZNO reglementieren sollte, solange noch kein neues Hochschulgesetz verabschiedet war, auf Grundlage der Empfehlungen im Dokument.

Am 1. November 2005 erarbeitete eine Expertenkommission des Präsidenten Beschluss № 1-1/1199, worin weitere konkrete Schritte zur Implementierung des Examens festgelegt wurden: Bis 2006 sollte eine funktionsfähige Test-Infrastruktur geschaffen werden, um dann 2007 und 2008 das Examen schrittweise auf nationaler Ebene einzuführen. Am 31. Dezember 2005 erließ das Ministerkabinett der Ukraine Dekret № 1312 „Über dringende Maßnahmen zur Umsetzung der Externen Unabhängigen Evaluierung und des Monitorings der Bildungsqualität". Darin wurden zwei einschneidende Maßnahmen endgültig beschlossen: Erstens, dass das externe Examen für alle Schulabsolventen obligatorisch wird und das Zertifikat als offizielle Hochschulzugangsberechtigung an allen Hochschulen des Landes dient. Und zweitens schuf dieses Dekret die Grundlage für das „Ukrainische Zentrum zur Evaluation der Bildungsqualität" (Ukrains'kyj centr ocinjuvannja jakosti osvity, nach der englischen Bezeichnung Ukrainian Center for Educational Quality Assessment im Folgenden UCEQA) – eine von Schulen und Hochschulen unabhängige Institution unter dem Schirm des Bildungsministeriums. Mit dem UCEQA entstand die bis heute für die Entwicklung und Durchführung des externen und unabhängigen Examens hauptverantwortliche Institution. Das Projekt der IRF wurde in staatliche Hände überführt und fester Bestandteil der ukrainischen Bildungspolitik.

Im Januar 2006 beschloss das Bildungsministerium, die notwendigen organisatorischen Maßnahmen zur Durchführung des ZNO einzuleiten (Hrynevych 2009, S. 66), und erließ ein Dekret, das alle Universitäten dazu verpflichtete, ab sofort das ZNO-Zertifikat als gleichwertigen Ersatz für die internen Zulassungsprüfungen zu akzeptieren:

> „*The external assessment of the educational achievements of secondary school graduates serves as a final attestation of the state and as an entrance examination result for higher educational institutions.*" (Ministerstva obrazovanija i nauki Ukrainy 01.02.2006)

Diese in kürzester Zeit von der ukrainischen Politik verabschiedeten Dokumente wären ohne die Vorarbeit der IRF nicht denkbar gewesen: Das TTC hatte im Vorfeld einen detaillierten Zeitplan mit erforderlichen Schritten ausgearbeitet und an die zuständigen Stellen weitergeleitet, darunter das Sekretariat des Präsidenten, Bildungsminister Nikolajenko und Vizepremierminister Kyrylenko (Hrynevych 2009, S. 65).

Das UCEQA erhielt den Status einer von Schulen, Hochschulen und lokalen Behörden unabhängigen staatlichen Institution. Es untersteht jedoch der Kontrolle des Bildungsministeriums und wird durch Ministeriumsbeschlüsse reguliert, sodass es letztlich nicht gänzlich unabhängig ist. Der konkrete Ablauf des Examens sowie die Zulassungsvoraussetzungen werden jedes Jahr neu festgelegt. Die Direktion wird direkt vom Ministerkabinett berufen, woraus eine – vor allem bedingt durch die unstetige ukrainische Politik – nicht unproblematische Abhängigkeit von der politischen Führung des Landes resultiert, wie später zu sehen sein wird. Als erste Direktorin des UCEQA, das im März 2006 seine Arbeit aufnahm und ab Mai 2006 nicht mehr von der IRF, sondern staatlich finanziert wurde, setzte das Ministerkabinett Liliya Hrynevyč ein, die seit 2002 das TTC leitete. Diese Entscheidung war zum damaligen Zeitpunkt nicht selbstverständlich, denn die Regierung ging ein Risiko ein, eine junge und politisch relativ unerfahrene Person aus dem zivilgesellschaftlichen Spektrum zu ernennen. Dass die Integrität, Expertise und Erfahrung als Leiterin des IRF-Testcenters schließlich ausschlaggebend für die Ernennung war, unterstreicht einmal mehr den politischen Willen der Regierung, die Reform zügig voranzubringen:

> „*Es war wichtig, dass sich von Anfang an absolut ehrliche Leute damit beschäftigt haben, absolut ehrliche. Zunächst Liliya Hrynevyč, und als sie dann in die städtische Bildungsadministration in Kiew wechselte, leitete Ivan Likarčuk das Zentrum. Diese beiden waren absolut ehrliche Leute.*" [Interview UA-7]

> „*Als ich noch Rektor war, habe ich mit ihr zusammen die experimentellen Tests gemacht. Sie ist eine sehr energische und kluge Person, und ich denke, dass es damals sehr wichtig war, dass es genau solche energischen Leute waren.*" [Interview UA-28]

> *„Die wichtigste Person war Liliya Hrynevyč. Es war sehr wichtig, eine Person zu finden, die erfolgreich eine Pilotstudie durchführt. Den Pilotprozess und gleichzeitig sehr hartnäckig Standards und Normen zu erarbeiten, war sehr schwer. Und sie hat es geschafft. Sie hat ein Team zusammengestellt – das war ohne Zweifel ihr größter Verdienst.“* [Interview UA-25]

Hier zeigt sich ein weiterer wichtiger Faktor für die erfolgreiche Implementierung der Reform, nämlich die Auswahl der Direktoren und Mitarbeiter der Testzentren. Es gelang Hrynevyč, ein kompetentes Team zusammenzustellen, das effektiv kooperierte.[210] Mit dem UCEQA entstand eine von Grund auf neue Institution mit einer korruptionsfreien Organisationskultur und integren Mitarbeitern. Anlässlich ihrer Ernennung zur Direktorin des UCEQA appellierte Liliya Hrynevyč an den Staat, das neue Testsystem weiter zu unterstützen und alles zu unternehmen, damit es innerhalb des Testzentrums nicht zu Korruption komme:

> *„Wir haben in den letzten drei Jahren im Zentrum für Testtechnologien hart daran gearbeitet, ein externes Evaluationssystem zu schaffen, das tatsächlich unabhängig ist und objektiv beurteilt; dass die Regeln klar, transparent und verständlich für alle sind. Für uns ist es sehr wichtig, dass das neue staatliche Zentrum diese Arbeit fortsetzt. Es gibt viele verschiedene Ängste. Vor allem, dass es innerhalb des Zentrums zu Korruption kommt. Daher sollte der Staat mit der Erschaffung dieses Zentrums zugleich verstehen: Die Bezahlung der Mitarbeiter sollte angemessen erfolgen, moderne Technologien sollten benutzt werden, die Gesellschaft und die Abiturienten sollten mit allen Regeln und Rechten der Prozedur vertraut gemacht werden. Mir scheint, dass das sehr wichtige Dinge sind, die nicht vergessen werden sollten, wenn das externe Testsystem auf staatlicher Ebene eingeführt wird.“* (Olednij 2006)

5.3.2 Organisation des Testzentrums und Prozedur des Examens

Das Testzentrum besteht aus neun regionalen Testzentren (Regional Centres for Educational Quality Assessment, RCEQA), die für die Durchführung des ZNO in den Regionen verantwortlich sind. Die Arbeit des UCEQA und seiner regionalen Zentren wird über den Etat des Bildungsministeriums finanziert. Da dieser jedoch nur beschränkte Mittel zur Verfügung hat, übernahmen anfangs die IRF, USAID und die Weltbank einen Teil der Kosten. Zum Beispiel finanziert USAID Informationsmaterialien und einen Teil der Öffentlich-

[210] Die Direktorin des regionalen Testzentrums in Lwiw, Larisa Seredjak [Interview UA-30], betonte mehrfach die konstruktive Zusammenarbeit zwischen den Testzentren. Der regelmäßige Austausch auf Leitungsebene, z. B. durch gemeinsame Studienreisen oder Skype-Konferenzen, fördere die Arbeit der Testzentren.

keitsarbeit und trug gemeinsam mit der IRF einen großen Teil der Kosten für das externe Monitoring durch unabhängige NGOs. 2010 betrug das UCEQA-Budget etwa 12 Mio. USD (Grynevych 2010).

Bereits unter der IRF wurde ein effektives Sicherheits- und Logistiksystem entwickelt und erprobt, das gewährleistet, dass keine Informationen über die Prüfungen nach außen gelangen. Gleichzeitig wurde eine transparente Prozedur geschaffen, die Korruption und informelle Einflussnahme verhindert. Das System wurde neben zwei ukrainischen Experten vor allem von Algirdas Zabulionis erarbeitet, der als ehemaliger Direktor des (dem UCEQA sehr ähnlichen) Nationalen Litauischen Examinationszentrums bereits eine ähnliche Reform in einem postsowjetischen Land durchgeführt hatte.[211] Wie wichtig es war, eine Prozedur zu entwickeln, die Korruption wirklich und auf Dauer verhindert, betont Liliya Hrynevyč im Interview:

> *„Die wichtigste Frage war: Wie lässt sich in einem korrupten Land die Ehrlichkeit dieses externen Examens gewährleisten? Wenn die Menschen sehen, dass dieses Examen auch nicht ehrlich ist, würde es keine Erfolge geben. Das ist genau das, was mit dem EGE* [in Russland] *passiert ist.* [...] *Wenn wir es nicht schaffen würden, ein System zu errichten, das Informationssicherheit gewährt und das alle unter gleiche Bedingungen stellt, dann würde das Ganze buchstäblich in einem Jahr zusammenstürzen."* [Interview UA-26]

Wie sieht das Sicherheitssystem im Einzelnen aus? Alle Mitarbeiter verpflichten sich vertraglich, keine vertraulichen Informationen bezüglich der Tests weiterzugeben. Die Experten des UCEQA, die die Tests nach international gängigen psychometrischen Testverfahren erstellen, kennen nur ihren jeweiligen Testteil, der Rest der Tests bleibt ihnen unbekannt, um Missbrauch zu verhindern. Gedruckt werden die Tests in einer Druckerei mit hohen Sicherheitsvorkehrungen in der Nähe von Kiew. Der Druck erfolgt weitgehend automatisiert und wird videoüberwacht. Die Räumlichkeiten sind durch eine Alarmanlage gesichert und unterliegen einer strikten Zugangskontrolle. Laut Alla Vološina, Vizepräsidentin von Transparency International Ukraine, *„haben nur fünf Personen im ganzen Land Zugang zu den Fragebögen. Natürlich sagen sie nicht, wer genau einen Zugang hat"* [Interview UA-8].

---

211 Zum litauischen Reformverlauf vgl. Bethell und Zabulionis (2000).

Jeweils 15 Tests – während der Tests dürfen bis zu 15 Abiturienten in einem Raum sitzen – werden in spezielle Schutzhüllen verpackt und versiegelt und anschließend in einem nochmals versiegelten sog. „Container" an das regionale Testzentrum geliefert, von wo aus sie anschließend in die Prüfungsgebäude, überwiegend Hochschulen oder Schulen, gebracht werden. Die Fragebögen unterliegen Art. 37. des Ukrainischen Informationsgesetzes und müssen streng vertraulich behandelt werden. Den Transport übernimmt der Staatliche Dienst für Spezielle Kommunikation und Informationssicherheit der Ukraine, und sobald die Container in den Testpunkten ankommen, wird überprüft, ob sie noch versiegelt sind. Danach werden sie bis zum Beginn des Examens in einem Raum aufbewahrt, der ebenfalls versiegelt und rund um die Uhr durch Wachpersonal des Staatlichen Sicherheitsdiensts des Innenministeriums überwacht wird. Unmittelbar vor Testbeginn inspiziert der Leiter des Testzentrums den Container und das Wachpersonal sowie zwei weitere Zeugen müssen die Unversehrtheit des Siegels bestätigen. Falls ein unabhängiger zivilgesellschaftlicher Beobachter am Ort ist, muss er einer dieser beiden Zeugen sein. Anschließend wird der Container geöffnet und an die Prüfungsaufseher verteilt, die in der Regel aus anderen (Hoch-)Schulen stammen. In jedem Raum gibt es einen leitenden Aufseher sowie eine Assistenz, die vom UCEQA speziell ausgebildet wurden. Die leitenden Aufseher unterzeichnen, dass ihre Pakete mit den 15 Prüfungen versiegelt sind und nehmen sie dann in den Raum mit, wo sie Aufsicht haben. Dieser wurde ihnen zuvor zugelost. Zusätzlich erhält jede leitende Aufsichtsperson eine Broschüre, die das Reglement zusammenfasst und Anweisungen enthält, falls im Prüfungsverlauf Probleme auftreten.

Die Abiturienten, die die Prüfung ablegen wollen, müssen sich zu Jahresbeginn über einen speziellen Account auf der Website des UCEQA registrieren. Das System berücksichtigt Wohnort und Schule, sodass Schüler, die sich kennen könnten, auseinander gesetzt werden, damit sie sich nicht gegenseitig helfen. In welchem Raum sich ihr Platz befindet und mit wem sie die Prüfung ablegen, erfahren sie erst am Prüfungstag. Einige Wochen vor der Prüfung erhalten die Abiturienten einen Identifikationsausweis mit EAN-Barcode und Passfoto darauf, den sie bei der Einlasskontrolle vorzeigen müssen, um in das Testzentrum zu gelangen. An den Testtagen dürfen nur Mitarbeiter des

UCEQA, die registrierten Abiturienten mit ID und gültigem Personalausweis sowie öffentliche Beobachter[212] die Testzentren betreten – alle anderen Personen erhalten keinen Zutritt.

Sobald die Testteilnehmer an ihren Plätzen sind, vergewissert sich einer der Abiturienten, dass das Siegel des Containers ungeöffnet ist und bestätigt dies mit seiner Unterschrift. Dann beginnt die eigentliche Prüfung.

Am Ende der Prüfung werden alle Tests eingesammelt und wieder in einem Paket versiegelt; die letzten beiden sich im Raum befindenden Abiturienten kontrollieren die Vollständigkeit und unterschreiben, dass alle Tests enthalten sind. Die Aufsicht übergibt die Tests dem leitenden UCEQA-Personal und alle Pakete werden in den Container zurückgepackt. Dieser wird versiegelt und vom Sicherheitsdienst abgeholt. Die Tests werden zur Auswertung in ein anderes regionales Testzentrum gebracht, z. B. von Lwiw nach Charkiw. Dadurch wird verhindert, dass die Testzentren die Noten in ihrer Region manipulieren oder Eltern Druck auf die Korrektoren ausüben können.

Jeder Testbogen ist mit einem Barcode versehen und kann dadurch bei der Korrektur nur durch das Computersystem eindeutig identifiziert werden. Das garantiere:

> *„[...] equal conditions for all students. It is done to prevent answer frauds on every stage of testing: during answer sheet processing, result determining and presenting. That is exactly why the system of three sided control was implemented. Its essence lies in the fact that all test taker answers were scanned before and after it. Thus the original answers are located in the processing site, its copies before and after checking are in the database.“* (Grynevych 2010)

Der Test selbst besteht aus zwei Teilen, einem Multiple-Choice-Test und einem Teil mit offenen Fragen. Die Multiple-Choice-Fragen werden elektronisch erfasst, die offenen Fragen prüfen jeweils zwei Korrektoren unabhängig voneinander. Die Korrektoren kennen weder die Namen der Prüflinge noch die Region, aus der die Fragebögen stammen. Die Ergebnisse übertragen sie in eine UCEQA-Datenbank. Die Abiturienten können ihre Testergebnisse

---

212 Um als öffentlicher Beobachter Zugang zu erhalten, muss man sich beim UCEQA registrieren und nachweisen, dass man für eine zivilgesellschaftliche Organisation aktiv ist. Die Beobachter erhalten einen Ausweis, mit dem sie freien Zugang zu allen Testzentren des Landes haben.

wenige Tage später auf der UCEQA-Website mit ihren persönlichen Zugangsdaten einsehen und das Zertifikat herunterladen und ausdrucken.

Die Abiturienten müssen ZNO-Prüfungen in drei Fächern ablegen und können bei jedem Test bis zu 200 Punkte erreichen. Die Auswahlkommissionen der Hochschulen können die Ergebnisse elektronisch überprüfen und müssen die besten Bewerber aufnehmen.

Die strengen und umfangreichen Sicherheitsmaßnahmen, der hohe Automatisierungsgrad, die Anonymisierung und die ständige Kontrolle schaffen ein sicheres System mit vielen Checks and Balances. Während einer teilnehmenden Beobachtung mehrerer ZNO-Prüfungen im Mai und Juni 2013 sowie bei einer Besichtigung des regionalen Testzentrums in Lwiw konnte sich der Autor ein eigenes Bild von der professionellen Organisation des ZNO verschaffen, die Korruption fast unmöglich macht. Die durchdachte Prozedur und das Sicherheitssystem konnten das Durchsickern von Aufgaben im Vorfeld der Prüfungen sowie Korruption erfolgreich verhindern.

5.3.3 Landesweite Einführung

Nachdem Ende 2005/Anfang 2006 die regulative Grundlage zur Durchführung einer landesweiten Prüfung geschaffen und mit Gründung des UCEQA auch die hierfür erforderliche institutionelle Basis vorhanden war, konnten 2006 bereits 44.000 Abiturienten in allen Regionen der Ukraine das ZNO in Ukrainisch, Mathematik und Geschichte ablegen – ein deutlicher quantitativer Sprung im Vergleich zum Vorjahr. Um das ZNO in diesem großen Maßstab an 178 Testzentren an 72 verschiedenen Orten im Land abhalten zu können, wurden mit Unterstützung der IRF mehr als 6.300 Personen als Aufseher ausgebildet und weitere 700 Personen speziell für die Korrektur der Prüfungen geschult. Erstmals wurde das unabhängige Examen nicht mehr unter der Leitung des TTC durchgeführt, das seine Arbeit ab 2006 als von IRF unabhängiges „Center of Testing Technologies and Educational Quality Monitoring" fortführte, sondern durch das staatliche UCEQA.

Für den Fall, dass Abiturienten mit ihren ZNO-Ergebnissen unzufrieden waren, wurde ihnen in diesem Jahr außerdem das Recht gewährt, zusätzlich an den normalen Auswahlprüfungen teilzunehmen. Nach dem ersten landesweit durchgeführten Test zeigte sich der Bildungsminister zufrieden und verkündete auf einer Pressekonferenz, dass alles ohne größere Probleme und sehr organisiert abgelaufen und *„das Ausmaß der Korruption deutlich zurückgegangen“* sei (Lozovskij 2006).

Im Herbst 2006 wechselte Liliya Hrynevyč in die Kiewer Stadtverwaltung, wo sie die Leitung der Bildungsabteilung übernahm. Auf Initiative des Bildungsministers Nikolajenko wurde Ihor Likarčuk als Nachfolger benannt. Mit dieser Besetzung bewies er ein gutes Gespür für die Anforderungen an die Leitung des UCEQA. Likarčuk gilt als überzeugter Unterstützer des ZNO und als durchsetzungsstarke Persönlichkeit, was laut Bystrytsky sehr wichtig war:

> *„Er* [Likarčuk] *spielte eine sehr wichtige Rolle. Liliya Hrynevyč wäre damals noch nicht mit diesem sehr rauen und harten System zurechtgekommen. Jetzt ist sie eine Politikerin, aber damals noch nicht. Da hat man dann Likarčuk gefunden.* [...] *Er ist ein hartgekochter Bürokrat sowjetischen Typs, das ist wichtig. Er hat so eine Denkweise sowjetischer Bürokraten. Das war sehr gut, als er es verteidigen musste, verstehen Sie? Er ließ nicht zu, es zu zerstören. Er wurde Direktor, und das war das Wichtigste: ‚Ich bin hier der Chef und lasse es mir von niemanden zerstören.‘* [...] *Er wollte sich nur dem Recht und den Gesetzen des ZNO unterordnen. Er verteidigte sein ‚Lehnsgut‘* [‚votčina‘], *seine Macht, sein Eigentum.“* [Interview UA-25]

Auch Serhyj Rakov, der ehemalige Leiter des RCEQA in Charkiw, und Viktor Gudzinskyj, der leitende Redakteur des TIMO-Journals, glauben, dass die Ernennung von Likarčuk ein Schlüssel für den Reformerfolg war:

> Rakov*: „Im Unterschied zu Russland, wo es eine ernsthafte skandalöse Geschichte gibt, sind bei uns nicht ein Mal Informationen durchgesickert.“*
>
> Gudzinskij*: „Ja, also bei uns gab es keine Skandale.“*
>
> Rakov*: „Und das ist in vielerlei Hinsicht den Bemühungen der Administration zu verdanken, dem Direktor des UCEQA, Ihor Likarčuk, da hauptsächlich er sehr viel Kraft darauf verwendete, dieses System zu schützen.“*
>
> Gudzinskij*: „Er ist eine sehr willensstarke Person und hat das System schnell aufgebaut. Dabei ist es zwar nach Kommandoart aufgebaut, aber er hat die Kontrolle über die Situation im Land behalten.“*
>
> Rakov*: „Er ließ keine Korruption im Inneren des UCEQA zu.“* [Interview UA-3]

2007 konnten Abiturienten auch Prüfungen in Biologie, Physik und Chemie ablegen. Die Teilnehmerzahl stieg auf 116.000; bereits jeder vierte Schulabgänger nahm am unabhängigen Examen teil. Sowohl das Ministerium als auch der neue UCEQA-Direktor Likarčuk zeigten sich mit dem Verlauf des

Probeexamens zufrieden und es sprach nichts dagegen, die Prüfung ab 2008 landesweit und für alle Abiturienten obligatorisch einzuführen.

Aus den vorgezogenen Parlamentswahlen im September 2007 ging erneut Julia Timošenko als Regierungschefin hervor. Sie ernannte Ivan Vakarčuk zum neuen Bildungsminister, der als Rektor der Ivan-Franko-Universität Lwiw das erste transparente Zulassungsverfahren geschaffen hatte. Vakarčuk setzte die Einführung des ZNO auf seine Agenda:

> *„Am 20. Dezember wurde ich zum Minister ernannt, und am 27. Dezember gab ich als Minister ein Dekret zum ZNO heraus. Das heißt, innerhalb einer Woche. Das zeugt davon, dass ich darauf bereits vorbereitet war."* [Interview UA-28]

Die von Vakarčuk per Dekret beschlossenen Zugangsvoraussetzungen verpflichteten alle Universitäten dazu, Studienbewerber anhand ihrer ZNO-Zertifikate auszuwählen. Um angenommen zu werden, mussten Bewerber in den für ihr Studienfach relevanten Prüfungsfächern im ZNO mindestens 124 (von 200) Punkten erreicht haben.[213] Gegen den Beschluss wehrten sich zahlreiche Rektoren, denn sie fürchteten aufgrund dieser Mindestvoraussetzung nicht mehr genügend Bewerber zu erhalten. Die Gegner des Examens reichten kurz vor der Prüfung einen Gesetzentwurf im Parlament ein, der vorsah, das ZNO nur auf freiwilliger Basis einzuführen. Auch in der Politik regte sich Widerstand und Timošenko sprach sich laut Vakarčuk unerwartet gegen das ZNO aus:

> *„Einige Tage vor den Examen sprach sich die Premierministerin im Fernsehen gegen das ZNO aus. Kurz davor hatte ich sehr lange mit ihr telefoniert und gesagt: ‚Wenn das Examen nicht stattfindet, trete ich von meinem Posten zurück, schreibe eine Erklärung und gehe.' Und ich dachte, ich hätte sie überzeugt. [...] Dann habe ich das Interview im Fernsehen gesehen, es war Sonntag, und ich wusste nicht, was ich machen soll. Es war doch nur ein oder zwei Tage vor den Prüfungen. Ich habe dann beschlossen, noch am Montagabend im TV aufzutreten und zu sagen, dass die Prüfung wie beschlossen stattfindet. Wenn man sich überlegt, wie das ausgesehen haben muss: Ich habe mich gegen die Premierministerin gestellt. Und am Mittwoch dann fand die Prüfung in der gesamten Ukraine statt, etwa eine halbe Millionen Kinder. [...] Als Timošenko sich dagegen aussprach, rief mich Juščenko*

---

213 2012 wurde zudem die Mindestpunktzahl von 140 im sogenannten „Profilfach" eingeführt, das als wichtigste Voraussetzung für das angestrebte Studienfach festgelegt wird. Dadurch soll sichergestellt werden, dass die Bewerber ausreichende Qualifikationen für ihr Studium mitbringen.

an und fragte: ‚Und, hältst du das durch?'. Und ich antwortete ‚Ja. Sonst trete ich von meinem Posten zurück.' Juščenko hat das sehr unterstützt." [Interview UA-28]

Letztlich konnte Vakarčuk sich mit Juščenkos Unterstützung durchsetzen. Die ersten verpflichtenden landesweiten ZNO-Prüfungen fanden wie geplant statt.

Zwischen dem 22. April und dem 4. Juli 2008 legten etwa eine halbe Million Abiturienten an landesweit 4.634 Testzentren ihr Examen ab (Likarčuk 2008). Für das UCEQA bedeutete dies einen enormen Arbeitsaufwand: Insgesamt 96.449 Personen waren an der Durchführung beteiligt, mehr als die Hälfte davon zum ersten Mal. Die gründliche Vorbereitung und Schulung des Personals sowie die Aufklärungskampagne an Schulen waren maßgeblich dafür verantwortlich, dass das Examen ohne Zwischenfälle ablief. Die wesentlichen Ziele der ZNO-Reform – Verminderung der Korruption, Schaffung von Chancengleichheit, Einführung einer modernen Testinfrastruktur zur Evaluation der Bildungsqualität – wurden erreicht. Im offiziellen Abschlussbericht hieß es:

„Die externe unabhängige Prüfung der Leistungen der Abiturienten, die 2008 ein Studium aufnehmen wollen, war die erste in der Geschichte im ukrainischen Bildungswesen. Trotz des Einflusses negativer destabilisierender Faktoren wurde das Ziel, das damit verbunden wurde, erreicht. Alle Abiturienten, die an der Prüfung teilnehmen wollten, konnten dies auch tun. Die Testzentren garantierten gleiche Bedingungen für alle Teilnehmer." (Likarčuk 2008, S. 77)

2009 nahmen aufgrund des Geburtenrückgangs der 1990er Jahre zwar etwas weniger Abiturienten an der Prüfung teil (434.000), dafür stieg die Anzahl der an der Durchführung beteiligten Personen (213.905), der Testzentren (5.210) sowie der öffentlichen Beobachter (11.000), was den Ablauf insgesamt noch verbesserte: Lediglich 300 Teilnehmer beschwerten sich über Verstöße gegen die Prozedur.

5.3.4 Unabhängige zivilgesellschaftliche Kontrolle

Da die Durchführung des Examens in staatliche Hände übergegangen war, hatte die IRF sich ab 2007 zunehmend um die Schaffung eines effektiven öffentlichen Monitorings gekümmert, das den gesamten Prozess von der Registrierung der Teilnehmer Anfang des Jahres bis zu der Immatrikulationsphase an den Hochschulen Anfang August unter öffentliche Beobachtung stellt: „*To make a national testing system work as a successful anti-corruption tool, it is important to use relevant technologies and procedures and to en-*

sure efficient public monitoring of the system" (Hrynevych 2009, S. 69). Die Stiftung stellte den beiden NGOs Wählerkomitee der Ukraine (CVU) und OPORA Geld zur Verfügung, damit diese öffentliche Beobachter ausbilden und entsenden, und beteiligte sich am Monitoring mit dem eigenen Center of Testing Technologies and Educational Quality Monitoring. Das zivilgesellschaftliche Monitoring 2008 kam in den Augen der stellvertretenden Direktorin von Transparency International Ukraine einer Revolution gleich, da eine bis dahin ungekannte Transparenz geschaffen worden sei und die Hochschulen erstmals zugelassen hätten, dass zivilgesellschaftliche Organisationen ihren Zulassungsprozess überprüfen [Interview UA-8].

2008 nahmen etwa 6.500 zivilgesellschaftliche Beobachter von 80 Organisationen an der Monitoringkampagne teil – darunter 1.650 von OPORA und 700 vom Wählerkomitee der Ukraine (Grinevič und Likarčuk 2011, S. 34). 300 Journalisten, die über das Examen berichteten, sorgten für zusätzliche Transparenz. Nach Meinung einer Dozentin aus Charkiw, die sich im Wählerkomitee der Ukraine engagiert und regelmäßig am Monitoring teilnimmt, würden die öffentlichen Beobachter nicht nur die Transparenz steigern, sondern trügen generell zu einer besseren Durchführung des Examens bei, da sie bereits durch ihre Anwesenheit Druck erzeugten, die Regeln einzuhalten:

> *„Vor allem die ersten beiden Jahre fürchteten alle das neue System und hatten Angst, irgendetwas falsch zu machen, vor allem, wenn öffentliche Beobachter da waren. Beobachter gab es zwar nicht überall, aber viele, und sie kamen unangekündigt."* [Interview UA-1]

Die vom CVU protokollierten Verstöße waren minimaler Natur: In einigen Fällen war das Personal noch nicht ganz vertraut mit der komplexen Prozedur oder es gab Probleme mit den Räumlichkeiten der Testzentren; in einigen herrschten z. B. niedrige Temperaturen, in anderen befanden sich die Toiletten außerhalb des Gebäudes. Grobe oder gar strukturelle Verstöße, die auf Korruption hindeuten, gab es nicht. Der unabhängige Abschlussbericht des CVU zog ein positives Fazit:

> *„CVU appreciates high qualification of staff members of testing offices, who were trained by the Ukrainian Center for Evaluation of Education Quality.* [...] *Based on the monitoring results, CVU establishes that testing of graduates was organized on proper level with due observance of basic requirements and rules of the external evaluation."* (Committee of Voters of Ukraine 2008)

Die zweite große zivilgesellschaftliche Organisation, die sich (maßgeblich finanziert durch die IRF) mit dem Monitoring befasst, ist OPORA. Mykola Kuzin, der für OPORA die Monitoring-Kampagne[214] mitorganisierte, beschreibt die Watchdog-Funktion der NGO anhand eines Beispiels:

> *„Am 3. Juni fanden Tests in Ukrainischer Sprache und Literatur statt. In der Stadt Kuznecovsk in der Region Rivne sollte in einem Testzentrum der Einlass um 10:45 Uhr erfolgen. Aus irgendeinem Grund konnten die Organisatoren nicht alle Abiturienten rechtzeitig hineinlassen. Am Eingang werden von jedem Abiturienten der Pass und das Zertifikat mit seinem Foto kontrolliert. Das wird mit einer Liste abgeglichen, und wenn die Person auf der Liste steht, wird sie hineingelassen. Das ist eine langwierige Prozedur. Im besagten Testzentrum hat man es aber nicht geschafft, die Kontrolle in der vorgeschriebenen Zeit durchzuführen und man hatte alle reingelassen, ohne die Dokumente zu prüfen. Vor Ort befand sich einer unserer Beobachter, der laut dem Reglement des UCEQA das Recht darauf hat, Verstöße der Prozedur zu protokollieren. Die für das Testzentrum verantwortliche Person des UCEQA wollte ihn beschwichtigen: ‚Das war nichts Ernstes, so etwas kommt vor‘, aber unser Beobachter* [...] *also, wir sagen sofort: Jeglicher Verstoß gegen die Prozedur, und sei er noch so klein, muss protokolliert werden.* [...] *Die verantwortliche Person ließ nicht zu, den Verstoß ins Protokoll einzutragen. Wir haben das daraufhin dem Direktor des UCEQA persönlich sowie den Medien mitgeteilt. Gestern teilte mir der Stellvertreter des UCEQA mit, dass Disziplinarmaßnahmen gegen diese Person eingeleitet wurden.“* [Interview UA-11]

Zusätzlich hat OPORA eine Hotline eingerichtet, an die Verstöße gegen die Prozedur gemeldet werden können, denen die Organisation nachgeht:

> *„Wir erstellen nationale Berichte über den Prüfungsverlauf, wir halten ständig verschiedene Verstöße fest, angefangen bei prozeduralen Verstößen hin bis zum Verhalten des Personals, aber systematische Verstöße* [...] *stellen wir bisher nicht fest. Das ist unsere Möglichkeit, Druck auf die Exekutivorgane, die mit der Durchführung dieses Systems betraut sind, auszuüben, indem wir alle Verstöße festhalten.* [...] *Wenn wir etwas bemerken, lassen wir uns nicht beschwichtigen, und obwohl wir mit ihnen* [dem UCEQA] *gut zurechtkommen, machen wir das sofort publik.“* [Interview UA-11]

Auf Grundlage der Monitoring-Berichte erstellt OPORA jährlich einen Maßnahmenkatalog mit Empfehlungen an das Ministerium und das UCEQA, wie

---

[214] Neben dem Monitoring führt OPORA zusammen mit der IRF und dem UCEQA landesweite Informationskampagnen durch, z. B. an Schulen: *„Neben dem Monitoring arbeiten wir in unserer Bildungsabteilung mit Elternbeiräten in den Schulen. Wir klären sie auf, was man für die Studienzulassung benötigt und wohin sie sich wenden können, falls Probleme auftauchen oder ihre Rechte verletzt werden. Wir haben im Prinzip in jeder Region in der Ukraine unsere eigene Regionalvertretung oder einen Partner.“* [Interview UA-11]

sich das Testverfahren verbessern ließe. Das unabhängige zivilgesellschaftliche Monitoring erfüllt eine wichtige Funktion: Es schafft Transparenz und Vertrauen und stärkt die Rechenschaftspflicht.

5.4 Die Ukrainian Standardized External Testing Initiative USETI

Ein weiterer externer Akteur, der neben der Renaissance Stiftung wesentlich zur erfolgreichen Ein- und Durchführung des Examens beigetragen hat, ist die Ukrainian Standardized External Testing Initiative, kurz USETI. Das folgende Kapitel beleuchtet die konkreten Maßnahmen und Instrumente, durch die USETI den Implementierungsprozess der Reform unterstützte. Es wird gezeigt, wie aus dem US-amerikanischen Projekt ein breites *Advocacy-Netzwerk* entstand, das einerseits sehr eng mit staatlichen Institutionen kooperierte und andererseits unabhängige Akteure aus der bildungspolitisch aktiven Zivilgesellschaft in den Reformprozess einbezog.

5.4.1 Entstehung

Die westlich orientierte Regierung unter Juščenko sah Korruption als zentrales Hemmnis für die sozioökonomische Entwicklung des Landes. Da effektive Maßnahmen gegen die ubiquitäre Korruption im öffentlichen Sektor ohne externe finanzielle Unterstützung kaum durchführbar waren, unterzeichneten die ukrainische und die US-amerikanische Regierung, vertreten durch die United States Agency for International Development (USAID), am 04.12.2006 gemeinsam das „Strategic Objective Agreement Between the Government of The United States of America and the Government of Ukraine for the Program to Reduce Corruption in the Public Sector“ (USAID 2006b). Die Vereinbarung beinhaltete einen „Treshold Country Plan“ (TCP) für 2007-2009, der in erster Linie die finanzielle Unterstützung für gezielte Reformvorhaben sichern sollte, in diesem Fall die Bekämpfung der Korruption im öffentlichen Sektor.[215] Mit einem Gesamtbudget von 45 Mio. USD sollten Reformen in fünf verschiedenen Sektoren unterstützt werden:

---

[215] Press Release of the MCC: Ukraine Signs Millennium Challenge Corporation Threshold Program to Control Corruption, 04.12.2006: www.mcc.gov/pages/press/release/release-120406-ukrainesignsmillennium, zuletzt geprüft am 13.05.2015.

- a) Unterstützung von NGOs und Medien bei Korruptionskontrolle, Informationskampagnen, investigativem Journalismus etc.;
- b) Unterstützung der Justizreform: Hilfe beim Verfassen von Gesetzesvorschlägen, Verbesserung der Qualifikation der Richter etc.;
- c) Assistenz bei Korruptionsbekämpfung und Gesetzesvollzug: Regulierung von Interessenkonflikten und Codes of Conduct, Deklarierung von Einkommen etc.;
- d) Verbesserung und Regulierung von Eigentumsrechten;
- e) Korruptionsbekämpfung im Hochschulsektor durch Unterstützung der Einführung des ZNO (Ukrainian Institute for Public Policy 2011, S. 19).

Für den Programmbereich zur Bekämpfung der Korruption im Hochschulwesen stellte USAID insgesamt 5,65 Mio. USD bereit (USAID 2006b, S. 12), was das Fördervolumen der IRF deutlich übertraf.[216] Das Geld sollte dafür aufgewendet werden:

> „[...] *to fully implement the external testing system as well as to ensure its integrity. The goal* [...] *is to reduce corruption in higher education by establishing a legal framework requiring a minimum test score for admission to universities; developing a functioning security system for test results; and ensuring that 100 percent of students are tested and the test centres are fully operational.*“[217]

Die TCP-Richtlinien sehen vor, dass die Partnerländer über spezielle zur Implementierung der Vorhaben zuständige Institutionen verfügen müssen. Zu diesem Zweck beauftragte USAID American Institute for Research (AIR)[218] und die American Councils for International Education (ACCEES)[219]. Ge-

---

[216] Im Unterschied zur IRF, die in ihren Jahresberichten und ihrer Website die Finanzierung ihrer Projekte offen legt, hält sich USAID bezüglich der konkreten Mittelverwendung bedeckt und veröffentlicht die einzelnen Ausgabeposten – entgegen des eigenen Anspruchs, Good Governance und Transparenz zu fördern – nicht.

[217] Website of the MCC: Ukraine Threshold Program, http://www.mcc.gov/pages/countries/program/ukraine-threshold-program, zuletzt geprüft am 13.05.2015.

[218] Das AIR ist eines der weltweit größten und führenden Institute für Bildungsstudien und besitzt eine langjährige Expertise im Bereich Testentwicklung und Psychometrie. Das Institut ist z. B. an internationalen Schulleistungsstudien wie PISA und TIMSS beteiligt.

[219] ACCEES organisiert seit den 1970er Jahren Austauschprogramme mit der Sowjetunion bzw. ihren Nachfolgestaaten. Seit den 1990er Jahren unterstützt ACCEES außerdem den Aufbau externer Einheitsexamen und war u. a. an der Einführung des Einheitsexamens in Kirgistan beteiligt.

meinsam gründeten sie am 16.04.2007 die Ukrainian Standardized External Testing Initiative, die die ukrainische Regierung bei der Implementierung des ZNO unterstützen sollte. Am 22.06.2007 nahmen 12 ukrainische Mitarbeiter unter der Leitung von USETI-Direktor Jarema Bačynskyj ihre Arbeit auf und unterstützten das UCEQA und das Bildungsministerium fortan bei der weiteren Umsetzung der Zulassungsreform. USETI sorgte vor allem durch zahlreiche Capacity-Building-Maßnahmen für die Professionalisierung des UCEQA-Personals. Die Kooperation zwischen USETI, UCEQA und Ministerium war sehr konstruktiv und kooperativ und die von USETI geleistete Arbeit wurde von allen Seiten als essenziell und äußerst erfolgreich angesehen. Ein unabhängiger Evaluationsbericht kam zu dem Ergebnis, dass USETI durch seine Arbeit maßgeblich zur Reduktion der Korruption beitragen konnte (USAID 2009b, S. 21).

Als die Laufzeit von USETI sich 2009 dem Ende näherte und die Anschlussfinanzierung des Projekts unklar war, wurde eine Roadmap erstellt und dem Ministerium und dem UCEQA überreicht. Diese beinhaltete Empfehlungen für die weitere Vorgehensweise und Entwicklung des ZNO. Zentrale Vorschläge des Dokuments waren die Stärkung des ZNO durch eine legislative Basis; die Einsetzung eines UCEQA-Vorstandskomitees zur Sicherstellung einer strategischen langfristigen Planung und Entwicklung des ZNO; die Ersetzung der wissensbasierten Tests durch Kompetenztests; stärkere internationale Vernetzung und Wissenstransfer; die gezielte Ausbildung ukrainischer Spezialisten zur Testentwicklung; die externe Evaluation des Prüfungsprozesses und die stärkere Aktivierung und Einbindung der Öffentlichkeit.

Bildungsministerium und UCEQA zeigten sich mit der Abeit und der Kooperation mit USETI zufrieden und baten um weitere, vor allem finanzielle und technische Unterstützung. Der damalige Vizebildungsminister Taras Finnikov bedankte sich persönlich bei den Verantwortlichen von USETI, und UCEQA-Direktor Ihor Likarčuk bestätigte: „*much of the success was thanks to USETI*" (USETI 2010b, S. 8). Da auch USAID zufrieden mit dem Projektverlauf war, ließ Janina Jaruzelski, USAID-Direktorin für die Ukraine, verlauten, dass eine Fortführung von USETI angestrebt werde (USETI 2010a). Schließlich beschloss USAID, das USETI-Projekt auch ohne die Rahmenbedingungen des 2009 auslaufenden TCP bis Ende 2012 zu verlängern und auszuweiten.

Unter der federführenden Koordination der American Councils for International Education entstand die Global Development Alliance Ukrainian Standardized External Testing Initiative, kurz USETI Alliance. Im Unterschied zur Vorgängerinitiative öffnete sich das Projekt für weitere Akteure: Es war kein rein amerikanisches Entwicklungsprojekt mehr, sondern ein Konsortium von Partnerorganisationen aus dem In-[220] und Ausland[221], wobei der UCEQA und dem Bildungsministerium eine zentrale Rolle innerhalb des Netzwerks zukam. Ziel der USETI Alliance war es, durch die neue, breite Koalition ein nachhaltiges Zulassungssystem auf Basis eines institutionell und juristisch abgesicherten ZNO zu schaffen. Nach dem Regierungswechsel 2010 gestaltete sich dies jedoch immer schwieriger. Zwischen USETI und dem Bildungsministerium gab es zunehmend Spannungen und konträre Ansichten bezüglich der Rolle des Examens. Während in der ersten USETI-Projektphase bis 2009 eine enge Kooperation zwischen USETI und dem Ministerium bestand, die auf analogen Vorstellungen über die Neuausrichtung der ukrainischen Bildungspolitik nach westlichen Hochschulgovernance-Modellen basierte, zeichnete sich ab 2010 zunehmend eine divergierende Auffassung über die Bildungspolitik ab. Am deutlichsten waren die Differenzen beim ZNO: Während das unter neuer Führung stehende Bildungsministerium versuchte, die Rolle des ZNO graduell zu verringern (dazu ausführlich im nächsten Kapitel) und wieder mehr Kontrolle über den Auswahlprozess zu erhalten, wollte die USETI-Führung das ZNO im Gegenteil stärken. Weitere Unstimmigkeiten zwischen USETI und Ministerium zeigten sich im Konflikt über die Hochschulreform. Auch auf der interpersonellen Ebene waren zunehmend Misstöne zu vernehmen: Während USETI-Direktor Bačynskyj das

[220] Zu den ukrainischen Partnerinstitutionen gehören das Bildungsministerium, UCEQA, OPORA, die International Renaissance Foundation, die Consulting-Firma Pro.Mova, der Fakt-Verlag und die dazugehörige TIMO-Zeitschrift, die Nationale Akademie für Management, die Petro Mohyla Schwarzmeer Universität Mykolaiv, die Kiewer Mohyla Akademie, die Nationale Ivan-Franko-Universität Lwiw, die Nationale Pädagogische Akademie der Wissenschaften, das Center for Educational Policy, der Ukrainische Rektorenverband, die Borys Grinčenko Universität Kiew und das Testzentrum des Gesundheitsministeriums.

[221] Internationale Partner waren neben USAID und den American Councils for International Education die American Institutes for Research und das an der Mälardalen Universität in Schweden ansässige Tempus-IV-Projekt der Europäischen Union zu „Educational Measurement Adapted to EU Standards“.

Arbeitsverhältnis zu Vakarčuk und seinen Stellvertretern Poljanskyj und Finnikov als gut, vertrauensvoll und konstruktiv beschrieb, war das Verhältnis zum neuen Bildungsminister Dmytro Tabačnyk und seinem Ersten Stellvertreter Evhen Sulima geprägt von Dissonanzen und gegenseitigem Misstrauen.

Trotzdem gelang es USETI auch unter diesen schwierigen Bedingungen, den Dialog zwischen den beteiligten Akteuren aufrecht zu erhalten – vielleicht einer der größten Erfolge des Netzwerks zu dieser Zeit. Als Ende 2012 die zweite Projektphase auslief, zog die USETI Alliance daher ein positives Fazit. Ihr Verdienst sei:

> „[...] *bringing UCEQA into the 21st century world of testing, securing its place in the educational budget system, and introducing internationally recognized best practices to UCEQA (as test supplier) and MOESYS (as a key decision-maker in admissions).*"[222]

Auch USAID als Geldgeber und die American Councils for Education als Koordinator des Netzwerks betonten, dass durch die Arbeit der USETI Alliance die Infrastruktur und Kompetenz zur effektiven Administration der Tests geschaffen worden sei.[223] Allerdings hielt USETI-Direktor Bačynskyj in einer persönlichen Mitteilung an den Autor fest:

> „*There is still plenty of work to be done in building the institutional sustainability of UCEQA, in policy reform, and strengthening the long term prospects for testing and fair access to quality higher education in Ukraine.*"[224]

Schließlich wurde das USETI-Projekt nach einer erneuten externen Evaluation verlängert und die *USETI Alliance Phase II* für drei Jahre bis Ende 2015 bewilligt. Die (internationalen) Kooperationen wurden nahezu unverändert fortgesetzt.[225]

Im Folgenden soll die Arbeit des Netzwerks näher analysiert und vorgestellt werden, um den Einfluss von USETI auf den Reformprozess aufzuzeigen.

---

222 USETI-Website, www.useti.org.ua/en/pages/11/about-useti.html, zuletzt geprüft am 15.10.2013.

223 Website American Councils for International Education: Projects for USAID, www.americancouncils.org/projectsUSAID.php, zuletzt geprüft am 22.10.2013.

224 Persönliche Mitteilung per E-Mail vom 11.12.2012.

225 Für die Mälardalen Universität rückte die Pädagogische Drahomanov-Universität Kiew nach.

5.4.2 Arbeitsschwerpunkte

Um die Reform zu implementieren, übernahm USETI folgende Aufgaben:

a) Testinfrastruktur und -entwicklung: Kapazitätsentwicklung, um das UCEQA und dessen regionale Zentren bei der Entwicklung, Durchführung und Evaluierung des ZNO zu unterstützen; Schaffung einer Testindustrie.

b) Sicherheit und Monitoring: Etablierung eines effektiven Sicherheitssystems für sämtliche Phasen von der Testentwicklung bis zur Immatrikulation.

c) Legislative Grundlage: Entwicklung einer normativen Basis zur gesetzlichen Absicherung des externen Examens als Hochschulzugangsberechtigung; Ausarbeitung eines neuen Hochschulgesetzes mit juristischer Verankerung des ZNO.

d) Öffentlichkeitsarbeit: Sicherung gesellschaftlicher Unterstützung für das Examen durch gezielte Öffentlichkeitsarbeit.

Schaffung einer Testinfrastruktur

Die zentrale Aufgabe von USETI bestand im Ausbau der UCEQA-Kapazitäten. Ziel war es, das UCEQA mit den erforderlichen Kompetenzen auszustatten, damit es die gesamte Durchführung des unabhängigen Examens, von der Vorbereitungsphase bis zur Evaluation, unabhängig, selbstständig und nach internationalen Standards bewerkstelligen kann. Im Bereich der Testentwicklung führte USETI zahlreiche Schulungsmaßnahmen durch, die sich unter dem Begriff Wissenstransfer subsumieren lassen. Dazu gehörten Schulungen des UCEQA- und RCEQA-Personals durch internationale Spezialisten, die USETI seit Anfang 2007 regelmäßig organisierte. Ein weiterer Schwerpunkt bestand in der technischen Unterstützung und Ausstattung des UCEQA, z. B. bei der Beschaffung von Informationstechnik und eines Logistiksystems.

Um die Entwicklung einer ukrainischen Expertencommunity und Evaluationsbranche zu unterstützen, wurden Fachbücher ins Ukrainische bzw. Russische übersetzt. Weiterhin entwickelte USETI eine Reihe von Materialen, die auf die Prüfungen vorbereiten sollten. Dazu gehörten sowohl Materialien für die Abiturienten, z. B. Vorbereitungsprüfungen, aber auch Informationen, die den UCEQA-Mitarbeitern für die Durchführung der Tests hilfreich waren, wie ein

Testleitermanual. Es wurden Bildungsreisen für das Personal von UCEQA organisiert, um Testverfahren in anderen Ländern vorzustellen und internationalen Erfahrungsaustausch zu ermöglichen. U. a. organisierte USETI im November 2007 für die Direktion des UCEQA und der regionalen Abteilungen eine Studienreise nach Polen. Im Februar 2008 organisierte USETI eine weitere Studienreise in die USA, wo die Teilnehmer Einblick in das amerikanische Test- und Auswahlverfahren erhielten.

Bei der Konzeption der Tests arbeitete USETI eng mit dem UCEQA, einigen Hochschulen sowie der Pädagogischen Akademie der Wissenschaften zusammen. Auf Bestreben von USETI wurde ein neuer Studiengang in Psychometrie eingeführt, um ukrainische Bildungsevaluationsexperten auszubilden und unabhängiger von internationalen Experten zu werden, die zur Ausarbeitung der ZNO-Tests bisher benötigt wurden. Die Pädagogische Drahomanov Universität führte 2008 als erste ukrainische Hochschule den Masterstudiengang „Educational Measurement and Administration" ein. Als Gastlektoren lädt USETI regelmäßig renommierte internationale Experten ein.

Um talentierte ukrainische Testentwickler zu gewinnen, schrieb USETI 2008 einen Wettbewerb aus. Aus dem Bewerberpool wurden 47 Kandidaten ausgewählt und intensiv geschult. USETI Alliance veranstaltete für mehr als 100 Mitarbeiter des UCEQA und seiner Testzentren Workshops, in denen sie darin geschult wurden, Schulleistungstests nach internationalen Standards zu entwickeln und zu evaluieren. Außerdem führte USETI zahlreiche Sicherheitsschulungen durch, um das Risiko schlecht organisierter Prüfungen und dadurch die Anfälligkeit für Korruption zu senken.

Zusammen mit dem British Council war USETI entscheidend an der Ausarbeitung und Entwicklung der ZNO-Englisch-Prüfung beteiligt (Byessonova und Trofimova 2013). Experten aus Großbritannien, den USA und Polen unterstützten auf Einladung von USETI die Konzeption der Examen. Eine ähnliche Kooperation bestand mit dem Goethe-Institut sowie der Französischen Botschaft, die ebenfalls bei der Entwicklung von Sprachtests halfen. Im Rahmen der Weiterentwicklung des ZNO experimentierte USETI mit akademischen Kompetenztests („General Academic Competency Test"), die über das reine Faktenwissen hinaus auch Fähigkeiten und Kompetenzen erfassen und als effektiverer Selektionsmechanismus als faktenbasierte Tests gelten.[226] Nach dem politischen Machtwechsel 2010 und dem Richtungswechsel der ukrainischen Bildungspolitik zeichneten sich bei der Frage nach der Einführung von Kompetenztests jedoch Konflikte innerhalb der USETI Alliance ab: Während sich progressive Akteure wie die Direktion von USETI Alliance sowie einige Hochschulen für die Einführung einsetzten, sprach sich das Bildungsministerium gegen die Kompetenztests aus.

Sicherheit und Monitoring

„*An all around security environment at an appropriate level*" (USETI 2008, S. 8) zu gewährleisten, war eine weitere Aufgabe von USETI. Dafür stattete es das UCEQA mit Sicherheitstechnik (Videokameras, Zugangskontrollen etc.) aus und organisierte Schulungen für dessen IT-Abteilung. Ab 2007 schulte USETI zivilgesellschaftliche Organisationen im Monitoring. Alleine 2008 wurden fast 100 „Trainings-of-Trainers"-Seminare veranstaltet, in denen 2315 Personen zu öffentlichen Beobachtern ausgebildet wurden. Um einen transparenten Ablauf der Examens- und der Zulassungsphase zu gewährleisten und dadurch die öffentliche Unterstützung zu sichern, beauftragte USETI die NGOs OPORA und das Ukrainische Wählerkomitee mit einem jährlichen unabhängigen Monitoring. Neben IRF ist USETI der größte finanzielle Unterstützer dieses Monitorings. Beispielsweise setzte sich das Budget der Monitoringkampagne 2013 von OPORA je zur Hälfte aus Mitteln von USETI und der IRF zusammen.[227] Von 2011 an richtete OPORA zudem in Kooperation mit USETI eine Hotline ein, an die man sich wenden konnte, um Missstände bei den Examen zu melden. Die Fälle werden analysiert und systematische Probleme können so aufgedeckt werden.

---

226 USETI forderte als einer der ersten Akteure, die Tests weiter zu entwickeln. Im Januar 2009 berief Vakarčuk eine Expertenkommission zur Ausarbeitung von Kompetenztests ein. Da es in der Ukraine keine Erfahrungen mit Kompetenztests gab, war internationale Expertise notwendig. Mit Mark Zelman und Howard T. Everson befanden sich zwei USETI-Berater in der Kommission. Die Kommission entwarf einen Fahrplan, der vorsah, ab 2010/11 an einigen Hochschulen Pilotstudien durchzuführen und ab 2011/12 die Kompetenztests zusätzlich zum ZNO auf freiwilliger Basis einzuführen.

227 USETI steuerte 20.000 USD bei (persönliche Email vom 01.08.2013 von Ol'ha Streljuk, Koordinatorin des OPORA-Bildungsprogramms) und die IRF stellte durch das Förderprogramm Nr. 47998 „Campaign for public observation and advocacy of entrants' rights for the transparent admission to the higher education establishments" 179.800 UAH (ca. 21.000 USD) zur Verfügung, www.irf.ua/index.php?option=com_content&view=article&id=40548&Itemid=427, zuletzt geprüft am 15.04.2015.

Stärkung des ZNO durch eine Reform des Hochschulgesetzes

Eine wichtige Rolle für die zukünftige Entwicklung des ZNO nahm die von USETI gegründete „Educational Legislative and Policy Expert Group" (ELPEG) ein. Diese Arbeitsgruppe assistierte bei einer Reihe juristischer Fragestellungen im Zusammenhang mit dem externen Examen und half beim Verfassen rechtsverbindlicher Dokumente. Neben den Experten von USETI gehörten der Arbeitsgruppe auch Mitarbeiter des Bildungsministeriums, des UCEQA, der Präsidialadministration sowie Parlamentsabgeordnete, mehrere Personen aus dem Hochschulspektrum und Juristen an. Im Herbst 2007 legte ELPEG im Auftrag des Bildungsministeriums und des UCEQA eine Vorlage für die Hochschulzulassungsbedingungen vor. Sie wurde am 27.12.2007 vom Bildungsminister als neue Grundlage für den Hochschulzugang der Jahre 2008, 2009 und 2010 angenommen:

> *„This admissions policy, though a compromise, breaks new ground in fully legitimizing and making mandatory testing in 11 different subject areas, and requires that ALL persons graduating in 2008 and seeking HEI admissions participate in tests, even those with statutory preferences of various types granted by the Parliament of Ukraine since 1991. This is, arguably, the single most important short term USETI accomplishment to date."* (USETI 2008, S. 11)

Um das ZNO juristisch abzusichern, versuchte USETI nicht nur, sich aktiv in den Gesetzgebungsprozess einzubringen, indem Mitglieder der ELPEG-Arbeitsgruppe an der Formulierung von Gesetzen mitwirkten, sondern setzte sich auch durch intensive Lobbyarbeit im Ministerium dafür ein, das ZNO als Schlüsselkriterium für die Hochschulzulassung zu etablieren. Ziel war es, das ZNO als Zulassungsvoraussetzung in den Entwürfen des neuen Hochschulgesetzes juristisch zu verankern.

Als 2010 eine große Debatte um das neue Hochschulgesetz entbrannte, in der die Zukunft des ZNO ein zentraler Streitpunkt war (vgl. Kapitel 5.8.1), setzte sich das USETI-Netzwerk vehement für das ZNO ein. USETI organisierte zahlreiche öffentliche Veranstaltungen, Runde Tische und Konferenzen, um die Vorteile des externen Prüfungsverfahrens zu erläutern und dafür zu werben. Auch in Sitzungen des Parlamentarischen Bildungskomitees wurde versucht, über die ELPEG-Gruppe auf den Gesetzgebungsprozess einzuwirken, um das ZNO zu stärken.

Sensibilisierung der Öffentlichkeit

USETI versuchte von Anfang an, die Öffentlichkeit für das Thema Korruption bei der Studienplatzvergabe zu sensibilisieren. Hierfür integrierte USETI ukrainische Medien in die Öffentlichkeitsarbeit. Die Medienkooperation diente dazu, die Bevölkerung mit dem neuen Test- und Zulassungsverfahren vertraut zu machen und Vorurteile und Widerstände abzubauen. In der öffentlichen Meinung herrschte eine stark verklärte Vorstellung vom Zustand des ukrainischen Bildungssystems:

> „*Unsere Staatsbeamten* [wiederholen] *unablässig, dass wir das beste Bildungssystem haben, welches wir vom sowjetischen Bildungssystem geerbt haben. Aber das ist nur ein Mythos. Ein Blick in die Hochschulrankings reicht.*" [Interview UA-5]

Dieser Logik zufolge stellt jede Reform eine Bedrohung dar – USETI wollte diese Ängste abbauen. Es wurde eine weitfassende Kommunikationsstrategie ausgearbeitet, die u. a. ein Medienmonitoring über die Berichterstattung zum ZNO beinhaltete. Zwischen Oktober und November 2007, ein halbes Jahr vor dem ersten landesweiten Examen, erschienen knapp 240 Berichte in den ukrainischen Medien. Diese zeigten eine Polarisierung zwischen Befürwortern und Gegnern des ZNO. Den gegnerischen Kommentaren, die hauptsächlich von ukrainischen Hochschulvertretern geäußert wurden, versuchte USETI mit gezielten Aufklärungskampagnen entgegenzuwirken (USETI 2008, S. 9). Die Medienstrategie sah zudem vor, zu allen wichtigen Terminen, z. B. dem Beginn der Registrierung für das ZNO, der Bekanntgabe des Reglements, zu Beginn und zum Ende des Prüfungszeitraums usw., Pressekonferenzen abzuhalten und die Öffentlichkeit über jeden Schritt zu informieren. Weitere Aktivitäten waren der Aufbau einer Informationswebseite, aus der später die offizielle UCEQA-Homepage wurde, die Verteilung von Informationsbroschüren an Schulen und an alle für das Examen registrierten Abiturienten sowie die Produktion und Ausstrahlung von Informationsmaterialien in TV, Rundfunk und Printmedien. Anfang 2008 wurden Informationsvideos auf nationalen und regionalen Fernsehsendern ausgestrahlt (USETI 2010a, S. 18). Informationsveranstaltungen an Schulen erklärten den Ablauf des Examens. Außerdem organisierte USETI „*High level Round Tables in order to reach a consensus among high level stake holders, including government and university officials*" (USETI 2010a, S. 19). Um eine größere Öffentlichkeit und vor allem auch die jüngere Zielgruppe zu erreichen, erweiterte USETI seine Social-Media-Aktivitäten.

Für Meinungsumfragen gewann USETI die Democratic Initiative Foundation (DIF) als Partner, eines der renommiertesten Meinungsforschungsinstitute im Land. Seit 2008 führt die DIF in regelmäßigen Abständen Meinungsumfragen und Fokusgruppeninterviews zum ZNO durch.

5.4.3 Kooperation mit ukrainischen und internationalen Akteuren

USETI kooperierte eng mit dem Bildungsministerium und dem UCEQA und fungierte als Schnittstelle zwischen staatlichen und zivilgesellschaftlichen Akteuren. Eine Analyse der USETI-Arbeitsberichte von 2007 zeigt: Alleine mit dem UCEQA bzw. seinen regionalen Abteilungen gab es in dem Jahr 38 offizielle Treffen, gemeinsame Workshops etc., mit dem Bildungsministerium fanden elf Treffen statt und mit Regierungs- bzw. Präsidentenvertretern traf sich USETI dreimal. Dieser regelmäßige Austausch zeugt nicht nur von der zentralen Rolle von USETI im Reformprozess, sondern auch von den guten Arbeitsbeziehungen mit staatlichen Institutionen unter Juščenko.

Auch die Zusammenarbeit mit NGOs war zentraler Bestandteil der Arbeit von USETI, vor allem mit dem Institute of Political Technology-Education Policy Center, dem Testing Technologies Center von IRF, OPORA, dem CVU sowie der DIF (USAID 2009b). 2007 gab es 14 Treffen mit Vertretern von NGOs und elf mit Hochschulen bzw. Akademien der Wissenschaften, deren Integration Bestandteil der Advocacy-Arbeit von USETI war.

Einen wesentlichen Beitrag zur Sicherstellung einer transparenten Zulassungsprozedur leistete USETI durch die Bereitstellung einer informationstechnischen Infrastruktur für das UCEQA. Zusammen mit Jaroslav Boljubaš, dem Leiter der Abteilung für Hochschulangelegenheiten im Bildungsministerium, erstellte USETI die elektronische „KONKURS"-Datenbank, die den Bewerbungsprozess für die Abiturienten vereinfacht und transparent macht. Das System erfasst Daten wie z. B. die Anzahl der Studienplätze an staatlichen Hochschuleinrichtungen aus einer nicht-öffentlichen Datenbank[228] des Bildungsministeriums und stellt diese der Öffentlichkeit zur Verfügung. Während

[228] Es handelt sich dabei um die „Einheitliche Staatliche Elektronische Basis für Fragen der Bildung" („Jedina deržavna elektronna baza z pitan' osvity"), kurz EDEBO.

der Immatrikulationsphase sind die Hochschulen dazu verpflichtet, Informationen über die Bewerbersituation an die KONKURS-Datenbank weiterzuleiten. Dort erfahren Studienbewerber u. a., wie viele Budgetplätze für einen bestimmten Studiengang an einer Hochschule zur Verfügung stehen, wie viele Bewerbungen eingereicht wurden, wie die Noten ihrer Mitbewerber und wie hoch die Studiengebühren sind. Sie bekommen dadurch ein besseres Bild über ihre Zulassungschancen.

Das Bildungsministerium führte 2008 das KONKURS-System offiziell als zentrales Portal über die Vergabe von Studienplätzen ein.[229] Während USETI die Datenbank finanziert, unterliegt die Administration einer unabhängigen zivilgesellschaftlichen Organisation, dem Zentrum für Bildungspolitik. Diese Auslagerung soll informelle Einflussnahme seitens des Ministeriums, der Hochschulen sowie weiterer Institutionen bzw. Personen verhindern. Das System wird kontinuierlich weiterentwickelt: So erhält z. B. seit 2009 jeder Bewerber die Möglichkeit, neben den Testergebnissen auch die Namen der Mitbewerber einzusehen. Dies war für das unabhängige Monitoring des Zulassungsprozesses wichtig, konnte nun Fehlverhalten der Hochschulen einfacher aufgedeckt und dokumentiert werden.

Für die Entwicklung von KONKURS erhielt USETI-Direktor Jarema Bačynskyj 2008 die „Petro-Mohyla"-Auszeichnung für besondere Verdienste im ukrainischen Hochschulwesen. Wie sehr sich das elektronische Zulassungssystem inzwischen etabliert hat, lässt sich an den Abrufzahlen der Website ablesen, die trotz sinkender Abiturientenzahlen kontinuierlich steigen (Tabelle 20).

Tabelle 20: Kennzahlen zum KONKURS-Internetportal

Jahr	2009	2010	2011	2012
Anzahl der ZNO-Testteilnehmer	435.000	382.000	225.000	300.000
Anzahl der eingereichten Bewerbungen	1.227.000	1.119.000	879.400	1.040.000
Anzahl der Website-Besucher	2.825.000	4.000.000	5.392.000	8.662.000
Anzahl der Klicks	50.000.000	60.000.000	82.000.000	122.000.000

Quelle: USETI Legacy Alliance 2013a, S. 9.

229 Anordnung № 514 des Bildungsministeriums vom 11.06.2008.

Die Aufnahmekommissionen, die zuerst Schwierigkeiten mit der technischen Umstellung hatten, sind inzwischen im Umgang mit der Datenbank geübt und geben die Informationen, wenn auch nicht immer freiwillig, heraus und schaffen damit ein bisher ungekannte Transparenz im Bewerbungsprozess.

Ein Grundpfeiler der Arbeit von USETI ist die enge Kooperation mit internationalen Experten, die als Berater ihre Erfahrungen und ihr Wissen einbringen. Dazu gehört Steven Bakker, der 20 Jahre lang in einem der weltweit führenden Institute für Testentwicklung und -evaluation arbeitete. Ein weiterer Experte ist Mark Zelman, ein international erfahrener Spezialist für die Einführung von nationalen und internationalen Schulleistungsuntersuchungen, der u. a. für die Weltbank tätig ist. Neben Testentwicklung ist er Spezialist für die Ausbildung von Testentwicklern. Für die Ukraine hat er das „Test Development Manual" verfasst, das die ukrainischen Testentwickler dabei unterstützen soll, selbstständig qualitativ anspruchsvolle Tests zu erarbeiten.

Algirdas Zabulionis ist einer der renommiertesten Experten im ukrainischen Reformprozess. Als ehemaliger Direktor des Nationalen Examinationszentrums führte er 1999 das externe Examen in Litauen ein. Er hat in mehr als zehn Ländern Regierungen bei der Implementierung von Einheitsexamen beraten. Sein Spezialgebiet umfasst den Einsatz neuer Technologien für effiziente Sicherheitssysteme. Das Sicherheitssystem von UCEQA geht zu einem großen Teil auf Zabulionis' Einsatz zurück. Inna Valkova, Direktorin des kirgisischen Center for Educational Assessment and Teaching Methods, und Iwa Mindadze, stellvertretender Leiter des georgischen Nationalen Prüfungsamts, brachten ebenfalls ihre Erfahrungen mit der Implementierung von Einheitsexamensreformen ein (Kirgistan setzte 2002 und Georgien 2003 eine entsprechende Reform um). Expertise in probabilistischer Testtheorie steuerten unter anderem die Psychologen Markus Broer und Žarko Vukmirović bei, die beide für die American Institutes for Research tätig sind. Todd Drummond war als Projektdirektor der „National Testing Initiative" in Kirgistan in einem USETI-ähnlichen Projekt bereits für die American Councils tätig. Er unterstützte USETI bei der Erstellung des „Test Administration Manuals“, das den am ZNO beteiligten Administratoren und Aufsehern ausgehändigt wird.[230]

Daneben standen USETI ein weiteres halbes Dutzend internationaler Experten zur Seite, die mit ihrer Arbeit USETI zu einem aktiven, effektiven und vor allem zentralen Akteur im ukrainischen Reformprozess gemacht haben.

5.5 Bruch mit der Reformpolitik nach der Präsidentschaftswahl 2010

Nach der Einschätzung sowohl von Experten als auch weiten Teilen der Bevölkerung gilt Präsident Juščenkos politische Reformagenda als weitgehend gescheitert. Das betrifft auch das Bildungswesen. Die dringend erforderliche Loslösung des ukrainischen Hochschulsektors von verkrusteten sowjetischen Strukturen ist nicht erfolgt. Das Bildungssystem blieb zentralistisch und unterlag starren bürokratischen Entscheidungsprozessen, ohne Autonomie der Hochschulen. Allerdings gab es mit dem 2005 erfolgten Beitritt zum Europäischen Hochschulraum EHEA und der in der vorliegenden Arbeit untersuchten landesweiten Einführung des externen unabhängigen Examens 2008 auch zwei positive Entwicklungen. Juščenko hat die Reform des externen Examens stets unterstützt und damit zu deren Erfolg beigetragen. Neben dem Präsidenten waren es vor allem die Bildungsminister Kremen, Nikolajenko und Vakarčuk, die die Reform mitgetragen und vorangebracht haben. 2010 gab es jedoch eine Zäsur: Eine neue politische Führung kam an die Macht, die das Examen nicht unterstützte, sondern im Gegenteil wieder abschaffen wollte.

5.5.1 Die reaktionäre Wende unter Bildungsminister Tabačnyk

Während des Präsidentschaftswahlkampfs im Oktober 2009 war eines der Wahlversprechen von Viktor Janukovyč, das ZNO als verpflichtende Hochschulzugangsberechtigung wieder abzuschaffen und erneut universitäre Auswahlprüfungen einzuführen. Sein Kontrahent Juščenko warnte davor und

[230] Darin finden sich Informationen und Handlungsanweisungen, z. B. wie die Räumlichkeiten hergerichtet werden müssen, was im Allgemeinen zu beachten ist oder wie Probleme gehandhabt werden sollen. In der teilnehmenden Beobachtung des ZNO 2013 stellte der Autor fest, dass das mit 68 Seiten sehr ausführliche Testleitermanual vor allem für neue Instrukteure und Aufseher eine große Hilfe war.

hob die Vorzüge des auf dem ZNO basierenden Systems heraus: Es sei „*wahrscheinlich das beste, das wir in den letzten 70 Jahren hatten. Wir sind Zeuge eines Wettbewerbs des Wissens, und nicht der Geldbörsen, geworden*“ (Osvita.ua 2010).

Kurz vor dem Machtwechsel unternahm die Regierung Timošenko einen Versuch, das ZNO, das nach wie vor durch Dekrete des Bildungsministeriums reguliert wurde und dadurch stark von der aktuellen Bildungspolitik abhängig war, durch eine Verankerung im Hochschulgesetz nachhaltig zu stärken. Allerdings erhielt der entsprechende Gesetzesvorschlag № 4241 bei einer Abstimmung am 21. Januar 2010 keine Mehrheit. Der Status des ZNO konnte nicht juristisch verankert werden; seine Zukunft lag damit in den Händen des kommenden Bildungsministers. Diese Abhängigkeit wurde vor allem von Studierendenverbänden sowie von USETI stark kritisiert:

> „*Today external independent testing is regulated by the Ministry of Education and Science. All that is required to abolish this testing is the signature of the Minister. After the presidential elections, there might be a problem maintaining independent testing as a system which destroys corruption in the educational sector.*“ (USETI 2010c)

Janukovyč übernahm im Februar die Präsidentschaft und begann damit, ein ihm gegenüber loyales politisches Regime zu errichten (Schneider-Deters 2013). Unter dem neuen Premierminister Azarov wurde im März 2010 Dmytro Tabačnyk zum Bildungsminister ernannt. Dieser galt als loyal gegenüber Janukovyč, hatte allerdings nur wenig Erfahrung in der Bildungspolitik vorzuweisen. Seine Kritiker beschuldigten ihn, einen Professorentitel zu tragen, ohne jemals eine Promotions- oder Habilitationsschrift vorgelegt zu haben. Tabačnyk ändere die Ausrichtung der ukrainischen Bildungspolitik radikal: Während sein Amtsvorgänger versucht hatte, die ukrainische Sprache und Kultur durch entsprechende Bildungsmaßnahmen zu stärken, zeigte sich Tabačnyk als Vertreter der an Russland orientierten Elite und äußerte abfällige Kommentare zur ukrainischen Kultur, weshalb er (nicht nur, aber vor allem) im westlichen Teil des Landes als „ukrainophob“ gilt (Lozowy 2011). Seine Ernennung führte zu großen Studentenprotesten: Landesweit gingen in den Universitätsstädten Tausende auf die Straße und sprachen sich in Anti-Tabačnyk-Demonstrationen gegen den Minister aus. Am 20. April 2010 demonstrierten in Lwiw 5.000 Studierende, im Oktober desselben Jahres gingen in 15 Städten mehr als 20.000 Studenten auf die Straße. Die Proteste zählten zu den größten Demonstrationen seit der Orangen Revolution. Medial viel Beachtung fand die Aktion der Studentin Dar'ja Stepanenko, die auf einem Treffen der europäischen Bildungsminister in Kiew am 22.09.2011 auf den Minister mit den Worten zuging: „*Im Namen aller ukrainischen Studenten möchte ich Ihnen für Ihren herausragenden Beitrag für die ukrainische Kultur und Bildung danken*", und ihm anschließend einen Blumenstrauß an den Kopf warf, um seinen europäischen Kollegen zu zeigen, wie unbeliebt Tabačnyk war (Dmitrij Tabačnik polučil buket 2011).

Wie Janukovyč hatte sich auch Tabačnyk stets als Gegner des ZNO profiliert und das externe Examen als „*Katastrophe für die ukrainische Bildung*" (Tabačnik 2008) bezeichnet. Dazu sein Vorgänger Vakarčuk:

> *„Der heutige Minister hat sich, als ich noch Minister war und er Abgeordneter, kategorisch gegen das ZNO ausgesprochen. Auf Sitzungen in der Verchovna Rada hat er stets dagegen abgestimmt."* [Interview UA-28]

Nach dem Amtsantritt Tabačnyks mussten die Stellvertretenden Bildungsminister gehen oder sie traten freiwillig zurück, da sie die neue Bildungspolitik nicht mittragen wollten.[231] So ließ Aleksandr Grebel'nik in einer Pressmitteilung verlauten: „*Der Grund für diese Entscheidung sind vorhersehbare kardinale Veränderungen im Hochschulwesen. Die Rücknahme des ZNO, die Revision der Ausrichtung der Hochschulbildung anhand von Bologna-Richtlinien*" (Obozrevatel' 2010). Auch Pavel Poljanskyj führte seinen Rücktritt auf Differenzen mit dem neuen Minister zurück:

> *„Ich habe nach der Ernennung Dmitro Tabačnyks zum Bildungsminister meinen Rücktritt eingereicht, da ich es nicht für akzeptabel hielt, mit diesem Menschen zusammenzuarbeiten."* [Interview UA-14]

Ersetzt wurden die Stellvertretenden Minister mit erklärten ZNO-Gegnern wie Evhen Sulima oder Irina Zaitseva. Damit verschoben sich die Kräfteverhältnisse innerhalb des Ministeriums, und die Antipode des externen Examens

---

[231] Pavel Poljanskyj: Januar 2008-März 2010; Aleksandr Grebel'nik: Januar 2008-März 2010; Taras Finnikov: April 2009-Mai 2010; Maksim Stricha: Februar 2008-Juni 2010. Auch zwei der neun Direktoren der regionalen Testzentren reichten ihre Rücktritte aus Protest gegen den neuen Minister ein.

gewannen die Überhand. Anstatt einer weiteren Annäherung des ukrainischen Bildungssystems an europäische Standards orientierte sich Tabačnyk an der russischen bzw. sowjetischen Bildungspolitik. Beispielsweise wurde die 2001 eingeleitete Anhebung der Schuldauer von 11 auf 12 Schuljahre wieder rückgängig gemacht. Ungeachtet der Kritik vieler Bildungsexperten trieb das Bildungsministerium die Russifizierung der Bildung voran, d. h. die Aufwertung der russischen Sprache im Unterricht und die Sowjetisierung der ukrainischen Geschichte (Åslund 2012), z. B. in Form eines gemeinsamen ukrainisch-russischen Geschichtsbuchs. In einigen Bereichen war Tabačnyks Hochschulpolitik selbst im Vergleich zu Russland reaktionär: Während z. B. in Russland eine Reihe ausländischer Universitätsabschlüsse anerkannt wurde, um ausländische Wissenschaftler anzuwerben und das Land enger in die internationale und europäische Hochschullandschaft einzubinden, wurden in der Ukraine im Ausland erworbene Doktorgrade nicht als ausreichende Qualifizierung anerkannt, um an einer Hochschule zu lehren (Åslund 2012).

Durch seine Politik geriet der neue Bildungsminister schnell zu einem der unbeliebtesten Politiker des Landes. In einer repräsentativen Umfrage des Razumkov-Zentrums im September und Oktober 2011 antworteten 67% der Befragten, dass sie die Politik Tabačnyks nicht befürworteten. Nur 2,6% sagten, sie stünden uneingeschränkt hinter ihm, und 16,5% unterstützten einzelne Vorhaben.[232] In einer weiteren Umfrage unter Kiewer Bürgern zeigten sich ebenfalls zwei Drittel der Befragten unzufrieden mit Tabačnyks Arbeit – 55,4% forderten gar seine Entlassung.[233] Im Unterschied zur Bevölkerung und den Studierenden unterstützten viele Rektoren die Politik des Ministers. Eine Erklärung dafür ist, dass durch Tabačnyk:

> „[...] *der persönliche Einfluss der Rektoren wieder zunahm; die postsowjetische Realität* [wiederhergestellt wurde]. *Der Rektor ist wie ein Monarch, der alles entscheidet. Daher waren viele Rektoren zufrieden.*“ [Interview UA-14]

---

232 Die Umfrage ist auf der Website des Razumkov-Zentrums abrufbar, www.razumkov.org.ua/ukr/news.php?news_id=380; zuletzt geprüft am 27.08.2013.

233 Die vom 19.03 bis 25.03.2011 von der NGO „Politisches Institut“ in Kiew durchgeführte Umfrage ist abrufbar unter www.polityka.in.ua/info/525.htm, zuletzt geprüft am 27.08.2013.

5.5.2 Unterminierung des ZNO

Sowohl Janukovyč als auch Tabačnyk war bewusst, dass das ZNO in der Bevölkerung großen Rückhalt genoss und sie das externe Examen – trotz der Wahlversprechen des Präsidenten – nicht einfach rückgängig machen konnten, ohne Proteste auszulösen. 2010 soll Tabačnyk zwar bereits ein entsprechendes Dekret ausgearbeitet haben, das schien allerdings nicht genügend Unterstützung zu finden und wurde nie erlassen. Stattdessen entschied man sich im Ministerium für eine andere Strategie, nämlich die sukzessive Unterminierung des Examens durch Modifizierungen des Reglements. Dazu der nach Tabačnyks Ernennung zurückgetretene Poljanskyj im Interview:

> *„Aus politischen Gesichtspunkten werden sie das ZNO natürlich nicht liquidieren. Sie sind einen anderen, viel subtileren Weg gegangen: Sie begrenzen den Einfluss des Examens auf die Zulassungsprozedur. [...] Das heißt, es wird verwässert. Das Examen bleibt zwar, aber all die Schemata, darunter auch Korruption, die vor 2008 existierten, kommen sehr schnell wieder zurück."* [Interview UA-14]

Eine Maßnahme bestand darin, den Status des ZNO-Zertifikats zu verändern: Während das externe Examen 2008 und 2009 das Schulabschlusszeugnis ersetzte, wurde 2010 wieder das Schulzeugnis neben dem ZNO-Zertifikat eingeführt. Eine noch folgenreichere Entscheidung war, zusätzlich zum ZNO-Zertifikat, das 2008 und 2009 alleiniges Zulassungskriterium war, weitere Kriterien für die Hochschulzulassung einzuführen und dadurch die Bedeutung des unabhängigen Examens zu verringern. Nach Verkündung dieser Novelle äußerten zahlreiche zivilgesellschaftliche und studentische Initiativen die Befürchtung, dass dadurch das transparente und objektive Zulassungsverfahren unterminiert und Korruption gefördert würde (International Renaissance Foundation 2011). OPORA initiierte zusammen mit anderen Organisationen die groß angelegte Informations- und Aufklärungskampagne „Für ehrliche Zulassungsprüfungen". Allerdings konnten diese und weitere Bestrebungen der Zivilgesellschaft nicht verhindern, dass die Gesetzesänderung in Kraft trat. Zwar blieb das externe Examen selbst frei von Korruption, allerdings entstanden durch die zusätzlichen Auswahlkriterien informelle Einfluss- und Korruptionsmechanismen in der Zulassungsphase.

Eine weitere bildungspolitische Entscheidung mit gravierenden Konsequenzen für die ordnungsgemäße Durchführung des Examens war die Kürzung der staatlichen Finanzierung des UCEQA. Als Folge der globalen Finanzkrise 2008, die die Ukraine hart traf, mussten im Bildungshaushalt Mittel eingespart werden, wovon auch das UCEQA-Budget betroffen war. Zugleich lief Ende 2009 ein Weltbank-Kredit aus, der bis dahin ebenfalls zur finanziellen Absicherung des ZNO beigetragen hatte. Da der Leitung des Bildungsministeriums das externe Examen ein Dorn im Auge war, gab es keine Bemühungen, das Budget zu substituieren. Ab 2010 war nicht mehr genügend Geld vorhanden, um einen professionellen Ablauf des Examens zu gewährleisten und das Personal des Zentrums adäquat zu entlohnen. 2012 fehlten dem UCEQA zur ordnungsgemäßen Durchführung der externen Prüfung ca. 22 Mio. UAH (Unian 02.04.2012). Die Gehälter der Mitarbeiter waren seit 2008 nicht mehr erhöht bzw. an die Inflation angepasst worden, was dazu führte, dass qualifizierte Angestellte in besser entlohnte Positionen in der freien Wirtschaft wechselten. Aufgrund der nicht wettbewerbsfähigen Löhne wurde es immer schwieriger, qualifiziertes Personal anzuwerben, wie die Direktorin des regionalen Testzentrums in Lwiw, Larysa Seredjak, kritisiert:

> *„Das Gehalt von unseren Putzfrauen und unseren Fahrern steigt, da es an den gesetzlichen Mindestlohn gekoppelt ist. Aber da wir weder zu den Pädagogen noch zu den Beamten zählen, hat man uns vergessen. Wenn wir Lehrkräfte wären, würden unsere Löhne steigen, aber wir fallen nicht darunter. Und die Beamtenbesoldung wird auch erhöht, wenn auch nur ein wenig. Und das Schlimmste ist, dass wenn unsere Putzfrau sagen wir 1.100 UAH* [100 Euro] *erhält, ein IT-Spezialist bei uns 1.330 UAH* [120 Euro] *bekommt.* [...] *In sechs Jahren haben uns deswegen 24 Leute verlassen."* [Interview-UA 32]

Trotz widriger Umstände verlief das ZNO 2010 ohne Probleme. Aufgrund des demographischen Bevölkerungsrückgangs legten in diesem Jahr mit 381.958 Teilnehmern deutlich weniger Abiturienten die Prüfung ab, sodass der Arbeitsaufwand geringer war. Allerdings stellte sich die Benutzung von Handys während der Prüfungen zunehmend als problematisch dar: 180 Teilnehmern konnte die Benutzung von technischen Hilfsmitteln während der Prüfung nachgewiesen werden; ihre Tests wurden aberkannt. Für OPORA und das Wählerkomitee der Ukraine kontrollierten 3.246 Beobachter den Ablauf des Examens, womit (je nach Prüfungsfach) zwischen 25-50% der Testzentren kontrolliert wurden. Beide Organisationen stellten zwar kleinere Verstöße fest, aber es gab keine Vorkommnisse, die auf Missbrauch, informelle Einflussnahme oder Korruption hindeuteten. Ihren Beobachtungen zufolge war das ZNO sehr gut organisiert, die Durchführung des Tests verlief ohne Probleme und das Reglement und die Prozeduren wurden strikt eingehalten.

Unter der neuen Ministeriumsleitung verschärften sich die Konflikte zwischen UCEQA und Ministerium. Obwohl das ZNO unter Direktor Likarčuk stets reibungslos verlaufen war, entließ man ihn am 5. Januar 2011 mitten in den Vorbereitungen für das anstehende Examen im Mai von seinem Posten. Der offizielle Grund für die Absetzung waren laut Stellvertretendem Bildungsminister Sulima die Tests der Englisch-Prüfung im Vorjahr, über die sich einige Abiturienten beschwert hatten, da sie zu schwer gewesen seien. Inoffiziell hatte das Ministerium aber andere Gründe, den Direktor zu entlassen: Likarčuk galt als durchsetzungsstarker und integrer Verfechter des ZNO, über den der Minister keine Kontrolle besaß:

> *„Übrigens wurde er gekündigt, da er sich niemanden unterordnen wollte – er wollte sich nur dem Recht und den Gesetzen des Externen Unabhängigen Examens unterordnen. Er verteidigte sein ‚Lehnsgut'* [votčina]. *Er verteidigte seine Macht, sein Eigentum. Genau deshalb entließ ihn der neue Minister."* [Interview UA-25]

Unstimmigkeiten gab es vor allem mit dem Ersten Stellvertretenden Bildungsminister Sulima. Die Forderung des Ministeriums nach mehr Einfluss auf die Gestaltung der Tests lehnte Likarčuk mit dem Argument ab, dass die Mitarbeiter des Ministeriums im Gegensatz zum UCEQA-Personal nicht zur Geheimhaltung verpflichtet seien und daher die Diskretion über den Inhalt der Prüfungen nicht garantiert sei. Laut einstimmiger Meinung mehrerer Respondenten fiel die Entscheidung, Likarčuk zu entlassen, bereits im Frühsommer 2010, als er sich nach eigener Aussage entschieden weigerte, die Kinder ranghoher Ministeriumsbeamter bei den Prüfungen privilegiert zu behandeln:

> *„Es ist nicht profitabel für Vertreter der regierenden politischen Elite, die es gewohnt ist, alle ‚Fragen' entweder mit einem Telefonat zu klären oder mit Hilfe ihres Dienstausweises.* [...] *In der Ukraine ist dies die reinste Form der Korruption. Ich denke, dass einer der Gründe für meine Entlassung war, dass ich mich geweigert habe, diese ‚Fragen' zu klären. Einer der heutigen Stellvertretenden Minister kam 2009 mit einer Liste von neun Personen zu mir, die gute Noten im Examen erhalten sollten. Ich habe ihn selbstverständlich zum Teufel gejagt. Als er anschließend Erster Stellvertretender Minister wurde, war er der Initiator meiner Entlassung. Da haben Sie ein krasses Beispiel für Korruption.* [...] *Es ist für sie einfach nicht rentabel. Ich kann Ihnen lange die Namen und Funktionen der Leute aufzählen, die zu mir kamen, um ‚Fragen' zu klären, aber ich habe sie nicht geklärt, für alle ihre Söhne, Töchter, Neffen, Freunde, Gevatter, Vermittler."* [Interview UA-12]

Durch die Neubesetzung versuchte das Ministerium, mehr Kontrolle über das UCEQA zu erlangen:

> *„Wenn das Ministerium damit auf die Probleme der Englisch-Tests reagieren wollte, so hat es selbst die Vorgaben für die Tests gegeben, auf deren Grundlage sie ausgearbeitet wurden. Das heißt, die Verantwortung dafür tragen beide Seiten. Ich bin zutiefst davon überzeugt, dass dies eine politische Entscheidung war, die darauf zielte, den Einfluss des Ministeriums zu stärken."* (Unian 11.01.2011)

Gleichzeitig war es ein deutliches Signal des Bildungsministers, die Rolle des ZNO weiter abzuschwächen: Mit Likarčuk verlor einer der größten und einflussreichsten Befürworter des ZNO sein Amt. Seine Entlassung wurde von der Zivilgesellschaft heftig kritisiert.

Als neue Direktorin wurde Irina Zaitseva eingesetzt, die als Vertraute Tabačnyks galt und zuvor für ihn als Stellvertretende Bildungsministerin gearbeitet hatte. Im Gegensatz zu ihren beiden Vorgängern Likarčuk und Hrynevyč ist Zaitseva keine ausgewiesene Bildungsexpertin, bei ihrer Ernennung spielte offensichtlich Qualifikation weniger eine Rolle als die Loyalität gegenüber dem Bildungsminister. Vor ihrer neuen Position als Direktorin des Testzentrums hatte sie sich wie Tabačnyk stets gegen die externe Prüfung ausgesprochen.

5.5.3 Der Umgang mit Bildungskorruption unter Tabačnyk

Die Neubesetzung der UCEQA-Direktion stellte das Examen auf die Probe; der saubere Ablauf, den Likarčuk in seiner Amtszeit gesichert hatte, war unter der neuen Direktorin nicht mehr gewährleistet. Und der Umgang des Bildungsministeriums mit Korruption weckte Zweifel daran, ob Zaitseva ähnlich integer bliebe wie ihr Vorgänger. Wie folgende Aussage aus dem Interview mit Poljanskyj nahelegt, wurde Korruption im Ministerium geduldet:

> *„Während 2008 und 2009 gegen eine ganze Reihe von Hochschulrektoren wegen Verstößen gegen die Aufnahmeprozeduren Strafen verhängt wurden und sie ihre Ämter verloren und einige Universitäten gar ihre Lizenz, mussten auch Studenten, die betrügerisch vorgingen, mit Exmatrikulation rechnen. Das Ministerium war sehr aktiv. [...] 2010 hat das Ministerium gar nichts unternommen. Nicht ein Direktor... Sie haben ihre Augen geschlossen, sie gaben den Rektoren eine Carte blanche. Auch wenn es nicht offiziell kommuniziert wurde, war die Position: Macht, was ihr wollt, wir sehen darüber hinweg. Einerseits wurde den Rektoren ein Knochen hingeworfen, andererseits hat Tabačnyk eine sehr rigide Machtvertikale geschaffen."* [Interview UA-14]

Dementsprechend gestaltete der Minister auch seine Bildungs- und Personalpolitik, wie Poljanskyj weiter ausführt:

> *„In der Ukraine ist das Lizenzierungs- und Akkreditierungssystem absolut korrupt. Tabačnyk kann jede Hochschule schließen, oder auch nicht.* [...] *Das wird alles von den Beamten im Ministerium gemacht. Ich weiß es aus eigener Erfahrung, obwohl ich nicht im Bereich der Hochschulbildung, sondern der Sekundärbildung gearbeitet habe, aber ich weiß sehr gut, wie es funktioniert. Während Vakarčuk den Leiter der Lizenzierungsabteilung wegen Bestechlichkeit entließ, arbeitet dieser nun wieder unter Tabačnyk, er hat ihn sofort wieder eingestellt. Warum? Weil er erfahren ist und weiß, wie das alles funktioniert."* [Interview UA-14]

Solange sich die Rektoren loyal gegenüber dem Minister verhielten, wurde Korruption nicht sanktioniert, wie Bystrytsky, angesprochen auf die Einstellung der Rektoren zum unabhängigen Examen, schildert:

> *„Es gab stets eine Ablehnung der Hochschulen, der Rektoren. Sie mögen dieses System nicht.* [...] *Diese Abneigung drückte sich auf unterschiedliche Weise aus, und sie hängt mit den politischen Interessen der Regierungspartei zusammen. Minister Tabačnyk ist ein typischer Vertreter der Regierungspartei. Was heißt das, Bildungsminister zu sein? Es bedeutet, man kann bei den Wahlen auf die Wahl der Studenten und Hochschulmitarbeiter Einfluss nehmen. Auf irgendeine Weise. Nicht direkt, aber der Einfluss ist sehr bedeutend: ‚Studenten im Wohnheim, Ihr müsst für unseren Kandidaten stimmen!' Das ist eine Art politische Korruption.* [...] *Wenn die Rektoren unzufrieden sind, müssen sie gefüttert werden* [Rektora dolžny byt' prikormleny]. *Das bedeutet, sie müssen irgendwelche Vorteile bekommen. Daher sagt der Minister: ‚Es gibt jetzt zwar dieses Testsystem, aber es ist schlecht. Lassen Sie uns zusammen ein kleines Schlupfloch einrichten. Wir erlauben, ein zusätzliches Examen einzurichten. Ein mündliches, nichts Großes.' Und schon hilft das Examen, ein wenig zu regulieren, wer angenommen wird, und man kann Bestechungen verlangen. Die Zivilgesellschaft bei uns bekämpft die ganze Zeit das Ministerium, damit es diese wholes in the test system nicht gibt."* [Interview UA-25]

Bystrytsky nimmt in seiner Aussage Bezug auf das Kormlenie-System, das sich im Amtsverständnis vieler ukrainischer Hochschulrektoren widerspiegelt. Sie betrachten ihre Hochschulen als *votčina*, als ihr Eigentum, mit dem sie tun und lassen können, was sie wollen, solange sie sich ihrem Patron (dem Minister) gegenüber loyal verhalten. Das entspricht der neopatrimonialen ukrainischen Governance-Praxis, in der innerhalb einer hierarchischen Machtvertikale Loyalität gegenüber dem Patron mit Vorteilen (z. B. Erlaubnis zur Korruption) bedacht wird, wie auch aus der nachfolgenden Interviewsequenz eines Soziologie-Dozenten aus Charkiw deutlich wird:

> *„Wenn wir uns die gegenwärtige Führung* [des Bildungsministeriums] *ansehen, gibt es bisher keine positiven Veränderungen. Wenn es vor zwei Jahren noch eine Tendenz zur Verbesserung gab, geht die Tendenz derzeit zur Verschlechterung. Wenn es so weiter geht, wird es noch schlimmer werden, da wir Korruptionsskandale in Zusammenhang mit dem Ministerium selbst erleben.* [...] *Es gab mehrere Korruptionsskandale, aber sie haben keine Konsequenzen gehabt. Das heißt, wir beobachten, dass es Korruptionsschemata gibt, dass sie existieren, und dass sich die Situation, trotz des unabhängigen Examens, vermutlich noch verschlechtern wird."* [Interview UA-2]

Exemplarisch für den Umgang der Janukovyč-Administration mit Korruption im Bildungswesen ist das Zustandekommen der „Nationalen Strategie der Entwicklung der Bildung für die Periode bis 2021", die der Präsident im Juni 2013 per Dekret № 344/2013 erließ. Erklärtes Ziel der Strategie war, die Bildungsqualität nachhaltig zu verbessern, um das Land für die Anforderungen des 21. Jahrhunderts zu rüsten. Aufschluss darüber, wie die Regierung mit Korruption umging, gibt die Tatsache, dass der einzige Satz in der Strategie, der Korruption im Bildungssektor als konkretes Problem benannte, gestrichen wurde. Im ursprünglichen Entwurf hieß es: *„Korruption im Bildungssystem wurde bisher nicht überwunden, finanzielle, materielle und räumliche Ressourcen werden ineffizient genutzt"*. In der endgültigen und vom Präsidenten gezeichneten Fassung fehlt der erste Teil jedoch und es wird nur noch von *„ineffizienter Nutzung der finanziellen, materiellen und räumlichen Ressourcen"*[234] gesprochen. Das bedeutet entweder, dass die politische Führung das Korruptionsproblem wissentlich ignorierte, da sie es nicht für bedeutsam genug hielt, oder aber sie hielt es zwar für bedeutsam, wollte es aber nicht öffentlich problematisieren. In beiden Fällen entspricht das Verhalten einer „Nichts sehen, nichts hören, nichts sagen"-Strategie, die das Problem verdrängt.

Das Benennen der Problematik sowie eine umfassende und schonungslose Analyse der Korruption wären Voraussetzung dafür, dass die richtigen Maßnahmen getroffen werden können. Deswegen sahen auch andere Experten in den vom Ministerium unternommenen Versuchen der Korruptionsbekämpfung eine *„Simulation des Kampfes gegen die Korruption. Die Handlungen*

[234] Offizielle Homepage des Präsidenten der Ukraine: Ukaz Prezidenta Ukrainy № 344/2013: O Nacional'noj strategii razvitija obrazovanija v Ukraine na period do 2021 goda, www.president.gov.ua/ru/documents/15828.html, zuletzt geprüft am 23.10.2013.

des Ministeriums tragen einen Imitationscharakter" (Oniščenko 2012). Der ehemalige Vizebildungsminister Finnikov warf der Tabačnyk-Administration auf einer Konferenz zu Korruption und akademischer Ethik vor, dass ihr das Problem bekannt sei, sie jedoch nichts dagegen unternehme, da sie persönlich davon profitiere:

> *„Verschiedene Versprechungen, Empfehlungen für die Hochschulleitungen. [...] Das alles trägt einen deklarativen Charakter. Aber irgendwelche Reaktionen, selbst auf die spektakulärsten Fälle, sehen wir nicht. Weil das Korruptionssystem eine wichtige finanzielle Stütze für das Management darstellt."* (Oniščenko 2012)

Mit Tabačnyk erfolgte ein Paradigmenwechsel in der Bekämpfung der Bildungskorruption: Nach zwei Jahren, in denen Korruption im Rahmen der Hochschulzulassung durch die Einführung des unabhängigen Examens als einzige Hochschulzugangsvoraussetzung erfolgreich bekämpft worden war, schuf der neue Minister zahlreiche Schlupflöcher und Mechanismen für informelle Einflussnahme und Korruption.

5.6 Informelle Praxen und Korruption nach Einführung des ZNO

2008 und 2009 war das ZNO-Zertifikat das alleinige Hochschulzulassungskriterium. Die Bewerber wurden transparent anhand ihrer Ergebnisse ausgewählt und die Studienplätze wurden an die Bewerber mit den höchsten Punktzahlen vergeben, bis das staatlich festgelegte Kontingent („Goszakaz") an kostenlosen Studienplätzen ausgefüllt war. Zwar enthielten die Zulassungsbedingungen auch einige Ausnahmen, so war es z. B. Gewinnern der Nationalen Schulolympiaden vorbehalten, ihren Studienplatz frei zu wählen; allerdings betrafen diese Zusatzregelungen nur eine sehr kleine Personengruppe, und auch wenn es in diesem Zusammenhang einige Fälle von Korruption gegeben haben mag, waren sie unter Bildungsminister Vakarčuk kein systematisches Problem.

Kurz nach seiner Ernennung zum Bildungsminister gab Tabačnyk Anfang 2010 bekannt, er würde das Zulassungssystem ändern. Bereits im laufenden Jahr sollten bis zu 270 Punkte zusätzlich zu den Punkten aus dem ZNO vergeben werden. Dadurch hing die Entscheidung nicht mehr nur vom objektiven ZNO ab, sondern von subjektiven und intransparenten und damit korruptionsanfälligen Bewertungen. Für den Direktor des UCEQA Likarčuk kamen diese Modifikationen verfrüht:

> *„So wie es 2008 und 2009 war, so müsste man das System fünf oder sechs Jahre weiterführen, und danach kann man dann schon überlegen, einen Essay oder etwas anderes einzuführen. Das heißt, die Ukrainer müssen vergessen, dass es eine Periode gab, in der man es für Geld regeln konnte, aber dafür benötigt es vier Jahre, mindestens. Und dann kann man schon mit dem System ‚spielen' und das amerikanische System übernehmen."* [Interview UA-12]

Die veränderten Zulassungsbedingungen unter Tabačnyk führten zu einem Anstieg der Korruption im Zusammenhang mit der Hochschulzulassung. Nachstehend werden die einzelnen in der Ukraine im Untersuchungszeitraum festgestellten Korruptionspraxen näher analysiert.

5.6.1 Schulabschlusszeugnis

Während 2008 und 2009 das Abiturzeugnis („Attestat") durch das ZNO-Zertifikat ersetzt worden war und keine Rolle für die Hochschulzulassung gespielt hatte, führte Tabačnyk es 2010 wieder ein und verlieh ihm eine gewichtige Rolle: Für das Schulzeugnis wurden zusätzlich zum ZNO bis zu 200 Punkte vergeben. Hinter dieser Entscheidung des Ministeriums stand die grundsätzlich berechtigte Sorge, dass die Schüler der Abschlussklassen nur noch für die Fächer lernten, in denen sie die externe Prüfung ablegten. Zudem ergab 2008 eine Analyse der Effektivität des auf dem ZNO basierten Zulassungsverfahrens, dass die Vorhersage des späteren Studienerfolgs („predictive validity") anhand der ZNO-Ergebnisse mit einem Korrelationskoeffizient von 0.522 zwar hoch sei und internationalen Standards entspreche. Wenn jedoch zusätzlich zum ZNO die Schulnoten berücksichtigt würden, erhöhe sich der Korrelationskoeffizient signifikant auf 0.580 (Kovtunets et al. 2010). Demnach wäre die Berücksichtigung der Schulnote zusätzlich zum externen Examen theoretisch sinnvoll. Allerdings birgt sie in der ukrainischen Realität das Risiko der Korruption und informellen Einflussnahme. Dass Schulnoten in der Ukraine käuflich sind, belegt eine Studie des KIIS. Als 2007, noch vor der verpflichtenden Einführung des ZNO, die Abschlussnote bei der Hochschulzulassung berücksichtigt wurde, gaben 11% der Abiturienten und 12,7% der Eltern an, mit Korruption im Rahmen der Abschlussexamen in Berührung gekommen zu sein. Zwei Jahre später, als das Abschlusszeugnis durch das externe Examen ersetzt war und keine Rolle bei der Zulassung mehr spielte, sanken die Werte deutlich.

Seit 2010 gibt es eine Renaissance informeller Praktiken, die sich in den steigenden Noten vieler Abiturienten widerspiegelt bzw. in der wachsenden Zahl der Gold- und Silbermedaillen, die die besten Schüler eines Jahrgangs erhalten: Lag ihr Anteil im Schuljahr 2008/09, als die Abiturnote nicht berücksichtigt wurde, bei 4,7%, stieg er im Schuljahr 2010/2011, als für das Zeugnis 200 zusätzliche Punkte gewährt wurden, auf 7,5%. In einigen Regionen, z. B. Černivci (14%) oder Ternopyl (10,4%), zählten sogar mehr als 10% der Abiturienten zu den Medaillisten (Likarčuk 2012).

Obwohl die Abiturnoten deutlich besser ausfallen, haben sich die ZNO-Testergebnisse nicht verbessert. Das bedeutet, dass die Noten zunehmend auseinanderklaffen (dabei sind bis auf Ausnahmefälle stets die Schulnoten deutlich besser), wie eine von USETI durchgeführte Analyse zeigt: Lagen 2011 in 620 Fällen die Abitur- und ZNO-Noten mit mehr als 50 Punkten signifikant auseinander, verzehnfachte sich ein Jahr später die Zahl der Fälle auf 6.869 und stieg 2013 sogar auf 32.254 (Oniščenko 2013b). Somit lagen 2013 bei etwa jedem zehnten Abiturienten die Abschluss- und ZNO-Noten sehr weit auseinander – ein indirekter Hinweis darauf, dass die Schulnoten über informelle Mechanismen nachgebessert wurden.

Viktor Gudzinskyj vom TIMO-Journal führte eine Studie durch, die zeigt, wie stark die Ergebnisse zwischen Abitur- und ZNO-Note inzwischen in einigen Fällen divergieren:

> *„Wir haben ein interessantes Dokument zu Charkiw. Wir haben ein Rating aller Schulen der Stadt anhand der Abiturnoten, die dort ausgestellt werden, erstellt.* [...] *Daneben haben wir die ZNO-Noten der Schüler der Schule gestellt und den Unterschied zwischen beiden berechnet. Das Bild, das wir erhalten haben, führt bis ins Absurde. Zum Beispiel liegt die Schule, die die besten Abiturnoten vergibt, nach ZNO-Noten nur noch auf dem 98. Platz. Das ist absolut unmöglich. Der unterschied dürfte 20% nicht überschreiten, aber er liegt in einigen Fällen bei 200-300%."* (Kotljar 2010)

Durch verbesserte Lehrmethoden lässt sich der Anstieg sehr guter Schulnoten kaum erklären. Serhyj Rakov von der wissenschaftlichen Abteilung des UCEQA und Mitherausgeber des TIMO-Journals, bietet eine plausiblere Erklärung:

> *„Wir haben indirekte Hinweise für einen landesweiten Skandal. Wir haben Zahlen erhalten, denen zufolge direkt nachdem Tabačnyk verlautbarte, dass die Abschlussnote mit 200 Punkten angerechnet wird, der Verkauf von Notenheften, in die Lehrer die Noten ihrer Schüler eintragen, um 30% stieg. Das ist ein indirekter Indikator dafür, dass angefangen wurde, Noten zu korrigieren."* [Interview UA-3]

Laut TIMO verzeichneten mehrere Verlage im März und April 2010 einen Anstieg des Verkaufs von Notenheften von 23-30%. Das ist insofern ungewöhnlich, als dass die Notenhefte üblicherweise zu Beginn des Schuljahres eingekauft werden und nicht zum Ende. Außerdem hätte der Verkauf der Hefte aufgrund der demografischen Entwicklung – 2010 sanken die Abiturientenzahlen im Verlauf zum Vorjahr um fast 10% – eigentlich zurückgehen müssen (Kotljar 2010). Viele Experten gehen davon aus, dass die Hefte gegen Bezahlung oder auf Druck der Eltern vielerorts neu geschrieben wurden, um durch bessere Abschlusszeugnisse mehr Zusatzpunkte zu erreichen. Dies bestätigte eine Lehrerin aus Kiew in einem Zeitungsinterview:

> *„Als 2008 die Tests eingeführt wurden und das Abschlusszeugnis lediglich ein Papier war, hörte die Schulleitung auf, uns Listen mit denjenigen Schülern zu geben, denen man nicht weniger als 10 bis 11 Punkte geben durfte. Als aber 2010 das Abschlusszeugnis wieder eine Rolle spielte und 200 Punkte ausmachte, kehrten die Listen zurück."* (Kolb 2011)

Laut dem Zeitungsartikel lassen sich an vielen Schulen relativ einfach gute Abschlusszeugnisse für umgerechnet 300-500 Euro kaufen, die Noten würden einfach in den neuen Heften verbessert. Dabei seien laut Poljanskyj weniger die Lehrer als vielmehr die Direktoren dafür verantwortlich:

> *„Übrigens sind nicht die Lehrer Schuld, sie erhalten keine Bestechung dafür, dem Lehrer wird das vom Direktor befohlen. Das ist eine Machtvertikale, die die Partei der Regionen versucht, in der Ukraine aufzubauen."* [Interview UA-14]

Likarčuk, der die Einführung der Abiturnote als zusätzliches Auswahlkriterium wegen exakt dieser Entwicklung verhindern wollte, sah seine Befürchtungen eingetreten. Medaillen seien nicht mehr Ausdruck hervorragender schulischer Leistungen, sondern *„ein Tauschobjekt in den korrupten Spielchen einiger Pädagogen und einer Reihe von Ministeriumsbeamten"* (Likarčuk 2012).

5.6.2 Schulolympiaden

Eine weitere Möglichkeit zur Korruption bieten die Schulolympiaden. Dieses sowjetische System wurde weitgehend übernommen. Die Gewinner der

Wettbewerbe auf nationaler Ebene (dazu müssen die Schüler zunächst auf der schulischen, kommunalen und regionalen Ebene jeweils eine Runde weiterkommen) können sich einen kostenlosen Studienplatz auswählen. Diese Regelung führte bereits 2008 und 2009 in einigen Fällen zu Missbrauch und Korruption. 2009 wurde bekannt, dass nicht nur Sieger privilegiert aufgenommen wurden, sondern auch einige Abiturienten, die zwar an den Olympiaden teilgenommen, aber diese nicht gewonnen hatten.[235] Auf der anderen Seite wurde einigen regulären Gewinnern der Schulolympiaden ihr Bonus verweigert und sie erhielten keinen Studienplatz. 2010 beschwerten sich viele Abiturienten und Eltern bei OPORA darüber, dass die Zulassungslisten von einigen der renommiertesten Hochschulen von „fabrizierten“ Olympiadensiegern angeführt würden. Daraufhin überprüfte die Organisation u. a. die Bewerberlisten der Nationalen Ševčenko-Universität und stellte fest, dass sich unter den elf Bewerbern mit der höchsten Punktzahl für den Studiengang Journalistik zehn Sieger von Olympiaden bzw. den Nachwuchsakademien (siehe nächstes Kapitel) befanden. Als OPORA die offiziellen Dokumente des Bildungsministeriums, die alle nationalen Gewinner auflisten, kontrollierte, fanden sich die Namen der angeblichen Sieger jedoch nicht. Zehn der elf Studienplätze gingen somit an fabrizierte Olympiadengewinner.

Unter Tabačnyk wurde das Reglement der Olympiaden dahingehend geändert, dass die Sieger von Olympiaden nicht mehr per se einen Studienplatz erhielten, sondern einen Bonus in Form von Punkten: 50 Punkte für Olympiadengewinner, 40 für Zweitplatzierte und 30 für Drittplatzierte. Die Zulassung wurde dadurch nicht mehr automatisch garantiert, dennoch behielten Olympiadengewinner Vorteile, die einen gewichtigen Unterschied ausmachen und dadurch Anreize für informelle Einflussnahme bieten.

2011 kam es zu einem Skandal mit großem Medienecho, als die Tochter des Stellvertretenden Bildungsministers, Valeria Sulima, Siegerin gleich dreier Olympiaden wurde: Sie gewann die von Tabačnyk erst im Vorjahr neu ausgerufene nationale Olympiade in Russisch; die nationale Olympiade in Jura sowie die regionale Olympiade in Englisch. Zudem belegte sie den zweiten Platz bei der regionalen Olympiade in Ukrainischer Sprache und Literatur.

---

235 OPORA: Gromads'ke sposterežennja za vstupnoju kampanieju do VNZ u 2009 roci, www.oporaua.org/education/article/338-2009-07-20, zuletzt abgerufen am 19.08.2013.

Eine Zeitung kommentierte ihre Auszeichnungen ironisch als „*geniale*“ Leistung, die bisher einmalig in der ukrainischen Geschichte sei (Genial’naja doč’ zama Tabačnika vyigrala Vseukrainskuju olimpiadu po russkomu jazyku 2011). Dabei hätte Valeria Sulima an den nationalen Olympiaden eigentlich gar nicht teilnehmen dürfen, da sie bereits auf kommunaler Ebene nicht weitergekommen war. Dieses Beispiel veranschaulicht, dass bei den Olympiaden oftmals weniger die Leistungen der Schüler bewertet werden, sondern vielmehr intransparente und informelle Mechanismen wie politischer Druck, Loyalität und auch Korruption entscheidend sind. Ihor Likarčuk spricht sich deswegen klar gegen dieses System aus:

> *„Wenn die Teilnahme an Olympiaden keinen Bonus darstellen würde, und es ist ein enormer Bonus bei der Zulassung, denke ich, dass sie früher oder später in Vergessenheit geraten würden. Aber seitdem sie zu einem Bonus wurden, verwandeln sie sich langsam in einen Korruptionsmechanismus.“* [Interview UA-12]

Auch Pavel Poljanskyj äußert sich skeptisch gegenüber den Olympiaden und sieht vor allem auf regionaler Ebene große Korruptionsrisiken:

> *„Die Olympiaden in der Ukraine – das ist ein sehr korruptes System, das ist wahr.* [...] *Das markanteste und skandalöseste Beispiel ist die Tochter des Ersten Stellvertretenden Bildungsministers, Herrn Sulima, die – im letzten Jahr lernte sie noch in der 9. Klasse – in diesem Jahr plötzlich in der 11. Klasse war und die Erste in der Geschichte der Ukraine ist, die vier Olympiaden gewonnen hat. Und`das in sehr unterschiedlichen Fächern: Jura, Russisch, und Englisch und noch irgendwas. Mir haben Leute, die auf diesen Olympiaden waren, erzählt, wie das alles abgelaufen ist, das möchte ich hier gar nicht wiedergeben, es ist einfach ekelhaft. Aber die wesentliche Korruption – das ist ein Problem in den Landkreisen und Regionen. Das ist ein Bonus für die Schule und die Region, die Kinder bestimmter Personen gewinnen die Olympiaden. Bestechungen werden gezahlt für den Gewinn im Kreis, und dann muss man später auch in der Region zahlen, und wer am meisten bezahlt, dessen Kind gewinnt auf regionaler Ebene. Auf der Landesebene ist es schon schwieriger, und es sind Einzelfälle, wie mit der Tochter von Sulima. Am meisten korrumpiert ist aber die niedrige Ebene.“* [Interview UA-14]

Wie lassen sich die Olympiaden konkret manipulieren? Lesja Orobec von der Vaterlands-Partei, die sich im parlamentarischen Bildungsausschuss gegen Bildungskorruption engagierte, konnte beobachten, wie bestimmten Teilnehmern nachgeholfen wird:

> *„Das Ausmaß der Korruption bei den Olympiaden war sehr groß. Ich kann das aus meiner eigenen Erfahrung sagen, die das besser veranschaulicht als jede Beschreibung. Am Ende der 11. Klasse, es war die Olympiade in Jura der Stadt Kiew,*

die dritte von insgesamt vier Runden. Der Gewinn bedeutet, dass man an jeder Uni studieren kann, sie reißen sich förmlich um dich. Ich musste auf Toilette und in der Zwischenzeit meine Arbeit vorne abgeben. Hinter mir ging eine Aufsicht, die kontrollierte, dass ich nicht schummle oder spicke oder sonst etwas anstelle. Ich weiß nicht wieso, aber ich kam etwas eher zurück, als ich zurück erwartet wurde. Ich öffnete die Tür noch vor der Aufseherin, die hinter mir her ging, und ich konnte sehen, wie die Aufsichtsperson in dem Prüfungsraum ihrem Schüler aus meiner Arbeit diktierte." [Interview UA-24]

Dieser Mechanismus spielt vor allem für Abiturienten einflussreicher Persönlichkeiten eine wichtige Rolle. So können sie Studienplätze an renommierten Hochschulen erhalten, wie beispielsweise am Kiewer Institut für Internationale Beziehungen KIMO, das zur Ševčenko-Universität gehört und von den politischen Eliten für die Ausbildung ihrer Kinder bevorzugt wird. Die Studenten des Instituts setzen sich nahezu ausschließlich aus Olympiadensiegern und weiteren priviligierten Berwerbergruppen zusammen. Dadurch blieben laut des Direktors des Instituts für Internationale Beziehungen für andere Bewerber kaum freie Plätze übrig:

„Leider müssen wir einen Großteil der Studienplätze an Privilegierte vergeben – Sieger von Olympiaden, Preisträger der Nachwuchsakademie-Wettbewerbe, Waisen, Invaliden. Wir haben 26 Plätze, davon werden 20 von Privilegierten eingenommen, vielleicht ein paar weniger. Und nur die übrigen Plätze vergeben wir an die Besten der Besten. Daher können bei uns selbst Bewerber mit ZNO-Zertifikaten mit Höchstnoten abgelehnt werden." (Gnap 2010)

5.6.3 Nachwuchswettbewerbe der Jungen Akademie der Wissenschaften

Analog zu den Schulolympiaden finden in der Ukraine Nachwuchswettbewerbe der „Jungen Akademie der Wissenschaften" (Malaja Akademija Nauk, MAN) statt. Diese quasi-staatliche Institution ist Mitte der 1990er Jahre aus den sowjetischen Pionierhäusern hervorgegangen, die Freizeitaktivitäten für Kinder und Jugendliche anboten. Sie fördert und unterstützt begabte Schüler und versucht sie für die Forschung zu begeistern. Während der Sieg bei Schulolympiaden bereits 2008 und 2009 eine privilegierte Zulassung ermöglichte, erhielten die Sieger der MAN-Wettbewerbe erst 2010 unter Tabačnyk Vorteile bei der Zulassung. Seither erhalten sie Zusatzpunkte (1. Platz 50 Punkte, 2. Platz 40 Punkte, 3. Platz 30 Punkte). Allerdings werden auch bei den Wettbewerben der MAN die Teilnehmer nicht immer für intellektuelle Leistungen ausgezeichnet, sondern aufgrund informeller Einflussnahme. Für Ihor Likarčuk grenzen diese Wettbewerbe an Betrug:

> *„Die Schüler schreiben sogenannte ‚wissenschaftliche Arbeiten', dann werden diese ‚verteidigt', und die Schüler erhalten ein Dokument, das sie zum privilegierten Hochschulzugang außer Konkurrenz ermächtigt. Das ist der einzige Punkt, in dem wir mit den Rektoren einer Meinung sind, dass dies die reinste Scharlatanerie ist, denn in der Regel werden alle diese sogenannten ‚wissenschaftlichen Arbeiten' aus dem Internet genommen.* [...] *Da diese Institution von einem sehr einflussreichen Politiker geführt wird, betreibt er eine sehr starke Lobbyarbeit in der Regierung, und die Akademie besitzt fast schon einen staatlichen Status und erhält Geld aus dem Staatsbudget. Kurz gesagt, ist dies eine weitere interessante Struktur, die auf genau dasselbe hinausläuft* [wie die Olympiaden]. *"* [Interview UA-12]

Ein Soziologie-Dozent berichtet, wie diese Wettbewerbe manipuliert werden:

> *„Die sogenannte Nachwuchsakademie ist ein Programm, das talentierte Jugendliche fördern soll, die bereit sind, in bestimmten Disziplinen ihr Wissen zu belegen.* [...] *Sie erhalten dafür Vorteile bei der Hochschulzulassung. Aber nicht immer erhalten diejenigen die Auszeichnungen, die sie bekommen müssten.* [...] *Es sollten die Besten sein, aber dies ist nicht immer so, da auch hier die Entscheidungen von einzelnen Personen gefällt werden. Und da es hier um den Erhalt eines Studienplatzes geht, wird es natürlich missbraucht. Es kam schon vor, dass es mehr Preisträger gab, als es prinzipiell sein können."* [Interview UA-2]

USETI hat für das Jahr 2010 ermittelt, dass es im Fach Geschichte 150 Olympiaden- und Nachwuchsakademiesieger gab, dabei hätte es rein rechnerisch höchstens 50 geben dürfen (Oniščenko 2011). Zwar macht die Gesamtzahl an Gewinnern der Schulolympiaden und Nachwuchsakademien nur einen Bruchteil aller Abiturienten aus, aber Tabačnyk hat mit diesem System eine Lücke etabliert, die vor allem den Kindern einflussreicher politischer Eliten einen Studienplatz sichert.

5.6.4 Bewerber mit Privilegien

Ein Problem, das verstärkt ab 2009 in Erscheinung trat, war die zunehmende Anzahl von Bewerbern mit Privilegien, sog. „L'gotniki", die bei der Hochschulzulassung bevorzugt behandelt werden. Dazu zählen laut Reglement:

- Opfer der Tschernobyl-Katastrophe
- Invaliden und Kinder mit Behinderungen des 1. und 2. Grades im Alter bis 18 Jahre

- Waisen und Kinder ohne elterliche Fürsorge
- Personen, die unter das Gesetz „Über den Status von Kriegsveteranen, deren Garantien und soziale Sicherung" fallen
- Kinder von Mitgliedern der Streitkräfte der Ukraine, die bei der Ausübung ihrer Tätigkeit in der ukrainischen Armee umgekommen sind
- Seit 2012 auch Personen, die unter das Gesetz „Über die Erhöhung des Ansehens der Bergarbeiter" fallen[236]

Die Absicht, diese Personengruppen staatlich zu unterstützen, ist grundsätzlich positiv zu bewerten. In der ukrainischen Realität birgt das Einräumen von Privilegien jedoch viele Risiken, denn oftmals lassen sich solche Bescheinigungen relativ einfach kaufen. Die ukrainische Tageszeitung *Segodnya* berichtete 2011, dass gegen eine Bestechungssumme von 2.000 bis 3.000 USD eine entsprechende Bescheinigung erworben werden könne (Kolb 2011). Dass sie leicht zu erwerben sind, zeigt die auffällig hohe Anzahl von Bewerbungen von angeblichen Asthmapatienten oder Waisenkindern. Eine Dozentin aus Charkiw berichtet:

> *„Sie fingen damit an, fiktive Dokumente zu besorgen. Für einige Bewerber mit niedriger Punktzahl war es einfacher, einer Behörde Geld zu geben und ein Dokument zu kaufen, dass sie ein Waisenkind seien oder ein Opfer der Tschernobyl-Katastrophe oder Kinder von Schachtarbeitern, dabei waren die Eltern vielleicht normale Unternehmer. Das heißt, die Korruption hat sich auf eine andere Ebene verlagert."* [Interview UA-1]

OPORA dokumentierte z. B. 2009 den Fall des Studiengangs Internationale Beziehungen am bereits erwähnten KIMO-Institut: Selbst die Bewerber mit den besten ZNO-Ergebnissen hatten keine Chance auf einen der 50 Studienplätze, da es 35 privilegierte Bewerber gab (Waisen, Invaliden etc.) und 17 Sieger von Olympiaden bzw. der MAN.[237] Eine Überprüfung der Dokumente durch OPORA ergab, dass viele gefälscht waren. Auch andere, vor allem prestigeträchtige Hochschulen sahen sich mit diesem Problem konfrontiert:

---

[236] Die Privilegierung der Kinder von Bergarbeitern kritisierte OPORA als populistisches Wahlgeschenk, das Janukovyč im Juli 2012 mit dem Zweck verabschiedet habe, sich im Osten der Ukraine, wo in der ukrainischen Bergbauregion seine Stammwähler leben, Stimmen für die anstehenden Parlamentswahlen zu sichern.

[237] OPORA: Gromads'ke sposterežennja za vstupnoju kampanieju do VNZ u 2009 roci, www.oporaua.org/education/article/338-2009-07-20, zuletzt abgerufen am 19.08.2013.

An der Mohyla-Akademie stieg der Anteil der privilegierten Bewerber 2010 um das Zwei- bis Dreifache im Vergleich zum Vorjahr. Die Universität entschied sich, die Echtheit der eingereichten Dokumente zu überprüfen:

> *„Diese Zertifikate kann man durch Korruption erhalten. Die Mohyla zum Beispiel ist eine der Universitäten, die an qualifizierten Studenten interessiert ist. Im vorigen Jahr, als es viele Begünstigte gab, die mit ihren Zertifikaten ankamen und kostenlose Studienplätze einforderten, hat die Uni angekündigt, die Zertifikate zur Untersuchung an die Staatsanwaltschaft zu schicken. Diese Personen haben daraufhin ihre Dokumente zurückgenommen."* [Interview UA-6]

Diesen Aufwand betreiben allerdings nur die wenigsten Hochschulen, der Großteil der Universitäten nimmt gefälschte Dokumente in Kauf. Irina Bekeškina weist im Interview darauf hin, dass es für die Fälschung der Dokumente gar keinen Straftatbestand gebe, was diese Praxis zusätzlich fördere:

> *„In einigen Studiengängen, vor allem an prestigereichen, gab es überhaupt nur Privilegierte.* [...] *Das war der reinste Idiotismus, ich weiß nicht, was das Ministerium sich dabei gedacht hat.* [...] *Waisenkinder, diese Dokumente überprüft niemand. Es wurde sogar beobachtet, dass Waisen zusammen mit ihren Eltern die Dokumente einreichten, die ihren Waisenstatus bescheinigen. Für die Fälschung der Dokumente gibt es bei uns keinen Straftatbestandteil. Es gibt eine Reihe von Dokumenten, für die es Strafen gibt, aber die Bescheinigungen von Ärzten fallen nicht darunter."* [Interview UA-7]

Während Olympiaden und Nachwuchsakademien vor allem den Eliten als Schlupfloch dienen, da sie Kontakte zu ranghohen Beamten erfordern, wird das Privilegiensystem von nahezu allen sozioökonomischen Schichten missbraucht, um auf informellem Wege einen Studienplatz zu sichern. Um gegen diesen Missbrauch vorzugehen, setzte sich vor allem die Abgeordnete Lesja Orobec dafür ein, Quoten für Privilegierten vorbehaltene Studienplätze einzuführen. Auf ihre Initiative hin wurde 2011 der Anteil dieser Studienplätze beschränkt:

> *„Eine meiner persönlichen Erfolge war es, zwei Minister davon zu überzeugen, die Zulassungsbedingungen zu ändern und eine Quote einzuführen. Sie können jetzt nicht mehr alle Studienplätze besetzen, sondern nur 25%. Das war meine persönliche Idee und ich konnte sie durchsetzen. Jetzt gibt es wesentlich weniger L'gotniki."* [Interview UA-24]

An Universitäten, an denen es in einzelnen Fächern mehr als 25% Bewerber mit Privilegien gibt, soll die Auswahl nach Noten erfolgen. Allerdings dokumentierte OPORA 2012, dass einige Hochschulen die Quoten missachteten. Am Kiewer Polytechnischen Institut stammten in einigen Fächern wie z. B. Biotechnologie und Informatik 50% bis 100% der aufgenommen Studierenden aus der Kategorie der L'gotniki (Suržik 2012).

5.6.5 *Zusätzliche Eignungs- und Auswahlprüfungen*

Für einige Studienfächer, z. B. Kunst, Sport, Musik, Journalismus und Architektur, müssen die Bewerber zusätzlich zum ZNO „kreative" Eignungsprüfungen („tvorčeskij konkurs") ablegen. Dafür werden den Bewerbern je nach Ergebnis zusätzlich bis zu 200 Punkte gutgeschrieben. Für diese Prüfungen gibt es keine standardisierten und transparenten Verfahren, sodass es immer wieder zu informeller Einflussnahme kommt. 2012 enthüllte eine investigative TV-Recherche, dass an einer der größten Hochschulen des Landes, der Nationalen Staatlichen Luftfahrtuniversität, die Fragen der Auswahlprüfung für Journalistik für 300 USD im Internet angeboten wurden (TSN 2012).

Ein weiteres Korruptionsrisiko bergen diese Prüfungen, weil die Bewertungsmaßstäbe in der Regel subjektiven Kriterien unterliegen: Ob ein Kunstwerk schön gestaltet oder ein Essay gut geschrieben ist, ist Ermessenssache und unterliegt einem großen diskretionären Spielraum. So erzählte eine Studentin 2011 in einem Zeitungsinterview, dass sie schon als Kind davon geträumt habe, Journalistin zu werden (Kolb 2011). Sie bereitete sich jahrelang darauf vor und nahm auch an den Olympiaden in Ukrainischer Sprache und Literatur teil, bei denen sie zu einer der Besten im Land gehörte. In der ZNO-Prüfung in Sprache und Literatur erhielt sie die volle Punktzahl von 200, in Geschichte 194. In der zusätzlichen Eignungsprüfung an der Hochschule erhielt sie jedoch nur 144 Punkte und bestand gerade so. Die Spitzenschülerin konnte sich nicht erklären, warum sie plötzlich eine unterdurchschnittliche Note erhielt. Auf Nachfrage durfte sie ihre Arbeit einsehen und stellte mit Erstaunen fest, dass am Rande ihrer Klausur kommentarlos schlechte Noten eingetragen waren, ohne dass eine Begründung erkennbar war. Eine interviewte Studentin schildert eine ähnliche Erfahrung:

> *„Ich habe das Auswahlexamen an der Journalistik-Fakultät der Taras-Ševčenko-Universität gemacht. Ich habe bereits zuvor als Journalistin gearbeitet.* [...] *Dann kam ich zu dem Examen, am ersten Tag mussten wir einen Aufsatz schreiben, am zweiten wurde uns ein Text diktiert, und am dritten Tag hatten wir eine Diskussion.*

Es gab sehr viele Bewerber. [...] *Und dann, als ich meine Ergebnisse erhielt, war ich geschockt. Ich schreibe immer noch von Zeit zu Zeit, aber ich wurde nicht zugelassen, ich hatte nur 149 von 200 Punkten. Ich weiß, dass man an diese Universität gelangt, weil irgendwer irgendjemandem etwas bezahlt hat, oder weil sie Vorbereitungskurse besuchen und die Prüfer schon kennen."* [Interview UA-6]

Auch wenn der Eindruck der (sicherlich enttäuschten) Studentinnen subjektiv ist, zeigen ihre Beispiele, welch großen Handlungsspielraum die Auswahlkommissionen bei Fächern mit zusätzlichen Aufnahmeprüfungen besitzen. Auch Irina Bekeškina glaubt, dass die mangelnde Objektivität und Transparenz der zusätzlichen Prüfungen Korruption begünstige:

„Es sind sehr interessante Dinge passiert. Zum Beispiel erhielten Personen mit guten ZNO-Resultaten plötzlich schlechte Noten bei der Eignungsprüfung, und diejenigen, die das ZNO schlecht abgeschnitten hatten, erhielten bei den Eignungsprüfungen plötzlich sehr gute Noten. [...] *Die Mechanismen sind sehr einfach. Wenn sich zum Beispiel die ‚richtige' Person bewirbt, diese aber nur schlechte ZNO-Noten hat, erhält sie eine hohe Punktzahl bei der Eignungsprüfung. Und umgekehrt erhalten die Bewerber mit guten Noten niedrige. Leider taucht bei uns, unter unseren Bedingungen, überall dort, wo Subjektivismus beginnt, sofort Korruption auf."* [Interview UA-7]

Darüber hinaus ist der Nutzen der zusätzlichen Prüfungen zumindest in einigen Fächern wie Journalismus fraglich.[238]

Die Bewerberauswahl für Master-Studienplätze erfolgt ebenfalls anhand von Auswahlprüfungen, die die Universitäten selbst durchführen. Auch bei diesen Prüfungen kommt es regelmäßig zu Unregelmäßigkeiten. OPORA dokumentierte 2012 einen Fall an der Ševčenko-Universität: Von den Bachelor-Absolventen der Jura-Fakultät, die sich für einen Masterstudienplatz bewarben, fielen die besten Absolventen durch die Auswahlprüfungen, während ihre bis dahin durchschnittlichen Kommilitonen die Tests sehr gut bestanden: 27 Bewerber, die ihren Abschluss mit „befriedigend" bestanden hatten, erhielten die volle Punktzahl, zwei verbesserten sich um eine Note auf „gut", und sechs erhielten die Note „befriedigend" auch in der Auswahlprüfung. 14 der Bewerber mit einem durchschnittlichen Abschluss fielen durch. Ein anderes

[238] So ergab eine Analyse der prognostischen Validität der Journalismus-Eignungstests von 2009 lediglich einen Wert von 0,16 Oniščenko 2013b. Sie liegen damit deutlich unter den Vorhersagewerten der externen Prüfung oder des Schulzeugnisses. Die zusätzlichen Eignungsprüfungen sind demnach nur bedingt Aussagekräftig für den späteren Studienerfolg, stellen aber einen manipulierbaren Selektionsmechanismus dar.

Bild ergibt sich bei den Bewerbern mit sehr guten Studienabschlüssen: Zwar erreichten 25 von ihnen auch in den Auswahltests ein „sehr gut", 37 aber schafften nur ein „gut" und 47 wurden sogar um zwei Noten auf „befriedigend" herabgestuft. 28 fielen ganz durch. Während sich also die Mehrheit der sehr guten Bewerber signifikant verschlechterte und plötzlich zum unteren Durchschnitt gehörte, zählte die Mehrheit der schwachen Absolventen laut der Eignungsprüfungen zu den Besten. Ein Teilnehmer der Prüfung schildert, wie die Ergebnisse manipuliert werden konnten:

> *„Einige der Studenten haben gesagt, dass es nicht ihre Arbeiten waren. Die Sache ist die, als uns die Arbeiten ausgehändigt wurden, waren sie nicht in einem zusammengetackert, und die Unterschrift musste man nur auf das Deckblatt setzen, während der eigentliche Test sich innen auf einem anderen Papier befand. Das bedeutet, man kann theoretisch jede Arbeit austauschen und nur das Deckblatt mit der Unterschrift behalten. Daher denke ich, dass genauso mit den durchschnittlichen Studenten verfahren wurde."* (Avramčuk 2012)[239]

Während auf dem Deckblatt nur der Name und die Unterschrift stand, durften auf den Fragebögen mit den 20 Multiple-Choice-Fragen keine Markierungen oder Notizen gemacht, sondern nur die Kreuze für Antworten gesetzt werden. Das ermöglichte Manipulationen, da ohne Handschrift nicht eindeutig belegt werden kann, vom wem welcher Fragebogen stammt. Einer Studentin, die verlangte, den Test einzusehen, um ihre Note nachvollziehen zu können, wurde dieser nicht ausgehändigt. Sie ist überzeugt, dass die Auswahlkommission den Test bewusst nicht freigebe, damit die Manipulation, mit der die „eigenen" Leute durchgebracht werden, nicht auffliege (ebd.). Eine Überprüfung ergab, dass viele der Studierenden, die den Test besonders gut bestanden, Eltern in bedeutenden Positionen haben – z. B. Ihor Kozlov, Mitarbeiter der Präsidialadministration, dessen Sohn sich in der Aufnahmeprüfung stark verbesserte. Oder Vladimir Semenjaka von der Partei der Regionen (PdR), dessen Tochter ihre Noten ebenfalls stark verbessern konnte. Selbst wenn die Ergebnisse ohne Einflussnahme durch die Auswahlkommission zustande gekommen wären, stellt sich die Frage nach der Qualität des Auswahlverfah-

[239] Ein weiteres Indiz für die Manipulation der Prüfungsergebnisse zeigte sich anhand der Gaußschen Normalverteilung: Die Ergebnisse wichen signifikant von der Normalverteilung ab (Avramčuk 2012).

rens (und der Ausbildung der Hochschule): Warum scheitern Studierende, die vier Jahre lang zu den Besten gehörten, massenhaft an einer Prüfung?

Dieses Beispiel liefert Argumente für das in der Ukraine diskutierte externe Abschlussexamen am Ende des Bachelorstudiums. 2011 gaben in einer repräsentativen Umfrage unter Studenten 8,2% der Befragten zu, für ihren Masterstudienplatz bestochen zu haben (Democratic Initiatives Foundation 2011). Ein externes Examen könnte laut Liliya Hrynevyč einen effektiven Mechanismus gegen die Korruption bei den Abschlussexamen sowie bei den Auswahlprüfungen für Masterstudiengänge schaffen:

> *„Ich denke, dass heute die Korruption vor allem ein Problem bei der Zulassung für Masterstudiengänge darstellt, und zwar bei den hochschulinternen Prüfungen. Dort findet gegenwärtig die Korruption statt."* [Interview UA-26]

Ein Korruptionsfall, der an die Öffentlichkeit gelangte und zu Studierendenprotesten führte, ereignete sich am 18. Juni 2013: Grigoryj Kivalov, Parlamentsabgeordneter der Partei der Regionen und Präsident der Nationalen Juristischen Akademie in Odessa, bekam während einer Parlamentssitzung von seinem Parteikollegen Jurij Samojlenko einen Notizzettel überreicht, auf dem Letzterer Kivalov darum bat, seinem Protegé Artem Barkov, einem Bachelorstudenten an Kivalovs Hochschule, bei der Englisch-Aufnahmeprüfung für den Masterstudiengang nachzuhelfen. Fotos dokumentieren, wie der Deal zwischen den beiden Parteifreunden per Handschlag besiegelt wurde.[240]

Seit 2014 wird den 14 Forschungsuniversitäten des Landes das Recht auf zusätzliche Aufnahmeprüfungen eingeräumt. Da diese Universitäten zu den beliebtesten Hochschulen zählen, gehen Experten davon aus, dass es dort wieder vermehrt zu Korruption bei der Hochschulzulassung kommen kann.

5.6.6 Vorbereitungsseminare der Hochschulen

Eine weitere Änderung, die von Tabačnyk initiiert wurde und 2010 in Kraft trat, war die Vergabe von 20 zusätzlichen Punkten an Studienbewerber, die Vorbereitungskurse absolvierten. Vor der Einführung des ZNO dienten diese dazu, auf die Aufnahmeprüfungen vorzubereiten. Die Teilnahme an solchen

---

[240] Die Bilder der Übergabe finden sich auf www.censor.net.ua/photo_news/244957/kivalov_pryamo_v_rade_prinimaet_vstupitelnyyi_ekzamen_u_proteje_regionala_foto, zuletzt geprüft am 02.09.2013.

Kursen galt vielen, wie das Repetitorstvo, als eine informelle Versicherung, den Auswahlprozess zu bestehen und einen kostenlosen Studienplatz zu erhalten. Als 2008 die Auswahlexamen an den Hochschulen entfielen, wurden diese Kurse für viele Abiturienten unattraktiv. Einige Bildungsexperten vermuten daher, dass die Rektorenlobby den Minister dazu brachte, die Teilnahme an den (für die Hochschulen lukrativen) Kursen mit zusätzlichen Punkten zu versehen und sie dadurch wieder attraktiver für zahlungswillige Interessenten zu machen.

Die Preise für die Vorbereitungsseminare variieren; durchschnittlich kostet ein wöchentlich stattfindender Kurs über ein halbes Jahr zusammengenommen etwa 200-300 Euro (Stand: Frühjahr 2014). Zumeist finden die Kurse in den größeren Universitätsstädten statt, seltener in ländlichen Regionen. Durch die hohen Kosten und das ungleiche Angebot zwischen Land und Stadt wird die Chancengleichheit, die das ZNO herstellte, unterminiert. Die Bildungspolitikerin Lesja Orobec bezeichnete im Interview diese Kurse als eine formalisierte und legalisierte Form der Bestechung.

5.6.7 *Geförderte Aufnahme*

Ein weiterer Mechanismus, das externe Examen zu umgehen, ist die geförderte Immatrikulation durch Behörden („cil'ovyj pryjom"). Wie viele andere Mechanismen und Strukturen in der ukrainischen Bildung ist auch sie ein Relikt aus der Zeit der Sowjetunion. Seit der Einführung des ZNO hat die geförderte Immatrikulation wieder an Popularität gewonnen.

Laut Beschluss des Ministerrats № 1159 vom 29.06.1999 können staatliche Institutionen Abkommen mit Hochschulen vereinbaren, die festlegen, dass für die Regionen und Fächer, in denen es den Behörden an qualifiziertem Personal mangelt, zusätzlich zu den staatlich bereitgestellten Budgetplätzen weitere kostenlose Plätze geschaffen werden. Durch diese Regelung können z. B. Gerichte, die Staatsanwaltschaft und weitere administrative Behörden bis zu 25% der Studienplätze eines Fachs an einer Hochschule für sich reservieren (an Agraruniversitäten sogar bis zu 75% und an Pädagogischen Hochschulen bis zu 50%). Bei der Auswahl der Bewerber, die über dieses spezielle Verfahren an Hochschulen gelangen, spielen die Ergebnisse des externen Examens keine Rolle. Stattdessen werden sie direkt von den staatlichen Behörden nach nicht näher definierten Auswahlkriterien selektiert. Da in der Ukraine Personalentscheidungen häufig nicht nach objektiven Gesichtspunkten gefällt, sondern Posten informell vergeben werden[241], ist auch die Objektivität dieses Auswahlverfahrens zu bezweifeln. Es kommt nicht selten vor, dass die Beamten der jeweiligen Behörden die Plätze an ihre eigenen Kinder bzw. die Kinder ihrer Netzwerke vergeben. Die Studierenden profitieren doppelt: Sie erhalten nicht nur einen kostenlosen Studienplatz, sondern im Anschluss auch noch die Garantie auf einen sicheren Arbeitsplatz in einer staatlichen Behörde.

5.6.8 Immatrikulationsphase und Nachrückverfahren

Während die strikte Prozedur des ZNO keinen Raum mehr lässt für Korruption und informelle Einflussnahme während der Prüfungen selbst, bestehen in der daran anschließenden Immatrikulationsphase weiter Korruptionsrisiken. Sie findet in der Regel im August statt und erfolgt in drei Wellen, wie folgende Darstellung der Zulassungsphase 2014 exemplarisch zeigt.

Tabelle 21: Ablauf der Zulassungsphase 2014

Wann?	Was?
Mai-Juni	Externe Prüfungen in drei Fächern, Bekanntgabe der Noten
1.-31. Juli	Bewerbung per ZNO-Zertifikat
1.-19. Juli	Bewerbung der Abiturienten, die zusätzlich „kreative Eignungsprüfungen“ oder Auswahltests ablegen müssen
11.-31. Juli	Kreative Eignungsprüfungen
21.-31. Juli	Zusätzliche Auswahlprüfungen
1.-4. August	Erste Immatrikulationswelle
5.-7. August	Zweite Immatrikulationswelle
8.-11. August	Dritte Immatrikulationswelle
12. August	Bis 15:00 Uhr: Endgültige Entscheidung, welche Bewerber die kostenlosen Budgetplätze erhalten
Bis zum 26. August	Vergabe der kostenpflichtigen Studienplätze
1. September	Studienbeginn

Quelle: Eigene Zusammenstellung.

[241] Das bekannteste Beispiel ist die „Familie“ von Präsident Janukovyč. Nach der Parlamentswahl 2012 wurden zentrale Positionen mit Personen aus dem Netzwerk des Präsidenten besetzt. Schneider-Deters (2013) zeigt auf, wie Janukovyč sich innerhalb kürzester Zeit vieler Oligarchen entledigte und sie durch loyale Gefolgsleute ersetzte.

Die Immatrikulationsphase läuft folgendermaßen ab: Am 1. August beginnt die erste Immatrikulationswelle, und die Hochschulen veröffentlichen bis 12:00 Uhr die Listen mit den Bewerbern, die einen kostenlosen Studienplatz erhalten. Laut Reglement müssen die Listen auf den Webseiten der Hochschulen veröffentlicht werden. Doch viele Universitäten kommen dem nicht nach, sodass die Abiturienten entweder vor Ort sein oder anrufen müssen, um die Informationen über ihren Bewerberstatus zu erhalten. Bewerber, die einen Platz erhalten haben, müssen bis zum 4. August ihre Originaldokumente einreichen, sonst verfällt ihre Reservierung. Alle Plätze, die nicht angetreten werden, werden nun in einer zweiten Welle an die nächstbesten Bewerber vergeben. Dafür müssen die Hochschulen am 5. August bis 12:00 Uhr eine Liste mit den übrig gebliebenen freien Plätzen und den zugewiesenen Personen veröffentlichen. Diese haben bis zum 7. August Zeit, ihre Originaldokumente vorzulegen, wenn sie den Platz annehmen wollen. Falls danach noch freie Studienplätze vorhanden sein sollten, gibt es eine dritte Runde, vom 8. bis 11. August. Falls nach der dritten Welle noch freie Studienplätze vorhanden sein sollten, können die Hochschulen diese ohne Auflagen vergeben, an wen sie möchten. Häufig werden dann die Personen immatrikuliert, die ihre Originaldokumente bereits der Auswahlkommission vorgelegt haben. Dies wird inoffiziell auch als „vierte Welle“ bezeichnet.

Die Abiturienten können sich an bis zu fünf Hochschulen für jeweils drei Studienfächer bewerben. Dadurch kann es dazu kommen, dass eine Hochschule einen Bewerber für drei Studiengänge gleichzeitig zulässt. Oder aber er wird, obwohl er sich bereits in der ersten Etappe an einer Hochschule immatrikuliert hat, noch an vier weiteren Hochschulen in den Listen geführt. Schnell entsteht daraus eine unübersichtliche Situation und es gibt eine hohe Quote an nicht wahrgenommenen Studienplätzen, was den Auswahlprozess verkompliziert. Organisationen wie OPORA, die als unabhängige Instanz die Immatrikulationsphase überwachen, fordern daher seit Längerem, dass Studienbewerber Prioritäten setzen müssen, um den Prozess zu vereinfachen.

Nachdem sich im August 2013 hunderte Studierende bei der OPORA-Hotline gemeldet hatten, um Unregelmäßigkeiten während der vierten Immatrikulationsphase zu melden, führte die Organisation im Rahmen der Kampagne „Für eine faire Hochschulzulassung“ eine von der IRF finanzierte Studie an 29

Hochschulen durch. Sie kam zu dem Ergebnis, dass die Mehrheit der Studienplätze erst nach der 3. Etappe vergeben werde, da die Bewerber oft bis zuletzt hofften, noch an einer besseren Hochschule angenommen zu werden. Am Beispiel der Jura-Bewerber an den untersuchten Universitäten zeigt Abbildung 16, wie sich die Immatrikulation auf die verschiedenen Wellen verteilt. Bis auf zwei Ausreißer (KNU, NAUKMA) werden an den Hochschulen mehr als drei Viertel der Bewerber erst in der vierten Phase immatrikuliert.

Abbildung 16: Zeitpunkt der Immatrikulation in ausgewählten Jura-Studiengängen (in %)

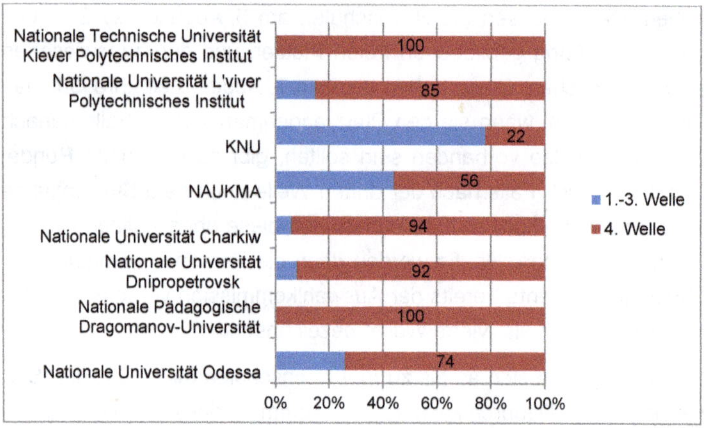

Quelle: OPORA 2013.

Für die anderen untersuchten Fächer ergibt sich ein ähnliches Bild. Für den Auswahlprozess bedeutet die vierte Welle ein steigendes Korruptionsrisiko. Sie bietet vielfältige Möglichkeiten zur Manipulation. Zum Beispiel können Bewerber die Mitglieder der Auswahlkommission bestechen, damit sie andere Studienbewerber nicht rechtzeitig informieren, sodass diese keine Originaldokumente einreichen. Oder die Mitbewerber erhalten die Falschinformation, dass ihnen keine Wohnheimplätze gestellt werden können. Das schreckt vor allem Abiturienten, die nicht in den Universitätsstädten wohnen, häufig von einem Studium ab. Laut OPORA wurden während der Immatrikulationsphase 2013 mehr als 1.500 Verstöße registriert:

> *„Die meisten Verstöße gegen die Rechte der Studienbewerber traten bei der Immatrikulation während der sogenannten ‚vierten Welle' auf. Abiturienten, die keine guten Noten besaßen, aber ihre Originaldokumente eingereicht haben, erhielten die Zusagen. Dafür wurden Studienbewerber mit guten Noten nicht über ihre Möglichkeiten informiert, einen kostenlosen Studienplatz zu erhalten, und sie haben diese Chance verloren."* (OPORA 2013)

Ein Mitglied der Auswahlkommission einer Hochschule erklärt, wie Korruption in der Immatrikulationsphase funktioniert:

> *„Sie rufen an und fragen, wie viele Originaldokumente von besseren Bewerbern bereits eingereicht wurden. Das Einzige, was sie machen können, ist sich auf das zu verlassen, was ihnen gesagt wird. Gekaufte Mitglieder der Auswahlkommission können sie leicht desinformieren und sagen: ‚Ja, wir haben bereits alle Bewerber abtelefoniert und sie bringen ihre Originaldokumente vorbei, also haben Sie überhaupt keine Chance'. Die enttäuschten Abiturienten reichen ihre Originale nicht ein, und die Plätze bleiben für andere frei, die sie einnehmen. Diese Leistung ist nicht günstig. Die Formel für die Bestechung lautet ungefähr: Der Preis für das kostenpflichtige Studium minus ein bis zwei Jahre."* (Kolb 2011)

Durch informelle Absprachen zwischen Bewerbern und Auswahlkomitees können selbst Bewerber mit schwachen ZNO-Resultaten ihre wesentlich besseren Konkurrenten ausstechen. Ein exemplarisches Beispiel ereignete sich 2010 am erwähnten KIMO. Sechs der neun Plätze des Studiengangs Internationale Beziehungen, die nicht bereits von privilegierten Empfängern besetzt wurden, erhielten durch das intransparente Nachrückverfahren nicht die Bewerber mit den besten Noten, sondern abgeschlagene Bewerber, die auf der Liste zwischen Platz 124 und 247 lagen. Am gleichen Institut, jedoch einem anderen Studiengang (Internationales Recht), erhielt u. a. die Tochter des damaligen Stellvertretenden Außenministers (der selbst dort studiert hatte) in der vierten Welle einen der wenigen begehrten Studienplätze – obwohl sie auf der Bewerberliste nur auf Platz 344 lag (Gnap 2010). In Charkiw wurde 2012 der stellvertretende Dekan und Leiter der Auswahlkommission festgenommen, als er von zwei Personen eine Bestechung von jeweils 10.000 UAH (ca. 1.000 Euro) entgegennahm und ihnen dafür im Gegenzug einen Budgetstudienplatz garantierte (Unian 20.07.2012). Während der Immatrikulationsphase 2012 wurden insgesamt 20 Strafverfahren wegen Verstößen gegen die Zulassungsprozedur eingeleitet, davon acht wegen der Annahme von Bestechung (Unian 28.08.2012).

Im Oktober 2013 unternahm das Bildungsministerium einen weiteren Versuch, mehr Kontrolle über die Bewerberauswahl zu erhalten: Es verkündete, ab 2014 in der Immatrikulationsphase nicht mehr das KONKURS-System zu verwenden. Stattdessen sollte die staatliche EDEBO-Datenbank benutzt werden, die nicht öffentlich zugänglich ist, somit auch keiner unabhängigen Kontrolle unterliegt und daher leicht manipulierbar sei, wie OPORA kritisierte (Radiš 2013). Auch andere Experten, darunter Lilja Hrynevyč, äußerten ihre Befürchtung, dass die Transparenz des Auswahlverfahrens durch diese Entscheidung nicht mehr gewährleistet sei (Škatov 2013). Sie wies darauf hin, dass die Abiturienten dadurch *„die Chance auf ein transparentes Zulassungsverfahren verlieren*“ (Osvita.ua 2013b). Allerdings kam es nach dem Machtwechsel 2014 nicht mehr dazu.

5.6.9 Anfechtung der ZNO-Ergebnisse

Eine weitere Möglichkeit, durch informelle Einflussnahme die Chancen auf einen Studienplatz zu erhöhen, ist die Anfechtung („Appelacija“) des ZNO-Resultats. Wenn Abiturienten nicht mit ihren Noten einverstanden sind, können sie die Ergebnisse anfechten und ihre Prüfung einsehen. Eine eigens für solche Fälle eingerichtete Kommission entscheidet darüber, ob die Anfechtung berechtigt ist und die Note nachträglich verändert wird. Jährlich machen bis zu 10.000 Abiturienten, das entspricht etwa 1% aller Prüfungsteilnehmer, von diesem Recht Gebrauch. Wurden in den ersten drei Jahren unter Likarčuk die Prüfungsergebnisse nur in wenigen Fällen verbessert, erhöhte sich der Anteil der verbesserten Noten ab 2011 signifikant (Tabelle 22).

Tabelle 22: Anfechtungen der ZNO-Ergebnisse

Jahr	Anfechtungen gesamt	Noten verbessert	In %
2008	2.820	12	0,43%
2009	5.618	n. a.	n. a.
2010	7.010	330	4,7%
2011	3.013	395	13,1%
2012	9.797	989	10,1%
2013	3.723	643	17,27%

Quelle: Eigene Zusammenstellung anhand der offiziellen Berichte des UCEQA.

War im ersten Jahr der Prüfung lediglich in 12 Fällen die Note nachträglich verbessert und nur etwa jeder zweihundertsten Anfechtung entsprochen worden, vervielfachten sich die erfolgreichen Appellationen 2013 auf 643 Fälle – fast jeder fünften Anfechtung wurde stattgegeben und die Note aufgewertet. Laut Likarčuk lässt sich dieser Anstieg nur durch informelle Einflussnahme erklären. Als Indiz dafür sieht er den Fall der Tochter eines hochrangingen Beamten aus dem Bildungsministerium, die nach ihrer Anfechtung ein deutlich verbessertes Resultat erhalten habe, obwohl große Notensprünge absolut unüblich seien. Als 2010 unter Likarčuk in 330 Fällen die Noten nach oben korrigiert worden waren, betrugen die Notensprünge nur ein, zwei Punkte und wirkten sich kaum auf das Endergebnis aus. Da das UCEQA, das die Anfechtungskommissionen stellt, unter der neuen Direktorin Zaitseva einer wesentlich stärkeren Kontrolle des Bildungsministeriums unterlag, war die Unabhängigkeit des Zentrums nicht mehr gewährt. Eine Einflussnahme des Ministeriums auf die Anfechtungen war daher nicht nur möglich, sondern sogar wahrscheinlich. Da die Anzahl der erfolgreichen Anfechtungen im Verhältnis zur Gesamtzahl der Abiturienten allerdings gering ist, ermöglicht dieser Mechanismus keine massenhafte Korruption, sondern stellt lediglich eine Option für eine kleine Elite dar, die die erforderlichen Beziehungen zum Machtapparat besitzt.

5.7 Die Bilanz der Zulassungsreform

Im Folgenden Kapitel wird Bilanz gezogen und analysiert, ob eine tatsächliche Reduzierung der Korruption verzeichnet werden konnte. Außerdem wird die öffentliche Meinung zur Zulassungsreform untersucht und beleuchtet, inwieweit ein effektives und objektives, die Chancengleichheit stärkendes Zulassungssystem etabliert wurde.

5.7.1 Rückgang der Korruption

Korruption im ukrainischen Bildungswesen ist weiterhin verbreitet. Laut einer 2011 vom Justizministerium in Auftrag gegebenen Meinungsumfrage wendeten 35-48% der Haushalte, abhängig davon, welche Institutionen die Kinder besuchen, informelle Ausgaben für deren Bildung auf (Ministerstvo justicii

Ukrainy 2012). Diese Zahlen korrespondieren mit denen des Global Corruption Barometers von Transparency International, wonach 2013 ein Drittel der ukrainischen Haushalte Bestechungen im Bildungsbereich gezahlt habe.[242] Trotz der Schwierigkeiten, das genaue Korruptionsausmaß zu bestimmen[243], gehen Experten davon aus, dass bis zu 1.5 Mrd. USD jährlich dafür aufgewendet werden (Malinin 2010).

Eine vom KIIS durchgeführte Studie ermittelte 2011, dass der Anteil der Personen, die während der vorherigen zwölf Monate Korruptionserfahrungen mit Hochschuleinrichtungen gesammelt hatten, bei 64,5% lag. In der Hälfte aller Fälle seien sie erpresst worden (49,7%), jeder Vierte (25,5%) habe freiwillig bestochen. 20,5% hätten auf ihre persönlichen Beziehungen zurückgegriffen (UNITER 2011, S. 40). Die DIF erhob zusammen mit dem Ukrainian Sociology Service von März bis April 2011 eine repräsentative Umfrage unter Studierenden zum Thema Korruption an Hochschulen. Ein Drittel (33,2%) der Respondenten gab an, bereits persönliche Erfahrungen mit Korruption gemacht zu haben und etwa ein weiteres Drittel (29,1%) war zwar nicht persönlich davon betroffen, kannte jedoch Kommilitonen, die bereits eigene Erfahrungen gemacht hätten (Democratic Initiatives Foundation 2011). Lediglich etwas mehr als ein Drittel der Studierenden (37,7%) besaßen weder eigene Erfahrungen, noch kannten sie jemanden, der Erfahrungen mit Korruption hatte. Die Studierendenorganisation „Zentrum der Demokratischen Renaissance" führte 2011 und 2012 Umfragen in den Universitätsstädten Lwiw, Odessa, Simferopol, Kiew, Charkiw und Dnipropetrowsk durch und kam zu ähnlichen Ergebnissen: 2011 gaben 34% der Studierenden an, bestochen zu haben, 2012 waren es 38% (Centr Demokratičnogo Vidrodžennja 2012).

---

242 Transparency International: Global Corruption Barometer 2013, abrufbar unter www.transparency.org/gcb2013/country/?country=ukraine, zuletzt geprüft am 12.03.2014.

243 In einem Bericht des Justizministeriums von 2011 heißt es z. B.: *„Alle Untersuchungen, die in den letzten Jahren in der Ukraine durchgeführt wurden, zeigen, dass Korruption im Bildungssektor besonders verbreitet ist, vor allem, da es die Interessen eines großen Teils der Gesellschaft betrifft.* [...] *Es ist sehr schwierig, das tatsächliche Ausmaß zu bestimmen und Korruptionspraktiken zu identifizieren, da es in vielen Fällen latente Formen sind und daher die Korruption und die verursachten ‚Kosten' nicht sofort ersichtlich sind. Sie werden von vielen Personen gar nicht als Korruption wahrgenommen, wie zum Beispiel der Einsatz persönlicher Netzwerke oder der Austausch von Dienstleistungen."* (Ministerstvo justicii Ukrainy 2012).

Das Ausmaß der Bildungskorruption insgesamt hat sich seit der Reform anscheinend kaum verringert. Hier muss jedoch differenziert werden, denn das ZNO zielte explizit nicht darauf ab, die Korruption im gesamten Bildungswesen zu bekämpfen, sondern konzentrierte sich auf den Bereich der Hochschulzulassung. Hier ist eine positive Dynamik erkennbar. Eine von USAID in Auftrag gegebene Studie untersuchte die Korruption bei der Zulassung vor und nach der Einführung des ZNO (vgl. Abbildung 17).

Abbildung 17: Erfahrung mit Korruption bei der Studienplatzvergabe

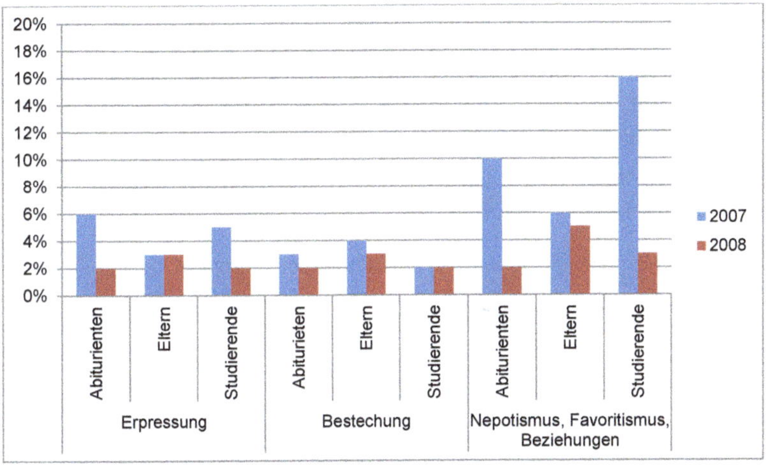

Quelle: Management Systems International 2009, S. 37.

Laut der Studie gingen mit dem externen Examen in allen untersuchten Zielgruppen persönliche Erfahrungen mit Korruption signifikant zurück. Noch 2007, ein Jahr vor der obligatorischen Einführung des ZNO, berichteten insgesamt 23% der Erstsemester, dass sie entweder erpresst worden seien (5%), selbst eine Bestechung angeboten (2%) oder ihre Beziehungen genutzt hätten (16%), um einen Studienplatz zu erhalten.

Nachdem das Zulassungsverfahren 2008 umgestellt worden war, berichteten nur noch 7% der Erstsemester von solchen Erfahrungen. Diese Zahlen sind zudem insofern aufschlussreich, als dass sie zwischen den verschiedenen Formen von Korruption differenzieren. Es wird evident, dass korrupte Transaktionen im Zusammenhang mit der Studienplatzvergabe am häufigsten innerhalb informeller Personennetzwerke und seltener durch Bestechung bzw. Erpressung erfolgten. Das stützt die im untersuchten Forschungskontext vorgenommene Konzeptualisierung von Korruption als *sozialer Beziehung*, auf die bis zur Einführung des externen Examens ein großer Teil der Korruption entfiel. Die Neugestaltung der Aufnahmeprozedur verringerte nicht nur die Opportunitäten für solche Formen der netzwerkbezogenen Korruption, sondern auch für Korruption durch Bestechung oder Erpressung. Das Korruptionsrisiko insgesamt sank 2008 deutlich und die Korruptionserfahrungen gingen signifikant zurück, wie die von USAID veröffentlichten Zahlen belegen.

Betrachtet man nur die Korruptionserfahrungen im Rahmen der externen Prüfung und lässt die daran anschließende Immatrikulationsphase außen vor, sind die Zahlen deutlich niedriger. Das ZNO ist weitgehend frei von Korruption (vgl. Abbildung 18). Weniger als 5% der Erstsemester berichteten 2008 von Korruptionserfahrungen im Rahmen des Examens.

Abbildung 18: Erfahrung mit Korruption im Rahmen des ZNO

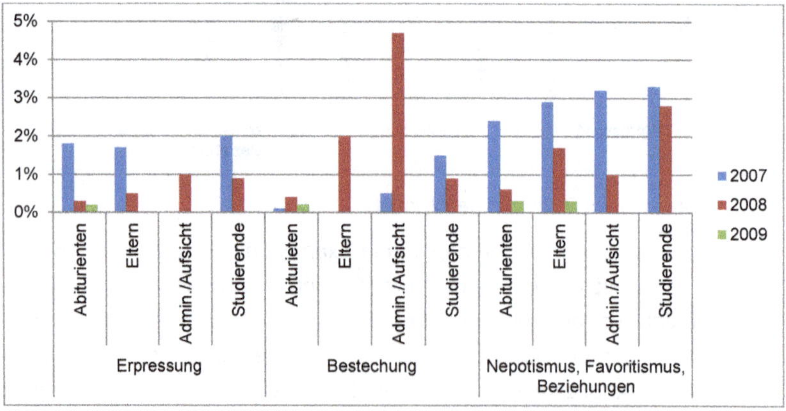

Quelle: Management Systems International und Kyiv International Institute of Sociology 2009.

Auch in den anderen Zielgruppen sank die Erfahrung mit Korruption auf ein kaum messbares Niveau: 2009 berichteten zwölf von 1.500 Abiturienten (0,8%) und zwei von 386 Eltern (0,5%) von Korruptionserfahrungen. Eine

Ausnahme stellten die Administratoren und Testleiter dar, deren Bestechungserfahrungen 2008 anstiegen. Das ist vermutlich darauf zurückzuführen, dass nach der Reform die alten Mechanismen nicht mehr wirkten und deswegen verstärkt versucht wurde, mit dem Test vertraute Personen zu beeinflussen, um z. B. während der Prüfung nicht zugelassene Hilfsmittel wie Mobiltelefone etc. zu benutzen. Viele der im Rahmen der vorliegenden Arbeit interviewten Respondenten erklären den Erfolg der Reform damit, dass der diskretionäre Spielraum der Auswahlkommissionen, in den Interviews oft durch Begriffe wie „*menschlicher Faktor*" umschrieben, durch ein weitgehend elektronisches und standardisiertes Testverfahren ersetzt wurde. Exemplarisch dafür steht die folgende Aussage einer Universitätsdozentin aus Charkiw, die als unabhängige Beobachterin das ZNO überwachte:

> *„Je geringer der menschliche Faktor, desto weniger Korruption. Je mehr eine Entscheidung von einer Person abhängt, umso größer ist die Versuchung, sie zu bestechen oder ihre Position auszunutzen. [...] Ich war letztes Jahr bei der ZNO-Prüfung von der Tochter unseres Gouverneurs Michail Dobkin dabei. Sie ist wie alle anderen rein gekommen, hat wie alle anderen geschrieben. Das war bei uns früher nicht üblich. Als ich anfing zu studieren, gab es noch kein ZNO, und diese Leute sind nicht einmal bei den Aufnahmeprüfungen aufgetaucht, manchmal hat man sie sogar die ersten beiden Jahre nicht an der Uni gesehen. Alle wussten, dass es jemandes Tochter oder Sohn war, aber niemand wusste, wie sie lernen oder wie sie aussehen."* [Interview UA-1]

Diese Einschätzung wird von einer Studie zur ukrainischen Reformpolitik[244] bestätigt: „*The only sector in which the use of personal ties has considerably declined over the last two years is higher education, which can be indirect proof of the introduction of the External Independent Testing system*" (UNITER 2011). Während 2009 noch 26,9% der Befragten angaben, dass sie auf persönliche Beziehungen zurückgegriffen hätten, um sich Vorteile an einer Hochschule zu verschaffen, sank ihr Anteil in den folgenden zwei Jahren auf 20,5% (UNITER 2011, S. 31).

Die im Rahmen der vorliegenden Arbeit interviewten Respondenten konnten weder über persönliche Korruptionserfahrungen im Rahmen des ZNO berich-

---

[244] Die Studie „Corruption in Ukraine. Comparative Analysis of National Surveys: 2007-2009, 2011" wurde vom KIIS in Kooperation mit der European Research Association im Rahmen des von USAID finanzierten Projekts „The Ukraine National Initiatives to Enhance Reforms" (UNITER) erstellt. Das UNITER-Projekt zielt auf Demokratieförderung durch Unterstützung der ukrainischen Zivilgesellschaft.

ten, noch kannten sie Personen, denen Korruptionsfälle bekannt seien. Es gebe zwar regelmäßig Gerüchte, dass gute Noten gekauft werden könnten, aber die Mehrheit der Interviewten bezweifelt aufgrund der persönlichen Erfahrungen mit dem Examen, dass dies möglich sei. Dies verdeutlichen die folgenden, für viele interviewte Studierende typischen Aussagen:

> *„Über Korruption im Rahmen des ZNO ist mir nichts bekannt.* [...] *Nein, mir persönlich ist da nichts bekannt, aber es gibt Gerüchte, dass man Zertifikate mit guten ZNO-Ergebnissen im Voraus kaufen kann. Aber ehrlich gesagt, denke ich nicht, dass das möglich ist."* [Interview UA-23]

> *„Es gab keine Korruption, und wenn es überhaupt möglich wäre, dann sicherlich nicht während der Prüfung. Vielleicht kann man diejenigen bestechen, die die Arbeiten prüfen. Aber die Personen, die während der Prüfung beteiligt sind, das sind einfache Schullehrer, sie besitzen keinen Einfluss auf die Arbeiten, daher habe ich so etwas nicht gesehen und denke auch nicht, dass es irgendwie möglich wäre."* [Interview UA-16]

Den interviewten Mitarbeitern von OPORA und dem Wählerkomitee der Ukraine, die mit ihren Organisationen seit Jahren das unabhängige Monitoring betreiben, sind ebenfalls keine Korruptionsfälle im Rahmen der Prüfung bekannt. Auch die beiden ehemaligen Direktoren des UCEQA, Liliya Hrynevyč und Ihor Likarčuk (*„Bei uns gab es in vier Jahren nicht einen einzigen Korruptions- oder Bestechungsfall im System des ZNO"*, [Interview UA-12]) sind davon überzeugt, dass es bisher – im Gegensatz zu Russland und selbst zu europäischen Ländern wie Frankreich, den Niederlanden oder Litauen, wo in den letzten Jahren Prüfungsaufgaben im Voraus an die Öffentlichkeit gelangten – weder Fälle von Korruption noch Informationslücken gegeben habe. Das führen sie auf das von ihnen entwickelte Sicherheitssystem und die Integrität des UCEQA-Personals zurück. Die erwähnte USAID-Studie zeigt, dass es so gut wie keine Versuche gab, die Mitarbeiter des ukrainischen Testzentrums zu bestechen – 2009 gaben 0,2% (2007: 0,7%) der Abiturienten und Eltern an, jemanden im UCEQA kontaktiert zu haben, um an Prüfungsaufgaben zu gelangen oder bessere Ergebnisse zu erhalten. 0,3% (2007: 1%) hätten sich mit dieser Absicht an Mitarbeiter der regionalen Testzentren gewandt (USAID 2009a, S. 23).

Ein externer Faktor, der neben dem unabhängigen Examen vermutlich zum Rückgang der Korruption beigetragen hat und daher bei der Bewertung der

Effektivität der Antikorruptionsmaßnahme berücksichtigt werden muss, ist die bereits angesprochene Bevölkerungsentwicklung. Seit dem demografischen Höhepunkt 2006/2007, als sich 508.000 Erstsemester für ein Studium einschrieben, sind die Abiturientenzahlen kontinuierlich gesunken. Im Studienjahr 2013/14 nahmen nur noch 348.000 Abiturienten ein Studium auf, ein Rückgang um 31,5%. Dadurch entspannte sich die Konkurrenzsituation und es wurde einfacher, einen kostenlosen Studienplatz zu erhalten. Viele Hochschulen gerieten nun sogar in Zugzwang und mussten genügend Bewerber finden, um ihre staatliche Finanzierung nicht zu verlieren. Dies stellte zahlreiche Institutionen vor große Probleme: 2010 hatten von 437 untersuchten Hochschulen 176 Institutionen (ca. 40%) weniger als einen Bewerber pro Studienplatz und konnten schon rein rechnerisch nicht alle Studienplätze füllen (Bondarenko 2011).[245] Viele Universitäten waren daher froh über jeden Bewerber und konnten es sich nicht mehr erlauben, sie mit hohen Bestechungsforderungen abzuschrecken. In Anbetracht der Bevölkerungsentwicklung wird sich die Konkurrenzsituation aufgrund der sinkenden Abiturientenzahlen weiter entspannen und so zum Rückgang der Korruption beitragen.

Verlagerung der Korruption als Folge der Reform

Durch das neue Zulassungsverfahren wurde Korruption im Zusammenhang mit der Hochschulzulassung verringert. Selbst angesichts der unter Tabačnyk geschaffenen Schlupflöcher stellt sie gegenwärtig weniger ein systematisches Problem dar, wie noch in den beiden Jahrzehnten zuvor, sondern eher ein punktuelles. Allerdings hat sich die Korruption zunehmend verlagert. Vladimir Kipen, Professor der Staatlichen Donezker Universität, der sich seit Langem mit Korruption beschäftigt, vertritt die Auffassung, dass die Situation 1996, 2001 und 2011 in quantitativen Zahlen grundsätzlich vergleichbar sei. Die Korruption habe sich jedoch qualitativ verändert und ein Spillover-Effekt sei eingetreten: Während Korruption an den Hochschulen in den 1990er Jahren und Anfang der 2000er Jahre primär im Bereich der Zulassung statt-

245 Anders an den begehrten Hochschulen: Dort kamen durchschnittlich drei bis vier Bewerber auf einen Studienplatz. Betrachtet man an diesen Universitäten nur die kostenfreien Budgetplätze, kamen wie an der Mohyla-Akademie sogar bis zu 18 Bewerber auf einen Studienplatz.

gefunden habe, sei 2011 vor allem der Lehrprozess von Korruption betroffen gewesen (Oniščenko 2012).

In der erwähnten DIF-Studie wurden Studierende befragt, wo es an Hochschulen am häufigsten zu Korruption komme (vgl. Abbildung 19):

Abbildung 19: In welchen Bereichen ist Korruption an Hochschulen am weitesten verbreitet? (in %, bis zu drei Nennungen)

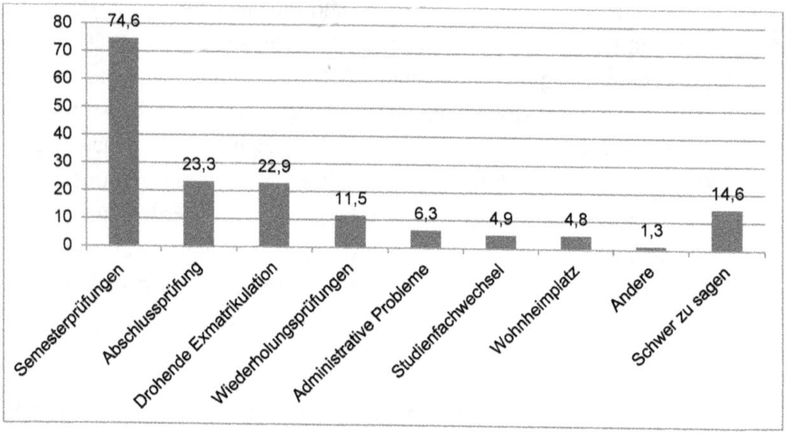

Quelle: Democratic Initiatives Foundation 2011.

Laut der Studierenden findet die meiste Korruption während der Prüfungs- und Klausurphase zum Semesterende statt, in der für gute Noten bezahlt werde. Drei Viertel der Befragten sehen diese Phase als den mit Abstand korruptesten Bereich an. Ein weiterer Bereich, in dem es häufig zu Korruption komme, sei die Verteidigung der Diplomarbeiten, die ein knappes Viertel der Respondenten als stark von Korruption betroffen ansieht. Allerdings stellten in beiden Bereichen häufig die Studierenden selbst die Initiatoren des korrupten Tauschaktes dar (Democratic Initiatives Foundation 2011).

22,9% der Studierenden gaben an, dass die Umgehung einer drohenden Exmatrikulation ein weiterer Bereich sei, in dem es oft zu Korruption komme. Damit haben sich die Gründe für Korruption verlagert: Bestechungsleistungen werden nun nicht mehr gefordert, um einen Hochschulplatz zu bekommen – sondern dafür, nicht exmatrikuliert zu werden (Ivanova 2013).

Die Verlagerung der Korruption hinein in den Lehrprozess lässt sich auch daran erkennen, dass die durchschnittlichen Bestechungssummen, die gezahlt werden, eher gering sind. Während für einen Studienplatz mehrere Tausend Hryvnja an Bestechungsgeld verlangt wurden, sind gefälschte Examensnoten bereits ab wenigen Hundert Hryvnja zu haben: Die Studierenden, die in der DIF-Studie angaben, schon einmal bestochen zu haben, zahlten zwischen 50 UAH und 5.800 UAH dafür. Die meisten (etwa 70%) zahlten weniger als 300 UAH (Democratic Initiatives Foundation 2011).

Trotz der Verlagerung der Korruption: Das wichtigste Ziel des ZNO – die Bekämpfung der Korruption bei der Studienplatzvergabe durch die Einführung eines von den Hochschulen unabhängigen Examens – wurde erreicht. Insbesondere in den Jahren 2008 und 2009, als das ZNO das alleinige Zulassungskriterium darstellte, konnte Korruption effektiv eingedämmt werden.

5.7.2 Gesellschaftliche Akzeptanz des ZNO

Der zweite Indikator, der Aufschlüsse über den Reformerfolg liefert, ist die Einstellung der Gesellschaft zum unabhängigen Examen. In der Ukraine werden die politischen Bemühungen gegen Korruption sowohl von der Bevölkerungsmehrheit als auch von Experten grundsätzlich kritisch bewertet, da sie nur selten die deklarierten Ziele erreichen (Khmara 2013). Die Bewertung des ZNO, das nach anfänglicher Skepsis mittlerweile von weiten Teilen der Bevölkerung als überwiegend positiv aufgefasst wird, stellt eine absolute Ausnahme dar. Wie ist dies zu erklären?

Zum einen ist die Perzeption von Korruption während des Examens niedrig, wie eine von USAID in Auftrag gegebene Studie zeigt (Abbildung 20). Nach der verbindlichen Einführung des ZNO 2008 sagten 92% der Abiturienten, 96% der Lehrer bzw. Mitarbeiter der Schuladministration und 95% der Eltern, dass Korruption während des ZNO nicht verbreitet sei; insgesamt drei Viertel sahen sie als überhaupt nicht verbreitet an. Die Studierenden beurteilten die Situation etwas skeptischer: 80% sahen Korruption als kaum oder überhaupt nicht verbreitet an, während jeder Fünfte Korruption als verbreitet empfand. Im Vergleich zum Vorjahr ist allerdings auch in dieser Gruppe ein positiver Trend erkennbar, 2007 waren noch 27% der Studierenden der Meinung, dass bei den Examen Korruption verbreitet sei.

Abbildung 20: Wie verbreitet ist Korruption während des ZNO?

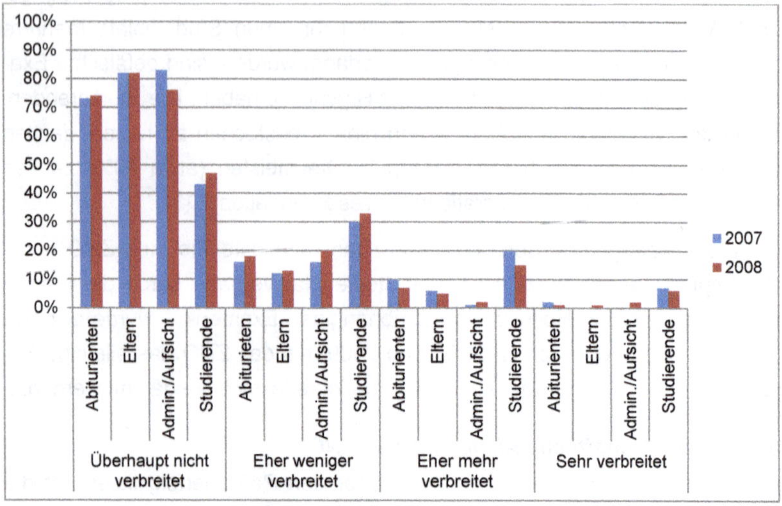

Quelle: USAID 2009a.

Bei den Antworten der Studierenden muss berücksichtigt werden, dass es einen Perzeptionsunterschied gibt zwischen Studierenden, die das ZNO gut ablegten und an eine Hochschule ihrer Wahl gelangten, und solchen mit weniger guten Testergebnissen, die es nicht an die präferierte Universität schafften.[246] Während Erstere das Korruptionsniveau der Examen als sehr niedrig ansehen und die Objektivität und Chancengleichheit loben, empfinden Letztere das ZNO häufiger als korrupt (USAID 2009b, S. 16). Der persönliche Erfolg spielt für die Perzeption von Korruption eine wichtige Rolle.

Wie beschrieben gibt es in der Korruptionsforschung Kritik an der Messung der Perzeption von Korruption, da diese oft nicht mit dem tatsächlichen Ausmaß von Korruption einhergeht. Für die Ukraine aber zeigen Čábelková und Hanousek (2004) sowie Shaw, weshalb nicht nur die persönliche Erfahrung

[246] Der Großteil der im Rahmen der vorliegenden Untersuchung interviewten Studierenden gab an, die Universität ihrer Erst- oder Zweitwahl zugewiesen bekommen zu haben und zeigte sich zufrieden mit dem Zulassungsverfahren. Dies entspricht den Ergebnissen einer Umfrage von 2012: Die Hälfte der Studierenden gab an, dass sie es an die Universität ihrer Erstwahl geschafft hätten; 37,9% hätten den Studienplatz ihrer Zweitwahl zugewiesen bekommen (USETI Legacy Alliance 2013a, S. 17).

mit Korruption, sondern eben auch ihre Perzeption ein wichtiger Faktor in der Korruptionsbekämpfung sein kann:

> *„Perceptions of corruption are strong determinants of a person's willingness to bribe. This has important implications for policy, as it suggests that just by lowering the perceptions of corruption actual behavior can be significantly influenced. Therefore, when enforcement of bribe control is difficult, it may be wise to shape the perceptions of the population in question in an attempt to reduce corruption indirectly."* (Shaw 2005, S. 14)

Wenn das unabhängige Examen als weniger korrupt als die vorherigen Auswahlexamen empfunden wird, wirkt sich entsprechend dieser Argumentation bereits die veränderte Wahrnehmung positiv auf die Bereitschaft der Studierenden bzw. ihrer Eltern aus, auf eine Bestechung zu verzichten.

Weite Teile der Bevölkerung, darunter insbesondere die vom ZNO direkt betroffenen Zielgruppen der Abiturienten und ihrer Eltern, befürworten das Examen. Es lässt sich eine seit Jahren wachsende positive Einstellung beobachten. Von März 2008 bis Oktober 2013 erhob die DIF im Auftrag von USETI repräsentative Meinungsumfragen zum ZNO. Die Kernfragen waren über den gesamten Erhebungszeitraum identisch, sodass die Einstellungen über einen längeren Zeitraum verglichen werden können. Eine der Fragen (vgl. Tabelle 23) thematisiert die Unterstützung für das externe Examen.

Tabelle 23: Seit 2008 ist das ZNO zentrales Kriterium für die Hochschulzulassung. Befürworten Sie dieses Zulassungssystem? (in Prozent, grau: Zielgruppe[247])

	2008	2009	2009	2011	2011	2012	2012	2013	2013
Definitiv ja	14,6	17,0	24,5	21,5	29,0	13,8	19,2	17,6	25,0
Eher ja	27,3	28,9	32,8	28,9	34,8	35,6	42,8	35,8	40,0
Eher nein	17,3	19,2	18,9	15,2	10,7	18,1	17,0	15,9	15,2
Definitiv nein	16,8	10,9	11,3	10,7	11,5	9,1	9,4	9,0	8,8
Unsicher	24,1	24,1	12,6	23,7	14,0	23,4	11,6	20,7	11,0

Quelle: USETI Legacy Alliance 2013b, S. 4.

247 Zur Zielgruppe zählen „*those, whose children, their relatives children, their close friends' children of themselves tried to enter a HEI based on standardized external testing results*" (USETI Alliance 2013). Je nach Umfragewelle zählten zwischen 32,6% und 39% der Befragten zu dieser Gruppe.

Der Anteil der ukrainischen Gesellschaft, der hinter der Reform steht, ist konstant gewachsen: Nach der landesweiten Einführung des ZNO Ende 2008 sprachen sich 41,9% der Befragten für und 34,1% gegen das ZNO aus. Bis 2013 stieg der Anteil der Befürworter kontinuierlich auf 53,4% an; nur noch jeder Vierte sprach sich dagegen aus (24,9%). Der Anstieg der Fürsprecher um 11,5% in fünf Jahren spricht für den Erfolg des ZNO. Berücksichtigt man nur die Zielgruppe, die seit 2009 explizit erfasst wird, liegt die Zustimmungsrate noch höher: Zwei Drittel (65%) dieser Gruppe befürworten das neue Zulassungssystem – eine ungewöhnlich hohe Zustimmungsrate für eine Bildungsreform.[248] Serhyj Rakov vom TIMO-Journal beschreibt den Grund für die wachsende gesellschaftliche Akzeptanz:

> *„Der Enthusiasmus der Gesellschaft war sehr groß, weil ein einfacher Schüler aus irgendeiner Dorfschule die Möglichkeit hatte, an einer angesehenen Universität ein prestigeträchtiges Fach zu studieren. Das war absolut einmalig."* [Interview UA-3]

Die USAID-Studie von 2009 belegt, dass es in der Bevölkerung von Beginn an großes Vertrauen in das ZNO gab, welches nach dem ersten landesweiten Examen sogar noch leicht gestiegen ist (vgl. Abbildung 21).

Ein Grund für das hohe Vertrauen ist, dass es rund um das ZNO keine Korruptionsfälle oder andere Skandale gab. Von den befragten Studierenden wusste keiner von Korruptionsfällen und auch nicht von anderen Verstößen wie Abschreiben oder Spicken. Ein interviewter Student beschreibt, wie dies aus seiner Sicht möglich war:

> Befragter: *„Ich habe keine Verstöße bemerkt.* [...] *Es liegt vermutlich daran, dass alles sehr ernst ist, und wenn man dich erwischt, weil du irgendwie unehrlich spielst, dann kannst du das mit der Uni vergessen.* [...] *Daher haben vermutlich alle Angst, und ich hatte auch teilweise Angst und spielte ein ehrliches Spiel, habe ehrlich geschrieben."*
>
> Interviewer: *„Und sind vielleicht deinen Freunden Fälle von Korruption oder andere Verstöße aufgefallen?"*
>
> Befragter: *„Ehrlich gesagt – nein, ich habe nochmal nachgedacht, nein, es war ehrlich. Das ist ehrlich gesagt ziemlich erstaunlich."* [Interview UA-21]

---

[248] In der Regel werden Bildungsreformen in der Ukraine eher negativ aufgefasst. In einer Umfrage des Razumkov-Zentrums von Dezember 2001 sahen 54,7% der Respondenten die Veränderungen des Bildungswesens der letzten Jahre als negativ an, nur 11,1% nahmen positive Veränderungen wahr (Razumkov Centre 2002, S. 43 f.).

Abbildung 21: Vertrauen Sie dem ZNO?

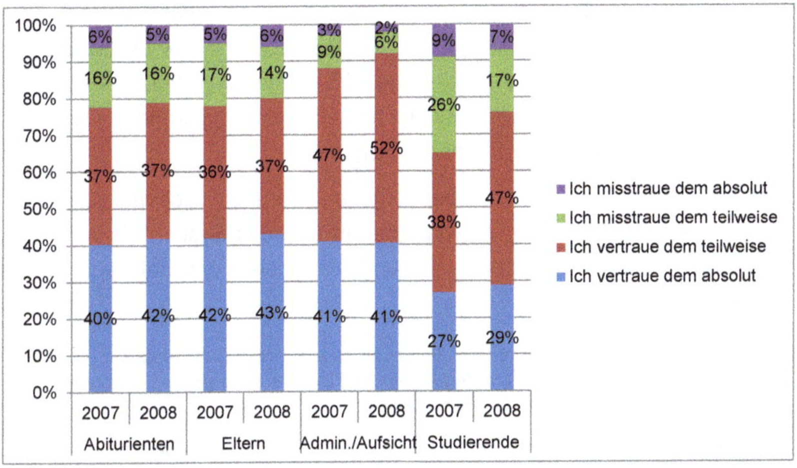

Quelle: USAID 2009a.

Alle interviewten Studierenden, die den Test abgelegt haben, berichten, dass die Prozeduren äußerst strikt und penibel eingehalten würden, wie exemplarisch folgende Beschreibung einer Kiewer Studentin, die 2010 am ZNO teilnahm, belegt:

> *„So wie das Reglement ist, fand es auch tatsächlich statt. Du kommst zur Prüfung. zeigst deine ganzen Unterlagen vor. Du wirst zum Auditorium geführt. Im Auditorium befinden sich in zwei Reihen 15 Tische. Auf den Tischen ist deine Nummer aufgeklebt, und du setzt dich genau da hin, wo deine Nummer steht. Dann geht die Prüfung los. Man darf zwei schwarze Kugelschreiber dabeihaben und nicht mehr. Also, du darfst noch ein Wasser dabei haben. Dann geht die ganze Prozedur los. Es gibt Aufseher, die alles genau erklären. Wie, was und warum. Über das Protokoll, deine Rechte und Pflichten, wo sich Toiletten befinden. Die letzten drei Personen müssen das Protokoll unterzeichnen, und vor ihren Augen wird das Paket mit den Prüfungen verschlossen. Wenn es Verstöße gibt, kann man sich an bestimmte Stellen wenden. Die genauen Bestimmungen ändern sich zwar jährlich, aber die Prozedur an sich ist immer in etwa so."* [Interview UA-6]

Vor der Einführung des Examens hatte die IRF 2005 in einer Studie nach den Risiken gefragt, die mit der Einführung des ZNO befürchtet würden. Das größte Risiko bestand aus Sicht der Befragten darin, dass Testmaterialien noch vor den Prüfungen verkauft würden (18% der Respondenten), dass der Prüfungsprozess nicht fair ablaufe (14%), dass die Überprüfung der Tests nicht objektiv sei, dass es unmöglich sei, genügend integre Personen zur Durchführung der Tests zu finden, und dass den Hochschulen weiterhin genügend diskretionärer Spielraum bei der Bewerberauswahl bliebe und sie aufnehmen würden, wen sie wollen (je 11%) (Hrynevych 2009, S. 67). Wie sich herausstellte, sind diese Befürchtungen nicht eingetroffen – was das gesellschaftliche Vertrauen in das ZNO stärkte.

Die Studierendeninterviews haben ergeben, dass sie sich an das ZNO-basierte Auswahlverfahren gewöhnt haben und das System als selbstverständlichen Bestandteil ihrer Ausbildung akzeptieren und befürworten, wie folgende Aussagen verdeutlichen:

> *„Das ZNO ist in der Tat eine tolle Sache, da es eine reelle Chance für viele Leute aus den Dorfschulen und der tiefen Provinz der Ukraine darstellt, an die Hochschule ihrer Wahl zu gelangen."* [Interview UA-6]

> *„Ich denke, dass es ein normaler, ein wirklich guter Schritt ist, ich sehe nichts Schlechtes darin, es ist eine gute Überprüfung des Wissens."* [Interview UA-20]

> *„Das ZNO* [...] *ich war anfangs empört und sehr dagegen, da es für mich einfacher wäre, zu lernen und dem Gegenüber* [in einer Auswahlprüfung] *zu erzählen, was ich weiß, anstatt Kreuzchen zu setzen, die mein ganzes Leben verändern können. Aber wenn wir an Korruption denken, habe ich verstanden, dass es für viele ein Ausweg ist, für viele, die nicht zahlen können, aber viel wissen."* [Interview UA-17]

> *„Unsere Organisation unterstützt das ZNO, ich selbst unterstütze das ZNO. Ich habe selbst Aufnahmetests abgelegt, das war 2001 an der Mohyla-Akademie, und natürlich war es eine nervöse Anspannung an dem Tag. Du weißt nicht, wirst du angenommen oder nicht. Parallel habe ich die Aufnahmeprüfung an der Ševčenko-Universität gemacht. Es waren drei Examen, ich stand in langen Schlangen. Wenn dort die Fragen gestellt werden, fällt man gleich durch, wenn man nicht bezahlt. Natürlich unterstütze ich es."* [Interview UA-4]

Auch die Experten sind mehrheitlich überzeugt vom Erfolg des ZNO. Stellvertretend dafür die Aussage von Irina Bekeškina:

> *„Ich kann sagen, dass das ZNO die wahrscheinlich einzige erfolgreiche Antikorruptionsreform in der Ukraine war. Die einzige, die Korruption tatsächlich stark eingedämmt hat.* [...] *Im Prinzip hat das ZNO für talentierte Personen die Möglichkeit geschaffen, an den besten Universitäten zu studieren, das ist Fakt. Und es hat Korruption stark vermindert."* [Interview UA-7]

Die positive Einstellung der Bevölkerung, insbesondere der wahlberechtigten Eltern, war ein wesentlicher Faktor dafür, dass das Examen trotz der Politik

Tabačnyks nicht abgeschafft wurde. Präsident Janukovyč fürchtete zu sehr den Verlust der Wählergunst. Das externe Examen wurde (mit Ausnahme der Wählerschaft der Kommunisten) parteiübergreifend unterstützt.[249] Eine Charkiwer Universitätsdozentin berichtete: „*Nach dem ersten Jahr erkannten die Eltern, dass ihre Kinder ohne Geld, ohne Bestechung Studenten werden konnten. Und sie fingen an, es gut zu finden*“ [Interview UA-1]. Der gesellschaftliche Rückhalt habe die Abschaffung des ZNO verhindert, glaubt auch der Leiter der Renaissance Stiftung, Evhen Bystrytsky:

> „*Damals haben die Eltern verstanden, viele Eltern von jungen Leuten, Studenten, dass dies eine Chance für sie ist, damit ihre Kinder an guten Unis studieren können. Weil die guten Unis nur für die Elite zugänglich waren. Aber auf einmal zeigte sich, dass sie auch für sie zugänglich waren, wenn die Kinder gut lernen. Das war sehr wichtig.* [...] *Die Bevölkerung hat schnell den Nutzen darin für sich erkannt. Und sie unterstützten es. Und nur deshalb existiert es heute noch. Es wäre natürlich erledigt worden, von den Rektoren und dem Minister. Weil sie die gesamte Kontrolle wollen.*“ [Interview UA-25]

5.7.3 Schaffung eines objektiven, fairen und effektiven Zulassungsprozesses

Mit der Hochschulzulassungsreform wurde der Bewerbungsprozess objektiv, fair und transparent. Das ZNO schaffte erstmals einen einheitlichen Prüfungsrahmen, alle Abiturienten und Studienbewerber legten es landesweit unter denselben Bedingungen ab. Das externe Examen entspricht damit dem Prinzip der Chancengleichheit. Es ist gerechter als nichtstandardisierte Abschlussexamen und mündliche Auswahlgespräche, die von Hochschule zu Hochschule variieren und die Bewerber ungleichen Bedingungen aussetzen. Nicht mehr subjektive Beurteilungen und Kriterien, monetäre Aspekte oder persönlichen Beziehungen entscheiden über die Hochschulzulassung, sondern das meritokratische Leistungsprinzip. Ihor Likarčuk beschreibt, wie er als UCEQA-Direktor diese Veränderung wahrnahm:

> „*Wir haben 2008 und 2009 gesehen, wie sehr das ZNO-System von der normalen Bevölkerung gebraucht wird. Die Anzahl der Abiturienten aus weit von Kiew ent-*

249 Laut Umfrageergebnissen des DIF lag 2011 die Zustimmung zum ZNO unter Wählern der Partei der Regionen bei 57,8%, während sich 25,9% dagegen aussprachen; bei den Wählern der Kommunisten überwogen die Gegner mit 36,6% leicht die Unterstützer mit 33,3%. Die Wähler der Oppositionsparteien sprachen sich klar für das ZNO aus (Vaterland: 62% Befürworter, 19% Gegner; UDAR: 63,4% Unterstützer, 19,7% Gegner) (USETI Alliance 2013).

> *fernten Provinzen, der Anteil dieser Abiturienten an den Hochschulen der Hauptstadt hat deutlich zugenommen. Das heißt, wir haben eine reelle Chance für Personen geschaffen, die weder über Geld, Dienst- oder Regierungstelefone*[250] *oder offizielle Positionen verfügen; wir haben diesen Personen eine Möglichkeit gegeben, ein Studium aufzunehmen, und das wird von der Öffentlichkeit geschätzt."* [Interview UA-12]

Für viele Studierende stellt das neue Prüfungs- und Auswahlverfahren eine äußerst positive und motivierende Erfahrung dar: Sie erhalten ihren Studienplatz nicht durch informelle Absprachen oder Zahlungen ihrer Eltern, sondern aufgrund ihrer eigenen Leistungen. Diese Erkenntnis stärkt nach Meinung einer Soziologie-Dozentin das Selbstbewusstsein vieler Studierender:

> *„Die Studenten, die so* [über das ZNO] *an die Uni gekommen sind, sie glauben, dass sie etwas selbst können und nicht nur mithilfe einer Bestechung. Und sie entwickeln ein inneres Bewusstsein dafür."* [Interview UA-1]

Darüber hinaus werden die Bewerber durch das neue Zulassungssystem auch effektiver an die Hochschulen verteilt. Das zeigen die Daten aus der KONKURS-Datenbank: Je beliebter eine Hochschule ist und je besser sie in den nationalen Hochschulrankings[251] abschneidet, desto mehr überdurchschnittlich gute Bewerber gibt es dort. Zu den Hochschulen, die in den Rankings zur Spitzengruppe zählen, gehören das Kiewer Polytechnische Institut, die Nationale Ševčenko-Universität, die Mohyla-Akademie, die Ivan-Franko-Universität Lwiw und die Charkiwer Karazin-Universität. 2012 hatte die Mohyla-Akademie mit durchschnittlich 182 ZNO-Punkten die besten Bewerber; die Bewerber der Staatlichen Ševčenko-Universität kamen im Schnitt auf 179 Punkte, gefolgt vom KPI, dessen Studienbewerber durchschnittlich 174 Punkte hatten (Bondarenko 2011). Die Noten belegen, dass nun tatsächlich die besten Bewerber an die besten Hochschulen gelangten.

Die Studierenden profitieren zudem von einer bisher nicht gekannten Freiheit bei der Wahl ihres Studiums. Sie können sich elektronisch an bis zu fünf Hochschulen für je drei Studienfächer bewerben, ohne jedes Mal einzelne Prüfungen dafür abzulegen. Darin liegt ein großer Vorzug der Reform:

---

[250] Likarčuk verwendet den Terminus „*služebnych i pravitel'stvennych telefonov*", ein Hinweis auf das „telefonnoe pravo".

[251] In der Ukraine gibt es drei populäre Hochschulrankings: Das UNESCO Top 200 Ranking, das Ranking des Magazins „Den'gi" sowie das „Kompas"-Ranking.

„Was am ZNO gut ist, ist dass man sich gleich an mehreren Hochschulen bewerben kann. Wenn Du z. B. nicht an einer Kiewer Universität angenommen wirst, kannst Du in deinem Heimatort trotzdem angenommen werden. Früher haben die Leute nichts riskiert, denn wenn sie nicht angenommen wurden, studierten sie nirgends. [...] *Daher gibt es der Bevölkerung aus den Regionen mit guten Testergebnissen eine reelle Chance. Sie können sich bewerben.* [...] *Sie riskieren nichts."* [Interview UA-7]

Inzwischen reichen auch vermehrt Abiturienten aus den Provinzen Bewerbungen an den renommierten Universitäten in den Hochschulzentren des Landes ein. Das hat zu einer gestiegenen Mobilität beigetragen und vor allem in Kiew nahm der Anteil von Studierenden aus den Regionen deutlich zu. In diesem Zusammenhang wurde von vielen Respondenten als Beispiel das Kiewer Institut für Internationale Beziehungen genannt, das bei vielen Ukrainern den Ruf hat, sehr korrupt zu sein und Studienplätze der zahlenden Elite vorzubehalten. Lesja Orobec erinnert sich an ihre Alma Mater:

„Als ich 1999 mein Studium aufnahm, kam ich an die prestigeträchtigste Fakultät des Landes: das Institut für Internationale Beziehungen der Kiewer Ševčenko-Universität – es ist analog zum MGIMO in Russland. Die Konkurrenz dort war einfach irrsinnig, und man musste sogar bestechen, um einen kostenpflichtigen Studienplatz zu erhalten. Das heißt, man zahlt schon Studiengebühren und dann noch eine Bestechung, um angenommen zu werden. Mir wurde dann gesagt, wie viel – 18.000 USD. Und das war 1999, als man für dieses Geld eine Wohnung auf dem Kreščatyk, der Hauptstraße des Landes, kaufen konnte." [Interview UA-24][252]

Laut Poljanskyj lernten dort vor dem ZNO *„ausschließlich Kinder und Verwandte von Diplomaten, Parlamentsmitgliedern, Ministern"*. Es sei *„eine komplett geschlossene Organisation ohne ‚normale' Kinder"* entstanden [Interview UA-14]. Durch das neue Zulassungssystem konnte dieses System durchbrochen werden, wie Poljanskyj und auch die stellvertretende Direktorin von Transparency International Ukraine meinen:

„2008 wurde dieses Monopol zerstört, und an ebenjenes Institut für Internationale Beziehungen sind Abiturienten aus Dorfschulen, kleinen Städten und regionalen Zentren ehrlich gelangt, was sie für viele Jahre nicht einmal versucht hätten. Das war aus meiner Sicht das wichtigste Signal an die Gesellschaft, dass wir einen Zu-

[252] Wie die Politikerin unter diesen Umständen selbst an die Universität gelangen konnte, blieb unklar. Dass ihr Vater, der zu der Zeit als Parlamentsabgeordneter gute Beziehungen hatte, eine Rolle spielte, könnte eine mögliche Erklärung sein, konnte jedoch nicht überprüft werden.

lassungsprozess mit harten Sanktionen für Bestechungsnehmer gestaltet haben und es keine Möglichkeit für Bestechung mehr gab." [Interview UA-14]

„Hochschulen wie z. B. das Kiewer Institut für Internationale Beziehungen oder die Nationale Kiewer Ševčenko-Universität, sie haben Studierende aus den Provinzen gesehen. Die hatte es dort seit Jahrzehnten nicht gegeben. Talentierte Leute erhielten eine Möglichkeit, ohne Bestechungen zu lernen." [Interview UA-8]

Ein indirektes Indiz für die gestiegene Mobilität ist der gestiegene Bedarf an Wohnheimplätzen. Traditionell wohnen Studierende in der Ukraine entweder bei ihren Eltern oder, sofern sie nicht in ihrer Heimatstadt studieren, im Studentenwohnheim.[253] Aufgrund der steigenden Anzahl von Studierenden aus den Regionen können mittlerweile vor allem die angesehenen Hochschulen der großen Universitätsstädte, die zuvor zum Großteil die städtische Elite ausbildeten und daher wenige Wohnheime benötigten, nicht ausreichend Wohnheimplätze zur Verfügung stellen[254] – ein Beleg für die gestiegene Mobilität, wie Liliya Hrynevyč verdeutlicht:

„Auf einen Indikator des Erfolgs verweist die Aussage eines Prorektors einer unserer besten Kiewer Universitäten – der Nationalen Kiewer Ševčenko-Universität –, der gesagt hat: ‚Nach der Einführung eures Examens gibt es keine freien Plätze mehr in den Wohnheimen.' Das ist ein Erfolg. Das heißt, dass talentierte Kinder aus anderen Städten, aus kleinen Städtchen und Dörfern, nun zum Lernen an die besten Universitäten kommen, und zwar aufgrund ihres Talents und Fleißes, und nicht weil ihre Eltern eine Bestechung gezahlt haben." [Interview UA-26]

Irina Bekeškina vom Meinungsforschungsinstitut DIF argumentiert ähnlich:

„Das ZNO belegt, dass viel mehr Studierende aus den Regionen kommen, da an führenden Universitäten sofort ein Problem mit den Wohnheimplätzen entstanden ist. [...] *Viele studieren nun dort, wo sie sich früher nicht getraut und es nicht riskiert hätten. Und nun zeigt sich, dass sie nirgends wohnen können, da die Wohnheimplätze nicht für diesen Zustrom von Menschen aus den Regionen ausgelegt sind. Das ist ein ernsthaftes Problem."* [Interview UA-7]

Eine weitere Verbesserung für die Studierenden ist, dass durch das ZNO die Anreise zum persönlichen Auswahltest entfällt. Die Testzentren befinden sich zu mehr als 98% im Radius von 50 Kilometern von ihren Schulorten. Da das

253 45% der Studierenden leben in Wohnheimen (Democratic Initiatives Foundation 2011).

254 Bereits vor Einführung des externen Examens gab es an vielen Hochschulen zu wenige Wohnheimplätze. Schon 2007 wurde der Mangel an Wohnheimplätzen in Kiew für auswärtige Studierende kritisiert (Trusova 2007). Mit der Einführung des ZNO hat sich die Situation weiter verschärft.

alte Verfahren häufig Kosten für Fahrt und Übernachtung verursachte, benachteiligte es ärmere Bewerber. Über das neue elektronische Verfahren werden die Bewerbungen per Post oder Internet versandt, was Aufwand und Kosten spart und deshalb in den Interviews von vielen Studierenden positiv bewertet wurde.

Neben der geografischen stieg auch die soziale Mobilität der Studierenden. Viele Studierende aus der unteren Mittel- bzw. Arbeiterschicht wissen nun aus persönlicher Erfahrung oder von Freunden und Bekannten, dass sie auch ohne Korruption an gute Universitäten gelangen können. Von vielen wurde das vor der Einführung des externen Examens nicht für möglich gehalten. Das Examen nivelliere die sozioökonomische Herkunft der Abiturienten, wie der Sprecher einer unabhängigen Studierendenvertretung aus Kiew auf die Frage nach dem Zusammenhang zwischen sozialer Herkunft und Studienplatz erklärte:

> *„Natürlich gibt es, wenn die Eltern Geld haben, praktisch keine Hindernisse, an eine prestigeträchtige Universität zu gelangen.* [...] *Wer für Geld oder über Beziehungen an einen Studienplatz gelangen konnte, der hat dies auch gemacht.* [...] *Und deswegen ist die soziale Schicht natürlich entscheidend.* [...] *Aber das ZNO hat in vieler Hinsicht diese Unterschiede verringert. Menschen aus Dörfern und die Allerärmsten können nun an eine angesehene Uni, in eine große Stadt gelangen. Das Examen hat unter diesem Aspekt sehr geholfen."* [Interview UA-4]

Auch Olga Zaplotynska von der IRF sieht eine neue soziale Durchmischung insbesondere an den angesehenen Hochschulen:

> *„Der zweite wesentliche Aspekt des Examens ist der gleiche Zugang zur Bildung. In Kiew hatten bis 2008 einige Hochschulen gar keine Studierenden aus Dörfern; sie kamen nicht hierher, da sie dachten, dass sie sowieso nicht angenommen werden. Erst 2008, 2009 tauchten an solchen renommierten Universitäten und Fakultäten wie dem Institut für Internationale Beziehungen an der Nationalen Ševčenko-Universität normale Studenten auf, die sich allein schon optisch stark von den hier üblichen Studierenden unterschieden, die normalerweise mit ihrem Lexus oder Mercedes vorfahren."* [Interview UA-5]

Kritiker des ZNO führen häufig an, dass der Test nicht die persönlichen Kompetenzen und die Studieneignung der Abiturienten messe, sondern lediglich ihr Wissen abfrage („knowledge" statt „ability"). Vor allem Hochschulrektoren betonen, dass durch einen persönlichen Auswahlprozess ein besseres Bild von einem Bewerber entstünde; man erfahre mehr über die Fähigkeiten,

Talente und Motivation des Bewerbers und sehe, ob die Person zur Institution passe. Dieses Argument wird durch Validitätstests entkräftet, die eine hohe Korrelation zwischen den ZNO-Ergebnissen und dem späteren Lernerfolg der Studierenden gezeigt haben und die hohe Effektivität dieses Auswahlverfahrens belegen. Zur Beurteilung der Effizienz der Bewerberauswahl anhand des externen Examens wurden in einer von USETI durchgeführten Untersuchung unter mehr als 11.000 Studierenden die ZNO-Resultate mit ihren Noten aus dem ersten Studiensemester verglichen (Kovtunets et al. 2010). Dabei kam heraus, dass gemessen an internationalen Standards die Vorhersagevalidität des Studienerfolgs anhand der ZNO-Note sehr hoch ist. International gilt ein Korrelationskoeffizient von mehr als 0.5 als gut, ein Wert zwischen 0.3 und 0.5 als durchschnittlich und Werte unter 0.3 als ineffizient. Der errechnete Korrelationskoeffizient liegt im untersuchten Fall bei 0.522, womit das ZNO eine hohe prognostische Validität aufweist und ein effizienter Mechanismus für die Studienplatzvergabe ist.

Neben der Effektivität haben Kovtunets et al. die Fairness des ZNO-basierten Zulassungssystems analysiert und gelangen zu einem positiven Fazit. Laut ihren Ergebnissen würden die Bewerber aller sozialen Milieus, unabhängig von Geschlecht, Wohnort, Eltern etc. gleich behandelt. Die Fairness sei sogar mit skandinavischen Ländern vergleichbar, deren Bildungssysteme international als Erfolgsmodelle gelten und als Vorreiter in Gleichberechtigungsfragen angesehen werden:

> *„The measure of fairness of the university admission system based on the EIA of 2009 made up 20%. This means that successful university enrolment for socially significant population subgroups differed from the average value of enrolment throughout Ukraine by no more than 20%. Therefore, the overall fairness of the EIA-based university admission system nationwide is sufficiently high and parallels the admission system fairness level in Scandinavian countries."* (Kovtunets et al. 2010, S. 5)

Die 2008 erfolgte Umstellung auf ein transparentes und objektives Zulassungsverfahren hat die Effizienz und Fairness des Hochschulzulassungssystems signifikant gesteigert.

Zusammenfassend lässt sich festhalten, dass die Reform ihre wesentliche Zielsetzung erreicht hat, großes Vertrauen in der Bevölkerung genießt und als die wohl erfolgreichste Bildungs- und Antikorruptionsreform gilt.

Dennoch war es ein schwieriger Prozess, dass ZNO im neuen Hochschulgesetz juristisch nachhaltig zu verankern. Der Streit um die Ausrichtung der Hochschulpolitik führte zu einem langwierigen Konflikt, der das Bildungswesen lähmte. Einer der zentralen Streitpunkte war das externe Examen. Das folgende Kapitel fasst die politische Debatte um das neue ukrainische Hochschulgesetz und den rechtlichen Rahmen für das ZNO zusammen.

5.8 Der Konflikt um die Rolle des ZNO im neuen Hochschulgesetz

Für das externe Examen war die Hochschulreform insofern wegweisend, weil es keinen rechtlich fixierten Status besaß und von Erlassen des Ministerkabinetts gesteuert wurde und dadurch den politischen Entwicklungen unterworfen war. Noch unter Vakarčuk wurde ein erster Entwurf für ein neues Hochschulgesetz ausgearbeitet, das das ZNO juristisch absichern sollte. Jedoch erwies sich die Hochschulreform in der politischen Dauerkrise zwischen Präsident Juščenko, Premierminister Janukovyč und Premierministerin Tymošenko, die eine gegenseitige Blockadepolitik verfolgten, als unmöglich. Hinzu kam, dass die Bildungspolitik für die politische Elite kein relevantes Politikfeld war und stiefmütterlich behandelt wurde:

> *„State politics do not pay any attention to universities. Higher Education Institutions do not really have any value for the Ukrainian state, since politics is just about retaining power, not about developing society."* (Kvit 2013a)

Eine kohärente Bildungspolitik, geschweige denn eine zielgerichtete Strategie, war kaum erkennbar. Erst nach der Präsidentschaftswahl 2010 kam Bewegung in den Gesetzgebungsprozess. Im Wahlkampf hatte Janukovyč erklärt, im Falle eines Wahlsiegs das ZNO abzuschaffen und zum alten Zulassungssystem zurückzukehren. Noch vor seiner Vereidigung zum neuen Präsidenten bildete sich jedoch eine Koalition aus NGOs und Studierendenverbänden mit dem Namen „Vidsič" (Widerstand), die dagegen protestierte. Ob infolge dieses Protests oder letztlich doch eines taktischen Manövers des Präsidenten – nach der Wahl war zunächst keine Rede mehr davon, das ZNO abzuschaffen. Stattdessen erklärte Janukovyč, dass die Verabschiedung eines neuen Bildungsgesetzes, in dem das externe Examen eine wichtige Funktion einnehmen würde, Teil seines Programms zur wirtschaftlichen Entwicklung des Landes sei.

Am 8. November 2010 veröffentlichte das Bildungsministerium eine grundlegend überarbeitete Version des Entwurfs von Vakarčuk. Darin war die Rolle des ZNO *„absichtlich extrem unklar formuliert“* und durch wieder zugelassene Aufnahmeprüfungen wäre *„die Tür für Vetternwirtschaft und Korruption“* (Küchler et al. 2011, S. 6) an der Universitäten wieder geöffnet worden. Auch das Thema Studiengebühren war schwammig formuliert, weshalb der Entwurf insbesondere von Studierenden, aber auch von Bildungsexperten heftig kritisiert wurde. Während die Studierenden steigende Studiengebühren und einen Anstieg der Korruption befürchteten[255], galt die Kritik der Experten hauptsächlich dem geringen Reformpotenzial und den zahlreichen Widersprüchen zu anderen Gesetzen. Aufgrund der massiven Protestbewegung, die in großen Teilen vom Kiewer Polytechnischen Institut (KPI) und von der Mohyla-Akademie ausging[256] – der Rektor Serhyj Kvit kritisierte den Entwurf als neuen „Eisernen Vorhang“ zwischen der Ukraine und Europa (Myklebust 2010) –, musste der Bildungsminister die Vorlage zunächst zurückziehen.

Juryj Myrošnyčenko, Vertreter des Präsidenten im Parlament und einer der progressivsten Vertreter der PdR, entwarf zusammen mit der Vereinigung privater Universitäten einen alternativen Gesetzentwurf „Über die Hochschulbildung“ № 7486 und ließ ihn am 17.12.2010 registrieren. Myrošnyčenkos Gesetzesvorlage orientierte sich stärker an westlichen Modellen der Hochschulgovernance als die Version von Tabačnyk und beinhaltete neben einer Annäherung an europäische Standards insbesondere größere akademische Freiheiten und mehr Hochschulautonomie. Was die Hochschulzulassung betrifft, wurden auch in seinem Entwurf die Rolle des ZNO eingeschränkt und die Reformen von Vakarčuk teilweise revidiert.

---

255 Eine Losung der Proteste war: „Ihr gebt uns Korruption – wir geben euch Revolution!“.

256 Die Mohyla-Akademie vertrat in zentralen bildungspolitischen Fragen eine grundlegend entgegengesetzte Linie zum Ministerium: prowestliche Ausrichtung (Mohyla) vs. sowjetische Traditionen (Ministerium), Deregulierung (Mohyla) vs. Zentralisierung (Ministerium) etc. Sie stellte sich an die Spitze der Proteste (Umland 2011). Höhepunkt der Konfrontation war ein Gerichtsverfahren, das die Mohyla 2011 gegen das Ministerium anstrengte. Als Reaktion drohte das Ministerium der Mohyla mit Schließung und strich ihr öffentliche Mittel. Das KPI fürchtete, dass der Rektor, wie vom Ministerium angestrebt, abgesetzt würde, wogegen die Studierenden – mit Erfolg – protestierten.

Das Bildungsministerium konterte den Vorstoß Myrošnyčenkos und ließ über seinen Parteikollegen und Vorsitzenden des parlamentarischen Bildungskomitees, Maksym Luckyj, ebenfalls im Dezember den Gesetzesvorschlag № 7486-1 im Parlament registrieren. Der Entwurf war nahezu identisch mit dem zuvor heftig kritisierten Vorschlag des Ministeriums, die Beanstandungen und Verbesserungsvorschläge von Studenten und Verbänden wurden nicht umgesetzt.

Am 13. Januar 2011 kam es zum Eklat, als das Bildungskomitee der Verchovna Rada bekanntgab, dass es den Gesetzentwurf von Luckyj mit sechs Stimmen durchgewunken hatte. Jedoch waren nachweislich nur zwei stimmberechtigte Komiteemitglieder anwesend gewesen und somit das Quorum nicht erfüllt. Die Opposition warf dem Komitee die Falsifizierung der Abstimmung vor und sah diese als illegitim an (Osvita.ua 2011a).

Mit dieser Vorgehensweise wollte das Bildungsministerium das umstrittene Gesetzesvorhaben schnellstmöglich dem Parlament zur Abstimmung vorlegen und verabschieden lassen. Als die Vorlage Ende Januar im Parlament beraten wurde, kam es landesweit erneut zu heftigen Studentenprotesten.[257] Sogar der Präsident schaltete sich ein und kritisierte die Gesetzesinitiative seines Bildungsministers öffentlich (Osvita.ua 2011b). Die Abstimmung wurde verhindert und das Gesetzesprojekt № 7486-1 zurückgezogen.

Als Kompromiss ordnete Tabačnyk eine Überarbeitung des Entwurfs an durch eine Expertenkommission unter der Leitung seines Stellvertreters, Evhen Sulima, und dem Rektor der Nationalen Ševčenko-Universität, Leonid Gubers'kyj. Auch einige der studentischen Protestteilnehmer wurden in die Kommission berufen. Janukovyč forderte von der Kommission, den Entwurf unter Berücksichtigung aller Vorschläge von Hochschulvertretern, Studierenden sowie aus der Zivilgesellschaft intensiv zu überarbeiten und ihn im Juni erneut dem Parlament vorzulegen.

[257] Die ukrainischen Studierenden zählen zu den aktivsten in Europa. Laut dem Centre for Society Research gab es 2010 insgesamt 125 Protestaktionen im ganzen Land, 2011 fanden 121 Protestaktionen statt (Korkač und Iščenko 2012). Während sich 2010 die Proteste primär gegen Bildungsminister Tabačnyk richteten, waren sie 2011 auf konkrete bildungspolitische Maßnahmen wie das Bildungsgesetz konzentriert (Kvit 2012b).

Am 16. Mai wurde die überarbeitete Fassung vorgestellt, allerdings fanden insbesondere Studierende, dass ihre Anliegen nicht berücksichtigt waren. Es kam erneut zu landesweiten Protesten. Die Demonstranten forderten den Präsidenten und Premierminister Mykola Azarov auf, das Gesetz in dieser Form nicht zu verabschieden, und geißelten den Vorgang als *„Imitation einer Reform"*.[258] Auch Mitglieder der Nationalen Akademie der Wissenschaften zeigten sich beunruhigt und warnten den Premier in einem offenen Brief vor der Verabschiedung des Entwurfs.[259] Unterstützung erhielt der Entwurf lediglich von der Vereinigung der Hochschulrektoren, die allerdings unter starker Kontrolle des Ministeriums stand.[260]

Ende Oktober unternahm das Bildungsministerium zwei Versuche, seine Reformpläne zu legitimieren. An mehr als 100 Hochschulen wurden Studierende zum Gesetzentwurf befragt. Dabei waren die Fragen sehr suggestiv formuliert. Unabhängige Experten kritisierten die Befragung und bezeichneten sie als manipulativ (Bekeškina 2011). Parallel wurde der III. Ukrainische Pädagogenkongress abgehalten, auf dem regierungstreue Lehrkräfte den Gesetzesentwurf des Ministeriums öffentlich „abnicken" sollten.[261] Schließlich wurde der von Vizebildungsminister Sulima überarbeitete Entwurf am 28.12.2011 als Gesetzesprojekt „Über die Hochschulbildung" № 9655 im Parlament registriert.

---

258 Besonders aktiv und während des ganzes Konfliktes bei fast allen Protestaktionen präsent war die Kampagne „Gegen die Degradierung der Bildung", die im Januar 2011 von Mitgliedern der eher rechtskonservativen zivilgesellschaftlichen Organisation „Vidsič" („Widerstand"), der eher linksanarchistischen Gruppierung „Prjama Dyja" („Direkte Aktion") und der Jugendorganisation „Fundacija Regional'nych Initiativ" („Stiftung Regionaler Initiativen") initiiert wurde. Die Initiative oragnisierte zahlreiche Veranstaltungen gegen das neue Gesetz (Korrespondent 2011).

259 Der offene Brief ist abrufbar unter: www.ru.osvita.ua/doc/files/news/190/19017/1_NANU_zvernennia.doc, zuletzt geprüft am 29.08.2013.

260 Der Verband der Hochschulrektoren gilt als konservativ. Viele Rektoren bekleideten ihr Amt bereits in der Sowjetunion. Die dienstältesten Rektoren „herrschen" seit mehr als 35 Jahren an ihren Universitäten; ein Drittel der 117 Rektoren Nationaler Hochschulen befindet sich mindestens in ihrer dritten siebenjährigen Amtszeit. Entsprechend sind sie von einer sowjetischen Bildungsideologie geprägt.

261 Die „Vereinigung der Akademie der Wissenschaften der Hochschulen der Ukraine", worin viele ukrainische Akademiker vertreten sind, hielt das Votum der vom Bildungsministerium organisierten Versammlung für nicht unabhängig (Osvita.ua 2011c).

Wenig überraschend löste auch diese Vorlage Proteste aus, waren die Änderungen darin nicht substanziell. Die Opposition, Studierende, zivilgesellschaftliche Initiativen und zahlreiche Akademiker sprachen sich dagegen aus. Zwei Tage später registrierte die Opposition den alternativen Gesetzesentwurf № 9655-1 im Parlament. Dieser war unter der Federführung von Liliya Hrynevyč entstanden, die sich seit ihrem Weggang vom UCEQA als reformorientierte Bildungspolitikerin profiliert hatte und nun ein modernes, an internationale Standards angelehntes Hochschulgesetz vorlegte (mit dem ZNO als zentralem Bestandteil), das gerade deshalb beim Ministerium jedoch auf großen Widerstand stieß.

Da auch Janukovyč mit dem überarbeiteten Entwurf aus dem Bildungsministerium unzufrieden war, hatte er in der Zwischenzeit Myrošnyčenko beauftragt, dessen alten Entwurf zu überarbeiten. Am 6. Januar 2012 registrierte Myrošnyčenko den redigierten Gesetzentwurf № 9655-2 im Parlament.

Somit lagen drei unterschiedliche Gesetzentwürfe vor, die am 11. Januar 2012 im Parlament debattiert werden sollten. Wie zu erwarten war, fand sich für keines der Gesetzesprojekte eine Mehrheit. Eine Einigung in der emotional stark aufgeladenen Debatte schien unmöglich und sie wurde vertagt.

Nun schaltete sich Premierminister Azarov in den Konflikt ein und forderte eine erneute Überarbeitung.[262] Der Premier bat den Rektor des KPI Michail Zgurovskyj, eine neue Expertenkommission einzuberufen, um die besten Elemente aus den drei Gesetzentwürfen zu sammeln und daraus einen mehrheitsfähigen parteiübergreifenden Kompromissentwurf zu erstellen. Azarov forderte gar ein eigenes Kapitel zur Korruptionsbekämpfung:

> *„Das Gesetz ‚Über die Hochschulbildung' soll einen speziellen Abschnitt beinhalten, der sich dem Kampf der Korruption an Hochschulen annimmt. Die Korruption in der Hochschulbildung ist vor allem ein Schlag für die Bildungsqualität. Wir verstehen das Problem, und wir werden darüber nachdenken, wie wir eine Lösung dafür finden."* (Web Portal of Ukrainian Government 2012)

262 Das Vorgehen des Premiers legt die Uneinigkeit innerhalb der Regierungspartei offen: Obwohl derselben Partei angehörig, verfolgten Premier- und Bildungsminister sehr unterschiedliche Positionen in der Bildungspolitik. Diese Differenzen und die daraus resultierende politische Instabilität schwächte die Durchsetzungskraft der Regierung und war ein entscheidender Faktor dafür, dass die (ebenfalls zerstrittene und schwache) Opposition zusammen mit den Studierenden und der Zivilgesellschaft den Entwurf des Ministeriums überhaupt verhindern konnte.

Obwohl einzelne Mitglieder der Expertenkommission diese Notwendigkeit ebenfalls sahen, gab es keinen Konsens darüber, wie die Korruptionsbekämpfung konkret im Gesetz realisierbar wäre, sodass sie letztlich nicht berücksichtigt wurde.

Das Besondere an der Initiative des Premierministers war, dass erstmals eine für alle interessierten Personen offene Arbeitsgruppe eingerichtet wurde, die zahlreiche Akteure zusammenbrachte. An der Gruppe beteiligten sich Vertreter aus Hochschulen, Studierendenverbänden, Akademien der Wissenschaften, weiteren Bildungsorganisationen (Bildungsgewerkschaft der Stadt Kiew, Verband der Privathochschulen, Öffentlicher Pädagogischer und Wissenschaftlicher Rat der Ukraine), NGOs (USETI, Vidsič, Prjama Dyja, Unabhängige Journalisteninitiative „Svydomo") sowie internationale Experten. Insgesamt arbeiteten etwa 60 Personen am neuen Entwurf.

Diese Öffnung des Gesetzgebungsprozesses stellte eine Zäsur in der ukrainischen Politik dar. In der Regel wurden Gesetze von einem kleinen Personenkreis ohne Einbezug gesellschaftlicher Expertise in nicht transparenten Entscheidungsprozessen erarbeitet. Nun entstand erstmals ein Entwurf unter Einbeziehung diverser Akteure aus dem zivilgesellschaftlichen Spektrum – ein völlig neuer, demokratischer Ansatz. Das war ein großer Erfolg der im Bereich der Bildungspolitik immer aktiver werdenden Zivilgesellschaft. Viele Akteure konnten ihre Anliegen und Forderungen in den Entwurf einbringen und durch das konsensbasierte Verfahren wurden die Interessen aller Beteiligten berücksichtigt.

Fast 3.000 Änderungsvorschläge wurden eingearbeitet. Im Februar stand ein Gesetzentwurf, in dem 67 der 71 Absätze des ursprünglichen Ministeriumsentwurfs überarbeitet waren. Zu den zentralen Änderungen zählten dabei insbesondere die weit reichende Hochschulautonomie (z. B. Wahl der Rektoren anstatt Ernennung durch den Minister), die stärkere Annäherung an den europäischen Bildungsraum (z. B. durch Anerkennung ausländischer Diplome) sowie die Stärkung des ZNO als Hochschulzulassungskriterium. Der

Entwurf wurde von einer breiten Mehrheit von Experten, Akademikern, Studierenden, Journalisten sowie Politikern unterstützt.[263]

Myrošnyčenko zog sein Gesetzesprojekt zurück und Premierminister Azarov versprach, den Entwurf des Bildungsministeriums ebenfalls zurückzuziehen, um den Weg für den Kompromissentwurf der Zgurovskyj-Kommission frei zu machen. Im Februar 2012 wurde der Zgurovskyj-Entwurf im Ministerkabinett positiv aufgenommen und zur juristischen Feinjustierung an die zuständigen Ministerien überwiesen. Als der abgestimmte Entwurf am 7. März dem Ministerkabinett erneut vorgelegt wurde und der Premierminister seine Unterstützung zusagte, sah alles danach aus, dass das Gesetz noch vor der Sommerpause verabschiedet werden und zum Semesterbeginn am 1. September 2012 in Kraft treten könnte. Der Rektor der Mohyla-Akademie Serhyj Kvit, der Mitglied der Expertenkommission war, äußerte sich bereits optimistisch, dass nach der langwierigen Auseinandersetzung endlich ein konsensfähiges Gesetz vorliege:

> *„Today Ukraine has a unique chance to adopt a progressive higher education law. It is the result of a broad public discussion, and it is not an over-statement to say that it is a tribute to Ukrainian civil society."* (Kvit 2012a)

Obwohl das Bildungsministerium an der Überarbeitung beteiligt war, erklärte Vizebildungsminister Sulima, sein Ministerium werde die redigierte Fassung des Zgurovskyj-Entwurfs nicht unterstützen. Sulima forderte, wenn schon den Hochschulen weit reichende Autonomierechte eingeräumt würden, sollten diese auch selbst über die Zulassungsprozedur entscheiden und zusätzliche Aufnahmeprüfungen abhalten dürfen.

Die Expertenkommission überarbeitete den Entwurf daraufhin erneut und legte der Regierung einen redigierten Entwurf vor. Akademiker und Studierende drohten mit Protesten, sollte dieser wieder abgelehnt und der Prozess

---

263 Viele Rektoren sahen den Entwurf allerdings kritisch: *„Tatsächliche Freiheit, die den Hochschulen Autonomie bringen könnte, benötigen sie überhaupt nicht. Freiheit – das bedeutet Verantwortung und ehrliche Konkurrenz, das bedeutet Verlust der Selbstherrschaft der eigenen Hochschule, harte Arbeit zum Wohle der Öffentlichkeit und unter der Kontrolle der Öffentlichkeit. Und wie ‚löst'* [„rešat voprosy", gebräuchlicher Euphemismus für Korruption] *man in solchen Situationen überhaupt Probleme? Mit Beamten des Ministeriums ist es immer einfacher zu verhandeln*" (Oniščenko 2013a).

noch weiter in die Länge gezogen werden. Vor den Parlamentswahlen im Oktober 2012 fand jedoch keine Lesung mehr im Parlament statt.

Für das Hochschulgesetz waren die Wahlen insofern entscheidend, als dass sich die Kräfteverhältnisse im Parlament zugunsten der bildungspolitisch progressiven Opposition verschoben. Mit der Oppositionsabgeordneten und ehemaligen UCEQA-Direktorin Liliya Hrynevyč übernahm eine Verfechterin des ZNO die Leitung des Bildungskomitees und formte einen Gegenpol zum bildungspolitischen Kurs Tabačnyks'.

Nachdem das Parlament seine Arbeit nach den Wahlen wieder aufgenommen hatte, schaltete sich im November 2012 der Präsident erneut in die Debatte ein. Er forderte von seinem Premierminister, das Hochschulgesetz mit den Ministerien abzusstimmen, um es endlich zu verabschieden. Dabei unternahm das Bildungsministerium einen neuen Versuch, die progressiven Elemente zu streichen, was jedoch misslang. Am 3. Dezember wurde auf einer nicht öffentlichen Sitzung des Ministerkabinetts der Entwurf für das neue Hochschulgesetz vorgestellt. Allerdings stellte das Bildungsministerium dem Kabinett nicht den fertig ausgearbeiteten Entwurf vor, sondern einen anderen. Dieser ähnelte dem äußeren Anschein nach dem Zgurovskyj-Entwurf, entsprach inhaltlich jedoch dem kritisierten Ministeriumsentwurf (Oniščenko 2013a). Das Ministerium hatte den Zgurovskyj-Entwurf diskret und ohne Rücksprache umgeschrieben und zentrale Elemente herausgestrichen. Offensichtlich hatte es die Hoffnung, dass die Täuschung unbemerkt bliebe, der Entwurf das Ministerkabinett passieren und im Parlament verabschiedet werden könnte.

Serhyj Kvit machte den Vorfall öffentlich und das Täuschungsmanöver brachte dem Bildungsministerium noch mehr Kritik ein. Dennoch wagte das Ministerium einen weiteren Vorstoß: Am 28.12.2012 registrierten die PdR-Abgeordneten Sergej Kivalov, Grigoryj Kaletnyk und Mykola Soroka[264] ein

[264] Kivalov ist Rektor der Juristischen Universität Odessa und gilt im Parlament als Vertreter der Rektorenlobby. Er ist in der Ukraine vor allem deshalb bekannt, da er bei den Präsidentschaftswahlen 2004 als Vorsitzender der Zentralen Wahlkommission für die Wahlfälschungen zugunsten Janukovyčs verantwortlich war. Kaletnyk ist Rektor der Nationalen Landwirtschaftlichen Universität in Winnyzja. Vor allem bei Westukrainern hat er sich durch sein Sprachengesetz, in dem viele eine Russifizierung der ukraini-

neues Gesetzesprojekt „Über die Hochschulbildung" № 1187 im Parlament. Dieser Entwurf erinnerte stark an die im Dezember 2010 vom Ministerium ausgearbeitete und von Luckyj eingereichte Gesetzesvorlage № 7486-1. Insbesondere seitens der Studierendengruppen gab es heftige Proteste. Auch führende ukrainische Bildungsexperten kritisierten den Entwurf:

> *„Er ist sehr konservativ und sieht wenig Veränderungen an den Hochschulen vor, wobei die Veränderungen, die er vorsieht, die Zentralisierung des Hochschulmanagements und die Gelegenheit zur Korruption stärken und bestehende Sozialgarantien schmälern würden."* (Sovsun 2014, S. 17)

Viele Rektoren hingegen begrüßten den Vorschlag, da dieser ihrer Meinung nach die Traditionen der ukrainischen Hochschullandschaft berücksichtige.

Die Opposition sah sich hintergangen und reichte am 11. Januar 2013 auf Basis des von Hrynevyč im Dezember 2011 eingereichten Gesetzes den eigenen Entwurf № 1187-1 ein. Zgurovskyj, der gemeinsam mit Kvit ein immer stärkeres Gegengewicht zum Bildungsminister bildete, wandte sich an den fraktionslosen Abgeordneten Viktor Baloha, der am 21. Januar Zgurovskyjs Entwurf als Gesetzesinitiative № 1187-2 registrierte. Wie schon ein Jahr zuvor gab es drei parallele Gesetzesinitiativen und der Reformprozess kam nicht voran.

5.8.1 Das ZNO in den Gesetzesinitiativen

Die Zukunft des Examens hing wesentlich von seiner Definition im neuen Hochschulgesetz ab. Im Folgenden werden die unterschiedlichen Pläne für das ZNO in den drei Gesetzesvorschlägen № 1187, № 1187-1 und № 1187-2 kurz skizziert.

Das ZNO im Regierungsentwurf № 1187

Der Gesetzesvorschlag № 1187 von Kivalov, Kaletnyk und Soroka, der in weiten Teilen im Ministerium ausgearbeitet wurde, sah vor, dass die Zugangsbestimmungen für gebührenfreie und kostenpflichtige Studienplätze unterschiedlich geregelt werden: Für die Zulassung zu staatlich finanzierten Budgetstudienplätzen sollten die Ergebnisse des ZNO, die durchschnittliche Note des Schulabschlusszeugnisses sowie die Ergebnisse der wieder einzu-

schen Kultur sehen, unbeliebt gemacht. Soroka ist Präsident der Nationalen Universität für Wasserwirtschaft und Natürliche Ressourcen in Rivne.

führenden universitären Eignungsprüfungen berücksichtigt werden. Die Eignungsprüfungen sollten jedoch nur den 116 Hochschulen mit dem Status einer Nationalen Universität vorbehalten sein. Die Gewichtung der einzelnen Prüfungsleistungen aus ZNO, Abiturzeugnis und Auswahlprüfung dürfte jede Hochschule selbst bestimmen. Theoretisch könnte eine Universität entscheiden, die ZNO-Note nur mit 10-20% zu berücksichtigen und die eigenen Auswahlprüfungen mit 70-80%, wodurch das ZNO faktisch keine Rolle mehr spielen würde. Diese Regelung hätte vermutlich dazu geführt, dass Korruption im Zulassungsprozess wieder auf ein Niveau wie vor der Reform gestiegen wäre.

Für Kontrakt-Studienplätze wäre das ZNO evtl. sogar komplett entfallen, denn der Entwurf sah vor, den Hochschulen die Zugangsbestimmungen über eigenfinanzierte Studienplätze selbst zu überlassen. Zudem sollte es weiterhin Ausnahmeregelungen geben, z. B. die geförderte Immatrikulation durch Behörden. Insgesamt barg diese Gesetzesvorlage ein sehr hohes Korruptionsrisiko, da sie im Grunde eine Rückkehr zum alten System bedeutet hätte:

> *„The ministry and a considerable number of rectors, however, are aiming to compromise independent external evaluation and downplay its significance in order to reinstate the old system of admissions examination, which was the basis for educational corruption."* (Kvit 2013b)

Das ZNO im Oppositionsentwurf № 1187-1

Der von den Oppositionspolitikern Jazenjuk und Orobec eingereichte Gesetzentwurf № 1187-1 unterschied nicht zwischen gebührenfreien und kostenpflichtigen Studienplätzen, sondern sah für alle Bewerber dasselbe Auswahlverfahren vor. Für die Aufnahme eines Bachelorstudiums wäre das ZNO-Zertifikat das entscheidende Aufnahmekriterium. Zusätzlich bzw. alternativ dazu sah der Entwurf einen akademischen Kompetenztest vor, der mittelfristig das ZNO ablösen sollte. Das seit 2010 berücksichtigte Schulzeugnis sollte weiterhin angerechnet werden, dürfte jedoch höchstens 10% der Gesamtnote ausmachen. Für die Aufnahme eines Masterstudiums, für das es lediglich hochschulinterne Prüfungen gab, sollte ebenfalls eine noch einzuführende unabhängige zentrale Prüfung analog zum ZNO (bzw. auf Grundlage des Kompetenztests) eingeführt werden. Allerdings würde dies voraussetzen, dass die Bachelorstudiengänge landesweit einheitlich wären, was schwierig umzusetzen wäre. Zudem sah der Gesetzentwurf vor, nahezu sämtliche in Kapitel 5.6 aufgelisteten Ausnahmeregelungen, Privilegien und Schlupflöcher für die Aufnahme von Studierenden außer Konkurrenz abzuschaffen. Stattdessen sollten benachteiligte Bewerber durch gezielte Förderprogramme stärker unterstützt werden.

Das ZNO im Expertenentwurf № 1187-2

Der dritte, von der Expertengruppe um Zgurovskyj konzipierte Entwurf № 1187-2 sah ein ähnliches Zulassungsverfahren wie im Entwurf der Opposition vor. Die Entscheidung über die Aufnahme sollte in erster Linie vom ZNO-Resultat abhängen, aber auch das Schulzeugnis sollte einbezogen werden und wie bei der Opposition bis zu 10% der Gewichtung ausmachen. Gleichzeitig sah er mehr Flexibilität bei der Gewichtung der ZNO-Noten vor: Die Ergebnisse der einzelnen ZNO-Prüfungen sollten je nach Anforderungen des Studienfachs unterschiedlich gewichtet werden, wobei jedes der (üblicherweise drei) Fächer nicht weniger als 20% der Endnote ausmachen sollte. Das würde z. B. bedeuten, dass eine Hochschule für ein Mathematikstudium das ZNO-Zertifikat in Mathematik zu 50% in der Gesamtnote berücksichtigen kann, während das Zertifikat in Ukrainischer Sprache und Literatur nur 20% zählt. Das entsprach den Präferenzen vieler Studienbewerber, da ihre Fähigkeiten und Studieninteressen stärker eingeflossen wären. Für einzelne, nicht näher spezifizierte „künstlerische" Fächer sah der Entwurf weiterhin spezielle Eignungsprüfungen vor. Allerdings dürften diese nur bis zu 30% der Gesamtnote ausmachen.

Vergleicht man die drei Gesetzesentwürfe, ist der der Opposition der progressivste und verfolgt die logische Weiterentwicklung des Zulassungsverfahrens auf Basis des ZNO. Aber auch der Entwurf der Expertenkommission stärkt das ZNO klar und sieht darin einen integralen Bestandteil des Übergangssystems von Schulen zu Hochschulen. Der Entwurf aus den Reihen der PdR hingegen ist, was das ZNO anbelangt, sehr restriktiv und hätte dazu geführt, dass wesentliche Elemente des korruptionsanfälligen Zulassungsverfahrens von vor 2008 wieder eingeführt worden wären.

Am 27. Februar 2013 fand im Bildungskomitee des Parlaments eine Anhörung statt, in der die drei Gesetzesprojekte mit Studierenden, Hochschulen,

Ministerien, Akademikern und NGOs diskutiert wurden. Die Komiteevorsitzende Hrynevyč betonte, dass die ukrainische Bildungspolitik angesichts der kontroversen Entwürfe an einem Scheideweg stehe. Am Entwurf der Regierungspartei kritisierte sie, dass diese damit *„das Bildungssystem unter Kontrolle nehmen möchte für die kommende Präsidentschaftswahl"* (Rjabčun 2013) und der Entwurf lediglich den Interessen einer kleinen politischen Elite diene, die wieder das alte, Korruption ermöglichende Zulassungssystem durchsetzen wolle (Grinevič 2013).

Während der Anhörung fanden vor dem Parlamentsgebäude Studentenproteste gegen den Gesetzesvorschlag № 1187 der PdR statt. Die Vorsitzende der Ukrainischen Studentischen Selbstverwaltung UASS, Elizaveta Ščepetyl'nikova, verteidigte während der Anhörung die Rolle des ZNO und warnte: *„Die Rückkehr zu Auswahlprüfungen – das ist der Weg zu Korruption, Bestechung, Blat und Rektorenlisten! Sie* [Kaletnyk, Kivalov, Sokora] *sollen ihr Gesetzesprojekt zurückziehen!"* (Rjabčun 2013).

Mit den Protesten gegen Tabačnyk wurde die Studentenbewegung zunehmend professioneller. Sie kooperierte mit zivilgesellschaftlichen Initiativen und Vertretern aus dem akademischen Spektrum, um ihre oft deckungsgleichen Anliegen gemeinsam vorzubringen. Im Zuge der Auseinandersetzung um das HG entwickelte sie sich zu einem zentralen Akteur, dem bei vielen Entscheidungen ein Mitspracherecht eingeräumt wurde. Laut Pavel Poljanskyj sei die Vereitelung des Ministeriumsentwurfs zum großen Teil ihr Verdienst: gewesen

> *„Es war nicht so sehr die Expertencommunity, sondern vielmehr die Studierenden mit ihre Straßenprotesten und Aktionen, die die Zerstörung des ZNO und die Verabschiedung des Gesetzesvorschlags ‚Über die Hochschulbildung' von Dmytro Tabačnyk verhindert haben."* (Osvita.ua 2013a)

Auch Lesja Orobec ist der Meinung, dass die Studierenden mehr erreicht hätten als die parlamentarische Opposition: *„Das Gesetzesprojekt* [des Bildungsministeriums] *konnte dank großer sozialer Proteste, vor allem studentischer Proteste,* [...] *aufgehalten werden."* Im weiteren Interviewverlauf verdeutlicht sie:

> *„Wenn die Studenten nicht so aktiv gewesen wären, hätten die Chancen für Tabačnyk bei 100% gelegen, das Gesetz zu verabschieden. Er hat die Abstimmung*

im Parlament genau auf die Woche zwischen Weihnachten und Neujahr gelegt, als alle im Urlaub waren und nur mit Karten abgestimmt wird. Es hätte alle Chancen gegeben, wenn die Studenten nicht dagegen protestiert hätten. Die ganze Diskussion gäbe es heute gar nicht, da sie einfach ihr Gesetz durchgebracht hätten." [Interview UA-24].

Die Studierenden erhielten auch internationale Unterstützung von der Europäischen Studentenunion (ESU), die das ukrainische Parlament dazu aufforderte, den Entwurf der Opposition oder der Expertenkommission zu verabschieden, da nur diese im Einklang mit dem Geist des gemeinsamen Europäischen Hochschulraums stünden.[265]

Da das Bildungskomitee im Februar keine Entscheidung traf, fand im Mai 2013 eine weitere Sitzung statt, um das weitere Vorgehen mit den unterschiedlichen Gesetzesvorschlägen zu beraten. Dabei wurde ein Durchbruch erzielt, da sich die Opposition bereit erklärte, den eigenen Gesetzentwurf zurückzuziehen, um Zgurovskyjs Entwurf zu unterstützen. Sie hoffte, dass die Regierungspartei und das Bildungsministerium es ihr gleichtäten, zumal der Präsident kurz zuvor den Druck auf die Regierung erhöht und gefordert hatte, das neue Bildungsgesetz bis Juni zu verabschieden. Auch das parlamentarische Bildungskomitee sprach sich nun offen für den Zgurovskyj-Entwurf aus und empfahl dem Parlament, diesen anzunehmen. Die Komiteevorsitzende Hrynevyč forderte die Partei der Regionen auf, sich ebenfalls hinter diesen Vorschlag zu stellen, wozu diese allerdings nicht bereit war.

Inmitten der Auseinandersetzung, welcher Entwurf dem Parlament zur Lesung vorgelegt wird, unternahm Grigoryj Kaletnyk von der PdR mit seinem Sohn Ihor Kaletnyk von der Kommunistischen Partei einen weiteren Vorstoß, das ZNO zu nivellieren: Sie registrierten am 18. Mai 2013 – zu Beginn der externen Prüfungen – die Gesetzesnovelle № 2060 im Parlament, laut der die „*Annahme an einer Hochschule auf Grundlage des ZNO und anderer Formen von Zulassungsprüfungen erfolgt, die nicht in Konflikt mit der existierenden Gesetzeslage sind*". De facto hätte dies die Wiedereinführung der universitären Auswahlprüfungen bedeutet. Studierende starteten daraufhin

265 Mitteilung „On the Law ‚On Higher Education' in Ukraine" vom 03.05.2013, www.esu-online.org/news/article/6066/BM-64-On-the-Law-On-Higher-Education-in-Ukraine/,zuletzt geprüft am 03.04.2014.

die „Kampagne zum Erhalt des ZNO", um über die Korruptionsrisiken von Kaletnyks Novelle und Tabačnyks Gesetzesinitiative aufzuklären.

Im Juli forderte die Opposition die Absetzung von Tabačnyk. Sie machte den Minister persönlich für die *„bewusste Degradierung des Bildungssystems"* verantwortlich und kritisierte sein Missmanagement im Umgang mit Korruptionsskandalen. Entweder habe Tabačnyk seine Untergebenen nicht unter Kontrolle oder, schlimmer noch, er selbst stehe an der Spitze der Korruptionspyramide und habe daher kein Interesse an der Korruptionsbekämpfung.[266] Wenige Tage zuvor war bekannt geworden, dass der Rektor der Nationalen Universität für Steuerwesen, Petro Mel'nyk, Bestechungsgelder in Höhe von 4.000 und 8.000 Euro angenommen hatte, um zwei Abiturienten an seiner Universität aufzunehmen.[267] Bereits im Juni war Kivalov, Rektor der Juristischen Universität Odessa und Mitinitiator des reaktionären Gesetzesentwurfs, der Korruption bezichtigt worden.

5.8.2 Der Euromaidan und die Folgen für Hochschulgesetz und ZNO

Die Parteien im Parlament konnten sich auf keinen gemeinsamen Gesetzentwurf einigen, sodass es im Herbst 2013 – fünf Jahre nach dem ersten Entwurf von Vakarčuk – immer noch kein neues Hochschulgesetz gab und der rechtliche Status des ZNO weiterhin unsicher war.

Die für Ende November 2013 geplante Unterzeichnung des Assoziierungsabkommens mit der EU bestimmte zu dieser Zeit die politische Agenda. Als sich andeutete, dass Janukovyč einen Rückzieher plante, gingen in mehreren ukrainischen Städten tausende Studierende auf die Straße – obwohl ihnen vielfach mit Exmatrikulation gedroht wurde (Luhn 2014) –, um Druck auf den Präsidenten auszuüben, das Abkommen zu unterzeichnen. Als er am 29. November 2013 in Vilnius das Abkommen nicht unterzeichnete, strömten

---

[266] Das berichtete die Nachrichtenagentur Interfax – Ukraine am 31.07.2013, http://interfax.com.ua/news/political/162605.html; zuletzt geprüft am 02.09.2013.

[267] Dieser Fall erlangte nationales Aufsehen, als Mel'nyk nach seiner Festnahme zunächst Hausarrest erhielt, jedoch floh und als verschwunden galt (Zaderžan za vzjatku rektor Nalogovogo universiteta - odioznyj eks-regional Petr Mel'nik 2013). Im April 2014 wurde er schließlich verhaftet. Bereits 2004 war Mel'nyk in einem Gerichtsverfahren der Korruption im Zusammenhang mit der Studienplatzvergabe schuldig gesprochen worden, nachdem er mehr als 80.000 Euro „Spendengelder" angenommen hatte (Jaščenko 2010).

zehntausende Studierende aus dem gesamten Land auf den Unabhängigkeitsplatz im Zentrum Kiews, den Maidan Nezaležnosti, um zu protestieren. Als Spezialeinheiten der Polizei das friedliche Protestlager gewaltsam räumten, brach eine Welle der Empörung los und es folgten die größten Massenproteste seit der Orangen Revolution. Die ukrainische Gesellschaft forderte einen neuen Gesellschaftsvertrag (Pishchikova und Ogryzko 2014; Solonenko 2015). Die Forderungen der Demonstranten wandelten sich *„from euro-integration to regime change“* (Kachkan 2014), um das korrupte und zunehmend autokratische Regime des Präsidenten zu stürzen. Im Februar 2014 trat die Regierung schließlich zurück. Wie schon 1991 und 2004 hatten die Studierenden des Landes einen politischen Umsturz eingeleitet.

Am 23. Februar entließ das Parlament Dmytro Tabačnyk von seinem Posten als Bildungsminister. Drei Tage später wurde Serhyj Kvit zu seinem Nachfolger ernannt[268], was zu einer fundamentalen Neuausrichtung der Bildungspolitik führte. Kvit, dessen Mohyla-Universität als eine der wenigen korruptionsfreien ukrainischen Hochschulen gilt, machte die Verabschiedung des Zgurovskyj-Entwurfs sowie den Kampf gegen die Korruption zu den prioritären Anliegen eines hunderttägigen Sofortprogramms. Den von vielen Beobachtern der Verstrickung in Korruption beschuldigten Vizebildungsminister Sulima ersetzte Kvit durch Inna Sovsun, die sich bereits bei OPORA gegen Bildungskorruption engagiert hatte. In ihrem ersten offiziellen Statement stellte sie klar, dass die Korruption systematisch aufgearbeitet werde:

> *„An erster Stelle werden unsere Handlungen darauf abzielen, maximale Offenheit, Transparenz und Öffentlichkeit zu schaffen. Beginnen werden wir damit im Ministerium. Nur so kann der Kampf gegen die Korruption effektiv sein. [...] Genauso wichtig sind detaillierte Untersuchungen über die Aktivitäten der vorherigen Ministeriumsleitung. Ich glaube nicht, dass wir alles aufdecken können, aber wir versuchen, den angerichteten Schaden zu begrenzen. Es ist daher wichtig zu erfahren,*

[268] Das hatte Kvit nicht zuletzt Studierenden zu verdanken. Noch während der Proteste wurde Iryna Farion von der rechtspopulistischen Svoboda-Partei als mögliche Nachfolgerin von Tabačnyk gehandelt, was jedoch auf große Ablehnung bei vielen Studierenden stieß. Am 21.02.2014 besetzten mehrere Hundert Aktivisten von Vidsič und Pryama Diya das Bildungsministerium und forderten den Rücktritt des Ministers und seines Stellvertreters Sulima. Sie legten dem Parlament eine Liste mit potenziellen Kandidaten für das Ministeramt vor und erklärten, die Besetzung des Ministeriums erst zu beenden, wenn Zgurovskyj, Hrynevyč oder Kvit ins Amt gewählt würde.

> *wer die hauptverantwortlichen Personen des korrupten Systems sind, damit wir sicherstellen, dass diese nicht mehr im Ministerium arbeiten."* (Kolb 2014)

Das für die strategische Ausrichtung der Bildungspolitik verantwortliche Kollegium des Bildungsministeriums wurde mit progressiven Reformern besetzt, die sich gegen Korruption einsetzten und von denen viele an der Einführung des ZNO beteiligt gewesen waren.[269] Hrynevyč forderte die akademische Gemeinschaft dazu auf, Korruptionsvorfälle der neuen Ministeriumsleitung mitzuteilen. Bereits Mitte März wurden erste Korruptionsfälle aufgedeckt.[270] Kvit führte eine transparente Buchhaltung ein, was eine der Kernforderungen der Studierenden während der Besetzung des Ministeriums gewesen war. Seit dem 1. April 2014 werden alle finanziellen Transaktionen des Ministeriums online veröffentlicht, um Korruption und Misswirtschaft vorzubeugen.

Bezüglich des ZNO gab es eine wichtige Entscheidung: Am 24. März wurde Zaitseva, die Tabačnyk-loyale Direktorin des UCEQA, aufgrund „eklatanter Verletzungen ihrer Arbeitspflichten" entlassen und Ihor Likarčuk wieder als Direktor eingesetzt. Als eine seiner ersten Handlungen beschloss Likarčuk zusammen mit dem Minister, die Bedeutung des Schulzeugnisses für die Hochschulzulassung wieder zu senken: *„Die Gewichtung des Schulattestats wird verringert. So, wie es jetzt war, hat es zu Korruption geführt"* (Gorčins'ka 2014). Anstatt bis zu 200 Punkte wurden ab der Zulassungsphase 2014 nur noch 60 Zusatzpunkte vergeben.

Nach dem Regierungswechsel zeichnete sich zudem eine breite Parlamentsmehrheit für den Gesetzentwurf von Zgurovskyj ab. Noch im April wurde er dem Parlament zur ersten Lesung vorgelegt und zur zweiten Lesung im Mai verabschiedet, die jedoch aufgrund der Krim-Annexion durch Russland und des Konflikts in der Ostukraine verschoben wurde. Als sich im Juni eine weitere Verzögerung abzeichnete, demonstrierten die Studierenden und forderten, das Gesetz noch vor der Sommerpause zu verabschieden. Am 1. Juli 2014 wurde der Zgurovskyj-Entwurf schließlich mit einer klaren Mehrheit

---

[269] Darunter Irina Bekeškina, Evhen Bystrytsky, Liliya Hrynevyč, Mihailo Zgurovskyj, Ihor Likarčuk, Pavlo Poljanskyj, Volodymyr Kovtunec (USETI) und Ol'ha Streljuk (OPORA).

[270] An der Medizinischen Bohomylets-Universität fand eine Untersuchungskommission heraus, dass der Rektor in den letzten drei Jahren mehr als 56 Mio. UAH unterschlagen hatte. Er wurde als erstes „Opfer" der Antikorruptionskampagne der neuen Ministeriumsleitung entlassen (Osvita.ua 2014).

(276 von 337 Stimmen) verabschiedet und am 31. Juli von Präsident Poroschenko unterschrieben, sodass das Gesetz im September 2014 in Kraft treten konnte. Der Konflikt um das neue Hochschulgesetz war nach mehr als fünf Jahren beendet und das ZNO wurde als zentraler Zulassungsmechanismus nun auch gesetzlich fixiert.

5.9 Zusammenfassung und Ausblick

Wie in anderen postsowjetischen Staaten auch wurde in der Ukraine der 1990er Jahre Korruption im Zulassungsprozess fester Bestandteil des Bildungssystems. Um die Jahrtausendwende startete die International Renaissance Foundation ein Pilotprojekt mit dem Ziel, einen modernen Zulassungsmechanismus für die ukrainischen Hochschulen zu schaffen, der Korruption präventiv einen Riegel vorsetzt. Das Bildungsministerium unterstützte das Vorhaben, war jedoch selbst zunächst nicht maßgeblich daran beteiligt; nicht zuletzt, da es mit einer ähnlichen Reform in den frühen 1990er Jahren bereits gescheitert war und sich angesichts knapper Kassen eine tiefgreifende Reform kaum hätte leisten können.

Nachdem die IRF unter Berücksichtigung von Best-Practices und Einbeziehung internationaler Experten eine Testinfrastruktur geschaffen hatte und die erste Pilotphase 2003 erfolgreich verlaufen war, konnten auch zentrale politischen Akteure für das Projekt gewonnen werden. In dieser Hinsicht wirkte sich die Orange Revolution 2004/05 positiv auf den Reformprozess aus, da mit dem neuen Präsidenten Juščenko die Unterstützung auf oberster politischer Ebene sicher war. Mit diesem Rückhalt konnte der neue Bildungsminister Vakarčuk die Zulassungsreform gegen den Widerstand der einflussreichen Rektorenlobby durchsetzen. Zugleich nutzen viele im Bildungsbereich aktive zivilgesellschaftliche Organisationen und Initiativen das *window of opportunity* und beteiligten sich aktiv am Reformprozess. Ihre Mitwirkung, z. B. im Bereich Aufklärung und Lobbying, aber vor allem auch beim Monitoring, hatte einen positiven Einfluss auf den weiteren Reformverlauf.

2005 wurde auf Grundlage des IRF-Testzentrums das Ukrainische Zentrum zur Evaluation der Bildung UCEQA geschaffen, das fortan für die weitere

Umsetzung der Zulassungsreform zuständig war. Ihor Likarčuk löste Liliya Hrynevyč als Leitung des neuen Zentrums ab und führte den konsequenten und integren Kurs seiner Vorgängerin fort. Auch wenn das ZNO nun in staatlicher Hand war, unterstützte die IRF den Reformprozess weiter bis zur landesweiten Implementierung und darüber hinaus, indem es z. B. unabhängige zivilgesellschaftliche Beobachter finanzierte, die den transparenten Ablauf des Examens sicherstellen. Das ZNO wurde 2008 landesweit eingeführt und löste die bisherigen Zulassungsprüfungen ab. Das neue Zulassungsverfahren schuf einen fairen, effektiven und objektiven Zulassungsmechanismus, senkte die Korruption und gewann dadurch großes Vertrauen in der Bevölkerung, insbesondere bei der Zielgruppe der Reform, den Abiturienten. Mit diesem Erfolg hatten die wenigsten Ukrainer gerechnet, und das ZNO erlangte schnell den Ruf, die erfolgreichste Antikorruptionsreform seit der Unabhängigkeit des Landes zu sein.

Einen wesentlichen Anteil daran hatte auch die von American Councils for International Education gegründete Ukrainian Standardized External Testing Initiative USETI, die sich, 2006 als Advocacy-Netzwerk gegründet, wie die IRF für die nachhaltige Entwicklung der Zulassungsreform einsetzte und sich schnell als einer der einflussreichsten Akteure in der ukrainischen Bildungslandschaft etablierte. USETI erfüllte die Rolle eines *„honest broker' that brings together diverse stakeholder who ordinarily would not be likely to meet, discuss issues and arrive at a consensus on the next steps*" (USAID 2009b). Darüber hinaus übernahm das Netzwerk die Funktion eines *professionalizers*, indem es den Kapazitätsausbau des UCEQA unterstützte und so den professionellen Ablauf des ZNO sicherstellte.

Die unter Vakarčuk erfolgte Einführung des ZNO als alleiniges Zulassungskriterium fiel dem bildungspolitischen Richtungswechsel seines Nachfolgers Tabačnyk zum Opfer. Unter dem Vorwand der „Optimierung" wurde das ZNO aufgeweicht und zahlreiche Korruptionsopportunitäten geschaffen. Dies geschah vor allem auf Druck der nach dem Regierungswechsel 2010 an die Macht gekommenen Eliten. Der neue Präsident Janukovyč errichtete ein klientelistisches politisches System, das auf persönlichen Loyalitäten beruhte und Korruption zum *mode of governance* machte. Das auf Transparenz und Fairness beruhende ZNO stand diesem System diametral entgegen, und so war die Verringerung der Rolle des externen Examens eine logische Konsequenz des Janukovyč-Regimes.

Obwohl Tabačnyk als erklärter Gegner des externen Examens galt, gelang es ihm nicht, das ZNO abzuschaffen. Entscheidend dafür war der gesellschaftliche Widerstand, stand doch die Mehrheit der Bevölkerung hinter der Reform. In der ab 2010/11 aufkommenden Auseinandersetzung um das neue Hochschulgesetz und damit verbunden die Zukunft des ZNO, zeigte sich, dass die zivilgesellschaftlichen Kräfte inzwischen so stark waren, dass sie eine weitere Degradierung des ZNO nicht nur verhindern, sondern infolge des Euromaidans sogar ein progressives Hochschulgesetz durchsetzen konnten, das die Rolle des ZNO nachhaltig stärkte.

2014 gelangten mit Serhyj Kvit und Inna Sovsun zwei erklärte Verfechter des ZNO an die Spitze des Bildungsministeriums, die Korruptionsbekämpfung zu einem ihrer zentralen Anliegen machten. Sie haben zahlreiche Schlupflöcher geschlossen und damit der Korruption im Zulassungsprozess erneut einen Riegel vorgeschoben. Außerdem haben sie mit der Verabschiedung des Hochschulgesetzes Maßnahmen zur Qualitätssteigerung und Stärkung der Hochschulautonomie ergriffen, die mittel- bis langfristig die an vielen ukrainischen Hochschulen herrschende Kultur der Korruption nachhaltig ändern könnten. Zusammen mit zivilgesellschaftlichen Akteuren arbeitet das Ministerium inzwischen daran, die über den Zulassungsprozess hinaus im Lehrprozess florierende Bildungskorruption zu bekämpfen: Gewissermaßen als Nachfolger des USETI-Projekts, das 2015 auslief, wurde 2016 das „Strengthening Academic Integrity in Ukraine Project“ (SAIUP) ins Leben gerufen, das von den American Councils for International Education in Kooperation mit dem ukrainischen Bildungsministerium betrieben wird.[271] Es knüpft an die Aktivitäten von USETI an und führt an zehn Universitäten Pilotprojekte zur Steigerung akademischer Integrität und Ethik durch. Sollte es an die Leistungen von USETI anknüpfen, könnte dies ein weiterer wichtiger Schritt hin zu einem Bildungssystem sein, in dem Korruption nicht mehr die Regel ist, sondern die Ausnahme.

---

271 Mehr Informationen zum Projekt gibt es unter www.americancouncils.org/news/strengthening-higher-ed-one-ukrainian-university-time, zuletzt geprüft am 14.03.2016.

6 Zusammenfassung und Vergleich der Fallstudien

Im folgenden Abschnitt erfolgt der Vergleich der beiden Fallstudien. Dabei werden zunächst die Ausgangsbedingungen kurz miteinander verglichen. Anschließend wird der Reformprozess analysiert und Unterschiede und Gemeinsamkeiten werden herausgearbeitet. Um Aussagen über die Performanz der Reformen treffen zu können, wird sich an dem von Osborne und Gaebler (1992) entwickelten „Performance-Measurement"-Konzept (vgl. dazu Nullmeier 2005) orientiert. Output und Outcome der Reformen werden beschrieben und gegenübergestellt und ihre Effizienz und Effektivität verglichen, bevor abschließend ein kurzer Ausblick erfolgt.

6.1 Ausgangslage und gesellschaftspolitischer Kontext

Aus den beiden Fallstudien wird deutlich, dass die Ausgangsbedingungen in Russland und der Ukraine sehr ähnlich waren, sowohl was den größeren wirtschaftspolitischen Kontext betrifft als auch spezifischer das Bildungssystem und die Korruption und deren Bekämpfung. Nach dem Zerfall der Sowjetunion leiteten beide Länder einen Transformationsprozess hin zu Marktwirtschaft und Demokratie ein, der jedoch aufgrund des wirtschaftlichen Kollapses – das russische BIP sank zwischen 1989 und 1999 um 38%, das der Ukraine um 61% (Wynnyckyj 2003, S. 40) – jäh gestoppt wurde. Der staatliche Sektor, allen voran Gesundheitsfürsorge, Rentensystem und Bildungswesen, brach aufgrund der fehlenden staatlichen Finanzierung praktisch zusammen. Die Privatisierung, die dem Staat dringend benötigte Ressourcen verschaffen sollte, geriet aufgrund schwacher rechtsstaatlicher Institutionen, die durch informelle Absprachen und Korruption unterhöhlt wurden, zur sog. „Prichvatisacija"[272]; Staatsbetriebe wurden auf Kosten des Staates deutlich unter Wert an die aufstrebenden Oligarchen verkauft. Die schwach entwickelten politischen Institutionen konnten der informellen Einflussnahme nichts entgegensetzen (vgl. Stewart et al. 2012; Darden 2002), und während eine

[272] Diese Wortschöpfung entstand in Anlehnung an das russische Verb „prichvatit", das mit „stehlen" übersetzt werden kann.

kleine Elite große Reichtümer anhäufte, verarmten große Teile der Bevölkerung rapide. Die euphorische Stimmung der Perestroika wich einem Misstrauen gegenüber formellen Institutionen und ihren Akteuren sowie einem „moralischen Vakuum". Die alten Normen galten nicht mehr, neue waren aber noch nicht etabliert.[273] *Normatives Chaos* fördere Graeff (2005) zufolge *negatives Sozialkapital* wie Korruption, und diese entwickelte sich angesichts der schwachen formellen Institutionen (Meyer 2008b; Acemoglu und Robinson 2012) zur universellen Norm in allen gesellschaftlichen Bereichen – einschließlich des Bildungswesens.

Nach einem Jahrzehnt des wirtschaftlichen Niedergangs setzte etwa um die Jahrtausendwende in beiden Ländern eine wirtschaftliche Konsolidierung ein, die dem Staat Handlungsspielräume für (Bildungs-)Reformen eröffnete. Dabei verfügte Russland durch seine Rohstoffexporteinnahmen über wesentlich größere finanzielle Kapazitäten als die von veralteter sowjetischer Schwerindustrie und Agrarwirtschaft geprägte Ukraine.

Aus der über lange Zeit gemeinsamen Geschichte beider Länder ergeben sich zahlreiche weitere Gemeinsamkeiten, auch im Bildungswesen. So wurden z. B. viele der wichtigsten ukrainischen Hochschulen zur Zarenzeit eröffnet (Charkiw 1804, Kiew 1834, Odessa 1865), und praktisch das gesamte ukrainische Hochschulwesen wurde unter Führung Moskaus aufgebaut. In der Sowjetunion waren die Bildungssysteme identisch, und auch nach 1991 verzichteten beide Länder zunächst auf tiefgreifende Reformen und führten die sowjetische Bildungstradition weiter. In der postsowjetischen Hochschulkrise der 1990er Jahre standen sie vor denselben Problemen: Unterfinanzierung, Brain-Drain, mangelnde Reformbereitschaft, Überalterung des Lehrkörpers, Verfall der Infrastruktur usw.

Auch was die Korruption anbelangt gibt es sehr viele Gemeinsamkeiten zwischen den beiden untersuchten Ländern. In internationalen Korruptions(wahrnehmungs)indizes wie dem Corruption Perceptions Index, dem Control of Corruption Index oder dem Global Corruption Barometer liegen Russland und die Ukraine relativ gleichauf in der Schlussgruppe. Rechtlich gesehen stellt

---

[273] Einen hervorragenden Einblick in die sich wandelnden Wert-, Moral- und Normvorstellungen dieser Zeit vermitteln die Interviews von Alexijewitsch (2013).

Korruption in Russland und der Ukraine zwar eine Straftat dar, wird jedoch in beiden Ländern von weiten Teilen der Bevölkerung und der Eliten als normatives Paradigma verstanden, toleriert, akzeptiert und angewandt, wie Umfragen zeigen. Dabei zählt das Bildungswesen in beiden Ländern zu den korrumpiertesten Bereichen: Laut dem Global Corruption Barometer 2010/11 hat ein Fünftel der Respondenten (19% in Russland, 20% in der Ukraine), die innerhalb der letzten 12 Monate mit dem Bildungssystem zu tun hatten, Bestechung an eine Bildungsbehörde bezahlt; das sind doppelt so viele wie im globalen Durchschnitt (11%).[274]

Die ubiquitäre Verbreitung informeller Institutionen wie Korruption oder Blat lässt sich wie gezeigt auf zahlreiche historische, ökonomische und kulturelle Ursachen zurückführen. Informelle Institutionen substituierten die formellen Institutionen, und Korruption wurde zur *„geregelten Regelverletzung“* (Pleines 2001), zum *„mode of (informal) governance“* (Gel'man 2012; Darden 2008; Ledeneva 2009) oder zur gesellschaftlichen *„DNA“* (Filippov 2011).

Eine Analyse aus der Reihe „Anti-Corruption Policies Revisited“ des EU-Projekts Anticorrp[275] kommt zu dem Schluss, dass es für erfolgreiche Antikorruptionsprogramme einen gesellschaftlichen Konsens brauche:

> *„It is not possible to have significant progress without domestic demand for new rules of the game and public participation in a sustainable mechanism which would prevent the eternal reproduction of privilege.“* (Khaghaghordyan 2014, S. 4)

In einigen postsowjetischen Staaten wurde der bisherige, auf einem informellen Gesellschaftsvertrag gründende Konsens zwischen Gesellschaft und Eliten – die Gesellschaft toleriert das korrupte Verhalten der Eliten, solange sie selbst ungestraft korrupt handeln darf (und umgekehrt) – durch die Zivilgesellschaft aufgekündigt (in Georgien durch die Rosenrevolution 2003, in der Ukraine durch den Euromaidan 2014), während er in anderen Staaten wie Russland weiterhin gilt.

Auf der einen Seite wurde mit Russland ein Forschungsobjekt ausgewählt, dessen politische Entwicklung der letzten 15 Jahre überspitzt und vereinfacht

---

[274] Transparency International: Global Corruption Barometer, http://www.transparency.org/research/gcb/overview, zuletzt geprüft am 02.05.2015.

[275] Nähere Informationen zum Projekt gibt es unter www.anticorrp.eu.

als „Konsolidierung ohne Demokratisierung“ aufgefasst werden kann. Der informelle Gesellschaftsvertrag hat noch immer Bestand, Gesellschaft und Eliten haben sich damit arrangiert. Zwar gab es 2011/2012 im Rahmen einer Protestwelle gegen Wahlfälschungen auch Forderungen, gegen die grassierende Korruption vorzugehen (Gabowitsch 2013). Der Staat ging jedoch massiv gegen die Demonstranten vor und hat mit seinem Einschreiten die Kritik aus der Zivilgesellschaft im Keim erstickt.

Anstatt eines gesellschaftlich angetriebenen Aufbruchs findet eine staatliche, von oben verordnete eingeschränkte autoritäre Modernisierung statt (Gel'man und Starodubtsev 2016), ohne dass das (gestörte) Verhältnis zwischen Staat und Gesellschaft (und Wirtschaft) grundlegend erneuert wird. Wo gesellschaftliche Partizipation und Forderungen nach neuen, ethisch-universalen Spielregeln unterdrückt werden, kann sich keine effektive, konsequente und nachhaltige Antikorruptionspolitik entfalten. Es gibt keinen politischen Willen, effektiv gegen Korruption vorzugehen[276], da die Eliten selbst am meisten davon profitieren.[277] Sanktionen werden selektiv angewandt und dienen häufig als Vorwand, um politische oder wirtschaftliche Konkurrenten zu schwächen.[278] Statt durch präventive Ansätze Korruption einen Riegel vorzuschieben, gibt es vorwiegend repressive Maßnahmen; anstatt der Ursachen werden die Symptome bekämpft, und selbst diese aufgrund des schwachen Rechtsstaates nicht besonders effektiv: Bei Korruptionsdelikten werden die

---

[276] Der Auftragsmord im Februar 2015 an Boris Nemzov, den russlandweit bekanntesten politischen Oppositionellen, der das korrupte System Putins regelmäßig kritisierte und Korruptionsskandale aufdeckte, gilt als Signal, sich nicht in korrupte Machenschaften der politischen Elite einzumischen.

[277] Das zeigt sich unter anderem in vielen lukrativen Staatsaufträgen, die in intransparenten Verfahren, oft ohne Ausschreibung, an enge Vertraute von Präsident Putin vergeben wurden (vgl. Grey et al. 2014).

[278] Während z. B. der Oppositionelle und Antikorruptionsaktivist Alexej Navalnyj in einem als fingiert und politisch motiviert geltenden Prozess aufgrund angeblicher Korruption zu einer fünfjährige Haftstrafe verurteilt wurde (die später in eine Bewährungsstrafe umgewandelt wurde), erhielt der enge Vertraute Putins und damalige Verteidigungsminister Anatolij Serdjukov, der in einen der größten Korruptionsskandale des Landes verwickelt war, eine Amnestie – ein Signal, dass Korruption nicht sanktioniert wird, solange man sich loyal verhält (Meduza, 23.04.2015: Prosecutors don't want to lock up the official who stole 3 billion rubles, Quelle: www.meduza.io/en/news/2015/04/23/prosecutors-don-t-want-to-lock-up-the-official-who-stole-3-billion-rubles, zuletzt geprüft am 02.05.2015).

Ermittlungen von den zuständigen Behörden oft fallengelassen, die Täter selten sanktioniert.

Unabhängige Medien, denen in demokratischen Gesellschaften als „vierte Gewalt" eine wichtige Kontrollfunktion zukommt, gibt es in Russland kaum (Gruska 2013); stattdessen werden die Medien vom Staat kontrolliert und für andere Zwecke (Stichwort: Propaganda) instrumentalisiert. Weder der Staat noch die Medien werden somit ihrer Funktion als Organe der Korruptionsbekämpfung gerecht. Internationale und zivilgesellschaftliche Organisationen, die ebenfalls eine Kontrollfunktion ausüben, geraten zunehmend unter Druck (Kehl et al. 2015, S. 16f.). Mit dem 2015 verabschiedeten Gesetz über „Unerwünschte Organisationen" wurde laut Amnesty International und Human Rights Watch die russische Zivilgesellschaft endgültig erdrückt.[279] Unter anderem das russische Chapter von TI, in Russland eine der wichtigsten Organisationen im Kampf gegen Korruption, kann seine Arbeit kaum noch fortsetzen. Anderen Initiativen ergeht es ähnlich.[280] Es gibt praktisch keine gesellschaftlichen Kräfte mehr, die gegen Korruption vorgehen könnten.

Auf der anderen Seite wurde mit der Ukraine ein Forschungsobjekt ausgewählt, in dem zwar ein langsamer und schwieriger, an Rückschlägen nicht armer, dennoch stetiger Demokratisierungsprozess stattfindet, der auch als „Demokratisierung ohne Konsolidierung" bezeichnet wird. Die Gesellschaft kündigte den informellen Gesellschaftsvertrag mit dem korrupten Janukovyč-Klan auf. Ob jedoch die pro-westliche ukrainische Führung unter Porošenko die Korruption tatsächlich effektiv bekämpfen *will* und *kann* und Maßnahmen wie das im Oktober 2014 verabschiedete Lustrationsgesetz[281] nicht nur be-

---

279 Pressemitteilung von Human Rights Watch vom 18.05.2015, „Amnesty International i Human Rights Watch: novyj zakon ‚zadavit' graždanskoe obščestvo RF", www.hro.org/node/22214, zuletzt geprüft am 28.05.2015.

280 Vgl. dazu bei Ochotin (2015) die Übersicht über die Anwendung des sog. „Agenten-Gesetzes", das NGOs in die Ecke politischer Feinde und ausländischer Spione stellt und ihre Arbeit erschwert.

281 Als Lustration bezeichnet man die Entlassung von politisch belasteten Mitarbeitern aus dem öffentlichen Dienst. Im postsozialistischen Kontext wird damit ebenfalls die Säuberung von korrupten Staatsbeamten assoziiert. In vielen postkommunistischen Staaten haben Lustrationsgesetze nachweislich zur Verringerung der Korruption beigetragen, wie eine Studie von Rožič und Nisnevich (2015) zeigt. Das ukrainische Lustrationsgesetz wird zwar kritisiert (Morgner und Hüner 2014), zeigt dennoch erste Erfolge:

schließt, sondern auch umsetzt, bleibt abzuwarten. Im Vergleich zu früheren Regierungen ist jedoch deutlich mehr politischer Wille und Reformbereitschaft zu erkennen. Da auch Teile der alten Eliten, die nur wenig Interesse an effektiver Korruptionsbekämpfung haben, nach wie vor Einfluss haben, sind Machtkämpfe vorprogrammiert.

Die Impulse für die Korruptionsbekämpfung gehen hauptsächlich von der Zivilgesellschaft aus. Diese hat sich in der Ukraine seit dem Zusammenbruch des Kommunismus besser entfalten können als in Russland (USAID 2015), insbesondere seit dem Euromaidan:

> *„Compared to 2010, the conditions for operations of the civil society organizations in Ukraine have generally improved. [...] The CSOs role in holding government accountable for its actions and in initiating anti-corruption policy development has increased in the recent years."* (Chebanenko und Kovryzhenko 2015, S. 160)

Nach dem Euromaidan hat die „erwachte" ukrainische Zivilgesellschaft[282] durch zahlreiche neue Initiativen und Antikorruptionsprojekte deutlich an Einfluss auf Monitoring, Transparenz, Gesetzgebung und Strafverfolgung hinzugewonnen (McDevitt 2015). Zu den neuen einflussreichen Initiativen, Projekten und NGOs, die sich mit der Korruptionsbekämpfung beschäftigen, zählen Yanukovychleaks[283], PEPWATCH[284], das Reanimation Package of Reforms[285], VoxUkraine[286], „Naši groši" (Unser Geld)[287], das Anti-Corruption Action Centre[288] und „Vidkrytij sud"[289] (Öffentliches Gericht).

Zwischen Oktober 2014 und April 2015 wurden 2.000 korrupte Beamte entlassen; 15.000 verließen den Staatsdienst von sich aus (Sahakyan 2015).

282 Es wird geschätzt, dass sich seither etwa 30% der Ukrainer zivilgesellschaftlich engagieren (Pylypchuk 2015).

283 Yanukovychleaks ist ein Zusammenschluss investigativer Journalisten, die hunderte Dokumente aus Janukovyčs Residenz bei Kiew sichergestellt haben und anhand dieser dem Ex-Präsidenten Korruption und Amtsmissbrauch in Millionenhöhe nachweisen konnten; Website: www.yanukovychleaks.org.

284 PEPWATCH hat zusammen mit dem Anti-Corruption Action Centre die Plattform Yanukovych.info ins Leben gerufen. Die Organisation spürt die im Ausland liegenden Vermögen von Janukovyč auf und setzt sich für deren Repatriierung ein; Website: www.yanukovich.info.

285 Die Gruppe besteht aus zahlreichen unabhängigen (Rechts-)Experten und NGOs (darunter auch Transparency International Ukraine), die in Kooperation mit staatlichen Institutionen eine Reihe von Gesetzesvorschlägen ausgearbeitet haben. Neben der Justizreform und der neuen Antikorruptionsgesetzgebung waren sie am neuen Bildungsgesetz beteiligt; Website: www.platforma-reform.org.

Internationale Erfahrungen zeigen, dass es für effektive Antikorruptionsreformen in Kontexten schwacher Rechtsstaatlichkeit genau solche externen, zivilgesellschaftlichen Maßnahmen benötigt (Transparency International 2013b). Eine Reihe als integer geltender und reformorientierter zivilgesellschaftlicher Akteure sind in die Politik gewechselt, um das System von innen zu reformieren (Minakov 2014): So wurden Serhij Leščenko und Mustafa Nayyem, zwei bekannte investigative Journalisten, die zahlreiche Korruptionsfälle aufgedeckt haben, in die Verchovna Rada gewählt und haben dort ihren neuen politischen Einfluss z. B. bei der Schaffung des neuen Antikorruptionsbüros[290] geltend gemacht. In der Post-Maidan-Ukraine ist ein stärke-

---

286 VoxUkraine ist eine Online-Plattform führender Wissenschaftler, die mithilfe des „Index for Monitoring Reforms" u. a. die Fortschritte in der Korruptionsbekämpfung dokumentiert; Website: www.voxukraine.org. Die Plattform veröffentlichte eine Rangliste der ukrainischen Hochschulen, die besonders häufig plagiierte Doktortitel verkauft haben, vgl. www.voxukraine.org/2015/05/19/corruption-risks-ranking-of-institutions-awarding-academic-degrees-in-economics, zuletzt geprüft am 27.05.2015.

287 Naši groši wird von investigativen Journalisten und Aktivisten betrieben, die Korruptionsfälle aufdecken und der Öffentlichkeit zugänglich machen. Durch seine Bekanntheit und Reichweite übt das Netzwerk Druck auf korrupte Akteure aus. Z. B. veröffentlichte es den Fall einer Schuldirektorin, die von den Eltern ihrer Schüler inoffizielle „Spenden" für angebliche Renovierungsarbeiten an der Schule annahm, diese Gelder jedoch für sich behielt. Nach Bekanntwerden musste die Direktorin ihren Posten räumen, Website: www.nashigroshi.org.

288 Das Anti-Corruption Action Centre, eine der aktivsten und größten NGOs gegen Korruption, ist vor allem im Bereich Advocacy tätig, beteiligt sich aber auch an der Umsetzung von Reformen sowie investigativen Recherchen, Website: www.antac.org.ua.

289 Die Initiative überträgt Gerichtsverfahren online und schafft dadurch nicht nur Aufmerksamkeit für Korruptionsfälle, sondern steigert vor allem den Druck auf die Gerichte, unabhängige Urteile zu fällen; Website: www.sud.openua.tv.

290 In einem für die Ukraine bisher einmalig transparenten Bewerbungsverfahren wählte eine zehnköpfige Kommission aus Politikern, Journalisten und Experten im April 2015 aus 176 Bewerbern den Leiter des neuen Antikorruptionsbüros, das das Parlament auf internationalen Druck beschlossen hatte. Die Behörde soll sich explizit der Bekämpfung der politischen Korruption widmen, wofür dem neuen Direktor, dem 35-jährigen und politisch unabhängigen Artem Sytnyk, 700 Mitarbeiter unterstellt werden (Zhuk 2015). Das Antikorruptionsbüro verfügt über eine solide Finanzierung (13 Mio. USD in 2015), die Korruptionsanreize verringern soll und über große Vollmachten: Es darf eigene Ermittlungen initiieren und durchführen, Verdächtige in Gewahrsam nehmen, Auskünfte (z. B. über Einkommen, Vermögen, Eigentum von Staatsbediensteten) von staatlichen Behörden einholen – und illegales Vermögen einfrieren. Als stellvertretender Direktor wurde Gizo Ugulava ernannt, der für die Reform der georgischen Staatsanwaltschaft zuständig war. Neben der Gründung des Antikorruptionsbüros gab es seit Beginn 2015 zahlreiche weitere Verbesserungen der Grundlagen der Korruptionsbekämpfung, sodass „Governance & Anti-Corruption" laut dem erwähnten „Index for Mo-

rer politischer Wille zur Korruptionsbekämpfung erkennbar als in den zwei Jahrzehnten zuvor, und es besteht die Bereitschaft – zumindest in Teilen des Staates –, dafür auch aktiv zivilgesellschaftliche *change agents* zu integrieren. Allerdings läuft die Integration dieser Akteure nicht immer reibungslos ab, und sie äußern regelmäßig Kritik, dass nötige Reformschritte verschleppt würden oder es sich bei den politischen Versprechen um Lippenbekenntnisse handle, um dringend benötigte ausländische Hilfskredite zu erhalten.[291]

Sowohl nichtstaatliche Initiativen als auch staatliche Behörden erhalten derzeit viel Unterstützung – und gleichzeitig Druck – durch internationale Akteure wie EU, UNDP und Weltbank, um effiziente, transparente und nachhaltige Antikorruptionsstrukturen für die Ukraine zu entwickeln.[292] EU und IWF haben Hilfskredite direkt an Antikorruptionsmaßnahmen gekoppelt, z. B. die Schaffung des Antikorruptionsbüros oder der Antikorruptionsstaatsanwaltschaft. Die EBRD, die 2013 unter Janukovyč wegen der Korruption ihr Förderprogramm im ukrainischen öffentlichen Sektor eingestellt hatte, attestiert der Ukraine nun Erfolge in der Korruptionsbekämpfung und nahm ihr Programm im Land wieder auf (Nurshayeva 2015).

Langfristig vielleicht der wichtigste Faktor ist der durch den Euromaidan angestoßene *mentale* Wandel in der Gesellschaft, die Korruption nicht mehr als gegebenes und alltägliches *business as usual* hinnimmt. Vor allem die junge, nicht sowjetisch-geprägte Generation hat verstanden, dass ein Rückgang der Korruption nur erfolgen kann, wenn diese keine gesellschaftliche Norm mehr ist, und dass dieser Normenwandel nur gelingen kann, wenn sie sich selbst dafür einsetzen. Die zahlreichen zivilgesellschaftlichen Initiativen, aber auch

---

nitoring Reforms" von „VoxUkraine" zu den erfolgreichsten Reformfeldern zählt (vgl. dazu die Index for Monitoring Reforms Website, www.imorevox.in.ua). Auch die unabhängigen Experten vom Reanimation Package of Reforms bescheinigten der Regierung nach den ersten 100 Tagen Erfolge auf dem Gebiet der Korruptionsbekämpfung (vgl. dazu die Infografik „100 Days of Reforms: Checking on Progress of Ukraine's Political Reforms", abrufbar unter www.platforma-reform.org/wp-content/uploads/2015/03/konferencia_rpr_2-eng.pdf, zuletzt geprüft am 29.04.2015).

291 Vgl. dazu Ukraine-Analysen 153 vom 09.06.2015 zum Thema Korruptionsbekämpfung.

292 UNDP-Website: Combatting corruption topping Ukraine's reforms agenda, 24.05.2015, www.ua.undp.org/content/ukraine/en/home/presscenter/articles/2015/05/24/launching-the-national-agency-for-prevention-of-corruption-toping-the-agenda, zuletzt geprüft am 28.05.2015.

Signale aus der Politik, wie die Schaffung des Antikorruptionsbüros und der Agentur zur Korruptionsprävention, die Verabschiedung der neuen Antikorruptionsstrategie oder die Etablierung einer neuen Straßenpolizei, zeugen von diesem Wandel und haben Bewegung in das statische postsowjetische Korruptionsgefüge der Ukraine gebracht. Ob dieser Wandel nachhaltig sein wird und die gesamte Gesellschaft erfasst, bleibt abzuwarten.

6.2 Reformziele

Um die Performanz der untersuchten Reformen beurteilen zu können, müssen sie an ihren konkreten Zielen gemessen werden. Sowohl in Russland als auch der Ukraine sind die Reformen ergebnisorientiert und eher auf Output- und Outcome-Ziele denn auf Input-Ziele ausgelegt, womit sie dem gängigen Muster von New-Public-Management-Reformen entsprechen. Wie gezeigt werden konnte, ist in beiden Ländern durch die Interdependenz aus fehlender staatlicher Kontrolle, steigender Nachfrage nach Hochschulabschlüssen sowie einer strukturellen Unterfinanzierung der Nährboden für Korruption bereitet worden. Besonders betroffen war der Übergang von Schulen zu Hochschulen. Erst um die Jahrtausendwende gab es in beiden Staaten Überlegungen, die Korruption im Bildungsbereich zu bekämpfen, und gerade in der frühen Reformphase stellte Korruptionsbekämpfung *das* wesentliche Reformziel dar. Daneben gab es zwei weitere Ziele: Zum einen sollte vor dem Hintergrund der zunehmenden „Vermessung der Bildung“ durch (inter-)nationale Schulleistungsuntersuchungen wie PISA, TIMSS etc. der Bildungsstand der russischen und ukrainischen Schüler erfasst werden, um mehr über deren Leistungsstand zu erfahren und Stärken und Schwächen des Schulsystems zu eruieren. Hierfür war die Einführung eines einheitlichen Prüfungssystems nach internationalen Standards zwingend notwendig. Zum anderen sollte durch die Reform die Chancengleichheit, die durch die in den 1990er Jahren stark angestiegene soziale Ungleichheit unterhöhlt wurde, gestärkt werden. Alle Studienbewerber sollten unabhängig von sozialem Status, Herkunft und Wohnort dieselbe Chance auf eine qualitativ hochwertige und kostenlose Ausbildung an den führenden Hochschulen erhalten. Neben diesen drei outcome-orientierten Zielsetzungen gibt es noch ein output-basiertes viertes Reformziel: die umfassende Modernisierung des (noch aus der Sowjetunion stammenden und) nicht mehr adäquaten Hochschulzulassungssystems und dessen Anpassung an internationale Standards.

6.3 Implementierungsprozess

Die vorliegende Arbeit geht davon aus, dass der Mitteleinsatz, also der Input von Ressourcen, zusammen mit der Art und Weise, in der die Reformen umgesetzt wurden, entscheidend ist für die Reformqualität und -ergebnisse. Daher lag ein Fokus der Arbeit auf der Analyse des Implementierungsprozesses. Ein Vergleich des russischen EGE und des ukrainischen ZNO zeigt, dass beide Reformen analog konzipiert sind und prinzipiell die gleichen Ziele mit dem selben Ansatz verfolgen. Jedoch konnten in den Fallstudien zwei unterschiedliche Implementierungsansätze ausgemacht werden: In Russland wurde die Reform durch staatliche Behörden in einem *bürokratischen* Ansatz in typisch postsowjetischer Manier ohne nennenswerte Kommunikation und Koordination mit der Gesellschaft *top-down* implementiert. In der Ukraine hingegen wurde sie in einem *zivilgesellschaftlichen* Ansatz, in dem zivilgesellschaftliche und staatliche Akteure kooperierten, *bottom-up* eingeführt.

In Russland war zunächst das Bildungsministerium für die Implementierung zuständig, ab 2005 dann die neu gegründete und dem Ministerium unterstellte Behörde Rosobrnadzor. Rosobrnadzor verfügte jedoch nicht über die nötigen Kapazitäten, z. B. fehlte es an professionellem und integrem Personal, um die Reform erfolgreich umzusetzen. Zahlreiche (Korruptions-)Skandale bereits in der Experimentierphase der neuen EGE-basierten Zulassungsprozedur, z. B. um den Direktor des Föderalen Testzentrums von Rosobrnadzor, haben das Vertrauen der Gesellschaft in das Reformvorhaben untergraben. Internationale Akteure spielten im russischen Implementierungsprozess nur eine marginale Rolle, und auch zivilgesellschaftliche Akteure, wie z. B. unabhängige NGOs im Bildungsbereich, die seit 2006 einer verschärften staatlichen Regulierung und Kontrolle unterlagen (Ljubownikow und Crotty 2014), waren nicht in den Entwicklungs- und Implementierungsprozess involviert.

Dem gegenüber wurde in der Ukraine die Implementierung vor allem durch bildungspolitisch aktive NGOs und Akteure geleistet, die signifikante finanzielle Unterstützung und Beratung (Stichwort: *capacity building*) von internationalen Organisationen erhielten. Nachdem sich das von der Renaissance Stiftung betriebene ZNO-Pilotprojekt als erfolgreich erwies, erkannte das (nach der Orangen Revolution reformbereite) Bildungsministerium großes Potenzial in der Reform und die Chance, das Projekt auf staatlicher Ebene zu implementieren und als eigenen Reformerfolg zu vereinnahmen. Zu diesem Zeitpunkt hatten die reformorientierten Kräfte bereits ein breites, zivilgesellschaftliches Unterstützernetzwerk aufgebaut, das durch Medienkooperationen weit in die Gesellschaft hineinwirkte und diese für die Reform gewinnen konnte. Hierbei kam neben der IRF der Ukrainian Standardized External Testing Initiative eine Schlüsselrolle zu, die zu einer treibenden Kraf hinter der Reform wurde. Flankiert wurde das Reformvorhaben von einer flächendeckenden und professionellen nichtstaatlichen Kontrolle durch eine Reihe von NGOs, die für eine transparente Prozedur sorgten.

Eine solche Advocacy-Koalition fehlte in Russland, wo bei der Implementierung und Kontrolle externe Akteure außen vor gelassen wurden – was die Reformer selbst rückblickend als großen Fehler bezeichnen (Uroki EGE kak sistemnogo proekta 2012). Obwohl der Reformprozess in Russland eher einsetzte, überholte die Ukraine Russland bei der Implementierung und führte das ZNO bereits 2008 verpflichtend ein; in Russland gelang dies erst 2009. In der Ukraine setzte der partizipative Ansatz zudem einen nachhaltigen Impuls für die weitere gesellschaftliche Beteiligung am Bildungsprozess, wie die Verabschiedung des neuen Hochschulgesetzes 2014 zeigte.

Ein weiterer Unterschied in der Implementierung zeichnete sich bei der Bereitschaft der verantwortlichen Institutionen ab, gegen Korruption vorzugehen. In dieser Hinsicht kann der politische Wille der Ministeriumsführung als Gradmesser angesehen werden: Je mehr diese Priorität auf einem korruptionsfreien Zulassungsmechanismus legt, desto besser die Implementierung. Galt der russische Bildungsminister Filippov, der den Reformprozess einleitete, als Verfechter des EGE, war sein Nachfolger Fursenko zunächst gegen die Reform und schwächte deren Antikorruptionskomponente. In Russland legten sowohl Glebova als auch der nur kurz amtierende Murav'jev als Leiter von Rosobrnadzor keine Priorität auf präventive Antikorruptionsmaßnahmen, sodass sich zahlreiche Korruptionsopportunitäten ergaben und Korruptionsskandale über Jahre hinweg praktisch zum EGE dazugehörten. Der fehlende Wille zur effektiven Korruptionsbekämpfung machte sich auch im Umschwung der Rhetorik bemerkbar: Wurde das EGE von Filippov als Antikorruptionsmaßnahme gedacht und angekündet, wurde es unter Fursenko nicht mehr als solche gesehen.[293] Erst unter Bildungsminister Livanov wurde wieder ein stärkerer Wille zur Korruptionsbekämpfung erkennbar und der von ihm als Leiter von Rosobrnadzor eingesetzte Kravzov nahm elementare Verbesserungen vor, z. B. beauftragte er externe Akteure[294] mit der Kontrolle der Examen. In der Folge wurden 2014 deutlich weniger Korruptionsfälle und Verstöße registriert als in den Vorjahren.

In der Ukraine war im Bildungsministerium die Unterstützung für das Examen unter Vakarčuk, der die Einführung des ZNO als Bedingung für seine Ernennung machte, besonders groß. Sein Nachfolger Tabačnyk sorgte für Lockerungen der Reform und damit verbunden für Korruptionsopportunitäten, die Tabačnyks Nachfolger Kvit, ein Verfechter der Korruptionsbekämpfung, wieder aufhob. Besonders die Wechsel von Fursenko zu Livanov in Russland und von Vakarčuk zu Tabačnyk in der Ukraine sowie deren reformpolitische

[293] Bildungskorruption zu tabuisieren, ist ein typisches Merkmal vieler postsowjetischer Staaten, da sie durch die Thematisierung Imageschäden für ihre Bildungsinstitutionen fürchten: *„Evidence from sector-wide education programmes in highly-corrupted countries in Eastern Europe and Central Asia suggests that governments are reluctant to admit and accept even the use of word ‚corruption' in their education sector development documents. Corruption will remain an unsolved issue in education development unless governments want to take the lead in improving governance and transparency in their own administration"* (Sahlberg 2009, S. 4).

[294] Diese sind allerdings keine unabhängigen zivilgesellschaftlichen Institutionen wie die in der Ukraine beteiligten NGOs, sondern staatlich kontrollierte GONGOs (Government Organized Non-Governmental Organizations) (vgl. Naím 2009), die von der politischen Führung mit dem Ziel gegründet wurden, gesellschaftliche Anliegen wie die Korruptionsbekämpfung zu absorbieren und gesellschaftspolitisches Engagement zentral zu lenken und zu kontrollieren (Lassila 2015). Vgl. dazu auch das Konzept der „Substituierung" politischer Prozesse von Petrov et al. (2014, S. 10): *„Für anscheinend jede größere Institution der Demokratie, die von der Regierung in den letzten Jahren geschwächt wurde, sind ein oder mehrere Substitute errichtet worden, die den Zweck haben, zumindest einige der den* [nun geschwächten] *Institutionen abhanden gekommenen, die Fähigkeiten des Staates stärkenden Funktionen zu übernehmen, oder aber dazu dienen sollen, andere Substitute oder womöglich verbleibende demokratische Institutionen zu regulieren oder auf gewisse Art zu zügeln."*

Implikationen machen deutlich, wie zentral die politische Unterstützung innerhalb der Ministeriumsleitung für den weiteren Fortgang der Reformen war. In beiden Fällen wurden mit dem Wechsel der Ministerposten auch die Leitungspositionen der für die Tests zuständigen Institutionen neu besetzt: In Russland wurden die wenig erfolgreichen Glebova und Murav'jev durch Kravzov ersetzt, dem es im Unterschied zu seinen Vorgängern gelang, die EGE-Prozedur signifikant zu verbessern. In der Ukraine setzte Tabačnyk den integren Likarčuk als Leiter des UCEQA ab, nachdem dieser sich geweigert hatte, informelle Deals einzugehen. Seinen Posten übernahm die gegenüber Tabačnyk loyale Zaitseva, unter deren Leitung es vermehrt zu Korruptionsfällen kam, für die sie infolge des Euromaidans von ihrem Posten entbunden und Likarčuk wieder eingesetzt wurde. Daraufhin verlief das ZNO 2014 wieder deutlich transparenter und es gab kaum Beanstandungen. Dies zeigt, wie zentral politischer Wille und *leadership* für die erfolgreiche Implementierung von Antikorruptionsmaßnahmen sind.

6.4 Reformoutput

Als Output bezeichnet man das Reformergebnis – also die erbrachte Leistung einer Reform (Nullmeier 2005, S. 431). Insgesamt betrachtet kann in beiden untersuchten Ländern der Reform-Output als erfolgreich bewertet werden. Wie gezeigt wurde, war das in beiden Staaten aus der Sowjetunion übernommene Zulassungssystem dem massiven Wachstum des tertiären Bildungssektors bei gleichzeitigem Rückgang der Finanzierung nicht gewachsen. Das intransparente Reglement geriet zum Einfallstor für Korruption, die im Verlauf der 1990er Jahre zum *Modus Operandi* wurde. Umfragen zeigen, dass ein großer Prozentsatz der Studienplätze in beiden Ländern über Korruption vergeben wurde. Gerade an renommierten Hochschulen war es ohne informelle Leistungen und/oder Beziehungen kaum noch möglich, einen staatlich finanzierten, kostenlosen Studienplatz zu erhalten. Vor allem Studienbewerber aus sozial schwachen Familien wurden durch die Korruptionspraxen diskriminiert. Ein modernes und effektives Zulassungssystem wurde benötigt.

Nach dem „verlorenen" Jahrzehnt bildungspolitischer Stagnation wurde um die Jahrtausendwende in beiden Ländern das Problem der Bildungskorruption angegangen und eine Reformagenda eingeleitet, in deren Verlauf das Zulassungssystem von Grund auf reformiert wurde. Die bis dahin separat stattfindenden Abiturprüfungen und die uneinheitlichen und intransparenten Auswahlprüfungen der Hochschulen wurden in einem neuen transparenten und objektiven Verfahren zusammengelegt; der Bewerbungsprozess wurde dadurch für Millionen von Studienbewerbern vereinfacht. Das für sich genommen kann bereits als erfolgreicher Reformoutput angesehen werden. Die neuen, landesweit einheitlichen und zentral administrierten Prüfungen finden am Ende der Sekundarschule statt und dienen als Hochschulzugangsberechtigung. Die Testaufgaben werden nach internationalen psychometrischen Standards konzipiert. Nach anfänglichen Problemen mit der Qualität der Aufgaben werden die Prüfungen inzwischen in beiden Staaten als valides Messinstrument zur Ermittlung des Leistungsniveaus angesehen. Da es in beiden Ländern zuvor keine modernen psychometrischen Testverfahren gab, kann dieser Aspekt ebenfalls als zentraler Reformoutput angesehen werden.

Vom neuen Zulassungsverfahren profitieren insbesondere die Studienbewerber: Sie müssen keine zeit- und kostenintensiven Anreisen für die Hochschulzulassungsprüfungen mehr in Kauf nehmen und haben zudem eine größere Wahlfreiheit, da sie sich mit den EGE- bzw. ZNO-Zertifikaten an mehreren Hochschulen gleichzeitig bewerben können, was früher aufgrund der parallel stattfindenden Auswahlprüfungen nicht möglich war.

6.5 Reformoutcomes

Wie wirkt sich die erbrachte Leistung, also das neue Zulassungsverfahren auf Grundlage der standardisierten Prüfungen, nun auf das Erreichen der Ziele aus? Die Wirkung einer Reform, als Outcome bezeichnet, soll anhand von drei Zielvorgaben der Reform analysiert werden: Wie hat sich das Zulassungssystem auf die Korruption ausgewirkt? Wie hat sich das Zulassungssystem auf den Hochschulzugang ausgewirkt? Und schließlich: Wie wird das Zulassungssystem von der Bevölkerung beurteilt?

6.5.1 Korruptionsbekämpfung

In der Korruptionsbekämpfung lag für beide Länder eine der drei zentralen Funktionen der Reformen. Wie gezeigt wurde, geht die Wirkung, was diesen Indikator betrifft, auseinander: Während in der Ukraine Korruption im Rahmen der Hochschulzulassung infolge der ZNO-Einführung 2008 zwar nicht vollständig verhindert, aber dennoch effektiv und weitgehend eingedämmt werden konnte, nahmen in Russland informelle Praxen und Korruption in Zusammenhang mit dem EGE zunächst sogar zu: Das Büro für Korruptionsbekämpfung im Innenministerium registrierte im Jahr der EGE-Einführung 2009 im Bildungsbereich 91% mehr Bestechungsfälle und 116% mehr Fälle von Amtsmissbrauch als im Vorjahr (Rimskij 2010a, S. 38). Die registrierten Fälle betrafen insbesondere gekaufte EGE-Noten. Wie eine Überprüfung durch Rosobrnadzor ergab, waren ein Viertel der Prüfungen mit Höchstnoten manipuliert (RIA Novosti 23.07.2009). Die Korruption verlagerte sich von der Hochschul- auf die Schulebene. Aber auch an den Hochschulen bestanden weiterhin Korruptionsopportunitäten, wie die zahlreichen aufgeführten Korruptionsskandale zeigen. Trotz regelmäßiger Beteuerungen, gegen Korruption und Manipulationen im Zusammenhang mit dem EGE vorzugehen, bekamen die Politik und die zuständigen Behörden, allen voran Rosobrnadzor, das Korruptionsproblem nicht in den Griff. Bis 2013 stieg die Zahl der Korruptionsfälle an (RIA Novosti 03.07.2013). Hinsichtlich der Korruptionsbekämpfung war das EGE bis zu diesem Zeitpunkt somit nicht nur ineffektiv, sondern gar kontraproduktiv. Zwar konnten einige korrupte Praxen wie Korruption im Zusammenhang mit dem Repetitorstvo oder die direkte Bestechung von Personen in Auswahlkomitees zurückgedrängt werden, dafür erschlossen sich jedoch zahlreiche neue Wege, um die EGE-Ergebnisse zu manipulieren.

Erst nachdem die Rosobrnadzor-Führung ein zweites Mal gewechselt wurde und die neue Leitung einen stärkeren Fokus auf die Sicherheitsinfrastruktur legte, gelang 2014 ein Umschwung und registrierte Verstöße und Korruption nahmen ab. Diese Wende gelang vor allem durch die stärkere Einbeziehung neuer Technologien und externer Akteure.

Diese positive Entwicklung spiegelt sich auch in Umfragedaten wider, in denen seit 2014 der Anteil derjenigen Personen, die meinen, die Korruption habe durch das EGE abgenommen, gestiegen ist: Glaubten 2013 lediglich

13% der Bevölkerung, das EGE mindere Korruption, waren es zwei Jahre später 21% – der bis dahin höchste gemessene Wert (Levada Centr 2015). Gleichzeitig sank der Anteil der Personen, die meinen, durch das EGE habe die Korruption bei der Hochschulzulassung zugenommen, von 30% auf 25%.

In der Ukraine gelang es den Reformern, nicht zuletzt durch externe Expertise, bereits im Implementierungsprozess zahlreiche Herausforderungen und Korruptionsopportunitäten frühzeitig zu identifizieren. Entsprechend konnten das Prüfungs- und Zulassungssystem von Anfang an mit funktionierenden Kontrollmechanismen ausgestattet und Korruptionsopportunitäten unterbunden werden. In der Folge ging die Korruption zurück, wie soziologische Untersuchungen zeigen (Management Systems International und Kyiv International Institute of Sociology 2009). Im gesellschaftlichen Diskurs erhielt die Reform schnell das Label der einzigen erfolgreichen Antikorruptionsreform des Landes. Allerdings versäumten es die reformorientierten Kräfte, das neue System juristisch zu verankern und damit das ZNO nachhaltig zu institutionalisieren. Dies führte nach dem Regierungswechsel 2010 zu einem Rückschlag, als das bis dahin tätige und integre Management des UCEQA gegen eine politisch beinflussbare Führung ausgetauscht wurde, die zusammen mit dem neu besetzten Bildungsministerium unter Tabačnyk neue Korruptionsopportunitäten schuf. Allerdings weniger im Rahmen des ZNO, das durch transparente Prozeduren und externe Kontrolle frei von Korruption blieb. Stattdessen führte ein Erlass von 2010, der das Schulabschlusszeugnis wieder als Zulassungskriterium einführte, zu einem massenhaften korrupten Erwerb von Abiturzeugnissen. Schulolympiaden eröffneten vor allem gut vernetzten Akteuren informelle Zugangsmöglichkeiten, während gefälschte Bescheinigungen für verschiedene Sonder- und Härtefälle sowie das Nachrückverfahren auch für breitere Gesellschaftsschichten informelle Möglichkeiten schufen. Mit dem Regierungswechsel nach dem Euromaidan und der Einsetzung des früheren UCEQA-Direktors Likarčuk gelang 2014 trotz der schwierigen Bedingungen[295] wieder die ordnungsgemäße Durchführung des ZNO ohne besondere Vorkommnisse.

[295] Dazu zählten vor allem die Implikationen des militärischen Konflikts in der Ostukraine: Vor der Gewalt im Donbass flohen Zehntausende Schüler und Studierende in andere Regionen des Landes. Zahlreiche Hochschulen aus dem Kriegsgebiet wurden evaku-

Eine negative Folge der Verdrängung der Korruption bei der Hochschulzulassung ist die Verlagerung in andere Bereiche; so wurde in den letzten Jahren eine Intensivierung von Korruption im Studium registriert. Studierende werden zum Semesterende zunehmend gezwungen, Bestechungsleistungen zu zahlen, um Prüfungen zu bestehen oder nicht exmatrikuliert zu werden. Überspitzt formuliert: Wurde bis in die 2000er Jahre hinein bestochen, um an eine Universität zu gelangen, muss man nun bestechen, um an dieser zu bleiben.

Aus der Korruptionsperspektive sollte für beide Länder gleichermaßen positiv hervorgehoben werden, dass das Repetitorstvo sich von einer Grauzone zwischen Nachhilfe und Korruption zu einem sehr gefragten Bildungsdienstleistungsmarkt entwickelt hat, der zwar weiterhin in einer rechtlichen Grauzone operiert, aber praktisch keine Korruptionsopportunitäten mehr bietet.

6.5.2 Verbesserung des Hochschulzugangs

Auch wenn der Schwerpunkt der vorliegenden Arbeit auf der Wirkung des neuen Zulassungsverfahrens als Instrument der Korruptionsbekämpfung liegt und der Erfolg der Reform vor allem aus dieser Perspektive analysiert und bewertet wird, waren mit der Zulassungsreform in beiden Ländern zwei weitere zentrale Ziele verbunden, die bei der Bewertung des Reformerfolgs mitberücksichtigt werden müssen.

Ein zentrales Ziel der Reformen war, den Hochschulzugang zu verbessern und allen Bewerbern, unabhängig von sozialem Status, Herkunft, Wohnort, Religion etc., Chancengleicheit zu gewähren. Für die Studierenden wirkt sich das neue System überwiegend positiv aus. Zwar empfinden es viele als Druck, dass das Examen für ihre weitere Bildungslaufbahn so bedeutend ist. Allerdings stellt dies laut Umfragen sowohl für die russischen als auch die ukrainischen Studierenden kein größeres Problem dar als in anderen Ländern mit einem vergleichbaren Examen. Aus den Interviewaussagen der Studierenden lässt sich schließen, dass sie sich schnell an das neue System gewöhnt haben. Sie lobten häufig, dass sie nur noch eine Prüfung ablegen müssen, was ihren Stress mindere. Eine weitere Erleichterung ist, dass sie

---

iert, während die verbliebenen Universitäten unter die Kontrolle der pro-russischen Separatisten gerieten. Außerdem erlebte das Land eine schwere Wirtschaftskrise, die sich auf den Bildungsetat auswirkte und die Finanzierung des ZNOs bedrohte.

nicht mehr persönlich zu den Zulassungsprüfungen an die Universitäten reisen müssen – dies spart Zeit und Kosten. Zudem können sie sich an mehreren Hochschulen parallel bewerben, wodurch sie größere Chancen haben, ihr Wunschfach zu studieren. Allerdings wird die Chancengleichheit dadurch verringert, dass in beiden Ländern viele Abiturienten Repetitoren engagieren oder Vorbereitungskurse absolvieren, die kostspielig sind und sich nicht alle leisten können.

Ein weiteres Reformziel war die Steigerung der Studierendenmobilität, für Russland als größten Flächenstaat der Erde sicherlich eine schwierigere Aufgabe als für die Ukraine. Seit Einführung des EGE verzeichnen die führenden russischen Hochschulen vor allem in Moskau und St. Petersburg tatsächlich mehr Studienanfänger aus der Provinz; laut einem Experten der HSE ist ihr Anteil im Schnitt um das Eineinhalb- bis Zweifache gestiegen.[296] Dennoch überwiegt unter den Studienanfängern weiterhin der Anteil der lokalen Bevölkerung; die regionale (und soziale) Durchmischung findet weitaus weniger statt als angedacht. Der Grund hierfür liegt jedoch weniger im Versagen des neuen Zulassungssystems als vielmehr in der fehlenden staatlichen Förderung für Studierende aus finanzschwachen Familien. Das GIFO, eine Art Studienkreditsystem, dass parallel zum EGE eingeführt werden sollte, wurde nach der Testphase beendet. Es gibt in Russland weder ein dem BAFöG ähnliches Förderungssystem noch ein funktionierendes Stipendiensystem, wie es in Deutschland von zahlreichen Stiftungen getragen wird. Die staatlichen Stipendien in Russland sind zu niedrig, um die Lebenshaltungskosten auch nur annähernd zu decken. Bewerber aus den ländlichen Regionen, die in der Regel nicht über die ökonomischen Ressourcen ihrer Mitbewerber aus den (prosperierenden) Metropolen verfügen, können sich ein Studium in den teuren Universitätsstädten oft nicht leisten. Insofern konnte das EGE ohne einen daran gekoppelten Finanzierungsmechanismus die in Russland sehr niedrige akademische Binnenmigration kaum verbessern.

In der Ukraine spielt die geografische Dimension generell eine geringere Rolle als in Russland. Hochschulzentren verteilen sich über das ganze Land. Anders liegt es bei der sozioökonomischen Herkunft, die in der Ukraine lange

[296] Grigorij Kantorovič: Itogi vstupitel'nych ekzamenov: nedobor s pereborom, www.hse.ru/news/1163611/33737969.html, zuletzt geprüft am 16.08.2015.

entscheidend war für den Bildungserfolg. Das ZNO trug dazu bei, die Zugangsmöglichkeiten insbesondere für benachteiligte und ärmere Bevölkerungsschichten zu verbessern. 2010 kam eine Studie zu dem Ergebnis, dass es durch das ZNO um die Gleichheit beim Hochschulzugang in der Ukraine inzwischen ebenso gut bestellt ist wie in skandinavischen Ländern, die hinsichtlich der Chancengleichheit international zu den Vorreitern zählen (Kovtunets et al. 2010). Dieser Erfolg drückte sich auch in den Interviews aus, in denen immer wieder geäußert wurde, dass die Chancengleichheit deutlich gestiegen sei und nun jeder Studienbewerber durch gute Leistungen an eine führende Hochschule gelangen könne. Die Gesellschaft registriert sehr genau, dass nicht mehr ausschließlich die Kinder ranghoher Beamter oder Politiker an den beliebtesten Universitäten studieren, sondern die besten Abiturienten des Landes, was dem ukrainischen ZNO eine hohe gesellschaftliche Akzeptanz verschafft.

6.5.3 Akzeptanz der Reformen

Bei der Bewertung von Reformen spielt das Urteil der Bevölkerung eine zentrale Rolle:

> *„Durch Umfragen erhobene persönliche Wertschätzungen bilden ein wesentliches Maß zur Beurteilung entweder des Outputs einer Verwaltung oder des inneradministrativen Prozessablaufes. Ohne die Einbeziehung des Urteils der Bürger kann über die Output-Leistung einer Verwaltung kein hinreichendes Urteil gefällt werden. Alle auf Effizienz und Effektivität hinweisenden objektiven Kennzahlen werden in ihrer Bedeutung relativiert, wenn die Bürger und Bürgerinnen mit dem öffentlichen Angebot unzufrieden sind."* (Nullmeier 2005, S. 436)

Die unterschiedlichen Reformoutcomes in beiden Ländern führen auch zu unterschiedlichen Bewertungen der Reform. Was Russland betrifft, hat sich die gesellschaftliche Meinung zum EGE und damit auch dessen Akzeptanz im Laufe des Reformprozesses graduell verschlechtert, wie sich in den Langzeitstudien des Levada-Zentrums zeigt: Lag 2004 der Anteil der Personen, die das EGE dem alten Prüfungssystem vorzogen, mit 24% leicht über dem Anteil derjenigen, denen das alte System besser erschien (22%), sank der Anteil der Befürworter des EGE bis 2015 auf 10%, während inzwischen nahezu jeder zweite Befragte (48%) das alte System vorzieht (Levada Centr 2015). Seit 2013 ist auch der Anteil derjenigen gestiegen, die die Einführung des EGE ablehnen; 2015 gab es mit 40% wieder mehr Menschen, die gegen die Einführung waren, als solche, die sie begrüßten (37%) (ebd.). Andere Meinungsforschungsinstitute kommen zu ähnlichen Ergebnissen. Von einer breiten gesellschaftlichen Akzeptanz der Reform kann somit selbst Jahre nach der Einführung des EGE und trotz der zuletzt positiven Entwicklungen nicht gesprochen werden.[297] Die geführten Interviews bekräftigen die Skepsis in weiten Teilen der Bevölkerung. Laut Viktor Bolotov halten viele Russen das EGE für eine „*Verschwörung des globalen Imperialismus*" und für eine „*Provokation gegen das beste Bildungssystem der Welt*".[298] Die Legitimitätskrise führte 2013 fast zum Ende des EGE, als Bildungsminister Fursenko verkündete, Teile des Examens nur noch auf freiwilliger Basis anzubieten und das vorherige Zulassungssystem wieder partiell einzuführen. Es bleibt abzuwarten, ob sich die Akzeptanz für das EGE in den kommenden Jahren verbessern wird. Ausschlaggebend dürfte sein, ob es gelingen wird, das Examen zukünftig frei von Korruptionsskandalen zu halten.

Im Unterschied zu Russland, wo das EGE ein großes Legitimitätsproblem und wenig gesellschaftliche Unterstützung besitzt, wird in der Ukraine das ZNO als praktisch einzige erfolgreiche (Anti-Korruptions-)Reform der Ära der Orangen Revolution gesehen und die Bevölkerungsmehrheit steht hinter der Reform. 80% vertrauen dem neuen Prüfungssystem und seiner Integrität. Die erfolgreiche Durchführung des Examens frei von Korruptionsskandalen ist ein Grund, weshalb der Anteil der Befürworter kontinuierlich und signifikant zugenommen hat: 2013 befürwortete mit 53,4% die absolute Mehrheit das ZNO; in der Zielgruppe waren es sogar 65%. Die Interviews zeigen ein ähnliches Bild: Nahezu sämtliche Respondenten aus allen Expertengruppen bewerten das ZNO positiv, und vor allem die Studierenden erkennen darin einen Nutzen für sich.

---

[297] Eine Folge der Unbeliebtheit des EGE ist, dass Schüler zunehmend versuchen, es zu umgehen, und bereits nach der 9. Schulklasse an die Berufsschulen (PTU) wechseln, da sie mit einem Berufsschulabschluss auch ohne EGE-Prüfung studieren können. Gingen 2001 landesweit 33% der Schüler nach der 9. Klasse ab, waren es 2011 bereits 43%; die Hälfte davon nahm später ein Hochschulstudium auf.

[298] Die Aussagen äußerte er an einem Runden Tisch, der im Sommer 2015 anlässlich des 15-jährigen Jubiläums des EGE abgehalten wurde; ein Videomitschnitt ist abrufbar unter www.ria.ru/abitura_rus/20150622/1080241139.html, zuletzt geprüft am 22.11.2015.

6.6 Effizienz und Effektivität der Reformen

Wie lassen sich die Reformen im Hinblick auf Effizienz- und Effektivitätskriterien bewerten? Mit Effizienz ist in erster Linie die *Wirtschaftlichkeit* einer spezifischen Maßnahme gemeint: Stehen Aufwand und Ertrag in einer sinnvollen *ökonomischen Relation* zueinander?[299] In Russland sind die Ausgaben für das EGE in jüngerer Zeit deutlich gestiegen: Betrugen sie 2013 rund 300 Mio. RUB, lagen sie 2014 vor allem durch die Videoüberwachung, die allein 600 Mio. RUB kostete, sowie durch weitere Sicherheitsvorkehrungen, bei etwa 1,2 Mrd. RUB (Panov 2014). Die Kosten für Sicherheit und Kontrolle überstiegen die Kosten für die eigentliche Durchführung des EGE – die Relation zwischen Aufwand und Ertrag scheint auf den ersten Blick unstimmig. Die großen Mehraufwendungen scheinen jedoch gut investiert, denn erst durch die Neuerungen gelang es, das Korruptionsniveau signifikant zu senken. Insofern lässt sich jenen, die die hohen Kosten anprangern, entgegenhalten, dass erst durch die gestiegenen Ausgaben überhaupt eine gewisse Effektivität erreicht wurde.

2015 stiegen die Ausgaben für das EGE auf 1,6 Mrd. RUB, wobei von den zusätzlichen Kosten 200 Mio. RUB auf die Anschaffung neuer Videokameras und 90 Mio. RUB auf das unabhängige Monitoring entfielen. Eine Analyse, die 2015 Korruption im Rahmen der EGE-Auftragsvergaben untersuchte, kam zu dem Ergebnis, dass bis zu 800 Mio. RUB der Ausgaben ineffizient verwendet und möglichweise veruntreut worden seien; allerdings ist der Bericht nicht unumstritten.[300] Insgesamt lässt sich im Falle von Russland die Frage

[299] Diesen ökonomischen Aspekt greift Klitgaard (1988) mit seiner These auf, dass das ideale Korruptionsniveau nicht Null sei, weil dies zu hohe finanzielle (hohe Aufwendungen für Prävention), personelle (großer Bürokratieapparat) und individuelle Kosten (totalitäre Kontrolle) erfordern würde, die in einem Missverhältnis zum Ertrag stünden.

[300] Die „Erste unabhängige zivilgesellschaftliche Antikorruptionsexpertise des EGE 2015" wurde von Vladimir Burmatov erstellt, dem ersten stellvertretenden Vorsitzenden des Bildungsausschusses der Duma, der zuletzt durch seine harsche Kritik an der Politik von Bildungsminister Livanov auffiel. Dass die Analyse von Burmatov Verbindungen einzelner Vertreter des Bildungsministeriums zu zypriotischen Offshore-Konten nachweist, auf denen staatliche Gelder gelandet sind, daraus jedoch methodisch unsaubere Rückschlüsse zieht, legt die Vermutung nahe, dass es sich bei dem Bericht eher um ein politisches Manöver als um eine ernstgemeinte Aufarbeitung der Korruption im Rahmen des EGE handelt. Der Bericht ist abrufbar unter: www.drive.google.com/file/d/0BwKihQhAeahicWVRUmZ4dkZaUzA/view?usp=sharing, zuletzt geprüft am 07.07.2015.

nach der Effizienz nicht eindeutig klären. Außerdem lässt sich diskutieren, inwieweit die Kontrollmaßnahmen, allen voran die landesweite Videoüberwachung der Examen, nachhaltig zur Bekämpfung der Korruptionsursachen beitragen.

Für die Ukraine kann die Frage nach der Effizienz klarer beantwortet werden. Zum einen lagen die staatlichen Ausgaben für die Reform aufgrund der internationalen finanziellen Unterstützung deutlich unter den russischen Ausgaben. Kosten für technische Geräte, Monitoring und vieles mehr wurden von internationalen Organisationen und Stiftungen übernommen. Zudem entfaltete die Reform von Beginn an ihre Wirkung und reduzierte die Korruption effizient, weshalb keine hohen Folgekosten, wie in Russland z. B. durch die Anschaffung der Videoüberwachung, entstanden. Mit verhältnismäßig geringen Mitteln wurde relativ viel erreicht, weshalb in diesem Fall von einer effizienten Reformumsetzung gesprochen werden kann.

Begreift man unter Effektivität das *Erreichen* der gesetzten Ziele, verlief die Reformumsetzung in der Ukraine insgesamt effektiver als in Russland, da hier die angestrebten Ziele – sowohl was Output als Outcome anbelangt – mit der Einführung des ZNO erreicht wurden. Das stützt die Ergebnisse anderer Untersuchungen zur Effektivität von Antikorruptionsmaßnahmen im Bildungssektor, die zu dem Schluss kommen, dass zivilgesellschaftliches Engagement entscheidend für den Reformerfolg sei:

> *„Governments and universities would not have been addressed corruption through their own initiative. Participation of civil society was vital in launching the anti-corruption movement. Civil society participation increases the effectiveness and efficiency of policy implementation* [...] *What these examples demonstrate is that governments cannot, and have not, succeeded in addressing corruption on their own. Civil society, in all of its manifestations - nongovernmental organizations, student groups, media, and academia - has proven indispensable in the fight against corruption. The rise of international organizations such as Transparency International – with its 100-plus national chapters; national organizations like Coalition 2000 and Coalition for Clean Universities are all clear examples of the enormous potential of civil society to lead the fight against corruption by raising public awareness, representing and mobilizing students, pressuring governments to reform, and implementing activities on the ground to reduce corruption."* (Teodorescu und Andrei 2009, S. 163)

6.7 Herausforderungen und Ausblick

Die zukünftige Wirkung der EGE-/ZNO-Zulassungsreform auf die Korruption bei der Hochschulzulassung hängt nicht zuletzt auch vom größeren politischen Kontext in Russland und der Ukraine ab. Verstärkt durch politische und gesellschaftliche Prozesse der jüngeren Zeit – in Russland die niedergeschlagene Protestbewegung 2011/2012 und die zunehmende Autokratisierung, in der Ukraine der Euromaidan 2013/2014 und der darauffolgende zivilgesellschaftliche Aufbruch – entwickeln sich die beiden Gesellschaften und Systeme zunehmend diametral, was sich auch auf die Antikorruptionspolitik auswirkt.

In Russland scheint sich Putins loyalitätsbasierte *informal governance* mit Korruption als zentralem *Modus Operandi* zum staatstragenden System zu festigen. Gleichzeitig werden unabhängige Medien, oppositionelle Bewegungen und die Zivilgesellschaft marginalisiert und unterdrückt. Dadurch brechen tragende Säulen effektiver Korruptionsbekämpfung weg. Der Staat (bzw. seine Beamten) verfolgt als einziger verbleibender wirkungsmächtiger Akteur eine inkohärente, selektive und ineffektive Antikorruptionspolitik. Dies wirkt sich negativ auf die Antikorruptionsbemühungen im Bildungsbereich aus. Dass 2014 trotz dieser Entwicklungen einige Erfolge bei der Korruptionseindämmung im Bereich der Studienplatzvergabe erzielt werden konnten, hängt in erster Linie mit technischen Lösungen zusammen, die jedoch das grundsätzliche System nicht in Frage stellen. Ob diese positive Dynamik weiter anhält, ist unter den gegenwärtigen Bedingungen daher fraglich: So wurde z. B. die Videoüberwachung bei den landesweiten Regionalwahlen im September 2015 nahezu vollständig wieder abgeschafft, und angesichts der Wirtschaftskrise und den hohen Aufwendungen für diese Form der Kontrolle ist es fraglich, ob die Videoüberwachung des EGE fortgeführt wird. Ihre Abschaffung könnte zu einem Rollback der Korruption führen und die jüngsten Errungenschaften zunichte machen.

Die Bekämpfung der ubiquitären Korruption in der Ukraine war eine der zentralen Forderungen des Euromaidan. Aber auch hier bleibt fraglich, inwieweit die reformorientierten Post-Maidan-Kräfte die zahlreichen neuen Antikorruptionsgesetze und -initiativen auf Dauer erfolgreich gegen den Widerstand der alten, korrupten Eliten durch- und umsetzen können. Exemplarisch für die Schwierigkeit, das verkrustete System zu reformieren, ist die schleppende Entmachtung der Oligarchen, die sich nur langsam vollzieht und von Machtkämpfen gezeichnet ist, die das fragile politische System destabilisieren und das Risiko des Reformstillstands erhöhen. Auch im Bildungsbereich zeigt sich das Beharrungsvermögen des alten Systems. Allerdings übt die Zivilgesellschaft zunehmend Druck auf die Politik aus und geht selbst in zahlreichen Initiativen aktiv gegen Korruption vor.

Das Land steht, nicht zuletzt aufgrund der Kriegshandlungen im Donbass, wirtschaftlich, politisch und auch nationalstaatlich vor enormen Herausforderungen, die auch das ZNO betreffen. Nachdem das Janukovyč-Regime die Staatskassen geplündert hatte, konnte 2014 das Zentralabitur nur mithilfe einer externen privaten Finanzierung – bezeichnenderweise durch einen Oligarchen – ordnungsgemäß durchgeführt werden.[301] In der turbulenten und unübersichtlichen Post-Maidan-Phase eskalierten im Bildungsbereich mehrere politische Konflikte – wie etwa im Juli 2015, als gegen den Leiter des UCEQA Ihor Likarčuk (der in allen geführten Interviews und auch in den ukrainischen Medien einhellig als integre Persönlichkeit beschrieben wird) politisch motivierte staatsanwaltschaftliche Ermittlungen eingeleitet wurden.[302] Im August 2015 schossen unbekannte Täter auf das Auto der für ihre Antikorruptionsaktivitäten bekannten Vizebildungsministerin Inna Sovsun. Dieses angespannte Klima macht es schwer, Reformen voranzubringen.

Dennoch gibt es Anlass, von einer grundsätzlich positiven Entwicklung auszugehen: Die 2014 im neuen Hochschulgesetz beschlossene juristische

---

301 Likarčuk erklärte, dass die Vorgängeradministration dem Testzentrum durch Misswirtschaft kaum Geld im Jahresetat überlassen hätte und dem UCEQA Mittel zur Durchführung des ZNO fehlten. Nach einem Appell an die Öffentlichkeit stellte die Stiftung des Oligarchen Rinat Achmetov 3,2 Mio UAH bereit, um das ZNO durchführen zu können. Quelle: Rinat Akhmetov Foundation, 23.04.2014: Rinat Akhmetov's Foundation Supported External Independent Testing in Ukraine, www.fdu.org.ua/en/news/251, zuletzt geprüft am 04.05.2014.

302 Der Fall geriet zu einem undurchsichtigen Politikum: Die Staatsanwaltschaft – die von Antikorruptionsaktivisten als eine der korruptesten Institutionen im Land gesehen wird – warf Likarčuk vor, er habe die ZNO-Datenbank manipuliert. Likarčuk erwiderte, dass politisch einflussreiche Persönlichkeiten die Ermittlungen angestrengt hätten, weil deren Kinder eine bevorzugte Behandlung bei der Hochschulzulassung verweigert worden sei.

Verankerung des ZNO und die neue reformorientierte Führung des Bildungsministeriums zeigen, dass der Wille zur Korruptionsbekämpfung vorhanden ist und ihr ein hoher Stellenwert eingeräumt wird. Das elektronische Zulassungssystem wurde weiter verbessert und hat den Bewerbungsprozess vereinfacht und transparenter gemacht.

Einen erfolgsfördernden Faktor stellen internationale Organisationen dar: Die American Councils for Education haben über ihr erfolgreiches USETI-Programm hinaus eine neue Initiative gestartet, um ukrainische Hochschulmitarbeiter in Management und Transparenzmaßnahmen auszubilden, den Antikorruptionsprozess zu verstetigen und ein Netzwerk von Akteuren aufzubauen, die zur Implementierung des neuen Hochschulgesetzes beitragen. Gelingt es USETI, an die bisherige erfolgreiche Arbeit anzuknüpfen, könnte das Projekt ein weiterer wichtiger Baustein für eine transparentere Hochschulgovernance werden.

Eine der größten Herausforderungen für beide Länder wird im kommenden Jahrzehnt die demografische Entwicklung sein: Wegen des Geburtenrückgangs in den 1990er Jahren sinken die Studierendenzahlen. In Russland konnten bereits 2011 mehr als 100 Hochschulen selbst die kostenlosen Budgetplätze nicht füllen.[303] Auch in der Ukraine konzentrieren sich die Bewerber auf eine überschaubare Gruppe von Hochschulen: 2012 entfielen 90% der Bewerbungen auf 50 Hochschulen, während hunderte Hochschulen – oft von zweifehafter Qualität – Probleme haben, genügend Studierende zu finden (Kvit 2012c). Eine tiefgreifende Umstrukturierung und Hochschulschließungen sind unvermeidbar. Dies stößt auf Widerstand seitens der Hochschulen. Was Korruption angeht, werden die sinkenden Bewerberzahlen vermutlich einen positiven Effekt haben, da viele Hochschulen nun unter dem Druck stehen, genügend Bewerber zu finden, um die Budgetplätze zu füllen und die staatliche Finanzierung zu sichern.

Von einem längerfristigen Ausblick wird an dieser Stelle bewusst abgesehen, denn ein realistisches Szenario der zukünftigen Entwicklung wäre angesichts der volatilen politischen Situation reine Spekulation.

---

303 Grigorij Kantorovič: Itogi vstupitel'nych ekzamenov: nedobor s pereborom, www.hse.ru/news/1163611/33737969.html, zuletzt geprüft am 16.08.2015.

7 Diskussion der Forschungsergebnisse

Die Abschlussdiskussion fasst die theoretischen und empirischen Ergebnisse zusammen und beleuchtet sie im Kontext aktueller Korruptionsforschung. Dabei steht vor allem die Frage nach den unterschiedlichen Outcomes im Vordergrund, erscheinen die Erkenntnisse darüber sowohl für die Korruptionsforschung als auch die Antikorruptionspraxis relevant.

Die vorliegende Arbeit setzt sich mit zwei Themenfeldern auseinander, die im Zuge eines gestiegenen internationalen Globalisierungs- und Wettbewerbsdrucks an Bedeutung gewonnen haben und ausschlaggebend für die zukünftige Entwicklung von Nationalstaaten, deren Wirtschaftssystemen und Gesellschaften sind: Korruption und Bildung. Korruption wird häufig als *„single greatest obstacle to economic and social development“* (Chapman und Lindner 2014, S. 1) eingestuft. Vor allem in den postsowjetischen Gesellschaften ist die ubiquitäre Korruption auf allen gesellschaftlichen Ebenen eine Entwicklungs- und Modernisierungshürde. Für Russland werden die jährlichen Verluste durch Korruption auf 300 Mrd. USD beziffert, was 15% des BIP entspricht (Orttung 2014, S. 4). Für die Ukraine liegen keine genauen Schätzungen vor, jedoch dürfte der Verlust ähnlich groß sein, bedenkt man, dass sich alleine Janukovyč während seiner Präsidentschaft um bis zu 100 Mrd. USD aus den Staatskassen bereichert haben soll (Faulconbridge et al. 2014).

Bildung ist ein zentraler Schlüssel zu wirtschaftlicher Prosperität, sozialem Aufstieg und persönlicher Entwicklung, weshalb der Zugang zu Bildung – in erster Linie zu Primär- und Sekundärbildung, aber auch zu tertiärer Bildung an den Hochschulen – von den Vereinten Nationen zu den wichtigsten Menschheitszielen erklärt wurde.

Obwohl auf den ersten Blick nicht unbedingt ersichtlich, sind Korruption und Bildung eng miteinander verknüpft: Uslaner und Rothstein argumentieren, dass die Verbreitung von Korruption, die sie als pfadabhängige informelle Institution begreifen, wesentlich mit der historischen Entwicklung öffentlicher Bildungssysteme zusammenhänge, da Bildung ein zentraler Schlüssel zur Korruptionsbekämpfung sei:

> *„Our theoretical argument is that a state that establishes free broad based education sends out an important signal that is not primarily a ‚private good' apparatus for oppression and extraction in the hands of an elite, but that it also can produce a certain amount of fairness and ‚public goods'... Our story suggests that the state was the vehicle for creating opportunities for people to obtain the literacy that frees them from dependence on corrupt leaders."* (Uslaner und Rothstein 2016)

Menschen mit höherer Bildung neigen (auch in autoritären Systemen) eher dazu, sich gegen Korruption zu wehren (Botero et al. 2013). Bildung fördert nicht nur die Kritikfähigkeit der Gesellschaft und stärkt die Rechenschaftspflicht der Eliten, sondern auch generalisiertes Vertrauen in Institutionen (Uslaner 2002). Das wiederum kann einen „virtuous circle" in Kraft setzen (Mungiu-Pippidi 2014), der – entsprechend dem in der vorliegenden Arbeit verwendeten Badewannenmodell – korruptionssenkend wirkt. Daher ist *„educating the young (...) a key element in reducing corruption successfully"* (Hauk und Sáez-Marti 2002, S. 332).

Vor dem Hintergrund der vorliegenden Arbeit stellt sich die Frage, was geschieht, wenn das Bildungssystem selbst von Korruption durchdrungen ist? Wenn Bildungschancen, wie gezeigt, durch ein korrumpiertes Zulassungssystem nicht universell sind, sondern partikularen Faktoren (Bestechungen und Beziehungen) unterliegen und sozialer Aufstieg verhindert wird? In einem idealtypisch-meritokratischen Bildungssystem erhalten die Besten auch die besten Bildungsmöglichkeiten; von einem korrupten Zulassungssystem profitieren hingegen die finanzkräftigen und gut vernetzten Eliten. Systemische Bildungskorruption vermittelt einer Gesellschaft negative Anreize, denn *„an education system that remains silent about the wrongdoings of their leaders and servants casts a shadow over an entire society. It signals with its silence that, in the end, it is money, not merit that counts"* (Sahlberg 2009, S. 4). Anstatt eines „virtuous circle" mit aufgeklärten Bürgern, die gegen Korruption vorgehen, entsteht ein „vicious circle", in dem Bildungskorruption die soziale Akzeptanz von Korruption fördert und in einer prägenden Entwicklungsphase entscheidend zur Normalisierung von Korruption beiträgt (Transparency International 2013b). Das im Theorieteil der Arbeit erarbeitete Badewannenmodell greift exakt diesen Kreislauf auf und beschreibt nicht nur, wie sich Bildungskorruption etablieren und institutionalisieren konnte, sondern erklärt auch, wie durch das korrumpierte Bildungssystem Korruption als informelle gesellschaftliche Spielregel gefördert und über die Mikroebene in alle Gesellschaftsbereiche auf die Meso- und Makroebene reproduziert und institutionalisiert wird. Rimskij (2010b) für das russische und Shaw (2005) für das ukrainische Fallbeispiel weisen nach, dass genau dieser Prozess stattfindet und Studierende nicht dazu ermutigt werden, sich gegen Korruption auszusprechen, sondern im Gegenteil frühzeitig lernen, wie das System funktioniert. Sie erfahren nicht, dass Korruption negative Auswirkungen besitzt, sondern sammeln positive Erfahrungen, adaptieren die informellen und ungeschriebenen „rules of the game" und wenden diese später auch in anderen Lebenssituationen an.

Es stellt sich die elementare Frage, ob sich dieser einmal in Gang gebrachte Kreislauf durchbrechen lässt, und wenn ja, wie? Was den „richtigen" Ansatz der Korruptionsbekämpfung anbelangt, gibt es in der Litaratur derzeit zwei Strömungen. Die Befürworter des Big-Bang-Ansatzes (z. B. Rothstein 2011) gehen davon aus, dass Antikorruptionsreformen nur wirksam seien, wenn Korruption auf allen Ebenen gleichzeitig und ganzheitlich bekämpft werde. Auf der anderen Seite gibt es Verfechter eines graduellen Ansatzes, der vorsieht, einzelne Subsysteme sukzessive zu reformieren. Der graduelle Ansatz wird eher von Praktikern vertreten und fand in beiden Fallbeispielen Anwendung. Ein umfassender Ansatz, der Korruption auf allen Ebenen gleichzeitig bekämpft, ist aufgrund der Komplexität und Vielschichtigkeit des Problems bisher nur in wenigen Fällen gelungen; andererseits gilt: „*If the efforts are focused narrowly, i.e. university admissions or teacher absenteeism, many of the practices that are harmful to education will remain untouched*" (Sahlberg 2009, S. 16). Genau diese Entwicklung war in beiden untersuchten Reformvorhaben zu beobachten: Probleme wie z. B. käufliche Abschlüsse wurden von den Reformen explizit nicht angegangen, sodass die Korruption in diesem Sektor weiterhin blüht. Außerdem etablieren sich wie beschrieben neue Bestechungsformen: Studierende müssen nun dafür zahlen, dass sie nicht unter fadenscheinigen Gründen zwangsexmatrikuliert werden. Durch einen ganzheitlichen Big-Bang-Ansatz, wie er z. B. in Georgien relativ erfolgreich umgesetzt wurde (The World Bank 2012), hätten diese informellen Praxen vielleicht auch in Russland und der Ukraine zurückgedrängt werden können.

Was die taktische Vorgehensweise angeht, haben beide Länder im Grunde genommen den richtigen Ansatz gewählt, indem sie auf ein weitgehend transparentes Zulassungssystem setzten. Allerdings stellt sich die Frage, ob insgesamt nicht präventive und aufklärende Maßnahmen (Stichwort Normenwandel durch Bildung und Aufklärung) stärker hätten berücksichtigt werden müssen, da sie mittel- bis langfristig effektiver sind, wie Graeff et al. in ihrer Studie zu Bestechung an Universitäten festgestellt haben:

> *„Our results imply that curbing corruption by monitoring and sanctioning might be less effective than stimulating social norms against corruption or strengthening the validity of fairness norms."* (Graeff et al. 2014, S. 230)

Auch eine Studie über die Bestechungsbereitschaft chinesischer Studierender kommt zu dem Ergebnis, dass weniger externe Vorkehrungen und Mechanismen als vielmehr individuelle Verhaltensweisen ausschlaggebend für Korruption seien:

> *„We find that individual willingness to bribe depends on personal characteristics rather than on the attributes of the admissions process at different colleges and universities. The perceived level of corruption, personal attitudes towards corruption, academic attainment, and the rank of a college are significant predictors of bribery."* (Liu und Yaping Peng 2015)

Diese Erkenntnisse legen den Schluss nahe, dass Aufklärung und Bewusstseinsbildung zentrale Aspekte von Antikorruptionsmaßnahmen im Bildungssektor sein sollten. Dass präventive Maßnahmen im postsowjetischen Raum wirkungsvoll sind, bewies Litauen (Ministry of Education and Science of the Republic of Lithuania 2006). Hier wurden in der ersten Hälfte der Nuller Jahre drei große landesweite Projekte implementiert: „Anti-Corruption Education at School" (2002-2003), „Preventing Corruption through Education, Information and Consciousness Raising Component I - Preparation of the Anti-Corruption Education Course for Higher Schools" (2003-2004) und „Development of In-service Training Programme for Anti-corruption Education" (2004). Für Schulen und Hochschulen wurde ein Curriculum entwickelt, das über Ursachen, Mechanismen und Folgen von Korruption aufklärt. Es förderte eine negative Einstellung gegenüber Korruption und half dadurch, diese zu vermindern (Teodorescu und Andrei 2009). 2014 hat TI Russland ähnliche Dokumente ausgearbeitet[304], ob diese jedoch staatliche Untersützung finden, bleibt fraglich. In der Ukraine baut die Kiewer Mohyla-Akademie das *Anti-Corruption Research & Education Centre* (ACREC)[305] auf, das ein studienbegleitendes, interdisziplinäres Studienmodul zu Korruption anbietet. Renommierte Korruptionsexperten aus Praxis und Wissenschaft[306] geben dort ihre Expertise an die Studierenden weiter. Einen gesamtstaatlichen, präventiven pädagogisch-aufklärerischen Ansatz, wie er z. B. in Litauen erfolgte, gibt es jedoch weder in der Ukraine noch in Russland.

Eine der zentralen Korruptionsursachen stellt bis heute das niedrige Lohnniveau der Beschäftigten im Bildungssektor dar. Schulze et al. (2013) haben nachgewiesen, dass vor allem Personen mit niedrigen und mittleren Löhnen – wozu die große Mehrheit des universitären Personals in Russland und der Ukraine zählt – korruptionsanfällig sind und Korruption gerade in der unterbezahlten Gruppe durch angemessene Löhne reduziert werden kann. Faire Bezahlung führt zu größerer Motivation, mehr Selbstachtung und einem höheren gesellschaftlichen Stellenwert; gleichzeitig erhöht sie die Angst, durch Korruption Gehalts- und Rentenansprüche zu gefährden, was sich wiederum korruptionssenkend auswirkt. In Russland, aber noch häufiger in der Ukraine, wird das Hochschulpersonal unterdurchschnittlich bezahlt. In der Ukraine gaben 2011 in einer Studie unter Hochschulmitarbeitern 72% der Befragten an, unterbezahlt zu sein; jede zweite Person (49%) sagte, sie könne vom offiziellen Lohn alleine nicht leben. Das erklärt den hohen Anteil an Hochschulkräften (85%), die zusätzlichen Jobs nachgehen, häufig im informellen Sektor (z. B. als Repetitoren) (Shaw et al. 2011, S. 10). Zudem sind Mitarbeiter, deren Gehalt unter dem sog. „capitulation wage" liegt, für Korruption besonders anfällig (Miller et al. 2001, S. 291). In einer experimentellen Studie

[304] Dies geht aus einer Meldung auf der Website von TI Russland vom 13.11.2014 hervor, www.transparency.org.ru/antikorruptcionnoe-obrazovanie/tcentr-ti-r-razrabotal-programmy-antikorruptcionnogo-obrazovaniia, zuletzt abgerufen am 15.11.2015.

[305] Auf der Website www.acrec.antac.org.ua finden sich genauere Informationen zum neuen Zentrum, das über bildungspolitische Maßnahmen hinaus zukünftig auch als Think Tank fungieren und zu einer zentralen Forschungsstelle für Antikorruption in der Ukraine werden soll.

[306] Dazu zählen z. B. der Journalist und Abgeordnete Serhij Leščenko, der Leiter von TI Ukraine Oleksij Chmara, der Leiter des Anti-Corruption Action Centre Vitalij Šabunin oder Alina Mungiu-Pippidi vom Anticorrp-Projekt der EU.

zeigten sich 91% der schlecht bezahlten Beamten bestechlich, während dies nur auf 38% der gut bezahlten Beamten zutraf (van Veldhuizen 2013). Das niedrige Lohnniveau wurde in beiden Ländern als Problem erkannt, allerdings gelang es bisher nicht, dieses zu lösen. In Russland wurden die Gehälter zwar erhöht, allzu häufig versickern die staatlich zugewiesenen Gelder jedoch in der Hochschulbürokratie.

Anstatt einer von der Gesellschaft getragenen Modernisierung entstand der Eindruck einer *imitierten* Reform ohne tiefgreifenden institutionellen Wandel – ein Problem vieler Staaten:

> *„They neither undergo a process of institutional change, nor have significant groups pushing for change. These States ratify international treaties following a ‚logic of appropriateness', rather than a ‚logic of consequences.' The practice of modernization as a top down policy thus creates a gap between an official norm and the actual practices and rules of the game in a society."* (Khaghaghordyan 2014, S. 13)

Die untersuchte Reform in Russland kann als Paradebeispiel für ineffektive Top-Down-Reformen dienen. Es ist zwar nicht ausgeschlossen, dass auch Staaten mit Top-Down-Reformen und einer von oben verordneten „autoritären Modernisierung" (Gel'man 2012) erfolgreiche Antikorruptionsreformen umsetzen können. Singapur, häufig als internationales Aushängeschild der Korruptionsbekämpfung zitiert, hat die Korruption ebenfalls in einem autokratischen System von oben verordnet bekämpft. Allerdings bewies der Staatsgründer und Reformer Lee Kuan Yew im Unterschied zur heutigen russischen Führung einen eisernen politischen Willen und ordnete eine Null-Toleranz-Politik gegenüber Korruption an, die auch vor hochrangigen Staatsvertretern keinen Halt machte und diese für Korruption sanktionierte (Klitgaard 1988). Auch in Georgien, dem postsowjetischen Vorzeigebeispiel erfolgreicher Korruptionsbekämpfung, kam die Forderung danach zwar aus der Gesellschaft; die Implementierung der Reformen erfolgte jedoch Top-Down.

Führende russische Korruptionsexperten sind skeptisch, ob dieses Modell in Russland funktioniert[307], da in „Putins Kleptokratie" (Dawisha 2015) Korruption als *mode of governance* fungiert und der Staatselite zum Machterhalt und

---

[307] Diese Meinung vertraten z. B. Elena Panfilova, die Vorsitzende von TI Russland, und Vladimir Rimskij von INDEM auf der Konferenz „Korruptionsbekämpfung in Deutschland, Russland und der Ukraine", die im November 2014 in Berlin stattfand.

als Bereicherungsquelle dient. Es ist zwar prinzipiell möglich, durch technische Lösungen die Alltagskorruption in bestimmten Bereichen wie z. B. der Bildung erfolgreich zu bekämpfen, um einen Kampf gegen Korruption zu simulieren und dadurch das politische System zu legitimieren – wirklich tiefgreifende Antikorruptionsreformen, die auch politische Korruption berühren, sind jedoch nicht möglich, da sie das Fundament der Putinschen Herrschaft direkt untergraben würden. Das erklärt auch, weshalb die unter Medwedew erarbeitete umfassende Gesetzesbasis, die *de jure* zu den besten Antikorruptionsgesetzgebungen weltweit zählt, *de facto* zu keinen Verbesserungen geführt hat und die Korruption in Russland weiterhin grassiert – die Reformen und Gesetze werden nicht konsequent umgesetzt (Panfilova 2012). Die zuständigen Institutionen behindern sich häufig gegenseitig oder fühlen sich nicht verantwortlich, da Zuständigkeiten nicht klar definiert sind. Die Abhängigkeit und Ineffizienz der Justizbehörden und Rechtsschutzorgane wird besonders offensichtlich, wenn es um Vertraute des Präsidenten geht, gegen die trotz zahlreicher Korruptionsindizien nicht ermittelt wird. Unter diesen Voraussetzungen ist es der russischen Gesellschaft schwer vermittelbar, weshalb sie die Rechtsnormen respektieren soll.

In der Ukraine wird die Symbiose zwischen einflussreicher Oligarchie und informeller Politik stärker kritisiert als in Russland. Die gesellschaftliche Kritik keimte bereits während der Orangen Revolution auf, die vom „*Ruf nach einem Ende der Korruption, einer Entmachtung der Oligarchen und einer gerechteren Gesellschaftsordnung*" (Härtel 2014) getragen wurde, sowie zuletzt während des in der Ukraine als „Revolution der Würde" bezeichneten Euromaidans, der sich ebenfalls gegen die ubiquitäre Korruption richtete (Wilson 2015). Das Bildungswesen war einer der Motoren für diesen „dritten postsowjetischen Moment der Ukraine" (Härtel 2014). Dies verwundert kaum, da die ukrainische Zivilgesellschaft in der letzten Dekade in kaum einem anderen Bereich aktiver, professioneller und effektiver agierte als im Bildungssektor: Bei der Einführung des Zentralabiturs und der Hochschulreform hinterließen zahlreiche reformwillige Initiativen, NGOs, Hochschulen, unabhängige Experten, Medien und Politiker ihre Spuren und erreichten trotz der autokratischen Phase unter Janukovyč einen für den postsowjetischen Raum außerordentlich hohen Demokratisierungsgrad.

Die ukrainische Zivilgesellschaft hat aus den bitteren Erfahrungen und Enttäuschungen der postorangen Ära gelernt und vertraut nach dem Euromaidan nicht mehr darauf, dass die Eliten ausgetauscht werden und die neue Regierung Reformen anstößt. Stattdessen mischt sie sich selbst aktiv in den politischen Prozess ein: Mehrere (Antikorruptions-)Aktivisten sitzen heute im Parlament, viele Initiativen, NGOs, Vereine etc. wirken an der Ausarbeitung und Umsetzung von Gesetzen mit, überwachen die Arbeit von Politik und Verwaltung und treten zunehmend selbstbewusst auf. Ein Beispiel: Immer mehr Eltern kritisieren die weit verbreiteten, als „freiwillige Spenden" deklarierten informellen Zahlungen in sog. „Fonds", die von Kindergärten, Schulen und Hochschulen erhoben werden.[308] Diese wollen sie zwar nicht unbedingt abschaffen, da die Gelder häufig dringend benötigt werden, allerdings wird gefordert, die Geldströme transparent zu machen und die Verwendung der Mittel offenzulegen. Ein weiteres Beispiel ist der Aufruf mehrerer Wissenschaftler, die im Mai 2015 die renommierte englischsprachige Zeitung *Kyiv Post* dazu aufforderten, eine auf ihrer Webseite geschaltete Werbeanzeige für die Anfertigung von Haus- und Diplomarbeiten zu entfernen. Die Verfasser des Aufrufs machten klar, dass eine solche Werbung den Reformbestrebungen des Landes widerspreche:

> *„The April 22 advertising on the Kyiv Post Website, which proposes students to buy term papers rather than write term papers themselves is in direct conflict with Kyiv Post's fight against corruption and for reforms, and undermines the ongoing reforms of Ukraine's educational system. (...) By not making publicity for cheating services, the Kyiv Post can contribute directly to the reform of the Ukrainian educational system and help thousands of educators and parents throughout Ukraine who on a daily basis try to convince students that they should work hard to get ahead in life rather than by cheating the system."* [309]

Die *Kyiv Post* löschte die Anzeige daraufhin – ein vermeintlich kleines, aber exemplarisches Beispiel für einen langsamen mentalen Wandel in der Ukraine. Das zivilgesellschaftliche Engagement gegen Korruption spiegelt sich

[308] Vgl. dazu den Beitrag „Škil'nyj rozlad" („Schulische Unstimmigkeit") der auf Aufdeckung von Korruption spezialisierten Sendung „Slidsvto.info", ausgestrahlt am 12.11.2014 auf dem unabhängigen Fernsehkanal „hromadske.tv", online abrufbar unter www.youtube.com/watch?v=V3b3lV8wzTI, zuletzt geprüft am 30.04.2015.

[309] Vgl. dazu den Aufruf „Why One Should Support the Kyiv Post" vom 04.05.2015, www.voxukraine.org/2015/05/04/how-the-kyiv-post-can-and-should-contribute-to-educational-reform-in-ukraine, zuletzt geprüft am 06.05.2015.

auch in dem wachsenden Vertrauen in zivilgesellschaftliche Organisationen wider. Die Ukrainer sehen inzwischen in ihren NGOs (29%) noch vor internationalen Organisationen (27%) und Journalisten (22%) und weit vor dem Präsidenten (12%) und anderen Akteuren das größte Potenzial zur Korruptionsbekämpfung (Institute for Advanced Humanitarian Research 2012, S. 86).

Dennoch steht das Land vor großen Herausforderungen, die den Kampf gegen die Korruption erschweren: Der Krieg in der Ostukraine und die kritische Wirtschaftslage destabilisieren das Land und binden Ressourcen. Gleichzeitig werden diese beiden Probleme als Anreize gesehen, die erforderlichen Reformen umso konsequenter umzusetzen, da andernfalls der Staatzerfall drohe. Vor allem die Zivilgesellschaft akzeptiert den Krieg als Ausrede für ausbleibende Reformen nicht, sondern fordert sie vehement ein.

Die Zulassungsreform konnte einen Teil der Bildungskorruption in der Ukraine erfolgreich reduzieren, das Bildungssystem als Ganzes bleibt jedoch weiterhin ein Problemfall. Die Ministeriumsleitung unter Kvit/Sovsun, die mit dem Versprechen angetreten ist, Korruption zu bekämpfen, tut sich angesichts des Widerstands aus den Hochschulen schwer damit, die geplanten Maßnahmen umzusetzen. Zwar wurden mehrere Dutzend unter Korruptionsverdacht stehende Mitarbeiter aus dem Ministerium entlassen und staatsanwaltschaftliche Ermittlungen gegen Ex-Minister Tabačnyk eingeleitet, dem vorgeworfen wird, sich durch öffentliche Auftragsvergaben persönlich bereichert und Ministeriumseigentum unterschlagen zu haben[310]. Dennoch wird in der Bevölkerung laut einer Umfrage von Dezember 2014 die Korruption an den Hochschulen mit 44,1% weiterhin als größtes Problem im Bildungssektor wahrgenommen, weit vor anderen Problemen wie der Nichtanerkennung ukrainischer Diplome im Ausland (39,6%) oder der fehlenden Berufspraxis im Studium (31,9%) (Ukraincy sčitajut korrupciju odnoj iz glavnych problem vysšego obrazovanija 2015). Dies verdeutlicht den dringenden Handlungsbedarf und wirft die Frage

[310] Nachdem das Anti-Corruption Action Centre im Bildungsministerium unter Tabačnyk Korruption in Höhe von 3 Mio. UAH aufdeckte, wurde gegen Tabačnyk und einige seiner Mitarbeiter ein Verfahren wegen Amtsmissbrauchs eröffnet. Der Ausgang ist – Stand März 2015 – offen. Quelle: www.ukr.aw/case/zavdyaky-nashomu-zvernennyu-schodo-dmytra-tabachnyka-ta-joho-pidlehlyh-vidkryto-kryminalne-provadzhennya/, zuletzt geprüft am 20.05.2015 (vgl. auch Forina und Goncharova 2015).

auf, wie Ministerium und Regierung die Bildungskorruption auch in Bereichen über den Hochschulzugang hinaus reduzieren wollen.

7.1 Was macht Antikorruption erfolgreich? Implikationen der Ergebnisse für die Praxis

Abschließend soll eine zusammenfassende Analyse der Stärken und Schwächen der Reformprozesse in Russland und der Ukraine verdeutlichen, weshalb der ukrainische Reformansatz insgesamt betrachtet erfolgreicher war.

Im zweiten Kapitel konnten aus den theoretischen Ansätzen von Klitgaard (1988) und Dietz (1998) bereits mehrere Handlungsempfehlungen für Antikorruptionsmaßnahmen abgeleitet werden. Wie in Kapitel 2.3 gezeigt wurde, empfiehlt Klitgaard sieben Strategien zur erfolgreichen Umsetzung von Antikorruptionsmaßnahmen: 1) In augenscheinliche und strategische Probleme differenzieren; 2) Politische Unterstützung sichern; 3) Öffentlichkeit von Reformen überzeugen; 4) Korruptionskultur in der eigenen Organisation stoppen; 5) Bedacht zwischen positiver und negativer Herangehensweise agieren; 6) Antikorruptionsmaßnahmen mit den Aufgaben und Zielen der Organisaion vereinen und 7) Integres Personal finden und unterstützen. Dietz regt an, auf vier Faktoren zu achten: 1) Die institutionellen Rahmenbedingungen umfassend ändern; 2) Die Ausgestaltung der Strafen optimieren; 3) Öffentliche und externe Kontrollmechanismen stärken und 4) Das Anreizsystem ändern (vgl. Kapitel 2.4).

Diese Vorschläge überschneiden sich in vielen Punkten mit den Handlungsempfehlungen aus einem Report der Weltbank, der die Antikorruptionsreformen in Georgien, dem Vorzeigebeispiel für Antikorruptionsmaßnahmen im postsowjetischen Raum, analyisert (The World Bank 2012). Der Bericht kommt zu dem Schluss, dass im Wesentlichen folgende Faktoren zum georgischen Reformerfolg geführt haben: 1) Politischer Wille; 2) Frühzeitiges Vertrauen in die Reform schaffen; 3) Korruption an vielen Fronten gleichzeitig angehen; 4) Integres Personal einstellen; 5) Rolle des Staates minimieren; 6) Unkonventionelle Maßnahmen finden; 7) Gute Koordinierung schaffen; 8) Internationale Expertise an lokalen Kontext anpassen; 9) Neue Technologien einsetzen; 10) Außenkommunikation und Dialog mit der Bevölkerung.

Aus den einzelnen Handlungsempfehlungen lässt sich ein adäquates Analyseraster erstellen, anhand dessen im Folgenden die einzelnen Punkte für die beiden Fallbeispiele betrachtet und Schritt für Schritt miteinander verglichen werden. Allerdings lassen sich die einzelnen Punkte nicht immer ganz trennscharf unterscheiden, sodass es einige Überschneidungen gibt.

Klare Strategie definieren

Antikorruptionsmaßnahmen benötigen eine klare, präzise und stringente Strategie: Welches konkrete Problem soll wie angegangen werden, was wären die Kosten und Nutzen, welche Akteure können für die Umsetzung gewonnen und wie kann potenzieller Widerstand neutralisiert werden? Die Fallstudien unterscheiden sich darin, dass in der Ukraine das ZNO von Anfang an klar als Antikorruptionsmaßnahme gesehen und als solche vermittelt und umgesetz wurde, während das EGE in Russland (aus taktischen Gründen) mal als Bildungsevaluation, mal als Antikorruptionsmaßnahme galt und ein klares strategisches Ziel kaum erkennbar war. Das machte es den Reformern schwierig, der Gesellschaft den Sinn des Examens zu vermitteln und sie dafür einzunehmen – zumal in der Planung und Umsetzung der Reform die (Zivil-)Gesellschaft nicht vorgesehen war, wodurch diese wiederum das Examen als bürokratisches Unterfangen ablehnte (siehe auch Punkt 3 zu Framing und Vertrauen).

Politischer Wille

Die Fallstudie Russland kommt zu dem Ergebnis, dass der politische Wille der Staatselite und der entscheidenden Funktionäre fehlte. Einige Reformakteure äußerten ihr Bedauern darüber, dass das EGE in der politischen Führung, vor allem bei Präsident Putin, keine hohe Priorität besaß. Es gab im Gegenteil sogar großen politischen Gegenwind seitens einiger zentraler Akteure. In der Ukraine hingegen kann vor allem in der Präsidentschaft Juščenkos, der sich persönlich für das ZNO engagierte, ein Schlüssel für den Reformerfolg ausgemacht werden. Zwar übernahmen unter der Janukovyč-Regentschaft die Gegner der Reform die Federführung; bis dahin hatte sich aber bereits ein Netzwerk einflussreicher (politischer) ZNO-Befürworter etabliert, deren Beharrlichkeit sich letztlich auszahlte, als es nach langen politischen Auseinandersetzungen 2014 gelang, das Einheitsexamen im neuen Hochschulgesetz zu verankern.

(Durch Framing) Frühzeitiges Vertrauen in die Reform schaffen

Die Untersuchung zeigt, dass die am ukrainischen Reformprozess beteiligten Akteure von Anfang an viel Wert darauf legten, in der Bevölkerung Vertrauen für die Reform aufzubauen. Informationskampagnen bauten Ängste ab und förderten den Glauben an das neue Zugangssystem, wie Meinungsumfragen zeigen. Dazu zählte auch, dass die Reform für die Öffentlichkeit und vor allem die Betroffenen nicht nur als notwendige, sondern vor allem auch für sie positive Maßnahme *geframt* wurde. In Russland hingegen wurden vertrauensbildende Maßnahmen vernachlässigt, und zahlreiche Korruptionsskandale sorgten dafür, dass der Vertrauensvorschuss, den das Examen zunächst genoss, schnell verspielt wurde. Es gelang nicht, die Reform in der öffentlichen Debatte positiv zu *framen,* sodass das EGE weder Vertrauen genoss, noch positiv aufgefasst wurde.

Institutionelle Rahmenbedingungen durch Big-Bang-Ansatz ändern

Sowohl der russische als auch der ukrainische Ansatz sah vor, die Korruptionsproblematik zunächst nur partiell – im Rahmen der Hochschulzulassung – anzugehen, während andere Problemfelder wie Korruption in der Hochschulverwaltung oder im Zusammenhang mit der Lehre explizit kein Teil der Reformbemühungen waren. Infolge dieser selektiven Korruptionsbekämpfung verlagerte sich in beiden Ländern die Korruption zunehmend in Bereiche, wo keine konsequente Bekämpfung stattfand, z. B. den Erwerb von Leistungsnachweisen oder Diplomen. So sind in der Ukraine Bestechung und informelle Praxen inzwischen nicht mehr für die Immatrikulation nötig, dafür aber während des Studiums, wo Studenten andernfalls die Exmatrikulation droht. Ein ganzheitlicher Big-Bang-Ansatz, der den gesamten Bildungssektor umfasst, hätte diese Verlagerung verhindern können; in beiden Ländern fehlten dafür aber Ressourcen und Durchsetzungskraft.

Was die institutionellen Rahmenbedingungen betrifft, so wurden diese in beiden Fällen im Laufe des Reformprozesses signifikant verbessert. Dies betrifft einerseits die legislative Basis, die in Russland frühzeitig gegeben war, in der Ukraine jedoch hart erkämpft werden musste. Die organisatorischen Rahmenbedingungen wurden durch die Schaffung von Institutionen, die für die Durchführung der Examen verantwortlich sind, sukzessive ausgebaut.

Neues integres Personal

Eine der zentralen erfolgsversprechenden Antikorruptionsmaßnahmen ist die Einstellung neuer, integrer Verantwortlicher. In der Ukraine wurden dafür externe Akteure eingebunden, z. B. die Leiterin des IRF-Testzentrums Liliya Hrynevyč und ihr Nachfolger Ihor Likarčuk, die ein integres und professionelles Team um sich versammelten, ohne deren Engagement der Reformerfolg so nicht denkbar gewesen wäre. Wären Akteure aus den oft selbst korrupten behördlichen Strukturen wie dem Bildungsministerium stärker an der Entwicklung und Implementierung des ZNO beteiligt gewesen, wäre die Reform vermutlich anders verlaufen. Dafür spricht auch die Übernahme des UCEQA durch Irina Zaitseva, die weniger als integer, sondern vielmehr als loyal gegenüber dem mutmaßlich korrupten Bildungsminister Dmytro Tabačnyk galt, und unter der das ZNO geschwächt wurde. Auch der russische Fall zeigt, wie wichtig das Personal ist, denn mit Viktor Bolotov war zwar ebenfalls ein engagierter Verfechter des EGE für die Umsetzung verantwortlich. Ihm gelang es jedoch nicht, ein integres Umfeld aufzubauen, wie die Korruptionsskandale um den Direktor des Föderalen Testzentrums Vladimir Chlebnikov zeigen, die die Reform nicht nur verzögerten, sondern auch zum erwähnten Vertrauensverlust führten.

Antikorruptionsmaßnahmen in die Organisationskultur einbinden und Korruption in der eigenen Organisation stoppen

Eng mit der Integrität des Personals verbunden ist die Organisationskultur: Um präventive Antikorruptionsmaßnahmen in der eigenen Organisation durchzusetzen und Korruption zu verhindern, benötigt es integres Personal. Sonst wird es schwierig, die Korruptionskultur innerhalb der eigenen Organisation zu brechen. Den ukrainischen Verantwortlichen gelang es, Antikorruptionsmaßnahmen so fest in die Organisation des UCEQA und des ZNO zu verankern, dass diese selbst unter dem Rollback unter Zaitseva frei von Korruption blieben und Korruption im Rahmen des ZNO verhindert werden konnte. Im Gegensatz dazu gelang dies in Russland nicht bzw. erst nach 2014, als die Organisationsstruktur und -kultur von Rosobrnadzor, ebenso wie die EGE-Prozeduren, nach Kravzovs Amtsantritt auf den Prüfstand gestellt, signifikant überarbeitet und Antikorruptionsmaßnahmen innerhalb der Organisation selbst umgesetzt wurden.

Neue Technologien einsetzen

Neue Technologien spielen im Kampf gegen Korruption im Bildungssektor eine immer wichtigere Rolle. Der große diskretionäre Spielraum der Prüfungskommissionen, die ihre Position für korrupte Praktiken ausnutzten, wurde ihnen durch die Einführung (weitgehend) computerbasierter Test-, Korrektur- und Zulassungsverfahren praktisch genommen. Das Zulassungssystem der Ukraine wurde so sehr verfeinert, dass es inzwischen die unterschiedlichen Studienpräferenzen der Bewerber berücksichtigt und selbst das Zulassungsverfahren der in Deutschland tätigen *Stiftung für Hochschulzulassung* in den Schatten stellt. Die automatisierten Prozesse reduzieren die Korruptionsopportunitäten auf ein Minimum, wobei auch hier ein Restrisiko bleibt, wie der Skandal um die manipulierten Datenbanken an der Moskauer Medizinischen Pirogov-Universität gezeigt hat. Neben den computergestützten Verfahren gilt in Russland die eingeführte Videoüberwachung als Schlüsselfaktor für die effiziente Durchführung des EGE. Insgesamt betrachtet wurden in der Ukraine größere Anstrengungen unternommen, um eine sichere informationstechnische Infrastruktur zu schaffen. Seit der Einführung des Examens konnten dort nicht ein einziges Mal Prüfungen im Vorfeld durchsickern, während dies in Russland nicht vor 2014 gelang.

Rolle des Staates minimieren, externe öffentliche Kontrolle stärken

Vergleicht man die Rolle des Staates bei der Implementierung der Reform in Russland und der Ukraine, erkennt man zwei fundamental unterschiedliche Ansätze: In der Ukraine ging die Reform von der Zivilgesellschaft aus, und erst nach der erfolgreichen Entwicklungs- und Testphase durch die Renaissance Stiftung ging das Examen in die Verantwortung des Staates über. Wenngleich es nicht gelang wie z. B. in Großbritannien oder den Niederlanden, eine vollkommen autarke Prüfungsorganisation zu etablieren, wurde mit dem ukrainischen Testzentrum UCEQA doch eine weitgehend unabhängige Institution geschaffen. Ein weiterer Baustein des ukrainischen Erfolges ist das von Beginn an von unabhängigen NGOs durchgeführte Monitoring, das für eine effektive Kontrolle der Prozeduren sorgt und Korruption vorbeugt.

In Russland hingegen nahm der Staat die tragende Rolle im Reformprozess ein: Die Reform wurde im Bildungsministerium erarbeitet und die dem Ministerium direkt unterstellte Agentur Rosobrnadzor mit der Implementierung beauftragt. Damit unterlag die Reform der für ihre hohe Korruptionsanfälligkeit, Reformresistenz und Ineffizienz bekannten russischen Bürokratie, was sich negativ auf das EGE ausgewirkt hat. Der positive Effekt, den die Einbindung nichtstaatlicher Akteure haben kann, zeigte sich in Russland, als auch hier ein (zumindest teilweise) unabhängiges Monitoring durch externe Akteure eingeführt wurde, das zu einer größeren Transparenz des EGE führte.

Unkonventionelle Maßnahmen finden
Häufig führen unkonventionelle Maßnahmen zum Erfolg: Die (nicht unumstrittene) georgische Antikorruptionspolitik sah z. B. vor, dass der Korruption überführte Personen sich „freikaufen" können, indem sie alternativ zu Haftstrafen hohe Strafzahlungen leisten. Dadurch gelang es dem klammen Staat, innerhalb kurzer Zeit beträchtliche Mittel für weitere Reformmaßnahmen zu generieren, anstatt die Gefängnisse mit Korruptionsstraftätern zu überfüllen. Was die Zulassungsreformen in Russland und der Ukraine anbelangt, lassen sich nur wenige Beispiele für unkonventionelle Maßnahmen finden. In der Ukraine ließe sich die Korrektur der Examen „über Kreuz" anführen, also die Durchsicht in anderen Regionen als dem Prüfungsort. Anders als in Russland wurde so frühzeitig verhindert, dass durch politischen Druck der (bzw. auf die) regionalen Eliten die Prüfungsergebnisse in ganzen Regionen künstlich stiegen. Für Russland ließe sich die Videoüberwachung anführen, die – zumindest im Bildungsbereich – eine eher unkonventionelle Maßnahme darstellt, für die es mit Georgien aber auch schon einen Vorreiter gab. Insgesamt setzten beide Länder eher auf konventionelle und erprobte Maßnahmen.

Effektive Koordination schaffen
Ein wichtiger Faktor, der oft nur wenig Beachtung findet, ist eine gute und enge Koordination und Kooperation der reformorientierten Akteure. Dazu bieten sich Koordinations- und Diskussionsplattformen wie z. B. Runde Tische oder parlamentarische Ausschusssitzungen an, wo sich verschiedene

Akteursebenen – von Vertretern der Exekutive und Legislative bis zu nichtstaatlichen Experten – austauschen und ihr Vorgehen abstimmen können. In der Ukraine übernahm diese Funktion vor allem das USETI-Netzwerk, in dessen Rahmen sich die zentralen Akteure aus Staat und Zivilgesellschaft regelmäßig trafen und absprachen. Dem Advocacy-Netzwerk gelang es, selbst reformkritische Akteure unter Bildungsminister Tabačnyk einzubinden. Im Unterschied dazu wirkt die Kooperation der verantwortlichen Behörden in Russland weitaus weniger koordiniert; wobei im größten Flächenstaat der Erde durch die großen Entfernungen auch erschwerte Bedingungen herrschen. Abgesehen von einigen Veranstaltungen der Zivilgesellschaftskammer, an denen allerdings nur selten staatliche Vertreter teilnahmen, gab es praktisch keine gemeinsame Koordinations- und Kommunikationsplattformen, die die unterschiedlichen Interessengruppen zusammenbrachten.

Internationale Expertise an lokalen Kontext anpassen

Einen der augenfälligsten Unterschiede in den ausgewählten Fallbeispielen stellt die Einbeziehung internationaler Expertise dar. Hier agierte Russland im Wesentlichen entsprechend seiner exzeptionalistischen Auffassung, dass das Land und sein Bildungssystem einzigartig seien und internationale Erfahrungen nicht auf Russland übertragen werden könnten. Der zum Jahrtausendwechsel einsetzende wirtschaftliche Aufschwung machte zudem Ressourcen frei, um die Reform aus eigenen Staatsmitteln zu finanzieren – der Einfluss internationaler Geldgeber, die Kredite häufig an Bedingungen knüpfen und damit Reformen beeinflussen, war insofern gering. Die Annahme, als souveräner Staat brauche Russland (zumal nach den als misslungen angesehenen neoliberalen Reformen der 1990er Jahre) keine Hilfe von außen, zeigt sich in einem Reformkonzept, das internationale Best-Practices weitgehend unberücksichtigt ließ. Einen derart isolationistischen Ansatz konnte sich die Ukraine schon aus finanziellen Gründen nicht leisten; sie war auf die Unterstützung internationaler Geldgeber angewiesen und musste die ZNO-Reform entsprechend derer Wünsche gestalten. Beratung gab es vor allem durch die Soros-Stiftung und USAID, die schon Erfahrungen mit analogen Reformen in anderen postsowjetischen Staaten gesammelt hatten. Mit ihrer Expertise halfen sie, international erprobte Verfahren auf die Ukraine zu übertragen.

Außenkommunikation zur Überzeugung der Bevölkerung

Ein weiterer wesentlicher Faktor für erfolgreiche Antikorruptionsreformen ist die Außenkommunikation, vor allem der Dialog zwischen Staat und Gesellschaft. Letztere muss nicht nur transparent über wichtige Schritte informiert und aufgeklärt werden, damit Vertrauen in die Reformmaßnahmen entstehen kann; sie muss auch die Möglichkeit haben, ihre Anliegen an den Staat zu kommunizieren und Druck zu erzeugen, wenn die Reformen nicht in gewünschtem Maße umgesetzt werden. Ein solcher Dialog gestaltet sich in Russland zunehmend schwierig, da sowohl die Zivilgesellschaft als auch unabhängige Medien marginalisiert werden und beim Staat immer weniger Gehör finden. In der Ukraine hingegen ist der Staat nach dem Euromaidan sichtlich darum bemüht, mit der Gesellschaft in einen Dialog zu treten: Dies zeigen nicht zuletzt die zahlreichen neuen Initiativen und NGOs, die ihren Einfluss auf Reformvorhaben geltend machen. Gerade was die Bildungs- und Antikorruptionspolitik anbelangt, gibt es zahlreiche Foren, auf denen staatliche Vertreter mit zivilgesellschaftlichen Akteuren diskutieren. Staatliche Behörden nutzen zunehmend soziale Medien, um die Bevölkerung direkt über Reformschritte zu informieren. Gerade das Bildungsministerium gilt hier als Vorreiter und veröffentlicht Statements, Pressemeldungen etc. häufig zuerst in sozialen Medien wie Facebook, wo diese dann kommentiert und diskutiert werden. In Russland sind ebenfalls erste Ansätze dieser neuen Kommunikationsform zu erkennen; die Ukraine ist in dieser Hinsicht jedoch weiter.

Anreizsystem optimieren

Das Anreizsystem lässt sich durch positive als auch durch negative Anreize ändern. Zu den positiven Anreizen zählen gute Gehälter, die zur Existenzsicherung reichen, liegt in den niedrigen Löhnen der Staatsbediensteten eine der zentralen Korruptionsursachen. Darüber hinaus kommen Bonussysteme in Betracht, die besonders integre Mitarbeiter motivieren können, wie auch Pfand- oder Bondssysteme, die erst nach Ablauf der erfolgreichen Arbeit ausgezählt werden. Was negative Anreize angeht, so zählen dazu in erster Linie Sanktionsmaßnahmen, wobei gilt, dass lediglich die Erhöhung der Strafen kaum Auswirkungen besitzt, solange ihre Durchsetzung, z. B. aufgrund schwacher Justizsysteme, ungenügend ist. Ein vielversprechender Ansatz könnte z. B. sein, Sanktionen nicht nur auf korrupte Einzelpersonen anzuwenden, sondern auch auf Organisationen. So könnten staatlichen Universitäten z. B. Mittel gekürzt werden, wenn es bei ihnen vermehrt zu Korruptionsfällen käme. Dies könnte langfristig die Korruptionskultur der Hochschulen ändern, hätten die Universitäten größere Anreize, Korruption zu verhindern. Von solchen Ideen scheinen die Hochschulen weit entfernt und es konnten in beiden Fallstudien keine nennenswerten Veränderungen weder der positiven noch der negativen Anreizstrukturen identifiziert werden.

In der folgenden Tabelle ist für jeden der Indikatoren noch einmal aufgelistet, ob er für die untersuchten Fallbeispiele zutrifft (+), nicht zutrifft (-) oder teilweise zutrifft (+/-).

Tabelle 24: Zusammenfassung der Erfolgsindikatoren in Russland und der Ukraine im direkten Vergleich

Handlungsempfehlung	**Russland**	**Ukraine**
Strategie klar definieren	-	+
Politischen Willen schaffen	-	+/-
Durch Framing Vertrauen schaffen	-	+
Institutionellen Rahmen durch Big-Bang-Ansatz ändern	-	-
Integres Personal einstellen	-/+	+
Organisationale Korruptionskultur stoppen	-/+	+
Neue Technologien nutzen	-/+	+
Rolle des Staates minimieren, externe Kontrolle stärken	-/+	+
Unkonventionelle Maßnahmen finden	-/+	-/+
Effektive Koordination schaffen	-	+
Internationale Expertise an lokalen Kontext anpassen	-	+
Gesellschaftlichen Dialog führen	-	+
Anreizsystem optimieren	-	-

Quelle: Eigene Zusammenstellung.

Die direkte Gegenüberstellung der beiden Fallstudien verdeutlicht, dass die ukrainischen Reformer nahezu alle in der Theorie vorgeschlagenen und aus Georgien erprobten Erfolgsfaktoren berücksichtigt bzw. umgesetzt haben, wovon Russland weit entfernt ist. Das häufig vorgetragene Argument, dass Korruption in Russland ein kulturimmanentes Phänomen sei, das zum Alltag dazugehöre, erscheint vor dem Hintergrund der unterlassenen Anstrengungen daher vielmehr als klischeehafte Legitimation des Status quo. Dass es postsowjetischen Ländern bei entsprechenden Bemühungen gelingen kann, Korruption effektiv zu bekämpfen, zeigt nicht nur das georgische Paradebeispiel, sondern auch die erfolgreiche Umsetzung der ZNO-Reform in der Ukraine. Auch dort wurde stets argumentiert, die Korruption sei Teil der Kultur und lasse sich nicht eindämmen, weshalb der Erfolg der Zulassungsreform für viele Ukrainer zwar unerwartet eintrat, aber anhand der vorliegenden Analyse erklär- und nachvollziehbar wird. Es gelang, das im Zuge der Orangen Revolution geöffnete Reformzeitfenster zu nutzen und einen „virtuous circle" in Gang zu setzen, in dem sich die einzelnen Schritte und Maßnahmen gegenseitig verstärkten:

Abbildung 22: Der „virtuous circle" von Antikorruptionsreformen

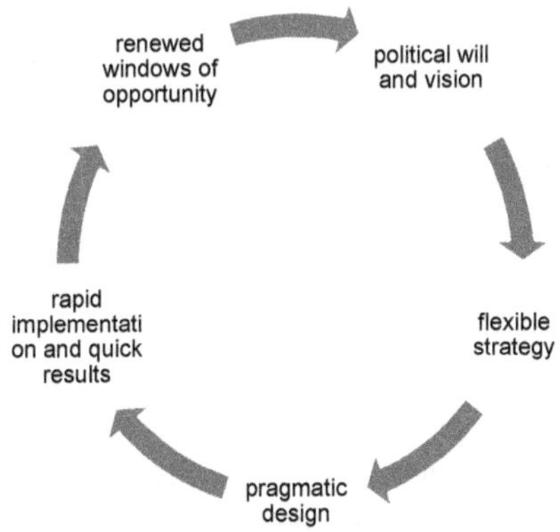

Quelle: The World Bank 2012, S. 92.

Neuere Studien der Korruptionsforschung untermauern die These des „virtuous circle", darunter Mungiu-Pippidis (2015) Vergleichsstudie von acht Staaten, die in den letzten Jahren Antikorruptionsreformen am erfolgreichsten durchgeführt haben. Mit Georgien und Estland sei es zwei postsowjetischen Staaten gelungen, solch einen positiven, sich selbst verstärkenden Kreislauf zu erzeugen. Den Erfolg dieser beiden Vorzeigeländer führt die Autorin vor allem auf drei Faktoren zurück: die politische Revolution, den politischen Willen der neuen Führung sowie den gesellschaftlichen Rückhalt für Reformen. Während in der Ukraine (insbesondere nach der Orangen Revolution von 2004 und erst recht nach dem Euromaidan) alle drei Faktoren zumindest ansatzweise erfüllt sind, fehlen sie in Russland weitgehend, und es zeichnet sich diesbezüglich auch keine Veränderung ab. Stimmt Mungio-Pippidis These, besitzt die Ukraine derzeit ein ungleich größeres Potenzial als Russland, Antikorruptionsreformen erfolgreich umzusetzen. Die politischen Eliten im zunehmend autoritären Russland hingegen haben weder Anreize, noch spüren sie gesellschaftlichen Druck, die geringe Qualität und Ineffizienz der staatlichen Institutionen zu verbessern. Anstatt sich für *Good Governance*, Rechtstaatlichkeit und gegen Korruption einzusetzen, präferieren sie das auf „*Bad enough Governance*" (Melville und Mironyuk 2015) aufbauende System schwacher formeller und ausgeprägter informeller Institutionen, von denen sie persönlich profitieren – sei es in Politik, Wirtschaft oder eben im Hochschulsystem.

7.2 Forschungsausblick

Die vorliegende Arbeit hat die Ursachen und Mechanismen von Korruption im Rahmen der Studienplatzvergabe sowie die staatlichen Gegenmaßen und deren Wirkung untersucht. Dabei zeigte sich, dass zwar die Ausgangsbedingungen und die Reformansätze in Russland und der Ukraine weitgehend analog waren, die konkrete Implementierung und die daran beteiligten Akteure sich jedoch grundsätzlich unterschieden und dadurch letztlich auch die Ergebnisse der Reformen voneinander abweichen. Eine zentrale Gemeinsamkeit gibt es allerdings: Die Korruptionsmechanismen haben sich teilweise nur verlagert: teils auf die Ebene der Schulen, teils auch auf die administrative Ebene der Hochschulen und der mit der Durchführung betrauten Behörden. In beiden Ländern häufen sich Meldungen, dass nicht mehr bestochen werden muss, um an der Hochschule angenommen zu werden, sondern um nicht exmatrikuliert zu werden. In Anbetracht der gesellschaftspolitischen Relevanz der Hochschulbildung drängt sich der Forschung somit eine neue Frage auf: Handelt es sich hierbei um Einzelfälle oder um ein neues System, das die reformverursachten Verluste durch entfallene informelle Einnahmen kompensieren soll? Hierfür könnten repräsentative Umfragen unter Studierenden durchgeführt werden, die, ergänzt durch qualitative Interviews, mehr über die Häufigkeit und die Mechanismen dieser im postsowjetischen Kontext eher neuen Form der Bildungskorruption in Erfahrung bringen würden.

In beiden Ländern wird derzeit überlegt, wie sich ein der Korruption nahe stehendes Problem effektiv bekämpfen lässt – Plagiate. In der Ukraine wurde die Problematik explizit ins neue Hochschulgesetz aufgenommen, und auch in Russland scheint sich, nicht zuletzt durch die Initiative Dissernet, ein Bewusstsein dafür zu etablieren. Da wissenschaftliche Plagiate ein grundsätzliches Problem nicht nur, aber besonders der postsowjetischen Staaten darstellen, böte sich hier ein spannendes und ertragreiches Forschungsfeld.

Auch in theoretischer Hinsicht konnten im Rahmen der vorliegenden Arbeit nicht alle Fragen geklärt werden, gleichzeitig haben sich neue herauskristallisiert. Insbesondere die Rolle der nationalen wie internationalen Zivilgesellschaft für eine erfolgreiche Korruptionsbekämpfung (auch über den Bildungssektor hinaus) ist bisher nur ungenügend erforscht. Das Fallbeispiel Russland bietet die spannende Fragestellung, wie effektiv staatlich kontrollierte Zivilgesellschaftsorganisationen, sog. GONGOs, sind. Können sich solche halbstaatlichen Akteure emanzipieren und zu echten Akteuren im Kampf gegen Korruption heranwachsen? Oder sind sie Handlanger des Staates und imitieren lediglich eine Antikorruptionspolitik, um letztlich den Status quo zu legitimieren? Vor dem Hintergrund der Zunahme von GONGOs in den postsowjetischen semi-autoritären Regimen[311] wird die Frage nach der Rolle und der Effektivität dieser Organisationen, nicht zuletzt im Rahmen der Korruptionsbekämpfung, sicherlich an Bedeutung gewinnen.

Abschließend soll noch die derzeitige politische und gesellschaftliche Dynamik sowohl in Russland als auch in der Ukraine erwähnt werden, die mehr

311 Vgl. den Aufsatz „GONGOs auf dem Vormarsch“ von Aleksandr Podrabinek (2010).

spannende Forschungsfragen im Bereich der Korruptionsbekämpfung aufwirft, als beantwortet werden können. Die wissenschaftliche Beschäftigung mit dem komplexen Phänomen Korruption im postsowjetischen Raum bleibt relevant und notwendig und sollte dringend weitergeführt werden. Die vorliegende Arbeit bietet mit ihrem innovativen theoretischen Modell und den umfangreichen empirischen Erkenntnissen zahlreiche Anknüpfungspunkte.

8 Anhang: Liste der Interviews

Nummer	Name	Geschlecht	Institution	Funktion	Ort
Interviews Russland					
RU-1	Titaev, Kirill	M	Europäische Universität St. Petersburg	Korruptionsforscher	St. Petersburg
RU-2	Anonym	W	Städtisches Gymnasium	Lehrerin	St. Petersburg
RU-3	Davydovna, Angelina	W	Kommersant	Freie Journalistin	St. Petersburg
RU-4	Anonym	M	Higher School of Economics	Dozent	Moskau
RU-5	Vachtštajn, Viktor	M	Russische Akademie für Volkswirtschaft und Öffentliche Verwaltung beim Präsidenten der Russischen Föderation	Bildungsexperte	Moskau
RU-6	Anonym	M	Moskauer Institut für Offene Bildung	Mitglied der Staatlichen EGE-Kommission	Moskau
RU-7	Rimskij, Vladimir	M	INDEM	Korruptionsforscher	Moskau
RU-8	Sorvin, Kirill	M	Higher School of Economics	Stv. Dekan; Auswahlkommission der HSE	Moskau
RU-9	Anonym	W	Staatliche Universität für Management	Studentin	Moskau
RU-10	Abankina, Irina u. Tatjana	W / W	Higher School of Economics	Bildungsforscherinnen	Moskau
RU-11	Anonym	W / W	Russische Staatliche Geisteswissenschaftliche Universität	Studentinnen	Moskau
RU-12	Anonym	W	Schule	Lehrerin (aus Deutschland)	Moskau
RU-13	Anonym	W	Russische Staatliche Geisteswissenschaftliche Universität	Dozentin	Moskau
RU-14	Anonym	W	Ehem.: Russische Staatliche Geisteswissenschaftliche Universität	Ehem. Dozentin; nun Repetitorin	Moskau
RU-15	Kljačko, Tatjana	W	Higher School of Economics	Bildungsexpertin	Moskau
RU-16	Bolotov, Viktor	M	Higher School of Economics	Bildungsexperte; ehem. Vizebildungsminister	Moskau
RU-17	Anonym	W	Higher School of Economics	Studentin	Moskau
RU-18	Panin, Viktor	M	Russische Verbraucherschutzorganisation für Bildungsdienstleistungen	Bildungsexperte	Moskau
RU-19	Anonym	W	Gazeta.ru	Journalistin	Moskau
RU-20	Baškatova, Anastasija	W	Nezavisimaja Gazeta	Journalistin	Moskau
RU-21	Kaplina, Olga	W	Moskauer Institut für Offene Bildung	Bildungsexpertin	Moskau
RU-22	Kantorovyc, Grigorij	M	Higher School of Economics	Leiter Auswahlkommission	Moskau
Interviews Ukraine					
UA-1	Anonym	W	Nationale Karazin-Universität Charkiw	Dozentin; Aktivistin beim Comittee of Voters of Ukraine	Charkiw
UA-2	Čučko, Dmytro	M	Nationale Karazin-Universität Charkiw	Korruptionsforscher	Charkiw

UA-3	Rakov, Serhyj; Gudzinskij, Viktor; Ganyuškin, Aleksandr	M / M / M	Regionales UCEQA-Testzentrum Charkiw	Bildungsexperten	Charkiw
UA-4	Kuzenko, Stanislav	M	Ukrainischer Studierenden-bund	Aktivist	Kiew
UA-5	Zaplotynska, Olga	W	International Renaissance Foundation	Managerin der IRF-Bildungsprojekte	Kiew
UA-6	Anonym	W	Kiewer Mohyla-Akademie	Studentin	Kiew
UA-7	Bekeškina, Irina	W	Democratic Initiatives Foundation	Meinungsforscherin	Kiew
UA-8	Vološina, Alla	W	Transparency International Ukraine	Aktivistin	Kiew
UA-9	Kvit, Serhyj	M	Kiewer Mohyla-Akademie	Rektor	Kiew
UA-10	Anonym	W	Nationale Universität für Ökonomie	Dozentin	Kiew
UA-11	Kuzin, Nikolaj	M	OPORA	Aktivist	Kiew
UA-12	Likarčuk, Ihor	M	Ukrainisches Zentrum zur Evaluation der Bildung	Direktor	Kiew
UA-13	Bačynskyj, Jarema	M	Ukrainian Standardized External Testing Initiative	Leiter	Kiew
UA-14	Poljanskyj, Pavel	M	Zentrum für Bildungs-monitoring	Bildungsexperte	Kiew
UA-15	Anonym	W	Staatliche Petro Mohyla Schwarzmeer Universität	Studentin	Mykolajiv
UA-16	Anonym	W	Staatliche Petro Mohyla Schwarzmeer Universität	Studentin	Mykolajiv
UA-17	Anonym	W	Staatliche Petro Mohyla Schwarzmeer Universität	Studentin	Mykolajiv
UA-18	Anonym	W	Staatliche Petro Mohyla Schwarzmeer Universität	Studentin	Mykolajiv
UA-19	Anonym	W	Staatliche Petro Mohyla Schwarzmeer Universität	Studentin	Mykolajiv
UA-20	Anonym	W	Staatliche Petro Mohyla Schwarzmeer Universität	Studentin	Mykolajiv
UA-21	Anonym	M	Staatliche Petro Mohyla Schwarzmeer Universität	Student	Mykolajiv
UA-22	Anonym	M	Staatliche Petro Mohyla Schwarzmeer Universität	Student	Mykolajiv
UA-23	Anonym	W	Staatliche Petro Mohyla Schwarzmeer Universität	Studentin	Mykolajiv
UA-24	Orobec, Lesja	W	Rada	Abgeordnete mit bildungspolitischem Arbeitsschwerpunkt	Kiew
UA-25	Bystrytsky, Evhen	M	International Renaissance Foundation	Direktor	Kiew
UA-26	Hrynevyč, Liliya	W	Rada	Abgeordnete mit bildungspolitischem Arbeitsschwerpunkt; ehem. UCEQA-Direktorin	Kiew
UA-27	Streljuk, Ol'ha	W	OPORA	Aktivistin	Lwiw
UA-28	Vakarčuk, Ivan	M	Ivan-Franko-Universität Lwiw	Rektor; ehem. Bildungsminister	Lwiw
UA-29	Boljubaš, Jaroslav	M	Bildungsministerium der Ukraine	Direktor der Abteilung für Hochschulen	Kiew
UA-30	Seredjak, Larisa	W	Regionales UCEQA-Testzentrum Lwiw	Direktorin	Lwiw

9 Literaturverzeichnis

Acemoglu, Daron; Robinson, James A. (2012): Why nations fail. The origins of power, prosperity, and poverty. 1st ed. New York: Crown Publishers.

Acemoglu, Daron; Verdier, Thierry (1998): Property Rights, Corruption and the Allocation of Talent: A General Equilibrium Approach. In: *The Economic Journal* 108 (450), S. 1381–1403.

Ades, Alberto; Di Tella, Rafael (1997): The New Economics of Corruption: a Survey and some New Results. In: *Political Studies* 45 (3), S. 496–515.

Ades, Alberto; Di Tella, Rafael (1999): Rents, Competition and Corruption. In: *The American Economic Review* 89 (4), S. 982.994.

Afanas'ev, Jurij (2002): Obrazovatel'naja antiutopija. In: *Otečestvennye zapiski* (2). Online verfügbar unter http://www.strana-oz.ru/2002/1/obrazovatelnaya-antiutopiya, zuletzt geprüft am 08.07.2014.

Agranovič, Marija (2009): EGE vzjali v štat. Glava Rosobrnadzora Ljubov' Glebova o novom "lice" Edinogo gosekzamena. In: *Rossijskaja Gazeta*, 14.01.2009. Online verfügbar unter http://www.rg.ru/2009/01/14/ekzameny.html, zuletzt geprüft am 21.02.2015.

Agranovič, Marija (2011): Na lekciju s Olimpa. Vo Vserossijskoj olimpiade učastvuet rekordnoe količestvo škol'nikov. In: *Rossijskaja Gazeta*, 06.10.2011. Online verfügbar unter http://www.rg.ru/2011/10/06/olimpiad.html, zuletzt geprüft am 28.01.2015.

Aidt, Toke S. (2009): Corruption, institutions, and economic development. In: *Oxford Review of Economic Policy* 25 (2), S. 271–291. DOI: 10.1093/oxrep/grp012.

Akopjan, Karen (2000): Zur Situation der Hochschulen in der russischen Föderation. In: Anne Hartmann (Hg.): Kraftproben. Zum russischen Hochschulwesen und Wissenschaftsbetrieb der neunziger Jahre. Bochum: Projekt Verlag.

Alemann, Ulrich von (Hg.) (2005): Dimensionen politischer Korruption. Beiträge zum Stand der internationalen Forschung. Wiesbaden: VS Verlag für Sozialwissenschaften.

Alemann, Ulrich von; Kleinfeld, Ralf (1992): Begriff und Bedeutung der politischen Korruption aus politikwissenschaftlicher Sicht. In: Arthur Benz und Ulrich von Alemann (Hg.): Zwischen Kooperation und Korruption. Abweichendes Verhalten in der Verwaltung. Baden-Baden: Nomos, S. 259–282.

Alexijewitsch, Swetlana (2013): Secondhand-Zeit. Leben auf den Trümmern des Sozialismus. München: Hanser.

Altbach, Philip G. (Hg.) (2012): Paying the professoriate. A global comparison of compensation and contracts. New York: Routledge.

Anderson, James H.; Gray, Cheryl W. (2006): Anticorruption in Transition 3. Who is Succeeding ... and Why? The World Bank. Washington D.C.

Androushchak, Gregory; Kuzminov, Yaroslav; Yudkevich, Maria (2013): Changing Realities: Russian Higher Education and the Academic Profession. In: Philip G. Altbach, Gregory Androushchak, Yaroslav Kuzminov, Maria Yudkevich und Liz Reisberg (Hg.): The global future of higher education and the academic profession. The BRICs and the United States. Basingstoke: Palgrave Macmillan, S. 56–92.

Androushchak, Gregory; Yudkevich, Maria (2012): Russian Higher Education: Salaries and Contracts. In: Philip G. Altbach (Hg.): Paying the professoriate. A global comparison of compensation and contracts. New York: Routledge, S. 265–278.

Archipova, Aleksandra; Fruchtmann, Jakob (2013): Fetiš i tabu. Antropologija deneg v Rossii. Moskva: OGI.

Asaf'ev, Artur (2013): Čto grantom UGATovano. Minobrazovanija RF interesuetsja finansovo-chozjajstvennoj dejatel'nost'ju aviacionnogo vuza. In: *Kommersant"*, 20.12.2013 (235), S. 12. Online verfügbar unter http://www.kommersant.ru/doc/2372355, zuletzt geprüft am 24.09.2014.

Åslund, Anders (2002): Building Capitalism: The Transformation of the Former Soviet Bloc: Cambridge University Press.

Åslund, Anders (2009): How Ukraine became a market economy and democracy. Washington D.C.: Peterson Institute for International Economics.

Åslund, Anders (2012): Outdated educational system translates into lagging economy. In: *Kyiv Post*, 04.10.2012. Online verfügbar unter http://www.kyivpost.com/opinion/op-ed/why-ukraine-keeps-falling-behind-educationally-economically-313833.html, zuletzt geprüft am 05.08.2013.

Åslund, Anders (2014): Oligarchs, Corruption, and European Integration. In: *Journal of Democracy* 25 (3), S. 64–74.

Åslund, Anders; McFaul, Michael (2006): Revolution in orange. The origins of Ukraine's democratic breakthrough. Washington, D.C.

Avraamova, E.; Maleva, T. (2014): O pričinach vosproizvodstva social'no-ekonomičeskogo neravenstva: Čto pokazyvaet resursnyj podchod? In: *Voprosy Ekonomiki* (7), S. 144–159.

Avramčuk, Katerina (2012): Privid Poltergejst či novij korupcijnij skandal u Ševčenka? In: *Ukrains'ka pravda*, 27.07.2012. Online verfügbar unter www.life.pravda.com.ua/society/2012/07/27/107833, zuletzt geprüft am 04.04.2014.

Bakker, Steven (1998): Education assessment in the Russian Federation. In: Joke Voogt und Tjeerd Plomp (Hg.): Education standards and assessment in the Russian Federation. Results from Russian-Dutch cooperation in education. Leuven: Acco, S. 113–124.

Bakker, Steven (1999): Educational Assessment in the Russian Federation. In: *Assessment in Education: Principles, Policy & Practice* 6 (2), S. 291–303. DOI: 10.1080/09695949992928.

Bakker, Steven (2012): Introduction of External, Independent Testing in "New Countries": Successes and Defeats of the Introduction of Modern Educational Assessment Techniques in Former Soviet and Socialist Countries. In: *Educational Measurement: Issues and Practice* 31 (2), S. 38–44. DOI: 10.1111/j.1745-3992.2012.00234.x.

Banakh, Mykhaylo (2014): Die Orange Revolution 2004 und der Euromaidan 2013/2014: Gemeinsamkeiten und Unterschiede. In: *Ukraine-Analysen* (128), S. 14–17.

Bannenberg, Britta (2002): Korruption in Deutschland und ihre strafrechtliche Kontrolle. Eine kriminologisch-strafrechtliche Analyse. Neuwied: Luchterhand.

Banuri, Sheheryar; Eckel, Catherine (2012): Experiments in Culture and Corruption. The World Bank (Policy Research Working Paper, 6064).

Barchatova, Tat'jana (2004): Ispol'zovanie opyta EGE dlja povyšenija dostupnosti vysšego obrazovanija. Moskva, 29.06.2004.

Bargel, Holger; Bargel, Tino (2010): Ungleichheiten und Benachteiligungen im Hochschulstudium aufgrund der sozialen Herkunft der Studierenden. Hans-Böckler-Stiftung. Düsseldorf (Arbeitspapier, 202).

Baškatova, Anastasija (2010): Ekzamen na vzjatkoemkost'. In: *Nezavisimaja Gazeta*, 24.11.2010, S. http://www.ng.ru/economics/2010-11-24/1_exam.html, zuletzt geprüft am 29.09.2014.

Bauhr, Monika; Nasiritousi, Naghmeh (2011): Why pay bribes? Collective action and anticorruption efforts. The Quality of Government Institute. Gothenburg (Working Paper Series, 18).

Bavin, Petr (2007): Edinyj gosekzamen: dostoinstva i nedostatki. Fond Obščestvennoe mnenie. Online verfügbar unter http://bd.fom.ru/report/map/d072123, zuletzt geprüft am 15.07.2014.

Beach, Derek; Pedersen, Rasmus Brun (2013): Process-tracing methods. Foundations and guidelines. Ann Arbor: University of Michigan Press.

Beichelt, Timm; Hahn-Fuhr, Irene; Schimmelpfennig, Frank; Worschech, Susann (Hg.) (2014): Civil society and democracy promotion: Palgrave Macmillan.

Bekeškina, Irina (2011): Neditjači igri v "students'kij" referendum. In: *Ukrains'ka pravda*, 23.10.2011. Online verfügbar unter http://www.pravda.com.ua/columns/2011/10/23/6697219/, zuletzt geprüft am 05.09.2013.

Berliner, David; Nichols, Sharon (2007): High-Stakes Testing is Putting the Nation at Risk. Harvard Education Press.

Berliner, Joseph S. (1957): Factory and manager in the U.S.S.R. Cambridge: Harvard University Press (Russian Research Center studies, 27).

Bershidsky, Leonid (2015): Get ahead in Russia? Lie About Your Education. BloombergView. Online verfügbar unter http://www.bloombergview.com/articles/2015-12-18/get-ahead-in-russia-lie-about-your-education, zuletzt geprüft am 21.12.2015.

Bertrand, Marianne; Mullainathan, Sendhil (2001): Do People Mean What They Say? Implications for Subjective Survey Data. In: *American Economic Review* 91 (2), S. 67–72.

Besters-Dilger, Juliane (Hg.) (2009): Ukraine on its way to Europe. Interim results of the Orange Revolution. Frankfurt am Main, Oxford: Peter Lang.

Bethell, George; Zabulionis, Algirdas (2000): Examination Reform in Lithuania. Background, Strategies and Achievements. National Examination Centre Lithuania.

Biernacki, Patrick; Waldorf, Dan (1981): Snowball Sampling: Problems and Techniques of Chain Referral Sampling. In: *Sociological Methods Research* 10 (2), S. 141–163.

Biswal, Bagala P. (1999): Private Tutoring and Public Corruption: A Cost-Effective Education System for Developing Countries. In: *The Developing Economies* 37 (2), S. 222–240.

Bočarova, Oksana (2002): Vyssee obrazovanie v Rossii: vertikal'naja mobil'nost' i social'naja zaščita. In: *Otečestvennye zapiski* (2). Online verfügbar unter http://www.strana-oz.ru/2002/1/vysshee-obrazovanie-v-rossii-vertikalnaya-mobilnost-i-socialnaya-zashchita, zuletzt geprüft am 09.07.2014.

Bolotov, Victor (1998): The Russian-Dutch cooperation. The problem of education standards. In: Joke Voogt und Tjeerd Plomp (Hg.): Education standards and assessment in the Russian Federation. Results from Russian-Dutch cooperation in education. Leuven: Acco, S. 125–130.

Bondarenko, Anatolij (2011): De v Ukraini znachodjat'sja najkrašči universiteti? In: *Texty.org.ua*, 31.05.2011. Online verfügbar unter http://texty.org.ua/pg/article/devrand/read/29555/De_v_Ukrajini_znahodatsa_najkrashhi_universytety_Interaktyvna, zuletzt geprüft am 12.03.2014.

Borusjak, Ljubov' (2009): EGE kak zerkalo problem rossijskogo obrazovanija. In: *Vestnik obščestvennogo mnenija* (3), S. 71–83.

Borusjak, Ljubov' (2011): Obrazovanie v Rossii: vozmožnost' reform i vozdejstvie korrupcii (po diskussijam na internet-forumach). In: *Vestnik obščestvennogo mnenija* 109 (3), S. 38–51.

Botero, Juan; Ponce, Alejandro; Shleifer, Andrej (2013): Education, Complaints, and Accountability. In: *Journal of Law and Economics* 56, S. 959–996.

Bratton, Michael; van de Walle, Nicolas (1997): Democratic experiments in Africa. Regime transitions in comparative perspective. Cambridge: Cambridge University Press.

Braun, Miguel; Di Tella, Rafael (2004): Inflation, inflation variability, and corruption. In: *Economics & Politics* 16 (1), S. 77–100.

Bray, Mark (2007): The Shadow education system: private tutoring and its implications for planners. UNESCO.

Bray, Mark (2013): Shadow education. The rise of private tutoring and associated corruption risks. In: Global Corruption Report. Education. Hoboken: Taylor and Francis, S. 83–87.

Bray, Mark; Borevskaya, Nina (2001): Financing Education in Transitional Societies: Lessons from Russia and China. In: *Comparative Education* 37 (3), S. 345–365. DOI: 10.1080/03050060120067820.

Bray, Mark; Silova, Iveta (2006): The Private Tutoring Phenomenon: International Patterns and Perspectives. In: Virginija Büdiene, Iveta Silova, Mark Bray, Algirdas Zabulionis und Eric M. Johnson (Hg.): Education in a Hidden Marketplace: Monitoring of Private Tutoring. Overview and Country Reports. New York: Open Society Institute, S. 27–40.

Bredies, Ingmar (2005): Zur Anatomie der Orangen Revolution in der Ukraine. Wechsel des Elitenregimes oder Triumph des Parlamentarismus? Stuttgart: Ibidem (Soviet and Post-Soviet Politics and Society, 12).

Brinkerhoff, Derick W. (2010): Unpacking the concept of political will to confront corruption. Hg. v. U4 Anti-Corruption Resource Centre. Christian Michelsen Institute. Bergen (U4 Brief).

Brockhaus – Die Enzyklopädie. Band 15 (2006). 21. Aufl. 30 Bände. Leipzig, Mannheim: Brockhaus.

Brovkin, Vladimir N. (2003): Corruption in the 20th Century Russia. In: *Crime, Law and Social Change* 40 (2-3), S. 195–230.

Büdiene, Virginija; Silova, Iveta; Bray, Mark; Zabulionis, Algirdas; Johnson, Eric M. (Hg.) (2006): Education in a Hidden Marketplace: Monitoring of Private Tutoring. Overview and Country Reports. New York: Open Society Institute.

Bullough, Oliver (2014): Looting Ukraine: How East and West Teamed up to Steal a Country. Legatum Institute. London.

Buntman, Evgenij; Maksimova, Marina (2011): Skandal vokrug Rossijskogo nacional'nogo issledovatel'skogo medicinskogo universiteta im. Pirogova. Echo Moskvy, 04.08.2011. Online verfügbar unter http://echo.msk.ru/programs/razvorot/799087-echo/, zuletzt geprüft am 08.01.2015.

Busygin, Vladimir; Galickij, Efim; Levin, Mark; Levina, Evgenija (2003): Zatraty domochozjajstv na rynke vysšego professional'nogo obrazovanija. Vysšaja Škola Ekonomiki. Moskva (Monitoring ekonomiki obrazovanija, 2).

Byessonova, Olga; Trofimova, Olena (2013): Standardized External Testing in Foreign Languages: Ukraine's Experience. In: *US-China Foreign Language* 11 (1), S. 68–75.

Čábelková, Inna; Hanousek, Jan (2004): The Power of Negative Thinking: Corruption, Perception and Willingness to Bribe in Ukraine. In: *Applied Economics* 36 (4), S. 383–397. DOI: 10.1080/0003684041000167430З.

Caiden, Gerald E.; Caiden, Naomi J. (1977): Administrative Corruption. In: *Public Administration Review* 37, S. 301–309.

Campbell, Donald T. (1979): Assessing the Impact of Planned Social Change. In: *Evaluation and Program Planning* 2 (1), S. 67–90.

Centr Demokratičnogo Vidrodžennja (2012): Stan korupcii v universitetach.

Černakov, Andrej (2009): Glava Rosobrnadzora Ljubov' Glebova: "Čestno EGE sdali ne vezde". In: *Izvestija*, 02.09.2009. Online verfügbar unter http://izvestia.ru/news/352576#ixzz3NxzkUT5N, zuletzt geprüft am 05.01.2015.

Černakov, Andrej; Gritčin, Nikolaj (2010): Ministr provalila EGE. Prezident Karačaevo-Čerkesii Boris Ebzeev otpravil v otstavku vrio ministra obrazovanija i nauki Irinu Šapovalovu za grubye narušenija procedury provedenija EGE. In: *Izvestija*, 04.08.2010. Online verfügbar unter http://izvestia.ru/news/364411, zuletzt geprüft am 06.01.2015.

Černych, Aleksandr (2014a): "Ugadajki bol'še ne budet". Glava Rosobrnadzora Sergej Kravcov rasskazal o EGE 2015 goda. In: *Kommersant"*, 08.09.2014. Online verfügbar unter http://www.kommersant.ru/Doc/2559176, zuletzt geprüft am 11.09.2014.

Černych, Aleksandr (2014b): Rektory ne ostanutsja v oklade. Ministr Livanov potreboval uveličit' zarplatu prepodavatelej. In: *Kommersant"*, 22.09.2014 (170), S. 5. Online verfügbar unter http://www.kommersant.ru/doc/2572495, zuletzt geprüft am 22.09.2014.

Chapman, David W. (2002): Corruption and the Education Sector. Management Systems International (Sectoral Perspectives on Corruption).

Chapman, David W.; Lindner, Samira (2014): Degrees of integrity: the threat of corruption in higher education. In: *Studies in Higher Education*, S. 1–22. DOI: 10.1080/03075079.2014.927854.

Chebanenko, Olena; Kovryzhenko, Denys (2015): National Integrity System Assessment. Ukraine 2014. Transparency International Ukraine.

Cheloukhine, Serguei; Haberfeld, M. R. (2011): Russian organized corruption networks and their international trajectories. New York, London: Springer.

Chene, Marie (2009): Low salaries, the culture of per diems and corruption. Hg. v. Transparency International und U4 Anti-Corruption Resource Centre. Norway (U4 Expert Answer).

Chirikov, Igor (2015): High satisfaction levels for low quality education. University Wold News (353). Online verfügbar unter http://www.universityworldnews.com/article.php?story=20150205100606922, zuletzt geprüft am 10.02.2015.

Clague, Christopher (1997): The New Institutional Economics and Institutional Reform. In: Christopher Clague (Hg.): Institutions and economic development. Growth and governance in less-developed and post-socialist countries. Baltimore: Johns Hopkins University Press, S. 368–379.

Clarke, Marguerite (2011): Framework for Building an Effective Student Assessment System. The World Bank.

Clarke, Marguerite (2012): What Matters Most for Student Assessment Systems: A Framework Paper. The World Bank. Washington D.C. (SABER - Systems Approach For Better Education Results, 1).

Clarke, Simon (1998): Trade unions and the non-payment of wages in Russia. In: *International Journal of Manpower* 19 (1), S. 68–94.

Clarke, Simon (1999): The formation of a labour market in Russia. Cheltenham, UK, Northampton, MA: Edward Elgar.

Clarke, Simon (2002): Making ends meet in contemporary Russia. Secondary employment, subsidiary agriculture, and social networks. Cheltenham, UK, Northampton, MA: Edward Elgar.

Coleman, James S. (1990): Foundations of social theory. Cambridge, Massachusetts: Harvard University Press.

Collier, David (2011): Understanding Process Tracing. In: *PS: Political Science & Politics* 44 (4), S. 823–830. DOI: 10.1017/S1049096511001429.

Colton, Timothy J. (2012): Political Leadership after Communism. In: *Demokratizatsiya: The Journal of Post-Soviet Democratization* 20 (2), S. 6–14.

Committee of Voters of Ukraine (2008): Final Report of the Committee of Voters of Ukraine on Public Monitoring of the External Independent Evaluation (EIE) of School Graduates. Committee of Voters of Ukraine. Kyiv.

Coulloudon, Virginie (2002): Russia´s Distorted Anticorruption Campaigns. In: Stephen Kotkin und András Sajó (Hg.): Political corruption in transition. A skeptic's handbook. Budapest, New York: Central European University Press, S. 187–205.

Dafflon, Denis (2009): Youth in Russia - The Portrait of a Generation in Transition. A research report by the Swiss Academy for Development. Swiss Academy for Development. Biel/Bienne.

Darden, Keith (2002): Graft and Governance: Corruption as an Informal Mechanism of State Control. Yale University.

Darden, Keith (2008): The Integrity of Corrupt States. Graft as an Informal State Institution. In: *Politics & Society* 36 (1), S. 35–59.

Darvas, Peter (2002): Ukraine. Education Reform Policy Note. The World Bank. Washington D.C.

Dawisha, Karen (2015): Putin's kleptocracy. Who owns russia? New York, London: Simon & Schuster.

Democratic Initiatives Foundation (2011): Corruption in Higher Education. Causes, scale and solving mechanisms. Democratic Initiatives Foundation. Kyiv.

Denisova-Schmidt, Elena; Huber, Martin; Leontyeva, Elvira (2016): On the development of students' attitudes towards corruption and cheating in Russian universities. In: *European Journal of Higher Education.*

Denisova-Schmidt, Elena; Leontyeva, Elvira (2013): Do Russian universities teach their students to be corrupt? Some empirical evidence from the far east. In: *Educational Alternatives* 10 (3), S. 258–275.

Dezhina, Irina; Graham, Loren R. (2005): Research funding. Science foundations: a novelty in Russian science. In: *Science* 310 (5755), S. 1772–1773. DOI: 10.1126/science.1117855.

Diamond, Larry Jay (1994): Toward Democratic Consolidation. In: *Journal of Democracy* 5 (3), S. 4–17. DOI: 10.1353/jod.1994.0041.

Diekmann, Andreas; Voss, Thomas; Rapoport, Anatol (Hg.) (2004): Rational-Choice-Theorie in den Sozialwissenschaften. Anwendungen und Probleme. München: Oldenbourg.

Dietz, Markus (1998): Korruption - Eine institutionenökonomische Analyse. Berlin: Berliner Wissenschftsverlag.

Dimant, Eugen (2013): The Nature of Corruption - An Interdisciplinary Perspective. Universität Paderborn. Paderborn (Working Paper No. 2013-13).

Dimant, Eugen; Krieger, Tim; Meierrieks, Daniel (2013): The Effect of Corruption on Migration, 1985-2000. In: *Applied Economics Letters* 20 (13), S. 1270–1274.

Dininio, Phyllis; Orttung, Robert (2004): Explaining Patterns of Corruption in the Russian Regions. University of Michigan Business School. Michigan (William Davidson Institute Working Paper, 727).

„Dissernet" našel plagiat v naučnych trudach zama Livanova i glavy Rosobrnadzora (2013). In: *Newsru.com*, 14.11.2013. Online verfügbar unter http://www.newsru.com/russia/14nov2013/dissernet.html, zuletzt geprüft am 11.09.2014.

Dittrich, Eckhard (2004): Research on Trust in Post-Soviet Societies. In: Heiko Schrader (Hg.): Trust and social transformation. Theoretical approaches and empirical findings from Russia. Münster, New Brunswick: Lit, S. 189–202.

Diuk, Nadia (2012): The next generation in Russia, Ukraine, and Azerbaijan. Youth, politics, identity, and change. Lanham, Maryland: Rowman & Littlefield.

Diuk, Nadia (2013): Youth as an Agent for Change: The Next Generation in Ukraine. In: *Demokratizatsiya: The Journal of Post-Soviet Democratization* 21 (2), S. 179–197.

Dmitrij Tabačnik polučil buket (2011). In: *Kommersant" Ukraina*, 22.09.2011. Online verfügbar unter http://kommersant.ua/doc/1778871, zuletzt geprüft am 05.08.2013.

Dölling, Dieter; Benz, Jochen (2007): Handbuch der Korruptionsprävention. Für Wirtschaftsunternehmen und öffentliche Verwaltung. München: Beck.

Dožd'. The optimistic channel (2015a): «V dekanate prikazali». Učastniki «Antimajdana» ob"jasnjajut, začem oni vyšli na marš. Dožd'. The optimistic channel, 21.02.2015. Online verfügbar unter http://tvrain.ru/articles/v_dekanate_prikazali_uchastniki_antimajdana_objasnjajut_zachem_oni_vyshli_na_marsh-382310/, zuletzt geprüft am 22.02.2015.

Dožd'. The optimistic channel (2015b): Putin snizil štrafy za vzjatki. Online verfügbar unter http://tvrain.ru/articles/putin_utverdil_snizhenie_minimalnyh_shtrafov_za_vzjatki-383583/, zuletzt geprüft am 10.03.2015.

Dresing, Thorsten; Pehl, Thorsten (2011): Praxisbuch Transkription. Regelsysteme, Software und praktische Anleitungen für qualitative ForscherInnen. 2. Aufl. Marburg: Eigenverlag.

Drugov, Mikhail; Hamman, John; Serra, Danila (2012): Intermediaries in Corruption. An Experiment. In: *Experimental Economics* 17 (1), S. 78–99. DOI: 10.2139/ssrn.1838591.

Dubin, Boris; Zorkaja, Natal'ja (2009): Sistema rossijskogo obrazovanija v ocenkach naselenija: problema urovnja i kačestva. In: *Vestnik obščestvennogo mnenija* (3), S. 44–70.

Dugan, Christopher; Lechtman, Vladimir (1997): The FCPA in Russia and other former communist countries. In: *American Journal of International Law* 91 (2), S. 378–388.

Edelstein, Wolfgang (2006): Bildung und Armut. Der Beitrag des Bildungssystems zur Vererbung und zur Bekämpfung von Armut. In: *Zeitschrift für Soziologie der Erziehung und Sozialisation* 26 (2), S. 120–134.

Entman, Robert M. (1993): Framing: Toward Clarification of a Fractured Paradigm. In: *Journal of Communication* 43 (4), S. 51–58.

Esser, Hartmut (1993): Soziologie. Allgemeine Grundlagen. Frankfurt am Main: Campus.

Esser, Hartmut (2000): Soziologie. Spezielle Grundlagen. Institutionen. 6 Bände. Frankfurt am Main: Campus (5).

European Training Foundation (Hg.) (1996): Tempus Tacis Project Management Handbook. Prepared for the European Commission Directorate-General XXII - Education, Training and Youth.

Evans, Alfred B. (2008): The First Steps of Russia's Public Chamber: Representation or Coordination? In: *Demokratizatsiya: The Journal of Post-Soviet Democratization* 16 (4), S. 345–362. DOI: 10.3200/DEMO.16.4.345-362.

Evstifeef, Dmitrij (2010a): Abiturienty dajut vzjatki, čtoby učit'sja za den'gi. In: *Izvestija*, 28.04.2010. Online verfügbar unter http://izvestia.ru/news/361178, zuletzt geprüft am 15.10.2012.

Evstifeef, Dmitrij (2010b): Universitety korrupcii. In: *Izvestija*, 27.05.2010. Online verfügbar unter http://izvestia.ru/news/362118, zuletzt geprüft am 15.10.2012.

Faulconbridge, Guy; Dabrowska, Anna; Grey, Stephen (2014): Toppled 'mafia' president cost Ukraine up to $100 billion, prosecutor says. Reuters. London. Online verfügbar unter http://www.reuters.com/article/2014/04/30/us-ukraine-crisis-yanukovich-idUSBREA3T0K820140430, zuletzt geprüft am 24.04.2015.

Fein, Elke (2006): Potjomkinsches Parlament und Papiertiger. In: *Russland-Analysen* (87), S. 2–4.

Fel'gengauer, Tat'jana; Pljuščev, Aleksandr (2011): Skandal so "vtorym medom". Echo Moskvy, 10.08.2011. Online verfügbar unter http://www.echo.msk.ru/programs/razvorot-morning/801138-echo.phtml, zuletzt geprüft am 08.01.2015.

Fichte, Marija (2012): Muchomor lišil mat' posta. Siti-menedžer Kaliningrada ušla v otstavku posle skandala s postupleniem ee syna v vuz. Gazeta.ru. Online verfügbar unter http://www.gazeta.ru/politics/2012/08/06_a_4713429.shtml, zuletzt geprüft am 15.04.2015.

Filippov, Aleksandr (2002): Utopija obrazovanija. In: *Otečestvennye zapiski* (2). Online verfügbar unter http://www.strana-oz.ru/2002/1/utopiya-obrazovaniya, zuletzt geprüft am 08.07.2014.

Filippov, Pyotr (2011): Is corruption in Russia's DNA? OpenDemocracy.net. Online verfügbar unter https://www.opendemocracy.net/od-russia/pyotr-filippov/is-corruption-in-russias-dna, zuletzt geprüft am 23.04.2015.

Fimyar, Olena (2008): Educational policy-making in post-communist Ukraine as an example of emerging governmentality: discourse analysis of curriculum choice and assessment policy documents (1999–2003). In: *Journal of Education Policy* 23 (6), S. 571–594. DOI: 10.1080/02680930802382920.

Fimyar, Olena (2010): The (Un)Importance of Public Opinion in Educational Policy-Making in Post-Communist Ukraine. Education Policy 'Elites' on the Role of Civil Society in Policy Formation. In: Sabine Fischer und Heiko Pleines (Hg.): Civil society in Central and Eastern Europe. Stuttgart: Ibidem (Changing Europe, Vol. 7), S. 155–171.

Flick, Uwe (2008): Triangulation. Eine Einführung. 2. Aufl. Wiesbaden: VS Verlag für Sozialwissenschaften.

Foley, Chris J. (2008): The educational system of the Russian Federation. Washington D.C.: American Association of Collegiate Registrars and Admissions Officers.

Fond Obščestvennoe mnenie (2008): Korrupcija: izdali i vblizi. Moskva.

Fond Obščestvennoe mnenie (2013): EGE: osvedomlennost' i otnošenie. FOM vyjasnil, verjat li rossijane v effektivnost' EGE. Moskva. Online verfügbar unter http://fom.ru/obshchestvo/10961, zuletzt geprüft am 25.09.2014.

Forina, Anastasia; Goncharova, Olena (2015): No quit in Kvit on education mission. In: *Kyiv Post*, 03.04.2015. Online verfügbar unter http://www.kyivpost.com/content/ukraine/no-quit-in-kvit-on-education-mission-385275.html, zuletzt geprüft am 03.04.2015.

Friedberg, Maurice (1991): How things were done in Odessa. Cultural and intellectual pursuits in a Soviet city. Boulder: Westview Press.

Froumin, Isak (2011): Establishing a New Research University. The Higher School of Economics, the Russian Federation. In: Philip G. Altbach und Jamil Salmi (Hg.): The road to academic excellence. The making of world-class research universities. Washington D.C.: The World Bank, S. 293–321.

Füllsack, Manfred (2002): Bildung als Konsumgut? Folgen der Entstaatlichung des Bildungswesens in Rußland. In: *Osteuropa* (1), S. 3–13.

Gabowitsch, Mischa (2013): Putin kaputt!? Russlands neue Protestkultur. Berlin: Suhrkamp.

Gabrscek, Sergij (2010): Comparative analysis of National Testing Centres in Azerbaijan, Georgia, Ukraine, Kyrgyzstan and recommendations for Tajikistan. Final Report. Network of Education Policy Centers. Online verfügbar unter http://www.edupolicy.net/images/pubs/comparative_studies/ntc_comp.pdf, zuletzt geprüft am 15.10.2012.

Galeotti, Mark (2014): Russia's New Money Launderer: Vladimir Putin. Russia! Magazine. Online verfügbar unter http://readrussia.com/2014/12/08/russias-new-money-launderer-vladimir-putin/, zuletzt geprüft am 08.12.2014.

Galeotti, Mark (2015): Blue Lights May Give Red Signal to Corruption. Russia! Magazine. Online verfügbar unter http://readrussia.com/2015/04/15/blue-lights-may-give-red-signal-to-corruption, zuletzt geprüft am 08.12.2014.

Galickij, Efim; Levin, Mark (2008a): Vzjatkoobučenie i ego social'nye posledstvija. In: *Voprosy obrazovanija* (3), S. 105–119.

Galickij, Efim; Levin, Mark (2008b): Zatraty semej na obrazovanie detej. Vysšaja Škola Ekonomiki (Monitoring ekonomiki obrazovanija, 35).

Galickij, Efim; Levin, Mark (2010): Zatraty semej na obrazovanie detej i vzroslych: 2007/08 učebnyj god (Monitoring ekonomiki obrazovanija, 43).

Galickij, Efim; Levin, Mark (2013): Beloe i černoe: skol'ko stoit byt' studentom? In: *Terra Economicus* 8 (3), S. 103–112.

Galkovskaja, Tat'jana (2005): Stanislav Nikolaenko: «Ja by ne spešil posypat' golovu peplom». In: *Zerkalo Nedeli*, 12.03.2005.

Galkovskaja, Tat'jana; Bažal, Alina; Suržik, Lidija; Skripnik, Ol'ga (2007): Znanija optom i v roznicu, ili Neudobnye voprosy ministru obrazovanija i nauki. In: *Zerkalo Nedeli*, 25.07.2007. Online verfügbar unter http://gazeta.zn.ua/EDUCATION/znaniya_optom_i_v_roznitsu,_ili_neudobnye_voprosy_ministru_obrazovaniya_i_nauki.html, zuletzt geprüft am 06.05.2014.

Gathmann, Moritz; Koch, Roland (2013): Auf Rubel komm raus. Putin krempelt die Hochschulen um. In: *Deutsche Universitätszeitung*, 2013 (02/13). Online verfügbar unter http://www.duz.de/duz-magazin/2013/02/auf-rubel-komm-raus/167, zuletzt geprüft am 07.01.2015.

Gatskova, Ksenia; Gatskov, Maxim (2012): The Weakness of Civil Society in Ukraine: A Mechanism-Based Explanation. Institut für Ost- und Südosteuropaforschung. Regensburg (IOS Working Papers, 323). Online verfügbar unter http://www.dokumente.ios-regensburg.de/publikationen/wp/wp_ios_323.pdf, zuletzt geprüft am 12.03.2013.

Gazeta.ru (2011): Studenty MFTI žalujutsja na davlenie: esli «Edinaja Rossija» naberet malo golosov, ne dostrojat obščežitie. Moskva. Online verfügbar unter http://www.gazeta.ru/news/lenta/2011/11/24/n_2108970.shtml, zuletzt geprüft am 17.12.2014.

Gel'man, Vladimir (2012): Subversive institutions, informal governance, and contemporary Russian politics. In: *Communist and Post-Communist Studies. DOI:* 10.1016/j.postcomstud.2012.07.005.

Gel'man, Vladimir; Starodubtsev, Andrey (2016): Opportunities and Constraints of Authoritarian Modernisation: Russian Policy Reforms in the 2000s. In: *Europe-Asia Studies* 68 (1), S. 97–117. DOI: 10.1080/09668136.2015.1113232.

Genial'naja doč' zama Tabačnika vyigrala Vseukrainskuju olimpiadu po russkomu jazyku. Vseukrainskuju olimpiadu po russkomu jazyku, kotoruju v prošlom godu poručil provodit' ministr obrazovanija Dmitrij Tabačnik, vyigrala doč' ego zama Evgenija Sulimy Valerija (2011). In: *Zerkalo Nedeli*, 01.06.2011. Online verfügbar unter http://zn.ua/SOCIETY/genialnaya_doch_zama_tabachnika_vyigrala_vseukrainskuyu_olimpiadu_po_russkomu_yazyku.html, zuletzt geprüft am 06.08.2013.

George, Alexander Lawrence; Bennett, Andrew (2005): Case studies and theory development in the social sciences. Cambridge, Mass: MIT Press.

Gigerenzer, Gerd; Selten, Reinhard (2001): Bounded rationality. The adaptive toolbox. Cambridge, MA: MIT Press.

Gläser, Jochen; Laudel, Grit (2006): Experteninterviews und qualitative Inhaltsanalyse als Instrumente rekonstruierender Untersuchungen. 2. Aufl. Wiesbaden: VS Verlag für Sozialwissenschaften.

Gnap, Dmitro (2010): Peklo vstupitel'noj kampanii - 2010. In: *Ukrains'ka pravda*, 17.08.2010. Online verfügbar unter http://www.pravda.com.ua/rus/articles/2010/08/17/5306046/, zuletzt geprüft am 22.03.2014.

Goel, Rajeev K.; Nelson, Michael A. (1998): Corruption and government size: A disaggregated analysis. In: *Public Choice* 97 (1-2), S. 107–120.

Goel, Rajeev K.; Nelson, Michael A. (2005): Economic freedom versus political freedom. Cross-country influences on corruption. In: *Australian Economic Papers* 44 (2), S. 121–133. DOI: 10.1111/j.1467-8454.2005.00253.x.

Goel, Rajeev K.; Nelson, Michael A. (2008): Causes of Corruption. History, Geography, and Government. Helsinki: Bank of Finland, Institute for Economies in Transition (BOFIT Discussion Papers, 6).

Goldthau, Andreas; Schütt, Oliver (2005): Ursachen, Mechanismen und Auswirkungen von Korruption an russischen Hochschulen. Ein Fallbeispiel aus Sibirien. In: Andreas Umland (Hg.): Eindrücke, Erfahrungen und Analysen deutscher Gastlektoren. Frankfurt am Main: Peter Lang (Geistes- und sozialwissenschaftliche Hochschullehre in Osteuropa, 1), S. 105–117.

Golunov, Sergej (2013a): «Kvazifeodalizm» vysšego obrazovanija. «Starye» i «novye» rektory, ili O feodal'nom nastojaščem i buduščem rossijskich vuzov. In: *Troickij variant*, 26.02.2013 (123). Online verfügbar unter http://trv-science.ru/2013/02/26/kvazifeodalizm-vysshego-obrazovaniya/, zuletzt geprüft am 13.03.2015.

Golunov, Sergey (2013b): Malpractices in the Russian Higher Education System: Implications for EU-Russian Education and Science Cooperation. University of Tartu. Tartu (CEURUS EU-Russia Papers, 9).

Golunov, Sergey (2014): The Elephant in the Room: Corruption and Cheating in Russian Universities. Stuttgart: Ibidem (Soviet and Post-Soviet Politics and Society, 132).

Gorčins'ka, Oleksandra (2014): Minosviti vilučit' korupcijnu skladovu pri vstupi do višiv: zamist' 200 baliv bude liše 12. In: *Gazeta.ua*, 04.03.2014. Online verfügbar unter http://gazeta.ua/articles/life/_minosviti-viluchit-korupcijnu-skladovu-pri-vstupi-do-vishiv-zamist-200-baliv-bude-lishe-12/545440, zuletzt geprüft am 04.04.2014.

Gounko, Tatiana; Smale, William (2007): Modernization of Russian higher education: exploring paths of influence. In: *Compare: A Journal of Comparative and International Education* 37 (4), S. 533–548. DOI: 10.1080/03057920701366358.

Grabovska, Larysa (2001): "Paying for education... why not do it legally?". 10th International Anti-Corruption Conference. Prague, 07.11.2001.

Graeff, Peter (2005): Why should one trust in corruption? The linkage between corruption, norms and social capital. In: Johann Lambsdorff, Markus Taube und Matthias Schramm (Hg.): The New Institutional Economics of Corruption. New York: Routledge, S. 40–58.

Graeff, Peter; Sattler, Sebastian; Mehlkop, Guido; Sauer, Carsten (2014): Incentives and Inhibitors of Abusing Academic Positions: Analysing University Students' Decisions about Bribing Academic Staff. In: *European Sociological Review* 30 (2), S. 230–241. DOI: 10.1093/esr/jct036.

Granovetter, Mark (1983): The Strength of Weak Ties: A Network Theory Revisited. In: *Sociological Theory* 1, S. 201–233.

Granovetter, Mark (1985): Economic Action and Social Structure. The Problem of Embeddedness. In: *American Journal of Sociology* 91 (3), S. 481–510.

Grey, Stephen; Bush, Jason; Anin, Roman (2014): Billion-dollar medical project helped fund "Putin's palace" on the Black Sea. Reuters. Online verfügbar unter http://www.reuters.com/investigates/russia, zuletzt geprüft am 15.09.2015.

Grigor'ev, S. I. (2009): Expert Assessments of Russians' Attitudes Toward Higher Education Reform. In: *Russian Education & Society* 51 (12), S. 3–8. DOI: 10.2753/RES1060-9393511201.

Grimes, Marcia (2008): The conditions of successful civil society involvement in combating corruption: A survey of case study evidence. The Quality of Government Institute. Gothenburg (Quality of Governance Working Paper Series, 22).

Grinevič, Lilija (2013): Dve modeli vysšego obrazovanija - dva puti razvitija strany. In: *Golos Ukraini*, 19.02.2013.

Grinevič, Lilija; Likarčuk, Igor (2011): Zovnišne nezaležne ocinjuvannja v Ukraini: istorija, uroki, riziki. Hg. v. International Renaissance Foundation.

Grishina, Ksenia; Korchinsky, Vadim (2006): Kak postupit v VUZ, ne davaia na 'lapu'? In: *Segodnya*, 17.06.2006. Online verfügbar unter www.osvita.org.ua/articles/123.html, zuletzt geprüft am 16.11.2012.

Grødeland, Åse Berit (2010a): Culture, Corruption and Anti-Corruption Strategies in Post-Communist Europe. In: Sebastian Wolf und Diana Schmidt-Pfister (Hg.): International anti-corruption regimes in Europe. Between corruption, integration, and culture. Baden-Baden: Nomos, S. 137–157.

Grødeland, Åse Berit (2010b): Elite perceptions of anti-corruption efforts in Ukraine. In: *Global Crime* 11 (2), S. 237–260. DOI: 10.1080/17440571003669241.

Grødeland, Åse Berit; Aasland, Aadne (2011): Fighting corruption in public procurement in post-communist states: Obstacles and solutions. In: *Communist and Post-Communist Studies* 44 (1), S. 17–32.

Grošev, Igor'; Groševa, Irina (2010): Ključevye faktory korrupcii v Rossijskoj sisteme obrazovanija. In: *Terra Economicus* 8 (3), S. 113–121.

Gruševaja, Marina; Eickhof, Norbert (2007): Institutioneller Wandel im Rahmen der ökonomischen Transformation. Wettbewerbspolitik in Russland auf dem Prüfstand. Universität Potsdam. Potsdam (Volkswirtschaftliche Diskussionsbeiträge, 90).

Gruska, Ulrike (2013): Der Kreml auf allen Kanälen. Wie der russische Staat das Fernsehen lenkt. Reporter ohne Grenzen. Berlin.

Grynevych, Liliya (2010): Case Study on National Testing Centers. Ukraine. Network of Education Policy Centers. Online verfügbar unter http://www.edupolicy.net/images/pubs/reports/ntc_ukr.pdf, zuletzt geprüft am 15.10.2012.

Gudkov, Lev (1998): Krizis vysšego obrazovanija v Rossii: konec sovetskoj modeli. In: *Monitoring obščestvennoj mnenija* (4), S. 32–45.

Gudkov, Lev; Zaslavsky, Victor (2011): Russland. Kein Weg aus dem postkommunistischen Übergang? Berlin: Wagenbach.

Gupta, Sanjeev; Davoodi, Hamid; Alonso-Terme, Rosa (1998): Does Corruption Affect Income Inequality and Poverty? International Monetary Fund. Washington D.C. (IMF Working Paper, 76).

Gupta, Sanjeev; Davoodi, Hamid; Tiongson, Erwin (2000): Corruption and the Provision of Health Care and Education Services. International Monetary Fund (IMF Working Paper, 116).

Guščin, Dmitrij (2011): Kak spisyvali na EGE po matematike. In: *Učitel'skaja Gazeta*, 07.06.2011. Online verfügbar unter http://www.ug.ru/news/1241, zuletzt geprüft am 23.01.2014.

Hallak, Jacques; Poisson, Muriel (2002): Ethics and corruption in education. Results from the expert workshop held at the IIEP, Paris, 28-29 November 2001. Paris: International Institute for Educational Planning.

Hallak, Jacques; Poisson, Muriel (2005): Ethics and corruption in education: an overview. In: *Journal of Education for International Development* 1 (1), S. 1–16.

Hallak, Jacques; Poisson, Muriel (2007): Corrupt schools, corrupt universities. What can be done? Paris: International Institute for Educational Planning.

Haller, Dieter; Shore, Cris (2005): Corruption. Anthropological Perspectives. London, Ann Arbor, MI: Pluto Press.

Hanna, Rema; Bishop, Sarah; Nadel, Sara; Scheffler, Gabe; Durlacher, Katherine (2011): The effectiveness of anti-corruption policy: what has worked, what hasn't, and what we don't know. A systematic review. Technical report. EPPI-Centre, Social Science Research Unit, Institute of Education, University of London. London.

Härtel, Andre (2014): Der dritte post-sowjetische Moment der Ukraine. In: *Berliner Republik* (2). Online verfügbar unter http://www.b-republik.de/archiv/der-dritte-post-sowjetische-moment-der-ukraine, zuletzt geprüft am 02.03.2015.

Hauk, Esther; Sáez-Marti, María (2002): On the Cultural Transmission of Corruption. In: *Journal of Economic Theory* 107 (2), S. 311–335.

Hedlund, Stefan (2005): Russian path dependence. London, New York: Routledge.

Heidenheimer, Arnold J. (1970): Political corruption. Readings in comparatice analysis. 1. Aufl. New York: Holt, Rinehart and Winston.

Heidenheimer, Arnold J. (Hg.) (2007): Political corruption. Concepts & contexts. 3. Aufl. New Brunswick, NJ: Transaction Publishers.

Heidenheimer, Arnold J.; Johnston, Michael; Le Vine, Victor T. (1989): Political corruption. A handbook. New Brunswick, NJ: Transaction Publishers.

Hellman, Joel; Jones, Geraint; Kaufmann, Daniel (2000a): Seize the State, Seize the Day. State Capture, Corruption, and Influence in Transition. Hg. v. World Bank Institute. Washington D.C. (Policy Research Working Paper, 2444).

Hellman, Joel; Jones, Geraint; Kaufmann, Daniel; Schankerman, Mark (2000b): Measuring Governance, Corruption, and State Capture. How Firms and Bureaucrats Shape the Business Environment in Transition Economies. Hg. v. World Bank Institute. Washington D.C. (Policy Research Working Paper, 2312).

Helmke, Gretchen; Levitsky, Steven (2004): Informal Institutions and Comparative Politics. A research Agenda. In: *Perspectives on Politics* 2 (4), S. 725–740. DOI: 10.1017/S1537592704040472.

Henisz, Witold (2000): The institutional environment for multinational investment. In: *Journal of Law, Economics, and Organization* 16 (2), S. 334–364.

Hess, Henner; Scheerer, Sebastian (1997): Was ist Kriminalität? Skizze einer konstruktivistischen Kriminalitätstheorie. In: *Kriminologisches Journal* 29 (2), S. 83–155.

Heyneman, Stephen P. (1995): Entering a Higher Grade – Proposals to Reform Russia's Education System. In: *Transition* 6 (1-2), S. 1–5.

Heyneman, Stephen P. (2003): Education and Corruption. Vanderbilt University. Nashville, Tennessee.

Heyneman, Stephen P. (2004): Education and corruption. In: *International Journal of Educational Development* 24 (6), S. 637–648.

Heyneman, Stephen P. (Hg.) (2009): Buying your way into heaven. Education and corruption in international perspective. Rotterdam: Sense Publishers.

Heyneman, Stephen P. (2010): A Comment on the Changes in Higher Education in the Former Soviet Union. In: *European Education* 42 (1), S. 76–87. DOI: 10.2753/EUE1056-4934420104.

Heyneman, Stephen P. (2011): Private Tutoring and Social Cohesion. In: *Peabody Journal of Education* 86 (2), S. 183–188. DOI: 10.1080/0161956X.2011.561662.

Heyneman, Stephen P.; Anderson, Kathryn; Nuraliyeva, Nazym (2008): The Cost Of Corruption in Higher Education. In: *Comparative Education Review* 52 (1), S. 1–25.

Höffling, Christian (2002): Korruption als soziale Beziehung. Opladen: Leske & Budrich.

Holm, Kerstin (2006): Das korrupte Imperium. Bericht aus Rußland. Aktualisierte Taschenbuchausgabe. München: Deutscher Taschenbuch-Verlag.

Holmes, Leslie (2006): Rotten states? Corruption, post-communism, and neoliberalism. Durham: Duke University Press.

Holmes, Leslie (2010): International Anti-Corruption Regimes and Corruption Levels in European and Eurasian Post-Communist States. In: Sebastian Wolf und Diana Schmidt-Pfister (Hg.): International anti-corruption regimes in Europe. Between corruption, integration, and culture. Baden-Baden: Nomos, S. 25–45.

Homann, Karl (1997): Unternehmensethik und Korruption. In: *Schmalenbachs Zeitschrift für betriebswirtschaftliche Forschung* 49 (3), S. 187–209.

Hough, Dan (2013): Corruption, anti-corruption and governance. Basingstoke: Palgrave Macmillan (Political corruption and governance series).

Hrynevych, Lilya (2009): Ethical issues and examination systems in Ukraine. In: Transparency in education in Eastern Europe. International Institute for Education Planning. Paris, S. 54–70.

Hrynevych, Lilya; Toropova, Anna; Pylnyk, Tymofiy; Sereda, Leonid; Gerasevich, Ulyana (2006): Ukraine. In: Virginija Büdiene, Iveta Silova, Mark Bray, Algirdas Zabulionis und Eric M. Johnson (Hg.): Education in a Hidden Marketplace: Monitoring of Private Tutoring. Overview and Country Reports. New York: Open Society Institute, S. 305–325.

Huber, Hans-Peter; Skoupil, Christoph (2014): Erläuterungen des Obersten Gerichts der Russischen Föderation zum Korruptionsstrafrecht. In: *WiRO* (4), S. 111–113.

Human Rights Watch (2004): The Wrongs of Passage. Inhuman and Degrading Treatment of New Recruits in the Russian Armed Forces.

INDEM Foundation (2005): Corruption process in Russia: level, structure, trends.

Institute for Advanced Humanitarian Research (Hg.) (2012): Corruption in Ukraine 2012. Canadian International Development Agency.

Interfax (15.01.2015): V 2014 godu licenzij lišilis' bolee 450 rossijskich vuzov. Moscow. Online verfügbar unter http://www.interfax.ru/russia/418028, zuletzt geprüft am 25.01.2015.

International Renaissance Foundation (Hg.) (2001): Annual Report 2000. Kyiv.

International Renaissance Foundation (Hg.) (2002): Annual Report 2001. Kyiv.

International Renaissance Foundation (Hg.) (2003): Annual Report 2002. Kyiv.

International Renaissance Foundation (Hg.) (2006): Annual Report 2005. Kyiv.

International Renaissance Foundation (Hg.) (2007): Annual Report 2006. Kyiv.

International Renaissance Foundation (Hg.) (2011): Ministry of Education Is Warned About Corruption Risks due to diminishing of the role of External Independent Assessment. Online verfügbar unter http://www.irf.ua/index.php?option=com_content&view=article&id=32691:ministry_of_education_is_warned_about_corruption_risks_due_to_diminishing_of_the_role_of_external_independent_assessment&catid=83:news-edu-en&Itemid=68, zuletzt geprüft am 07.08.2013.

Ivanov, Aleksandr; Ibragimov, Muslim (2011): V Čečne "Edinaja Rossija" nabrala 99,5% golosov: CIK narušenij ne našla, nabljudateli ne soglasny. In: *Kavkazskij*

Uzel, 05.12.2011. Online verfügbar unter http://www.kavkaz-uzel.ru/articles/197029/, zuletzt geprüft am 26.01.2015.

Ivanova, Ekaterina (2013): Summa znanij. In: *Korrespondent*, 26.04.2013 (555), S. 34–36.

Ivanova, Elena (2004): EGE po oseni sčitajut. Pravitel'stvennaja komissija rešit sud'bu našumevšego eksperimenta. In: *Rossijskaja Gazeta*, 18.08.2004. Online verfügbar unter http://www.rg.ru/2004/08/18/filippov.html, zuletzt geprüft am 08.09.2014.

Ivojlova, Irina (2012): Nevozvraščency. 80 procentov vypusknikov vuzov, postupivšich po celevym napravlenijam regionov, ne chotjat uezžat' na rabotu domoj. In: *Rossijskaja Gazeta*, 09.10.2012. Online verfügbar unter http://www.rg.ru/2012/10/09/nabor.html, zuletzt geprüft am 15.04.2015.

Jahn, Detlef (2013): Einführung in die vergleichende Politikwissenschaft. Wiesbaden: VS Verlag für Sozialwissenschaften.

Jansen, Stephan A. (2005): Elemente „positiver" und „dynamischer" Theorien der Korruption. Multidisziplinäre Provokationen zur Form der Korruption. In: Stephan A. Jansen und Birger P. Priddat (Hg.): Korruption. Unaufgeklärter Kapitalismus - multidisziplinäre Perspektiven zu Funktionen und Folgen der Korruption. Wiesbaden: VS Verlag für Sozialwissenschaften, S. 11–42.

Jaščenko, Anna (2010): Za ščo rektori poljubili Tabačnika? UNIAN. Online verfügbar unter http://www.unian.ua/politics/340676-za-scho-rektori-polyubili-tabachnika.html, zuletzt geprüft am 02.04.2014.

Jayachandran, Seema (2013): Incentives to Teach Badly: After-School Tutoring in Developing Countries. Northwestern University. Online verfügbar unter http://faculty.wcas.northwestern.edu/~sjv340/tutoring.pdf.

Johnson, Mark S. (1996): Western Models and Russian Realities in Postcommunist Education. In: *Tertium comparationis. Journal für Internationale Bildungsforschung* 2 (2), S. 119–132.

Johnson, Roberta Ann (2004): The struggle against corruption. A comparative study. New York, N.Y: Palgrave Macmillan.

Johnston, Michael (2005): Syndromes of corruption. Wealth, power, and democracy. Cambridge, UK, New York: Cambridge University Press.

Kachkan, Aliona (2014): Ukraine's Metamorphosis, Protest by Protest. Transitions Online. Online verfügbar unter http://www.tol.org/client/article/24228-ukraines-metamorphosis-protest-by-protest.html, zuletzt geprüft am 04.04.2014.

Kačurovskaja, Anna (2004): Rektory ob"jasnili ministru smysl slova iz trech bukv. Andreju Fursenko ne ponravilsja EGE. In: *Kommersant"*, 05.04.2004. Online verfügbar unter http://kommersant.ru/Doc/463509, zuletzt geprüft am 25.03.2015.

Kagarlitsky, Boris (2011): Testing Russia's Corruption Level. In: *The Moscow Times*, 30.06.2011. Online verfügbar unter http://www.themoscowtimes.com/opinion/article/testing-russias-corruption-level/439792.html.

Kahnemann, Daniel (1994): New Challenges to the Rationality Assumption. In: *Journal of Institutional and Theoretical Economics* 150 (1), S. 18–36.

Kalabrina, Anna (2015): Set' lipovych ekonomistov RGGU. Dissernet. Online verfügbar unter http://www.dissernet.org/publications/trv_rggu.htm, zuletzt geprüft am 25.02.2015.

Kalinina, Alexandra (2012): Corruption in Russia as a Business: Putin's Palace Case Study. Institute of Modern Russia. Moscow.

Kamens, David H.; McNeely, Connie L. (2010): Globalization and the Growth of International Educational Testing and National Assessment. In: *Comparative Education Review* 54 (1), S. 5–25. DOI: 10.1086/648471.

Karklins, Rasma (2005): The system made me do it. Corruption in post-communist societies. Armonk, N.Y: M.E. Sharpe.

Karpjuk, Il'ja (2013): Nabljudenija za EGE. Polit.ru. Online verfügbar unter http://polit.ru/article/2013/06/13/yege/, zuletzt geprüft am 14.03.2015.

Kasemets, Aare (2012): The Long Transition to Good Governance: the Case of Estonia. Looking at the changes in the governance regime and anti-corruption policy. European Research Centre for Anti-Corruption and State-Building (Working Paper, 32).

Kaufmann, Daniel (1998): Research on Corruption. Critical empirical issues. In: Arvind K. Jain (Hg.): Economics of corruption. Boston: Kluwer Acadademic Publishing, S. 129–176.

Kaufmann, Daniel; Wei, Shang-Jin (1999): Does "greasy money" speed up the wheels of commerce? National Bureau of Economic Research. Cambridge, MA (NBER Working paper Series, 7093).

Kazakov, Igor' (2014): FAS proverit zakupki Ministerstva obrazovanija. In: *Izvestija*, 11.11.2014. Online verfügbar unter http://izvestia.ru/news/579120#ixzz3KfHB6mz3, zuletzt geprüft am 16.12.2014.

Keen, Ellie (2000): Fighting Corruption through Education. Open Society Institute. Hungary (COLPI Paper, 1).

Kehl, Konstantin; Kummer, Benjamin; Then, Volker (2015): Wahrnehmungen zivilgesellschaftlicher Strukturen und Entwicklungspotenziale in Russland. Ergebnisse einer Stakeholder-Befragung. Centrum für soziale Investitionen und Innovationen (CSI). Heidelberg.

Kirillova, Svetlana (2008): Objazatel'nyj EGE: 80% učitelej protiv. Počemu pedagogov rešili sprosit' ob ich otnošenii k edinomu ekzamenu tol'ko posle togo, kak zakon o EGE byl prinjat? In: *Pervoe Sentjabrja*, 28.06.2008 (12).

Khaghaghordyan, Aram (2014): International Anti-corruption Normative Framework: the State of the Art. Hertie School of Governance. Berlin.

Khmara, Oleksii (2013): Why is Ukraine incapable of fulfilling the demands of Füle's List? An analysis of state anticorruption policy. Transparency International. Online verfügbar unter http://blog.transparency.org/2013/03/04/why-is-ukraine-incapable-of-fulfilling-the-demands-of-fules-list-an-analysis-of-state-anticorruption-policy/, zuletzt geprüft am 05.03.2013.

Khvostunova, Olga (2012): The Simulacrum of a President. Hg. v. Institute of Modern Russia. Online verfügbar unter http://www.gmhtrack.com/en/analysis/politics/235-the-simulacrum-of-a-president?limitstart=0, zuletzt geprüft am 17.03.2015.

Kiev International Institute of Sociology (2005): Gromads'ka dumka pro vprovadžennja zovnišn'ogo testuvannja. Zvit za rezul'tatami zagal'nonacional'nogo doslidžennja, červen' 2005 roku. Kyiv.

Klees, Steven J. (2008): A quarter century of neoliberal thinking in education: misleading analyses and failed policies. In: *Globalisation, Societies and Education* 6 (4), S. 311–348. DOI: 10.1080/14767720802506672.

Klein, Eduard (2010): Korruption im russischen Hochschulwesen. Bremen: Forschungsstelle Osteuropa an der Universität Bremen (Arbeitspapiere und Materialien, 108).

Klein, Eduard (2011): Academic Corruption in Russia. In: Zdenka Mansfeldová und Heiko Pleines (Hg.): Informal relations from democratic representation to corruption. Case studies from Central and Eastern Europe. Stuttgart: Ibidem (Changing Europe, 8), S. 225–240.

Klimovič, Sergej (2006): Vysšaja škola prochodit pročnost' na testy. Online verfügbar unter http://podrobnosti.ua/analytics/2006/06/07/319556.html, zuletzt geprüft am 23.01.2014.

Klitgaard, Robert (1986): Elitism and meritocracy in developing countries. Selection policies for higher education. Baltimore, Md: Johns Hopkins University Press.

Klitgaard, Robert (1988): Controlling corruption. Berkeley: University of California Press.

Kljačko, Tat'jana (2002): Modernizacija rossijskogo obrazovanija: problemy i rešenija. In: *Otečestvennye zapiski* (3). Online verfügbar unter http://www.strana-oz.ru/2002/2/modernizaciya-rossiyskogo-obrazovaniya-problemy-i-resheniya, zuletzt geprüft am 16.03.2015.

Kljačko, Tat'jana (2004a): Perspektivy politiki sofinansirovanija vysšego obrazovanija v Rossii. Nezavisimyj institut social'noj politiki. Moskva, 30.06.2004.

Kljačko, Tat'jana (2004b): Strasti po EGE. Finansirovanie i dostupnost' vysšego obrazovanija, 30.10.2004. Online verfügbar unter http://ecsocman.hse.ru/text/16211843.html, zuletzt geprüft am 15.11.2012.

Kljačko, Tat'jana (2010): Finansirovanie obrazovanija v Rossijskoj Federacii. Vlijanie krizisa. In: *SPERO* (12), S. 125–136.

Kljačko, Tat'jana; Mau, Vladimir (2015): Buduščee universitetov. Moskva: Delo.

Kluge, Friedrich; Seebold, Elmar (1999): Etymologisches Wörterbuch der deutschen Sprache. 23. Aufl. Berlin, New York: De Gruyter.

Knack, Stephen (2007): Measuring Corruption: A Critique of Indicators in Eastern Europe and Central Asia. In: *Journal of Public Policy* 27 (03). DOI: 10.1017/S0143814X07000748.

Knack, Stephen; Azfar, Omar (2003): Trade intensity, country size and corruption. In: *Economics of Governance* 4 (1), S. 1–18.

Kniazev, Evgeni (2002): Coping with the New Challenges in Managing a Russian University. In: *Higher Education Management and Policy* 14 (1), S. 109–126.

Kokorev, Aleksandr; Nikoljukina, Natal'ja (2000): Social'nyj portret prepodavatelja vysšej školy. (na osnove analiza vuzov Tambovskoj oblasti). In: *Žurnal sociologii i social'noj antropologii* 3 (1).

Kolb, Ljudmila (2011): Korrupcija v obrazovanii: "černyj vchod" dlja vipov i pokupka attestata. In: *Segodnja*, 14.11.2011. Online verfügbar unter http://www.segodnya.ua/newsarchive/korruptsija-v-obrazovanii-chernyj-vkhod-dlja-vipov-i-pokupka-attectata.html, zuletzt geprüft am 23.01.2014.

Kolb, Ljudmila (2014): Kakich izmenenij ždut ukraincy ot novogo ministra obrazovanija. Eksperty sovetujut ne podderživat' «vuzy dlja dvoečnikov». In: *Vesti*, 03.03.2014. Online verfügbar unter http://vesti.ua/poleznoe/40503-kakih-izmenenij-v-sfere-obrazovanija-ukraincy-zhdut-ot-novogo-ministra, zuletzt geprüft am 25.03.2014.

Komitet Respubliki Tatarstan po social'no-ekonomičeskomu monitoringu (2014): Izučenie mnenija naselenija Respubliki Tatarstan o korrupcii. Po rezul'tatam sociologičeskogo issledovanija 2014 goda. Kazan'.

Kononova, Anna; Šugal, Nikolai (2014): Sovokupnye zatraty na obrazovanie v Rossijskoj Federacii. Vysšaja Škola Ekonomiki. Moskva (Monitoring ekonomiki obrazovanija, 77).

Konjuchova, Ksenija (2011): Kazačij korpus rastit patriotov bez kompleksov. Budni elitnogo učebnogo zavedenija: p'janki, razvrat, korrupcija, narkomanija i učitel'skie zabavy s Gitlerom. In: *Moskovskij komsomolec*, 26.11.2011. Online verfügbar unter http://www.mk.ru/social/2011/11/25/646977-kazachiy-korpus-rastit-patriotov-bez-kompleksov.html.

Konstantinovskiy, David L. (2012): Social Inequality and Access to Higher Education in Russia. In: *European Journal of Education* 47 (1), S. 9–24. DOI: 10.1111/j.1465-3435.2011.01504.x.

Kopp, Johannes (Hg.) (2010): Grundbegriffe der Soziologie. 10. Aufl. Wiesbaden: VS Verlag für Sozialwissenschaften.

Korkač, Darina; Iščenko, Volodimir (2012): Počemu ukrainskoe studenčeskoe dviženie samoe uspešnoe v Evrope? Centre for Society Research. Online verfügbar unter http://ru.osvita.ua/vnz/high_school/29403/, zuletzt geprüft am 10.09.2013.

Korrespondent (2011): Vidsič: Za učastie v mitinge v podderžku politiki Minobrazovanija predlagajut 50 grn. Online verfügbar unter http://korrespondent.net/ukraine/politics/1220963-vidsich-za-uchastie-v-mitinge-v-podderzhku-politiki-minobrazovaniya-predlagayut-50-grn, zuletzt aktualisiert am 25.05.2011, zuletzt geprüft am 29.08.2013.

Kotkin, Stephen; Sajó, András (Hg.) (2002): Political corruption in transition. A skeptic's handbook. Budapest, New York: Central European University Press.

Kotljar, Alla (2010): Klassnyj žurnal na prodažu, ili Kak ministr obrazovanija vernul korrupciju v školy. In: *Zerkalo Nedeli*, 05.06.2010 (21). Online verfügbar unter http://gazeta.zn.ua/EDUCATION/klassnyy_zhurnal_na_prodazhu,__ili_kak_ministr_obrazovaniya_vernul_korruptsiyu_v_shkoly.html, zuletzt geprüft am 11.02.2014.

Kovtunets, Volodymyr; Likarchuk, Igor; Rakov, Sergiy; Gudzynsky, Victor (2010): Quality of Universities Admission Based on External Independent Assessment in Ukraine. 36th annual conference: Assessment for the future generations. International Association for Educational Assessment. Bangkok, 2010. Online verfügbar unter http://www.iaea.info/documents/paper_4d244f6.pdf, zuletzt geprüft am 05.03.2014.

Krasil'nikova, Marina; Bondarenko, Natal'ja (2012): Analiz vzaimosvjazej sistemy obrazovanija i rynka truda v Rossii za poslednie 5 let. Vysšaja Škola Ekonomiki. Moskva (Monitoring ekonomiki obrazovanija, 58).

Krastev, Ivan (2002): A Moral Economy of Anti-Corruption Sentiments in Eastern Europe. In: Yehuda Elkana und Ivan Krastev (Hg.): Unraveling ties. From social cohesion to new practices of connectedness. Frankfurt, New York: Campus, S. 99–116.

Krastev, Ivan (2004): Shifting Obsessions. Three Essays on the Politics of Anticorruption. Budapest: Central European University Press.

Kravcova, Marija (2014): Mežstranovoj analiz rynočnoj i setevoj korrupcii: faktory, posledstvija, vzaimosvjaz'. Dissertacija. Higher School of Economics, Moscow.

Kremen, Vasyl; Nikolajenko, Stanislav (2006): Higher Education in Ukraine. Unesco Cepes. Bucharest.

Kreps, David M.; Milgrom, Paul; Roberts, John; Wilson, Robert (1982): Rational cooperation in the finitely repeated prisoners' dilemma. In: *Journal of Economic Theory* 27 (2), S. 245–252. DOI: 10.1016/0022-0531(82)90029-1.

Krivenjuk, Anton (2012): Kak izbavit'sja ot Trapša za 100 tysjač. In: *GeorgiaTimes*, 16.01.2012. Online verfügbar unter http://www.georgiatimes.info/analysis/70554.html, zuletzt geprüft am 07.01.2015.

Kubicek, Paul (2009): Problems of post-communism: Ukraine after the Orange Revolution. In: *Democratization* 16 (2), S. 323–343. DOI: 10.1080/13510340902732524.

Küchler, Florian; Guttke, Matthias; Schwajka, Oksana (2011): Rolle vorwärts oder rückwärts? - Hochschulreform in der Ukraine. In: *Ukraine-Analysen* (90), S. 2–6.

Kuckartz, Udo; Dresing, Thorsten; Rädiker, Stefan; Stefer, Claus (Hg.) (2008): Qualitative Evaluation. Der Einstieg in die Praxis. Wiesbaden: VS Verlag für Sozialwissenschaften.

Kuebart, Friedrich (2001): Das russische Bildungswesen im Spannungsfeld von Kontinuität und Umbruch. In: Hans-Hermann Höhmann und Hans-Henning Schröder (Hg.): Russland unter neuer Führung. Politik, Wirtschaft und Gesellschaft am Beginn des 21. Jahrhunderts. Münster: Agenda.

Kupchinsky, Roman (2005): Ukraine: Battle Against Corruption Grinds To A Halt. Radion Free Europa/Radio Liberty. Online verfügbar unter http://www.rferl.org/content/article/1061677.html, zuletzt geprüft am 04.04.2013.

Kusek, Jody Zall; Rist, Ray C. (2004): Ten steps to a results-based monitoring and evaluation system. A handbook for development practitioners. Washington D.C.

Kuzio, Taras (2005): The opposition's road to success. In: *Journal of Democracy* 16 (2), S. 117–130.

Kuz'minov, Jaroslav (2002): Reforma obrazovanija: pričiny i celi. In: *Otečestvennye zapiski* (2). Online verfügbar unter http://www.strana-oz.ru/2002/1/reforma-obrazovaniya-prichiny-i-celi, zuletzt geprüft am 08.07.2014.

Kuzminov, Yaroslav (2012): Academic Community and Contracts. Modern Challenges and Responses. In: Philip G. Altbach (Hg.): Paying the professoriate. A global comparison of compensation and contracts. New York: Routledge, S. 331–340.

Kvit, Serhiy (2012a): New dawn for higher education in Ukraine? University World News (216). Online verfügbar unter http://www.universityworldnews.com/article.php?story=20120405132528872&query=kvit, zuletzt geprüft am 03.09.2013.

Kvit, Serhiy (2012b): Student groups have vital role to play in universities and society. University World News (235). Online verfügbar unter http://www.universityworldnews.com/article.php?story=20120815133636678&query=kvit, zuletzt geprüft am 03.09.2013.

Kvit, Serhiy (2012c): New law could breathe life into higher education. University World News. Online verfügbar unter http://www.universityworldnews.com/article.php?story=20120928113702377&query=kvit, zuletzt geprüft am 16.11.2015.

Kvit, Serhiy (2013a): Modern European, not marginal post-Soviet universities needed. University World News (267). Online verfügbar unter http://www.universityworldnews.com/article.php?story=20130411130006882&query=kvit, zuletzt geprüft am 05.09.2013.

Kvit, Serhiy (2013b): An anti-education Ministry of Education. University World News (280). Online verfügbar unter http://www.universityworldnews.com/article.php?story=20130712102512854&query=kvit, zuletzt geprüft am 03.09.2013.

Lambsdorff, Johann (2007): The institutional economics of corruption and reform. Theory, evidence and policy. Cambridge: Cambridge University Press.

Lambsdorff, Johann; Schulze, Günter G. (2015): What Can We Know About Corruption? A Very Short History of Corruption Research and a List of What We Should Aim For. In: *Jahrbücher für Nationalökonomie und Statistik* 235 (2), S. 100–114.

Lambsdorff, Johann; Taube, Markus; Schramm, Matthias (Hg.) (2005): The new institutional economics of corruption. London: Routledge (Routledge frontiers of political economy, 64).

Lane, David (2008): The Orange Revolution: 'People's Revolution' or Revolutionary Coup? In: *British Journal of Politics & International Relations* 10 (4), S. 525–549. DOI: 10.1111/j.1467-856x.2008.00343.x.

Lassila, Jussi (2015): Fallstricke der Kremlschen Vox Populi: Die Allrussische Volksfront. In: *Russland-Analysen* (296), S. 2–5.

Lauth, Hans-Joachim (1999): Informelle Institutionen politischer Partizipation und ihre demokratietheoretische Bedeutung. Klientelismus, Korruption, Putschdrohung und ziviler Widerstand. In: Hans-Joachim Lauth und Ulrike Liebert (Hg.): Im Schatten demokratischer Legitimität. Informelle Institutionen und politische Partizipation im interkulturellen Demokratienvergleich. Opladen [u.a.]: Westdeutscher Verlag, S. 61–84.

Laverty, Nicklaus (2008): The Problem of Lasting Change: Civil Society and the Colored Revolutions in Georgia and Ukraine. In: *Demokratizatsiya: The Journal of Post-Soviet Democratization* 16 (2), S. 143–162.

Ledeneva, Alena (1998): Russia's economy of favours. Blat, networking, and informal exchange. Cambridge, UK, New York, NY, USA: Cambridge University Press.

Ledeneva, Alena (2008): Telephone Justice in Russia. In: *Post-Soviet Affairs* 24 (4), S. 324–350. DOI: 10.2747/1060-586X.24.4.324.

Ledeneva, Alena (2009): From Russia with Blat: Can Informal Networks Help Modernize Russia? In: *Social Research* 76 (1), S. 257–288.

Leff, Nathaniel H. (1964): Economic Development Through Bureaucratic Corruption. In: *American Behavioral Scientist* 8 (3), S. 8–14. DOI: 10.1177/000276426400800303.

Leite, Carlos; Weidmann, Jens (1999): Does mother nature corrupt? Natural resources, corruption and economic growth. International Monetary Fund (IMF Working Paper, 85). Online verfügbar unter https://www.imf.org/external/pubs/ft/wp/1999/wp9985.pdf, zuletzt geprüft am 18.12.2015.

Lenta.ru (2010): Ministra obrazovanija Karačaevo-Čerkesii uvolili za anomal'nye itogi EGE. Online verfügbar unter http://lenta.ru/news/2010/08/02/exam/, zuletzt geprüft am 05.01.2015.

Lenta.ru (2011): Otčislili. Rektor "vtorogo meda" uvolen za "abiturientov-prizrakov". Moscow. Online verfügbar unter http://lenta.ru/articles/2011/08/10/rector/, zuletzt aktualisiert am 10.08.2011, zuletzt geprüft am 08.01.2015.

Lenz, René (2014): Externe bildungspolitische Akteure in der Russischen Föderation. Universität Erfurt, Erfurt.

Leont'eva, El'vira (2010): Dar ili korrupcija? Issledovanie, počemu trudno byt' blagodarnym čelovekom v rossijskom vuze. In: *Terra Economicus* 8 (3), S. 82–90.

Leontyeva, Elvira (2011): Informal Ways of Obtaining Grades in Modern Russian Universities. How Daily Ties Become Corruption Networks. In: Zdenka Mansfeldová und Heiko Pleines (Hg.): Informal relations from democratic representation to corruption. Case studies from Central and Eastern Europe. Stuttgart: Ibidem (Changing Europe, 8), S. 241–254.

Leontyeva, Elvira (2013): Corruption Networks in the Sphere of Higher Education: An example from Russian Mass Universities. In: Nicolas Hayoz und Christian Giordano (Hg.): Informality in Eastern Europe. Structures, Political Cultures and Social Practices. Bern: Peter Lang (Interdisciplinary Studies on Central and Eastern Europe, 11), S. 357–377.

Levada Centr (02.09.2013): O kačestve obrazovanija. Online verfügbar unter http://www.levada.ru/02-09-2013/o-kachestve-obrazovaniya, zuletzt geprüft am 12.03.2015.

Levada Centr (2015): Otnošenie k EGE i sozdaniju edinogo učebnika. Online verfügbar unter http://www.levada.ru/03-06-2015/otnoshenie-k-ege-i-sozdaniyu-edinogo-uchebnika.

Levin, Mark; Satarov, Georgy (2000): Corruption and institutions in Russia. In: *European Journal of Political Economy* 16, S. 113–132.

Levin, Mark; Galickij, Efim (2004): Korrupcija v sfere obrazovanija. Vysšaja Škola Ekonomiki. Moskva (Monitoring ekonomiki obrazovanija, 6).

Levin, Mark; Satarov, Georgij (2012): Korrupcija v Rossii. Klassifikacija i dinamika. In: *Voprosy Ekonomiki* (12), S. 4–29.

Levčenko, Aleksej (2009): Činovniki peregruzili Rossiju. In: *Gazeta.ru*, 19.03.2009. Online verfügbar unter http://www.gazeta.ru/politics/2009/03/19_a_2960575.shtml, zuletzt geprüft am 05.03.2015.

Levitsky, Steven; Way, Lucan (2002): Elections Without Democracy: The Rise of Competitive Authoritarianism. In: *Journal of Democracy* 13 (2), S. 51–65.

Liberman, Julia; Clarke, Marguerite (2012): Review of World Bank Support for Student Assessment Activities in Client Countries, 1998-2009. The World Bank. Washington D.C.

Likarčuk, Igor' (2008): Oficijnij zvit pro provedennja zovnišn'ogo nezaležnogo ocinjuvannja znan' vipusknikiv zagal'noosvitnich navčal'nich zakladiv Ukraini v 2008 r. Visnik TIMO (7-8).

Likarčuk, Igor' (2012): Lipovyj privkus medal'nogo zolota. In: *Zerkalo Nedeli*, 15.02.2012 (22). Online verfügbar unter http://gazeta.zn.ua/EDUCATION/lipovyy_privkus__medalnogo_zolota.html, zuletzt geprüft am 23.01.2014.

Lindenberg, Siegwart (1977): Individuelle Effekte, kollektive Phänomene und das Problem der Transformation. In: Klaus Eichner und Werner Habermehl (Hg.): Probleme der Erklärung sozialen Verhaltens. 1. Aufl. Meisenheim am Glan: Hain, S. 46–84.

Lindner, Rainer (2008): Russlands defekte Demographie. Zukunftsrisiken als Kooperationschance. Stiftung Wissenschaft und Politik. Berlin.

Liu, Qijun; Yaping Peng (2015): Determinants of Willingness to Bribe: Micro Evidence from the Educational Sector in China. In: *Jahrbücher für Nationalökonomie und Statistik* 235 (2), S. 168–183.

Ljubownikow, Sergej; Crotty, Jo (2014): Civil Society in a Transitional Context: The Response of Health and Educational NGOs to Legislative Changes in Russia's

Industrialized Regions. In: *Nonprofit and Voluntary Sector Quarterly* 43 (4), S. 759–776. DOI: 10.1177/0899764013482396.

Lockheed, Marlaine E. (1992): World Bank Support for Capacity Building. The Challenge of Educational Assessment. The World Bank. Washington D.C.

Lokshyna, Olena (2003): External Asessment of Student Achievements. In: Ministry of Education and Science of Ukraine (Hg.): Reform Strategy for Education in Ukraine. Educational Policy Recommendations. Kyiv, S. 83–108.

Lozovskij, Bogdan (2006): Ministr obrazovanija postavil sebe začet. Stanislav Nikolaenko rasskazal o prodelannoj rabote. In: *Kommersant" Ukraina*, 16.06.2006. Online verfügbar unter http://www.kommersant.ua/doc/682777, zuletzt geprüft am 08.04.2013.

Lozowy, Ivan (2011): The 'Ukrainophobe' in Charge of Educating His Country's Youth. Transitions Online. Online verfügbar unter http://www.tol.org/client/article/22761-university-education-policy-students.html, zuletzt geprüft am 23.04.2013.

Lugon-Moulin, Anne (2010): Mismatches between Corruption Perception, Corruption Victimisation and Anti-Corruption Measures. In: Sebastian Wolf und Diana Schmidt-Pfister (Hg.): International anti-corruption regimes in Europe. Between corruption, integration, and culture. Baden-Baden: Nomos, S. 125–135.

Luhmann, Niklas (1968): Vertrauen. Ein Mechanismus der Reduktion sozialer Komplexität. Soziologische Gegenwartsfragen. Stuttgart: Enke.

Luhmann, Niklas (1987): Rechtssoziologie. 3. Aufl. Opladen: Westdeutscher Verlag.

Luhn, Alec (2014): As Far-Right Groups Infiltrate Kiev's Institutions, the Student Movement Pushes Back. A left-leaning student movement could provide an alternative to the right-wing dominance of Ukraine's street protests and parliamentary politics. In: *The Nation*, 04.03.2014. Online verfügbar unter http://www.thenation.com/article/178662/far-right-groups-infiltrate-kievs-institutions-student-movement-pushes-back, zuletzt geprüft am 25.03.2014.

Luk'yanova, Evgeniya (2012): Russian Educational Reform and the Introduction of the Unified State Exam. A View from the Provinces. In: *Europe-Asia Studies* 64 (10), S. 1893–1910. DOI: 10.1080/09668136.2012.717361.

Malinin, Viktor (2010): Universiteti korupcii. Višča škola privčae majbutnju elitu do chabariv. In: *Tižden'*, 06.08.2010. Online verfügbar unter http://tyzhden.ua/Publication/1724., zuletzt geprüft am 13.03.2014.

Malmendier, Ulrike; Schmidt, Klaus (2012): You owe me. National Bureau of Economic Research. Cambridge, MA (NBER Working paper Series, 18543). Online verfügbar unter http://www.nber.org/papers/w18543, zuletzt geprüft am 02.10.2013.

Management Systems International (2009): Zagal'nonacional'ne doslidžennja stanu korupcii u sferi viščoi osviti. Bazove ta povtorne doslidžennja 2008. Kiiv.

Management Systems International; Kyiv International Institute of Sociology (Hg.) (2009): Corruption in Ukraine. National Study on Corruption during Admission to Higher Education Establishments. Comparison of the 2007, 2008 and 2009 surveys for the MCC Threshold Country Program.

Mannow, P. (2003): Politische Korruption als Gegenstand der Politikwissenschaft. Eine Kritik des Forschungsstandes. In: Hans Herbert von Arnim und Britta Bannenberg (Hg.): Korruption. Netzwerke in Politik, Ämtern und Wirtschaft. München: Droemer Knaur, S. 204–234.

Marquand, Judith (2010): The Democratisation of Higher Education in Russia. In: David Johnson (Hg.): Politics, modernisation and educational reform in Russia. From past to present. Oxford: Symposium Books.

Mauro, Paolo (1995): Corruption and Growth. In: *The Quarterly Journal of Economics* 110 (3), S. 681–712.

Mauss, Marcel; Ritter, Henning (1990): Die Gabe. Form und Funktion des Austauschs in archaischen Gesellschaften. Frankfurt am Main: Suhrkamp.

McDevitt, Andrew (2015): The State of Corruption. Armenia, Azerbaijan, Georgia, Moldova and Ukraine. Hg. v. Transparency International.

McFaul, Michael (2007): Ukraine Imports Democracy: External Influences on the Orange Revolution. In: *International Security* 32 (2), S. 45–83. DOI: 10.1162/isec.2007.32.2.45.

Meier, Bettina (Hg.) (2004): Teaching integrity to youth. Examples from 11 countries. Transparency International. Berlin.

Meister, Stefan (2008): Das postsowjetische Universitätswesen zwischen nationalem und internationalem Wandel. Die Entwicklung der regionalen Hochschule in Russland als Gradmesser der Systemtransformation. Stuttgart: Ibidem.

Meister, Stefan (2009): Föderale Hochschulen – Russlands neue Kaderschmieden? In: *Russland-Analysen* (185), S. 2–5.

Melville, Andrei; Mironyuk, Mikhail (2015): "Bad enough governance". State capacity and quality of institutions in post-Soviet autocracies. In: *Post-Soviet Affairs*, S. 1–20. DOI: 10.1080/1060586X.2015.1052215.

Merežko, Oleksandr; Antonovič, Miroslava (2006): Jak podolati korupciju. In: *Zerkalo Nedeli*, 27.10.2006. Online verfügbar unter http://gazeta.dt.ua/EDUCATION/yak_podolati_koruptsiyu.html, zuletzt geprüft am 13.03.2014.

Merl, Stephan (2010): Kann der Korruptionsbegriff auf Russland und die Sowjetunion angewandt werden? In: Niels Grüne (Hg.): Korruption. Historische Annäherungen an eine Grundfigur politischer Kommunikation. Göttingen: Vandenhoeck & Ruprecht, S. 247–279.

Meyer, Gerd (2008a): Formal and Informal Politics: Questions, Concepts and Subjects. In: Gerd Meyer (Hg.): Formal institutions and informal politics in Central and Eastern Europe. Hungary, Poland, Russia and Ukraine. 2. Aufl. Opladen, Germany, Farmington Hills, MI: Barbara Budrich, S. 15–142.

Meyer, Gerd (Hg.) (2008b): Formal institutions and informal politics in Central and Eastern Europe. Hungary, Poland, Russia and Ukraine. 2. Aufl. Opladen, Germany, Farmington Hills, MI: Barbara Budrich.

Micklewright, John (1999): Education, inequality and transition. In: *Economics of Transition* 7 (2), S. 343–376. DOI: 10.1111/1468-0351.00017.

Miebach, Bernhard (2010): Soziologische Handlungstheorie. Eine Einführung. 3. Aufl. Wiesbaden: VS Verlag für Sozialwissenschaften.

Mildner, Kirk (1995): Korruption in Rußland. In: Hellmut Wollmann und Attila Ágh (Hg.): Transformation sozialistischer Gesellschaften. Am Ende des Anfangs. Opladen: Westdeutscher Verlag, S. 346–364.

Miller, William L.; Grødeland, Åse Berit; Koshechkina, Tatyana Y. (2001): A culture of corruption? Coping with government in post-communist Europe. Budapest, New York: CEU Press.

Minakov, Michail (2014): Sotrudničestvo i konkurencija meždu organizacijami graždanskogo obščestva, pravjaščimi elitami i oligarchami posle Majdana 2013-2014. In: *Forum novejšej vostočnoevropejskoj istorii i kul'tury* (2), S. 117–131. Online verfügbar unter http://www1.ku-eichstaett.de/ZIMOS/forum/docs/forumruss22/10MinakovGrazhdanskoje.pdf, zuletzt geprüft am 28.04.2015.

Ministerstvo obrazovanija i nauki Ukrainy (01.02.2006): Prikaz Ob utverždenii Uslovij priema v vysšie učebnye zavedenija Ukrainy. No. 71. Online verfügbar unter http://zakon4.rada.gov.ua/laws/show/z0111-06, zuletzt geprüft am 12.02.2014.

Ministerstvo obrazovanija i nauki Rossijskoj Federacii (2001): Sravnitel'nyj analiz sistemy obespečenija edinogo ekzamena v zarubežnych stranach. Otčet Centra sravnitel'noj obrazovatel'noj politiki MO RF. Moskva.

Ministerstvo Ekonomičeskogo Razvitija Rossijskoj Federacii (2011): Sostojanie bytovoj korrupcii v Rossijskoj Federacii. Po osnovanii rezul'tatov sociologičeskogo issledovanija, provedennogo vo vtorom polugodii 2010 g. Moskva.

Ministerstvo justicii Ukrainy (Hg.) (2012): Zvit pro rezul'tati provedennja zachodiv ščodo zapobigannja i protidii korupcii u 2011 roci. Ministerstvo justicii Ukraini. Kiiv.

Ministry of Education and Science of the Republic of Lithuania (Hg.) (2006): Anti-corruption education at school. Methodical materials for general higher education schools. Vilnius: Modern Didactics Centre.

Ministry of Education and Science of Ukraine (Hg.) (2003): Reform Strategy for Education in Ukraine. Educational Policy Recommendations. Kyiv.

Ministry of Education of Ukraine (1999): Education for All 2000 Assessment. Ukraine National Report. Kyiv. Online verfügbar unter http://www.unesco.org/education/wef/countryreports/ukraine/contents.html#cont, zuletzt geprüft am 09.03.2014.

Mironov, V. V. (2013): On the Reform of Russian Education. In: *Russian Education & Society* 55 (12), S. 3–63. DOI: 10.2753/RES1060-9393551201.

Morgner, Matthias; Hüner, Klaus (2014): Lustration: Fluch oder Segen? Deutsche Beratergruppe Ukraine. Berlin (Newsletter, 71).

Morris, Jeremy; Polese, Abel (2014a): Informal health and education sector payments in Russian and Ukrainian cities: Structuring welfare from below. In: *European Urban and Regional Studies*.

Morris, Jeremy; Polese, Abel (Hg.) (2014b): The informal post-socialist economy. Embedded practices and livelihoods. New York: Routledge.

Mrowczynski, Rafael (2010): Im Netz der Hierarchien. Russlands sozialistische und postsozialistische Mittelschichten. Wiesbaden: VS Verlag für Sozialwissenschaften.

Muchametšina, Elena (2013a): Učenye milliony. Vpervye opublikovany svedenija o dochodach rektorov rossijskich vuzov, podvedomstvennych Ministerstvu obrazovaniju i nauki. In: *Gazeta.ru*, 10.06.2013. Online verfügbar unter http://www.gazeta.ru/social/2013/06/10/5375705.shtml, zuletzt geprüft am 17.09.2014.

Muchametšina, Elena (2013b): Arestovan po summe ballov. Ministr obrazovanija Karačaevo-Čerkesii zaderžan za vzjatku ot roditelej dvuch vypusknikov za uspešnuju sdaču EGE. In: *Gazeta.ru*, 08.07.2013. Online verfügbar unter http://www.gazeta.ru/social/2013/07/08/5416413.shtml, zuletzt geprüft am 16.05.2014.

Muchametšina, Elena (2013c): «Lomonosovych bol'še ne budet». Matematik i nastavnik Grigorija Perel'mana Sergej Rukšin rasskazal «Gazete.Ru», v čem ošibki reformy rossijskogo obrazovanija. In: *Gazeta.ru*, 25.11.2013. Online verfügbar unter http://www.gazeta.ru/social/2013/11/22/5764921.shtml, zuletzt geprüft am 27.11.2013.

Muchametšina, Elena (2014a): EGE terjaet bally. Minobrnauki ozvučil rezul'taty EGE, kotorye okazalis' gorazdo niže prošlogodnich. In: *Gazeta.ru*, 02.07.2014. Online verfügbar unter http://www.gazeta.ru/social/2014/07/02/6095421.shtml, zuletzt geprüft am 11.09.2014.

Muchametšina, Elena (2014b): Skudnye, no svoi. «Gazeta.Ru» posmotrela, kak EGE sdali regiony, k kotorym v etom godu bylo pristal'noe vnimanie. In: *Gazeta.ru*,

18.07.2014. Online verfügbar unter http://www.gazeta.ru/social/2014/07/18/6119093.shtml, zuletzt geprüft am 11.09.2014.

Muckle, James (2010): Concepts of Education in Russia: from past to present. In: David Johnson (Hg.): Politics, modernisation and educational reform in Russia. From past to present. Oxford: Symposium Books.

Mühle, Eduard (1995): Die "Entsowjetisierung" der russischen Hochschule: Historische Voraussetzungen, Anliegen und Verlauf der Hochschulreform in Rußland seit 1985. Bonn: Hochschulrektorenkonferenz.

Mungiu-Pippidi, Alina (2006): Corruption: Diagnosis and treatment. In: *Journal of Democracy* 17 (3), S. 86–99.

Mungiu-Pippidi, Alina (2014): Of Virtuous Circles: Modeling Control of Corruption Beyond Modernization (APSA 2014 Annual Meeting Paper).

Mungiu-Pippidi, Alina (2015): The quest for good governance. How societies develop control of corruption. Cambridge: Cambridge University Press.

Myklebust, Jan Petter (2010): Ukraine: Universities 'face new Iron Curtain'. University Wold News. Online verfügbar unter http://www.universityworldnews.com/article.php?story=20101218204355444&query=kvit, zuletzt geprüft am 28.08.2013.

Naím, Moisés (2005): Bad Medicine. The war on corruption is leaving the world worse than we found it. In: *Foreign Policy* (147), S. 95–96.

Naím, Moisés (2009): What is a GONGO? How government-sponsored groups masquerade as civil society. Foreign Policy. Online verfügbar unter http://foreignpolicy.com/2009/10/13/what-is-a-gongo/, zuletzt geprüft am 04.06.2015.

Nasyrov, Evgenij (2012a): Urok dlja slepych. Za razoblačeniem korrupcionnoj schemy v RGGU možet posledovat' «optimizacija» vsech bjudžetnych vuzov. In: *Moskovskie Novosti*, 06.06.2012. Online verfügbar unter http://www.mn.ru/society_edu/20120606/319878769.html, zuletzt geprüft am 07.01.2015.

Nasyrov, Evgenij (2012b): Podrostki vyigrali Vserossijskuju olimpiadu, ne učastvuja v nej. Fal'šivye prizery škol'nych olimpiad bez ekzamenov postupajut v prestižnye vuzy. In: *Moskovskie Novosti*, 19.09.2012. Online verfügbar unter http://www.mn.ru/society_edu/20120919/327339234.html, zuletzt geprüft am 28.01.2015.

Natchov, Timur; Poliščuk, Leonid (2012): Inženery ili juristy? Instituty i spros na vysšee obrazovanie. In: *Voprosy Ekonomiki* (10), S. 30–51.

„Net" – razrušitel'nym eksperimentam v obrazovanii. Otkrytoe pis'mo Prezidentu Rossii V.V.Putinu (2004). In: *Pervoe Sentjabrja* (38). Online verfügbar unter http://ps.1september.ru/article.php?ID=200403805.

Newsru.com (30.04.2014): Minobrnauki naznačilo novogo rektora RGSU vmesto uvolennoj za plagiat Lidii Fedjakinoj. Moscow. Online verfügbar unter http://www.newsru.com/russia/30apr2014/rgsu.html, zuletzt geprüft am 15.05.2015.

Newsru.com (08.08.2014): Samogo molodogo doktora nauk i doverennoe lico Putina lišili stepeni iz-za plagiata v ee dissertacii. Online verfügbar unter http://www.newsru.com/russia/08aug2014/disser.html, zuletzt geprüft am 24.09.2014.

Nikolaev, Denis; Chugunov, Dmitry (2012): The education system in the Russian Federation. Education Brief 2012. Washington D.C.: World Bank.

North, Douglass C. (1990): Institutions, institutional change, and economic performance. Cambridge, MA: Cambridge University Press.

North, Douglass C. (1992): Institutionen, institutioneller Wandel und Wirtschaftsleistung. Tübingen: Mohr.

North, Douglass C. (1994): Economic Performance Through Time. In: *The American Economic Review* 84 (3), S. 359–368.

Nullmeier, Frank (2005): Output-Steuerung und Performance Measurement. In: Bernhard Blanke, Stephan von Bandemer, Frank Nullmeier und Göttrik Wewer (Hg.): Handbuch zur Verwaltungsreform. Wiesbaden: VS Verlag für Sozialwissenschaften, S. 431–444.

Nurshayeva, Raushan (2015): EBRD praises Ukraine anti-corruption drive, urges more reform. Reuters. Online verfügbar unter http://www.reuters.com/article/2015/06/04/ukraine-crisis-ebrd-idUSL5N0YQ3C720150604, zuletzt geprüft am 22.06.2015.

Nutzinger, Hans G. (2009): Institutionen verstehen: Zur Integration von ökonomischer und soziologischer Betrachtungsweise. In: Mateusz Stachura, Agathe Bienfait, Gert Albert und Steffen Sigmund (Hg.): Der Sinn der Institutionen. Mehr-Ebenen- und Mehr-Seiten-Analyse. Wiesbaden: VS Verlag für Sozialwissenschaften, S. 125–154.

Nye, Joseph S. (1967): Corruption and Political Development. A Cost-benefit Analysis. In: *The American Political Science Review* 61 (2), S. 417–427.

Obozrevatel' (2010): Ešče odin zamestitel' Tabačnika podal v otstavku. Online verfügbar unter http://obozrevatel.com/news/2010/3/16/356545.htm, zuletzt geprüft am 02.08.2013.

Obščestvennaja palata Rossijskoj Federacii: Uroki provedenija EGE - 2010. Po materialam obraščenija graždan na gorjačuju liniju Obščestvennoj palaty Rossijskoj Federacii "EGE - 2010". Analitičeskij doklad. Moskva.

Obščestvennaja palata Rossijskoj Federacii (Hg.) (2013): Doklad ob effektivnosti provodimych v Rossijskoj Federacii antikorrupcionnych meroprijatij i učastii institutov graždanskogo obščestva v realizacii antikorrupcionnoj politiki za 2013 god. Obščestvennaja palata Rossijskoj Federacii. Moskva.

Obydenkova, Anastassia; Libman, Alexander (2015): Understanding the survival of post-Communist corruption in contemporary Russia: the influence of historical legacies. In: *Post-Soviet Affairs* 31 (4), S. 304–338.

Ochotin, Grigorij (2015): Agentenjagd. Die Kampagne gegen NGOs in Russland. In: *Osteuropa* (1-2), S. 83–94.

Ochse, Katharina (2004): Preventing Corruption in the Education System. A practical guide. Deutsche Gesellschaft für Technische Zusammenarbeit (GTZ). Eschborn.

O'Donnell, Guillermo (1996): Illusions about Consolidation. In: *Journal of Democracy* 7 (2), S. 34–51.

OECD (1998): Reviews of national policies for education - Russian Federation. Paris: OECD.

OECD (Hg.) (1999): Tertiary Education and Research in the Russian Federation. OECD. Paris.

OECD (Hg.) (2003): Fighting Corruption. What role for civil society? The experience of the OECD. OECD. Paris.

OECD (2004): Equity in Education. Thematic Review. Country Analytical Report. Russian Federation. Moscow.

OECD (2014): Education at a glance 2013. OECD indicators.

Official Homepage of the President of Russia: Vladimir Putin vručil nagrady pobediteljam konkursa «Učitel' goda Rossii – 2012». Online verfügbar unter http://kremlin.ru/events/president/news/16583, zuletzt geprüft am 23.01.2014.

Okuneva, Dar'ja; Semenova, Anna (2006): Zolotaja lichoradka. Čislo škol'nych medalistov rastet v Rossii takimi tempami, čto vuzy gotovy otmenit' dlja nich vse l'goty. In: *Novye Izvestija*, 02.06.2006. Online verfügbar unter http://www.newizv.ru/society/2006-06-02/47485-zolotaja-lihoradka.html.

Olednij, Lesja (2006): Vnešnee ocenivanie ne zastrachovano ot korrupcii. Razgovor s Liliej Grinevič, direktorom Centra testovych technologij. In: *L'vivs'kaja Gazeta*, 15.02.2006 (28). Online verfügbar unter http://www.osvita.org.ua/ukrtest/articles/03/, zuletzt geprüft am 21.04.2014.

Olken, Benjamin A. (2009): Corruption perceptions vs. corruption reality. In: *Journal of Public Economics* 93 (7-8), S. 950–964. DOI: 10.1016/j.jpubeco.2009.03.001.

Oniščenko, Oksana (2011): Sumerki, kotorye chotjat vydat' za rassvet. In: *Zerkalo Nedeli*, 22.04.2011. Online verfügbar unter http://gazeta.zn.ua/EDUCATION/sumerki,_kotorye_hotyat_vydat_za_rassvet.html, zuletzt geprüft am 12.03.2014.

Oniščenko, Oksana (2012): Korrupcija - ne prestuplenie? In: *Zerkalo Nedeli*, 24.11.2012 (42). Online verfügbar unter http://aafnet.integrum.ru/artefact3/ia/ia5.aspx?lv=6&si=stELmD2R&qu=221&st=0&bi=5958&xi=&nd=52&tnd=0&srt=0&f=0, zuletzt geprüft am 13.03.2014.

Oniščenko, Oksana (2013a): "Kosjaki" v vysšem obrazovanii? In: *Zerkalo Nedeli*, 01.03.2013. Online verfügbar unter http://gazeta.dt.ua/EDUCATION/kosyak-u-vischiy-osviti-_.html, zuletzt geprüft am 11.09.2013.

Oniščenko, Oksana (2013b): Gospoda činovniki, eto ne spam! In: *Zerkalo Nedeli*, 25.10.2013 (39). Online verfügbar unter http://gazeta.zn.ua/EDUCATION/gospoda-chinovniki-eto-ne-spam-_.html, zuletzt geprüft am 28.02.2014.

Onoshchenko, Olga; Williams, Colin C. (2014): Evaluating the role of blat in finding graduate employment in post-Soviet Ukraine. In: *Employee Relations* 36 (3), S. 254–265. DOI: 10.1108/ER-06-2013-0070.

OPORA (2013): Doslidžennja rezul'tativ zarachuvannja abiturientiv na kožnomu z etapiv konkursnogo vidboru.

Orlova, Alexandra (2008): Korruption in Russland. Vom Mythos des Marktes und des Staates als Gegenmittel. In: *Osteuropa* 58 (1), S. 21–34.

Orttung, Robert (2014): Corruption in Russia. In: *Russian Analytical Digest* (144), S. 2–4.

Osborne, David; Gaebler, Ted (1992): Reinventing government. How the entrepreneurial spirit is transforming the public sector. Reading, Mass.: Addison-Wesley.

Osipian, Ararat L. (2007a): Corrupt Organizational Hierarchies in the Former Soviet Bloc. Vanderbilt University.

Osipian, Ararat L. (2007b): Higher education corruption in Ukraine as reflected in the nation's media. Online verfügbar unter http://mpra.ub.uni-muenchen.de/8464/, zuletzt geprüft am 17.02.2011.

Osipian, Ararat L. (2009a): Corruption and Reform in Higher Education in Ukraine. In: *Canadian and International Education* 38 (2), S. 103–122.

Osipian, Ararat L. (2009b): Corruption hierarchies in higher education in the former Soviet Bloc. In: *International Journal of Educational Development* 29 (3), S. 321–330. DOI: 10.1016/j.ijedudev.2008.08.006.

Osipian, Ararat L. (2009c): 'Feed from the Service'. Corruption and coercion in state-university relations in Central Eurasia. In: *rcie* 4 (2), S. 182. DOI: 10.2304/rcie.2009.4.2.182.

Osipian, Ararat L. (2009d): The impact of human capital on economic growth. A case study in post-Soviet Ukraine, 1989-2009. New York, NY: Palgrave Macmillan.

Osipian, Ararat L. (2011): Economics of Corruption in Doctoral Education: The Dissertations Market. In: *Economics of Education Review* 31 (1), S. 76–83.

Osipian, Ararat L. (2012a): Education corruption, reform, and growth: Case of Post-Soviet Russia. In: *Journal of Eurasian Studies* 3 (1), S. 20–29. DOI: 10.1016/j.euras.2011.10.003.

Osipian, Ararat L. (2012b): Who is Guilty and What to Do? Popular Opinion and Public Discourse of Corruption in Russian Higher Education. In: *Canadian and International Education* 41 (1), S. 81–95, zuletzt geprüft am 10.07.2012.

Osipian, Ararat L. (2015): Global and Local: Standardized Testing and Corruption in Admissions to Ukrainian Universities. In: Carolyn A. Brown (Hg.): Globalization, International Education Policy and Local Policy Formation. Dordrecht: Springer, S. 215–234.

Osvita.ua (2010): Juščenko radit' Janukoviču ne zgortati reform v osviti. Online verfügbar unter http://osvita.ua/vnz/news/6684/, zuletzt geprüft am 11.02.2014.

Osvita.ua (2011a): Orobec zajavljaet o fal'sifikacii rešenija parlamentskogo komiteta po obrazovaniju. Online verfügbar unter http://ru.osvita.ua/vnz/news/13075/, zuletzt geprüft am 28.08.2013.

Osvita.ua (2011b): Janukovič rozkritikuvav zakonoproekt "Pro višču osvitu". Online verfügbar unter http://osvita.ua/vnz/news/18192/, zuletzt geprüft am 28.08.2013.

Osvita.ua (2011c): Cel'ju s'ezda pedagogov javljaetsja "vsenarodnaja podderžka" rukovodstva ministerstva, - Akademija nauk vyssej školy. Online verfügbar unter http://ru.osvita.ua/vnz/news/24136/, zuletzt geprüft am 07.05.2014.

Osvita.ua (2013a): Studenty pomešali prinjatiju ministerskogo zakonoproekta. Online verfügbar unter http://ru.osvita.ua/vnz/news/34388/, zuletzt geprüft am 11.09.2013.

Osvita.ua (2013b): Abiturienty mogut poterjat' šans na prozračnoe postuplenie, - Komitet VR. Osvita.ua. Online verfügbar unter http://ru.osvita.ua/vnz/consultations/37632/, zuletzt geprüft am 17.12.2013.

Osvita.ua (2014): Studenty zajavili o korrupcii v Universitete Bogomol'ca. Online verfügbar unter http://ru.osvita.ua/vnz/39925/, zuletzt geprüft am 04.04.2014.

Paldam, Martin (2002): The cross-country pattern of corruption: economics, culture and the seesaw dynamics. In: *European Journal of Political Economy* 18 (2), S. 215–240. DOI: 10.1016/S0176-2680(02)00078-2.

Panfilova, Elena (2012): Zwang zur Transparenz. Russland und die Geißel der Korruption. In: *Osteuropa* 62 (6-8), S. 241–249.

Panov, Pavel (2014): Raschody na kontrol' za EGE okazalis' bol'še, čem na sam ekzamen. In: *Izvestija*, 02.06.2014. Online verfügbar unter http://izvestia.ru/news/573310, zuletzt geprüft am 07.07.2015.

Patico, Jennifer (2002): Chocolate and Cognac: Gifts and the Recognition of Social Worlds in Post-Soviet Russia. In: *Ethnos* 67 (3), S. 345–368. DOI: 10.1080/0014184022000031202.

Pavlova, Margarita (2010): The Modernisation of Education in Russia: culture and markets. In: David Johnson (Hg.): Politics, modernisation and educational reform in Russia. From past to present. Oxford: Symposium Books.

Pech, Birgit (2009): Korruption und Demokratisierung. Rekonstruktion des Forschungsstandes an den Schnittstellen zu Institutionenökonomik und politischer Transformationsforschung. Universität Duisburg-Essen (INEF-Report, 99). Online verfügbar unter http://inef.uni-due.de/cms/files/report99.pdf, zuletzt geprüft am 21.07.2014.

Persson, Anna; Rothstein, Bo; Teorell, Jan (2013): Why Anticorruption Reforms Fail - Systemic Corruption as a Collective Action Problem. In: *Governance* 26 (3), S. 449–471.

Petrov, Nikolay (2012): Putin's Fake Anti-Corruption Drive. In: *The Moscow Times*, 14.08.2012. Online verfügbar unter http://www.themoscowtimes.com/opinion/article/putins-fake-anti-corruption-drive/466506.html, zuletzt geprüft am 28.04.2015.

Petrov, Nikolay; Maria Lipman; Hale, Henry E. (2014): Three dilemmas of hybrid regime governance. Russia from Putin to Putin. In: *Post-Soviet Affairs* 30 (1), S. 1–26.

Petrova, A. (2005): Samyj izvestnyj vuz strany. Fond Obščestvennoe mnenie. Moskva. Online verfügbar unter http://bd.fom.ru/report/cat/edu_edu/high_education/of050106/printable/, zuletzt geprüft am 20.01.2015.

Piñera, Sebastian; Selowsky, Marcelo (1981): The optimal ability-education mix and the misallocation of resources within education magnitude for developing countries. In: *Journal of Development Economics* 8 (1), S. 111–131.

Pipes, Richard (2008): Russian patrimonialism and its political consequences. In: Otto Steiger (Hg.): Property economics. Property rights, creditor's money, and the foundations of the economy. Marburg: Metropolis, S. 113–140.

Pishchikova, Kateryna; Ogryzko, Olesia (2014): Civic awakening. The impact of Euromaidan on Ukraine's politics and society. FRIDE. Madrid.

Pleines, Heiko (1999): Geregelte Regelverletzung? Korruption und informelle Netzwerke in Rußland. In: Hans-Hermann Höhmann (Hg.): Eine unterschätzte Dimension? Zur Rolle wirtschaftskultureller Faktoren in der osteuropäischen Transformation. Bremen: Edition Temmen, S. 177–192.

Pleines, Heiko (2001): Korruption und organisierte Kriminalität. In: Hans-Hermann Höhmann und Hans-Henning Schröder (Hg.): Russland unter neuer Führung. Politik, Wirtschaft und Gesellschaft am Beginn des 21. Jahrhunderts. Münster: Agenda, S. 281–290.

Pleines, Heiko (2005a): Informelle Einflußnahme und Demokratie. Wirtschaftsakteure in Rußland und der Ukraine. In: *Osteuropa* 55 (10), S. 99–108.

Pleines, Heiko (2005b): Ukrainische Seilschaften. Informelle Einflussnahme in der ukrainischen Wirtschaftspolitik, 1992-2004. Münster: Lit.

Pleines, Heiko (2010): Demokratisierung ohne Demokraten. Die Oligarchen in der ukrainischen Politik. In: *Osteuropa* (2-4), S. 123–134.

Pleines, Heiko (2012): From Competitive Authoritarianism to Defective Democracy. Political Regimes in Ukraine before and after the Orange Revolution. In: Susan Stewart, Margarete Klein, Andrea Schmitz und Hans-Henning Schröder (Hg.): Presidents, Oligarchs and Bureaucrats. Forms of Rule in the Post-Soviet Space. Farnham, Surrey: Ashgate, S. 125–137.

Podosenov, Sergej (2013): Rossijane stali dumat' o EGE ešče chuže, čem ran'še. Po dannym «Levada-centra», čislo rossijan, podderživajuščich Edinyj gosekzamen, s 2004 goda značitel'no umen'šilos'. In: *Izvestija*, 06.06.2013. Online verfügbar unter http://izvestia.ru/news/551551, zuletzt geprüft am 12.03.2015.

Podrabinek, Aleksandr (2010): GONGO na marše. Eždenevnyj žurnal. Online verfügbar unter http://www.ej.ru/?a=note&id=10295#, zuletzt geprüft am 05.10.2015.

Polese, Abel (2006a): Border-crossing as a strategy of daily survival: The Odessa-Chisinau elektrichka. In: *Anthropology of East Europe Review* 24 (1), S. 28–37.

Polese, Abel (2006b): Paying for a Free Education. Contrary to the official version, Ukraine's schools and universities are in effect being privatized – through corruption. Transitions Online. Online verfügbar unter http://www.tol.org/client/article/17426-paying-for-a-free-education.html, zuletzt geprüft am 12.01.2015.

Polese, Abel (2008): *'If I receive it, it is a gift; if I demand it, then it is a bribe'.* On the Local Meaning of Economic Transactions in Post-Soviet Ukraine. In: *Anthropology in Action* 15 (3), S. 47–60. DOI: 10.3167/aia.2008.150305.

Polese, Abel (2009): Ukraine 2004: Informal Networks, Transformation of Social Capital and Coloured Revolutions. In: *Journal of Communist Studies and Transition Politics* 25 (2-3), S. 255–277. DOI: 10.1080/13523270902860618.

Polese, Abel; Rodgers, Peter (2011): Surviving post-socialism: the role of informal economic practices. In: *International Journal of Sociology and Social Policy* 31 (11/12), S. 612–618. DOI: 10.1108/01443331111177896.

Prakhov, Ilya (2014): The dynamics of investment in pre-entry coaching and the returns from private tutoring in Russia. Higher School of Economics. Moscow (Working Papers, WP BRP 18/EDU/2014).

Prezident Ukrainy (04.07.2005): O neotložnych merach po obespečeniju funkcionirovanija i razvitija obrazovanija v Ukraine. N 1013/2005. Online verfügbar unter http://zakon.nau.ua/doc/?uid=1093.853.0, zuletzt geprüft am 28.02.2013.

Public.ru (2011a): Korrupcija v obrazovanii: stabil'nost' dostignuta. Online verfügbar unter http://www.public.ru/corruption_education, zuletzt geprüft am 27.09.2014.

Public.ru (2011b): EGE: jubilejnye itogi. Online verfügbar unter http://www.public.ru/corruption_ege, zuletzt geprüft am 27.09.2014.

Pylypchuk, Inga (2015): Krise macht Kiew nicht nur arm, sondern auch kreativ. In: *Die Welt*, 11.05.2015. Online verfügbar unter http://welt.de/debatte/kommentare/article140779811/Krise-macht-Kiew-nicht-nur-arm-sondern-auch-kreativ.html, zuletzt geprüft am 13.05.2015.

Radiš, Natalija (2013): MON zatverdilo Umovi prijomu na 2014 rik: čogo čekati abiturientam. Opora. Online verfügbar unter http://oporaua.org/news/4145-shcho-novogo-dlja-abiturijenta-2014-proponuje-mon, zuletzt geprüft am 23.11.2013.

Rančin, Andrej (2009): Nesvoevremennye mysli: o proektach reform rossijskogo obrazovanija. In: *Neprikosnovennyj zapas* 65 (3).

Razumkov Centre (2002): Razumkov Centre Analytical Report. The System of Education in Ukraine: The State and Prospects of Development. In: *National Security & Defence* (4), S. 2–20.

Razumkov Centre (2006): Jak Vi stavitesja do perechodu školi na 12-bal'nu sistemu ocinki znan'? Online verfügbar unter http://www.razumkov.org.ua/ukr/poll.php?poll_id=259, zuletzt geprüft am 17.03.2014.

RBK (04.03.2011): MVD RF: Srednij razmer vzjatki v sisteme obrazovanija v 2010g. vyros počti v 5 raz - do 97,48 tys. rub. Moskva. Online verfügbar unter http://www.rbc.ru/fnews.open/20110304142617.shtml, zuletzt geprüft am 10.04.2015.

RBK (2012): Glava Rosobrnadzora L. Glebova perejdet na rabotu v Sovfed. Online verfügbar unter http://top.rbc.ru/politics/28/08/2012/666561.shtml, zuletzt geprüft am 01.03.2015.

Reed, Quentin (2008): Opinion on proposed measures to tackle corruption in the healthcare system in the Russian Federation. In: Project: "Russian Federation - Development of legislative and other measures for the prevention of corruption" (RUCOLA 2). Final Report. Council of Europe, S. 134–135.

Regions.ru (28.04.2006): Sergej Mironov vystupil protiv sistemy EGE. Online verfügbar unter http://regions.ru/news/1973326/.

RIA Novosti (25.01.2005): Putin položitel'no ocenivaet eksperiment po vvedeniju EGE. Moscow. RIA Novosti. Online verfügbar unter http://ria.ru/society/20050125/4922275.html, zuletzt geprüft am 19.11.2012.

RIA Novosti (23.07.2009): Četvert' stoball'nych rabot po EGE ne prošli pereproverku. Moskva. Online verfügbar unter http://ria.ru/edu_egrus/20090723/178398243.html, zuletzt geprüft am 26.09.2014.

RIA Novosti (08.06.2010): Rosobrnadzor načal rassledovanie po povodu utečki variantov EGE. Online verfügbar unter http://ria.ru/edu_egrus/20100608/243924086.html, zuletzt geprüft am 20.01.2015.

RIA Novosti (09.06.2010): Žalob na EGE v 2010 godu stalo bol'še, Rosobrnadzor provodit proverki. Online verfügbar unter http://ria.ru/edu_egrus/20100609/244415674.html.

RIA Novosti (04.07.2012): Vlasti Ingušetii rasskazali, kakie narušenija byli dopuščeny na EGE. Inguschetien. Online verfügbar unter http://www.ria.ru/edu_egrus/20120704/691633658.html, zuletzt geprüft am 15.10.2012.

RIA Novosti (22.06.2013): EGE-2013: itogi, narušenija, vyvody. Online verfügbar unter http://ria.ru/society/20130622/945059797.html, zuletzt geprüft am 06.01.2015.

RIA Novosti (28.06.2013): Bolee 30 čelovek v Dagestane budut uvoleny iz-za narušenij na EGE. Dagestann. Online verfügbar unter http://ria.ru/society/20130628/946351110.html, zuletzt geprüft am 06.01.2015.

RIA Novosti (03.07.2013): Genprokuratura zajavljaet o mnogokratnom roste narušenij pri EGE. Moskva. RIA Novosti. Online verfügbar unter http://ria.ru/society/20130730/952949765.html, zuletzt geprüft am 14.05.2014.

RIA Novosti (04.07.2013): Bolee tysjači rabot EGE v Dagestane annulirovano posle pereproverki. RIA Novosti. Online verfügbar unter http://ria.ru/society/20130704/947468108.html, zuletzt geprüft am 11.05.2014.

Riabchuk, Mykola (2013): Why We Speak Like That: Ambiguous Discourses of an Ambivalent Transformation. In: *Demokratizatsiya: The Journal of Post-Soviet Democratization* 21 (2), S. 271–287.

Richter, Horst-Eberhard (1990): Die hohe Kunst der Korruption. Erkenntnisse eines Politik-Beraters. 3. Aufl. Hamburg: Hoffmann und Campe.

Rimskij, Vladimir (2010a): Preodolenie korrupcii v sisteme obrazovanija Rossii. Doklad Moskovskogo bjuro po pravam čeloveka.

Rimskij, Vladimir (2010b): Sposobstvuet li sistema vysšego obrazovanija rasprostraneniju korrupcii v Rossii? In: *Terra Economicus* 8 (3), S. 91–102.

Rimskii, Vladimir (2013): Bribery as a Norm for Citizens Settling Problems in Government and Budget-Funded Organizations. In: *Russian Politics and Law* 51 (4), S. 8–24. DOI: 10.2753/RUP1061-1940510401.

Rjabčun, Julija (2013): Neokončennoe vysšee. Razrabotka edinogo zakonoproekta o vuzach prodolžaetsja. In: *Kommersant" Ukraina*, 28.02.2013 (34). Online verfügbar unter http://kommersant.ua/doc/2137638, zuletzt geprüft am 05.09.2013.

Robertson, Hayley (2007): Tertiary Education Assessment in Ukraine. Delegation of the European Commission to Ukraine.

Robles, Jose Manuel (2007): Bounded Rationality: A Realistic Approach to the Decision Process on a Social Environment. In: *Theoria* 16 (1), S. 41–48.

Roldugin, Oleg (2013): Ptency gnezda Putina. Sobesednik. Online verfügbar unter http://sobesednik.ru/politics/20130131-ptentsy-gnezda-putina, zuletzt geprüft am 23.11.2014.

Roščina, Jana (2006): Skol'ko stoit obrazovanie v Rossii? In: *Ekonomika obrazovanija* (1), S. 13–33.

Rose, Richard (1998): Getting Things done in an Anti-Modern Society. Social Capital Networks in Russia. The World Bank (Social Capital Initiative Working Paper, 6).

Rose, Richard (2009): Understanding post-communist transformation. A bottom up approach. London, New York: Routledge.

Rose, Richard; Mishler, William (2010): Experience versus Perception of Corruption: Russia as a test Case. In: *Global Crime* 11 (2).

Rose-Ackerman, Susan (1978): Corruption. A study in political economy. New York, San Francisco, London: Academic Press.

Rose-Ackerman, Susan (1996): Redesigning the State to Fight Corruption. Transparency, Competition and Privatization. The World Bank. Washington D.C.

Rose-Ackerman, Susan (1999): Corruption and government, causes, consequences and reform. Cambridge, MA: Cambridge University Press.

Rose-Ackerman, Susan (2004): The Challenge of Poor Governance and Corruption. Copenhagen (Copenhagen Consensus Challenge Paper).

Rose-Ackerman, Susan; Truex, Rory (2012): Corruption and Policy Reform. Working Paper Prepared for the Copenhagen Consensus Project.

Rostovtsev, Andrei (2016): Fake Academic Degress in Russia. Copy, Shake, and Paste. Online verfügbar unter http://copy-shake-paste.blogspot.de/2016/03/fake-academic-degrees-in-russia.html, zuletzt geprüft am 17.03.2016.

Roth, Klaus (Hg.) (2007a): Soziale Netzwerke und soziales Vertrauen in den Transformationsländern. Ethnologische und soziologische Untersuchungen. Wien, Zürich, Berlin: Lit.

Roth, Klaus (2007b): Trust, Networks, and Social Capital in the Transformation Countries. Ethnological Perspectives. In: Klaus Roth (Hg.): Soziale Netzwerke und soziales Vertrauen in den Transformationsländern. Ethnologische und soziologische Untersuchungen. Wien, Zürich, Berlin: Lit, S. 7–19.

Rothstein, Bo (2011): Anti-corruption. The indirect "big bang" approach. In: *Review of International Political Economy* 18 (2), S. 228–250.

Rothstein, Bo; Eek, Daniel (2009): Political Corruption and Social Trust: An Experimental Approach. In: *Rationality and Society* 21 (1), S. 81–112.

Round, John; Rodgers, Peter (2009): The Problems of Corruption in Post-Soviet Ukraine's Higher Education Sector. In: *International Journal of Sociology* 39 (2), S. 80–95. DOI: 10.2753/IJS0020-7659390204.

Rožič, Peter; Nisnevich, Yuliy A. (2015): Lustration Matters. A Radical Approach to the Problem of Corruption. In: *Studies in Comparative International Development. DOI:* 10.1007/s12116-015-9179-1.

Rumyantseva, Nataliya L. (2005): Taxonomy of Corruption in Higher Education. In: *Peabody Journal of Education* 80 (1), S. 81–92.

Russland-Analysen (2008): Umfrage: Hochschulausbildung und Hochschulzugang in Umfragen. In: *Russland-Analysen* (162), S. 12–13.

Rybina, Ljudmila (2007): Kak «pjat'» dat'. Počemu troečniki stanovjatsja zolotymi medalistami daže togda, kogda prosjat etogo s nimi ne delat'. In: *Novaja Gazeta*, 20.09.2007. Online verfügbar unter http://www.novayagazeta.ru/society/34011.html, zuletzt geprüft am 17.07.2014.

Sacharova, Jana (2011): Dekan Južnogo Federal'nogo Universiteta zaderžan za vzjatku v 200 tysjač. In: *Rostov-na-Donu Times*, 26.07.2011. Online verfügbar unter http://rostov-times.ru/stories/841.

Sager, Fritz; Ledermann, Simone (2006): Qualitative Comparative Analysis (QCA) und realistische Evaluation: Theoretische Parallelen und eine praktische Anwendung. In: Karl-Siegbert Rehberg (Hg.): Soziale Ungleichheit, kulturelle Unterschiede: Verhandlungen des 32. Kongresses der Deutschen Gesellschaft für Soziologie in München. Frankfurt am Main: Campus, S. 2048–2058.

Sahakyan, Armine (2015): If Ukraine's new anti-corruption policies succeed, other ex-Soviet states may have to take heed. In: *Kyiv Post*, 29.05.2015. Online verfügbar unter http://www.kyivpost.com/opinion/op-ed/armine-sahakyan-if-ukraines-new-anti-corruption-policies-succeed-other-ex-soviet-states-may-have-to-take-heed-389849.html?utm_campaign=traqli&utm_source=traqli&utm_medium=traqli&source=traqli, zuletzt geprüft am 04.06.2015.

Sahlberg, Pasi (2009): The role of international organisations in fighting education corruption. In: Stephen P. Heyneman (Hg.): Buying your way into heaven. Education and corruption in international perspective. Rotterdam: Sense Publishers, S. 135–154.

Sahlins, Marshall (1972): Stone Age Economics. New York: Gruyter.

Sajó, András (1998): Corruption, Clientelism, and the Future of the Constitutional State in Eastern Europe. In: *East European Constitutional Review* 7 (2), S. 37–46.

Sakwa, Richard (2009): The Quality of Freedom. Khodorkovsky, Putin and the Yukos Affair. Oxford: Oxford University Press.

Salehnejad, Reza (2007): Rationality, bounded rationality and microfoundations. Foundations of theoretical economics. New York: Palgrave Macmillan.

Sampson, Steven (2012): The anti-corruption industry: from movement to institution. In: Diana Schmidt-Pfister und Holger Moroff (Hg.): Fighting corruption in Eastern Europe. A multilevel perspective. London, New York, NY: Routledge, S. 185–202.

Sandholtz, Wayne; Koetzle, William (2000): Accounting for Corruption. Economic Structure, Democracy, and Trade. In: *International Studies Quarterly* 44 (1), S. 31–50. DOI: 10.1111/0020-8833.00147.

Sannikova, Larissa (2008): Proposals on improving the legislation on the sphere of higher education. In: Project: "Russian Federation - Development of legislative and other measures for the prevention of corruption" (RUCOLA 2). Final Report. Council of Europe, S. 124–125.

Satarov, Georgij (Hg.) (2013): Rossijskaja Korrupcija. Uroven', struktura, dinamika: Opyt sociologičeskogo analiza. Fond Liberal'naja Missija. Moskva.

Schattenberg, Susanne (2008): Die korrupte Provinz? Russische Beamte im 19. Jahrhundert. Frankfurt am Main, New York: Campus.

Schimank, Uwe (2007): Neoinstitutionalismus. In: Arthur Benz (Hg.): Handbuch Governance. Theoretische Grundlagen und empirische Anwendungsfelder. 1. Aufl. Wiesbaden: VS, Verl. für Sozialwiss., S. 162–175.

Schimmelpfennig, Frank (2006): Prozessanalyse. In: Joachim Behnke (Hg.): Methoden der Politikwissenschaft. Neuere qualitative und quantitative Analyseverfahren. Baden-Baden: Nomos, S. 263–272.

Schmidt, Diana (2007): Anti-corruption: What Do We Know? Research on Preventing Corruption in the Post-communist World. In: *Political Studies Review* 5 (2), S. 202–232.

Schmidt, Gerlind (2010): Schule und Bildungswesen in der Russischen Föderation. Bildungspolitik und Steuerung zwischen neuen Konzepten und alten Mustern. Deutsches Institut für Internationale Pädagogische Forschung.

Schmidt-Pfister, Diana (2009): Transnational anti-corruption advocacy. A multi-level analysis of civic action in Russia. In: Luís de Sousa, Peter Larmour und Barry Hindess (Hg.): Governments, NGOs and anti-corruption. The new integrity warriors. New York: Routledge, S. 135–151.

Schmidt-Pfister, Diana (2010): Transnational advocacy on the ground. Against corruption in Russia? Manchester: Manchester University Press.

Schneider-Deters, Winfried (2013): Die Ukraine nach der Parlamentswahl 2012 – »Die Familie« übernimmt die Regierung. In: *Ukraine-Analysen* (115), S. 2–7.

Schreyögg, Georg (1998): Organisation. Grundlagen moderner Organisationsgestaltung. 2. Aufl. Wiesbaden: Gabler.

Schuller, Wolfgang (2005): Korruption in der Antike. In: Ulrich von Alemann (Hg.): Dimensionen politischer Korruption. Beiträge zum Stand der internationalen Forschung. Wiesbaden: VS Verlag für Sozialwissenschaften, S. 50–60.

Schulze, Günter G.; Sjahrir, Bambang Suharnoko; Zakharov, Nikita (2013): Corruption in Russia. University of Freiburg. Freiburg (Discussion Paper Series, 22).

Scott, W. Richard (1995): Institutions and organizations. Thousand Oaks: SAGE.

Scott, W. Richard (2001): Institutions and organizations. 2. Aufl. Thousand Oaks: SAGE.

Selten, Reinhard (1990): Bounded Rationality. In: *Journal of Institutional and Theoretical Economics* 146 (4), S. 649–658.

Senturia, Joseph J. (1931): Political Corruption. In: Edwin R. A. Seligman (Hg.): Encyclopedia of the social sciences. New York: Macmillan, S. 448–452.

Serchuk, Vance (2003): Soros Pulls the Plug on Russia's Open Society Institute. In: *Forward. The Jewish Daily*, 04.07.2003. Online verfügbar unter http://forward.com/ 'articles/7611/soros-pulls-the-plug-on-russia-s-open-society-in/, zuletzt geprüft am 05.04.2015.

Serra, Danila (2006): Empirical determinants of corruption: A sensitivity analysis. In: *Public Choice* 126 (1), S. 225–256.

Shah, Anwar (Hg.) (2007): Performance accountability and combating corruption. Washington D.C.: World Bank.

Shaw, Marta A.; Chapman, David W.; Rumyantseva, Nataliya L. (2011): The impact of the Bologna Process on academic staff in Ukraine. In: *Higher Education Management and Policy* 23 (3), S. 1–21.

Shaw, Philip (2005): The Determinants of Educational Corruption in Higher Education: The Case of Ukraine. Paper Presented at the 2005 NEUDC Conference. Yale University. New Haven, 21.09.2005.

Shen, Alexander (1994): Entrance Examinations to the Mekh-mat. In: *The Mathematical Intelligencer* 16 (4), S. 6–10.

Shen, Ce; Williamson, John B. (2005): Corruption, Democracy, Economic Freedom, and State Strength. A Cross-national Analysis. In: *International Journal of Comparative Sociology* 46 (4), S. 327–345. DOI: 10.1177/0020715205059206.

Shlapentokh, Vladimir (1989): Public and private life of the Soviet people. Changing values in post-Stalin Russia. New York: Oxford University Press.

Shlapentokh, Vladimir (2006): Trust in Public Institutions in Russia: The Lowest in the World. In: *Communist and Post-Communist Studies* 39.

Shleifer, Andrej; Vishny, Robert W. (1993): Corruption. In: *Quarterly Journal of Economics* 108 (3), S. 599–617.

Sibirskij Federal'nyj Universitet: Rezul'taty anketirovanija provedennogo Antikorrupcionnym Studenčeskim Klubom SFU v period vstupitel'nych ispytanij v SFU. Krasnojarsk.

Sigman, Carole (2008): The Impact of "New Public Management" on Russian Higher Education. Institut für Internationale Beziehungen IFRI. Paris (Russie.Nei.Visions, 30).

Sík, Endre (2002): The Bad, the Worse and the Worst: Guesstimating the Level of Corruption. In: Stephen Kotkin und András Sajó (Hg.): Political corruption in transition. A skeptic's handbook. Budapest, New York: Central European University Press, S. 91–113.

Silova, Iveta (2010): Private tutoring in Eastern Europe and Central Asia: policy choices and implications. In: *Compare: A Journal of Comparative and International Education* 40 (3), S. 327–344. DOI: 10.1080/03057920903361926.

Silova, Iveta; Bray, Mark (2006): The Context: Societies and Education in the Post-Socialist Transformation. In: Virginija Būdiene, Iveta Silova, Mark Bray, Algirdas Zabulionis und Eric M. Johnson (Hg.): Education in a Hidden Marketplace: Monitoring of Private Tutoring. Overview and Country Reports. New York: Open Society Institute, S. 41–60.

Silova, Iveta; Johnson, Mark S.; Heyneman, Stephen P. (2007): Education and the Crisis of Social Cohesion in Azerbaijan and Central Asia. In: *Comparative Education Review* 51 (2), S. 159–180.

Simis, Konstantin M. (1982): USSR. Secrets of a corrupt society. London: Dent.

Simmel, Georg (1907): Dankbarkeit. Ein soziologischer Versuch. In: *Morgen. Wochenschrift für deutsche Kultur* 1 (19), S. 593–598.

Šiškin, Sergej (Hg.) (2004): Dostupnost' vyssšego obrazovanija v Rossii. Nezavisimyj institut social'noj politiki. Moskva.

Škatov, Oleksa (2013): Minosviti može javne zrobiti taemnim. Comments.ua. Online verfügbar unter http://ua.comments.ua/life/211463-minosviti-mozhe-yavne-zrobiti-taiemnim.html, zuletzt geprüft am 15.10.2013.

Skoblikov, Petr A. (2006): How is Corruption Punished in Present Day Russia? A Comparative Legal Analysis of Criminal Legislation and Judiciary Practice. In: *European Journal of Crime, Criminal Law and Criminal Justice* 14 (4), S. 440–449.

Šmaraeva, Elena (2009): Direktor rastratil veru v EGE. Byvšego direktora Federal'nogo centra testirovanija Vladimira Chlebnikova obvinjajut v rastrate. In: *Gazeta.ru*, 14.05.2009. Online verfügbar unter http://www.gazeta.ru/education/2009/05/14_a_2986519.shtml, zuletzt geprüft am 16.05.2014.

Smolentseva, Anna (2003): Challenges to the Russian Academic Profession. In: *Higher Education;* 45 (4), S. 391–424.

Sobkin, Vladimir (2009): Otnošenie učitelej k Edinomu Gosudarstvennomu Ekzamenu. Po materialam sociologičeskogo issledovanija. Institut sociologii obrazovanija RAO. Moskva.

Sobolev, Boris (2012): Na dne znanij (Vesti). Pervyj Kanal, 03.06.2012. Online verfügbar unter http://www.vesti.ru/doc.html?id=811814, zuletzt geprüft am 30.11.2014.

Solonenko, Iryna (2015): Ukrainian Civil Society from the Orange Revolution to Euromaidan: Striving for a New Social Contract. In: Institute for Peace Research and Security Policy at the University of Hamburg IFSH (Hg.): OSCE Yearbook 2014. Baden-Baden: Nomos, S. 219–236.

Sovsun, Inna (2014): Die Reform der Hochschulgesetzgebung in der Ukraine: Stand der Diskussion und Hauptthemen. In: *Ukraine-Analysen* (126), S. 16–19.

Stapenhurst, Rick (2000): The Media´s Role in Curbing Corruption. Hg. v. World Bank Institute. Washington D.C.

Starcev, Boris (2012): Chroniki obrazovatel'noj politiki. 1991-2011. Moskva: Izdatel'skij dom Gosudarstvennogo universiteta Vysšej školy ekonomiki.

Steier, Sonja (2010): Eine Bilanz der polnischen Schulpolitik seit 1989. In: *Polen-Analysen* (76), S. 2–7.

Steves, Franklin; Rousso, Alan (2003): Anti-Corruption Programmes in Post-Communist Transition Countries and Changes in the Business Environment, 1999-2002. EBRD (EBRD Working Papers, 85).

Stewart, Susan (2009): NGO Development in Ukraine since the Orange Revolution. In: Juliane Besters-Dilger (Hg.): Ukraine on its way to Europe. Interim results of the Orange Revolution. Frankfurt am Main, Oxford: Peter Lang, S. 177–194.

Stewart, Susan; Klein, Margarete; Schmitz, Andrea; Schröder, Hans-Henning (Hg.) (2012): Presidents, Oligarchs and Bureaucrats. Forms of Rule in the Post-Soviet Space. Farnham, Surrey: Ashgate.

Strasser, Florian (2006): Zivilgesellschaftliche Einflüsse auf die Orange Revolution. Die gewaltlose Massenbewegung und die ukrainische Wahlkrise 2004. Stuttgart: Ibidem (Soviet and Post-Soviet Politics and Society, 29).

Stroeva, Elena (2010): Delo o polučenii vzjatki v 1 mln. rublej za postuplenie v MGU zakryto so skandalom. In: *Trud* (76). Online verfügbar unter http://www.trud.ru/article/29-04-2010/241329_delo_o_poluchenii_vzjatki_v_1_mln_rublej_za_postuplenie_v_mgu_zakryto_so_skandalom.html, zuletzt geprüft am 06.01.2015.

Stykow, Petra (2004): Der Fall Russland: Korruption als Kollateralschaden der Transformation? In: *Vierteljahreshefte zur Wirtschaftsforschung* 73 (2), S. 247–262.

Stykow, Petra (2006): Staat und Wirtschaft in Russland. Interessenvermittlung zwischen Korruption und Konzertierung. Wiesbaden: VS Verlag für Sozialwissenschaften.

Suchanek, Andreas (1993): Der homo oeconomicus als Heuristik (Diskussionsbeiträge der wirtschaftswissenschaftlichen Fakultät Ingolstadt der Katholischen Universität Eichstätt, 38).

Suhara, Manabu (2004): Corruption in Russia. A Historical Perspective. In: Tadayuki Hayashi (Hg.): Democracy and market economics in Central and Eastern Europe. Are new instructions being consolidated? Sapporo: Slavic Research Center, S. 383–403.

Sung, Hung-En; Chu, Doris (2003): Does Participation in the Global Economy Reduce Political Corruption? An Empirical Inquiry. In: *International Journal of Comparative Criminology* 3 (2), S. 94–118.

Suržik, Lidija (2012): Vysšee obrazovanie: otricatel'naja selekcija. In: *Zerkalo Nedeli*, 03.08.2012. Online verfügbar unter http://gazeta.zn.ua/EDUCATION/vysshee_obrazovanie__otritsatelnaya_selektsiya.html, zuletzt geprüft am 12.03.2014.

Suržik, Lidija; Oniščenko, Oksana (2013): neZAKONčennoe obrazovanie. In: *Zerkalo Nedeli*, 22.02.2013. Online verfügbar unter http://gazeta.zn.ua/EDUCATION/nezakonchennoe-obrazovanie-_.html, zuletzt geprüft am 23.01.2014.

Sutherland, Edwin (1947): Principles of Criminology. Philadelphia: J.B. Lippincott.

Tabačnik, Dmitrij (2008): Ukraina stoit na poroge katastrofy obrazovanija. Osvita.ua. Online verfügbar unter http://osvita.ua/school/school_today/1108/, zuletzt geprüft am 24.10.2013.

Talapina, Elvira; Sannikova, Larissa (2008): Joint Report on Corruption Risk Assessment of the Legislation on the Sphere of Education. In: Russian Federation -

Development of legislative and other measures for the prevention of corruption (RUCOLA 2). Final Report. European Union Policy Advice Programme and The Council of Europe, S. 105–108.

Tannenberg, Marcus; Rothstein, Bo; Levi, Lennart (2014): Poznan Declaration. Whole-of-university promotion of social capital, health and development. Poznan.

Tanzi, Vito (1998): Corruption Around the World. Causes, Consequences, Scope and Cures. International Monetary Fund (IMF Staff Papers, 45).

Taratuta, Julija (2007a): Kraž-test. Organizatorov edinogo gosekzamena obvinili v rastrate gossredstv. In: *Kommersant"*, 03.02.2007 (16), S. 1. Online verfügbar unter http://www.kommersant.ru/doc/739531, zuletzt geprüft am 09.09.2014.

Taratuta, Julija (2007b): Rosobrnadzor nedosmotrel za vuzami i polučil predstavlenie Genprokuratury. In: *Kommersant"*, 20.02.2007 (27), S. 6. Online verfügbar unter http://www.kommersant.ru/doc/744288, zuletzt geprüft am 09.09.2014.

Taratuta, Julija (2007c): Prokuratura našla brak v testach. Glava Centra testirovanija daval podrjady žene. In: *Kommersant"*, 22.02.2007 (29), S. 7. Online verfügbar unter http://www.kommersant.ru/doc/745041, zuletzt geprüft am 09.09.2014.

Taratuta, Julija (2008): Vuzy sdali vystupitel'nyj ekzamen. In: *Kommersant"*, 04.12.2008 (221), S. 1. Online verfügbar unter http://www.kommersant.ru/doc/1088595?replyto=13669730#t13669730, zuletzt geprüft am 17.02.2015.

Teichmann, Christine (2004): Nachfrageorientierte Hochschulfinanzierung in Russland. Ein innovatives Modell zur Modernisierung der Hochschulbildung. Institut für Hochschulforschung an der Martin-Luther-Universität Halle-Wittenberg. Halle-Wittenberg (Arbeitsberichte, 1).

Teichmann, Christine (2007): Die Hochschultransformation im heutigen Osteuropa. Kontinuität und Wandel bei der Entwicklung des postkommunistischen Universitätswesens. Stuttgart: Ibidem (Soviet and Post-Soviet Politics and Society, 72).

Telegina, Galina; Schwengel, Hermann (2012): The Bologna Process. Perspectives and implications for the Russian university. In: *European Journal of Education* 47 (1), S. 37–49.

Temple, Paul; Petrov, Georgy (2004): Corruption in Higher Education: Some Findings from the States of the Former Soviet Union. In: *Higher Education Management and Policy* 16 (1), S. 83–99.

Teodorescu, Daniel; Andrei, Tudorel (2009): Fighting Academic Corruption in Eastern European Universities: Recent Initiatives Led by Student Organizations and NGOs. In: *Repere The Education Sciences Journal* (2), S. 152–165.

The World Bank (1995): Priorities and Strategies for Education. A World Bank Review. Washington D.C.

The World Bank (1996): Poverty in Ukraine. Online verfügbar unter http://www-wds.worldbank.org/servlet/WDSContentServer/WDSP/IB/1996/06/27/000009265_3961214134500/Rendered/PDF/multi_page.pdf, zuletzt geprüft am 29.01.2013.

The World Bank (2000): Hidden Challenges to Education Systems in Transition Economies. Washington D.C.

The World Bank (2001): Ukraine: Social Safety Nets and Poverty. Washington D.C.

The World Bank (2002): Constructing knowledge societies. New challenges for tertiary education. Washington D.C.

The World Bank (2005): Implementation completion report on a loan in the amount of US$ 71 million to the Russian Federation for an education innovation project. Washington D.C.

The World Bank (2011): Implementation Completion and Results Report on a Loan in the Amount of US$ 86.587 Million to Ukraine for an Equal Access to Quality Education in Ukraine Project in Support of the First Phase of the Education Sector Reform Program. Washington D.C.

The World Bank (2012): Fighting corruption in public services. Chronicling Georgia's reforms. Washington D.C.

The World Bank Institute (2013): Worldwide Governance Indicators. Country Data Report for Ukraine, 1996-2012. Online verfügbar unter http://info.worldbank.org/governance/wgi/pdf/c226.pdf, zuletzt geprüft am 14.04.2014.

Theobald, Robin (1990): Corruption, development, and underdevelopment. Durham: Duke University Press.

Tirole, Jean (1986): Hierarchies and Bureaucracies: On the Role of Collusion in Organizations. In: *Journal of Law, Economics, and Organization* 2 (2), S. 181–214.

Tisné, Martin; Smilov, Daniel: From the ground up. Assessing the record of anticorruption assistance in Southeastern Europe. Center for Policy Studies, Central European University. Budapest.

Titaev, Kirill (2012): Akademičeskij sgovor. Otčego rossijskie vuzy stanovjatsja «zaborostroitel'nymi institutami». In: *Otečestvennye zapiski* 47 (2). Online verfügbar unter http://www.strana-oz.ru/2012/2/akademicheskiy-sgovor, zuletzt geprüft am 09.10.2014.

Transparency International Russia (2015): Otčet o monitoringe dostupnosti svedenij o dochodach, raschodach i imuščestve deputatov predstavitel'nych organov vlasti sub"ektov Rossijskoj Federacii za 2013 god. Moskva. Online verfügbar unter http://transparency.org.ru/images/docs/research/monitoring_declarations_tir-2015.pdf, zuletzt geprüft am 13.04.2015.

Transparency International (2010): Global Corruption Barometer 2010.

Transparency International (2013a): Executive Summary. In: Global Corruption Report. Education. Hoboken: Taylor and Francis, S. ix–xxiv.

Transparency International (2013b): Global Corruption Report. Education. Hoboken: Taylor and Francis.

Transparency International (2013c): Introduction to the Global Corruption Report: Education. In: Global Corruption Report. Education. Hoboken: Taylor and Francis, S. 3–10.

Transparency International (2015): Frequently asked questions about corruption. Online verfügbar unter http://www.transparency.org/whoweare/organisation/faqs_on_corruption, zuletzt geprüft am 02.06.2014.

Treisman, Daniel (2000): The causes of corruption. A cross-national study. In: *Journal of Public Economics* 76 (3), S. 399–457.

Treisman, Daniel (2007): What Have We Learned About the Causes of Corruption from Ten Years of Cross-National Empirical Research? In: *Annual Review of Political Science* 10 (1), S. 211–244. DOI: 10.1146/annurev.polisci.10.081205.095418.

Trifonov, Vladislav (2010): Prokuratura ne poverila v videozapis'. Delo v otnošenii prepodavatelja prestižnogo fakul'teta MGU zakryto čerez den' posle vozbuždenija. In: *Kommersant"*, 30.04.2010. Online verfügbar unter http://www.kommersant.ru/doc/1363410, zuletzt geprüft am 06.01.2015.

Truex, Rory (2011): Corruption, Attitudes, and Education. Survey Evidence from Nepal. In: *World Development* 39 (7), S. 1133–1142.

Trusova, Dar'ja (2007): Obščežitie ne predostavljaetsja. Inogorodnim studentam v Kieve negde žit'. In: *Kommersant" Ukraina*, 31.08.2007 (149). Online verfügbar unter http://www.kommersant.ua/doc/800253, zuletzt geprüft am 20.03.2013.

Trusova, Dar'ja (2008): Viktor Juščenko dal vypusknoj bal. Prezident vstretilsja s rekordsmenami vnešnego testirovanija. In: *Kommersant" Ukraina*, 18.06.2008 (101). Online verfügbar unter http://kommersant.ua/doc/903919, zuletzt geprüft am 02.08.2013.

TSN (2012): Prepodavateli prodajut v internete zadači, kotorye dolžny stat' izvestny tol'ko na vstupitel'nom konkurse. TSN. Online verfügbar unter http://tsn.ua/groshi/ukrayinskim-abituriyentam-prodayut-maybutnye-po-300-dolariv.html, zuletzt aktualisiert am 15.10.2012.

Tversky, Amos; Kahnemann, Daniel (1981): The framing of decisions and the psychology of choice. In: *Science* 211 (4481), S. 453–458.

Ukraincy sčitajut korrupciju odnoj iz glavnych problem vysšego obrazovanija (2015). In: *Zerkalo Nedeli*, 05.12.2015. Online verfügbar unter http://zn.ua/UKRAINE/ukraincy-schitayut-korrupciyu-odnoy-iz-glavnyh-problem-vysshego-obrazovaniya-opros-163396_.html, zuletzt geprüft am 06.05.2015.

Ukrainian Institute for Public Policy (2011): Fighting corruption in Eastern Partnership countries: The view from civil society. Online verfügbar unter http://ichd.org/download.php?f=604&fc=Fighting%20corruption%20in%20, zuletzt geprüft am 23.01.2014.

Umland, Andreas (2004): Westliche Förderprogramme in der Ukraine. Einblicke in die europäisch-nordamerikanische Unterstützung ukrainischer Reformbestrebungen seit 1991. Forschungsstelle Osteuropa. Bremen (Arbeitspapiere und Materialien, 63).

Umland, Andreas (2011): Die Rolle der Kiewer Mohyla-Akademie im aktuellen politischen Prozess. In: *Ukraine-Analysen* (98), S. 13–15. Online verfügbar unter http://www.laender-analysen.de/ukraine/pdf/UkraineAnalysen98.pdf.

UNDP (2011a): Practitioners' Guide. Capacity Assessment of Anti-Corruption Agencies.

UNDP (2011b): Study on the role of social media for enhancing public transparency and accountability in Eastern Europe and the Commenwealth of Independent States: Emerging models, opportunities and challenges. Bratislava.

UNESCO (Hg.) (2008): Education for All by 2015. Will we make it? Paris (Education For All Global Monitoring Report).

Unian (11.01.2011): Eksperty sčitajut uvol'nenie Likarčuka političeskim rešeniem, zuletzt geprüft am 07.03.2014.

Unian (02.04.2012): Dlja provedennja c'ogoričnogo ZNO ne vistačae 22 mln. grn. Online verfügbar unter http://education.unian.ua/631129-dlya-provedennya-tsogorichnogo-zno-ne-vistachae-22-mln-grn.html, zuletzt geprüft am 06.05.2014.

Unian (20.07.2012): Sekretar' priemnoj komissii prodaval bjudžetnye mesta v vuz. Char'kiv. Online verfügbar unter http://www.unian.net/society/675851-sekretar-priemnoy-komissii-prodaval-byudjetnyie-mesta-v-vuz.html, zuletzt geprüft am 12.03.2014.

Unian (28.08.2012): Po rezul'tatam proverok vstupitel'noj kampanii vozbuždeny 20 ugolovnych del. Online verfügbar unter http://www.unian.net/society/687829-po-rezultatam-proverok-vstupitelnoy-kampanii-vozbujdenyi-20-ugolovnyih-del.html, zuletzt geprüft am 11.05.2015.

UNITER (Hg.) (2011): Corruption in Ukraine. Comparative Analysis of National Surveys: 2007-2009, 2011. European Research Association; Kyiv International Institute of Sociology. Kyiv.

Uroki EGE kak sistemnogo proekta (2012). In: *Voprosy obrazovanija* (03), S. 165–183.

USAID (2006a): Corruption Assessment: Ukraine. Final Report. Washington D.C.

USAID (2006b): Strategic Objective Agreement. USAID Agreement No. 121-0002. Millenium Challenge Account Threshold Program. Strategic Objective Agreement Between the Government of the United States of America and the Government of Ukraine for the Program to Reduce Corruption in the Public Sector, 04.12.2006.

USAID (2007): Rezul'tati zagal'nonacional'nogo doslidžennja 2007 roku.

USAID (2009a): National Study on Corruption in the Higher Education Sector. Follow-up Survey Results. Kyiv, 02.02.2009.

USAID (2009b): Ukraine MCC Threshold Country Program Component 5. Evaluation Report.

USAID (2015): The 2014 CSO Sustainability Index for Central and Eastern Europe and Eurasia. USAID.

USETI (2008): The Ukrainian Standardized External Testing Initiative (USETI). Quarterly Report October - December 2007.

USETI (2010a): The Ukrainian Standardized External Testing Initiative (USETI). Final Report April 2007 - December 2009. Kyiv.

USETI (2010b): The Ukrainian Standardized External Testing Initiative (USETI). Quarterly Report October - December 2009.

USETI (2010c): The effort to save Testing has Begun. Online verfügbar unter http://www.useti.org.ua/en/news/492/the-effort-to-save-testing-has-begun.html, zuletzt geprüft am 11.02.2014.

USETI Alliance (2013): Ukrainian Public Opinion on Standardized External Testing 2008-2013. Kyiv.

USETI Legacy Alliance (2013a): Final Report. January 2010 - January 2013.

USETI Legacy Alliance (2013b): Rezul'tati zagal'nonacional'nich opituvan' "Stavlennja naselennja Ukraini do zovnišn'ogo nezaležnogo ocinjuvannja u 2008-2013 rr. Kyiv.

Uslaner, Eric M. (2002): The moral foundations of trust. Cambridge, New York: Cambridge University Press.

Uslaner, Eric M. (2004): Trust and Corruption. University of Maryland. College Park.

Uslaner, Eric M. (2008): Corruption, inequality, and the rule of law. The bulging pocket makes the easy life. Cambridge, New York: Cambridge University Press.

Uslaner, Eric M.; Rothstein, Bo (2016): The Historical Roots of Corruption: State Building, Economic Inequality, and Mass Education. In: *Comparative Politics* (49).

Vakarčuk, Ivan (2005): Vstupitel'nye ekzameny — za stenami universitetov. In: *Zerkalo Nedeli*, 09.07.2005 (26). Online verfügbar unter http://gazeta.zn.ua/EDUCATION/vstupitelnye_ekzameny__za_stenami_universitetov.html, zuletzt geprüft am 23.01.2014.

van Veldhuizen, R. (2013): The influence of wages on public officials' corruptibility: A laboratory investigation. In: *Journal of Economic Psychology* 39, S. 341–356. DOI: 10.1016/j.joep.2013.09.009.

Varese, Federico (2001): The Russian mafia. Private protection in a new market economy. Oxford, England, New York: Oxford University Press.

Varfolomeev, Vladimir (2011): Žurfak MGU. Dvojnaja Buchgalterija. Echo Moskvy. Moskva. Online verfügbar unter http://echo.msk.ru/blog/varfolomeev/795247-echo/, zuletzt geprüft am 04.02.2014.

Vasil'eva, Anna (2012): Vtoroj med bez ložki degtja. Novoe rukovodstvo instituta razvelo burnuju bor'bu s korrupciej. Čto eto – real'naja smena napravlenija ili očerednoj predvybornyj piar-chod? In: *Bolšoj Gorod*, 15.11.2012. Online verfügbar unter http://bg.ru/health/a_rektor_kto-15658/, zuletzt geprüft am 08.01.2015.

VCIOM (2013): Rossijane o EGE: Monitoring. Press-vypusk 2329. Moskva. Online verfügbar unter http://wciom.ru/index.php?id=459&uid=114253.

VCIOM (27.06.2013): Podtasovki pri sdače EGE: Obščaja praktika - ili ediničnye slučai? Moskva. Online verfügbar unter http://wciom.ru/index.php?id=459&uid=114260, zuletzt geprüft am 01.04.2014.

VCIOM (2015): Rossijane o merach po usoveršenstvovaniju sistemy EGE: za i protiv. Press-vypusk 2756. Moskva. Online verfügbar unter http://wciom.ru/index.php?id=459&uid=115124, zuletzt geprüft am 03.02.2015.

Velikovskij, Dmitrij (2009): Sociologija vne zakona. Učenogo, issledovavšego korrupciju v milicejskom vuze, otdali pod sud. In: *Russkij Reporter*, 09.06.2009. Online verfügbar unter http://www.rusrep.ru/2009/22/news_sociologiya, zuletzt geprüft am 01.03.2015.

Vesti (2005): Fursenko: veduščie vuzy dolžny sochranit' pravo na ekzameny pomimo EGE. Rossija 24, 12.05.2005. Online verfügbar unter http://www.vesti.ru/doc.html?id=62657, zuletzt geprüft am 25.02.2015.

Volkov, Andrej; Kuz'minov, Jaroslav; Remorenko, Igor'; Rudnik, Boris; Frumin, Isaak; Jakobson, Lev (2008): Rossijskoe obrazovanie - 2020. Model' obrazovanija dlja innovacionnoj ekonomiki. In: *Voprosy obrazovanija* (1), S. 32–64.

Volkov, Vadim (2002): Violent entrepreneurs. The use of force in the making of Russian capitalism. Ithaca: Cornell University Press.

Volochonskij, Vladimir (2012a): Pjatyj kanal o skandalach v prijemnoj kampanii. Novosti SPbGU. Online verfügbar unter http://spbgunews.ru/2012/08/10/pyatyj-kanal-o-skandalax-v-priyomnoj-kampanii, zuletzt geprüft am 15.04.2015.

Volochonskij, Vladimir (2012b): Celeviki jurfaka — 2012. Novosti SPbGU. Online verfügbar unter http://spbgunews.ru/2012/08/06/celeviki-yurfaka-2012-klassovoj-nenavisti-i-konspirologii-post, zuletzt geprüft am 08.02.2015.

Voroncova, Veronika; Junčina, Ekaterina; Firsova, Elena (2013): Neučenych – t'ma. Obrazovanie na Severnom Kavkaze gubjat korrupcija i otsutstvie kvalificirovannych prepodavatelej. In: *Novye Izvestija*, 25.11.2013. Online verfügbar unter http://www.newizv.ru/society/2013-11-25/193007-neuchenyh-tma.html, zuletzt geprüft am 02.12.2013.

Waite, Duncan; Allen, David (2003): Corruption and Abuse of Power in Educational Administration. In: *The Urban Review* 35 (4), S. 281–296. DOI: 10.1023/B:URRE.0000017531.73129.4f.

Walker, Christopher (2011): The Perpetual Battle. Corruption in the Former Soviet Union and the New EU Members. Hg. v. Centre for Public Policy (Paper Series on Corruption and Anticorruption Policy, 12).

Web Portal of Ukrainian Government (2012): Mykola Azarov: The Law "On Higher Education" should have a section devoted to combating against corruption. Government of Ukraine. Online verfügbar unter http://www.kmu.gov.ua/control/en/publish/article?art_id=244910788, zuletzt geprüft am 09.09.2013.

Weber, Max (2008): Wirtschaft und Gesellschaft. Grundriss der verstehenden Soziologie. Frankfurt am Main: Zweitausendeins.

Weber, Max; Winckelmann, Johannes (1973): Gesammelte Aufsätze zur Wissenschaftslehre. Tübingen: Mohr.

Wedel, Janine R. (2003): Clans, Cliques and Captured States: Rethinking 'Transition' in Central and Eastern Europe and the Former Soviet Union. In: *Journal of International Development* (15), S. 427–440.

Weder, Beatrice; van Rijckeghem, Caroline (1997): Corruption and the Rate of Temptation. Do Low Wages in Civil Service Cause Corruption? Hg. v. International Monetary Fund (IMF Working Paper).

Weick, Karl (1995): Sensemaking in organizations. Thousand Oaks: Sage.

Wilson, Andrew (2005): Ukraine's Orange Revolution. New Haven, London: Yale University Press.

Wilson, Andrew (2006): Ukraine's Orange Revolution, NGOs and the Role of the West. In: *Cambridge Review of International Affairs* 19 (1), S. 21–32. DOI: 10.1080/09557570500501747.

Wilson, Andrew (2015): Ukraine's Uncertain Reform Process. In: Alina Mungiu-Pippidi (Hg.): Government favouritism in Europe. The anticorruption report. Opladen: Barbara Budrich, S. 97–104.

Witzel, Andreas (1996): Auswertung problemzentrierter Interviews. Grundlagen und Erfahrungen. In: Rainer Strobl und Andreas Böttger (Hg.): Wahre Geschichten. Baden-Baden, S. 49–75.

Witzel, Andreas (2000): Das problemzentrierte Interview. In: *Forum Qualitative Sozialforschung* 1 (1).

Wolf, Sebastian; Schmidt-Pfister, Diana (Hg.) (2010): International anti-corruption regimes in Europe. Between corruption, integration, and culture. Baden-Baden: Nomos.

Wood, John; Antonowicz, Laetitia (2011): Fighting Corruption in the Education Sector. Methods, Tools and Good Practices. UNDP. New York.

Wulff, Annegret; Malerius, Stephan (2007): Demokratiebildung in Belarus, Russland und der Ukraine. Rahmenbedingungen und Beispiele. Berlin: Fonds Erinnerung und Zukunft der Stiftung Erinnerung, Verantwortung und Zukunft.

Wynnyckyj, Mychailo (2003): Institutions and Entrepreneurs. Cultural Evolution in the 'De Novo' Market Sphere in Post-Soviet Ukraine. Dissertation. University of Cambridge, Cambridge.

Yakovlev, Andrei (2006): The Evolution of Business-State Interaction in Russia: From State Capture to Business Capture? In: *Europe-Asia Studies* 58 (7), S. 1033–1056.

Yudkevich, Maria (2014): The Russian University: recovery and reconciliation. In: *Studies in Higher Education* 39 (8), S. 1463–1474.

Yudkevich, Maria; Sivak, Elizaveta (2012): University Inbreeding. An Impact on Values, Strategies and Individual Productivity of Faculty Members. In: *SSRN Journal. DOI:* 10.2139/ssrn.1996417.

Zaborovskaja, Alina; Šiškin, Sergej; Korolev, Ivan; Kljačko, Tat'jana; Černec, Vladimir; Čirikova, Alla; Šilova, Ljudmila (Hg.) (2004): Vysšee obrazovanie v Rossii. Pravila i real'nost'. Moskva: Nezavisimyj Institut Social'noj Politiki.

Zaderžan za vzjatku rektor Nalogovogo universiteta - odioznyj eks-regional Petr Mel'nik (2013). In: *Zerkalo Nedeli*, 27.07.2013. Online verfügbar unter http://zn.ua/UKRAINE/zaderzhan-za-vzyatku-rektor-nalogovogo-universiteta-odioznyy-eks-regional-petr-melnik-126443_.html, zuletzt geprüft am 03.04.2014.

Zaloznaya, Marina (2012): Organizational cultures as agents of differential association: explaining the variation in bribery practices in Ukrainian universities. In: *Crime, Law and Social Change* 58 (3), S. 295–320. DOI: 10.1007/s10611-012-9386-x.

Zholud, Oleksandr (2015): Inflation in Ukraine: Past, Present and Future. VoxUkraine. Online verfügbar unter http://voxukraine.org/2015/03/30/inflation-in-ukraine-past-present-and-future/, zuletzt geprüft am 16.03.2016.

Zhuk, Alyona (2015): Sytnyk appointed Ukraine's first anti-corruption bureau chief. In: *Kyiv Post*, 17.05.2015. Online verfügbar unter http://www.kyivpost.com/content/kyiv-post-plus/sytnyk-appointed-ukraines-first-anti-corruption-bureau-chief-386416.html, zuletzt geprüft am 29.04.2015.

Zhuravleva, Tatyana (2013): Corruption Measurement: the case of Russian Federation. Gaidar Institute for Economic Policy.

Ziganšina, Natal'ja (2011): Direktor sdala EGE za doč' ministra. V Respublike Tuva direktor instituta sdavala EGE za doč' ministra. In: *Gazeta.ru*, 17.06.2011. Online verfügbar unter http://www.gazeta.ru/social/2011/06/16/3664065.shtml, zuletzt geprüft am 18.04.2015.

Zimmer, Kerstin (2005): Klientelismus im neopatrimonialen Staat. Regionale Machtsicherung in der Ukraine. In: *Osteuropa* 55 (10), S. 59–74.

Zubarevich, Natalia (2012): Four Russias: rethinking the post-Soviet map. OpenDemocracy.net. Online verfügbar unter https://www.opendemocracy.net/od-russia/natalia-zubarevich/four-russias-rethinking-post-soviet-map, zuletzt geprüft am 24.04.2015.

Zubarevich, Natalia (2015): Regional inequality and potential for modernization. In: Susanne Oxenstierna (Hg.): The Challenges for Russia's Politicized Economic System. New York: Routledge, S. 182–201.

SOVIET AND POST-SOVIET POLITICS AND SOCIETY

Edited by Dr. Andreas Umland

ISSN 1614-3515

1 *Андреас Умланд (ред.)*
Воплощение Европейской конвенции по правам человека в России
Философские, юридические и эмпирические исследования
ISBN 3-89821-387-0

2 *Christian Wipperfürth*
Russland – ein vertrauenswürdiger Partner?
Grundlagen, Hintergründe und Praxis gegenwärtiger russischer Außenpolitik
Mit einem Vorwort von Heinz Timmermann
ISBN 3-89821-401-X

3 *Manja Hussner*
Die Übernahme internationalen Rechts in die russische und deutsche Rechtsordnung
Eine vergleichende Analyse zur Völkerrechtsfreundlichkeit der Verfassungen der Russländischen Föderation und der Bundesrepublik Deutschland
Mit einem Vorwort von Rainer Arnold
ISBN 3-89821-438-9

4 *Matthew Tejada*
Bulgaria's Democratic Consolidation and the Kozloduy Nuclear Power Plant (KNPP)
The Unattainability of Closure
With a foreword by Richard J. Crampton
ISBN 3-89821-439-7

5 *Марк Григорьевич Меерович*
Квадратные метры, определяющие сознание
Государственная жилищная политика в СССР. 1921 – 1941 гг
ISBN 3-89821-474-5

6 *Andrei P. Tsygankov, Pavel A.Tsygankov (Eds.)*
New Directions in Russian International Studies
ISBN 3-89821-422-2

7 *Марк Григорьевич Меерович*
Как власть народ к труду приучала
Жилище в СССР – средство управления людьми. 1917 – 1941 гг.
С предисловием Елены Осокиной
ISBN 3-89821-495-8

8 *David J. Galbreath*
Nation-Building and Minority Politics in Post-Socialist States
Interests, Influence and Identities in Estonia and Latvia
With a foreword by David J. Smith
ISBN 3-89821-467-2

9 *Алексей Юрьевич Безугольный*
Народы Кавказа в Вооруженных силах СССР в годы Великой Отечественной войны 1941-1945 гг.
С предисловием Николая Бугая
ISBN 3-89821-475-3

10 *Вячеслав Лихачев и Владимир Прибыловский (ред.)*
Русское Национальное Единство, 1990-2000. В 2-х томах
ISBN 3-89821-523-7

11 *Николай Бугай (ред.)*
Народы стран Балтии в условиях сталинизма (1940-е – 1950-е годы)
Документированная история
ISBN 3-89821-525-3

12 *Ingmar Bredies (Hrsg.)*
Zur Anatomie der Orange Revolution in der Ukraine
Wechsel des Elitenregimes oder Triumph des Parlamentarismus?
ISBN 3-89821-524-5

13 *Anastasia V. Mitrofanova*
The Politicization of Russian Orthodoxy
Actors and Ideas
With a foreword by William C. Gay
ISBN 3-89821-481-8

14 *Nathan D. Larson*
Alexander Solzhenitsyn and the Russo-Jewish Question
ISBN 3-89821-483-4

15 *Guido Houben*
Kulturpolitik und Ethnizität
Staatliche Kunstförderung im Russland der neunziger Jahre
Mit einem Vorwort von Gert Weisskirchen
ISBN 3-89821-542-3

16 *Leonid Luks*
Der russische „Sonderweg"?
Aufsätze zur neuesten Geschichte Russlands im europäischen Kontext
ISBN 3-89821-496-6

17 *Евгений Мороз*
История «Мёртвой воды» – от страшной сказки к большой политике
Политическое неоязычество в постсоветской России
ISBN 3-89821-551-2

18 *Александр Верховский и Галина Кожевникова (ред.)*
Этническая и религиозная интолерантность в российских СМИ
Результаты мониторинга 2001-2004 гг.
ISBN 3-89821-569-5

19 *Christian Ganzer*
Sowjetisches Erbe und ukrainische Nation
Das Museum der Geschichte des Zaporoger Kosakentums auf der Insel Chortycja
Mit einem Vorwort von Frank Golczewski
ISBN 3-89821-504-0

20 *Эльза-Баир Гучинова*
Помнить нельзя забыть
Антропология депортационной травмы калмыков
С предисловием Кэролайн Хамфри
ISBN 3-89821-506-7

21 *Юлия Лидерман*
Мотивы «проверки» и «испытания» в постсоветской культуре
Советское прошлое в российском кинематографе 1990-х годов
С предисловием Евгения Марголита
ISBN 3-89821-511-3

22 *Tanya Lokshina, Ray Thomas, Mary Mayer (Eds.)*
The Imposition of a Fake Political Settlement in the Northern Caucasus
The 2003 Chechen Presidential Election
ISBN 3-89821-436-2

23 *Timothy McCajor Hall, Rosie Read (Eds.)*
Changes in the Heart of Europe
Recent Ethnographies of Czechs, Slovaks, Roma, and Sorbs
With an afterword by Zdeněk Salzmann
ISBN 3-89821-606-3

24 *Christian Autengruber*
Die politischen Parteien in Bulgarien und Rumänien
Eine vergleichende Analyse seit Beginn der 90er Jahre
Mit einem Vorwort von Dorothée de Nève
ISBN 3-89821-476-1

25 *Annette Freyberg-Inan with Radu Cristescu*
The Ghosts in Our Classrooms, or: John Dewey Meets Ceauşescu
The Promise and the Failures of Civic Education in Romania
ISBN 3-89821-416-8

26 *John B. Dunlop*
The 2002 Dubrovka and 2004 Beslan Hostage Crises
A Critique of Russian Counter-Terrorism
With a foreword by Donald N. Jensen
ISBN 3-89821-608-X

27 *Peter Koller*
Das touristische Potenzial von Kam''janec'–Podil's'kyj
Eine fremdenverkehrsgeographische Untersuchung der Zukunftsperspektiven und Maßnahmenplanung zur Destinationsentwicklung des „ukrainischen Rothenburg"
Mit einem Vorwort von Kristiane Klemm
ISBN 3-89821-640-3

28 *Françoise Daucé, Elisabeth Sieca-Kozlowski (Eds.)*
Dedovshchina in the Post-Soviet Military
Hazing of Russian Army Conscripts in a Comparative Perspective
With a foreword by Dale Herspring
ISBN 3-89821-616-0

29 *Florian Strasser*
Zivilgesellschaftliche Einflüsse auf die Orange Revolution
Die gewaltlose Massenbewegung und die ukrainische Wahlkrise 2004
Mit einem Vorwort von Egbert Jahn
ISBN 3-89821-648-9

30 *Rebecca S. Katz*
The Georgian Regime Crisis of 2003-2004
A Case Study in Post-Soviet Media Representation of Politics, Crime and Corruption
ISBN 3-89821-413-3

31 *Vladimir Kantor*
Willkür oder Freiheit
Beiträge zur russischen Geschichtsphilosophie
Ediert von Dagmar Herrmann sowie mit einem Vorwort versehen von Leonid Luks
ISBN 3-89821-589-X

32 *Laura A. Victoir*
The Russian Land Estate Today
A Case Study of Cultural Politics in Post-Soviet Russia
With a foreword by Priscilla Roosevelt
ISBN 3-89821-426-5

33 *Ivan Katchanovski*
Cleft Countries
Regional Political Divisions and Cultures in Post-Soviet Ukraine and Moldova
With a foreword by Francis Fukuyama
ISBN 3-89821-558-X

34 *Florian Mühlfried*
Postsowjetische Feiern
Das Georgische Bankett im Wandel
Mit einem Vorwort von Kevin Tuite
ISBN 3-89821-601-2

35 *Roger Griffin, Werner Loh, Andreas Umland (Eds.)*
Fascism Past and Present, West and East
An International Debate on Concepts and Cases in the Comparative Study of the Extreme Right
With an afterword by Walter Laqueur
ISBN 3-89821-674-8

36 *Sebastian Schlegel*
Der „Weiße Archipel“
Sowjetische Atomstädte 1945-1991
Mit einem Geleitwort von Thomas Bohn
ISBN 3-89821-679-9

37 *Vyacheslav Likhachev*
Political Anti-Semitism in Post-Soviet Russia
Actors and Ideas in 1991-2003
Edited and translated from Russian by Eugene Veklerov
ISBN 3-89821-529-6

38 *Josette Baer (Ed.)*
Preparing Liberty in Central Europe
Political Texts from the Spring of Nations 1848 to the Spring of Prague 1968
With a foreword by Zdeněk V. David
ISBN 3-89821-546-6

39 *Михаил Лукьянов*
Российский консерватизм и реформа, 1907-1914
С предисловием Марка Д. Стейнберга
ISBN 3-89821-503-2

40 *Nicola Melloni*
Market Without Economy
The 1998 Russian Financial Crisis
With a foreword by Eiji Furukawa
ISBN 3-89821-407-9

41 *Dmitrij Chmelnizki*
Die Architektur Stalins
Bd. 1: Studien zu Ideologie und Stil
Bd. 2: Bilddokumentation
Mit einem Vorwort von Bruno Flierl
ISBN 3-89821-515-6

42 *Katja Yafimava*
Post-Soviet Russian-Belarussian Relationships
The Role of Gas Transit Pipelines
With a foreword by Jonathan P. Stern
ISBN 3-89821-655-1

43 *Boris Chavkin*
Verflechtungen der deutschen und russischen Zeitgeschichte
Aufsätze und Archivfunde zu den Beziehungen Deutschlands und der Sowjetunion von 1917 bis 1991
Ediert von Markus Edlinger sowie mit einem Vorwort versehen von Leonid Luks
ISBN 3-89821-756-6

44 *Anastasija Grynenko in Zusammenarbeit mit Claudia Dathe*
Die Terminologie des Gerichtswesens der Ukraine und Deutschlands im Vergleich
Eine übersetzungswissenschaftliche Analyse juristischer Fachbegriffe im Deutschen, Ukrainischen und Russischen
Mit einem Vorwort von Ulrich Hartmann
ISBN 3-89821-691-8

45 *Anton Burkov*
The Impact of the European Convention on Human Rights on Russian Law
Legislation and Application in 1996-2006
With a foreword by Françoise Hampson
ISBN 978-3-89821-639-5

46 *Stina Torjesen, Indra Overland (Eds.)*
International Election Observers in Post-Soviet Azerbaijan
Geopolitical Pawns or Agents of Change?
ISBN 978-3-89821-743-9

47 *Taras Kuzio*
Ukraine – Crimea – Russia
Triangle of Conflict
ISBN 978-3-89821-761-3

48 *Claudia Šabić*
"Ich erinnere mich nicht, aber L'viv!"
Zur Funktion kultureller Faktoren für die Institutionalisierung und Entwicklung einer ukrainischen Region
Mit einem Vorwort von Melanie Tatur
ISBN 978-3-89821-752-1

49 *Marlies Bilz*
Tatarstan in der Transformation
Nationaler Diskurs und Politische Praxis 1988-1994
Mit einem Vorwort von Frank Golczewski
ISBN 978-3-89821-722-4

50 *Марлен Ларюэль (ред.)*
Современные интерпретации русского национализма
ISBN 978-3-89821-795-8

51 *Sonja Schüler*
Die ethnische Dimension der Armut
Roma im postsozialistischen Rumänien
Mit einem Vorwort von Anton Sterbling
ISBN 978-3-89821-776-7

52 *Галина Кожевникова*
Радикальный национализм в России и противодействие ему
Сборник докладов Центра «Сова» за 2004-2007 гг.
С предисловием Александра Верховского
ISBN 978-3-89821-721-7

53 *Галина Кожевникова и Владимир Прибыловский*
Российская власть в биографиях I
Высшие должностные лица РФ в 2004 г.
ISBN 978-3-89821-796-5

54 *Галина Кожевникова и Владимир Прибыловский*
Российская власть в биографиях II
Члены Правительства РФ в 2004 г.
ISBN 978-3-89821-797-2

55 *Галина Кожевникова и Владимир Прибыловский*
Российская власть в биографиях III
Руководители федеральных служб и агентств РФ в 2004 г.
ISBN 978-3-89821-798-9

56 *Ileana Petroniu*
Privatisierung in Transformationsökonomien
Determinanten der Restrukturierungs-Bereitschaft am Beispiel Polens, Rumäniens und der Ukraine
Mit einem Vorwort von Rainer W. Schäfer
ISBN 978-3-89821-790-3

57 *Christian Wipperfürth*
Russland und seine GUS-Nachbarn
Hintergründe, aktuelle Entwicklungen und Konflikte in einer ressourcenreichen Region
ISBN 978-3-89821-801-6

58 *Togzhan Kassenova*
From Antagonism to Partnership
The Uneasy Path of the U.S.-Russian Cooperative Threat Reduction
With a foreword by Christoph Bluth
ISBN 978-3-89821-707-1

59 *Alexander Höllwerth*
Das sakrale eurasische Imperium des Aleksandr Dugin
Eine Diskursanalyse zum postsowjetischen russischen Rechtsextremismus
Mit einem Vorwort von Dirk Uffelmann
ISBN 978-3-89821-813-9

60 *Олег Рябов*
«Россия-Матушка»
Национализм, гендер и война в России XX века
С предисловием Елены Гощило
ISBN 978-3-89821-487-2

61 *Ivan Maistrenko*
Borot'bism
A Chapter in the History of the Ukrainian Revolution
With a new introduction by Chris Ford
Translated by George S. N. Luckyj with the assistance of Ivan L. Rudnytsky
ISBN 978-3-89821-697-5

62 *Maryna Romanets*
Anamorphosic Texts and Reconfigured Visions
Improvised Traditions in Contemporary Ukrainian and Irish Literature
ISBN 978-3-89821-576-3

63 *Paul D'Anieri and Taras Kuzio (Eds.)*
Aspects of the Orange Revolution I
Democratization and Elections in Post-Communist Ukraine
ISBN 978-3-89821-698-2

64 *Bohdan Harasymiw in collaboration with Oleh S. Ilnytzkyj (Eds.)*
Aspects of the Orange Revolution II
Information and Manipulation Strategies in the 2004 Ukrainian Presidential Elections
ISBN 978-3-89821-699-9

65 *Ingmar Bredies, Andreas Umland and Valentin Yakushik (Eds.)*
Aspects of the Orange Revolution III
The Context and Dynamics of the 2004 Ukrainian Presidential Elections
ISBN 978-3-89821-803-0

66 *Ingmar Bredies, Andreas Umland and Valentin Yakushik (Eds.)*
Aspects of the Orange Revolution IV
Foreign Assistance and Civic Action in the 2004 Ukrainian Presidential Elections
ISBN 978-3-89821-808-5

67 *Ingmar Bredies, Andreas Umland and Valentin Yakushik (Eds.)*
Aspects of the Orange Revolution V
Institutional Observation Reports on the 2004 Ukrainian Presidential Elections
ISBN 978-3-89821-809-2

68 *Taras Kuzio (Ed.)*
Aspects of the Orange Revolution VI
Post-Communist Democratic Revolutions in Comparative Perspective
ISBN 978-3-89821-820-7

69 *Tim Bohse*
Autoritarismus statt Selbstverwaltung
Die Transformation der kommunalen Politik in der Stadt Kaliningrad 1990-2005
Mit einem Geleitwort von Stefan Troebst
ISBN 978-3-89821-782-8

70 *David Rupp*
Die Rußländische Föderation und die russischsprachige Minderheit in Lettland
Eine Fallstudie zur Anwaltspolitik Moskaus gegenüber den russophonen Minderheiten im „Nahen Ausland“ von 1991 bis 2002
Mit einem Vorwort von Helmut Wagner
ISBN 978-3-89821-778-1

71 *Taras Kuzio*
Theoretical and Comparative Perspectives on Nationalism
New Directions in Cross-Cultural and Post-Communist Studies
With a foreword by Paul Robert Magocsi
ISBN 978-3-89821-815-3

72 *Christine Teichmann*
Die Hochschultransformation im heutigen Osteuropa
Kontinuität und Wandel bei der Entwicklung des postkommunistischen Universitätswesens
Mit einem Vorwort von Oskar Anweiler
ISBN 978-3-89821-842-9

73 *Julia Kusznir*
Der politische Einfluss von Wirtschaftseliten in russischen Regionen
Eine Analyse am Beispiel der Erdöl- und Erdgasindustrie, 1992-2005
Mit einem Vorwort von Wolfgang Eichwede
ISBN 978-3-89821-821-4

74 *Alena Vysotskaya*
Russland, Belarus und die EU-Osterweiterung
Zur Minderheitenfrage und zum Problem der Freizügigkeit des Personenverkehrs
Mit einem Vorwort von Katlijn Malfliet
ISBN 978-3-89821-822-1

75 *Heiko Pleines (Hrsg.)*
Corporate Governance in post-sozialistischen Volkswirtschaften
ISBN 978-3-89821-766-8

76 *Stefan Ihrig*
Wer sind die Moldawier?
Rumänismus versus Moldowanismus in Historiographie und Schulbüchern der Republik Moldova, 1991-2006
Mit einem Vorwort von Holm Sundhaussen
ISBN 978-3-89821-466-7

77 *Galina Kozhevnikova in collaboration with Alexander Verkhovsky and Eugene Veklerov*
Ultra-Nationalism and Hate Crimes in Contemporary Russia
The 2004-2006 Annual Reports of Moscow's SOVA Center
With a foreword by Stephen D. Shenfield
ISBN 978-3-89821-868-9

78 *Florian Küchler*
The Role of the European Union in Moldova's Transnistria Conflict
With a foreword by Christopher Hill
ISBN 978-3-89821-850-4

79 *Bernd Rechel*
The Long Way Back to Europe
Minority Protection in Bulgaria
With a foreword by Richard Crampton
ISBN 978-3-89821-863-4

80 *Peter W. Rodgers*
Nation, Region and History in Post-Communist Transitions
Identity Politics in Ukraine, 1991-2006
With a foreword by Vera Tolz
ISBN 978-3-89821-903-7

81 *Stephanie Solywoda*
The Life and Work of Semen L. Frank
A Study of Russian Religious Philosophy
With a foreword by Philip Walters
ISBN 978-3-89821-457-5

82 *Vera Sokolova*
Cultural Politics of Ethnicity
Discourses on Roma in Communist Czechoslovakia
ISBN 978-3-89821-864-1

83 *Natalya Shevchik Ketenci*
Kazakhstani Enterprises in Transition
The Role of Historical Regional Development in Kazakhstan's Post-Soviet Economic Transformation
ISBN 978-3-89821-831-3

84 *Martin Malek, Anna Schor-Tschudnowskaja (Hrsg.)*
Europa im Tschetschenienkrieg
Zwischen politischer Ohnmacht und Gleichgültigkeit
Mit einem Vorwort von Lipchan Basajewa
ISBN 978-3-89821-676-0

85 *Stefan Meister*
Das postsowjetische Universitätswesen zwischen nationalem und internationalem Wandel
Die Entwicklung der regionalen Hochschule in Russland als Gradmesser der Systemtransformation
Mit einem Vorwort von Joan DeBardeleben
ISBN 978-3-89821-891-7

86 *Konstantin Sheiko in collaboration with Stephen Brown*
Nationalist Imaginings of the Russian Past
Anatolii Fomenko and the Rise of Alternative History in Post-Communist Russia
With a foreword by Donald Ostrowski
ISBN 978-3-89821-915-0

87 *Sabine Jenni*
Wie stark ist das „Einige Russland"?
Zur Parteibindung der Eliten und zum Wahlerfolg der Machtpartei im Dezember 2007
Mit einem Vorwort von Klaus Armingeon
ISBN 978-3-89821-961-7

88 *Thomas Borén*
Meeting-Places of Transformation
Urban Identity, Spatial Representations and Local Politics in Post-Soviet St Petersburg
ISBN 978-3-89821-739-2

89 *Aygul Ashirova*
Stalinismus und Stalin-Kult in Zentralasien
Turkmenistan 1924-1953
Mit einem Vorwort von Leonid Luks
ISBN 978-3-89821-987-7

90 *Leonid Luks*
Freiheit oder imperiale Größe?
Essays zu einem russischen Dilemma
ISBN 978-3-8382-0011-8

91 *Christopher Gilley*
The 'Change of Signposts' in the Ukrainian Emigration
A Contribution to the History of Sovietophilism in the 1920s
With a foreword by Frank Golczewski
ISBN 978-3-89821-965-5

92 *Philipp Casula, Jeronim Perovic (Eds.)*
Identities and Politics During the Putin Presidency
The Discursive Foundations of Russia's Stability
With a foreword by Heiko Haumann
ISBN 978-3-8382-0015-6

93 *Marcel Viëtor*
Europa und die Frage nach seinen Grenzen im Osten
Zur Konstruktion ‚europäischer Identität' in Geschichte und Gegenwart
Mit einem Vorwort von Albrecht Lehmann
ISBN 978-3-8382-0045-3

94 *Ben Hellman, Andrei Rogachevskii*
Filming the Unfilmable
Casper Wrede's 'One Day in the Life of Ivan Denisovich'
Second, Revised and Expanded Edition
ISBN 978-3-8382-0044-6

95 *Eva Fuchslocher*
Vaterland, Sprache, Glaube
Orthodoxie und Nationenbildung am Beispiel Georgiens
Mit einem Vorwort von Christina von Braun
ISBN 978-3-89821-884-9

96 *Vladimir Kantor*
Das Westlertum und der Weg Russlands
Zur Entwicklung der russischen Literatur und Philosophie
Ediert von Dagmar Herrmann
Mit einem Beitrag von Nikolaus Lobkowicz
ISBN 978-3-8382-0102-3

97 *Kamran Musayev*
Die postsowjetische Transformation im Baltikum und Südkaukasus
Eine vergleichende Untersuchung der politischen Entwicklung Lettlands und Aserbaidschans 1985-2009
Mit einem Vorwort von Leonid Luks
Ediert von Sandro Henschel
ISBN 978-3-8382-0103-0

98 *Tatiana Zhurzhenko*
Borderlands into Bordered Lands
Geopolitics of Identity in Post-Soviet Ukraine
With a foreword by Dieter Segert
ISBN 978-3-8382-0042-2

99 *Кирилл Галушко, Лидия Смола (ред.)*
Пределы падения – варианты украинского будущего
Аналитико-прогностические исследования
ISBN 978-3-8382-0148-1

100 *Michael Minkenberg (ed.)*
Historical Legacies and the Radical Right in Post-Cold War Central and Eastern Europe
With an afterword by Sabrina P. Ramet
ISBN 978-3-8382-0124-5

101 *David-Emil Wickström*
Rocking St. Petersburg
Transcultural Flows and Identity Politics in the St. Petersburg Popular Music Scene
With a foreword by Yngvar B. Steinholt
Second, Revised and Expanded Edition
ISBN 978-3-8382-0100-9

102 *Eva Zabka*
Eine neue „Zeit der Wirren"?
Der spät- und postsowjetische Systemwandel 1985-2000 im Spiegel russischer gesellschaftspolitischer Diskurse
Mit einem Vorwort von Margareta Mommsen
ISBN 978-3-8382-0161-0

103 *Ulrike Ziemer*
Ethnic Belonging, Gender and Cultural Practices
Youth Identitites in Contemporary Russia
With a foreword by Anoop Nayak
ISBN 978-3-8382-0152-8

104 *Ksenia Chepikova*
'Einiges Russland' - eine zweite KPdSU?
Aspekte der Identitätskonstruktion einer postsowjetischen „Partei der Macht"
Mit einem Vorwort von Torsten Oppelland
ISBN 978-3-8382-0311-9

105 *Леонид Люкс*
Западничество или евразийство? Демократия или идеократия?
Сборник статей об исторических дилеммах России
С предисловием Владимира Кантора
ISBN 978-3-8382-0211-2

106 *Anna Dost*
Das russische Verfassungsrecht auf dem Weg zum Föderalismus und zurück
Zum Konflikt von Rechtsnormen und -wirklichkeit in der Russländischen Föderation von 1991 bis 2009
Mit einem Vorwort von Alexander Blankenagel
ISBN 978-3-8382-0292-1

107 *Philipp Herzog*
Sozialistische Völkerfreundschaft, nationaler Widerstand oder harmloser Zeitvertreib?
Zur politischen Funktion der Volkskunst im sowjetischen Estland
Mit einem Vorwort von Andreas Kappeler
ISBN 978-3-8382-0216-7

108 *Marlène Laruelle (ed.)*
Russian Nationalism, Foreign Policy, and Identity Debates in Putin's Russia
New Ideological Patterns after the Orange Revolution
ISBN 978-3-8382-0325-6

109 *Michail Logvinov*
Russlands Kampf gegen den internationalen Terrorismus
Eine kritische Bestandsaufnahme des Bekämpfungsansatzes
Mit einem Geleitwort von Hans-Henning Schröder und einem Vorwort von Eckhard Jesse
ISBN 978-3-8382-0329-4

110 *John B. Dunlop*
The Moscow Bombings of September 1999
Examinations of Russian Terrorist Attacks at the Onset of Vladimir Putin's Rule
Second, Revised and Expanded Edition
ISBN 978-3-8382-0388-1

111 *Андрей А. Ковалёв*
Свидетельство из-за кулис российской политики I
Можно ли делать добро из зла? (Воспоминания и размышления о последних советских и первых послесоветских годах)
With a foreword by Peter Reddaway
ISBN 978-3-8382-0302-7

112 *Андрей А. Ковалёв*
Свидетельство из-за кулис российской политики II
Угроза для себя и окружающих (Наблюдения и предостережения относительно происходящего после 2000 г.)
ISBN 978-3-8382-0303-4

113 *Bernd Kappenberg*
Zeichen setzen für Europa
Der Gebrauch europäischer lateinischer Sonderzeichen in der deutschen Öffentlichkeit
Mit einem Vorwort von Peter Schlobinski
ISBN 978-3-89821-749-1

114 *Ivo Mijnssen*
The Quest for an Ideal Youth in Putin's Russia I
Back to Our Future! History, Modernity, and Patriotism according to *Nashi*, 2005-2013
With a foreword by Jeronim Perović
Second, Revised and Expanded Edition
ISBN 978-3-8382-0368-3

115 *Jussi Lassila*
The Quest for an Ideal Youth in Putin's Russia II
The Search for Distinctive Conformism in the Political Communication of *Nashi*, 2005-2009
With a foreword by Kirill Postoutenko
Second, Revised and Expanded Edition
ISBN 978-3-8382-0415-4

116 *Valerio Trabandt*
Neue Nachbarn, gute Nachbarschaft?
Die EU als internationaler Akteur am Beispiel ihrer Demokratieförderung in Belarus und der Ukraine 2004-2009
Mit einem Vorwort von Jutta Joachim
ISBN 978-3-8382-0437-6

117 *Fabian Pfeiffer*
Estlands Außen- und Sicherheitspolitik I
Der estnische Atlantizismus nach der wiedererlangten Unabhängigkeit 1991-2004
Mit einem Vorwort von Helmut Hubel
ISBN 978-3-8382-0127-6

118 *Jana Podßuweit*
Estlands Außen- und Sicherheitspolitik II
Handlungsoptionen eines Kleinstaates im Rahmen seiner EU-Mitgliedschaft (2004-2008)
Mit einem Vorwort von Helmut Hubel
ISBN 978-3-8382-0440-6

119 *Karin Pointner*
Estlands Außen- und Sicherheitspolitik III
Eine gedächtnispolitische Analyse estnischer Entwicklungskooperation 2006-2010
Mit einem Vorwort von Karin Liebhart
ISBN 978-3-8382-0435-2

120 *Ruslana Vovk*
Die Offenheit der ukrainischen Verfassung für das Völkerrecht und die europäische Integration
Mit einem Vorwort von Alexander Blankenagel
ISBN 978-3-8382-0481-9

121 *Mykhaylo Banakh*
Die Relevanz der Zivilgesellschaft bei den postkommunistischen Transformationsprozessen in mittel- und osteuropäischen Ländern
Das Beispiel der spät- und postsowjetischen Ukraine 1986-2009
Mit einem Vorwort von Gerhard Simon
ISBN 978-3-8382-0499-4

122 *Michael Moser*
Language Policy and the Discourse on Languages in Ukraine under President Viktor Yanukovych (25 February 2010–28 October 2012)
ISBN 978-3-8382-0497-0 (Paperback edition)
ISBN 978-3-8382-0507-6 (Hardcover edition)

123 *Nicole Krome*
Russischer Netzwerkkapitalismus
Restrukturierungsprozesse in der Russischen Föderation am Beispiel des Luftfahrtunternehmens "Aviastar"
Mit einem Vorwort von Petra Stykow
ISBN 978-3-8382-0534-2

124 *David R. Marples*
'Our Glorious Past'
Lukashenka's Belarus and the Great Patriotic War
ISBN 978-3-8382-0574-8 (Paperback edition)
ISBN 978-3-8382-0675-2 (Hardcover edition)

125 *Ulf Walther*
Russlands "neuer Adel"
Die Macht des Geheimdienstes von Gorbatschow bis Putin
Mit einem Vorwort von Hans-Georg Wieck
ISBN 978-3-8382-0584-7

126 *Simon Geissbühler (Hrsg.)*
Kiew – Revolution 3.0
Der Euromaidan 2013/14 und die Zukunftsperspektiven der Ukraine
ISBN 978-3-8382-0581-6 (Paperback edition)
ISBN 978-3-8382-0681-3 (Hardcover edition)

127 *Andrey Makarychev*
Russia and the EU in a Multipolar World
Discourses, Identities, Norms
With a foreword by Klaus Segbers
ISBN 978-3-8382-0629-5

128 *Roland Scharff*
Kasachstan als postsowjetischer Wohlfahrtsstaat
Die Transformation des sozialen Schutzsystems
Mit einem Vorwort von Joachim Ahrens
ISBN 978-3-8382-0622-6

129 *Katja Grupp*
Bild Lücke Deutschland
Kaliningrader Studierende sprechen über Deutschland
Mit einem Vorwort von Martin Schulz
ISBN 978-3-8382-0552-6

130 *Konstantin Sheiko, Stephen Brown*
History as Therapy
Alternative History and Nationalist Imaginings in Russia, 1991-2014
ISBN 978-3-8382-0665-3

131 *Elisa Kriza*
Alexander Solzhenitsyn: Cold War Icon, Gulag Author, Russian Nationalist?
A Study of the Western Reception of his Literary Writings, Historical Interpretations, and Political Ideas
With a foreword by Andrei Rogatchevski
ISBN 978-3-8382-0589-2 (Paperback edition)
ISBN 978-3-8382-0690-5 (Hardcover edition)

132 *Serghei Golunov*
The Elephant in the Room
Corruption and Cheating in Russian Universities
ISBN 978-3-8382-0570-0

133 *Manja Hussner, Rainer Arnold (Hgg.)*
Verfassungsgerichtsbarkeit in Zentralasien I
Sammlung von Verfassungstexten
ISBN 978-3-8382-0595-3

134 *Nikolay Mitrokhin*
Die "Russische Partei"
Die Bewegung der russischen Nationalisten in der UdSSR 1953-1985
Aus dem Russischen übertragen von einem Übersetzerteam unter der Leitung von Larisa Schippel
ISBN 978-3-8382-0024-8

135 *Manja Hussner, Rainer Arnold (Hgg.)*
Verfassungsgerichtsbarkeit in Zentralasien II
Sammlung von Verfassungstexten
ISBN 978-3-8382-0597-7

136 *Manfred Zeller*
Das sowjetische Fieber
Fußballfans im poststalinistischen Vielvölkerreich
Mit einem Vorwort von Nikolaus Katzer
ISBN 978-3-8382-0757-5

137 *Kristin Schreiter*
Stellung und Entwicklungspotential zivilgesellschaftlicher Gruppen in Russland
Menschenrechtsorganisationen im Vergleich
ISBN 978-3-8382-0673-8

138 *David R. Marples, Frederick V. Mills (eds.)*
Ukraine's Euromaidan
Analyses of a Civil Revolution
ISBN 978-3-8382-0660-8

139 *Bernd Kappenberg*
Setting Signs for Europe
Why Diacritics Matter for European Integration
With a foreword by Peter Schlobinski
ISBN 978-3-8382-0663-9

140 *René Lenz*
Internationalisierung, Kooperation und Transfer
Externe bildungspolitische Akteure in der Russischen Föderation
Mit einem Vorwort von Frank Ettrich
ISBN 978-3-8382-0751-3

141 *Juri Plusnin, Yana Zausaeva, Natalia Zhidkevich, Artemy Pozanenko*
Wandering Workers
Mores, Behavior, Way of Life, and Political Status of Domestic Russian Labor Migrants
Translated by Julia Kazantseva
ISBN 978-3-8382-0653-0

142 *David J. Smith (eds.)*
Latvia – A Work in Progress?
100 Years of State- and Nation-Building
ISBN 978-3-8382-0648-6

143 Инна Чувычкина (ред.)
Экспортные нефте- и газопроводы на постсоветском пространстве
Анализ трубопроводной политики в свете теории международных отношений
ISBN 978-3-8382-0822-0

144 *Johann Zajaczkowski*
Russland – eine pragmatische Großmacht?
Eine rollentheoretische Untersuchung russischer Außenpolitik am Beispiel der Zusammenarbeit mit den USA nach 9/11 und des Georgienkrieges von 2008
Mit einem Vorwort von Siegfried Schieder
ISBN 978-3-8382-0837-4

145 *Boris Popivanov*
Changing Images of the Left in Bulgaria
The Challenge of Post-Communism in the Early 21st Century
ISBN 978-3-8382-0667-7

146 *Lenka Krátká*
A History of the Czechoslovak Ocean Shipping Company 1948-1989
How a Small, Landlocked Country Ran Maritime Business During the Cold War
ISBN 978-3-8382-0666-0

147 *Alexander Sergunin*
Explaining Russian Foreign Policy Behavior
Theory and Practice
ISBN 978-3-8382-0752-0

148 *Darya Malyutina*
Migrant Friendships in a Super-Diverse City
Russian-Speakers and their Social Relationships in London in the 21st Century
With a foreword by Claire Dwyer
ISBN 978-3-8382-0652-3

149 *Alexander Sergunin, Valery Konyshev*
Russia in the Arctic
Hard or Soft Power?
ISBN 978-3-8382-0753-7

150 *John J. Maresca*
Helsinki Revisited
A Key U.S. Negotiator's Memoirs on the Development of the CSCE into the OSCE
With a foreword by Hafiz Pashayev
ISBN 978-3-8382-0852-7

151 *Jardar Østbø*
The New Third Rome
Readings of a Russian Nationalist Myth
With a foreword by Pål Kolstø
ISBN 978-3-8382-0870-1

152 *Simon Kordonsky*
Socio-Economic Foundations of the Russian Post-Soviet Regime
The Resource-Based Economy and Estate-Based Social Structure of Contemporary Russia
With a foreword by Svetlana Barsukova
ISBN 978-3-8382-0775-9

153 *Duncan Leitch*
Assisting Reform in Post-Communist Ukraine 2000–2012
The Illusions of Donors and the Disillusion of Beneficiaries
With a foreword by Kataryna Wolczuk
ISBN 978-3-8382-0844-2

154 *Abel Polese*
Limits of a Post-Soviet State
How Informality Replaces, Renegotiates, and Reshapes Governance in Contemporary Ukraine
With a foreword by Colin Williams
ISBN 978-3-8382-0845-9

155 *Mikhail Suslov (ed.)*
Digital Orthodoxy in the Post-Soviet World
The Russian Orthodox Church and Web 2.0
With a foreword by Father Cyril Hovorun
ISBN 978-3-8382-0871-8

156 *Leonid Luks*
Zwei „Sonderwege“? Russisch-deutsche Parallelen und Kontraste (1917-2014)
Vergleichende Essays
ISBN 978-3-8382-0823-7

157 *Vladimir V. Karacharovskiy, Ovsey I. Shkaratan, Gordey A. Yastrebov*
Towards a New Russian Work Culture
Can Western Companies and Expatriates Change Russian Society?
With a foreword by Elena N. Danilova
Translated by Julia Kazantseva
ISBN 978-3-8382-0902-9

158 *Edmund Griffiths*
Aleksandr Prokhanov and Post-Soviet Esotericism
ISBN 978-3-8382-0903-6

159 *Timm Beichelt, Susann Worschech (eds.)*
Transnational Ukraine?
Networks and Ties that Influence(d) Contemporary Ukraine
ISBN 978-3-8382-0944-9

160 *Mieste Hotopp-Riecke*
Die Tataren der Krim zwischen Assimilation und Selbstbehauptung
Der Aufbau des krimtatarischen Bildungswesens nach Deportation und Heimkehr (1990-2005)
Mit einem Vorwort von Swetlana Czerwonnaja
ISBN 978-3-89821-940-2

161 *Olga Bertelsen (ed.)*
Revolution and War in Contemporary Ukraine
The Challenge of Change
ISBN 978-3-8382-1016-2

162 *Natalya Ryabinska*
Ukraine's Post-Communist Mass Media
Between Capture and Commercialization
With a foreword by Marta Dyczok
ISBN 978-3-8382-1011-7

163 *Alexandra Cotofana, James M. Nyce (eds.)*
Religion and Magic in Socialist and Post-Socialist Contexts I
Historic and Ethnographic Case Studies of Orthodoxy, Heterodoxy, and Alternative Spirituality
With a foreword by Patrick L. Michelson
ISBN 978-3-8382-0989-0

164 *Nozima Akhrarkhodjaeva*
The Instrumentalisation of Mass Media in Electoral Authoritarian Regimes
Evidence from Russia's Presidential Election Campaigns of 2000 and 2008
ISBN 978-3-8382-1013-1

165 *Yulia Krasheninnikova*
Informal Healthcare in Contemporary Russia
Sociographic Essays on the Post-Soviet Infrastructure for Alternative Healing Practices
ISBN 978-3-8382-0970-8

166 *Peter Kaiser*
Das Schachbrett der Macht
Die Handlungsspielräume eines sowjetischen Funktionärs unter Stalin am Beispiel des Generalsekretärs des Komsomol Aleksandr Kosarev (1929-1938)
Mit einem Vorwort von Dietmar Neutatz
ISBN 978-3-8382-1052-0

167 *Oksana Kim*
The Effects and Implications of Kazakhstan's Adoption of International Financial Reporting Standards
A Resource Dependence Perspective
With a foreword by Svetlana Vlady
ISBN 978-3-8382-0987-6

168 *Anna Sanina*
Patriotic Education in Contemporary Russia
Sociological Studies in the Making of the Post-Soviet Citizen
With a foreword by Anna Oldfield
ISBN 978-3-8382-0993-7

169 *Rudolf Wolters*
Spezialist in Sibirien
Faksimile der 1933 erschienenen ersten Ausgabe
Mit einem Vorwort von Dmitrij Chmelnizki
ISBN 978-3-8382-0515-1

170 *Michal Vít, Magdalena M. Baran (eds.)*
Transregional versus National Perspectives on Contemporary Central European History
Studies on the Building of Nation-States and Their Cooperation in the 20th and 21st Century
With a foreword by Petr Vágner
ISBN 978-3-8382-1015-5

171 *Philip Gamaghelyan*
Conflict Resolution Beyond the International Relations Paradigm
Evolving Designs as a Transformative Practice in Nagorno-Karabakh and Syria
With a foreword by Susan Allen
ISBN 978-3-8382-1057-5

172 *Maria Shagina*
Joining a Prestigious Club
Cooperation with Europarties and Its Impact on Party Development in Georgia, Moldova, and Ukraine 2004–2015
With a foreword by Kataryna Wolczuk
ISBN 978-3-8382-1084-1

173 *Alexandra Cotofana, James M. Nyce (eds.)*
Religion and Magic in Socialist and Post-Socialist Contexts II
Baltic, Eastern European, and Post-USSR Case Studies
ISBN 978-3-8382-0990-6

174 *Barbara Kunz*
Kind Words, Cruise Missiles, and Everything in Between
The Use of Power Resources in U.S. Policies towards Poland, Ukraine, and Belarus 1989–2008
With a foreword by William Hill
ISBN 978-3-8382-1065-0

175 *Eduard Klein*
Bildungskorruption in Russland und der Ukraine
Eine komparative Analyse der Performanz staatlicher Antikorruptionsmaßnahmen im Hochschulsektor am Beispiel universitärer Aufnahmeprüfungen
Mit einem Vorwort von Heiko Pleines
ISBN 978-3-8382-0995-1

***ibidem**.eu*

www.ingramcontent.com/pod-product-compliance
Lightning Source LLC
Chambersburg PA
CBHW072039020426
42334CB00017B/1321
* 9 7 8 3 8 3 8 2 0 9 9 5 1 *